蚌埠市行星工程机械有限公司

蚌埠市行星工程机械有限公司成立于2002年。我公司于2003年开始为海螺集团矿山开采设备进行国产化配套至今；2004年开始为工程机械主机配套；2007年被三一集团纳入全球采购供应商；2013年开始为中铁系统服务，主要产品是盾构主驱动减速机、螺旋输送减速机及液压油缸。2014年2月，在成都项目部现场召开的"国产化盾构主驱动减速机工业性试验验收会"上，十几位知名专家一致将我公司的主驱动减速机评为优质产品，并给予"达到国际先进水平""完全能够替代进口产品"的好评；2014年5月，在盾构机核心零部件评审会上，我公司被授予"盾构机核心零部件国产化及再制造基地"，专家组评审结果为"蚌埠行星主驱动减速机总体达到国际先进水平，部分关键技术国际领先"；2014年9月，荣获"盾构主驱动减速机首台首套"荣誉。2015年4月，成功为中铁一局重庆机场下穿隧道项目使用的中铁201号、202号盾构机配套14台主驱动减速机，并顺利掘进超过1000m。截至目前，我公司已为100多家盾构机使用单位提供服务并获得良好赞誉。今后我公司将一如既往为振兴民族工业不断进取！

创新科技，国际先进
——行星机械助力盾构重器

海瑞克盾构推进油缸

小松盾构铰接油缸

小松盾构主推进油缸

戴纳密克盾构主驱动减速机

PM6250盾构主驱动减速机

小松盾构主驱动减速机

LOVAT盾构动力头减速机

电话：400-0552863　　传真：0552-4950900　　联系人：姚　琪
邮箱：yma661129@263.net　　网址：www.bbxxcm.com　　手机：18900520618
地址：安徽省蚌埠市大庆路1558号　　邮　编：233010

株洲钻掘

地铁建设靠盾构
盾构推进有钻掘

株洲钻石钻掘工具有限公司投资近亿元，建成了国内装备水平先进的盾构刀具生产基地，开发出了一批具有自主知识产权的核心技术和产品，获得了多项国家专利，被列入『十二五』国家战略性新兴产业项目』和『十二五』国家科技支撑计划项目、『十二五』国家重点产业转型升级与发展资金计划项目，获得了国家专项资金的支持，是我国盾构刀具集成制造和标准化技术的示范企业。

株洲钻石钻掘工具有限公司
地址：株洲市荷塘区钻石路
电话：0731—28263246 28263366
传真：0731—28264133
邮编：412000 网址：www.zzzszj.com

国家863计划项目（2012AA041802）
国家973计划项目（2014CB046906） 联合资助

国内外盾构法隧道施工实例

陈馈　洪开荣　焦胜军　编著
杨华勇　陈湘生　主审

人民交通出版社股份有限公司
China Communications Press Co.,Ltd.

内 容 提 要

本书全面系统地论述了敞开式盾构、压缩空气盾构、泥水盾构、土压平衡盾构、全断面岩石隧道掘进机(TBM)、顶管机的发展概要、工作原理及工程实例。本书图、文并茂,书中展现的盾构施工技术、设备视频采用最新"互联网+"AR技术,通过手机扫描书中的二维码图像,即可观看。随书附有光盘,汇集了盾构设备操作规程与施工标准、规范。本书内容丰富,不仅对盾构的使用、维修与保养具有指导作用,而且对盾构TBM及顶管机的设计与工程应用具有重要参考价值,反映了我国当代盾构TBM及顶管法隧道施工的先进施工技术和施工水平,是一本理论与实践相结合的科技新书。

本书内容具有系统性、实用性、创新性等特点,适用于盾构TBM及顶管机技术领域的设计、制造人员、项目经理、施工员、土木工程师、机械工程师、监理工程师、工程编标人员、机械操作人员、维修保养人员使用和参考,同时也适用于高等院校、职业技术学院等相关专业的教师、学生参考。

图书在版编目(CIP)数据

国内外盾构法隧道施工实例/陈馈,洪开荣,焦胜军编著.—北京:人民交通出版社股份有限公司,2015.12

ISBN 978-7-114-12724-3

Ⅰ.①国⋯ Ⅱ.①陈⋯ ②洪⋯ ③焦⋯ Ⅲ.①隧道施工—盾构法—案例—世界 Ⅳ.①U455.43

中国版本图书馆CIP数据核字(2015)第320544号

许可证号:京朝工商广字第8195号(1-1)

书　　名:	国内外盾构法隧道施工实例
著 作 者:	陈　馈　洪开荣　焦胜军
责任编辑:	张江成
出版发行:	人民交通出版社股份有限公司
地　　址:	(100011)北京市朝阳区安定门外外馆斜街3号
网　　址:	http://www.ccpress.com.cn
销售电话:	(010)59757973
总 经 销:	人民交通出版社股份有限公司发行部
经　　销:	各地新华书店
印　　刷:	北京盛通印刷股份有限公司
开　　本:	880×1230　1/16
印　　张:	36.25
字　　数:	1060千
版　　次:	2016年1月　第1版
印　　次:	2016年1月　第1次印刷
书　　号:	ISBN 978-7-114-12724-3
定　　价:	118.00元

(有印刷、装订质量问题的图书,由本公司负责调换)

《国内外盾构法隧道施工实例》编写委员会

总 策 划　丁荣富　李建斌

顾　　问　钱七虎　王梦恕

主　　编　陈　馈　洪开荣　焦胜军

副 主 编　康宝生　祝和意　季玉国　王杜娟　申志军

主　　审　杨华勇　陈湘生

编　　委　（排名以姓名拼音为序，不分先后）

　　　　　　陈　馈　陈莎莎　冯欢欢　龚国芳　郭　军
　　　　　　韩晓明　贺　军　洪开荣　胡群芳　霍军周
　　　　　　季玉国　焦胜军　康宝生　李建斌　廖小春
　　　　　　刘金祥　刘双仲　吕传田　马亚楠　毛红梅
　　　　　　申志军　谭顺辉　王杜娟　王文祥　许彦平
　　　　　　姚爱民　袁锐波　张晓日　郑清君　祝和意

责任编辑　冯欢欢　陈莎莎

主编单位　盾构及掘进技术国家重点实验室
　　　　　　中铁工程装备集团有限公司
　　　　　　陕西铁路工程职业技术学院

参编单位　蚌埠市行星工程机械有限公司
　　　　　　天津瀚洋达海洋工程有限公司
　　　　　　辽宁三三工业有限公司
　　　　　　上海建通工程建设有限公司

陈馈简介

陈馈 1963年生，男，工程博士，硕士生导师，教授级高工，国家一级建造师，享受国务院政府特殊津贴。国家火炬计划专家库专家、企业国家重点实验室评审及验收专家，河南省科技成果鉴定评审专家库专家、河北省科技奖励评审专家，郑州市第十二批专业技术拔尖人才，洛阳市第八批优秀专家，中国中铁股份有限公司专家，中国中铁隧道集团有限公司一级专家，盾构及掘进技术国家重点实验室党工委书记、执行主任。

在学术领域兼任盾构再制造创新战略联盟秘书长，中国土木工程学会隧道及地下工程分会隧道掘进机专业委员会副主任委员、施工专业委员会委员。中国铁道学会铁道工程分会隧道及地下工程专业委员会委员、中国铁道学会河南省铁道学会中铁隧道集团有限公司分会委员、全国建筑施工机械与设备标准化技术委员会委员、人民交通出版社股份有限公司地下工程与隧道工程技术专业教材编审委员会顾问；《现代隧道技术》(EI)编委，《隧道建设》(中文核心)审稿专家，《盾构与掘进》主编，《隧道与桥梁》顾问委员会委员；石家庄铁道大学、华北水利水电大学、河南科技大学、中铁咸阳管理干部学院、陕西铁路工程职业技术学院兼职教授。主持国家973计划课题3项、863计划课题3项、国家国际科技合作专项1项；获国家科技进步一等奖1项，河南省科技进步奖一等奖1项、二等奖1项，中国施工企业管理协会科技进步一等奖3项，中国铁路工程总公司科技进步特等奖1项、一等奖3项；获国家发明专利6项、实用新型专利9项。在核心学术期刊发表学术论文130余篇；主持编写了《铁路隧道全断面岩石掘进机法技术指南》行业标准，著有《盾构施工技术》等专著。

洪开荣简介

洪开荣 1965年生,男,博士,教授级高级工程师,现任中铁隧道集团有限公司总工程师、盾构及掘进技术国家重点实验室主任、中国土木工程学会隧道及地下工程分会秘书长、科技部创新人才推进计划重点领域创新团队负责人。主要从事隧道及地下工程施工技术研究与实践工作,出版专著8部,发表论文40余篇。

焦胜军简介

焦胜军 1968年生,男,三级教授,注册咨询工程师,注册招标师。全国测绘地理信息职业教育教学指导委员会委员,全国铁道工务工程专业指导委员会副主任委员,陕西省职业院校信息化教学指导专家组专家,陕西省职教学会交通运输委员会主任委员;陕西铁路工程职业技术学院副院长。

现主要从事土木工程教学和应用性研究等工作,获国家教学成果二等奖1项,陕西省人民政府教学成果特等奖1项、二等奖2项,全国职业教育信息化教学大赛多媒体教学软件比赛一等奖1项,陕西省高等学校优秀教材一等奖1项,全国优秀职教教学成果一等奖1项,实用新型专利、发明专利、外观设计专利各1项;获"陕西省教学名师"、"全国职业教育轨道交通行业名师"、"陕西省职业教育教学名师"、"中国铁路工程总公司青年科技拔尖人才"等荣誉称号。曾担任陕西铁路工程职业技术学院地下工程与隧道工程技术专业和基础工程技术专业带头人;先后参加多条铁路和交通枢纽等工程的技术工作。发表论文10余篇,主编、主审、参编教材10余部,主持、参与国家和省级教科研课题多项。

21世纪是隧道及地下空间大发展的时代，中国作为世界最大的隧道及地下工程施工市场，前景广阔。目前，我国的城市轨道交通建设正面临着史无前例的高潮，截至2015年，全国39个城市正在建设地铁。北京、上海、广州等城市在已经开通运营多条地铁线的基础上，仍以每年数百亿元的投资速度推进。以北京市为例，北京市城市轨道交通2020年线网由30条线组成，总长度为1177公里；远景年线网由35条线路组成，总长度1524公里；2015—2021年将建设12个项目，总长度262.9公里，计划总投资为2122.8亿元。

随着我国工程建设领域法制和法规的完善、环境保护意识的提高，在建筑物密集的繁华市区和特殊地质地形区段普遍要求采用浅埋暗挖法和盾构法。从北京、广州等地已建成地铁的工程实践来看，浅埋暗挖法施工在地面环境保护、地表沉降控制以及造价、工期等方面具有一定的竞争力和很大的灵活性。随着近年来国内盾构施工技术水平和国产盾构技术的不断提高，盾构法施工也显示出强大的优势，应用越来越多。

盾构法施工具有对周围环境影响小、自动化程度高、施工快速、优质高效、安全环保等优点。随着长距离、大直径、大埋深、地质复杂多变、复杂断面盾构施工技术的发展和成熟，盾构法越来越受到重视和青睐。特别是在地层条件差、地质情况复杂、地下水位高等情况下，盾构法更具有明显的优越性。盾构TBM法施工具有独特的技术特点，其设备根据具体施工对象量身定做，盾构TBM的设计、施工必须与工程地质紧密结合、与工程量及经济合理性相匹配，才能充分发挥盾构TBM法安全、优质、快速的优势。

由盾构及掘进技术国家重点实验室联合中铁工程装备集团有限公司、陕西铁路工程职业技术学院，组织国内多位盾构技术领域的专家编写的《国内外盾构法隧道施工实例》一书，全面系统地论述了盾构、TBM、顶管机的发展概要、工作原理，并紧密结合工程实例，基本反映了当代盾构、TBM、顶管机的先进施工技术和施工水平。该书理论紧密联系实际，图文并茂，深入浅出，突出应用，可参考性强，是盾构TBM法施工技术领域的又一部力作，对国内盾构TBM法施工具有很好的指导与借鉴作用。

借本书出版之际，谨以此序向多年来为我国隧道及地下工程事业的发展做出突出贡献的广大工程技术人员和企业致以诚挚的问候，并对为本书的出版辛勤付出的各位编委表示感谢！

我将本书推荐给从事盾构TBM设计、制造、施工、工程管理、科研、教学等工作的人员和广大读者，相信本书的出版对我国盾构TBM法施工技术水平的提高，定会起到积极的促进作用。

中国工程院院士　钱七虎

2015年10月10日

前事不忘,后事之师。从国内外盾构法隧道施工实例中汲取营养,对于完善盾构法这种复杂隧道工程技术具有重要的现实意义。盾构法隧道施工及其装备需要针对具体的工程地质和工程要求做量体裁衣式设计,这一设计过程中工程经验常起到决定性作用,因此,每一工程的关键数据和积累的经验都是极其珍贵的。科学系统地对国内外盾构法隧道施实例加以分析、汇集,是一项功在当代、利在千秋的事情。

我国正处于城镇化、工业化快速发展阶段,铁路、公路、水利、市政建设等对隧道工程建设需求迫切,我国已成为全球对盾构TBM法施工及其装备需求量最大、增长最快的国家。目前,我国已有39个城市正在建设地铁,铁路隧道、引水隧道正在较大规模地使用盾构TBM,但盾构TBM法应用率与发达国家相比,仍然偏低,因此,盾构TBM技术在我国具有广阔的发展空间,在一定程度上,体现了国家发展建设发展目标。

作者收集了几十年来的国内外工程典型实例编著成《国内外盾构法隧道施工实例》一书。该书分别阐述敞开式盾构、压缩空气盾构、泥水盾构、土压平衡盾构、开敞式TBM、双护盾TBM、单护盾TBM、顶管机等的施工经验、风险与适应性设计技术,以及国内外各类盾构工程实例数据及其关键技术。本书所含数据资料翔实、总结的技术经验先进,丰富和完善了各种复杂地质条件下的盾构和TBM技术,必将促进盾构TBM法隧道工程施工及其装备设计技术的进步,对于从事盾构TBM设计、制造、施工及管理的广大科技工作者而言,是一部不可多得的盾构百科全书和参考资料。

有感于作者的辛勤劳动,在本书即将付印之际,我谨以此序向该书的作者和编委表示祝贺,愿此书在盾构和盾构TBM设计、生产、及其隧道施工中,发挥重要的参考作用。

中国工程院院士　杨华勇
2015年10月10日

21世纪是隧道与地下工程大发展的时代。中国地域广阔，隧道及地下工程建设正处于蓬勃发展时期，作为世界最大的隧道及地下工程施工市场，中国的市场潜力正在迅速释放。国内城市建设和轨道交通的迅猛发展，使盾构、TBM、顶管机等先进隧道施工机械具有广阔的市场前景。

最早的盾构，主要用于软土地层；TBM主要用于岩石地层。通常定义中的TBM是指全断面岩石隧道掘进机，是以岩石地层为掘进对象，它与盾构的主要区别就是不具备泥水压、土压等维护掌子面稳定的功能。盾构作为一种安全、快速的隧道施工机械，经历了三个发展阶段：一是以Brunel盾构为代表的初期盾构；二是以机械式、气压式、网格式盾构为代表的第二代盾构；三是以闭胸式盾构为代表（泥水式、土压式）的第三代盾构。

自从1818年Brunel注册了盾构法隧道施工专利，并于1825年首次使用矩形盾构在伦敦泰晤士河下修建河底隧道后，盾构经历了190年的发展历史。纵观盾构发展历史，盾构技术的发展和改进都是在围绕盾构法施工的三大要素进行：地层稳定和地面沉降控制；机械化、自动化掘进和掘进速度的提高；衬砌和隧道质量。现代盾构基本都是基于泥水平衡和土压平衡这两种模式，或是这两种模式的组合，或是这两种模式与开敞式组合，形成复合式盾构，以适应地层条件多变的隧道施工的要求。目前，为适应隧道施工需要的多样化，国际上已开发出超大断面盾构、多圆盾构、异形断面盾构、球体盾构等多种形式。

TBM是在1846年由意大利人Maus发明的。1881年波蒙特开发了压缩空气式TBM，并成功使用于英吉利海峡隧道直径为2.1m的勘探导坑。美国罗宾斯（Robbins）公司于1952年开发制造出了具有现代意义的第一台软岩掘进机，1956年研制成功中硬岩掘进机，从此，TBM进入了快速发展时期。

目前，盾构、TBM技术已经相当成熟，其发展趋势具有微型和超大型化、形式多样化、高度自动化、高适应性等四个特点。

顶管施工是继盾构施工之后而发展起来的一种地下管道施工方法，最早始于1896年美国北太平洋铁路铺设工程的施工中。

20世纪50年代我国开始引进并采用盾构法及顶管法修建隧道和管道。而TBM施工法在80年代才引进，起步较晚，但由于注意吸收和采用先进技术和新工艺、新材料，参考和借鉴国外成功的经验和失败的教训，所以发展较快，但与国外仍存在相当大的差距。因此编写一部以盾构、TBM及顶管机为主的《国内外盾构法隧道施工实例》专著，对于提高隧道施工技术水平具有重要的指导意义。本书的编写从2005年开始，历时10年收集有关工程实例，因涉及面广，难免挂一漏万，对于书中存在的错误与不当，敬请广大读者不吝指正。

2015年10月

目录

第1章 盾构发展概要 ········ 1
  1.1 盾构的概念 ········ 1
  1.2 盾构的工作原理 ········ 1
  1.3 盾构的分类 ········ 2
  1.4 盾构的起源与发展 ········ 3
  1.5 盾构在我国的发展与应用 ········ 9
  1.6 盾构法新技术 ········ 16

第2章 敞开式盾构 ········ 21
  2.1 概述 ········ 21
  2.2 手掘式盾构 ········ 21
  2.3 半机械式盾构 ········ 22
  2.4 机械式盾构 ········ 23
  2.5 挤压式盾构 ········ 24
  2.6 全敞开式盾构施工实例 ········ 25
  2.7 网格挤压式盾构施工实例 ········ 28
  2.8 国内敞口式盾构的研制与应用 ········ 33

第3章 压缩空气盾构 ········ 42
  3.1 概述 ········ 42
  3.2 施工实例 ········ 43

第4章 泥水盾构 ········ 46
  4.1 泥水盾构的构成 ········ 46
  4.2 开挖面稳定机理 ········ 48
  4.3 地质适应范围 ········ 49
  4.4 国内外泥水盾构施工实例 ········ 50
  4.5 南京大直径泥水盾构施工综合技术 ········ 202

第5章 土压平衡盾构 ········ 242
  5.1 概念及工作原理 ········ 242
  5.2 基本配置 ········ 243
  5.3 开挖面稳定机理 ········ 247
  5.4 地质适应范围 ········ 249
  5.5 盾构类型与渗透性的关系 ········ 250
  5.6 盾构类型与水压的关系 ········ 250

5.7	施工实例 ·· 250
5.8	盾构施工关键技术实例 ·· 322

第6章 TBM发展概要 ·· 357

6.1	TBM的概念 ·· 357
6.2	TBM的分类 ·· 357
6.3	TBM的发展与应用 ··· 357
6.4	TBM施工的特点 ··· 361
6.5	制约TBM施工性能的典型因素 ·· 363
6.6	出渣运输与进料设备的选择 ··· 366

第7章 开敞式TBM ··· 368

7.1	结构特点 ·· 368
7.2	基本配置 ·· 369
7.3	工作原理 ·· 374
7.4	适用范围 ·· 374
7.5	施工实例 ·· 375

第8章 双护盾TBM ··· 437

8.1	结构特点 ·· 437
8.2	基本配置 ·· 440
8.3	适用范围 ·· 446
8.4	施工实例 ·· 446

第9章 单护盾TBM ··· 495

9.1	结构特点 ·· 495
9.2	适用范围 ·· 495
9.3	引洮供水工程施工实例 ·· 495

第10章 顶管机 ··· 507

10.1	顶管技术的发展历史 ··· 507
10.2	顶管原理及理论 ·· 508
10.3	顶管机的分类 ··· 508
10.4	泥水平衡顶管 ··· 509
10.5	土压平衡顶管 ··· 514
10.6	微型顶管机 ·· 517
10.7	其他顶管机 ·· 518
10.8	顶管机选型 ·· 519
10.9	施工实例 ·· 520

第11章 盾构TBM施工风险与适应性设计 ·· 538

11.1	盾构TBM施工风险分类 ·· 538
11.2	盾构适应性设计 ·· 542
11.3	中国盾构技术的创新 ··· 547
11.4	盾构新技术展望 ·· 553

11.5 TBM 施工的不良地质与对策 ··· 554
11.6 TBM 地质适应性设计与创新 ··· 555

参考文献 ··· 560
视频索引 ··· 561

盾构设备操作规程与施工标准、规范（附光盘）

第 12 章　盾构设备操作规程、标准

1.《德国海瑞克土压平衡盾构操作使用说明书》
2.《美国铁姆肯公司盾构刀具轴承的维护保养》
3.《土压平衡盾构安全技术操作规程》（中铁隧道集团有限公司）
4.《土压平衡盾构维修保养规范》（中铁隧道集团有限公司）
5.《高技能（技师、高级技师）人才岗位评价示范标准（盾构机械操作工）》（中国中铁股份有限公司）
6.《高技能（技师、高级技师）人才岗位评价示范标准（掘进机操作工）》（中国中铁股份有限公司）

第 13 章　盾构施工标准、规范

7.《盾构隧道设计规程》（中铁隧道集团有限公司）
8.《铁路隧道全断面岩石掘进机法技术指南》（行业标准铁建设〔2007〕106 号）
9.《盾构掘进隧道工程施工及验收规范》（GB 50446—2008）
10.《盾构法隧道施工验收规程》（中铁隧道集团有限公司）

第 1 章

盾构发展概要

本章重点：盾构是由法国人 Marc Isambrd Brunel 在蛀虫钻孔的启示下发明的,起源于英国,发展于德国、日本。盾构的发展主要经历了手掘式、机械与气压式、闭胸式、高智能多样化等 4 个发展阶段。本章重点介绍盾构的概念、工作原理、分类、起源与发展,及其在我国的发展与应用。

1.1 盾构的概念

盾构,英文名称为"Shield Machine",是一种用于隧道暗挖施工,具有金属外壳,壳内装有整机及辅助设备,在其掩护下进行土体开挖、土渣排运、整机推进和管片安装等作业,从而构筑隧道,并使隧道一次成形的特种施工机械,如图 1-1 所示。

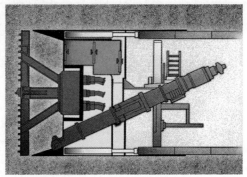

图 1-1 盾构的外形及其结构

盾构是一种隧道掘进的专用工程机械,现代盾构集机、电、液、气、传感、信息技术于一体,具有开挖切削土体、输送土渣、拼装隧道衬砌、测量导向纠偏等功能,可实现隧道施工的工厂化作业。盾构已广泛用于地铁、铁路、公路、市政、水电隧道工程。

1.2 盾构的工作原理

盾构的工作原理:一个钢结构组件沿隧道轴线边向前推进,边对土壤进行掘进。

这个钢结构组件的壳体称"盾壳",盾壳对挖掘出、未衬砌的隧道段起临时支护作用,承受周围土层的土压、承受地下水的水压,并将地下水挡在盾壳外面。掘进、排土、衬砌等作业在盾壳的掩护下进行。

"盾"——"保护",指盾壳;

"构"——"构筑",指管片拼装。

1.3 盾构的分类

1.3.1 按断面形状分类

盾构根据其断面形状可分为：单圆盾构（图 1-2）、复圆盾构（也称多圆盾构，图 1-3、图 1-4）、非圆盾构。

图 1-2 单圆盾构

图 1-3 双圆盾构

图 1-4 三圆盾构

其中复圆盾构可分为双圆盾构和三圆盾构。

非圆盾构可分为椭圆形盾构、矩形盾构、马蹄形盾构、半圆形盾构。

复圆盾构和非圆盾构统称为"异形盾构"。

1.3.2 按直径不同分类

盾构根据其直径的不同分为以下几类：直径 0.2～2m，称为微型盾构；直径 2～4.2m，称为小型盾构；直径 4.2～7m，称为中型盾构；直径 7～12m 称为大型盾构；直径 12m 以上为超大型盾构。

1.3.3 按开挖面与作业室之间隔板的构造分类

盾构按开挖面与作业室之间隔板构造可分为敞开式及闭胸式 2 种，敞开式又可分为全敞开式和部分敞开式。盾构具体划分见图 1-5。

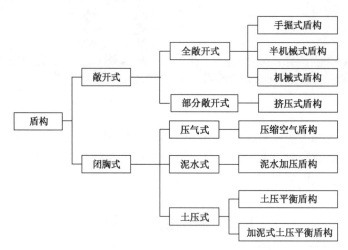

图 1-5 盾构的分类

1.3.4 按支护地层的形式分类

盾构按支护地层的形式分类，主要分为自然支护式、机械支护式、压缩空气支护式、泥浆支护式、土压平衡支护式 5 种类型，见图 1-6。

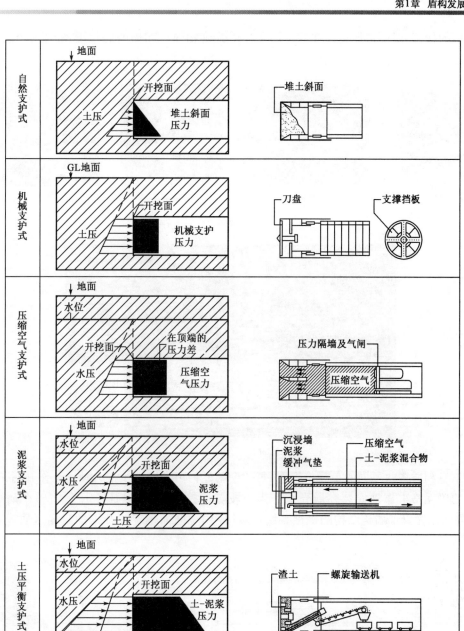

图 1-6　按支护地层的形式分类

1.4　盾构的起源与发展

盾构问世至今(2015年)已有 190 年的历史,其始于英国,发展于日本、德国。其发展历程可分为以下 4 个阶段(图 1-7),即 1825—1876 年的手掘式;1876—1964 年的机械式、气压式;1964—1984 年的闭胸式土压泥水;1984—至今,高智能多样化式盾构。

1.4.1　盾构的起源

盾构的起源详见视频 1-1。

1806 年,法国工程师马克·布鲁诺尔(Marc Isambrd Brunel)发现船的木板中,有一种蛀虫(船蛆)钻出孔道。船蛆是一种蛤,头部有外壳,在钻穿木板时,分泌出液体涂在孔壁上形成坚韧的保护壳,用以抵抗木板潮湿后的膨胀,以防被压扁。在蛀虫钻孔并用分泌物涂在四周的启示下,布鲁诺尔发现了盾构掘进隧道的原理,并在英国注册了专利(图1-8)。

a) 手掘式

b) 气压式

c) 闭胸式

d) 高智能

图1-7 盾构发展的4个历史阶段

视频1-1 盾构的起源

布鲁诺尔专利盾构由不同的单元格组成,每一个单元格可容纳一个工人独立工作并对工人起到保护作用。所有的单元格牢靠地安装在盾壳上。当一段隧道挖掘后,由液压千斤顶将整个盾壳向前推进。1818年,布鲁诺尔完善了盾构结构的机械系统,设计成用全断面螺旋式开挖的封闭式盾壳,衬砌紧随其后,具体见图1-9。

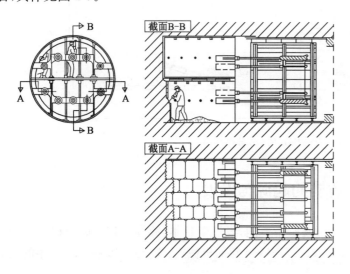

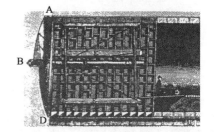

图1-8 布鲁诺尔专利盾构(1806年)　　　　　　图1-9 布鲁诺尔螺旋盾构(1818年)

1825年,马克·布鲁诺尔第一次在伦敦泰晤士河下用一个断面高6.8m、宽11.4m的矩形盾构修建了世界上第一条盾构法隧道,见图1-10。

马克·布鲁诺尔矩形盾构见图1-11。其由12个邻接的框架组成,每一个框架分成3个工作舱,每个舱可容纳一个工人独立工作并对工人起到保护作用。每个工作舱都牢固地安装在盾壳上,当掘进完一段隧道后，由螺杆将鞍形框架向前推进，紧接着后部砌砖。

图 1-10　第一条盾构法隧道（泰晤士河底隧道）

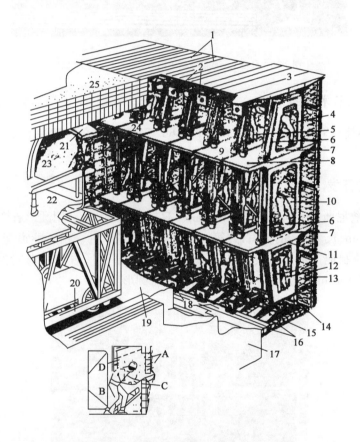

图 1-11　用于泰晤士河底隧道施工的布鲁诺尔矩形盾构（1825—1843 年）

1-顶板；2-顶部支撑螺杆；3-顶部；4-顶部单元；5-尾部千斤顶；6-铸铁加强构件 7-铸铁边架构件；8-上层踏板；9-吊环；10-中部单元；11-支腿；12-底部单元；13-支撑板；14-千斤顶施力点；15-靴板；16-铺砖；17-隔墙砖；18-底部支撑螺杆；19-路床；20-走道；21-顶部定心器；22-调整顶部定心的千斤顶；23-边墙；24-边板；25-顶部砖；A-支撑板前移；B-拆除支撑板开挖；C-支撑板待拆除；D-支撑螺杆

由于开始时，没有掌握抵制泥水涌入隧道的方法，隧道施工因此被淹而停工。1828 年 1 月 12 日，第一次出现涌水停工（图 1-12），在经历了 5 次特大涌水后（牺牲 6 人）、历时 18 年（中途停工 6 年），直到 1843 年才完成了这条全长 370m 的隧道。

布鲁诺尔（1769—1849）法国工程师，自 1798 年（29 岁）起一直侨居并服务于英国，为英国铁路，尤其盾构法隧道作出杰出贡献，是盾构法隧道的创始人。

在布鲁诺尔指导下，于 1843 年建成穿越泰晤士河的水下隧道，该隧道于 1865 年归并于东伦敦铁路，是世界第一条水下铁路隧道，1913 年实现电气化。

图 1-12　泰晤士河底隧道施工涌水(1828年1月12日)

1.4.2 "盾构"(Shield)术语的来源

盾构最初称为小筒(Cell)或圆筒(Cylinder),1866年,莫尔顿在申请专利中第一次使用了"盾构"(Shield)这一术语。

1.4.3 圆形盾构的开发

1869年,英国人詹尼斯·亨利·格瑞海德(Janes Heary Greathead)用圆形盾构再次在泰晤士河底修建了一条外径为2.18m、长402m的隧道,并第一次采用了铸铁管片。由于隧道基本上是在不透水的黏土层中掘进,所以在控制地下水方面没有遇到困难。格瑞海德圆形盾构后来成为大多数盾构的模型。图1-13为用于修建Rotherhithe隧道的ϕ9.35m格瑞海德圆形盾构。

图 1-13　格瑞海德圆形盾构

1.4.4 泥浆盾构的开发

1874年,詹尼斯·亨利·格瑞海德(Janes Heary Greathead)开发了液体支撑隧道工作面的盾构,通过液体流,土料以泥浆的形式排出。见图 1-14。

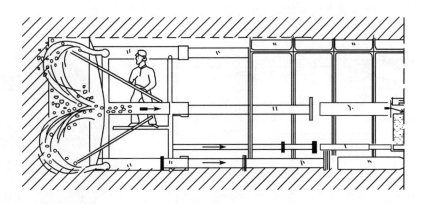

图 1-14　格瑞海德泥浆盾构(1874 年专利)

1.4.5　压缩空气的使用

劳德·考克让施(Lord Cochrane)按照 1828 年 Callodam 向布鲁诺尔提出的建议,于 1830 年发明了气闸,它能使人们从常压空间进入到加压的工作仓。1879 年,在安特卫普首次采用压缩空气掘进隧道,但未使用盾构。

1886 年,詹尼斯·亨利·格瑞海德(Janes Heary Greathead)在伦敦地下施工中将压缩空气方法与盾构掘进相结合。压缩空气在盾构掘进中的使用,标志着在承压水地层中掘进隧道的一个重大进步,填补了隧道施工的空白,促进了盾构在世界范围内的进一步推广。

1.4.6　机械化盾构的开发

布鲁诺尔开发盾构之后的另一个进步是用机械开挖代替人工开挖。第一个机械化盾构专利是 1876 年英国人约翰·荻克英森·布伦敦(John Dickinson Brunton)和姬奥基·布伦敦(George Brunton)申请的。这台盾构采用了半球形旋转刀盘,开挖土渣落入径向装在刀盘上的料斗中,料斗将土渣转运到皮带输送机上。见图 1-15。

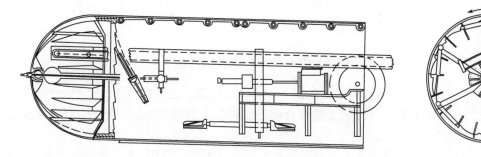

图 1-15　Brunton 机械化盾构(1876 年专利)

1896 年,英国人普莱斯(Price)开发了一种辐条式刀盘机械化盾构,并于 1897 年起成功地应用在伦敦的黏土地层施工中。它第一次将格瑞海德圆形盾构与旋转刀盘结合在一起,在 4 个辐条式刀盘上装有切削工具,刀盘通过一根长轴由电机驱动。见图 1-16。

1.4.7　第一台德国盾构的开发

1896 年,德国人哈姬(Haag)在柏林为第一台德国盾构申请了专利。这是一台用液体支撑隧道工作面并把开挖仓密封作为压力仓的盾构。见图 1-17。

1.4.8　泥水加压盾构的开发与应用

最初的泥浆盾构通过喷射水流,将土料以泥浆的形成排出,但水不能支护开挖面,无法阻止开挖面内水的不停流动。这种情况与充满水的挖槽相似,从而提出在开挖面用类同槽壁法的支护。而膨润土泥浆可在无黏聚力土槽沟中支护掘出的开挖面,这就诞生了泥水加压平衡盾构。

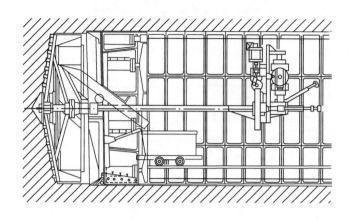

a) 普莱斯机械化盾构(1896年专利)　　　　b) Markham公司的普莱斯机械化盾构

图 1-16　Price 机械化盾构

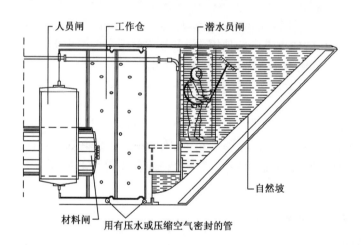

图 1-17　德国哈姬(Haag)泥浆盾构(1896年专利)

1964 年英国摩特·亥(Mott Hay)和安德森(Anderson)及约翰·巴勒特(John Bartlett)申请了泥水加压平衡盾构的专利。但由于英国当时缺乏能适合促进这种技术的隧道工程,这种技术的发展受到了限制。

1967 年第一台用刀盘切削土体和水力出渣的泥水盾构在日本投入使用,这台盾构由三菱公司制造,其直径为 3.1m。

1970 年日本铁道建设公司在京叶线森崎运河下,羽田隧道工程中采用了直径为 7.29m 泥水盾构施工,施工长度为 1712m,施工获得了极大成功,这是当时直径最大的泥水盾构。

随后,德国 Wayss 和 Freytag 公司意识到膨润土技术所具有的发展潜力,开发了德国的第一台泥水盾构,并于 1974 年在德国汉堡首次使用了这种盾构开挖 4.6km 长的污水管道。

1.4.9　土压平衡盾构的开发

1963 年,日本 Sato Kogyo 公司首先开发出土压平衡盾构,见图 1-18。1974 年第一台土压平衡盾构在日本东京使用,用于掘进长 1900m 的隧道,该盾构由日本 IHI(石川岛播磨)公司制造,其外径为 3.72m,其外形见图 1-19。

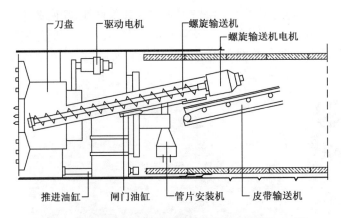

图1-18 日本Sato Kogyo公司开发的土压平衡盾构(1963年)

图1-19 日本第一台使用的土压平衡盾构
（IHI公司1974年制造）

1.4.10 混合盾构的开发

根据开挖面稳定性以及掘进、出土模式的不同，盾构可分为敞开式、半敞开式、土压平衡式、泥水式等，它们都适用于相应的土层结构。当某一段隧道穿越不同地层结构时，用以上任一形式的盾构都不适于单独将此段隧道掘进贯通，而根据相应土层情况要用两台或多台盾构，在隧道段掘进长度较短时很不经济，或由于条件限制使布置多台盾构非常困难。此时需将以上不同形式的盾构进行组合，在结构空间允许的情况下，将不同形式盾构的功能部件同时布置在一台盾构上，掘进过程中可根据地质情况进行功能或工作模式的切换，这种在不同的地层经转换后可以以不同的工作模式运行的盾构称为混合式盾构。混合式盾构由德国开发，主要针对欧洲的地质条件。1985年，Wsyss、Freytay公司与海瑞克公司申请了混合式盾构的专利。它以Wsyss和Freytay公司拥有专利的泥水盾构为基础，有其独特的沉浸墙/压力隔板结构，通过转换，可以以土压平衡或压缩空气盾构模式运行。1993年9月，第1台外径为7.4m的多模式混合盾构用在巴黎一段长1600m、穿过3种完全不同地层的隧道中，它可以从泥水式转换到土压平衡式或敞开式。混合式盾构可以根据土层地质和水文条件作调整，其本质上是对开挖面支撑方式以及刀具布置、排土机构进行调整。混合式盾构的组合模式有压缩空气/敞开式、泥水式/敞开式、土压平衡式/敞开式、泥水式/土压平衡式、敞开式/泥水式/土压平衡式等。由于隧道空间有限，盾构的工作模式转化一般在竖井里进行。在城市地铁的建造过程中，隧道掘进一般由车站分成长度为(0.5~2)km的区间，可以在适当的站点进行工作模式转换。

1.5 盾构在我国的发展与应用

1.5.1 手掘式盾构的开发与应用

我国盾构的开发与应用始于1953年，东北阜新煤矿用手掘式盾构修建了直径为2.6m的疏水巷道。1962年2月，上海城建局隧道工程公司结合上海软土地层对盾构进行了系统的试验研究。研制的1台直径为4.16m的手掘式普通敞胸盾构(图1-20)，在两种有代表性的地层进行掘进试验，用降水或气压来稳定粉砂层及软黏土地层。在经过反复论证和地面试验之后，选用由螺栓连接的单层钢筋混凝土管片作为隧道衬砌，环氧煤焦油作为接缝防水材料。隧道掘进长度68m，试验获得成功，并采集了大量的盾构法隧道数据资料。

1.5.2 网格挤压式盾构的开发与应用

1965年3月，由上海隧道工程设计院设计、江南造船厂制造的2台直径为5.8m的网格挤压盾构，于1966年完成了2条平行隧道，隧道长660m，地面最大沉降达10cm。1966年5月，中国第一条水底公路隧道——上海打浦路越江公路隧道工程(图1-21)主隧道采用由上海隧道工程设计院设计、江南造船厂制造的直径10.22m的网格挤压盾构施工,辅以气压稳定开挖面,在水深为16m的黄浦江底顺利掘进隧道,掘进总长度1322m。打浦路隧道于1970年底建成通车。此次所用的网格盾构有所改进,敞开式施工可转换为闭胸式施工。

图1-20 手掘式盾构始发

图1-21 上海打浦路隧道工程施工

1973年,采用1台直径3.6m的水力机械化出土网格盾构和2台直径4.3m的网格挤压盾构,在上海金山石化总厂修建了1条污水排放隧道和2条引水隧道。1980年,上海市进行了地铁1号线试验段施工,研制了1台直径6.412m的网格挤压盾构,采用泥水加压和局部气压施工,在淤泥质黏土地层中掘进隧道1130m。1982年,上海外滩的延安东路北线越江隧道工程长1476m的圆形主隧道采用上海隧道股份设计、江南造船厂制造的直径11.3m网格挤压水力出土盾构施工(图1-22)。

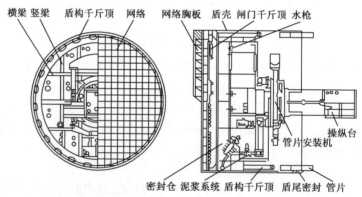

图1-22 φ11.3m网格挤压盾构

1.5.3 插刀盾构的开发与应用

1986年,中铁隧道集团研制出半断面插刀盾构,并成功用于修建北京地铁复兴门折返线。

半断面插刀盾构将"盾构法"与"浅埋暗挖法"紧密结合,取消了小导管超前注浆,在盾构壳体和尾板的保护下,进行地铁隧道上半断面的开挖。

半断面插刀盾构(图1-23)可全液压传动、电控操作、自行推进、转向、调头,能有效控制地面沉降,减轻工人劳动强度,施工速度较快,日均进尺达3~4m。

1.5.4 土压平衡盾构的引进和开发

1987年,上海隧道股份研制成功了我国第一台直径

图1-23 插刀盾构(1986年)

4.35m加泥式土压平衡盾构(图1-24),并于1988年1—9月用于上海市南站过江电缆隧道工程,穿越黄浦江底粉砂层,掘进长度583m。

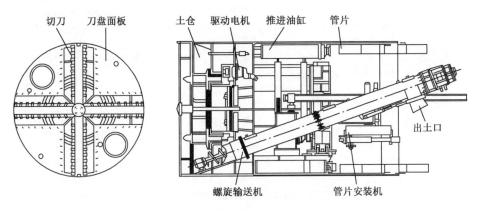

图1-24 我国第一台加泥式土压平衡盾构(1987年)

1990年,上海地铁1号线工程全线开工,18km区间隧道采用7台由法国FCB公司、上海隧道股份、上海隧道工程设计院、沪东造船厂联合制造的直径6.34m土压平衡盾构。每台盾构月掘进200m以上,地表沉降控制在-3～+1cm。

1995年,上海地铁2号线24.12km区间隧道开始掘进施工,再次使用原7台土压盾构,又从法国FMT公司引进2台土压平衡盾构,上海隧道公司自行设计制造1台盾构。2号线共使用了10台土压平衡盾构。

2001年4月—2002年2月,广州地铁2号线越秀公园—三元里区间,总长3926m。中铁隧道集团引进2台德国海瑞克公司ϕ6.25m土压平衡盾构(图1-25)施工,单台最高月掘进405m。

2002年4月—2003年8月,南京地铁1号线许府巷—南京站区间,总长4574m。中铁隧道集团引进2台德国海瑞克公司ϕ6.39m土压平衡盾构(图1-26)施工,单台最高月掘进406.8m。

图1-25 用于广州地铁施工的土压平衡盾构

图1-26 用于南京地铁施工的土压平衡盾构

1.5.5 泥水盾构的引进

1996年,上海延安东路隧道南线工程,总长1300m,采用从日本引进的ϕ11.22m泥水盾构施工(图1-27)。

2003年10月,中铁隧道集团引进德国海瑞克公司ϕ3.2m泥水加压平衡盾构1台,用于西气东输城陵矶长江穿越隧道,盾构隧道内径2.44m,全长2756.379m,最高月掘进369m,见图1-28。

2004年3月,中铁隧道集团引进德国海瑞克公司ϕ6.6m泥水加压平衡盾构1台,用于重庆主城排水长江隧道施工,盾构隧道内径5.62m,全长925m,是穿越长江的第一条污水排放隧道,见图1-29。

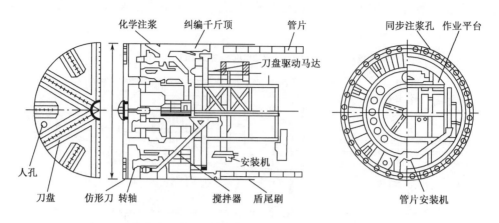

图1-27 延安东路隧道南线工程施工的 φ11.22m 日本泥水盾构

图1-28 用于西气东输城陵矶长江穿越隧道施工的泥水盾构

图1-29 重庆主城排水长江隧道泥水盾构组装

2005年4月6日,中铁隧道集团采购2台法国NFM technologies公司与北方重工联合制造的 φ11.38m大型泥水盾构用于武汉长江公路隧道施工(图1-30)。

武汉长江公路隧道位于武汉长江一、二桥之间,是穿越长江的第一条公路隧道,称为"万里长江第一隧道"。

武汉长江公路隧道的盾构法施工隧道左线长2550m,右线长2499.2m。

1.5.6 异形盾构的开发

常用的盾构一般为圆形,主要是圆形结构受力合理,圆形盾构施工摩擦阻力小,即使机头旋转也影响小。但是圆形隧道往往断面空间利用率低,尤其在人行地道和车行隧道工程中,矩形、椭圆形、马蹄形、双圆形和多圆形断面更为合理。

日本在20世纪80年代开发应用了矩形盾构,在90年代开发应用了MMST(Multi-Micro Shield Tunnel)盾构(图1-31)、自由断面盾构、多圆盾构,并完成了多条人行隧道、公路隧道、铁路隧道、地铁隧道、排水隧道、市政共同沟等,使异形盾构技术日益成熟,异形断面隧道工程日益增多。

图1-30 武汉长江公路隧道

图1-31 用于人行地道施工的MMST盾构

上海隧道工程股份有限公司于1995年开始研究矩形隧道技术,1996年研制1台2.5m×2.5m可变网格矩形顶管机,顶进矩形隧道60m,解决了推进轴线控制、纠偏技术、沉降控制、隧道结构等技术难题。1999年5月,上海地铁2号线陆家嘴车站过街人行地道采用1台3.8m×3.8m组合刀盘矩形顶管机施工,掘进距离124m。

近年来,上海隧道工程股份有限公司开展了对双圆隧道和多圆隧道掘进工程的可行性研究,2003年9月,上海隧道工程股份有限公司引进日本双圆盾构掘进轨道交通8号线。施工中摸索和积累了丰富的经验,为我国异形隧道的发展做了技术储备工作。

1.5.7 国家"863"计划

2001年,国家科技部将盾构国产化列入国家"863"计划。在国家科技部的引导下,中铁隧道集团有限公司和上海隧道工程股份有限公司在盾构开发上取得了巨大的成绩。适应于软土地层的$\phi 6.3m$土压平衡盾构的设计和制造有了明显突破,完成了样机的制造,初步形成盾构制造、安装、调试的成套工艺技术,已具备规模化制造加工的能力;盾构隧道掘进关键技术已基本掌握;研制出了世界上最大的盾构模拟试验平台;成功组建了股份制的盾构设计试验研究中心。目前,正在继续进行砂砾复杂地层盾构切削与测控系统关键技术的研究及大型泥水盾构消化、吸收与设计工作。

1)产业化基地建设

2000年初,中铁隧道集团有限公司在详细调查研究中国盾构市场前景及发展方向后,做出了进行盾构开发和盾构产业化的决策;于2001年2月成立了盾构开发机构,2002年8月在河南新乡投资了3500多万元建立了盾构产业化基地(图1-32),成立了以盾构研究开发中心、盾构组装调试中心、盾构制造维修中心为主要发展方向的中铁隧道股份制造公司。盾构产业化基地占地100多亩,厂房建筑面积为15000m²。上海隧道工程股份有限公司也在上海建立了盾构产业化基地。

2)土压平衡盾构的开发

2001年,国家科技部将$\phi 6.3m$土压平衡盾构的研究设计列入国家"863"计划。通过公开招标,第一批3项设计课题分别由国内盾构设计、制造与施工的两家优势企业——中铁隧道集团有限公司和上海隧道工程股份有限公司为主承担。

2002年,同样通过公开招标,第二批4项课题,包括试验研究、关键技术攻关、样机研制和标准规范编制等,分别由中铁

图1-32 建立在河南新乡的盾构产业化基地

隧道集团有限公司和上海隧道工程股份有限公司为主承担。两家国内盾构设计、制造与施工的优势企业成立了联合攻关组,组织了有浙江大学、同济大学、华中科技大学、东南大学、煤炭科学研究院、北京城建、中信重工机械有限责任公司、洛阳九久技术开发有限公司等单位参加的产、学、研结合的课题组。采用强强联合的合作模式,形成企业动态技术联盟。充分利用国内现有的盾构设备研发能力及施工技术,充分利用国内现有的液压、测控等技术的研究成果,组织相关专业领域的著名专家针对这些成果在盾构设备上的应用开展研究,围绕样机的研制进行攻关。

在国家"863"计划的引导下,中铁隧道集团有限公司已经完成了 $\phi6.3m$ 土压平衡盾构的结构设计、盾构控制原理流程图设计、盾构液压系统、电气系统、流体输送系统以及元器件的选型,完成了盾构系统刀具的研究设计、开发与制造,完成了盾构泡沫添加剂、盾尾密封油脂的开发应用研究,并实现了产品化。

2004年7月15日,中铁隧道集团有限公司研制的刀盘及刀具、液压系统成功用于上海地铁2号线的工业试验(图1-33),实现连续掘进2650m,平均月掘进331m,最高月掘进470m,达到了项目要求的各项指标。2005年3月26日,上海地铁2号线西延工程盾构区间隧道成功贯通,标志着中铁隧道集团有限公司承担的国家"863"计划土压平衡盾构关键技术研究取得阶段性成果。

目前,中铁隧道集团有限公司承担的"863"计划中,有5个项目(盾构中能调节开口率的装置、盾构盘形滚刀刀圈及其制造方法、采用比例流量压力复合控制的掘进机液压推进系统、全局功率自适应的盾构刀盘驱动电液控制系统、比例反馈控制及蓄能器补油的盾构螺旋输送机液压系统)的关键技术均获得了国家发明专利,并被受理。

通过引进、消化和吸收,研究和掌握了土压平衡盾构的关键技术,在消化、吸收的基础上,进行仿制和创新。在技术上先进、可靠的前提下,尽可能提高国产化程度,对于尚未掌握的关键技术,采取国际采购,国内组装的国产化方式。通过国际采购与国产化相结合的方式,逐步突破主机生产,形成"国内设计,国内总装,国际采购,国内配套"的拥有自主知识产权的盾构产品。2004年5月,中铁隧道集团有限公司成功组装了 $\phi6.3m$ 土压平衡盾构(图1-34),用于广州地铁4号线小新区间。

图1-33　中铁隧道集团研制的刀盘成功用于上海地铁

图1-34　中铁隧道集团有限公司组装的 $\phi6.3m$ 土压盾构

2004年10月下旬,由上海隧道工程股份有限公司牵头负责,成功制造了一台 $\phi6.3m$ 土压平衡盾构(图1-35)应用于上海地铁2号线西延隧道工程。

中铁隧道集团有限公司对盾构后配套设备的研制也取得了7项专利。同时,在盾构管片研制、新型泡沫剂研制及渣土改良技术、同步注浆技术方面也取得了一定进展,推动了盾构产业化进程。

3)盾构模拟试验研究

在联合攻关研制具有完全自主知识产权的土压平衡盾构的同时,国家科技部引导参研单位组建股份制的盾构设计试验研究中心。2004年7月28日,上海隧道工程股份有限公司、中铁隧道集团有限公司、上海科技投资公司、浙江大学、同济大学、华中科技大学等共投资2000万元,在上海组建了股份制的盾构设计试验研究中心。研制出我国第一台拥有自主知识产权的先进大型多功能盾构试验平台(图1-36),模拟盾构的直径为1.8m,是世界最大的实物模拟盾构试验平台,具有土压平衡和泥水平衡互换及刀盘开口率可调功能。在该试验平台上,已完成了两次土压盾构掘进黏土、砂土、砂砾地层的试验。

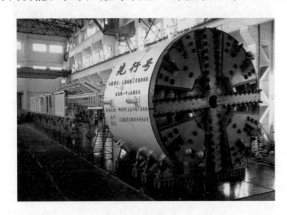

图1-35 上海隧道工程股份有限公司制造的
ϕ6.3m土压盾构

图1-36 盾构掘进模拟试验平台

4)砂砾复杂地层关键技术研究

中铁隧道集团有限公司在完成针对上海典型地质的十五"863"计划课题"直径6.3m土压平衡盾构样机研制"的基础上,针对该盾构仅适用软土地层的问题,进一步扩大研究范围,以北京地铁4号线为工程对象,研究适合砂砾复杂地层的刀盘刀具技术,通过掘进模拟试验的方法,研制具有自主知识产权的复合式刀盘刀具切削系统及其磨损检测装置,研制盾构实时远程测控系统,以满足盾构在砂性土、卵石、砾岩交互的复杂地层条件下安全高效施工的要求。目前,已完成砂砾复杂地层的掘进模拟试验的设计,进行砂砾复杂地层条件下室内原状土土性模拟研究,模拟盾构刀盘的设计,完成了适应砂砾复杂地层的刀具、刀盘的方案设计;在消化、吸收国外盾构测控系统先进技术的基础上,完成了盾构施工轴线的控制模型和适应国内管理需求的数据分析、数据管理模型的研究工作。

5)泥水盾构技术的消化、吸收

为缩小我国在泥水盾构的设计、制造技术方面与国际先进水平的差距,国家科技部于2005年7月将泥水盾构的研究列入"863"计划,对大直径泥水盾构消化吸收与设计课题进行了专题立项,该项目由中铁隧道集团有限公司和上海隧道工程股份有限公司为主承担,并取得了以下成果:

(1)在消化、吸收国外大直径泥水盾构技术的基础上,依托南水北调中线一期穿黄工程,开展了泥水盾构的掘进系统和管片拼装机等的设计制造研究工作,完成了ϕ9m泥水盾构总体设计图、电气控制和泥水系统等系统设计图,在泥水系统接管器方面有所创新,申报并获得了国家发明专利,专利申请号为200610025637.1。

(2)在消化、吸收武汉长江公路隧道引进的ϕ11.38m泥水盾构刀盘的基础上,根据南水北调中线一期穿黄工程具体地质条件,开展了泥水盾构刀盘刀具的结构设计、刀盘磨损极限检测系统和主驱动密封等关键技术的研究,完成了ϕ9m泥水盾构刀盘的设计,在优化设计方面取得了进展。

(3)研制出具有自主知识产权的ϕ2.5m盾构控制系统模拟试验平台(图1-37),申报并获得了"盾构机控制系统检测试验台"国家发明专利,专利申请号为200610160040.8。盾构控制系统是盾构的核心技术之一,是盾构完成各项功能的指挥系统,也是国外公司掌控的关键技术之一。盾构控制系统试验平台的研制成功为盾构的研发奠定了基础。

6)复合式土压平衡盾构研制

中铁隧道集团在引进、消化、吸收和自主创新的基础上,于2008年4月成功研制了我国第一台具有自主知识产权的复合式土压平衡盾构(图1-38)。

图 1-37 盾构控制系统检测试验平台

图 1-38 国内首台复合盾构由中铁隧道集团自主研制成功

1.5.8 国家盾构产业化

在巨大的盾构市场需求拉动下，国内盾构制造企业迅速崛起。

目前国内已有中铁工程装备集团有限公司（简称"中铁装备"）、中国铁建重工有限公司（简称"铁建重工"）、上海隧道工程股份有限公司机械制造分公司（简称"上海隧道"）、中交天和机械有限公司（简称"中交天和"）、北方重工、三一重工、大重、大起、二重、广重、北京华隧通、首钢、天地重工、杭州锅炉厂、上海沪东厂、上海重型机器厂、资阳南车集团、江苏凯宫隧道、安徽凯盛重工、重庆大安重型钢结构公司等近30家企业涉足盾构制造业。其中最具竞争优势的是中铁装备、铁建重工、上海隧道、中交天和等4家企业，因为他们具有强大的自我保护市场，不仅能实现产品的自产自销，而且在盾构地质适应性方面有着较为丰富的施工技术和经验积累，整体团队形成了国内外同行业中少有的集成优势。

中铁装备：盾构年产100台套，先后被列入国家火炬计划高新技术企业、工信部品牌培育示范企业，以及河南省10家创新方法示范企业、50家重点培育的装备制造企业，盾构TBM市场占有率连续3年保持国内第一，建有"河南省盾构成套装备工程技术研究中心"，参与建设"盾构及掘进技术国家重点实验室"。

铁建重工：盾构年产100台套，在湖南长沙、株洲、四川隆昌、甘肃兰州、新疆乌鲁木齐等地建立了多个制造基地，在长沙、北京、兰州等地建立了11个研究院，先后多次承担和参与国家"863"计划、国家科技支撑计划项目、国家重点新产品计划及多个省市科技重大专项，率先在隧道装备行业中通过国家级企业技术中心认定，组建了"国家级企业技术中心"和"湖南省地下掘进装备工程技术研究中心"。

上海隧道：上海隧道工程股份有限公司机械制造分公司已形成年制造100台套盾构的生产能力，建有"国家级企业技术中心"和"上海盾构工程技术研究中心"。

中交天和：中国交通建设股份有限公司成员公司，2010年4月建址江苏常熟，具备年产盾构40台套的生产能力；江苏省高新技术企业，建有"江苏省盾构关键技术工程技术研究中心"。

北方重工：盾构年产50台套，2007年并购法国NFM公司后，成为跨国经营企业，建有"全断面掘进机国家重点实验室"。

1.6 盾构法新技术

为了满足在城市繁华地区及一些特殊工程的施工，大量的盾构法施工新技术应运而生。这些新型盾构技术不仅解决了一些常规技术难以解决的施工问题，而且使盾构技术的效率、精度和安全性均大大提高。这些新技术主要反映在以下3个方面：①施工断面的多元化，从常规的单圆形向双圆形、三圆形、方形、矩形及复合断面发展。②施工新技术，包括进出洞技术、地中对接技术、长距离施工、急曲线施工、扩径盾构施工法、球体盾构施工法等。③隧道衬砌新技术，包括压注混凝土衬砌、管片自动化组装、管片接头等技术。

1.6.1 扩径盾构工法

扩径盾构工法是对原有盾构隧道上的部分区间进行直径扩展。施工时,先依次撤除原有部分衬砌和挖去部分围岩,修建能够设置扩径盾构的空间作为其始发基地。随着衬砌的撤除,原有隧道的结构、作用荷载和应力将发生变化,所以必须在原有隧道开孔部及附近采取加固措施。扩径盾构在撤除衬砌后的空间内组装完成后便可进行掘进。为使推力均匀作用于围岩,需要设置合适的反力支承装置。当盾体尾部围岩抗力不足时,需要采取增加围岩强度的措施,也可设置将推力转移到原有管片上的装置。

1.6.2 球体盾构工法

球体盾构亦称直角盾构,其刀盘部分设计为球体,可以进行转向。

球体盾构施工法又称直角方向连续掘进施工法,主要是在难以保证盾构竖井的用地或需要进行直角转弯时进行使用。球体盾构的施工方法分为"纵-横"和"横-横"施工 2 种。

"纵-横"连续掘进施工,是从地面开始连续沿竖直方向向下开挖竖井,到达预定位置后,球体进行转向,然后实施横向隧道施工的方法。

纵横式球体盾构见图 1-39,其施工工艺见图 1-40。

a)　　　　　　　　　　　　b)　　　　　　　　　　　　c)

图 1-39　纵横式连续掘进球体盾构

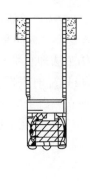 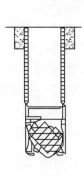 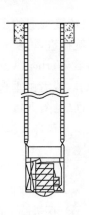 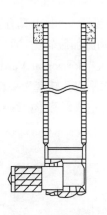

a)主盾构竖向掘进　　b)次盾构内藏球体回转　　c)球体回转完毕　　d)次盾构水平掘进

图 1-40　纵横式球体盾构连续施工工艺

"横-横"连续掘进,是环体盾构先沿一个方向完成横向隧道施工后,水平旋转球体进行另一个横向隧道的施工,可以满足盾构 90°转弯的要求。横横式球体盾构见图 1-41。

图 1-41 横横式连续掘进球体盾构

1.6.3 多圆盾构工法

多圆盾构工法又称 MF 盾构工法，MF 是英文"Multi-Circular Face"的缩写。MF 盾构工法是使用多圆盾构修建多圆形断面的隧道施工法。通过将圆形作各种各样的组合，可以构筑成多种断面形式的隧道。图 1-42 为多圆盾构的典型应用示意。多圆盾构适合于地铁车站、地铁车道、地下停车场、共同沟的施工。MF 盾构可以采用泥水式、土压平衡式 2 种类型。

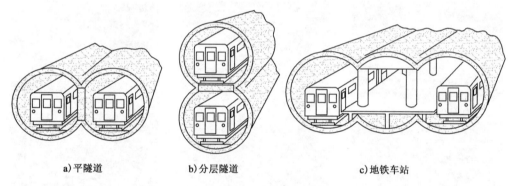

图 1-42 多圆盾构的典型应用

1.6.4 H&V 盾构工法

H&V 盾构见图 1-43，由具有直字铰接构造的多个圆形盾构组成，通过使复数个前盾各自向相反的方向铰接，给盾构施加旋转力，通过螺旋掘进，可从一个横向平行的盾构连续变换到纵向平行盾构。

H&V 是英文"Horizontal Varition & Vertical Varition"的缩写，H&V 盾构工法即水平和垂直变化的盾构施工法，可从水平双孔转变为垂直双孔，或者由垂直双孔转变为水平双孔，可以随时根据设计条件，不断改变断面形状，开挖成螺旋形曲线双断面（见图 1-44）。两条隧道的衬砌各自独立。由于两条隧道作为一个整体来施工，可解决两条隧道邻近施工的相互干扰问题。

1.6.5 变形断面盾构法

变形断面盾构通过主刀与超挖刀相结合。其中，主刀用于掘进圆形断面的中央部分，超挖刀用于掘进周围部分。根据主刀的每个旋转相位，通过自动控制系统来调节液压千斤顶的伸缩行程，进行超挖。通过调节超挖刀的振幅，可施工任意断面形状的截面。

图 1-45 为用于名古屋共同沟施工的 7950mm×5420mm（长×宽）的土压平衡式变形断面盾构。

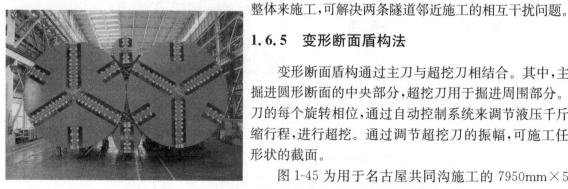

图 1-43 H&V 盾构

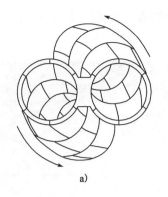 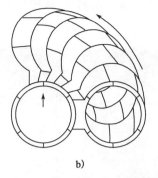 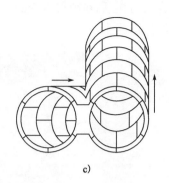

图 1-44　H&V 盾构法原理示意图

1.6.6　偏心多轴盾构法

偏心多轴盾构采用多根主轴，垂直于主轴方向固定一组曲柄轴，在曲柄轴上再安装刀架。主轴刀架将在同一平面内作圆弧运动，被开挖的断面接近于刀架的形状。可根据隧道断面形状要求，设计刀架的形状为矩形、圆形、椭圆形或马蹄形。

图 1-46 为日本 IHI 公司制造的 3 种偏心多轴式盾构。

目前，偏心多轴式盾构已在日本的下水道工程、地铁工程和其他管线等许多地下工程中得到了广泛的应用。

图 1-45　变形断面盾构（日本三菱）

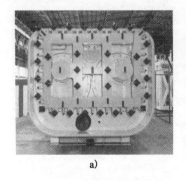 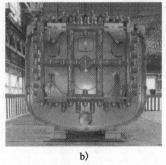 

图 1-46　偏心多轴式盾构

1.6.7　机械式盾构对接技术（MSD 法）

当两条隧道从相反的方向用盾构掘进到汇合处时，接合这两条隧道的主要问题是高地下水的渗入或工作面的坍塌问题。解决这些问题的方法通常是冷冻接合处周围的土体，然而会产生冷冻土体的膨胀及冻土融化后的沉降等一系列问题。

采用机械式盾构对接技术，通过在两台盾构的前缘设置对接装置，有效解决了地中接合难题。机械式盾构对接（Mechanical Shield Docking）技术也称"MSD"法，是指采用机械式盾构对接的一种地下接合的盾构施工法。

MSD 法施工时，一台为发射盾构（图 1-47），另一台为接收盾构（图 1-48）。发射盾构一侧安装可前后移动的圆形钢套，而在接收盾构的一侧的插槽内设置抗压橡胶密封止水条。

MSD 盾构法施工工艺如图 1-49 所示。

（1）两台盾构分别从两侧各自推进到预定位置后，停止开挖。在维持土压或泥水压力的状态下，任一侧的刀盘回缩至盾壳内，两台盾构尽可能向前推进。

（2）发射盾构，推出收藏在盾构内的圆形钢套，插入接收盾构的插槽内，使两台盾构在地下接合。

（3）完成对接后，在圆形钢套的内周焊接连接钢板，使两台盾构的盾壳形成一体，拆除盾壳外的其余结构后，浇注混凝土。

图 1-47　发射盾构

图 1-48　接收盾构

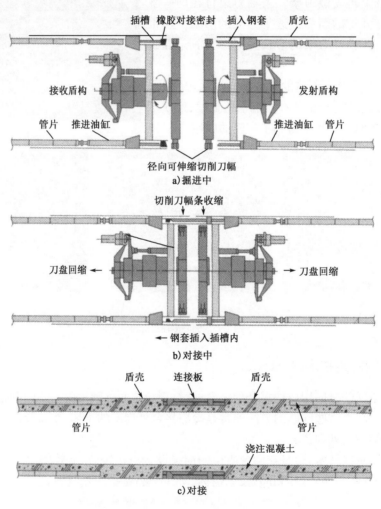

图 1-49　MSD 盾构法施工工艺

第2章

敞开式盾构

> **本章重点**：敞开式盾构也称敞口式盾构，包括敞开工作面盾构（Open Face Shield，简称OF盾构）和普通闭胸式盾构（Closed Face Shield，简称CF盾构）。本章主要介绍手掘式盾构、半机械式盾构、机械式盾构、挤压式盾构等敞开式盾构的结构原理及应用范围；简单介绍手掘式盾构、半机械式盾构、机械式盾构的应用实例；介绍上海打浦路越江隧道、延安东路隧道北线工程应用网格挤压式盾构的施工实例；重点介绍北京地铁6号线2期15标、北京地铁16号线08标工程所使用的现代敞口式盾构的研制与应用实例。

2.1 概 述

敞开式盾构也称敞口式盾构，分为全敞开式和部分敞开式。全敞开式盾构在隧道工作面上没有封闭的压力补偿系统，不能抵抗土压和地下水压。根据开挖方法的不同，全敞开式盾构分为以下几种类型：

①手掘式盾构；
②半机械式（部分断面开挖）盾构；
③机械式（全断面开挖）盾构。

全敞开式盾构也称为敞开工作面盾构，其英文名称为"Open Face Shield"，简称OF盾构。全敞开式盾构一般适用于开挖面自稳性强的围岩。如果施工地层的自然稳定性不足，就必须采用机械手段使地层稳定。全敞开式盾构在地下水位以下的地层或渗漏地层掘进时，必须用井点法降低地下水位，地基可通过注浆或冻结法处理。全敞开式盾构适用于各种非黏性和黏性地层。其优点是当隧道工作面上有部分或全部由岩石或漂石组成时也可以使用，并且可用手工或半机械化掘进非圆形断面。

部分敞开式盾构也称普通闭胸式盾构（Closed Face Shield，简称CF盾构），或称普通挤压式盾构。主要有2种类型：

①正面全部胸板封闭，挤压推进；留有可调节进土孔口的面积，局部挤压推进；
②正面网格上覆全部或部分封板，或装调节开挖面积的闸门，挤压或局部挤压推进。

2.2 手掘式盾构

手掘式盾构是指采用人工开挖隧道工作面的盾构，其正面是敞开式的，开挖采用铁锹、风镐、碎石机等开挖工具人工进行。对开挖面一般采取自然的堆土压力支护及利用机械挡板支护。图2-1表示了日本三菱 ϕ10.92m手掘式盾构，此盾构具有液压式伸缩工作搁架和用于机械支撑工作面的胸板。

由于手掘式盾构掘进速度较低，劳动强度大，劳务费用高，因此这种盾构只在特殊情况下使用，如短程掘进（因短程隧道采用机械化或半机械化盾构掘进时不经济）、开挖面有障碍物、巨大砾石等场合。在技术不发达且劳务费用低廉的国家中，手掘式盾构也被应用于长隧道的掘进。手掘式盾构适用于开挖面自稳性强的围岩。对开挖面不能自稳的围岩和渗漏地层,在施工中可根据具体情况采用压缩空气施工法,或采取改良地层、降低地下水位等措施。

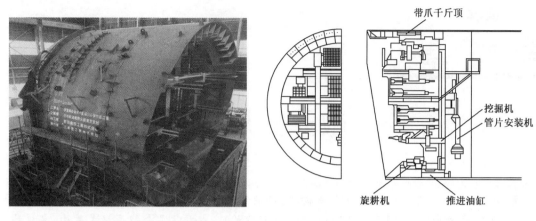

图 2-1　日本三菱 φ10.92m 手掘式盾构

手掘式盾构不一定是圆形断面,也可以是矩形或马蹄形断面。

2.3　半机械式盾构

手掘式盾构开挖速度很慢,且工人的工作条件极差,因此掘进隧道的盾构通常都配有挖掘机或旋臂钻头掘进机,用于机械开挖地层。

半机械式盾构(见图 2-2)进行开挖及装运石渣都采用专用机械,配备液压挖掘机、臂式掘进机等掘进机械,配备皮带输送机或螺旋输送机等出渣机械,或配备具有掘进与出渣双重功能的挖装机械。施工时必须充分考虑确保作业人员的安全,并选用噪声小的设备。为防止开挖面坍塌,盾构装备了活动前檐和半月形千斤顶,经常采用液压操作的胸板,胸板置于单独的区域或在盾壳的周边辅助支撑隧道工作面。半机械式盾构适用土质以洪积层的砂、砂砾、固结粉砂和黏土为主,也可用于软弱冲积层,但须同时采用压气施工法,或采用降低地下水位、改良地层等辅助措施。

a) φ2.86m 反铲挖掘盾构

b) φ5.71m 反铲挖掘盾构

c) φ6.731m 反铲挖掘盾构

d) φ3.676m 旋臂掘进盾构

e) φ6.03m 旋臂掘进盾构

图 2-2　半机械式盾构

配有挖掘机或旋臂掘进机的敞开式盾构也适于掘进非圆形断面的隧道。图 2-3 表示了日本铁道建设公司高崎建设局在北陆新干线施工时使用的 ECL 盾构。隧道断面为马蹄形,隧道长 3580m,土质为软岩和中硬岩。这种盾构的特点是机械化程度高,以及挤压混凝土衬砌与盾构掘进同步进行。

图 2-3 ECL 盾构及施工

ECL 是英文"Extruded Concrete Lining"的缩写,意为挤压混凝土衬砌,即以现浇灌注的混凝土代替传统的管片衬砌。ECL 盾构工法即挤压混凝土衬砌法,掘进与衬砌同时进行施工,不使用常规的管片,而是在掘进的同时将混凝土压入围岩与内模板之间,构筑成与围岩紧密结合的混凝土衬砌。由于用现浇混凝土直接衬砌,所以不需要进行常规盾构施工法的管片安装和壁后同步注浆等施工。

2.4 机械式盾构

全敞开式的机械式盾构(图 2-4),盾构前面装备有旋转式刀盘,增大了盾构的掘进能力。开挖的土砂通过旋转铲斗和斜槽装入皮带输送机,出渣。围岩开挖和排土可以连续进行。适用的土质与手掘式及半机械式盾构相同。

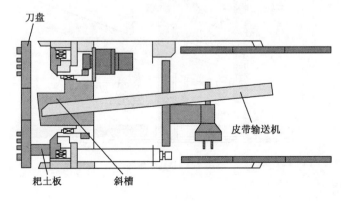

图 2-4 机械式盾构

2.5 挤压式盾构

挤压式盾构在日本也称为"盲式盾构(Blind Type Shield)"。挤压式盾构，在挤压推进时，对地层土体的扰动较大，地面易产生较大的隆陷变化，在地面有建筑物的地区不宜使用。

挤压式盾构仅适用于自稳性很差、流动很大的软黏土和粉砂质围岩，不适用于含砂率高的围岩和硬质地层。若液性指数过高，则流动性过大，也不能获得稳定的开挖面。由于适用地质范围狭窄，所以目前已很少采用。挤压式盾构主要有盖板式、螺旋排土式、网格挤压式。

(1) 盖板式挤压盾构

利用隔板将开挖面全部封闭，只在一部分上设有面积可调的排土盖板。盾构正面贯入围岩向前推进，使贯入部位土砂呈塑性化流动，由盖板部位进行排土。开挖面的稳定是靠调节盖板开口的大小和排土阻力，使千斤顶推力和开挖面土压达到平衡来实现的。如图 2-5 所示为日本三菱 ϕ6.32m 挤压式盾构。

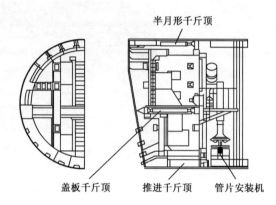

图 2-5　日本三菱 ϕ6.32m 挤压式盾构

(2) 螺旋排土式挤压盾构

利用封板将开挖面封闭，盾构正面贯入围岩向前推进，使贯入部位土砂呈塑性化流动，由螺旋输送机进行排土。开挖面的稳定是靠调整螺旋输送机的转速和螺旋输送机出土闸门的开度，使千斤顶推力和开挖面土压达到平衡来实现的。其原理如图 2-6 所示。

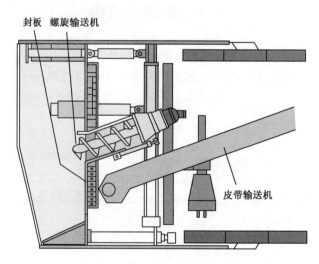

图 2-6　挤压式盾构

(3) 网格挤压式盾构

网格挤压式盾构是利用盾构切口的网格将正面土体挤压并切削成为小块，并以切口、封板及网格板侧向面积与土体间的摩阻力平衡正面地层侧向压力,达到开挖面的稳定,具有结构简单、操作方便、便于排除正面障碍物等特点。网格挤压式盾构正面网格开孔出土面积较小,适宜在软弱黏土层中施工。当处在局部粉砂层时,可在盾构土仓内采用局部气压法来稳定正面土体。根据出土方式的不同,网格挤压式盾构可分为干出土与水力出土两种类型。图 2-7 为网格挤压式水力机械盾构。

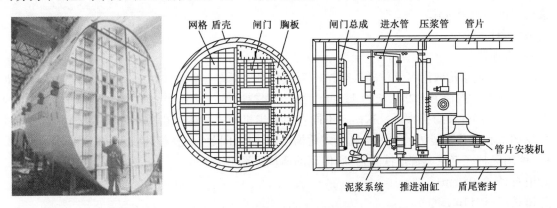

图 2-7　网格挤压式水力机械盾构

2.6　全敞开式盾构施工实例

2.6.1　手掘式盾构实例

在 1973 年 8 月—1976 年 6 月建设 Nuremberg 地铁 1 号线时,使用了手掘式盾构(见图 2-8),其工程地质为稳定的 keuper 砂岩和非黏性砂层。掘进长度为 2000m,日掘进速度达 8～10m。盾构外径为 6.04m,长度为 5.77m。为减小沉降,在盾构上安装了液压式可伸缩的工作搁架。

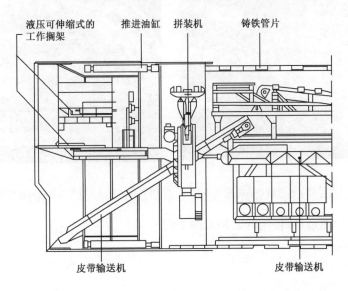

图 2-8　用于 Nuremberg 地铁 1 号线施工的手掘式盾构

2.6.2　半机械式盾构实例

国外半机械式敞口盾构已进行了数十年的研究开发,技术已相当成熟,具体应用案例如下:
(1)日本东京大岛干线下水道(所使用的盾构见图 2-9)
隧道直径:5250mm;

隧道长度:1665m;
活动前檐:5块;
施工时间:1960年;
地下水位:地面以下1m;
覆土厚度:10～15m;
制造商:日本小松。

(2)伦敦地铁

1988年,在连接伦敦港区到伦敦银行站的双线隧道,以及一个地铁站的扩大区,使用了半机械式敞口盾构。在建设了内径为4.9m、长为1150m后的区间隧道后,在第二个直径为7m的盾构中安装了挖掘机,建设了一个75m长的扩大区。这两台不同直径的半机械式盾构是由德国海瑞克公司制造的,采用了同一种挖掘机和管片拼装机。这种半机械式盾构采用了液压操作的胸板,胸板设在顶部。

(3)德国奥林匹克雅典娜地铁隧道(所使用的盾构见图2-10)

隧道直径:9495mm;
隧道长度:1911m;
开挖方式:铣削头;
装机功率:3200kW;
施工时间:1998—1999年;
工程地质:冲积土,强风化岩;
承包商:Sogea,Campenon Bernard SGE;
制造商:德国海瑞克。

图2-9 日本东京大岛干线下水道敞口盾构实景照片

图2-10 德国奥林匹克雅典娜地铁隧道敞口盾构实景照片

(4)德国都柏林港口隧道(所使用的盾构见图2-11)

隧道直径:11770mm;
隧道长度:2×300m;
施工时间:2002—2003年;
工程地质:冲积、堆积层;
制造商:德国海瑞克。

(5)德国慕尼黑引水隧洞MHSM1(所使用的盾构见图2-12)

隧道直径:3480mm;
隧道长度:约4000m;
工程地质:卵石、砾岩、黏土;

施工时间:2004 年;
制造商:德国海瑞克。

图 2-11 德国都柏林港口隧道敞口盾构实景照片　　图 2-12 德国慕尼黑引水隧洞 MHSM1 敞口盾构实景照片

(6)德国 MH IN 供水隧道(所使用的盾构见图 2-13)

隧道直径:3500mm;

隧道长度:约 850m;

工程地质:砂卵石地层;

施工时间:2006 年;

制造商:德国海瑞克。

2.6.3　机械式盾构实例

应用这种敞开式盾构的近期实例是 1985—1987 年建造的汉诺威地铁 MarienstraBe 标段。盾构如图 2-14 所示,外径为 6.4m,采用辐条式刀盘,辐条间布置了闭锁开口以减少沉降和便于控制进入盾构的土料,这种闭锁开口主要用在次黏和非黏性地层施工。

图 2-13 德国 MHIN 供水隧道敞口盾构实景照片

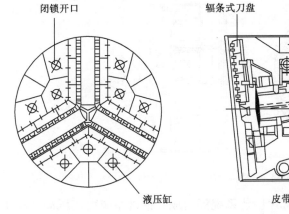 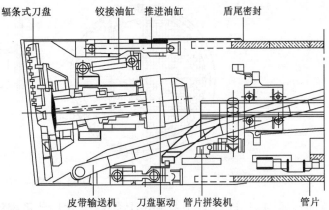

图 2-14　用于汉诺威地铁施工的敞开工作面机械式盾构

2.7 网格挤压式盾构施工实例

2.7.1 上海打浦路越江隧道

1) 工程概况

打浦路隧道位于上海市南端浦西的打浦路、浦东的耀华路一线,设计为单管双车道(图 2-15),全长 2736m,车道宽 7.07m、高 4.4m。通行机动车,每小时双向最大通行能力为 1000 辆。于 1966 年 8 月开工,1971 年 6 月建成通车。打浦路隧道穿越黄浦江段的长度为 1322m,采用直径 10.22m 网格挤压式盾构施工,采用钢筋混凝土管片衬砌,每环由 8 块管片拼装而成,管片厚度为 600mm、宽 900mm、管片外径为 10m、内径为 8.8m。

打浦路隧道主要通过黏性土,浦东有一段穿越粉砂土。隧道沿线地质情况为:地表以下至 17m,为填土、褐黄色粉质黏土、灰色粉质黏土夹有薄层粉砂;地表以下 17~28m,浦西为灰色粉质黏土,浦东为粉砂含水层(盾构进出 3 号竖井穿越此层);地表以下 28~38m,为灰色粉质黏土。打浦路隧道地质剖面图如图 2-16 所示。

图 2-15 打浦路隧道通车运营

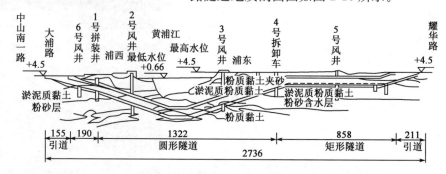

图 2-16 打浦路隧道地质剖面图(单位:m)

2) 网格挤压式盾构

φ10.22m 网格挤压式盾构(图 2-17),自重 395t,自动挖土,可根据掘进段地质工况的需要,采用敞开式水力机械出土施工,也可采用闭胸挤压式推进施工,排土能力达 200m³/h。

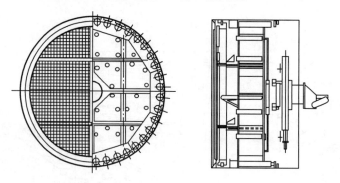

图 2-17 网格挤压式盾构示意图

该盾构由壳体、推进系统、开挖和出土系统、管片拼装系统等组成。推进系统由高压油泵和 40 台千斤顶组成,设计总推力为 80000kN,总功率为 220kW。开挖和出土系统由盾构前端的网格挤压切土,经转盘和刮板、输送机,将土送至停放在盾构尾部的电瓶车上的土箱。由管片拼装机将预制的管片逐块举起,依次序拼装成隧道衬砌。

针对管片成环拼装(图 2-18)精度、结构强度和防水性能的高要求,通过管片结构防水工艺试验,采用了弧形弯螺栓技术,大大提高了管片衬砌接头强度和刚度,使钢筋混凝土管片能承受设计抗爆荷载。同时,采用以环氧树脂为基料"先柔后刚"的接缝涂料,使管片接缝在近 30m 水头压力下得以防水。图 2-19 为管片浇捣与养护现场。

图 2-18 打浦路隧道管片拼装

图 2-19 管片浇捣与养护

3) 盾构法隧道掘进施工

1967 年 3 月,圆形隧道开始施工。盾构在浦西段 1 号竖井内完成组装,3 月 22 日始发,由北向南推向 2 号竖井,长度为 262m,在淤泥质黏土层中用网格附加气压施工。江中段位于浦西 2 号竖井和浦东 3 号竖井之间,长度 670m,盾构主要仍在淤泥质黏土中施工。进入江底前,先完成江中段气压施工准备。河床底盾构顶部最浅覆土厚度仅 7m,盾构推进以附加气压闭胸挤压为主,进而发展为不加气压全闭胸推进。江中段采用这种推进方法,最快推进速度达每日 15 环(13.5m)。

盾构推进至浦东岸边 3 号竖井前 60m(图 2-20),盾构前上部出现粉砂含水层,继而盾构全断面进入粉砂层,盾尾发生涌砂。盾构即恢复气压施工,漏水现象仍间断发生,盾构用 80000kN 最大推力仍不能推进。面对盾构受阻困境,在加强安全监督情况下辅以人力开挖,历经 2 个月,使盾构推进至竖井洞口,同时采用降水稳定土层,盾构安全推入 3 号竖井。盾构自 3 号竖井向 4 号竖井推进,还要通过 390m 粉砂含水层地带。采用降水法稳定土层,在盾构工作面改用水枪冲土开挖和水力排泥,以减轻劳动强度,提高工效,在粉砂层中的平均掘进速度为每日 1 环。

盾构 6 次出、进竖井洞门,其洞口直径均为 10m 以上。

图 2-20 盾构进入 3 号竖井

在如此大断面洞门口,盾构工作面暴露时间较长。为确保施工安全,均用降水处理地基。洞口封门形式,按进、出洞条件研究使用过几种不同方法,经使用,垂直抽拔式钢封门效果最好。

盾构施工中,克服了盾构旋转、盾构后退、轴线控制、盾尾密封、盾构进出洞和流砂威胁等重重困难,盾构于 1970 年 4 月 30 日安全而准确地进入 4 号拆卸井。盾构平均掘进速度为每日 1.7 环(1.53m)。隧道横向贯通测量误差为 1.5cm,竖向误差为 0.8cm。按技术设计,圆形隧道江中段采用复合衬砌,实际施工中采用预制装配式钢筋混凝土管片。

4) 施工要点

网格式盾构就是在普通盾构的正面,即在切口环的前端安装一种网格装置来代替通常的正面支撑系统。当盾构停止推进、正面土压力与网格周边的摩擦阻力相等时,土就不会进入盾构,此时网格起正面支撑作用;当盾构向前推进时,土体被网格切成条状挤入盾构内,经转盘式装载机和刮板运出盾构。网格格子的大小可根据盾构推进阻力和地层稳定情况加以调整。网格式盾构非常适用于强度低的黏性地层,但由于网格不能阻止地下水的流入,因此需辅以降水施工和气压施工。

2.7.2 延安东路隧道北线

1)工程概况

延安东路隧道北线平剖面如图2-21所示。

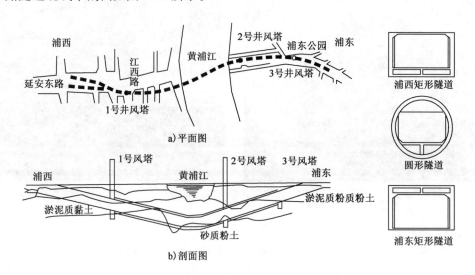

图2-21 延安东路隧道北线平纵剖面示意图

圆形隧道自浦东公园门口3号井经浦东江边的2号井过黄浦江,直至江西路以西的1号井,全长1476m,采用 $\phi 11.3 m$ 网格式水力机械盾构掘进施工。

圆形隧道的平面自3号井中心过2号井至黄浦江边,全部为半径500m的左转弯曲线,然后以直线过黄浦江至浦西岸边附近又以半径500m的右转弯曲线布置,再以直线进入1号井,整个平面呈S形。圆形隧道的剖面自3号斜井开始以3‰的坡度,下坡经2号井到江中,然后以半径1000m的竖曲线转换成坡度3‰的上坡直至1号井,整个纵剖面呈V形。

隧道所处土质主要是灰色砂质粉土、灰色淤泥质黏土和粉质黏土。施工过程中盾构将穿越老河浜、驳岸、码头桩基、黄浦江浅覆土,以及浦西密集建筑群和众多地下管线。

2)水力机械盾构的工作原理及工艺流程

水力出土盾构与干出土盾构的不同在于出土形式及设置的网格封板,而对于控制盾构推进轴线及管片拼装工艺等施工工序方法均一致。由于水力出土盾构施工的特殊性,首先应根据地层土质、盾构推进轴线控制要求及推进出土量等,来确定封板所开启的部位及出土开孔面积。水力出土施工是在推进过程中将网格开启封板处的土体用水力冲刷成泥浆水,然后由渣浆泵将泥水排至地面。

网格式水力机械盾构施工工艺流程如图2-22所示。

3)工程重点和难点

(1)盾构穿越的地层复杂。盾构穿越地层大部分处于灰色砂质粉土、灰色淤泥质黏土和粉质黏土交错的地层中,且隧道还经常处在老河浜下或穿越老河浜、大型下水道等,给施工带来了极大的风险。

(2)盾构穿越浦西段建筑群。进入浦西岸边时,首先通过延安东路轮渡码头,而后是老天文台、人行立交桥、密集的房屋建筑和道路下众多的地下管线,尤其是江西路地下不仅地下管线多,而且隧道本身的埋深很浅,这些都给地面变形控制提出了极高的要求。

(3)小半径($R=500m$)的长距离曲线段施工。

(4)盾构穿越江中浅覆土段。

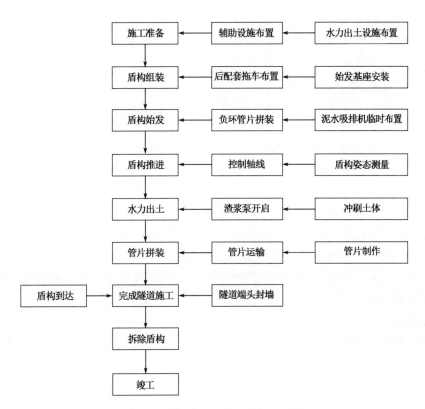

图 2-22 网格式水力机械盾构施工工艺流程

4)主要技术措施

(1)盾构穿越复杂地层

①进土闸门的优化设计

盾构正面装置为带有液压启用的进土闸门,在精心控制开孔面积和出土量的条件下,可使盾构具有一定的土压平衡作用。

②总推力控制

实际施工的总推力控制在500~8500kN范围内,推力过大会引起正面土体的挤压而产生前移和隆起,尤其在盾构穿越建筑群和地下管线时,必须控制推进力和进土量。

③盾构姿态控制

盾构姿态包括推进坡度、平面方向和盾构自身的转角3个参数。影响盾构方向的主要因素有出土量、盾构正面进土部位分布、覆土厚度、推进时的注浆部位、土质的分布状况、管片环面和千斤顶作用力的情况等。

④出土量控制

出土量的控制是控制地表变形量、确保土体稳定的重要因素,一般控制在90%~95%的范围内。

⑤壁后注浆

壁后注浆主要用于充填建筑空隙,一般其注入量达建筑空隙的150%,关键地段还应视地表沉降情况进行二次补压浆。注浆材料以粉煤灰为主,掺入水泥、膨润土。

(2)盾构穿越浦西建筑群施工技术

延安东路隧道北线沿线,尤其是浦西段建筑物密集,地下管线错综复杂,交通繁忙。超大型盾构在城市密集建筑区下掘进施工,尤其在软弱黏土层中采用挤压较为鲜见。隧道掘进从浦西驳岸段开始,自东向西穿越4条道路,其中中山东路和江西中路为主要交通要道,地下有各类上下水道、煤气管、电缆线等,还要穿越轮渡站、人行天桥、油库、仓库以及鳞次栉比的地面建筑群。

为达到控制地面沉降的目的,采取了"精心施工,加强监测,局部加固"的原则,根据不同的保护要求,

制定了经济合理的技术措施:

①严格控制开挖面出土量,减少前期土体损失引起的地层沉降。

a. 提高出土计量的准确度。水力冲切土体混成泥浆,以泥浆的流量和密度算出出土量,其误差是难免的,通过反复摸索、实践,取得经验计算方法。

b. 盾构总推力的控制。推力与正面土体阻力取得平衡,推力应比正面阻力、侧面摩擦阻力和盾构后配套拖车的拖力的总和略大。

c. 网格开口率和出土部分的控制。装备了开孔率为12%的可调节液压起闭闸门,以开启进土闸门调节网格的开口率;出土部位以中央出土为主,尤其要控制盾构正面上半部的出土量,减少超挖量,以减少上方地层的沉降。

d. 推进速度的控制。推进速度以正面土压值和出土量而定:速度过快易隆起,速度过慢易下沉。

e. 避免盾构后退。在拼装管片回缩千斤顶时,易使盾构后退。停推时间过长,因油路泄漏引起油压下降也易造成盾构后退。盾构后退产生土体损失,势必造成切口上方的土体沉降。

f. 盾尾姿态和纠偏量的控制。盾构掘进坡度和平面轴线尽可能与设计轴线保持一致,采取"勤测勤纠",纠偏量过大会造成切口后部超挖。

②盾尾空隙的及时填补。

压浆部位沿盾尾的圆环四周,以上半部为主,压浆量为理论值的150%以上,注浆压力为(0.3~0.5)MPa。在重要保护区,采取多次注浆工艺进行补注浆,以减少因浆液收缩和土体固结引起的沉降。

③施工监测指导掘进施工。

④加固措施。

从沉降监测来看,盾构穿越过的土体总有不同程度的沉降,尤其是建筑物本身的荷载,加快了沉降速度,加大了沉降量。针对保护对象的具体情况,须采取如下不同的技术措施:

a. 防洪墙的注浆加固。盾构到达前,对防洪墙下部土体的空隙进行充填注浆,当盾构通过后,沿轴线的盾尾上方进行充填压密注浆。通过采取这种措施,防洪墙的沉降有效地控制在7cm以内,未发生倾斜和裂缝。

b. 人行天桥的基础托换。外滩人行天桥的两根主桥主柱在隧道轴线上,天桥为钢结构。托换方案将承重钢立柱与承台脱离,当承台发生隆陷位移时,立柱托换,用千斤顶进行高差调整,保证了人行天桥的正常使用。

c. 天文台的"树根桩"防护帷幕。天文台高40.6m,位于隧道南侧,采用了"树根桩"帷幕切断了土体滑裂面的影响范围。实测塔顶位移小于3cm,倾斜小于1/1500。

d. 医药品仓库注浆加固。盾构在医药品仓库下13m处斜向穿越,采用浇筑厚80cm的混凝土整体底板,并在盾构通过后进行充填注浆,降低了沉降速度,减少了不均匀沉降。

e. 江西中路地下管线"悬吊"法辅以充填注浆。盾构穿越江西中路,覆土厚度仅4m。对需要重点保护的电话、通信电缆、高压动力电缆采用开挖悬吊,防止水平位移,用跟踪注浆和盾尾注浆相结合的方法,控制垂直沉降。

(3)小半径($R=500m$)的长距离曲线段施工

在曲线段的盾构推进过程中,要求管片环面始终处在曲率半径的径向平面内,以保证隧道处在设计的曲线状态范围内。为了便于盾构纠偏,除了千斤顶编组之外,还需对盾构正面进土部位也进行适当的调节。

由于盾构曲线推进时每环都在纠偏,因而对土体的扰动增加,扩大了建筑空隙,因此需加强壁后注浆。

(4)盾构穿越江中浅覆土段的施工技术

盾构过江穿越的土层为淤泥质粉质黏土,隧道顶部最小覆土厚度仅5.8m。一般盾构法施工最小覆土厚度要求在盾构直径1倍以上。现有的覆土厚度仅约为盾构直径的一半,尤其是在黄浦江中推进的情

况下,覆土厚度小,施工中具有冒顶涌水的风险,因此采取了以下技术措施:

①在最小覆土处,提前两个月采用水面抛土的办法,抛填黏土2m,增加覆土厚度;

②在盾构正面加设测定土压的探头,随时掌握正面土压的变化情况;

③在施工过程中,同时进行江底土层表面高程的测量,及时了解江底因施工引起的隆起或沉降情况,从而调整施工方法;

④控制开挖面的进土部位和进土面积,按各项实测资料随时进行调节(实测资料包括土方量、江底沉降、盾构姿态和推进时的各项施工参数);

⑤严格控制进土量,防止超挖;

⑥认真操作盾构,减少地层扰动;

⑦增加防止盾构后退的措施,如液压控制等;

⑧对盾构胸板进行加固,增设水枪,加强冲刷效果;

⑨采取在隧道内上部设置安全通道,在隧道江中段增设大流量排水泵等安全措施。

2.8 国内敞口式盾构的研制与应用

敞口式盾构施工演示详见视频2-1。

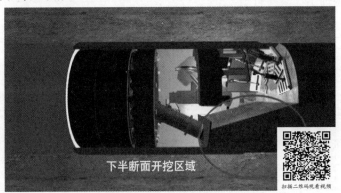

视频2-1 敞口式盾构施工演示

2.8.1 北京地铁6号线2期15标段

针对国内尚无敞口式盾构研制及施工案例的情况,为更好满足国内,如北京市部分砂卵石(含漂石)、黏土、砂土等地质条件下的隧道开挖施工需求,北京市轨道交通建设管理有限公司和北京市三一重机有限公司等单位,采取消化吸收、相似移植再创新的研制模式,自主研制了EPB2014-369型敞开式盾构(图2-23)。针对敞口式盾构的关键技术(如挖掘装置研制及互换、支撑和推进换步及控制、密闭舱研制、施工工艺、集成控制等)进行研发,攻克技术瓶颈,打破国外技术垄断,形成具有自主知识产权的核心技术。同时,以北京地铁6号线2期15标段的部分隧道工程作为项目应用试验点,对敞口式盾构施工工法进行研究,针对不同地层的特殊性形成一整套解决措施及方案,最终分阶段实现敞口式盾构样机的研制、示范应用及推广。

图2-23 EPB2014-369型敞开式盾构

1)工程概况

北京地铁6号线二期工程15标段共有一站一区间。施工场址起于郝家府站,区间线路由郝家府站向东,沿运河东大街北侧设置,沿线穿越农田、高压电力走廊、丰字沟、召里路,最后到达设于宋郎路和运河东大街交叉路口的东部新城站,区间采用盾构法施工。其中,敞开式盾构掘进段由东部新城站西端头始发,于郝一东区间右线中间竖井接收。全长388.294m(共计324环),区间隧道埋深8.7~10.2m。起点里程K41+570.650,终点里程K41+182.356。盾构区间施工平面示意图如图2-24所示。

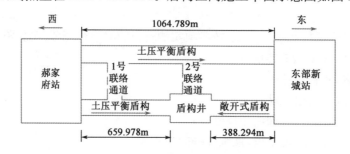

图2-24 盾构区间施工平面示意图

该段地质土体自稳能力较差,很难形成自然拱。敞口式盾构区间主要穿越地层②-3粉细砂、③-3粉细砂、④粉质黏土、④-4中粗砂。其中普遍存在的粉细砂③-3层、中粗砂④-4层、中粗砂⑤-1层,其厚度较大,富水性好,且为饱和状态,在地下水的作用下,会产生涌水、潜蚀、流砂等现象,极易导致隧道侧壁失稳。穿越地层的岩土物理力学参数见表2-1。

穿越地层岩土物理力学参数　　　　　表2-1

地层编号	岩土名称	天然密度 (g/cm³)	固结快剪		基床系数(MPa/m)		渗透系数 (m/d)	地基土承载力标准值 (kPa)
			黏聚力(kPa)	内摩擦角(°)	水平	垂直		
②-3	粉细砂	2.00	0	16	20	15	5	150
③-3	粉细砂	2.05	0	25	30	25	5	170
④	粉质黏土	1.89	30	16	30	25	0.05	160
④-4	中粗砂	2.08	30	35	35	30	30	280

2)砂卵石地层密闭式盾构施工缺点分析
①刀具磨损,需开仓换刀;
②刀盘外周磨损导致开挖直径发小,盾构被困死;
③大粒径卵砾石和孤石时难以处理,严重影响工程安全和进度;
④砂卵石等地局渗透性强,建立压力平衡困难,容易挠动,发生地面沉降;
⑤刀具、油料、土体改良剂等材料消耗大,成本高,污染环境。

3)针对性设计
针对砂卵石等地层施工难点,进行了如下几个方面的针对性设计:

(1)挖掘装置
针对砂土地层,应用三一重机挖掘机的工作装置,通过多个油缸来驱动控制铲斗的切削轨迹,实现对隧道截面的仿形开挖。对于孤石和大粒径砾石的处理,可通过铲斗互换安装的破碎锤来进行破碎,然后排出。

针对砂卵石及部分岩层,借鉴三一重装岩巷掘进机截割头工作装置,并通过多个油缸组合,完成对掌子面的开挖。

(2)推进及支护(盾体)
盾体为高强焊接结构,包括前、中、盾尾三部分。前盾上部设有7组前檐支撑和扇形挡板,前檐支撑通过油缸控制实现横向600mm范围内伸缩,7个扇形挡板呈160°分布,避免土体的坍塌。中盾上预留超前钻接口,可实现对前盾土体的超前探测及注浆加固;采用16根推进油缸,最大伸出速度100mm/min,

推力36000kN保证盾构机具有足够的推进和爬坡能力储备,14根铰接油缸,铰接角1.5°,可满足$R250m$曲率半径的隧道转弯要求。

(3) 出渣系统

出渣系统采用螺旋机输送机与皮带输送机运输,输送能力280m³/h,可满足400mm以下粒径渣土的顺畅输送。螺旋机的驱动装置采用知名品牌的液压马达,速度可调;皮带输送机由传送带、机架、托辊等组成,均选用成熟产品。

(4) 管片拼装与输送系统

管片拼装机由回转机极(液压马达驱动)、直线运动机极(油缸驱动)、微摆动机极(油缸驱动)等组成,具有6个自由度,可实现±220°的回转角度,转速0.3~1.5r/min,应确保管片拼装的质量和精度要求。

管片输送系统采用双轨梁电动葫芦,其主要由行走小车、环链葫芦、控制系统以及双轨梁组成,采用链轮链条行走,设有限位装置以防止行走小车脱落轨道,采用无线操作。最大起吊能力为5t,可实现管片从运输车到管片拼装区域一次吊运到位,无须二次转运,行走速度为10m/min。

(5) 辅助系统

①同步注浆系统,包括搅拌箱、注浆泵、压力计、流量计、注入配管、气动球阀、动力装置、4个注浆口等。用气动球阀进行注入口的切换,每个管路配置压力检测与流量调节系统,设自动与手动两种控制方式,设有清洗装置。

②注脂系统:主要由注脂泵、分配器、压力与流量检测装置、电动球阀及压力开关组成,均采用国外或行业品牌产品进行配套。泵注入口间用钢管及高压软管连接;通过泵的间歇运转和注入阀的开关,实现盾尾密封油脂的注入。

③空气系统:为注脂泵、各类气动控制阀提供必需的工业压缩空气。其由空气压缩机、空气罐、干燥器、过滤器、操作及控制阀等构成,过滤精度为20μm。

④工业水系统:主要用于清洗和冷却盾构的动力装置及设备,如液压系统(液压泵站及油箱)、空压机等产生的热量,保证设备整体运行的可靠性。

⑤通风系统:台车上配置大功率横流风机、储风筒、风管,确保隧道内空气流通以及工作人员呼吸需要。

⑥导向系统:由全站仪、棱镜、激光发射器、监控屏等组成,用于盾构掘进监控显示、纠偏、实时测量等,测量精度2″,工作距离不小于200m。导向系统由知名供应商VMT、PPS或日本演算工房进行供货。

(6) 控制、数据采集及监测系统

①PLC控制系统:自动化程度高,且具有多重连锁功能,减轻了劳动强度,降低错误操作的发生率。

②数据采集与传输系统:实时记录和保存施工中各种参数、数据,为工程施工质量和施工工艺过程监控、工程验收提供依据。此部分内容在电气控制系统设计时进行系统配置。

③故障监控系统:对盾构各部分运行情况、异常状态进行实时跟踪检测,便于提前获取故障信息,并及时采取预防措施,保证施工安全。在控制系统设计时应进行该系统的配置,设置内容包括关键零部件、结构主要部位、控制监控点等,配置有传感器,在操作屏上实时显示监控画面和指示;具有故障自诊断及内容显示功能,方便维修人员检修。

4) 敞口式盾构施工工艺

(1) 推进前的准备

上部2层土仓土体采用人工配合开挖一定角度,通过组合变化的分仓方式,来控制各土仓掌子面土体,其土体斜面顶部不出其上层隔板前端,且能保持稳定;底部大仓内土体采用挖掘机挖掘,挖掘时尽量将土体挖除,以控制土仓土体斜面顶部不出其上层隔板前端,且能保持稳定。

(2) 推进过程

推进过程中,随着盾构向前推进,各土仓土体向盾构内移动。上部2层土仓采用辅助挖除土体,底部采用挖掘机挖土,以推进前的土体状态为目标,动态保持。

推进过程中,应尽可能保持匀速推进,避免时停时推,造成盾构多次启动,对土体重复扰动,降低掌子面土体自稳性。

(3)单环推进结束

单环推进结束前至少10～20cm行程,可以不对掌子面土体进行挖除,以保证单环推进结束、拼管片过程中,增加掌子面土体稳定性。但下一环开始掘进前,尽可能将掌子面土体修整到位,以达到推进前的准备状态,进入下一推进循环。

5)掘进过程

(1)第一阶段(0～5环)

2013年11月5日—2013年11月10日,敞开式盾构施工状况:土体自稳性较差,出渣量无法控制,严重超方,地表发生塌陷(如下图2-25)。

a)地表塌陷　　　　　　　　　　b)前沿挡后土体下滑

图 2-25　第一阶段掘进的不良现象

(2)第二阶段(停机改造)

针对第一阶段施工过程中出现的问题,11月12日—11月17日对敞开式盾构进行停机改造,主要改进措施有:

①对掌子面土体进行分仓,换装小型挖掘机。

将掌子面单一土体自然坡分成3级自然坡,减少前都土体反力,增加土体稳定性,上半部分分成9个仓(图2-26);为克服现有挖掘机体积太大、不够灵活、挖掘空间死区较大等不足,在三一5.5t小型挖掘机工作装置基础上稍加改动(见图2-27),实现了基本无挖掘死角,且挖掘效率得到显著提高。

图 2-26　上半部分分区示意图　　　　图 2-27　改装的三一5.5t小型挖掘机

采用分仓后,基本控制了掌子面坍塌的问题,基本达到了事先预计的整体效果,盾构可以比较安全、有效地掘进。通过改进推进过程的掌子面土体形状,成功将推力由$(2.8\sim3.0)\times10^7$N降至$(2.5\sim2.6)\times10^7$N,推进基本可控,各项工序同步跟进,地面沉降基本可控制在15cm以内。

②对反力架进行加固处理,以提供更大反力(见图2-28)。

③在前盾前面焊接斜钢板(见图2-29),前盾下均增加喇叭形导土板,便于两侧土体出渣,以减小推进阻力。

图2-28 反力架加固处理

图2-29 前盾前面焊接斜钢板

④改良膨润土系统:盾极壳注入膨润土,以减少摩擦阻力。

⑤及时同步注浆:让管片提供部分摩擦力。

⑥对塌陷地面进行回填:防止继续塌陷。

⑦加固处理:地面加固采用直径60cm的中空螺旋钻杆,钻到标高后从钻杆内高压旋喷水泥浆成桩;洞内采用高压风枪成孔,插入PVC管后,高压压入"固砂剂+水泥浆"。

6)掘进效果分析

敞开式盾构于2013年11月1日掘进始发,2014年3月14日到达,历时135d,创造出日掘进最高纪录为12环(14.4m)、最快单周52环(62.4m)、最快月143环(171.6m)的骄人业绩。工程掘进充分证明,在经过降水处理的自稳性较差的砂层,敞口式盾构完全可以替代密闭式盾构进行隧道掘进。而在无水砂卵石、砂砾等自稳性好的地层,敞口式盾构应用效果更好;因无须碴土改良,充分体现了无污染、环保的特点;因无须设置昂贵的超大轴承回转驱动装置,大大降低了设备制造及维护成本,同时设备能耗明显降低。

7)敞口盾构施工

敞口式盾构掘进施工,是一项系统工程,需要从各方面做好施工组织,才能保证工程安全、质量、进度,顺利施工。

(1)对地质条件进行仔细研究。根据地质条件,对土体各项物理性能,尤其是其自稳性应进行施工前的试验,以确定盾构推进过程中最佳稳定角,并据此进行盾构仓体设计、相关参数计算。

(2)进行人员系统培训,并保持稳定。对施工人员应进行系统培训,包括盾构管理人员、盾构操作人员、土仓内配合挖土施工人员,使其对各自岗位应具备的基本知识进行详细了解和掌握。

(3)掌子面动态平衡是关键。盾构推进过程中,各土仓土体状态的动态平衡与否,是盾构能否持续正常推进的关键。掌子面土体超挖,会造成前方土体坍塌;掌子面土体欠挖太多,将明显增加盾构正面阻力,甚至无法推进。

(4)盾构姿态控制是难点。敞口式盾构推进过程中,前方土体对盾构阻力的不对称性,使敞口式盾构姿态控制比土压平衡盾构复杂。推进过程中,应随时对盾构状态进行监控,尽早对盾构姿态进行纠偏(靠隔板的布置方向)。

2.8.2 北京地铁16号线08标

1)工程概况及选型分析

通过对线路初步勘查资料及相邻线路(地铁9号线)地质情况了解,16号线08标沿线地层存在大颗粒卵石及漂石,在大漂石地段不宜采用密闭式盾构法施工,且地上建筑物繁多,如采用矿山法施工工程风险较难控制。在这些条件下,最终采用敞口式盾构进行此类特殊地段的区间施工,主要依据如下:

(1)敞口式盾构施工技术上能够解决大漂石地层的施工问题,并且具有确保开挖面土体稳定的能力,并有较好的特殊应对功能及风险应对能力,在工法选择上优于密闭式盾构法及矿山法施工。

(2)虽然敞口式盾构在国际上已成熟使用多年,但目前国内尚无敞口式盾构施工成功实例,敞口式盾构施工这一工法的成功应用解决了北京漂石地层的施工难题,同时也填补了国内敞开式盾构施工空白。

(3)敞口式盾构设备比密闭式盾构设备构造简单,能够实现整机国产化,生产周期短。同时设备造价低廉,施工费用较低,经济性好。

2)盾构针对性设计

该工程使用的敞口式盾构基本结构由前盾部分、尾盾部分和辅助系统三部分组成,主机长度7.8m。主要构件及系统有盾体、活动前檐、移动挡板、液压铲斗、螺旋输送机、管片安装机、推进千斤顶、同步注浆设备、盾尾密封、液压系统、电气控制系统等。如图2-30所示。

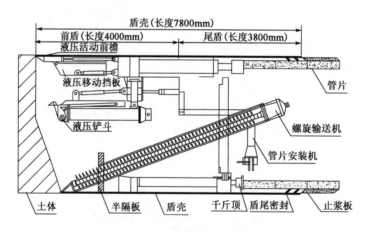

图2-30 敞口式盾构主机结构示意图

根据该工程地质特点,所进行的针对性设计具体如下:

(1)盾构对开挖面的稳定采用拱顶150°范围前伸插板机械式支护,上半断面150°内液压挡板机械式支护,中下部断面70°斜坡自然支护等方式。当地层松散时,下半部断面可形成30°松土堆积角保护开挖面(见图2-31)。

(2)经过对各种挖掘装置的比较,采用成熟的反铲挖掘装置,保证反铲的性能及可靠性,设计挖掘能力为60m³/h,开挖进尺约为1.5环/h。

(3)采用铰接式盾体结构,盾构具有R250m曲线半径转弯能力。

(4)轴式螺旋输送机作为主机输土装置,其对隧道环境的适应性强,具有使用寿命期间免维修性能,工作可靠。

(5)采用中心回转式的管片安装机,具有6个自由度及良好微动性能,工作可靠,操控性能好,易于保证管片安装质量。

3)针对性处理措施

(1)自稳性差地层处理措施

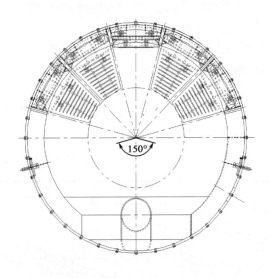

图 2-31 挡板支护区域示意图

北京地层主要特征：由第四系冲洪积层-河流相的砂、砂卵石、砂砾石以及黏土、粉土、黏质粉土和粉质黏土等互层组成。其中砂卵石地层自稳性较差，常规掘进扰动原状地层后，砂与卵石易发生分离，进而滑移、塌落造成开挖面不稳，影响正常掘进，严重时会引发坍塌，造成事故。浅埋暗挖法施工遇到砂卵石地层时，主要通过打超前小导管、超前注浆的辅助措施形成超前支护加以解决。敞口式盾构法施工遇到砂卵石地层时，需借鉴浅埋暗挖法施工的辅助措施，因地制宜改良土体。敞口式盾构自身的构造即可在一定程度上改善砂卵石地层的自稳性：在砂卵石地层上半断面的开挖中，自身的活动前檐紧跟铲斗，随铲斗的开挖伸出，在铲落欠挖砂卵石的同时对开挖面上方地层形成刚性支护，防止上方砂卵石的塌落，自身的移动挡板在活动前檐伸展到位后展开，对开挖面前方地层形成刚性支撑，防止前方砂卵石的滑移、塌落，使得开挖面保持稳定。

敞口式盾构的移动挡板为格栅式，格栅平行于全圆隧道的弦线，为周边超前小导管、超前注浆的施工提供了条件。敞口式盾构的周边超前小导管后部与工具管连接，通过格栅间隙可向全圆隧道上半断面的拱部和整面进行打设，由于有活动前檐和移动挡板的支护，注浆完成后可将工具管抽回，以重复利用（见图 2-32）。工具管的运用可防止超前小导管的空间位置与盾壳推进时发生交叉。当地质条件较差时，还可采用普通管，开挖面正面注浆，以确保开挖面的稳定。

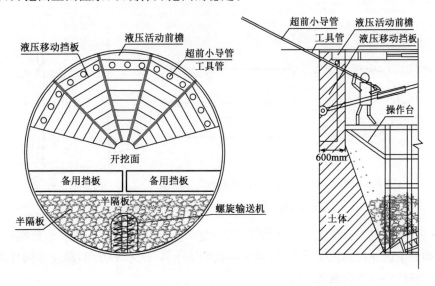

图 2-32 超前支护施工示意图

敞口式盾构在砂卵石地层下半断面的开挖中,遇到开挖面滑移、塌落时,可启用盾构下部的两个侧向备用挡板,支撑开挖面下半断面,保持下半断面的稳定。

必要时整体启用活动前檐、移动挡板、备用挡板,在其共同保护下,上半断面和下半断面具备全断面注浆条件,可进行全断面注浆,确保开挖面的整体稳定。

(2) 大体积孤石处理措施

一般采用人工开挖的方式进行挖除处理;当人工开挖不能解决时,更换敞口式盾构铲斗为掘削头,掘削通过。敞口式盾构更换铲斗为掘削头示意如图 2-33 所示。

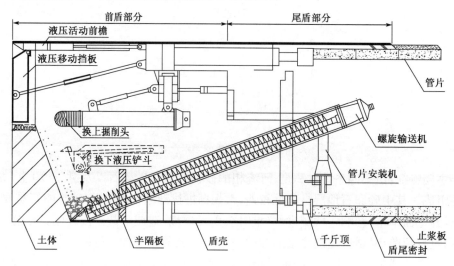

图 2-33　更换铲斗为掘削头示意图

(3) 遇水处理措施

施工中如遇水囊或地下水上升的情况,需要进行防水施工。施工时,如掌子面遇水,在大量涌水之前必先出现少量渗水。此时应立即停止施工,调查渗水来源后,必须先进行处理,方可继续施工。在现场实际施工中将采取如下方式进行处理:降水井降水、增加中隔板、水囊处理等。

(4) 盾构防翻滚措施

由于敞口式盾构没有刀盘,对于在掘进过程中可能发生的翻滚,分别在盾壳的前部和后部设置了防滚动装置,如图 2-34 所示。

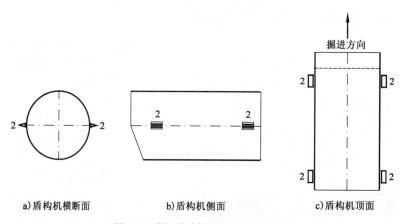

图 2-34　敞口式盾构防滚动装置示意图

防滚动构件为一楔形插板,可防止环向翻转,其一组 4 块,即图 2-34 中构件 z,分别由 4 个液压油缸控制伸缩,在盾构处于铲斗挖掘状态时伸出,插入盾构侧边土体,成水平方向,防止盾构环向翻转,在盾构处于油缸顶进状态时缩回,不影响盾构前进。

(5) 盾构纠偏装置

纠偏装置与防滚动装置共用一套液压油缸,在需要纠偏时成组换下防滚动装置的4块楔形插板构件,成组换上4块纠偏装置的纠偏构件。纠偏构件为一双向弧形异形体,一组为4块,即图中构件1,反向安装时为构件1′(见图2-35)。

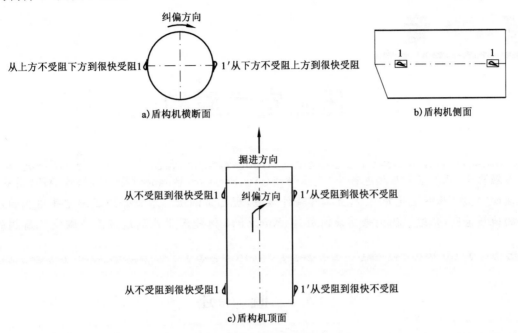

图 2-35　敞口式盾构纠偏装置示意图

第3章

压缩空气盾构

> **本章重点**：压缩空气盾构也称为"气压平衡（Air Pressure Balance）盾构"，简称APB盾构；由于存在地面"喷发"压缩空气的风险，且工作条件极差，现已被淘汰。本章介绍压缩空气盾构的原理及适应的地质范围，介绍了德国老易北河隧道、Kiel Firth河能源供应隧道应用压缩空气盾构的施工实例。

3.1 概　　述

使用压缩空气抑制地下水侵入已经有很长的历史了。早在1828年，在泰晤士河隧道的建造中，当Brunel遇到了大量水侵入时，Calladon就已经提出了使用压缩空气的建议。1886年，Greathead首次在盾构施工中引入了这种工法。

压缩空气盾构的原理是空气压力与地下水的静水压力保持平衡，因此也称为"气压平衡（Air Pressure Balance）盾构"，简称APB盾构。但空气压力不能直接抵抗土压，土压由自然或机械的支撑承受。

压缩空气盾构适用于黏土、黏砂土及多水松软地层。包括所有采取以压缩空气为支护材料的盾构，开挖可以是手掘式、机械式，断面可为分部或全断面。早期的压缩空气盾构施工时要在隧道工作面和止水隧道之间封闭一个相对较长的工作仓，大部分工人经常处于压缩空气下。后来开发的压缩空气盾构只是开挖仓承压，称为局部气压盾构，日本称为"限量压缩空气盾构"。这类盾构装有密封隔板，可将经过加压的工作面密封起来，使其与完成的隧道断面隔离。能在大气压下安全地操作设备。图3-1为日本三菱 $\phi5.25$m 压缩空气盾构。该盾构通过一个球阀型的旋转漏斗排土，并同时确保开挖面压力的稳定。图3-2为球阀型旋转漏斗排土实况的照片。

图3-1　$\phi5.25$m压缩空气盾构

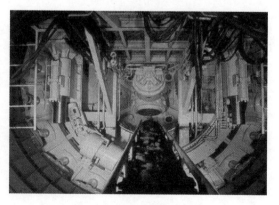
图3-2　球阀型旋转漏斗排土

压缩空气的压力应高于或等于隧道工作面底部的水压，由于水压是有明显的梯度的，因此，在顶部过剩的压力会使空气进入地层，当土壤颗粒由于气流失去平衡时，覆土层较浅的隧道工作面就有泄露而引起"喷发",并可能引起灾难性的后果。由于压缩空气盾构有"喷发"的危险,且工作条件极差,现已被泥水盾构取代。

3.2 施工实例

3.2.1 老易北河隧道

1)工程概况

为了在汉堡从城区到易北河左岸的港口之间建造一条陆路,考虑到架桥方案会影响航运,1907年决定使用压缩空气盾构建造一条隧道。

隧道长度为448.5m,隧道穿越的地层为有洪积物和冲积物的黏土和砂岩。隧道底部位于平均洪水位以下,最大水头高为21.3m。

2)盾构施工原理

盾构直径为6.6m。由于水位很高,隧道工作面水压大,用压缩空气掘进隧道的工作预计要有0.24MPa的压力。隧道工作面由两个垂直隔离墙和两个水平隔离墙分为9个独立单元,矿工用手工开挖工作面。在砂岩中,顶部和平台段由液压操作的面板支撑,底拱允许达到其自然坡度,在黏土中的隧道工作面完全不需要支撑,有时甚至需要采用钻爆法来开挖。

盾构的一个特征是在顶部有液压操作的桩,它在开挖前打入地层,从而保护盾构的顶部区。盾构推进油缸的推力为20000kN。每循环开挖0.5m。

环形注浆分两个阶段进行。在第一阶段使用含高钙石灰的水泥灰浆。在第二阶段,通过管片上的3个开口为铸铁管片施作防锈保护。

用于人员及材料运送的气闸设置在始发井附近。隧道衬砌用可锻铸铁梁组成,比铸铁衬砌更能承受变形,衬砌的接头使用铅密封,隧道环用混凝土衬砌。

图3-3为压缩空气盾构法使用示意图。

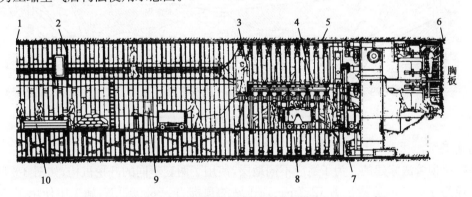

图3-3 使用压缩空气盾构施工的汉堡老易北河隧道(1907/1911年)
1-应急过道;2-幕墙;3-电话;4-行走架;5-盾尾;6-前盾;7-起重机;8-灰浆槽;9-急救工具;10-灰浆混合设备

3)隧道施工

1907年开始施工竖井,1908年12月开始进行隧道掘进。为了避免有水侵入隧道,隧道顶部的空气压力必须保持高于水压0.05MPa以上,这会在隧道工作面造成空气持续以$1m^3/s$的速度逃逸,并导致了易北河航道上产生严重的旋涡,阻碍了航行。施工中的其他问题是由于调节空气压力适应潮水水位变化而引起的。

1909年6月24日,由于空气持续逃逸,造成在调节空气压力时出现失误,导致了大规模漏气,如图3-4所示。空气在隧道工作面逃逸时冲开了胸板,冲刷了河床,在河床中扩散的地基约有$600m^3$,并在易北河上形成了6~8m高的水柱。空气逃逸后约10s内,水和$600m^3$左右的土料涌入盾构。6个星期后才恢复隧道掘进。在此后的掘进中,十分谨慎地调节气压,顺利地完成了隧道施工。1911年秋该隧道投入使用。

施工中,平均日进尺为 1.5m,最高日进尺为 3.25m。

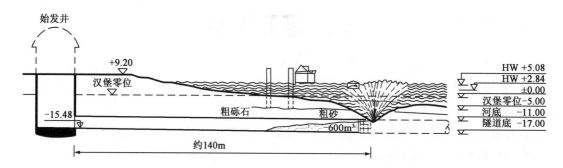

图 3-4 掘进隧道期间易北河隧道发生漏气(1909 年 6 月 24 日)

3.2.2 Kiel Firth 河能源供应隧道

1)工程概况

Kiel Firth 河将德国 Kiel 城市分隔成两部分,1987 年该城决定为城西建造一条能源供应隧道。隧道水平投影长度 1368m,隧道内径为 φ4.1m。隧道穿越的地层为交错分布的黏土、花岗岩漂石、砂及砂砾层,覆土为含淤泥和泥质黏土的沉积物。最高水位在隧道底拱上方约 40m 处。地质纵剖面如图 3-5 所示。

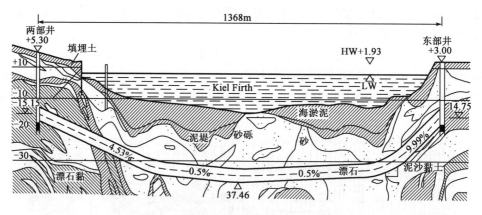

图 3-5 Kiel Firth 河能源供应隧道纵剖面图

2)盾构施工

隧道是按照顶管法修建的。为了适应不同地层,使用了两套不同的开挖机构,如图 3-6 所示。

盾构外径为 φ5.02m,盾构长为 12.7m。顶压站的顶推力为 83000kN,施工中使用了 7 个中继顶压站,每站的顶推力达 30770kN。

在黏土和岩层中,使用 300kN 旋转挖掘机(图 3-7)开挖地层,然后挖出的渣料通过刮板输送机和中间破碎机送到泥浆罐,再用水力方法将渣料排出。在用挖掘机开挖的过程中,如最初的 168m 和最后的 235m,空气压力要求在 0.18~0.32MPa 之间。

在砂和砂砾层中掘进超过了全程的 70%,将挖掘机收回,将压力仓壁关闭,用射流水开挖。开挖土料通过旋转鼓状阀排出,此阀门排出的漂石的长径可达 600mm,且无须进入开挖仓。用水力开挖时,全体工作人员在大气压下工作,隧道工作面的支撑压力约为 0.39MPa。用 0.39MPa 的压缩空气支撑隧道工作面,这对压力壁、盾壳、人仓和材料仓的设计要求很高,所有部件都是严格按压力容器规范设计,并由德国技术监督服务机构进行监督,测试压力为 0.7MPa。

为了适应不同类型的地层,开挖系统的转换是相当必要的,该项目仅用 11 个月就顺利完成,掘进速度为6~8m/d。

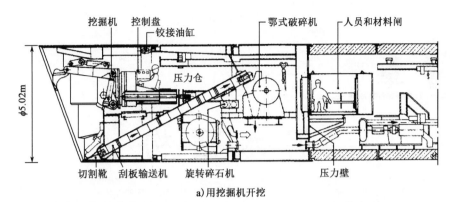

a) 用挖掘机开挖

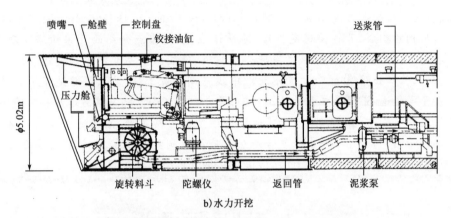

b) 水力开挖

图3-6 用于Kiel Firth河能源供应隧道的压缩空气盾构

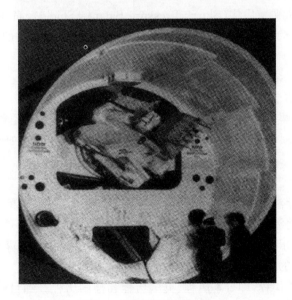

图3-7 盾构内的旋转挖掘机

第 4 章

泥 水 盾 构

> **本章重点**：泥水盾构也称泥水加压平衡盾构(Slurry Pressure Balance Shield)，简称 SPB 盾构。本章介绍泥水盾构的构成、开挖面稳定机理、地质适应范围；重点介绍西气东输城陵矶长江穿越隧道、重庆主城排水过江隧道、日本东京湾海底公路隧道、德国汉堡易北河第四隧道、日本大板商街公园地铁车站、武汉长江公路隧道工程、南水北调中线一期穿黄工程、北京铁路地下直径线工程、广深港客运专线狮子洋隧道 SDⅢ 标工程的施工实例；综合介绍了南京纬三路隧道盾构刀盘刀具设计、南京地铁 3 号线过江隧道盾构刀盘损坏、南京长江隧道盾构刀具改进、南京地铁 4 号线某盾构区间盾构刀盘刀具损坏等案例；介绍了高水压复合地层江底盾尾刷更换技术、盾构掘进主驱动密封失效更换技术、大型泥水盾构江中换刀技术、过江隧道盾构掘进典型事故等案例。

4.1 泥水盾构的构成

泥水盾构也称泥水加压平衡盾构(Slurry Pressure Balance Shield)，简称 SPB 盾构。泥水盾构是在机械式盾构的前部设置隔板、装备刀盘及输送泥浆的送排泥管和推进盾构的推进油缸，在地面上还配有泥水处理设备。

泥水盾构由以下 5 大系统构成：

①一边利用刀盘挖掘整个开挖面、一边推进的盾构掘进系统。

②可调整泥浆物性，并将其送至开挖面，保持开挖面稳定的泥水循环系统。

③综合管理送排泥状态、泥水压力及泥水处理设备运转状况的综合管理系统。

④泥水分离处理系统。

⑤壁后同步注浆系统。

泥水盾构利用循环悬浮液的体积对泥浆压力进行调节和控制，采用膨润土悬浮液(俗称泥浆)作为支护材料。开挖面的稳定是将泥浆送入泥水室内，在开挖面上用泥浆形成不透水的泥膜，通过该泥膜的张力保持水压力，以平衡作用于开挖面的土压力和水压力。开挖的土砂以泥浆形式输送到地面，通过泥水处理设备进行分离，分离后的泥水进行质量调整，再输送到开挖面。

泥水盾构的发展有 3 种历程，即日本历程、英国历程和德国历程。到目前则只有日本和德国两个主要的发展体系。以日本的泥水盾构为基础开发出了土压平衡盾构，而德国的泥水盾构则促使了混合型盾构的开发。德国和日本体系的主要区别是，德国体系的泥水盾构在泥水仓中设置了气压仓，日本体系的泥水盾构的泥水仓则全是泥水。

4.1.1 日本体系

日本一般采用直接控制型泥水盾构(图 4-1)。直接控制型泥水盾构的泥水系统采用泥水平衡模式，其流程如下：送泥泵从地面泥浆调整槽将新鲜泥浆输入盾构泥水仓，与开挖泥土进行混合，形成稠泥浆，然后由排泥泵输送到地面泥水分离站,经分离后排除渣土,而稀泥浆流向调整槽,再对泥浆密度和浓度进行调整后,重新输入盾构循环使用。泥水仓中泥浆压力,可通过调节送泥泵转速或调节控制阀开度来进行。由于送泥泵安装在地面,控制距离长而产生延迟效应不便于控制泥浆压力,因此常用调节控制阀的开度来进行泥浆压力调节。

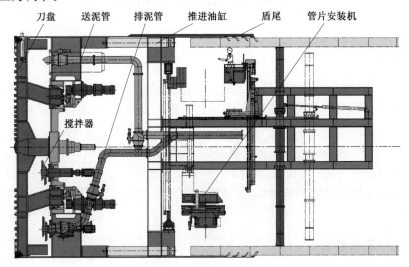

图 4-1　直接控制型泥水盾构(日本体系)

4.1.2　德国体系

德国采用间接控制型泥水盾构(图 4-2),其泥水系统的工作特征是由泥浆和空气双重回路组成,因此也称为"D"模式或气压复合模式。气压复合模式泥水盾构在泥水仓内插装一道半隔板,在半隔板前充以压力泥浆,在半隔板后面盾构轴心线以上部分充以压缩空气,形成空气缓冲层,气压作用在半隔板后面与泥浆的接触面上,由于接触面上气、液具有相同压力,因此只要调节空气压力,就可以确定和保持在开挖面上相应的泥浆支护压力。当盾构掘进时,有时由于泥浆的流失,或推进速度的变化,送、排泥浆量将会失去平衡,气液接触面就会出现上下波动现象。这时通过液位传感器,根据液位的高低变化来操纵送泥泵转速,使液位恢复到设定位置,以保持开挖面支护液压的稳定。也就是说,送泥泵输出量随液位下降而增加,随液位上升而减小,另在液位最高和最低处设有限位器,当液位达到最高位时,停止送泥泵,当液位降低到最低位时,则停止排泥泵。正是由于空气缓冲层的弹性作用,当液位波动时,对支护泥浆压力变化无明显影响。

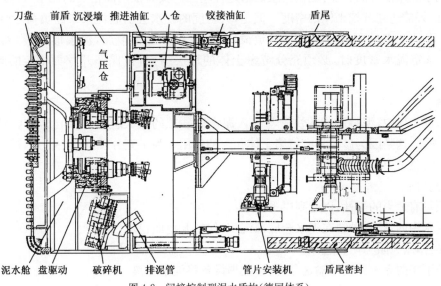

图 4-2　间接控制型泥水盾构(德国体系)

间接控制型泥水盾构与直接控制型泥水盾构相比,操作控制更为简化,对开挖面土层支护更为稳定,对地表变形控制也更为有利。

4.2 开挖面稳定机理

4.2.1 泥膜形成机理

泥水盾构是通过在泥水仓中产生适当压力的泥浆,使其在开挖面形成泥膜,支承隧道开挖面的土体,并由刀盘切削土体表层的泥膜,与泥水混合后,形成高密度的泥浆,然后由排泥泵及管道把泥浆输送到地面进行分离处理。

在泥水平衡的理论中,泥膜的形成是至关重要的,当泥水压力大于地下水压力时,泥水按达西定律渗入土壤,形成与土壤间隙成一定比例的悬浮颗粒,被捕获并积聚于土壤与泥水的接触表面,泥膜就此形成。随着时间的推移,泥膜的厚度不断增加,渗透抵抗力逐渐增强。当泥膜抵抗力远大于正面土压力时,产生泥水平衡效果。

4.2.2 泥膜形成的基本要素

泥水盾构施工时稳定开挖面的机理为:以泥水压力来抵抗开挖面的土压力和水压力以保持开挖面的稳定,同时控制开挖面变形和地基沉降;在开挖面形成不透水性泥膜,保持泥水压力有效作用于开挖面。从泥水平衡理论中可以看出,在泥水盾构法施工中,尽快形成不透水的泥膜是一个相当关键的环节。

在开挖面,随着加压后的泥水不断渗入土体,泥水中的砂土颗粒填入土体孔隙中,可形成不透水的泥膜。而且由于泥膜形成后减小了开挖面的压力损失,泥水压力可有效地作用于开挖面,从而可防止开挖面的变形和崩塌,并确保开挖面的稳定。因此,在泥水盾构施工中,控制泥水压力和控制泥水质量是两个重要的课题。

为了保持开挖面稳定,必须可靠而迅速地形成泥膜,以使压力有效地作用于开挖面。为此,泥水应具有以下特性:

1)泥水的密度

为保持开挖面的稳定,即把开挖面的变形控制到最小限度,泥水密度应比较大。从理论上讲,泥水密度增大能使泥水屈服值升高,同时能使泥膜的稳定性增强。实验证明高密度的泥水可以产生高质量的泥膜,泥水密度最好能达到开挖土体的密度。但是,大密度的泥水会引起泥浆泵超负荷运转以及泥水处理困难;而小密度的泥水虽可减轻泥浆泵的负荷,但因泥粒渗走量增加,泥膜形成慢,对开挖面稳定不利。因此,在选定泥水密度时,必须充分考虑土体的地层结构,在保证开挖面稳定的同时也要考虑设备能力。

2)含砂量

在强透水性土体中,泥膜形成的快慢与掺入泥水中砂粒的最大粒径以及含砂量(砂粒重/黏土颗粒重)有密切的关系,这是因为砂粒具有填堵土体孔隙的作用。为了充分发挥这一作用,砂粒的粒径应比土体孔隙大而且含量适中。

3)泥水的黏性

泥水必须具有适当的黏性,以起到以下效果:

①防止泥水中的黏土、砂粒在泥水仓底部沉积,保持开挖面稳定。

②提高黏性,增大阻力防止逸泥。

③使开挖下来的弃土以流体输送,经泥水处理设备将泥水分离。

4)泥水压力

土体一经盾构开挖,其原有的应力即被释放,并将产生向应力释放面的变形。此时,为控制地基沉降,保持开挖面稳定,必须向开挖面施加一个相当于释放应力大小的力。泥水盾构中由泥水压力来抵消开挖面的释放应力。

虽然渗透体积随泥水压力上升而增大,但它的增加量远小于压力的增加量,而增加泥水压力将提高作用于开挖面的有效支承压力。因此,开挖面在高质量泥水条件下,增加泥水压力会提高开挖面的稳定性。在决定泥水压力时主要考虑开挖面的水压力、土压力以及预留压力。

4.2.3 掘进速度与泥膜的关系

泥水盾构处于正常掘进状态时,刀具并不直接切削土体,而是对刀盘正面已形成的泥膜进行切削。在切削后的一瞬间,又形成了下一层泥膜。由于盾构刀盘转速是一定值,而且盾构推进速度最大能力又受到一定限制,因此掘进速度只和切入土体的深度有关,而和泥膜无关。但是当泥水盾构在不正常掘进状态时,特别当泥水质量和泥水压力达不到设计要求时,泥膜需经过较长时间才能形成,这样就约束了掘进速度。高质量泥水形成泥膜的时间为1～2s。

4.3 地质适应范围

泥水盾构最初是在冲积黏土和洪积砂土交错出现的特殊地层中使用,由于泥水对开挖面的作用明显,因此在软弱的淤泥质土层、松动的砂土层、砂砾层、卵石砂砾层、砂砾和坚硬土的互层等地层中均适用。目前泥水加压盾构工法对地层的适用范围不断扩大,即使处于恶化的施工环境和存在地下水等的不良条件下,由于有相应的处理方法,因而几乎能适应所有的地层。

4.3.1 黏性土层

黏土矿物经相互间电化学结合而形成的黏性土层,近似变质了的琼胶块状体,由泥水比重和加压带来的力有利于开挖面的稳定,不论黏性土层的软弱状态如何,都适合用泥水盾构施工。泥水盾构也适用于粉砂土地层施工。

4.3.2 砂层

不含水的砂层由于漏浆,不能保持对开挖面的加压和稳定。通常,在含有某一数量的粉砂土、黏土的冲积层中,几乎都有一定的含水量,全部都是细砂的地层是少见的,干燥的松弛砂也很少有,由于砂层内摩擦角有许多是在28°左右,所以大部分可用泥水加压来保持开挖面的稳定。松弛的含水率高的砂层,在其他盾构工法中很难保持土层稳定,可采用泥水盾构并提高其泥水比重、黏度和压力。

4.3.3 砾石层

对于水分多、不含有作为黏合剂的粉砂土及黏土等的砾石层和有大直径的砾石层,可采用泥水盾构施工,并在泥水仓内安装砾石破碎装置。

4.3.4 贝壳层

贝壳层很难称为一种土层,但含有水。存在于土体中的贝壳很多,同上述砾石层一样更加坚硬,开挖面很难稳定,但使用泥水并用大刀盘挖土就可以适应地层。泥水盾构能适用于各类地质的土层,对开挖面难以稳定的土质特别有效,还能克服地面条件和其他地下条件的因素所造成的种种困难,譬如上部是河或海等有水体的地方、有道路、建筑物的地方、要减少沉降的地方等。在这些场所采用泥水加压盾构,无论在工法上还是经济上都是有效的。

4.4 国内外泥水盾构施工实例

4.4.1 西气东输城陵矶长江穿越隧道

西气东输城陵矶长江穿越隧道"小断面泥水盾构施工技术与应用"详见视频4-1(编者按:该视频由中铁隧道集团二处有限公司提供,因录制较早,里面的数据中关于中铁隧道集团拥有盾构TBM数量当时为45台,目前为82台。)。

视频4-1 小断面泥水盾构施工技术与应用

1)工程概况

西气东输城陵矶长江穿越隧道,由中铁隧道集团施工。这是忠(县)武(汉)天然气管道干线潜江支线工程的控制工程之一,位于城陵矶下游约4km处,隧道内径为2.44m,全长2756.379m,是目前已建的长江隧道中最长的一条隧道。在长江南北两岸各设一施工竖井,北岸竖井φ4m,深67.5m,位于湖北省监利县白螺镇朱田王村;南岸竖井φ7.5m,深35.5m,位于湖南省岳阳市云溪区松阳湖农场。该工程于2003年1月8日开工,按设计要求,江南段1711.379m采用泥水加压盾构施工,江北段1045m采用钻爆法开挖。但实际施工中,钻爆法开挖困难重重,虽然盾构法段因变压器故障被迫停工一个月,但盾构施工仍先到达分界点。在征得投资方同意后,盾构法施工追加300m。2011.379m盾构法隧道于2003年10月17日开始掘进,2004年7月19日顺利完成,并在2004年5月份创造了日掘进22m和月掘进369m的业绩。该工程地质条件复杂,隧道穿越长江大堤和透水性强的断层29条,其中盾构段穿越16条断层,最大断层达11m;长江水压最高时达0.66MPa。隧道竖井离大堤外侧仅为80m,竖井周围的地层沉降控制和干堤防汛也是施工中的重点和难点。

2)地质条件

(1)工程地质条件

城陵矶长江穿越隧道地处长江中游江汉冲积平原与江南低山丘陵区过渡地带,盾构法隧道位于长江南岸,主要为低山丘陵地形,干堤内为分洪区,地面高程为26.40~28.30m。隧道穿越区河谷断面总体上呈宽缓的"U"形,河床面(包括两岸岸坡)宽1800m;枯水期水位为18.50~19.00m,江面宽1500m左右;一般洪水位为30m左右,江面宽2480m;两岸长江干堤防洪设计水位为32.60m,防汛水位为27.2m,警戒水位为28.2m,危险水位为29.70m。深泓区河床面高程为7.5m左右。由于现代河床边界对河槽的约束作用,以及筑堤对河道的控制作用,穿越区河道基本稳定,河床调整主要表现为深泓的局部摆动及河床冲淤的动态变化。盾构隧道穿越的地质如下:

岩石强风化带(V级围岩),岩质呈疏松状至半疏松状或半夹半干硬状,散体结构,裂隙发育,岩体破碎,透水性强,岩体基本质量指标BQ不大于250。工程地质条件差,围岩基本无自稳能力,边壁及拱顶易产生坍塌、塌方、片帮等问题,洞顶普遍有滴水、淋雨现象。其中ZK1+330~ZK1+880、ZK2+190~ZK2+215、ZK2+400~ZK2+510、ZK2+665~ZK2+695段存在脉状透水体,可能出现较大涌水。

中等风化带（Ⅳ级围岩），围岩稳定差，围岩稳定时间短，约数小时至数日。岩石饱和抗压强度平均值为30MPa，属较硬岩石，裂隙分布不均，岩体部分较破碎，部分较完整。岩体主要属弱透水，局部（中等风化带上部）为中等透水。岩体基本质量指标BQ为215～277.5。

微风化带（Ⅲ级围岩），围岩稳定性差，能稳定数日至一个月。岩石饱和抗压强度平均值为35MPa，属较坚硬岩石，岩体完整系数为0.52～0.81，岩体较完整～完整，局部较破碎。岩体属弱～微弱透水。岩体基本质量指标BQ为284～356.5。

(2) 水文地质条件

穿越区地下水按埋藏条件和径流条件可分为：覆盖层孔隙潜水、基岩裂隙水及孔隙压水。

①覆盖层孔隙潜水：主要分布于两岸黏土、粉质黏土及粉土中，河床部位分布于细砂及卵石层中，由大气降水、地表水及降水补给。隧道在江底穿越卵石层，为强透水性地层，对盾构的密封性能要求较高。

②岩裂隙水：本段基岩主要为绿泥石泥质板岩（SLl）、白云石质泥质板岩（SLb）、浅变质粉砂岩（Mss）。上述3种岩石本身透水性弱，岩体富水性主要受风化程度影响，赋存于风化较强的基岩裂隙中。两岸岸坡基岩裂隙水补给主要为上部孔隙潜水或孔隙承压水，河床则由孔隙潜水或江水直接补给。

③孔隙承压水：主要分布于两岸黏土及粉质黏土层以下粉土、细砂及卵石层中，江水为主要补给来源。其埋深12m左右，水位与江水位齐平。主水可越层补给上部潜水。

隧道穿越地带存在脉状透水体，主要为透水性较强的断层、层剪切带、裂隙、石英脉等组成，是岩体中地下水运输的主要通道。脉状透水体（区）局部具有承压性，与基岩裂隙水的水力联系密切，使与之形成复杂的地下渗流网络。隧道开挖过程中，在脉状透水体（区）分布的洞段往往以滴水、渗水和喷射等形式流入洞室内，对穿越隧道的稳定性极为不利。本工程盾构法施工，隧道为过江隧道，最大水头压力达0.66MPa，对盾构的密封性和承压能力要求较高。

(3) 工程特点

①施工方法。盾构自长江南岸竖井始发，先以25‰的下坡推进，距长江底部约12m，最后以3‰的下坡穿越长江，与矿山法隧道实现对接后拆卸。工程所处位置的长江大堤外侧间的宽度为2300m左右，南岸井口离大堤外坡脚的距离为80m。

②结构要求。管片内径为2.44m，厚度250mm，拼装式结构，管片间设橡胶止水带，衬砌环采用错缝拼装，设计防水等级为二级。

③地质级别变化大。隧道主要从全～微风化的绿泥石泥质板岩、白云石质泥质板岩、粉砂岩、黏土、粉质黏土、细砂、卵石层等地层中穿越，按风化程度分为全、强、弱、微4层（带）。地质条件变化大，盾构既要应对软岩、卵石、砂，又要应对黏土、岩石，最大饱和抗压强度为45MPa，卵石最大粒径12cm。盾构隧道穿越断层16条，断层透水性强。

④埋深变化大。隧道最大埋深50m，最小埋深28m。

⑤水压变化大。隧道在长江江底下通过，最高水柱高度达65m，江底穿越时隧道距离江底最小覆土厚度为28m，最大水压0.66MPa，水压变化大，施工防水极为重要，尤其是断层及破碎带具有较强的透水性，对盾构的防水性能提出了极高的要求。

⑥隧道穿过长江大堤。隧道在长江大堤下通过，需严格控制地表的沉降。

⑦掘进方向要求严。隧道掘进方向误差为±50mm，要求盾构方向控制能力强。

3) 盾构选型

(1) 盾构主机

西气东输城陵矶长江穿越盾构隧道采用德国海瑞克公司AVN2440DS型泥水加压盾构施工，盾构的构造如图4-3所示。

盾构全长15.338m，为了提高盾构的灵敏度，也为了减小盾构始发竖井的尺寸，盾构在长度方向分为4段。

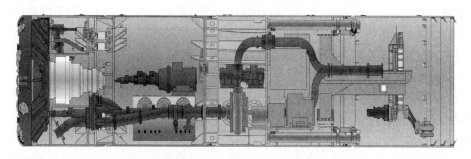

图 4-3　德国海瑞克 AVN2440DS 型泥水加压盾构

①第一段包含刀盘及前盾，主要由刀盘、主轴承、驱动刀盘旋转的液压马达、行星齿轮减速器、锥形破碎器及气压仓组成。主驱动系统为中心支承式。刀盘上共有 4 把单刃中心滚刀，6 把双刃正滚刀，3 把三刃边滚刀，30 把切刀，6 把刮刀，6 把周边刮刀。刀盘的结构及刀具的布置如图 4-4 所示。

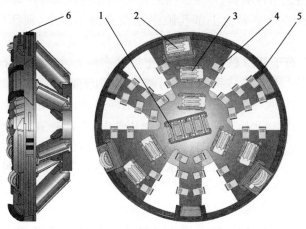

图 4-4　刀盘的结构及刀具布置
1-单刃中心滚刀；2-三刃边滚刀；3-双边正刀；4-切刀；5-刮刀；6-周边刮刀

沉浸墙将前盾（切口环）分隔成两个区域，前部为开挖仓（泥水），后部为气压仓。在沉浸墙上部有一门可以让人员进入开挖仓进行检查和更换刀具，开挖仓底部安装有锥形破碎器，直径大于 80mm 的岩石通过锥形筛板挤压破碎后再进入排浆管路中，有效地防止管路堵塞。切口环后部的气压仓主要用于带压检查更换刀具和在气压复合模式下进行掘进。

②第二段为支承环前段，主要设置主驱动电机及液压泵系统、液压油箱、管片安装机的液压驱动系统、盾壳导向液压油缸和液压油箱的冷却滤清系统以及进排泥浆管路旁通闸组。在左侧安装有减压仓。

该段与切口环通过 4 组 8 个导向液压油缸连接。掘进时通过控制各组导向油缸的不同伸缩量，可以使盾构按预定的方向推进，实现盾构纠偏和曲线掘进施工。

③第三段为支承环后段，该段设置推进油缸和排泥泵。掘进时推进油缸紧紧顶在已拼装成环的管片上，将推力传递给刀盘。另外该段还有主操作控制面板、导向系统显示屏、液压油箱、管片安装机以及为推进和注浆提供动力的液压泵站等。

推进油缸由一变量泵提供动力，掘进时通过控制泵的流量输出来控制相应的推进速度。在主控制面板上只能控制所有的油缸同时伸出，在管片安装控制面板上才能分组控制油缸的伸出和缩回。

管片安装机固定于盾构第三段的尾部，是在盾构第四段（盾尾）范围内进行工作的。安装管片时，首先停止掘进，然后通过主控板上的"管片安装"按钮，将控制板转到遥控面板上。此时可在遥控面板上独立缩回相应的推进油缸进行安装管片，而其他油缸必须顶紧管片。管片安装机具有 6 个自由度，可以保证管片的精确拼装。

支承环后段与前段通过 16 套预紧力螺栓连接成一体。推进系统均匀分布有 4 个位移传感器，推进油缸的伸长量显示在控制面板上。

④第四段为盾尾,位于主机的最后一节,它与支承环后段通过6个铰接油缸连接,其中上、左、右3个铰接油缸的行程显示在控制面板上。

盾尾主要包括:能承受高达0.7MPa水压的4排钢丝刷密封,用于向密封刷空腔内注入油脂的8根注脂管及用于管片壁后同步注浆的4根注浆管路。

(2)后配套拖车系统

盾构后配套系统包括8节拖车,盾构掘进所必需的辅助设备分别安装在各节拖车上。

1号拖车:安装有管片举升装置和管片吊机,主要用来将管片从管片运输车辆上卸下,并吊运至管片安装机部位,以便管片安装机抓举和安装管片。

2号拖车:安装有同步注浆泵及盾尾油脂泵系统,在盾构掘进过程中及时将砂浆注入管片的背后,以及将油脂注入盾尾密封刷中。

3号拖车:安装有砂浆储存装置及搅拌装置,用来临时储存洞外运输进来的砂浆。

4号拖车:安装有排泥泵驱动电机的变频装置以及主要的低压配电柜。

5号拖车:安装有830kV·A的主变压器以及低压主开关等配电装置。

6号拖车:安装有送排浆管延伸装置。

7号拖车:安装有通风管储存装置及轨道、送排泥浆管的吊装装置。

8号拖车:主要有高压电缆储存装置,用于延伸高压电缆。

(3)盾构主要技术参数

海瑞克AVN2440DS型气压复合式泥水加压平衡盾构主要技术参数见表4-1。

德国海瑞克AVN2440DS型气压复合式泥水加压平衡盾构主要技术参数 表4-1

项 目	参 数 名 称	技 术 参 数
尺寸与重量	主机长	15.338m
	总长	65m
	主机质量	144t
	后配套质量	51t
	刀盘直径	φ3201mm
	前盾/中盾前段/中盾后段/盾尾直径	φ3185/3180/3175/3170mm
管片尺寸	外径×内径×环宽	φ2940×φ2440×1000mm
刀盘	最大扭矩	902kN·m
	转速	0~6.8r/min
	开口率	32%
	功率	250kW
刀具布置	中心刀(12in单刃滚刀)	4把
	正滚刀(12in双刃滚刀)	6把
	边滚刀(12in三刃滚刀)	3把
	切刀	30把
	刮刀/周边刮刀	6把/6把
推进油缸	最大推进速度	6cm/min
	最大总推力	17000kN
	数量/行程	12个/2300mm
铰接油缸	数量	8个
盾尾密封	钢丝刷密封	4道

续上表

项　目	参数名称	技术参数
泥水输送系统	送泥泵	400m³/h、132kW、1台
	送泥管道内径	250mm
	排泥泵	400m³/h、160kW、3台
	排泥管道内径	200mm
	送排泥管伸缩长度	4.5m
同步注浆系统	注浆泵	12m³/h、30kW
变压器	容量	850kV·A
	输入电压/输出电压	10kV/400V

(4)盾构的特点

西气东输城陵矶长江穿越隧道采用了德国海瑞克 AVN2440DS 型气压复合式泥水加压平衡盾构，其泥水加压采用泥水平衡与气压复合模式见视频 4-2。

视频 4-2　泥水平衡与气压复合模式

海瑞克 AVN2440DS 型气压复合式泥水加压平衡盾构的主要特点如下：

①刀盘是针对城陵矶长江穿越隧道的地质设计的，采用了面板型结构，安装了板岩和泥土型专用刀具，有多个渣槽，渣槽布置与渣土开挖量对应。滚刀高于切刀和刮刀 25mm，切刀、刮刀高度相同；刮刀周边伸出刀盘 12mm，边滚刀周边伸出刀盘 23mm；6 把 12in 双刃盘形滚刀适用于挤压、剪切破碎掌子面的硬岩；3 把 12in 三刃盘形边滚刀适用于挤压、剪切破碎掌子面圆周方向的硬岩；30 把切刀适用于切削被滚刀挤压破碎后的硬岩或切削软土、软岩及黏性土层等；6 把刮刀用于收集疏松的石渣并通过刀盘开口导入开挖仓的内部。刀盘的结构及刀具的布置可以适用于土层、砂层、黏土层等软弱地质，又能适用于软岩以及抗压强度 50MPa 以下的硬岩，因而完全能适应本工程的各种地质。

②能适应本工程的水文地质。满足本工程地下水丰富，水压高，渗透系数大的工程特点，主轴承密封及盾尾密封的承压能力按 0.7MPa 设计。主轴承采用了 4 道唇形密封，盾尾密封采用 4 道钢丝刷密封。

③铰接式盾构便于曲线掘进和掘进方向纠偏；铰接位置在支承环与盾尾之间，便于盾尾部分的摆动，延长盾尾密封的寿命；盾构的外径从前到后依次递减，以减小推进阻力。

④同步注浆系统的注浆管路内置在盾尾壳体内，另设有 4 根备用注浆管路，可保证同步注浆的可靠性，能及时有效地对管片和地层间的空隙进行充填。

⑤泥水仓内有泥浆输入和输出管路，管路直径大，在开挖仓内设有碎石破碎装置，可对大颗粒石渣进行破碎，控制进入排泥管的石渣粒径尺寸，保证泥浆的泵送效果。

⑥泥水压力具有自动调节功能，能对送排泥流量进行监测，能自动调节泥水压力和流量、使泥浆输送

量和渣土的开挖量相一致,保持泥水压力与土层压力和水压力平衡,保证工作面的稳定。

⑦推进油缸中心线与管片中心重叠,管片受力良好,油缸行程全部为2300mm,管片分6块采用错缝拼装。

⑧激光导向和姿态控制系统保证掘进方向的准确性和盾构姿态的控制。

⑨数据采集系统,具有故障自动诊断功能。

⑩刀盘采用液压马达驱动,便于刀盘调速,驱动系统紧凑,可靠性高。

4)盾构法施工

(1)盾构始发技术

①后盲洞及始发隧道施工。

为了盾构组装和始发的需要,盾构下井前先在隧道方向用钻爆法施工一长13m(隧道净宽5.2m,净高4.1m)的始发洞;始发隧道纵向坡度与盾构隧道纵向坡度一致,均为25‰;并保证盾构隧道圆心高程与设计圆心高程一致。同时为了给始发提供电源,因盾构的配电柜和变压器分别设置在后配套的4号及5号拖车上,两节拖车的尺寸分别为6430mm×2289mm×2063mm和6835mm×2154mm×2043mm,为此需在盾构始发洞的相对方向预先施工一8400mm×4500mm×2750mm的盲洞以放置这两节拖车。图4-5为施工竖井、始发洞与后盲洞示意图。

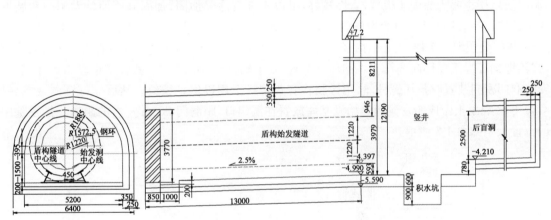

图4-5 始发隧道及后盲洞结构示意图(尺寸单位:mm)

②始发附属设施的制作及安装。

a.始发基座的安装。

盾构始发时与设计线路坡度一致,始发基座基础施作一整体强度为C30的混凝土平面,沿线路方向坡度为25‰,始发基座直接放置在基础面上。始发基座采用20mm厚钢板加工而成,其中基座横梁部分采用[16槽钢对焊,尺寸为160mm×65mm×8.5mm。基座长度共18.64m,为方便下井安装,每4m做成一段,最后2.64m为一段,现场连接时采用坡口带20mm垫板方式焊接。为防止盾构始发时基座横向移动,在离混凝土基础面高30cm,间隔1.5m用膨胀螺栓对称固定厚为20mm、长宽均为40cm的钢板于竖井及始发隧道两侧边墙上,再用型号I16的工字钢焊接在基座侧面与钢板上,起到加固基座的作用。始发基座断面图如图4-6所示。

基座中线的确定是在后盲洞内焊接一根高0.5m的钢筋,始发洞内接近掌子面也焊接一根高0.5m的钢筋,为确保钢筋稳固,加适当的支撑固定钢筋。然后将线路中线点放在钢筋上,并用红油漆标注出来;盾构基座就位确定中线时,用线绳系在红油漆处采用拉线绳的方式来检测中线位置。基座标高的确定是在竖井及始发隧道的两侧边墙上,每隔5m定出水准点,按线路前进方向25‰的坡度逐里程放好。盾构基座就位确定标高为水准点下0.7m为地面标高,向上1.14m为盾构圆心标高,可随时检查基座方向和标高。为确保盾构始发姿态,基座高程控制在0~+5mm,预抬头考虑5mm,防止盾构进入岩层后低头过大,线路中心线控制在±5mm。盾构始发后测得盾构姿态水平偏差为+3mm,竖直偏差为+7mm,满足规范要求。

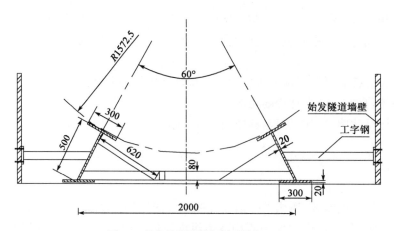

图 4-6 始发基座断面图(尺寸单位:mm)

b. 始发洞门密封装置的安装。

为了满足盾构始发时洞门的防水要求,在始发隧道施作时保证始发长度的同时,再向前开挖了 85cm。在盾构中线方向以及盾构圆心标高重合处,留出一个直径为 3770mm、长 85cm 的圆洞作为始发洞门,洞门段地层主要为绿泥质板岩,岩性较好,可以不进行注浆加固;加固洞门使始发洞门和始发隧道浇筑成一整体,在始发洞门处向始发隧道壁环向打入两排 $\phi22$ 的螺纹钢作为锚杆,锚杆长 2.0m、间距 0.5m。在洞门处预埋一个厚 12mm、内径 3470mm、外径 3770mm 的圆钢环,钢环的圆心与盾构隧道圆心重合,将预埋钢环焊接在环向锚杆上。钢环上留有 48 个螺栓孔,用 M24 的螺杆从里套出焊在钢环上,为防止安装洞门密封装置时损坏螺杆丝,用橡胶管套在螺杆上用以保护螺纹。然后立好圆洞及端头模板,浇筑 C30、S12 混凝土做成始发洞门。始发基座放置在洞门口,距洞门 20cm 左右的距离。始发基座与始发洞门位置关系如图 4-7 所示。

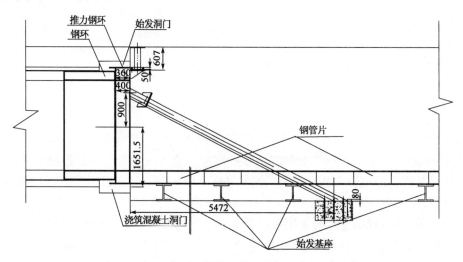

图 4-7 始发基座与始发洞门位置关系图(尺寸单位:mm)

为了防止盾构始发掘进时泥土及地下水从盾壳和洞门的间隙处流失,以及盾尾通过洞门后背衬注浆浆液的流失,在盾构始发时安装了洞门密封装置,密封装置由帘布橡胶板、钢环、销轴式压板、垫片和螺栓等组成,如图 4-8 所示。

密封装置安装前应对帘布橡胶的整体性、硬度、老化程度等进行检查,对圆环板的成圆螺栓孔位等进行检查,并提前把帘布橡胶的螺栓孔加工好。盾构进入预留洞门前在外围刀盘和帘布橡胶板外侧涂润滑油,以免刀盘刮破帘布橡胶板影响密封效果。

c. 洞门推力钢环及支撑的施作。

当盾尾密封刷上的圆钢环和推力钢环被推到洞门,推力钢环进入洞门密封装置的销轴式压板后,推

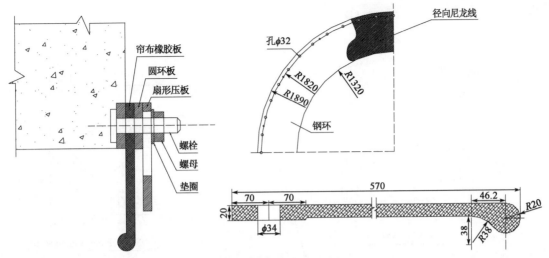

图 4-8 洞门密封示意图(尺寸单位:mm)

力钢环固定于洞门处。为固定推力钢环,同时盾构掘进时给推力油缸提供反力,在始发隧道距离洞门5.6m处基座的两侧提前预埋好钢板。采用型号[22的槽钢对焊,做成斜支撑焊接于推力钢环和预埋钢板上,再用型号[22的槽钢对焊,在推力钢环和隧道顶部之间安装顶支撑。洞门推力钢环支撑如图4-9所示。

d. 始发反力架结构及预埋件基础施作。

为满足盾构拼装和始发时给推进装置(撑靴和推力油缸)提供支撑反力,在后盲洞洞口设置了反力架。反力架采用型钢结构,具有足够的刚度和强度,反力架支撑预埋件在浇筑底板混凝土时已提前预埋好。推力油缸支座安装在反力架前面,直接顶在反力架上,当推力油缸推动负环使盾构向前推进一行程后(一行程为1.0m),缩回推进油缸,吊装下一负环管片放于基座上并用螺栓与上一

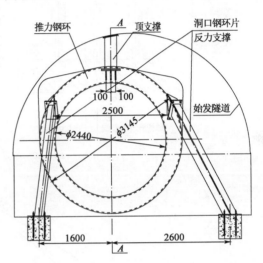

图 4-9 洞门推力钢环支撑图(尺寸单位:mm)

负环管片连接,再用推力油缸推进,使盾构向前掘进。反力架的横向位置保证负环管片传递的盾构推力准确作用在反力架上。安装反力架时,先用经纬仪双向校正两根立柱的垂直度,使其形成的平面与盾构的推进轴线垂直。为了保证盾构推进时反力架稳定,用预埋钢板和型钢作为反力架的斜支撑进行纵向加固。始发反力架结构如图4-10所示。

e. 钢环、推力钢环与混凝土管片的连接。

为防止泥浆、地下水从洞门密封处流失,钢环、推力钢环被推到洞门口,脱离盾尾密封钢丝刷后,为保证连接成整体,钢环与推力钢环采用焊接方式连接,钢环与混凝土管片连接采用螺栓连接。

f. 负环结构及连接形式的确定。

负环管片采用负环钢管片。负环钢管片为厚345mm,内径1220mm,外径1565mm,圆心角100°的扇形钢制圆环,纵向加钢管焊接加固。负环钢管片共19片,每环负环管片长950mm,始发时放在始发基座上采用螺栓连接推动盾构向前掘进。负环管片结构如图4-11所示。

③盾构始发步骤。

主机的组装采用200t汽车吊进行吊装下井;后配套及附属设备的吊装采用10t门吊。盾构始发步骤如下:

a. 将4号、5号拖车吊入竖井并拖入盲洞内,在盲洞口安装反力架并测量调试好。

b. 将前盾及刀盘吊入竖井,并放在始发基座上向前推进适当距离以放置第二节主机。

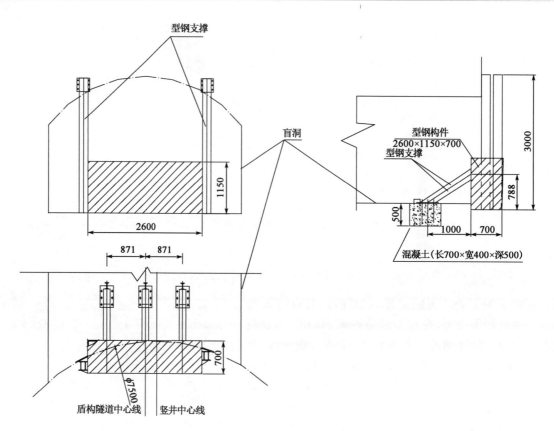

图 4-10　始发反力架结构图(尺寸单位:mm)

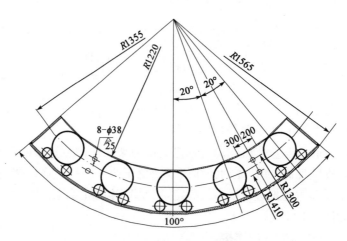

图 4-11　负环管片结构图(尺寸单位:mm)

c. 盾构第二节吊装就位并与第一节连接,向前推进适当距离。

d. 盾构第三节吊装就位并与第二节连接,连接相关管线。

e. 将盾构已安装部分向前推进,以使已安装部分的后端与反力架之间有最大的距离。

f. 放下盾尾,用吊车把盾尾直接定位在盾构主机第三节的后面。

g. 把提前制作好的钢环和推力钢环焊接好,安放在盾尾密封钢丝刷上,然后用[12槽钢固定推力钢环于盾壳上。

h. 安装盾构支承环和盾尾之间的油缸。

i. 把推力油缸安装在反力架上。

j. 在盾尾后面安装第 1 片负环管片,并用螺栓与推力钢环连接。

k. 用推力油缸推进一个完整的行程 1000mm。

l. 在第 1 片负环管片后安装第 2 片负环管片。

m. 推动推力油缸使刀盘完全推入始发密封内。

n. 在盲洞内将第 4 号、5 号拖车安装好,并连接好电缆。

o. 安装完从竖井到泥水分离装置的所有旁通泥水回路。

p. 启动盾构并试运转。

q. 掘进并再安装 4 片负环管片。

r. 安装 1 号拖车。

s. 安装管片吊车轨道和泥水管线。

t. 掘进并再安装 7 环负环管片。

u. 安装 2 号拖车。

v. 掘进并再安装 6 片负环管片,以便使推力钢环完全进入始发密封内。

w. 安装洞门推力钢环斜支撑,在钢推力环和隧道顶部之间安装反力架顶支撑。

x. 安装 3 号拖车,注浆系统试运转。

y. 掘进并安装第一环混凝土管片,混凝土管片与钢环采用螺栓连接。

z. 掘进并安装第二环混凝土管片。

ⓐ掘进并安装第三环混凝土管片后进行第一次注浆并注满。

ⓑ掘进 33 环,将 4 号、5 号拖车从盲洞内拖出安装就位,并安装 6~8 号拖车。

ⓒ完成 110m 掘进后,拆除后盲洞反力架支撑装置,拆除盾构始发基座,铺设隧道底板轨道,盾构进入正式掘进状态。

(2)盾构掘进技术

①掘进速度与地质参数的关系。

推进速度受到推力、刀盘转速、刀盘扭矩等因素的制约,由于盾构的推进是依靠刀盘破岩来实现的,因此掘进中确保刀具受力不超过额定载荷至关重要。

当围岩较稳定、抗压强度较高时,在相同的推力条件下,刀盘切削掌子面时刀具的贯入度就相对较小,也就是说推进速度较低。若加大推力也可以提高推进速度,但是在加大推力时必须保证各刀具所受的力不超过其额定载荷。

当工程地质条件较差,围岩稳定性较差,如断层带较破碎,涌水量较大、节理较发育的地层(如 ZK1+835~ZK1+865、ZK2+400~ZK2+450),此时刀盘破碎围岩所受的力较小,刀盘旋转时的扭矩较大,盾构整机在掘进过程中较不稳定,应采取低转速大扭矩。在这种情况下盾构掘进时的推进压力较小,其推进速度也就较高。城陵矶长江穿越隧道掘进时,各种地质参数下的推进速度见表 4-2。

不同地质段的掘进参数　　　　表 4-2

围岩级别	掘进速度(mm/min)	刀盘转速(r/min)	刀盘压力(MPa)	推进压力(MPa)
Ⅴ	30~40	3.4~5	9~12	7~8.5
Ⅳ	18~25	5~6.8	8~14	7~9
Ⅲ	7~16	5~6.8	7~16	8~12

从表 4-2 中数据可以看出:在稳定性差、较为破碎的 Ⅴ 级围岩中,盾构的推进压力较低,压力的波动较小,在刀盘转速低时破碎扭矩较大,其掘进速度可达 30~40mm/min,此情况在通过本隧道中两个较大的断层 f20(ZK1+835~ZK1+865)和断层 f25(ZK2+400~ZK2+450)较为明显;在稳定性较好、抗压强度稍高的 Ⅲ 级围岩中(如 ZK1+045~ZK1+080、ZK1+220~ZK1+330),盾构受的切削阻力较大,刀盘的扭矩和推进压力都较高并波动较大,其推进速度仅为 7~16mm/min。

②泥水压力与地质参数的关系。

城陵矶长江穿越隧道盾构施工段围岩自稳较好时,掌子面不需要开挖仓内泥水的压力来稳定,在这种情况下开挖仓内泥水的压力可控制在 0.05~0.1MPa 之间,盾构在泥水模式下掘进。这时应调整送排泥量使排泥量略大于送泥量，以保证排渣顺利进行。

在断层破碎带或遇有裂隙水丰富或围岩稳定性差的情况下，掌子面不能够自稳，容易发生坍塌现象，在这种情况下应加大开挖仓泥水的压力，泥水压力一般应保持在0.3~0.4MPa，使开挖仓内膨润土和泥浆的混合液加压渗到掌子面前的破碎的围岩中，以稳定掌子面，保证在掘进过程中掌子面不发生坍塌。

③掘进参数的选择。

德国海瑞克AVN2440DS型泥水盾构具有两种掘进模式，即泥水平衡模式和"D"模式，其主要区别如下：

使用的泥水不同。"D"模式使用的泥水为膨润土悬浮液；泥水平衡模式使用的泥水可以为清水，也可以是膨润土悬浮液。

控制方式不同。"D"模式为间接控制式，通过气压仓的气压控制泥水压力，来平衡掌子面的水压和土压；由于气压仓的空气垫具有缓冲吸振作用，掌子面的泥水压力的波动不会很大；掌子面的泥水压力靠压缩空气垫自动控制；压力平衡室的液面靠进、排压缩空气量控制；泥水平衡模式为直接控制式，通过加压泥水平衡掌子面的水压和土压，泥水压力靠进、排浆量来控制。

适用地质不同。"D"模式适用于泥水盾构所能适用的所有地质；泥水平衡模式主要适用于掌子面自稳性较好，涌水量不大的地质条件。

掘进模式的选择取决于地质情况。在开挖面稳定性良好的情况下，可以采用泥水模式（欠压）、泥水平衡模式；开挖面稳定性较好时，采用泥水平衡模式；围岩稳定性差时，使用泥水平衡模式或"D"模式（气压复合模式）。城陵矶大部分时间采用泥水模式（欠压）施工；在围岩稳定性不好、涌水量大的地段采用泥水平衡模式施工。

a. 泥水平衡模式。

泥水平衡模式是AVN2440DS型复合式盾构的主要操作模式，其原理是通过刀盘来切削掌子面的围岩，位于地面的送泥泵将浆液送入开挖仓，排泥泵将刀盘切削下来并经破碎的石渣泵送至地面的泥水处理系统进行石渣的分离，通过控制送排泥量来使开挖仓维持一定的压力，这个压力即可平衡掌子面的水压和土压，保证掌子面的稳定。

在泥水平衡模式下掘进时，操作人员必须时刻注意各种掘进参数的变化并迅速分析、判断并对变化的参数进行合理的调整。

在盾构开机前，应首先检查各系统是否正常，各部位的运转状态是否良好，并且查看VMT导向系统显示屏的历史纪录，若偏差较大，应先通知测量人员调整确认。开机时依次启动250kW刀盘驱动液压泵站，37kW推进系统液压系统，并注意泵站启动时的声音是否正常，注意各泵进出口压力的变化及送排泥泵的流量，当送排泥泵流量稳定，主排泥泵入口压力与掌子面泥水压力相等或略低时，打开主进浆阀及主排浆阀，根据掌子面围岩情况选择刀盘转速。一般在较软且不均匀的围岩地段选择低速度，可获得较大的扭矩；在围岩硬度较高或整体性较好的地段选择高速度。根据VMT面板显示的盾构滚动状态选择刀盘旋转方向，所选的方向应能纠正盾构的滚动。缓慢启动刀盘转速，并使其达到预选的转速，以免启动过快造成大的液压冲击，损伤液压设备。启动刀盘时，应注意主驱动压力的变化。若压力过高则停止，反向旋转刀盘。如果反向仍不能启动，则应将4组导向油缸缩回，再进行启动。

a) 刀盘与掌子面间压力选择及控制。

刀盘与掌子面间压力是通过导向油缸来反映的。此压力一般不宜大于16MPa，4组油缸压力之和不宜大于48MPa，此时操作人员应调整推进油缸的压力及推进速度，以使刀盘压力在9~12MPa。否则会造成刀具径向载荷较大，导致刀圈或刀刃的加速磨损及刀具轴承、密封的加速损坏。

比如在里程ZK2+026~ZK2+190段，围岩自稳性能很好，抗压强度达45MPa。在这段地层的掘进过程中，4组导向油缸的压力基本为14~17MPa，推进油缸的压力为10~12MPa，比其他地层掘进中较高，而掘进速度仅为10~15mm/min。在这160余米的掘进中，刀具的磨损较为严重，在2004年3月10日的刀具检查中，共更换6把两刃滚刀和3把三刃滚刀。

b)刀盘扭矩的选择及控制。

刀盘扭矩大小表现在驱动马达的压力上。正常推进时刀盘驱动压力应控制在9~12MPa,当压力过低时,应通过调整开挖仓的压力,防止超挖;当压力过高时,则应通过调整推进压力及速度使其在正常范围之内。

在本工程掘进至里程 ZK1+780~ZK2+026、ZK2+190~ZK2+305 时,地质较为破碎、稳定性很差,刀盘驱动压力为6~7.5MPa,掘进速度可达 40mm/min。在这种情况下操作人员就适当增加开挖仓的泥水压力和推进压力,以使刀盘驱动压力达到8~10MPa,使刀盘在切削掌子面围岩时受到正常的阻力,避免掌子面发生坍塌。

c)开挖仓泥水压力的选择和控制。

采用泥水模式掘进时,开挖地层一般应具有一定的自稳性,此时只要使开挖仓保持一定的渣土量,底部压力为0.05~0.08MPa即可。若压力过高,不仅会加大盾构的推进阻力而且还会造成地表的隆起;压力过低时,则会引起排浆管路的吸空而造成设备的损坏,并且还会导致地表沉陷。

压力较大时采取以下几个措施来降低开挖仓渣土的高度:提高排泥泵的转速,加大出渣流量,降低开挖仓渣土的高度;适当降低送泥泵的转速,减小进浆量;适当降低掘进速度,减小推进油缸的推力。若压力较小时,则按以上3种方法反向调整。

增大或减小开挖仓内的压力是可通过以上几种方法的综合运用来调整的,调节时要综合考虑几种方法对盾构施工的影响。

d)推进压力的选择和控制。

推进油缸紧紧地顶在已拼装好的管片上,为盾构的掘进作业提供推力,用来克服刀盘的切削阻力、盾壳与围岩的摩擦阻力、盾尾密封与管片之间的摩擦阻力、拖拉后配套的阻力。应根据开挖时的地层状况来选择推进压力。

推进压力一般控制在8~9MPa,但当开挖地层围岩较硬或较破碎时,应适当增加推进压力以克服较大的切削阻力或盾壳与破碎围岩的摩擦阻力。如在掘进第241环和第1078环时,盾构外壳与破碎的围岩间巨大的摩擦阻力导致盾壳被"卡死",在这种情况下,除向盾壳外部注入膨润土以减小摩擦阻力外,还采取了逐渐加大盾构的推进压力至18MPa,缓慢地将盾构向前推进,直至盾构主机完全"脱困"后再逐渐将推进压力减小下来的措施。(注:第241环和第1078环为断层,掘进中盾构泥水仓的泥水压力为0.1MPa,而盾尾注浆压力为0.3MPa,由于围岩扰动造成坍塌,导致盾壳被"卡死",围岩挤压在盾壳上,造成实际推力远大于计算推力。其处理原则是将盾尾与支撑环焊接在一起,加大推力,从而使盾构顺利通过坍塌段。在拖车通过坍塌段后,对此段进行二次补强注浆。)

e)泥水输送系统压力和流量的选择和控制。

调整泥水输送系统系统压力时,应遵循各泵的压力值不应大于其额定压力。各泵的额定压力值为:送泥泵 $P_{1.1}$ 为0.88MPa、排泥泵 $P_{2.1}$ 为0.9MPa,$P_{2.2}$、$P_{2.3}$ 及 $P_{2.4}$ 均为0.55MPa。

送排泥流量应根据掘进速度来选择和控制,同时送排泥量对掘进速度也有一定的制约作用。当推进速度较高时,单位时间内切削下来的石渣量就多,此时应选择与之适应的高送排浆流量,以能够将石渣排出,反之当推进速度较低时,可适当减小送排泥量。根据操作经验,350~400m³/h 的送排泥流量可适应25mm/min 或更高的掘进速度;300~350m³/h 的送排泥量可适应25mm/min 以下的掘进速度。总之,操作设备时尽可能用较低的流量,能将开挖面的石渣排出。

f)同步注浆的控制。

注浆压力的控制要综合考虑地质情况、浆液性质及开挖仓压力等因素。通常情况下注浆压力都控制在等于或略低于开挖仓压力,以保证浆液不流向掌子面而与石渣一起被排出。

同步注浆量的确定是以围岩与管片外壁的环形空隙为基础的,同时应考虑开挖地层及掌子面水压等综合因素。

每环管片的建筑空隙为:

$$V = \frac{\pi}{4}(D^2 - d^2)L$$

式中：D——刀盘直径，取 3.201m；

d——管片外径，取 2.94m；

L——管片宽度，取 1m。

$$V = \frac{\pi}{4}(3.201^2 - 2.94^2) \times 1 = 1.26(\text{m}^3)$$

考虑到浆液的流失等因素，为保证充填密实，通常注入率（实际注浆量与理论注浆量之间的差异系数）按 1.3～1.5 考虑。

因此，实际注浆量为 1.638～1.89m³。

在后配套上装备的同步注浆泵参数为：活塞直径 $D=115$mm，行程 $L=500$mm，注浆泵每次的注浆量为：

$$V_1 = \frac{\pi}{4}D^2L = \frac{\pi}{4} \times 0.115^2 \times 0.5 = 0.00519(\text{m}^3)$$

每掘进一环应注浆次数为：

$$T = V/V_1 = (1.638 \sim 1.89)/0.00519 = 316 \sim 364(\text{次})$$

掘进时操作人员可将每环应注浆次数根据相应的掘进速度由 2 台注浆泵均匀地分配到每环中去。每台注浆泵的行程次数可在 IPC 上显示出来。

一般地段的注浆量按设计来进行控制，但特述地段如在 f20、f25 大断层或较发育的间隙带（ZK1+835～ZK1+865、ZK2+400～ZK2+450），因围岩较为破碎、涌水量较大。必须加大注浆量，其注入率按 $f=2.0 \sim 2.4$ 考虑，视地质情况为 2.5～3.0m³/环，并且在涌水量较大的地段（如第 910 环、第 1075 环等）需进行二次补强注浆，以提高隧道的止水性能。

g) 盾尾密封油脂压力和注脂量控制。

盾尾油脂主要是用来保护钢丝刷密封，防止盾壳外面的高压水及浆液涌进隧道内。掘进时由操作人员在主控制面板上控制注脂泵的工作。注脂泵有手动及自动控制两种模式。当选择自动模式时，注脂泵会根据设定的压力对 3 个密封腔进行自动注脂。3 个密封腔是采用"二、二、四"的方式注脂的。当选择手动时，可分别对每一道密封腔进行注脂。

注脂的压力及油脂量主要是根据开挖段的水压来调整的。一般情况注脂泵出口压力在 1.5～2MPa，注脂量为 1.0kg/m²，即每环消耗油脂为 9.2kg。

在本隧道的大部分地段，盾尾油脂的注入量平均为 8.5～9.0kg/环，在长江进入汛期后，隧道开挖段水压加大，特别是在通过里程 ZK1+780～ZK1+868，ZK2+404～ZK2+550 地段时，开挖仓水压在盾构静止时高达 0.66MPa，此时必须加大盾尾油脂的注入量，以防止盾壳外部的泥水涌进隧道，油脂的注入量为 9.8～12kg/环。

h) 掘进方向的控制。

盾构方向通过 4 组导向油缸不同的行程及压力来调节控制，每组的压力及行程显示在 IPC 操作界面上。掘进方向控制原则是：使盾构的掘进方向趋向于隧道的理论设计中心线。

单向调整方法：当左侧导向油缸即第 3、4 组伸长量大于右侧时，盾构方向将趋向于右，反之趋向于左；当上侧导向油缸即第 1、4 组伸长量大于下侧时，盾构方向将趋向于下，反之趋向于上。

组合运动调整方法：当右侧导向油缸的伸长量比左侧大，同时下侧伸长量比上侧大时，盾构将趋向左上方。同时可调整为右上、左下、右下等方向。

不论单向还是斜向调整时，必须保证第 1、2 组伸长量之差与第 3、4 组伸长量之差必须相等，同时第 1、4 组伸长量之差与第 2、3 组伸长量之差也必须相等。另外，在调向过程中不应有太大的趋势，一般在 VMT 上趋势显示不应大于 10。

本隧道的施工中，在里程为 ZK1+780 处经测量人员人工复测发现实际中线与设计中线在水平方向有较大的偏差,盾构须左向调整以趋向于设计中线。在调向过程中,操作人员将第1、2组导向油缸的伸长量调整为60mm,将第3、4组的伸长量调整为48mm,这样右侧导向油缸比左侧导向油缸伸长量大12mm,VMT趋势显示为10,逐步地将盾构调整到设计轴线上来。

b."D"模式。

刀盘在膨润土悬浮液中进行旋转时,使土壤与悬浮液混合在一起。压力壁把泥水室和处于大气压力下的工作室隔离开来。

"D"模式的参数选择与泥水平衡模式基本相同,不同点在于:压缩空气垫的建立和控制、压力平衡仓的液位控制、送排泥量的控制。开机前要对压力平衡室仓门是否关闭、压缩空气供应情况进行检查,掘进前首先建立"D"模式,打开压力平衡仓进浆喷嘴,向压力平衡室注入60%~75%膨润土悬浮液,关闭压力平衡仓进浆喷嘴;向压力平衡仓加入压缩空气,确保空气垫的压力达到与刀盘前部压力相同;然后打开连通管,观察空气压力和膨润土液位。"D"模式泥水系统如图4-12所示。

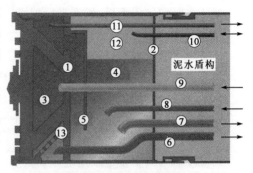

图4-12 "D"模式泥水系统
1-沉浸墙;2-压力壁;3-开挖仓;4-压力平衡仓;5-连通管;6-排泥管;7-压力平衡仓抽取管;8-压力平衡仓送泥管;9-开挖仓送泥管;10、11-压缩空气供给和排放;12-压缩空气;13-锥形破碎器

a)刀盘与掌子面间压力选择及控制。

刀盘与掌子面间压力是通过导向油缸来反映的。此压力一般不宜大于25MPa,4组油缸压力之和不宜大于100MPa,操作人员应调整推进油缸的压力及推进速度,以使刀盘压力在9~12MPa之间,否则会造成刀具径向载荷较大而导致刀具损坏。

b)刀盘的扭矩的选择及控制。

刀盘的扭矩大小表现在驱动马达的压力上。正常推进时刀盘驱动压力应控制在9~12MPa之间,瞬间最大值一般不得大于16MPa,并且刀盘驱动压力的变化值不能超过3MPa,防止刀盘受到冲击。当此压力过高时,则应通过调整推进压力及速度使其在正常范围之内。

c)开挖仓泥水压力的选择和控制。

采用"D"模式掘进时,开挖地层一般自稳性较差。"D"模式的泥水平衡机理:开挖仓内的泥水压力通过气压调节方式进行控制。气压调节采用自动调节方式。根据设定的泥水压力,气压仓压缩空气能自动达到设定的压力。当地层的水压力和土压力大于开挖仓内的泥水压力时,气压调节仓内的泥水水位升高,空气被压缩,压力自动升高,开挖仓泥水压力与地层水压力及土压力平衡。当地层的水压力和土压力小于开挖仓内的泥水压力时,气压调节仓内的泥水水位降低,空气膨胀,压力自动降低,开挖仓泥水压力与地层水压力及土压力达到平衡。压缩空气垫能自动调整刀盘仓内的泥水压力,保持动态的平衡。

d)推进压力的选择和控制。

推进油缸紧紧地顶在已拼装好的管片上,为盾构的掘进作业提供推力,用来克服刀盘的切削阻力及盾壳与围岩的摩擦阻力,所以应根据开挖时的地层状况来选择推进压力。一般说来,推进压力控制为11~12MPa(掌子面水压为0.3MPa时),掌子面压力每增加0.1MPa,推力应相应增加2MPa。

e)泥水输送系统压力和流量的选择和控制。

调整泥水输送系统压力时,应遵循各泵的压力值不应大于其额定压力。各泵的额定压力值为:送泥泵P1.1为0.88MPa,排泥泵P2.1为0.9MPa、P2.2、P2.3及P2.4均为0.55MPa。

送排泥流量应根据掘进速度来选择和控制,当推进速度较高时,单位时间内切削下来的石渣量就多,此时应选择与之适应的高送排浆流量,以能够将石渣排出,反之当推进速度较低时,可适当减小送排泥量。根据操作经验,350~400m³/h的送排泥流量可适应30mm/min或更高的掘进速度;300~350m³/h的送排泥量可适应30mm/min以下的掘进速度。总之操作设备时尽可能用较低的流量,能将开挖面的石渣排出。

f)同步注浆的控制,盾尾密封油脂压力和注脂量控制,掘进方向的控制等同泥水平衡模式。
④特殊情况的处理。
a. 盾尾拖不动。

城陵矶施工中出现过3次盾尾拖不动的情况,根据各种参数分析,围岩坍塌压在了盾尾上,而盾尾铰接油缸不足以拖动盾尾,造成盾尾铰接油缸的行程达到了最大行程仍然拖不动。

为了防止盾尾铰接油缸的损坏,首先将铰接油缸稍微拖回一些(保证在报警停机范围内),在盾尾与支撑环之间焊接了钢板,然后进行掘进。掘进过坍塌段后,割开钢板即可正常掘进。

b. 吸浆口堵塞,主排浆泵无法吸浆。

城陵矶施工中出现过吸浆口堵塞,主排浆泵无法吸浆的情况,原因有以下几种:开挖面坍塌,渣土涌入到刀盘后部,掘削的岩石长时间沉积没有排出,砾石堵塞吸浆口等。

处理方法:刀盘转动,利用送泥泵通过盾构旁通反冲吸浆口;如不行,关闭盾构旁通,直接利用排浆泵进行排浆;如再不行,必须在压缩空气下派人进入刀盘内进行清理(压缩空气下作业)。

c. 刀具的更换。

城陵矶刀具更换是采用敞开式更换。敞开式换刀注意事项为:每次开仓后由富有经验的土木工程师察看围岩情况,根据围岩类别和节理发育情况判断围岩的稳定性和涌水量的大小;涌水量大时采用注浆封堵,注浆主要采用二次补强注浆;使用可燃气体检测仪,开仓后检测可燃气体浓度,换刀过程中加强监测,加强通风。

(3)盾构拆卸

城陵矶长江穿越隧道以盾构法为主,钻爆法为辅。盾构为在隧道内到达,隧道内拆卸。

比之单纯用盾构从南岸始发、北岸到达,再拆出盾构,可以用较小直径(4m)的北岸竖井以降低工程造价,并可以将工期提前。但代价是刀盘要切割后才能拆出,盾壳则不能取出,只能在隧道内拆卸出其他部件及管线。

城陵矶盾构到达分界里程后,隧道并没有贯通,在这种情况下,盾构的拆卸工作分两次进行。第二次拆卸在隧道贯通后进行,拆卸主驱动及刀盘、推进油缸、导向油缸、切割刀盘挡板及主驱动支撑;其余部分在盾构到达拆卸里程进行。

(4)泥水处理技术

泥水盾构是通过加压泥水来稳定开挖面,其刀盘后面有一个密封隔板,与开挖面之间形成泥水平衡仓,里面充满了泥浆,开挖渣土与泥浆混合由排浆泵输送到洞外的泥水分离站,经分离后进入泥浆调整池进行泥水性状调整后,由送泥泵将泥浆送往盾构的泥水平衡仓重复使用。通常将盾构排出的泥水中的水和土分离的过程称为泥水处理。

泥水处理设备设于地面,由泥水分离站和泥浆制备设备两部分组成。泥水分离站主要由振动筛、旋流器、储浆槽、调整槽、渣浆泵等组成;泥浆制备由沉淀池、调浆池、制浆系统等组成。

①泥水分离站。

选择泥水分离设备时,必须考虑两个方面:其一是必须具有与推进速度相适应的分离能力;其二是必须能有效地分离排泥浆中的泥土和水分。

泥水输送系统的排泥流量为$400m^3/h$,考虑分离站的能力应有一定的储备系数。城陵矶长江穿越隧道选用湖北宜昌黑旋风工程机械有限公司生产的ZX-500泥水处理系统,其最大处理能力为$500m^3/h$。

泥水处理一般分为3级。一级泥水处理的对象是粒径$74\mu m$以上的砂和砾石,工艺比较简单,用振动筛或旋流器等设备对其进行筛分,分离出的土颗粒用车运走。二级泥水处理的对象主要是一级处理时不能分离的$74\mu m$以下的淤泥、黏土等细小颗粒。城陵矶长江穿越隧道施工中,砂质土只做一级处理,黏性土做二级处理。三级处理是对需排放的剩余水作pH值调整,使泥水排放达到国家环保要求;三级处理采用的材料主要是稀硫酸或适量的二氧化碳气体。泥水的pH值和二氧化碳气体的使用量如表4-3所示。

泥水的 pH 值与二氧化碳气体使用量的关系　　　　表 4-3

pH	12.5	11.5	10.5
CO_2 使用量（处理水 $1m^3$）	1.0kg	0.1kg	0.01kg

②泥浆制备设备。

泥水制作流程及控制措施如图 4-13 所示。

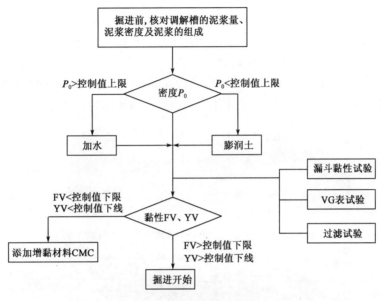

图 4-13　泥水制作流程图

从泥水分离站排出的泥浆经沉淀后进入调整槽，在调整槽内对泥浆进行调配，确保输送到盾构的泥浆性能满足使用要求。制浆设备主要包含 1 个剩余泥水槽、1 个黏土溶解槽、1 个清水槽、1 个调整槽、1 个 CMC（增黏剂）贮备槽、搅拌装置等。

送泥密度一般控制在 $1.05 \sim 1.25 kg/m^3$ 之间；使用黏土、膨润土（粉末黏土）提高比重；添加 CMC 来增大黏度。

黏性大的泥浆在砂砾层可以防止泥浆损失、砂层剥落，使作业面保持稳定。在坍塌性围岩中，也宜使用高黏度泥水，但是泥水黏度过高，处理时容易堵塞筛眼；在黏土层中，黏度不能过低，否则会造成开挖面塌陷，一般漏斗黏度控制在 25～33s。

根据围岩的条件不同，漏斗黏度的控制如表 4-4 所示。

不同围岩泥浆黏性控制表　　　　表 4-4

围岩类别	Ⅴ级围岩	Ⅳ级围岩	Ⅲ级围岩
漏斗黏度(s)	33	28	18

通常情况下，按以下指标范围控制泥水质量：

密度：$1.05 \sim 1.25 kg/m^3$；

黏度：10～33s，漏斗黏度 500/700mL；

失水量：$Q \leqslant 20mL$（100kPa，30min）；

添加材料：黏土、膨润土、陶土＋CMC(1%)＋Na_2CO_3(4%)。

4.4.2　重庆主城排水过江隧道

1）工程概况

(1) 概述

重庆主城排水工程是利用世界银行贷款兴建的国家重点环保工程项目，也是长江三峡工程的重要配套项目,主要解决重庆污水治理问题。重庆主城排水过江隧道(倒虹吸管)工程是主城排水工程中施工难度最大的一个子项目,是主城排水工程的控制性工程,该隧道主要输送嘉陵江右岸和长江左岸主城区域的污水。重庆主城排水过江隧道(倒虹吸管)工程由中煤国际工程集团重庆设计研究院设计,由中南公司监理部监理,由中铁隧道股份有限公司施工。该工程于2003年7月15日开工,于2005年2月1日完工,工程造价为85957823元。过江隧道是我国西部首座采用盾构法施工的隧道,它的建成对于加快西部建设和拓展工程领域有着重要的意义和影响。

(2)工程位置

重庆主城排水过江隧道(倒虹吸管)主要输送嘉陵江右岸和长江左岸区域的污水。

过江隧道工程北起重庆市渝中区太平门长滨路内侧,南至南岸区盐店湾滨江路内侧。过江隧道在朝天门上游约2km,工程位置见图4-14。北岸进水竖井位于渝中区太平门长滨路邮政码头,南岸出水竖井位于南岸区海棠溪盐店湾。进水竖井与出水竖井均紧邻长江两岸的长滨路和滨江路。

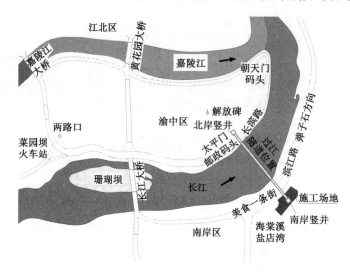

图4-14 重庆主城排水过江隧道工程地理位置

(3)工程范围

重庆主城排水过江隧道(倒虹吸管)工程主要由1座过江隧道,2个竖井和2座井口值班房以及6扇污水控制闸门组成,工程示意见图4-15。过江隧道内安设3条内径2000mm的预应力钢筒混凝土输水管和1条内径600mm(厚10mm)钢筒自来水管(原设计安装在隧道上部,施工中变更设计安装在隧道底部西侧),见图4-16。

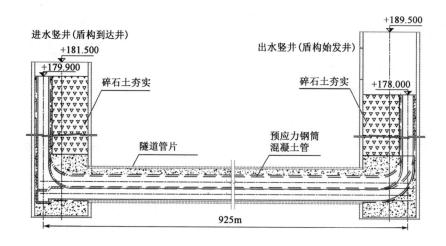

图4-15 重庆主城排水过江隧道(倒虹吸管)工程示意图

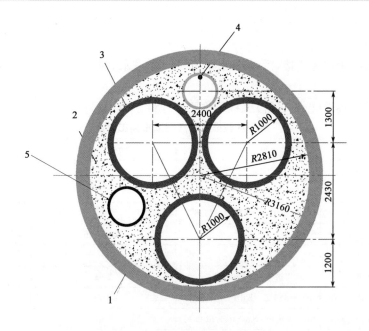

图 4-16　输水隧道断面示意图(尺寸单位:mm)

1-钢筋混凝土管片;2-回填混凝土;3-钢筒混凝土输水管;4-钢筒自来水管原设计位置;5-钢筒自来水管设计变更后的位置

①进水竖井。

进水竖井(北岸竖井)位于长江北岸重庆市渝中区太平门邮政码头,竖井在长滨路靠山侧。竖井净空尺寸为 10m×9m(长×宽),井口标高+181.5m,井底标高+125.7m,井深 55.8m,井壁为 0.6m 厚的 C25S8 钢筋混凝土结构。进水竖井也是盾构到达拆卸井。

②出水竖井。

出水竖井(南岸竖井)位于长江南岸重庆市南岸区海棠溪盐店湾滨江路靠山侧。出水竖井结构同进水竖井,净空尺寸为 10m(长)×9m(宽),出水竖井井口标高+189.5m,井底标高+124.3m,井深 65.2m。出水竖井也是盾构组装始发井。

③过江隧道。

过江隧道全长 908.2m。隧道衬砌为 C50S12 预制钢筋混凝土管片,管片宽 1.5m,管片内径为 5.62m,外径为 6.32m,厚度为 0.35m。每环管片分为 8 块,其中 5 块标准块、2 块邻接块和 1 块封顶块。管片类型共有 3 种,分别是标准环、左转弯环和右转弯环,转弯环的最大楔形量为 50mm。管片间采用直螺栓连接。管片每隔 30m 和围岩交界处设 1 道变形缝。

④预应力钢筒混凝土输水管。

预应力钢筒混凝土管采用工厂预制,强度和抗渗等级为 C30S16。管内径为 2m,管外径为 2.3m,钢筒管壁厚为 0.15m。管节长度为 5m,单节重量约 14t。管中间为 5mm 厚钢筒,内外层为模注混凝土,外层混凝土达到强度后在其壁上缠绕预应力钢丝,最后在外层喷射砂浆保护层。钢筒管接头部位设两道密封止水。盾构隧道内共安装 3 根预应力钢筒混凝土管。预应力钢筒混凝土管接口见图 4-17。

⑤竖井内输水管。

竖井内输水管有 3 根,与盾构隧道内 3 根预应力钢筒混凝土管相连接,并在竖井内延伸至箱涵标高位。竖井内输水管道原设计为 C30S16 现浇钢筋混凝土管。施工中变更设计为预应力钢筒混凝土管。

⑥井口值班房。

两座竖井井口都设计有值班房。值班房面积约

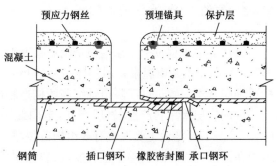

图 4-17　预应力钢筒混凝土管结构及接口图

200m²,建筑高度为11m。

⑦污水控制闸门。

污水控制闸门与值班房相连接,污水控制闸门共6扇,进水竖井和出水竖井各3扇。

(4)主要工程量

重庆主城排水过江隧道(倒虹吸管)工程的主要工程量见表4-5。

重庆主城排水过江隧道主要工程量　　　　　表4-5

项　　目		里　　程	数　　量	备　　注
主体工程	过江隧道	K0+8.4～K0+916.6	908.2m	
	北岸竖井	K0+1.6～K0+8.4		9×10m(含箱涵)
	南岸竖井	K0+916.6～K0+926.6		9×10m(含箱涵)
	预应力钢筒混凝土管		3062.4m	竖井加区间
	预埋自来水管		908.2m	
附属工程	井口房	进水井和出水井	2座	
	南岸竖井始发隧道	K0+916.6～K0+848(正洞)	68.6m	已包含在过江隧道中
	南岸竖井辅助隧道	K0+926.6～K0+934.6(负洞)	8m	
	积水井	进水井和出水井	2个	
	洞门	进水井和出水井	2个	

过江隧道采用盾构法施工,进场后先施工南岸竖井和南岸始发隧道,为盾构提供组装和始发条件;盾构到达北岸竖井后拆卸;盾构隧道完成后在隧道内安装3根内径2000mm,外径2300mm预应力钢筒混凝土管和1根$\phi 600\times 10$mm钢筒自来水管,并回填C20混凝土;然后进行竖井内输水管道安装和回填,最后进行井口值班房和控制阀门的安装。

(5)地质条件

①地形地貌。

重庆主城排水过江隧道工程沿线为浅丘河谷地貌,过江隧道横穿长江,输水隧道进口在北岸,出口在南岸。北岸为人工建造的长滨路及防洪挡墙;南岸在漫滩和岸坡的接触位置,现为滨江路及防洪挡墙,为自然侵蚀河流岸坡地貌。枯水期主河道靠近北岸,水面宽410m左右;南岸为河漫滩,宽约330m,漫滩中部有基岩出露,其地势较高(最高点为166.18m),后缘形成洼地,由南岸海棠溪冲沟(常年流水)冲刷形成。河流横断面地形较开阔,地面高程自北向南为189.00～155.00～199.00m,最大高差为44.00m。

②气象。

重庆地区属亚热带气候,温暖湿润,雨量充沛。具有春早夏长,秋雨连绵,冬暖多雾的特点,年平均气温18.2℃,极端最高气温42.2℃,最冷月(1月)平均气温7.6℃,最冷月(1月)平均最低气温5.5℃,最大平均日温差11.9℃。重庆市位于长江与嘉陵江汇合处,过江隧道工程位于长江主河道上,距下游嘉陵江入口处(朝天门)约2km,过江隧道处河水位受长江与嘉陵江水位的共同影响。一般情况,11月至次年4月为枯水期,同年5月至10月为洪水期,其中7月、8月两个月为最高洪水期。枯水期主河道位于长江左岸,水面宽约410m,水深约4.00m。

③区域地质构造。

过江隧道工程位于川东褶皱带南温泉背斜西翼和解放碑次级向斜东翼,北西端距解放碑向斜轴部约0.07km,南东端距南温泉背斜轴部约1.25km。南温泉背斜轴向N20°E,解放碑次级向斜轴向N17°E,两构造轴向基本一致。过江隧道轴线与两构造轴向呈62°角斜交。

区内岩层呈单斜产出,岩层产状:走向北20°东,倾向北西,倾角自长江南岸向北岸由陡逐渐变缓:67°→60°→11°,场地主要发育有3组构造裂隙。裂隙主要发育在浅表层基岩(强风化和弱风化)中,局部地段在深部(微风化)岩层中也有发现,裂隙在浅表层岩体中连通较好,在深部连通性差。未发现断裂构造和明显的构造破碎带以及其他不良地质现象。

④区域地层岩性及岩相。

过江隧道工程主要地层为侏罗系中统上沙溪庙组和下沙溪庙组泥岩、砂岩互层,大部分地段被第四系土层覆盖,仅局部地段有基岩零星出露。地层岩性主要分布有:人工填土(Q_4ml)、冲积卵石土(Qal)和基岩(J_2s、J_2xs)。基岩为泥岩、砂岩和粉砂岩互层。

各分布区的岩土分层及其特征叙述如下:

a. 填土(Q_4ml):由砂岩、泥岩碎块、卵石及少量黏性土等组成,硬杂物含量占50%~60%,粒径一般为100~200mm,最大达500mm,密实度差,具有高压缩性,结构松散,均匀性差,稍湿。层厚0~22.80m,主要分布于两岸岸坡及阶地上。左岸为人工筑路堆积,堆积年限5年;右岸为挖防空洞弃土及人工筑路堆积,堆积年限为1~20年。

b. 卵石土(Qal):杂色,卵石主要成分为岩浆岩、石英岩及石英砂岩等,粒径一般为130~150mm,最大达400mm,含量占50%~80%,磨圆度较好,呈次圆状,颗粒级配较好,粉细砂及圆砾充填。稍湿~饱和,呈稍密~密实状。钻孔揭露的厚度为0~12.50m。

c. 基岩(J_2xs):由泥岩、砂岩及粉砂岩组成。过江隧道工程的勘察区段泥岩、砂岩及粉砂岩相间,呈单斜产出,在高程130.00m处泥岩占隧道全长的61.40%,砂岩占30.50%,粉砂岩占8.10%;砂岩与泥岩大部分地段岩相呈渐变过程,无明显的分界线;局部地段界线明显。

d. 泥岩:紫红色,主要由水云母、绿泥岩等黏土矿物组成,内含少量灰绿色砂质条带或钙质团块,局部砂质含量较高。泥质或砂泥质结构,巨厚层状构造。强风化带岩质较软,岩芯破碎,不规则裂隙发育;弱风化带岩质较硬,裂隙较发育,岩芯多为短柱状;微风化带岩体完整,裂隙不发育,岩芯多呈长柱状,少数为短柱状,岩质较硬。该层分布广,厚度较大。

e. 砂岩:灰白色、灰色、褐灰色。矿物成分:主要由长石、石英组成,含少量云母及暗色矿物等,局部夹泥质结核或团块。中细粒结构,巨厚层状构造,钙泥质胶结。浅部裂隙较发育,局部地段裂隙透水性强。强风化层薄;弱风化带岩体裂隙较发育,岩质较坚硬,岩芯呈长柱状;微风化带岩体裂隙不发育,岩质坚硬,多为硬质岩石,岩芯呈长柱状。

f. 粉砂岩:暗紫红色~褐灰色。由长石、石英及黏土矿物组成,局部夹紫红色泥质条带或团块。粉粒结构,厚层状构造,泥质胶结。

根据详勘地质报告:场地中泥岩其矿物组成主要为水云母、绿泥石以及少量的长石、石英和方解石等成分,其含量分别为:水云母50%~60%,绿泥石20%~30%,其他次要矿物10%~20%。砂岩的矿物成分主要为长石,其次为石英、白云母、云解石等,其含量分别为:长石67%,石英30%,其他次要矿物3%。

⑤隧道穿越岩层及岩性。

隧道洞身穿越砂岩、泥岩、粉砂岩地层,穿越各地层长度统计情况见表4-6和图4-18。隧道通过地段以软岩~较软岩为主,夹部分中硬岩。

隧道穿越各地层统计表　　表4-6

岩性	Ⅱ(m)	Ⅲ(m)	Ⅳ(m)	合计(m)	百分比(%)
砂岩	174	167.25		341.25	35.8
泥岩		82.5	456.35	538.85	56.5
粉砂岩			73.5	73.5	7.7
合计	174	249.75	529.85	953.6	100.0
百分比(%)	18.2	26.2	55.6	100.0	

(6)水文地质

一般情况,11月至次年4月为枯水期,枯水期水位在158~164m之间;同年5月至10月为洪水期,其中7月、8月两个月为最高洪水期,洪水期水位在180m左右。

过江隧道工程位置的长江河床宽约740.00m,主河道由南西至北东30°~35°流过本区,河流流向与岩层走向交角为 10°～15°，隧道穿越侏罗系沙溪庙组泥岩、砂岩单斜岩层，基岩浅部风化带层中的地下水与河水密切相关。右岸岸坡高程为 190.00～200.00m，地下水受岩性、地形地貌和地质构造控制，与长江水无明显水力联系。

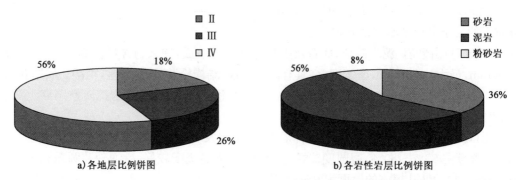

图 4-18 过江隧道工程各地层、岩性岩层比例饼图

过江隧道工程河床深槽最低侵蚀高程（基岩面高程）为 142.00m，分布于 K0+085～K0+120 段，为已查明的场地区域基岩埋深最低处。

地质详勘表明强～中等透水带主要分布在+130m 高程以上，在隧道内仅分布于长江左岸深槽（K0+060～K0+290 段）和洞身里程为 K0+390～K0+440 段和 K0+580～K0+650 地段及进口竖井 30～40m 段。因此隧道洞身大部分地段处于弱～微透水带内，除以上 3 段因受裂隙影响可能出现涌水外，一般不会产生大的涌水现象。

(7) 特殊地段

隧道开挖轮廓高程在+122.5～+130m 之间，过江范围隧道覆土厚度为 25～37m 不等，与构造裂隙相对应其穿越的河床地段已发现有 3 处深槽，第一处深槽位于里程 K0+085～K0+120 段，河床基岩面高程为 142.00m；第二处深槽在 K0+360～K0+380 段，河床基岩面高程为 146.30m；第三处深槽在 K0+420～K0+460 段，河床基岩面高程为 143.80m。

(8) 工程线路平纵断面

过江隧道工程的线路在平面和纵断面上都为直线，进水竖井处隧道进水管高程+127.85m，出水井处的隧道出水管高程+126.35m；隧道坡度为 0.162%，盾构从南岸出水井处始发，至北岸进水竖井吊出。线路纵断面如图 4-19 所示。

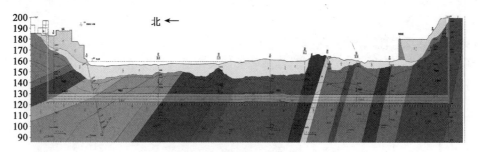

图 4-19 工程地质纵断面示意图

(9) 场地条件

南岸竖井位于重庆市南岸区滨江路侧，北靠滨江路，南靠山体，山上房屋结构多属砖结构，有 6 幢在拆迁范围内。西面是美食街，东面属于市政规划用地。

北岸竖井位于渝中区长滨路侧，南边是长滨路挡墙，北边是山体，西为富华大厦，东面紧邻中铁四局施工工地。

主要施工场地条件如下：进口竖井——渝中区太平门滨江路邮政码头，场地面积 800m^2；出口竖井——南岸区海棠溪盐店湾，工作场地面积约 3000m^2。

(10)工程重点及难点

在确保工期及安全目标实现的前提下,确保盾构对工程的适应性、安全通过高水压地段、安全通过防洪大堤、做好工程防水工作及预应力钢筒混凝土管的安装是本工程的重点和难点。

①安全通过高水压地段,确保盾构隧道的防水。

本工程隧道底部最低标高+126.5m,最大静水压力水头高为64.54m,地下水压力高达0.64MPa,在高水压下施工,施工安全和工程防水是第一重点,隧道防水是盾构法施工的关键。盾构在高水压地段推进,重点是保证主轴承密封、铰接密封、盾尾密封等密封装置在高承压状态下的正常工作,这样即可保证盾构的安全顺利通过。

地层裂隙水直接由长江水补给,施工中的防水及结构防水相当重要。施工中,重点要抓好盾尾防水和管片防水。在盾构选型过程中应确保主轴承密封、盾尾铰接密封、盾尾密封装置的性能能达到高水压地段的要求,同时应确保管片自身的防水效果。盾构配备的同步注浆机的性能应能满足高水压的要求,同步注浆作为管片的外加防水层,应确保同步注浆的及时性、耐久性以及填充的密实性,切实起到加强防水的作用。

②盾构适应性要求高。

要求盾构能在0.64MPa的高水压下安全推进,盾构的主轴承密封、铰接密封、盾尾密封等必须适应0.64MPa的压力。

过江隧道穿越地层为砂岩和泥岩互层,盾构施工既要穿越高强度岩石,又要克服泥岩在刀盘前方形成泥饼。盾构在砂岩层中推进,由于砂岩中石英含量高,盾构刀盘、刀具的耐磨性应能适应地层条件;盾构切削刀盘须能适应在强度较高的砂岩、强度较低的泥岩以及软硬岩互层的岩石中推进,要求盾构对地质的适应性强。

③安全通过长江防洪大堤。

盾构两次穿越长江防洪大堤,盾构施工中选择合理的掘进参数,以减少地层损失;同步注浆填充管片背衬的环形间隙,减少地层变形。加强防洪大堤的变形监测分析,加强地表沉降监测,及时分析反馈指导盾构掘进施工,利用实测数据进一步修正地表沉降和大堤变形的预测结果,做出早期预警和制订应急措施。

④深竖井,盾构组装、始发和拆卸难度大。

竖井深度达65m,盾构组装、始发和拆卸难度大,这既是工程的重点,也是工程难点。

⑤泥水处理难度大。

泥浆管路水平和垂直运输距离长,运渣管理和泥浆处理难度大。

⑥预应力钢筒混凝土管的安装。

预应力钢筒混凝土管每节质量14t,不仅质量大,而且安装要求高,同时施工空间小,阶段工期短。快速高质量完成预应力钢筒混凝土管的安装是本工程的重点。

2)盾构选型

(1)盾构选型的依据

盾构选型是盾构隧道工程成功的关键,盾构选型应从安全性、可靠性、适用性、先进性、经济性等方面综合考虑,所选择的机型要能尽量减少辅助施工法并能保持开挖面稳定和适应围岩条件。重庆过江隧道盾构选型时,主要依据工程招标文件和岩土工程勘察报告,参考国内外已有盾构工程实例及相关的盾构技术规范,按照安全性、适用性、可靠性、先进性、经济性相统一的原则进行选型。

①本标段盾构工程施工条件。

a.隧道长度:908.2m。

b.隧道埋深:最大埋深37m,最小埋深25m。

c.隧道内净空:管片外径为6320mm,管片内径为5620mm,管片长度为1500mm。

d.线路状况:线路在平面和纵断面上都为直线。

e.工期计划:总工期480d,盾构掘进平均月进度210m,最高月进度250m。

②工程特点。重庆太平门至海棠溪过江隧道是重庆主城排水工程施工中难度最大的一个子项目,具有以下特点:

a.工期紧张:一般情况下盾构的国际招标周期为2个月,制造周期为11个月左右。盾构在岩层中掘进指标应达到每月250m左右,才能满足工期要求。这要求对盾构的采购、制造和掘进管理都应具有相当丰富的经验。

b.过江隧道处于高水压的长江底下,隧道地下水渗透水压力为0.58MPa;对泥水盾构的密封以及隧道排水都有很高的要求,要求盾构能在0.64MPa的高水压下安全推进,且盾构应能在江底高水压下安装更换刀具。在局部厚层砂岩和砂岩与泥岩的接触带上,发育有裂隙,受裂隙影响,其涌水量较大,在河床已发现深槽地段,由于岩顶板厚度较薄,易出现涌水和突水。特别是本工程现有的地质钻孔距离其较远,地质的不确定性较大,盾构必须能够应对这种风险。

c.隧道穿过的地层多变,既有坚硬的砂岩(天然抗压强度为69.4MPa),又有较软的泥岩(天然抗压强度为7.3MPa)。盾构切削刀盘要能在砂岩、泥岩、粉砂中推进,要求其地质适应性强。

d.因竖井较深,隧道较长,要求排泥泵的扬程高,功率大。

e.要求盾构制造商根据过江隧道穿过地层多变的特点,合理设计盾构的功率、推力、扭矩、压力等技术参数,确保盾构设备各系统的主要功能元件质量性能的可靠性,确保穿越长江成功。

f.盾构始发前需要施工始发隧道。始发井的尺寸为10m×9m,盾构无法全部下井,盾构始发前需用钻爆法进行始发隧道的施工。

(2)本工程对盾构的要求

①基本功能要求。

要求盾构具有开挖系统、泥水循环系统、管片安装系统、同步注浆系统、动力系统、电子控制系统、激光导向系统等基本功能。

②对软岩的适应性要求。

软岩是指在掘进过程中掌子面不能自稳的地层。在盾构设计时对软岩地层的适应性应重点考虑以下功能:

a.具备平衡掌子面水土压力的能力。

b.足够的刀盘驱动扭矩和盾构推力。

c.合理的刀盘及刀具设计,刀盘开口率足够,开口位置合理。

d.盾构主轴承在压力状态下的防水密封性能。

e.盾尾密封的可靠性。

f.管片壁后同步注浆系统的及时性。

③对硬岩的适应性。

过江隧道工程存在岩石单轴抗压强度达69.4MPa坚硬砂岩,并且占施工地层比例的35.8%,对盾构开挖硬岩的能力提出了很高要求。在硬岩中掘进时盾构必须解决以下问题:

a.刀盘及刀具的硬岩开挖能力。

b.在硬岩地段开挖时盾构刀盘、刀具、泥浆泵、排泥管道的耐磨能力。

c.能够对较大的岩石进行破碎,配备砾石破碎设备,有效防止堵管发生。

d.盾构的防扭转。

e.对切刀、刮刀的保护。

f.能够在高水压下安全更换刀具。

④特殊地段的通过能力。

过江隧道洞身横穿长江底部,与构造裂隙相对应其穿越的河床地段已发现有3处深槽,第一处深槽位于里程K0+085~K0+120段,河床基岩面高程为142.00m;第二处深槽在K0+360~K0+380段,河床基岩面高程为146.30m；第三处深槽在K0+420～K0+460段，河床基岩面高程为143.80m。因此隧道洞身大部分地段处于弱～微透水带内，但以上3段因受裂隙影响可能出现突水现象。且在隧道顶板+130m处，内水压力为0.64MPa，隧道地下水渗透水压力为0.58MPa，因而对泥水盾构的盾尾密封，以及隧道排水都有很高的要求。要求盾构能在0.64MPa的高水压下安全推进，盾构的主轴承密封、铰接密封、盾尾密封必须适应0.64MPa的压力，盾构的防水设计应能承受0.8MPa的压力。设备能有效止水，防止发生高压涌水情况，能够在洪水期继续施工。

⑤精确的方向控制。

过江隧道工程虽然不存在线路曲线，但仍然要求盾构的导向系统具有很高的精度，以保证线路方向的正确性。盾构方向的控制包括两个方面：

a. 盾构本身能够进行纠偏、转向。

b. 采用先进的激光导向技术保证盾构掘进方向的正确。

⑥环境保护。

a. 盾构施工时对周围自然环境的保护，即地面沉降满足设计要求，无大的噪声、震动等。

b. 盾构施工时使用的辅助材料如油脂、泡沫、泥浆添加剂等不能对环境造成污染。

⑦掘进速度应满足工期要求。

计划工期从发出中标通知书28d后开工，总工期480d，施工任务较为紧张。

⑧工作可靠性、先进性与经济性的统一。

盾构选型及设计应该按照可靠性第一，技术先进性第二，经济性第三的原则进行。

a. 盾构的可靠性是工程施工的重要保障，盾构的关键部件必须在施工过程中万无一失，做到百分之百的可靠。

b. 盾构的可靠性表现在两个方面：一是整体设计的可靠性，即地质的适应性；二是设备本身的性能、质量、使用寿命等的可靠性。

c. 盾构设计应同时考虑技术的先进性及费用的经济性。

(3) 盾构类型的确定

不同类型的盾构适用的地质类型不同，盾构的选型必须根据不同的工程，不同的地质特点进行。盾构的主要类型有泥水式、土压平衡式、混合式等。盾构选型应从安全性、可靠性、适用性、先进性、经济性等方面综合考虑，所选择的机型要能尽量减少辅助施工法并能保持开挖面稳定和适应围岩条件。根据重庆主城排水过江隧道工程的地质特点，宜选用泥水盾构。

①泥水盾构可以降低施工风险。

a. 根据业主提供的地质资料，隧道地质勘测钻孔距离较远，存在地质预报的不准确性，对于过江隧道而言，采用泥水盾构可以降低地质变化差异大造成的风险。

b. 根据地质勘测，由于隧道穿越地层存在3处中透水层，很可能出现地质断层与江底相通现象，如果采用土压平衡盾构，一旦出现大量涌水现象，则存在施工无法继续进行的风险。

c. 该隧道底层大量由砂岩及含砂岩泥岩构成，最大岩石硬度达69MPa，采用泥水盾构可以降低刀具磨损。

d. 在洪水期施工时，采用泥水盾构将更安全，风险更小。

②现场施工条件适合采用泥水盾构。

a. 泥水盾构是通过施加略高于开挖面土水压力的泥浆压力来维持开挖面的稳定，适合于在江底、河底、海底等高水压力条件下的隧道施工。

b. 现场场地可以满足泥水盾构施工所需的生活、生产用地。

c. 由于现场竖井下隧道为独头盲孔，采用土压平衡施工时，为提高出渣效率，必须在竖井下对面增加开挖一段反向隧道，以便出渣列车运行，这样将增加施工成本。另由于竖井较深采用泥浆泵出渣可以提高出渣效率。

(4)本工程选用的泥水盾构的特点

重庆过江隧道使用德国海瑞克公司生产的 ϕ6570mm 间接控制型泥水盾构,盾构外形见图 4-20。

①刀盘。

刀盘(图 4-21)为面板型钢结构,可双向旋转。刀盘开口设计为对称的 8 个长条孔以利于开挖面渣土的流动。刀盘的周边焊有耐磨条,刀盘的面板焊接有格栅状的 Hardox 耐磨材料,能充分保证刀盘在硬岩掘进时的耐磨性能。刀盘上安装了背并装式的单刃滚刀、双刃滚刀、三刃滚刀、切刀、刮刀。

图 4-20　ϕ6570mm 泥水盾构　　　　图 4-21　重庆过江隧道泥水盾构刀盘

②主驱动。

刀盘采用 7 个液压马达通过 7 个减速机来驱动,额定扭矩为 3050kN·m(Ⅰ档)/1450kN·m(Ⅱ档),脱困扭矩为 3500kN·m,转速Ⅰ档 0～2r/min,Ⅱ档 0～4.8r/min,功率 630kW。刀盘主轴承采用德国 Hosche 公司的产品,外径为 2600mm,主轴承的外密封采用 4 道唇形密封,主轴承内密封采用 2 道唇形密封,主轴承密封的结构详见本节"盾构隧道防水"的相关内容。

③推进系统。

推进系统包括推进油缸和推进液压泵站。推进油缸分为上下左右 4 组,通过调整每组油缸的不同推进速度来对盾构进行纠偏和调向。油缸的后端顶在管片上以提供盾构前进的反力。通过油缸的位移传感器可以知道油缸的伸出长度和盾构的掘进状态。

④铰接密封与盾尾密封。

中盾与盾尾间设铰接密封,盾尾采用 4 道钢丝刷密封,在密封刷中间的 3 个腔室能根据掘进速度自动补充油脂,以达到密封效果。

⑤人仓。

人仓由压力仓和料仓组成,能进行材料和工具的运送。掘进过程中,需要检查刀盘刀具或其他作业时,可以通过压力仓的升降压进入工作面。

⑥砾石破碎机。

在泥水系统排泥管前面的盾构平衡仓内安装有液压驱动的腭式破碎机,对滚刀破碎下来的较大的砾石进行破碎;液压腭式破碎机由重型油缸驱动破碎腭,破碎器的破碎齿可更换,并且可实现自动润滑。破碎机如图 4-22 所示。

⑦管片拼装系统。

管片拼装系统包括真空吸盘式管片吊机、管道输送机、真空吸盘式管片安装机。

⑧注脂系统。

注脂系统由主轴承密封系统、主轴承润滑系统、盾尾密封系统组成,见图 4-23。

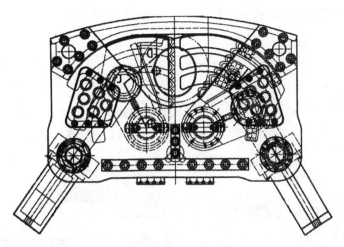

图 4-22 破碎机示意图

a)注脂系统

b)更换油脂

图 4-23 注脂及润滑系统

注脂系统以压缩空气为动力源,靠油脂泵油缸的往复运动将密封油脂或润滑油脂输送到各个部位。

主轴承密封可以通过控制系统设定油脂的注入量,并可以从外面检查密封系统是否正常。盾尾密封可以通过 PLC 系统按照压力模式或行程模式进行自动控制和手动控制,对盾尾密封的注脂量及注脂压力均可以在控制面板上进行监控。

当油脂泵站的油脂用完后油脂控制系统可以向操作室发出指示信号,并锁定操作系统,直到重新换上油脂,这样可以充分保证油脂系统的正常工作。

⑨同步注浆系统。

同步注浆系统使管片后面的间隙及时得到充填,有效地保证隧道的施工质量及防止地面下沉。在后配套拖车上配有 2 台液压驱动的注浆泵,注浆泵通过盾尾的注浆管道将砂浆注入管片背衬的环形间隙中。注浆压力可以通过调节注浆泵工作频率实现连续调整,并通过注浆同步监测系统监测其压力的变化。单个注浆点的注入量和注浆压力信息可以在主控室看到,并可随时储存和检索砂浆注入的操作数据。

⑩激光导向系统。

激光导向系统如图 4-24 所示。盾构上安装了一套 VMT 公司的 SLS-T 型导向系统,能够对盾构在掘进中的姿态进行精确的测量和显示。操作人员可以及时地根据导向系统提供的信息,快速、实时地对盾构的姿态进行调整,保证盾构掘进方向的正确。

SLS-T 型激光导向系统和隧道掘进软件全天候提供盾构的三维坐标和定向的连续的动态信息。隧道掘进软件是导向系统的核心。通过其附带的通信装置接收数据,由隧道掘进软件计算盾构的方位和坐标,并以图表和数字表格显示出来,使盾构的位置一目了然。

⑪数据采集系统。

数据采集系统可采集、处理、储存、显示、评估与盾构有关的数据。所有测量数据都通过时钟脉冲控制的测量传感器连续采集和显示。所有测量值都以图形的形式显示在数据采集系统的监测器上。

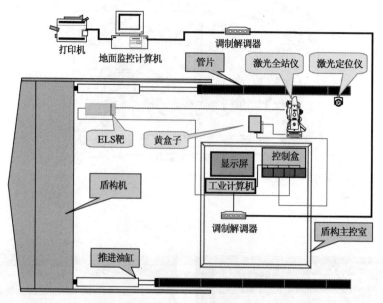

图 4-24 VMT 激光导向系统

(5) 重庆过江隧道泥水盾构主要技术参数

德国海瑞克 $\phi 6570mm$ 泥水盾构主要技术参数见表 4-7。

重庆过江隧道 $\phi 6570mm$ 泥水盾构主要技术参数   表 4-7

系统名称	参数名称	参 数
管片	内径/外径	$\phi 5620mm / \phi 6320mm$
	管片长度	1500mm
	管片数量	5+2+1
隧道掘进系统	最高工作压力	0.6MPa
	包含后配套系统的总长度	约 62m
盾构	盾构总长度(不含刀盘)	约 8170mm
前盾	前盾外径(不含硬质焊敷层)	6570mm
中盾	中盾外径(不含硬质焊敷层)	6560mm
盾尾	盾尾外径(不含硬质焊敷层)	6550mm
人仓	形式	双室
	人数	3人/2人(主仓/应急仓)
推力缸	推力油缸数量	14×2 只
	35MPa 时的最大推力	37000kN
	最大推进速度	80mm/min
铰接油缸	油缸数量	12 只
	行程/收缩力	150mm/7340kN
刀盘	直径	$\phi 6600mm$
	开口率	28%
刀具	单刃滚刀数量	9 把
	双刃滚刀数量	9 把
	三刃滚刀数量(中心刀)	4 把
	滚刀超前量/滚刀直径	175mm
	切刀数量/切刀超前量	17in/76 把/140mm

续上表

系 统 名 称	参 数 名 称	参　　数
刀盘驱动	装机功率(2×315kW)	630kW
	双级行星齿轮	7只
	转速	0～2r/min/0～4.8r/min
	额定扭矩	3050kN·m/1450kN·m
	脱困扭矩	3500kN·m
管片安装机	类型/自由度数量	真空吸盘式/6
泥水输送系统	送排泥管直径	ϕ250mm
	送排泥泵功率	315kW
	送排泥伸缩管长度	6000mm
	排泥最大流量	900m³/h
齿轮油	润滑齿轮油供给量	20L/min
液压油箱容积	液压油箱1/液压油箱2	4000L/520L
油脂供给	主轴承HBW油脂消耗量	约2.4L/h
	主轴承密封油脂消耗量	约3.2L/h
	盾尾密封油脂消耗量	约36L/h

3)盾构法施工技术

(1)盾构组装与调试

在完成了南岸竖井施工和辅助隧道施工后，随即进入盾构隧道施工阶段。盾构隧道施工是重庆主城排水过江隧道工程的重点和难点。用于重庆过江隧道施工的泥水盾构于2003年10月9日从荷兰鹿特丹港口出发，于2004年1月2日到达上海，于1月9日在上海顺利转关，于2004年1月20日到达重庆九龙坡港口。

2004年2月3日开始进行盾构组装。2月3日～2月10日完成盾构主机下井组装，2月11日～2月19日完成后配套拖车的下井组装，2月20日～3月1日进行管线连接，3月8日完成盾构及后配套设备的调试，3月9日进行试拼装第1环管片，3月12日进行试掘进。

①盾构组装的总体要求。

a. 对于机械部件的组装，组装前要弄清其结构及安装尺寸以及螺栓连接紧固的具体要求，同时自始至终保持清洁。

b. 清洁工作直接关系到液压件工作寿命。组装前必须检查泵、阀等液压件的封堵是否可靠，发现可疑情况时进行现场清洗，管件在组装前如没有充满油液，也必须进行严格清洗。

c. 对于高低压设备和电气元件的安装，严格执行制造厂所提供的有关标准。

d. 组装前必须对所使用设备、工具进行安全检查，杜绝一切安全隐患，保证盾构组装工作安全顺利进行。

②盾构组装总体方案。

用80t汽车吊将始发架吊下竖井并固定，在始发架的轨面上涂抹油脂；使用400t履带吊与80t汽车吊配合将中盾翻转，用400t履带吊将中盾吊下竖井，然后依次将前盾吊下井并与中盾连接，将刀盘吊下竖井并与前盾连接，履带吊与汽车吊退场。分别在始发架及盾壳上焊接顶推支座，使用泵站将盾体前移5m；用门吊安装轨道梁、管片安装机、辅助平台及盾尾；将盾构从竖井前移至始发隧道掌子面，吊出始发架。始发隧道、竖井底部及负洞铺设四轨三线轨道；在距盾尾约1m处做混凝土反力环，反力环的宽度为1.5m，始发隧道在反力环位置处扩大断面。用门吊将设备吊下井，并前移与盾构主机连接；组装4个后配套拖车，依次吊下竖井并前移与设备桥连接。连接管线进行调试。

③盾构前移方案。

a. 始发架上盾构前移。在始发架上焊接两个顶推支座，在盾壳上焊接两个顶推支座，两边各用一个

100t 的油缸顶推移动，在不同的位置，更换壳体上的焊接位置。始发架上盾构主机前移见图 4-25。

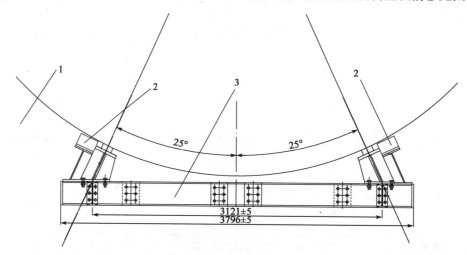

图 4-25　始发架上盾构主机前移(尺寸单位：mm)
1-盾构；2-顶推支座；3-始发架

b. 始发隧道内盾构前移。在始发隧道内移动盾构的顶推方式如图 4-26 所示。因顶推时油缸的行程只有 200mm，为了避免油缸换步频繁，在油缸和盾构之间增加 200mm 的垫块，油缸达到一个行程后，缩回油缸，增加一个垫块。顶推支座的固定位置如图 4-27 所示。在盾构前移过程中，油缸顶推换步位置为 600~1000mm。

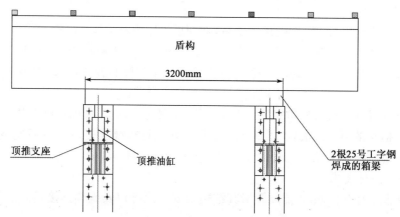

图 4-26　始发隧道内盾构前移方案

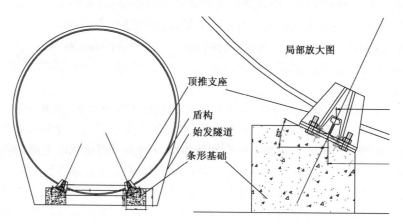

图 4-27　始发隧道内的条形基础与顶推支座

④盾构组装程序。

a. 盾尾刷的焊接。盾尾进场后立即进行盾尾钢丝刷的焊接。

b. 中体下井。使用80t吊车和400t吊车配合将盾构中体翻转,并用400t吊车将中盾吊下竖井,在始发架上就位,清理中体与前体的结合面。

c. 前体下井。使用400t吊车和80t吊车配合,将前体翻转,并用400t吊车将前体下井,落点位置离洞口2m。清洁前体前后结合面。

d. 前体后移并与中体对接。准备连接螺栓和扭力扳手,清理前体的结合面,涂抹油脂并安装密封条,在前盾及始发架上焊接顶推支座,将前体后移与中体对接。对接后将前体和中体整体后移,前盾留出2.5m左右的空间以便安装刀盘。

e. 刀盘下井并与前体对接。使用400t吊车和80t吊车配合将刀盘翻转,并用400t吊车将刀盘吊下井,清洁刀盘结合面,涂抹油脂,将连接螺栓穿好,在井下用一个3t的手拉葫芦和一个5t的手拉葫芦,将刀盘在井下固定,并与前体对接。刀盘安装后,400t吊车和80t吊车退场。设备桥、拖车等进场,将后配套摆放在竖井附近。

f. 主机前移。使用顶推油缸通过液压泵站操作将盾构主机前移至始发架的前端。

g. 安装管片机的轨道梁。用门吊将轨道梁吊下井,安装轨道梁并紧固螺栓。

h. 安装管片机。使用门吊将管片安装机吊下井并安装固定。

i. 安装盾尾。清洁盾尾,并安装充气密封,使用门吊将盾尾吊下井并安装(安装时注意控制盾尾与中体的间隙),然后连接盾尾铰接油缸。

j. 盾构前移至始发隧道掌子面。在轨道上涂抹油脂,使用顶推油缸将盾构主机前移至始发隧道的掌子面。

k. 竖井及始发隧道铺轨。将始发架吊出竖井,在井下及始发隧道内铺设四轨三线。

l. 制作混凝土反力环。在距盾尾约1m处做混凝土反力环,反力环的宽度为1.5m,始发隧道在反力环位置处为扩大断面。

m. 井上拼装1号、3号、4号拖车。用电锯拆除木包装,将拖车单片移开并支撑固定,将另外一片支撑固定,将连接梁对接并紧固;将整个拖车吊起,安装拖车下面的轮子。由于2号拖车较长,受竖井尺寸的限制,不能在井上拼装。

n. 设备桥下井前移。用电锯拆除设备桥的木包装,在井下放置用管片车制作的设备桥行走临时支撑架,在设备桥上挂钢丝绳,在设备桥的一端挂2个10t手拉葫芦。将设备桥起吊,在井口上,松开导链,将设备桥倾斜,其中井口方向下井时要低。将设备桥下井,并且在井口处将设备桥放平,并放在2个支撑架上,将设备桥前移并与盾构连接。

o. 1号拖车下井前移。用门吊将1号拖车吊下井,将拖车前移至洞内与设备桥对接,并放阻车器。

p. 井下拼装2号拖车。用电锯拆除2号拖车的木包装,用门吊将拖车的单片吊下井并支撑固定,将连接梁吊下井并与单片对接紧固,将整个拖车吊起,安装下面的轮子。推入洞内与1号拖车连接。

q. 3号及4号拖车下井。用门吊将3号拖车吊下井并前移与2号拖车连接,用门吊将4号拖车吊下井并前移与3号拖车连接。

r. 盾构管线连接。连接盾构主机与设备桥及拖车间的液压系统管路,连接电气系统,连接送排泥管路。

⑤盾构调试。

盾构组装完成后,进行空载调试,空载调试的目的主要是检查设备是否能正常运转。主要调试内容为:液压系统、润滑系统、冷却系统、配电系统、注浆系统,以及各种仪表的校正。空载调试完成后即可进行负载调试。负载调试的主要目的是检查各种管线及密封的负载能力;对空载调试不能完成的工作进一步完善,以使盾构的各个工作系统和辅助系统达到满足正常生产要求的工作状态。盾构调试包括以下主要内容:

a. 主驱动系统。测试刀盘驱动系统是否正常,主油泵、刀盘驱动马达工作是否正常,泵站启动联锁是否正常,正转、反转、最大速度、速度调节和显示、压力等是否正常。

b. 推进系统。检测推进系统是否能正常运转,推进泵工作是否正常,推进速度是否正常,推进压力是否正常,推进压力、推进速度的控制和显示是否正常,推进油缸的快速回退是否正常。

c. 人仓系统。人仓衡压状况、保压状况是否满足标准,升压、降压控制是否正常,各个气动元件工作是否正常,内部通话系统是否正常。

d. 岩石破碎系统。岩石破碎系统工作是否正常,自动润滑功能是否正常,破碎动作、行程显示、工作压力、破碎能力、冲洗系统等是否正常。

e. 油脂密封系统。测试盾尾油脂泵工作压力是否正常(出口压力大于10MPa),每个油脂注入点传感器工作是否正常,自动泵送是否正常。测试HBW系统工作压力是否正常(出口压力大于10MPa限位),流量是否满足要求(10cm/min)。测试主轴承油脂泵工作是否正常(出口压力大于10MPa限位),油脂转运泵工作是否正常,两个泵的泵送流量、压力是否满足要求,两个油桶液位开关工作是否正常。控制部分功能是否正常,小油脂桶限位连锁功能是否正常。

f. 管片安装系统。管片吊机工作是否正常,断电保持时间是否正常,安全指示信号是否工作,抓取和释放时间是否正常,吊机移动、提升等功能是否正常。管片输送机工作是否正常。管片安装机抓取是否正常,抓取断电保持时间是否正常,旋转角度、水平旋转、水平移动和竖直移动是否正常,安全指示是否正常,是否覆盖管片安装的整个区域。

g. 冷却循环系统。启动洞外冷却循环系统,压力为0.3~1MPa。外部循环系统通过散热器温度($\leqslant$25℃)、流量($\geqslant$16m³/h)是否正常。启动内部循环系统水泵,通过内部循环系统的小水箱,加注盾构主机内部小循环系统的冷却水,保持内部循环水系统的持续工作,各处冷却进水出水是否正常($\leqslant$25℃)。

h. 油箱冷却过滤循环系统。液压油箱容量(4500L),启动循环泵,测试泵的工作压力(0.8MPa),检查滤芯显示是否正常,进出口压力是否正常(压差0.3MPa),散热降温是否正常。齿轮油循环泵工作是否正常,齿轮油液位是否正常,液位报警功能是否正常,液位开关工作是否正常,循环系统散热是否正常。

i. 压缩空气系统。测试盾构上的空压机(1MPa),调整工作压力为0.5~0.9MPa,检查工作温度是否正常,测试盾构各个气动元件工作是否正常,气动砂浆泵工作是否正常,各个压力表显示是否正常。

j. 辅助液压系统。测试刀盘伸缩油缸工作是否正常,行程控制、传感器显示是否正常。测试铰接油缸伸出缩回是否正常、行程显示、三种工作状态是否正常。测试设备桥油缸、管片输送机油缸等工作是否正常。

k. 同步注浆系统。测试注浆泵系统工作是否正常,注浆泵压力传感器、注浆量显示、砂浆罐工作是否正常,注浆泵换向和调速是否正常。

l. 软管及电缆卷筒。测试风管卷筒、水管卷筒、电缆卷筒的转动是否正常。

m. 泥水循环系统。测试送排泥伸缩管是否正常工作。送泥泵$P_{1.1}$、排泥泵$P_{2.1}$、$P_{2.3}$工作是否正常,转速、压力、流量显示是否正常,压力、速度自动调节是否正常。检查送排泥泵的水密封冷却水压力流量是否正常。检查旁通阀工作是否正常,开关控制是否合适。泥水室液位传感器工作是否正常,控制室控制是否正常。

n. 其他。测试空气加压系统的控制是否正常,压力是否正常;盾构联动控制是否正常,各个环节在控制室的控制情况是否正常;盾构故障显示是否正常。

(2)盾构始发

①始发方案。

盾构隧道施工前,采用钻爆法施工一长68m的始发隧道,以便盾构主机与后配套同时吊下竖井组装后进行一次性始发。盾构始发设备由竖井井底始发架、始发隧道内条形基础及导轨、钢筋混凝土反力环组成。

②始发前的准备。

盾构始发前准备工作包括盾构始发条形基础施工、始发架安装、盾构组装与调试、混凝土反力环施工、密封施工、泥水处理系统的安装、循环水系统安装、高压电缆安装、隧道排污系统安装、搅拌站、空压站及各种管路的安装。

a. 始发架安装。将竖井底部用C20混凝土按设计标高铺平，始发架采用南京地铁TA15标始发架进行改造，在原始发架的工字钢上焊接一块40mm厚的钢板，使钢板表面与盾构主机形成相切的状态。始发架的改造如图4-28所示。改造后将始发架吊下竖井，并按设计标高调平。

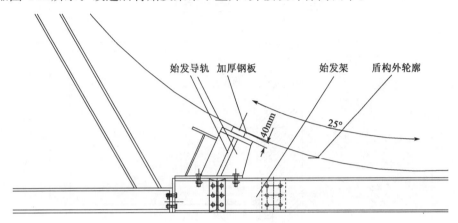

图4-28 始发架的改造

b. 始发条形基础施工。条形基础(图4-27)采用C25钢筋混凝土立模浇筑，按5m一点控制混凝土标高并预埋螺栓。为防止条形基础侧移，将条形基础与围岩间用混凝土回填。

c. 混凝土反力环施工。混凝土反力环为盾构掘进提供反力。反力环在盾构主机组装后并推进始发隧道后进行施工，反力环设在距掌子面14.5m的位置。

混凝土反力环的结构如图4-29所示。反力环为钢筋混凝土结构，通过180根3.5m长ϕ20锚杆与围岩相连接，并与围岩共同作用，为盾构推进提供反力。反力环内径与管片内径相同，反力环宽度为2m，混凝土标号与管片标号同为C50。

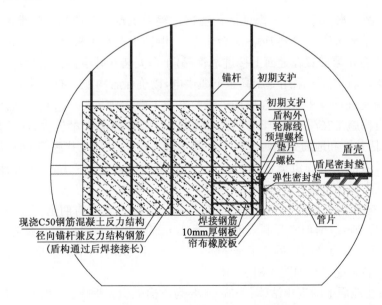

图4-29 混凝土反力环结构及始发密封

为了保证混凝土反力环的稳定性，在反力环后部(靠竖井侧)施工两堵钢筋混凝土翼墙，与反力支撑环共同抵抗盾构掘进的推力。翼墙结构如图4-30所示。

d. 始发密封施工。为了保证泥水仓的泥水和同步注浆料不会泄露，在盾构始发前将开挖面和盾构施工操作空间密闭。本工程的始发密封结构与混凝土反力环相结合进行施工,如图4-29所示。在反力环施工时,在靠盾构主机的端面预埋钢板(每块钢板上预埋螺栓),在反力环模板拆除后将帘布橡胶(厚30mm)安装在预埋螺栓上,并用垫片和螺栓压紧。当第一环管片拼装后,将管片顶推至反力环上将帘布橡胶压紧,利用粘贴在管片上的密封条和帘布橡胶板的挤压进行防水。同时在帘布橡胶上涂上油脂防漏泥水。

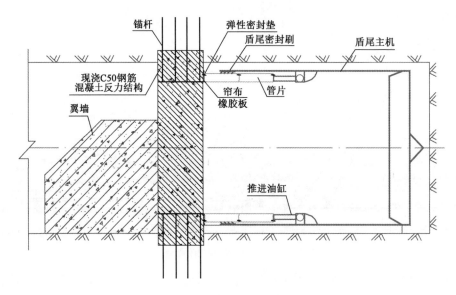

图4-30 翼墙结构及盾构始发

e. 泥水处理系统安装。由盾构排泥管输送到地面的泥水混有大量的土石颗粒,需经水土分离处理后才能循环使用。将泥浆中的泥水和渣土分离的过程称为泥水处理。分离出的渣土作为弃渣外运,分离出的泥浆流入沉淀池进行沉淀后经调整密度和黏度后输送到盾构泥水室。沉淀池起沉淀泥沙小颗粒的作用,调浆池用来调制泥浆的密度和黏度。泥水处理系统包括泥水分离站、沉淀池、调浆池和制浆设备及相应的进出浆管路。

f. 循环水系统。循环水系统是为了保证盾构掘进过程中机器各系统的温度维持正常,起冷却作用。循环水系统包括1个循环水池、1个冷却塔、2台水泵、1根进水管和1根排水管。循环水池储存干净的水,容积约120m³。1台水泵安置在地面上接进水管,另1台安装在井下接出水管。

g. 盾构供电系统。盾构掘进采用专用高压电缆供电,以确保盾构施工期间的电力供应。施工前期采用1台500kV·A箱变进行竖井施工,在盾构进场前安装1台2600kV·A箱变供盾构施工。

h. 排污系统。盾构施工在深达65.2m的竖井下进行,竖井的涌水量较大,此外盾构施工需经过雨季,施工排污系统包括井下和地面处理两个环节。井下的污水汇集到竖井底部的集水坑,由安装在井下的污水泵通过污水管道抽至地面沉淀池,污水经沉淀后排至市政排污系统。作为预案,井下配置3台80m³/h的污水泵,其中2台备用。

i. 砂浆搅拌站。搅拌站主要是为盾构同步注浆提供注浆料。施工前期选用2台湖北宜昌黑旋风制浆机,理论制浆能力为20m³/h,但实际制浆能力不足10m³/h,并且制浆机离心泵叶轮磨损很快,不能满足施工需要。在2004年3月25日,拆除了制浆机,3月26日改用1台JS500型双轴卧式强制搅拌机,充分满足了施工需要。砂浆搅拌站如图4-31所示。

j. 空压站。安置在地面上的空压站(图4-32)主要为盾构平衡仓提供压缩空气,空压站由2台20m³/h的空压机组成,由2根高压空气管路通过4号拖车上的气管卷筒与盾构相连接。

③始发。

2004年3月9日试拼装第1环管片,至3月12日举行掘进仪式时已拼装4环管片,这时盾构的刀盘已抵紧掌子面。3月12日~3月24日,盾构始发情况详见表4-8。

图 4-31 砂浆搅拌站

图 4-32 空压站

重庆过江隧道始发施工情况　　　　　　　　　表 4-8

施 工 日 期	盾构始发施工摘要
3月12日星期五	举行盾构掘进仪式,安装第4环管片
3月13日星期六	管片与始发隧道围岩间注双液浆
3月14日星期日	管片与始发隧道围岩间注双液浆
3月15日星期一	反力环与第1环管片间填充环氧树脂
3月16日星期二	反力环与第1~4环管片防扭装置施作;17:50掘进,掘1m
3月17日星期三	继续掘进,安装第5环管片
3月18日星期四	掘进2环(第6~7环)
3月19日星期五	掘进2环(第8~9环)
3月20日星期六	掘进2环(第10~11环)
3月21日星期日	掘进2环(第12~13环)
3月22日星期一	同步注浆砂浆罐的砂浆凝固,盾尾注浆通道堵塞,清理
3月23日星期二	白班3环(第14~16环),夜班2环(第17~18环)
3月24日星期三	白班2环(第19~20环),夜班3环(第21~23环)

在3月12日进行始发掘进时,因盾构泥水循环系统运行,并进行同步注浆,开始建立泥水仓压力,但是泥水和注浆料从管片与反力环的缝隙以及管片之间的缝隙间大量喷出,且管片扭曲并部分破裂(图4-33),造成泥水仓压力建立困难。发现这种情况后,立即停止掘进,采取了以下措施:管片与始发隧道围岩之间注双液浆,混凝土反力环与第1环管片之间填充环氧树脂,反力环与第1环管片、第1环与第2环管片、第2环与第3环管片、第3环与第4环管片之间用槽钢焊防扭装置。

采取以上措施后,盾构于2004年3月23日形成正常始发状态,反力环及管片不再漏浆,泥水仓压力正常建立。

盾构始发时引起管片破裂和漏浆的原因分析如下:

a. 混凝土反力支撑环的预埋钢板安装精度不够,造成反力支撑环的密封系统失效。

b. 第1环管片与混凝土反力环之间没有用螺栓进行连接,仅依靠推进油缸的顶推力不能形成有效的密封;且当盾构刀盘切削地层时,在扭力的作用下使管片间错动较大,管片止水条失效。

c. 在刀盘切削地层前,管片与始发隧道的围岩之间的空隙没有注浆填充。

④始发要点。

图 4-33 始发时管片扭曲破裂并大量漏水及管片防扭装置制作

盾构始发是盾构法施工的关键技术,关系到盾构施工的成败,也是后续施工的基础。由于重庆主城排水过江隧道工期紧,始发时许多因素未能充分考虑。主要失误有两点:一是反力环与第1环管片之间没有形成有效的连接;二是刀盘切削地层前已安装的4环管片的背衬空间没有及时用砂浆填充。由于这两点失误,致使始发掘进时管片错动、破损并漏浆。

由于管片错动而偏离拼装点位,为以后拼装管片时留下了隐患,特别是插入K块(封顶块)时,容易损坏K块或邻接块。

泥水盾构的始发过程也就是盾构泥水室建立良好的泥水平衡的过程。始发过程受始发条件、始发设备、始发方式等施工客观条件的影响,从而对形成泥水平衡的机理和泥水压力的建立有不同程度的影响。在始发施工中,泥水不平衡的时间越长,给始发施工带来的难度就越大。要使盾构顺利始发,一切施工技术均要以尽快建立良好的泥水平衡为基本目标。泥水盾构的始发要点如下:

a. 密封止水装置必须可靠。始发密封止水装置用来保持盾构泥水室的泥水压力,在止水密封的作用下,盾构泥水室内的泥水不致外泄,从而使泥水保持设定的压力。如果密封止水失效,会引起大量的泥水流失,就会使盾构泥水室的泥水压力难以建立,轻则泥水盾构难以正常运转,重则引起土体坍塌并造成地面沉降(因重庆过江隧道地层自稳性较好,不会出现坍塌和沉降)。

b. 管片与反力环之间应形成有效的连接。如果管片与反力环之间没有进行可靠的连接,在盾构刀盘切入地层后,将造成管片错动,轻则损坏管片,重则造成盾构始发姿态与隧道设计线形不符合。在进行始发隧道、混凝土反力环施工时,应严格控制盾构始发导轨和反力环的施工精度,确保盾构始发姿态与隧道设计线形相符。第1环管片定位时,管片的后端面应与线路中线垂直,管片轴线应与线路的切线重合。为了防止盾构推进过程中管片错动或移位,第1环管片与反力环之间应有可靠的连接。

c. 盾尾管片应及时进行背衬注浆。盾构始发时,由于采用了始发隧道方式,在始发前,当刀盘抵紧掌子面地层时,应对盾尾后的管片进行背衬注浆,一般注胶凝时间较短的双液浆。在始发掘进过程中,也应采用同步注浆方式及时填充管片与围岩的间隙,通过控制注浆量和注浆压力控制注浆效果。

d. 其他。始发作业时,在刀盘切入地层之前,应做好泥水循环系统的调试。始发掘进时,根据地质状况配置泥水,泥水压力应保持平衡,并有防止泥水冒溢的处理措施。在始发阶段,由于设备处于磨合阶段,要注意推力、扭矩的控制,掘进总推力应控制在反力环承受能力以下。

(3)盾构掘进

①概述。

重庆过江隧道工程采用泥水盾构掘进。泥水压力的设定是泥水盾构施工的关键,维持和调整设定的压力值又是盾构推进操作中的重要环节,其中包括推力、推进速度和排泥流量三者的相互关系,对盾构施工轴线和地层变形量的控制起主导作用。因此,盾构推进过程中,要根据不同地质、覆土厚度及时调整设定泥水压力,推进速度要保持相对平稳,控制好每次的纠偏量,为管片拼装创造良好的条件。同步注浆量和注浆压力要根据推进速度和泥水压力及时调整,将施工轴线与设计轴线的偏差及地层变形控制在允许的范围内。

为了较好地探索合理的掘进参数,将盾构在南岸竖井始发后的前200m作为掘进试验段。试掘进的目的是为了积累丰富的盾构施工经验,通过试验段掘进熟练掌握泥水盾构的操作技术,掌握在不同地层中盾构掘进参数的调节控制方法,并进一步优化掘进参数;掌握在不同地层中刀具的磨损规律,进行正确换刀;掌握管片拼装工艺、防水施工工艺、同步注浆工艺;掌握泥水管理工艺、进行泥水参数的优化。

通过掘进试验段的施工,发现了许多问题并寻求到了解决的办法,如盾构电气设备的防水、同步注浆液的配比、注浆压力和注浆量的控制、泥水压力的控制、泥水性能的管理、排泥流量的控制、泥水分离站的改造等。

盾构在完成前200m的试掘进后即进入正常掘进阶段,在正常掘进时,对掘进参数进行必要的调整。根据地质条件和试掘进过程中的监测结果进一步优化掘进参数。

盾构掘进施工全过程须严格受控,工程技术人员根据地质变化、隧道埋深、地面荷载、地表沉降、盾构姿态、刀盘扭矩、推进油缸的推力等各种勘探、测量数据信息,正确下达每班掘进指令,并即时跟踪调整。盾构操作人员须严格执行指令,谨慎操作,对初始出现的小偏差应及时纠正,应尽量避免盾构蛇形,盾构一次纠偏量不宜过大,以减少对地层的扰动。盾构掘进过程中,坡度不能突变,隧道轴线和折角变化不能超过0.4%。

②掘进模式。

泥水盾构的掘进模式有两种,一种是直接控制模式,也称泥水模式。另一种是间接控制模式,也称加气模式或"D"模式。

泥水模式是指在盾构刀盘后侧设置隔板,与刀盘之间形成泥水室,将加压的泥水送入泥水室,当泥水室充满加压的泥水后,通过加压作用和压力保持机构来谋求开挖面的稳定。盾构推进时由旋转刀盘切削下来的土砂经过搅拌装置搅拌后形成高浓度泥水,用流体输送方式送到地面。

"D"模式由空气和泥浆双重系统组成。在盾构的泥水室内,装有一道半隔板,将泥水室分割成两部分,在半隔板的前面充满压力泥浆,半隔板后面在盾构轴心线以上部分加入压缩空气,形成气压缓冲层,气压作用在隔板后面的泥浆接触面上。重庆过江隧道泥水盾构的掘进模式采用"D"模式。

③盾构掘进程序。

重庆过江隧道泥水盾构和掘进操作程序如下:

a. 启动冷却水泵。

b. 启动油箱1、油箱2过滤泵。

c. 启动主轴承密封油脂泵。

d. 启动碎石机润滑油脂泵。

e. 启动控制油泵。

f. 启动供油泵。

g. 启动齿轮油泵。

h. 启动碎石机油泵。

i. 启动辅助油泵。

j. 启动推进油泵。

k. 启动刀盘驱动油泵。

l. 启动盾尾注脂系统。

m. 启动主轴承密封系统。

n. 打开进气阀,调节好平衡仓进气压力。

o. 启动泥水循环系统,进行泥水循环,使平衡仓液位保持在绿色指示灯亮。

p. 选择刀盘转速挡位。

q. 选择刀盘转向。

r. 启动刀盘。

s. 调节刀盘转速至Ⅰ挡2r/min或Ⅱ挡4.8r/min。

t. 将刀盘伸缩油缸伸出至100～180mm。

u. 启动注浆系统开始注浆。

v. 根据VMT显示的盾构姿态调节好A、B、C、D四组推进油缸的压力,按下"advance"按钮开始掘进。

④掘进参数的选择。

重庆过江隧道施工时,掘进参数见表4-9。

重庆过江隧道采用的掘进参数统计　　　　表4-9

围岩级别	岩石抗压强度（MPa）	掘进速度（mm/min）	刀盘转速（挡位）	总推力（kN）	刀盘推力（kN）	刀盘扭矩（kN·m）
软岩	7.3～10.5	19.6	Ⅰ挡（低挡）	16446	5366	1892
较软岩（Ⅳ）	21.9～26.7	18.5	Ⅰ挡（低挡）	17097	5394	1766
较软岩（Ⅲ）	33.2～35.5	16.5	Ⅱ挡（高挡）	18775	5568	1291
中硬岩	≥59.6	16.0	Ⅱ挡（高挡）	20479	5650	1262

(4) 泥水循环系统

泥水盾构的特征之一是将泥水送往开挖面，通过对开挖面加压使其达到稳定，并用流体输送渣土，这一系统称为泥水循环系统。重庆主城排水过江隧道盾构法施工采用的泥水循环系统如图4-34所示。

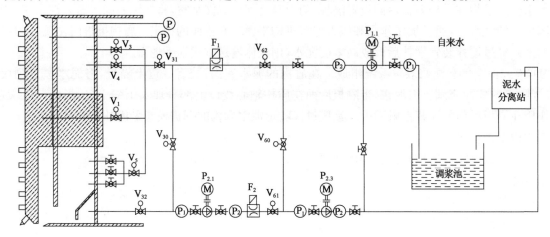

图4-34　泥水循环系统示意图

① 操作程序。

a. 根据地质情况设定进气压力。重庆过江隧道在砂岩富水段进气压力设为0.3～0.34MPa，泥岩段进气压力设为0.2～0.25MPa，在主机室控制面板上将显示平衡仓气压和刀盘前的气压。

b. 打开泥浆管路上的手动闸阀。

c. 关闭送泥泵$P_{1.1}$进浆口手动闸阀，打开自来水进水闸阀给泥浆管路加引水。当主机室内排泥泵$P_{2.1}$（位于盾构1号拖车右侧）、$P_{2.3}$（位于竖井底部）的进出口压力达到盾构施工竖井深度的水压时，泥浆管路的引水即已加好，关闭自来水闸阀，打开$P_{1.1}$泵进浆口闸阀。

d. 打开电磁阀V_{61}、V_{21}，关闭电磁阀V_{60}。

e. 电话通知泥水分离站启动泥水分离设备。

f. 选择碎石机档位，启动碎石机。

g. 启动$P_{2.1}$泵，然后再启动$P_{2.3}$泵，打开电磁阀V_{30}，关闭V_{32}、V_{31}、V_1、V_3、V_4、V_5，缓慢调节$P_{2.1}$泵和$P_{2.3}$泵调速器旋钮，使$P_{2.1}$泵和$P_{2.3}$泵转速升高，使排泥流量计F_2和送泥流量计F_1流量达到900m³/h左右，当$P_{2.1}$泵进口压力低于平衡仓气压时，打开V_{32}阀，再调高$P_{2.1}$、$P_{2.3}$泵转速，使排泥流量计F_2流量达到1200m³/h，将刀盘前的水向外抽出。

h. 观察主机室控制面板上的液位指示灯，当最上面的一个红色指示灯和一个黄色指示灯灭时，先打开阀V_1、V_3、V_4、V_5中的任意两个阀，再打开V_{31}阀，然后关闭阀V_{30}。当液位降至绿色液位指示灯亮时，盾构可开始掘进。

② 操作要点。

a. 泥浆循环的旁通模式向推进模式转换时，先将V_1、V_3、V_4、V_5阀全部打开，再打开V_{31}阀，使送泥管路的流量最大，再关闭V_{30}旁通阀，这样操作对管路冲击较小，盾构震动也较小。

b. 当刀盘前涌水量较大时，用旁通模式抽水需很长时间才能将液位降至绿色液位指示灯亮。可将液位指示最上面的红灯和黄灯的传感器进线断开或通过电脑将泥水系统设置推进模式,打开 V_{31} 阀关闭 V_{30} 阀,用推进模式抽水,这样可大大缩短抽水时间。

c. 当听到 $P_{2.1}$ 泵声音较大、震动较大时,很可能泵内有大石堵塞,应停机掏泵排堵。

d. 当发现 $P_{2.1}$ 泵进口压力较高,排泥管流量减小时,可确认 $P_{2.1}$ 泵堵塞,应立即停止掘进,关闭 V_{31} 阀,打开 V_{30} 旁通阀,用膨润土浆液循环冲洗,冲洗不通时,应停机掏泵排堵。

e. 当发现 $P_{2.3}$ 泵进口压力较高,排泥管流量减小时,可确认 $P_{2.3}$ 泵堵塞,应立即停止掘进,关闭 V_{31} 阀,打开 V_{30} 旁通阀,用膨润土浆液循环冲洗,冲洗不通时,应停机掏泵排堵。

f. 当发现 $P_{2.3}$ 泵出口压力较高,排泥管流量减小时,可确认地面泥浆管路堵塞,应立即停止掘进,关闭 V_{31} 阀,打开 V_{30} 旁通阀,用膨润土浆液循环冲洗。如果难以洗通,应在 $P_{1.1}$ 泵处关闭 $P_{1.1}$ 泵通向隧道内的手动闸阀和出浆管路通往泥水分离站的手动闸阀,打开 $P_{1.1}$ 泵至泥水分离站的旁通手动闸阀,用近程控制模式启动 $P_{1.1}$ 泵,用地面上的泥水小循环冲洗管路,这样冲洗效果较好。

g. 在砂岩段掘进时,由于排泥管路内石块和砂很多,容易堵泵,有掏出泵内大石块不能启动 $P_{2.1}$ 泵的现象,此时应打开 $P_{2.1}$ 泵泄压阀和 V_{30} 旁通阀,利用膨润土浆液将泵内存积的砂冲出,才能再启动 $P_{2.1}$ 泵。

h. 当 $P_{2.1}$ 或 $P_{2.3}$ 泵盘根磨损严重漏水时,泵出口压力会降低,排泥管流量会减小,应立即更换盘根后再掘进。

i. 盾构不断向前推进,泥浆管路越来越长, $P_{2.1}$ 泵出口压力也会逐渐增大,当增大至 $P_{2.1}$ 泵的密封水不能进入泵内时,由于 $P_{2.1}$ 泵密封水流量不足,密封水泵不能启动,致使 $P_{2.1}$ 泵不能启动。此时应调节密封水调压阀,提高密封水压力,使密封水流量达到设定流量,才能启动 $P_{2.1}$ 泵。

j. 排泥泵 $P_{2.1}$、$P_{2.3}$ 在一定转速时会发生共振现象,掘进操作时应避开这一速度。

(5)泥水处理

①泥水处理设备的选型。

重庆主城排水过江隧道穿越地层主要是微分化泥岩、砂岩和粉砂岩,属微膨胀性岩石。泥岩占隧道全长的 56.50%,砂岩占 35.80%,粉砂岩占 7.70%。

泥岩的矿物组成主要为水云母、绿泥石及少量的长石、石英和方解石等成分,其含量分别为:水云母 50%~60%,绿泥石 20%~30%,其他次要矿物 10%~20%;碎屑粒度 0.01~0.1mm,个别钙质结核粒度 0.5~3mm。

砂岩的矿物成分主要为长石和石英,其次为白云母、云解石等,其含量分别为:长石 67%,石英 30%,其他次要矿物 3%;碎屑粒度主要为 0.25~0.5mm,部分(约 30%)0.1~0.25mm,部分(约 5%)0.05~0.1mm。

粉砂岩由长石、石英及黏土矿物组成,局部夹紫红色泥质条带或团块。

泥岩层渗透系数为 0.02~0.10m/d;砂岩层渗透系数为 0.10~0.30m/d,最大处可达 3.65m/d。

砂岩碎屑粒度为 0.05~0.1mm 的仅有 5%,因此只需一级处理即可满足泥水分离的要求。泥岩和粉砂岩必须进行二级处理才能分离粒度为 74μm 以下的黏土颗粒。

鉴于重庆的地质在砂岩层砾径较大,因此必须对大砾石进行破碎处理。重庆过江隧道施工时,在盾构泥水仓内安装了液压驱动的腭式破碎机。

泥水处理设备选用 2 套湖北宜昌 ZX-500B 型泥水分离站,其主要参数见表 4-10。

ZX-500B×2 型泥浆处理系统参数 表 4-10

最大泥浆处理量	1000m³/h
净化除砂效率	90%以上(45um 粒级)
渣料筛分能力	100~320t/h
筛分后渣料含水率	<30%
净化后泥浆	密度<1.2,黏度<20s

②泥水分离站工作原理。

排泥泵将盾构泥水仓的浓泥浆输送到地面上泥水处理系统的总进浆管,经 Y 形总进浆管分流后进入 2 套 ZX-500B 型分离站(图 4-35)。每套分离站有 1 套预振筛(粗筛)系统、2 套细筛系统。每套振动筛系统由 2 台振动电机、1 个振动筛箱、1 副筛板、4 组隔振弹簧、2 组调整垫板组成。

振动电机是振动筛的激振源,由电机直接带动偏心装置产生离心力;2 台振动电机做同步反向运转,使振动筛产生直线振动,通过调整偏心块的夹角可实现激振力的变化。振动筛箱为框架式焊接结构,由 4 组隔振弹簧支撑;良好的结构刚性使其可靠地承受装在其顶部的振动电机传递的激振力,通过双向斜面楔紧机构和标准件的连接紧固,粗筛安装在预筛器内,细筛安装在脱水筛内。粗细筛板均为聚氨酯筛板,筛孔尺寸粗筛板为 3×35mm,细筛板为 0.4×28mm。

携带渣土的污泥首先输送至分离系统的预筛器,经过其粗筛的振动筛选后,将粒径在 3mm 以上的渣料分离出来;筛余的泥浆同时进入两台 ZX-250B 型泥浆净化装置的泥浆箱,由渣浆泵从泥浆箱内抽吸泥浆;在渣浆泵的出口具有一定储能的泥浆沿输浆软管从旋流器进浆口切向射入,经过旋流器分选,粒径在 45μm 以上的颗粒由下端的沉砂嘴排除落入细筛;经细筛脱水筛选后,干燥的细渣料分离出来;经过第二道筛选的泥浆从旋流器的溢流管进入中储箱,然后沿总出浆软管输送到沉淀池。

从泥水分离站排出的泥浆经沉砂池沉淀后进入调浆池,在调浆池内由制浆系统的高速制浆机(图 4-36)对泥浆进行调配,确保输送到盾构的泥浆性能满足使用要求,配备的制浆设备见表 4-11。制浆系统通过高速剪切搅拌泵在剪切搅拌及水力喷射搅拌的共同作用下,约 30s 时间即可达到制浆效果。分离站及泥浆池的场地布置如图 4-37 所示。

图 4-35 ZX-500B 型泥水分离站

图 4-36 制浆设备

制浆系统设备配置 表 4-11

序 号	设备名称	型 号	数 量
1	快速制浆机	ZJ-400	4 台
2	搅拌桶	YJ-1200	2 台
3	泥浆泵	3PNL	2 台
4	自旋式搅拌枪		4 台

③泥水管理。

在泥水循环利用的过程中,泥水性能的管理主要是对泥浆质量的控制,即对泥浆最大颗粒粒径、粒径分布、泥浆密度、泥水黏度的管理。

泥水黏度是表示泥水的内部摩擦,它除了受泥水中含有的胶体黏土的粒径、类型、分散性、凝集性能等影响外,主要还受到复杂的界面电气现象所左右。泥水黏度一般控制在 18~22s 范围内。当泥水黏度过大时,排泥管易堵塞。

泥水的密度是一个主要控制指标,过大将影响泥水的输送,过小将破坏开挖面的稳定。一般在能满足开挖面稳定的情况下,泥水密度越小越好,这样能节省泥水制作成本,减少膨润土的消耗。掘进过程中对泥浆性状进行管理时根据地质而定,本工程地质的岩层自稳性较强,可适当降低泥水密度,送泥密度一般控制在 1.05~1.12kg/m³ 之间。

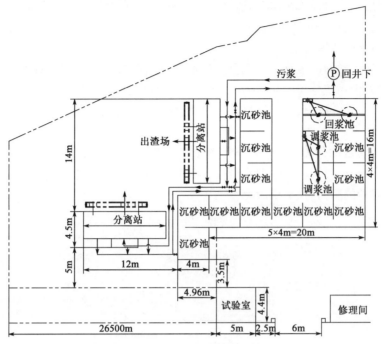

图 4-37 泥水分离站及泥浆池场地布置

当泥水密度偏小时,通过快速制浆机加入膨润土进行调整;当密度偏大时,用泥浆泵抽出泥浆池的浓泥浆并加入清水进行稀释。

④防止分离站漫浆的措施。

泥水处理设备选型时,德国海瑞克公司提供的排泥流量为 900m³/h,但实际掘进作业时,泥浆泵排泥流量可达到 1200m³/h,而泥水分离站每台额定分离能力为 500m³/h,实际 2 台分离站合计分离能力约为 700~800m³/h,当排泥流量过大时,往往造成分离站漫浆,如图 4-38 所示。

泥水分离站漫浆的原因:当盾构排泥流量较大时,排出的泥浆进入到分离站的预振器时,由于预振筛分离能力跟不上,部分没有分离的浆液直接从振动筛的边缘流入到净化装置的储浆箱,这些没有经过预振筛分离的粗颗粒经离心泵送入水力旋流器,使沉砂嘴堵塞,使水力旋流器不能将土砂有效分离,未经有效分离的泥浆从沉砂嘴落入到细筛,从而产生漫浆。解决分离站漫浆的措施如下:

a. 减小泥水循环的膨润土浆液送入量,减小盾构掘进的排泥浆量,但是这种限制排泥流量的操作会影响盾构的掘进速度,从而延迟工期。

b. 通过焊接钢板,将预振筛两侧的挡板加高,防止浆液漫入到二次净化装置的储浆箱。防漫浆措施如图 4-39 所示。

图 4-38 分离站漫浆

图 4-39 分离站防漫浆措施

⑤分离站进浆管堵塞的原因及防止措施。

由于原安装的分离站进浆管路分流不合理,造成 2 号分离站的进浆管经常堵塞,一旦进浆管堵塞,就必须拆开进浆管,用吊车将进浆管吊出来,清除渣土后再安上,每次清通管路非常费时,且进浆管清堵后,再次掘进时一般掘进不超过半小时又堵塞。

分离站进浆管堵塞的原因分析:

a. 掘进砂岩时,分离站的进浆管一般不会发生堵塞,但掘进泥岩时,却往往容易引发堵管,这是由于ZX-500B×2 型泥水处理系统分离的粒径为 45um 以上,而泥岩的碎屑粒度为 0.01~0.1mm,因此排泥水中大量粒径为 0.01~0.045mm 的黏土颗粒没有分离出去,随着掘进环数的增加,泥水越来越浓,因而容易引发排泥管堵塞。

b. 分流不均。原安装的分离站进浆管路如图 4-40 及图 4-41 所示,盾构排出的泥浆从分离站的总进浆管分流到 1 号和 2 号分离站,较多的泥浆沿 T 形管接头流向 2 号分离站,但由于 2 号分离站弯管太多,高速泥浆突然受到弯管的阻力,从而引起堵塞。

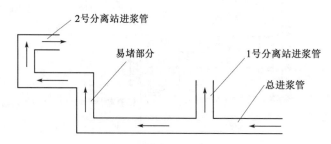

图 4-40　泥水分离站原进浆管路配置示意图

施工中,采取了以下措施,有效地防止了分离站进浆管堵塞:

a. 改造泥水分离站的进浆管布置,使进浆总管进入 2 套分离站的分流均匀一致。将原 90°T 形三通分流接头改为 120°Y 形分流接头,使盾构排泥管进入到 2 台泥水分离站的分流均匀一致,避免因分流不均造成分离站进浆支路发生堵塞。改造后的管路如图 4-42 所示。

图 4-41　管路改造前

图 4-42　管路改造后

b. 在地面送排泥管间增设旁通阀。在管片安装时,启动送泥泵抽取泥浆池的泥水送往分离站,不开预筛器,泥水直接进入 ZX-500B 型净化装置进行再次造粒脱水,以便分离泥浆池中粒径在 45μm 以上的黏土或粉砂颗粒。

c. 在掘进泥岩地层时,定期清理沉砂池的浓泥浆并加清水稀释。

d. 加大对泥水的测试频率,及时调整泥水密度和黏度,确保送泥水性状。

⑥泥水处理系统的其他问题。

a. 泥水分离站的出渣场没有进行地面硬化,当分离站漫浆或雨天时,外运车辆在上公路前需使用大量的自来水冲洗车辆,不仅造成水费增加,而且延误出渣时间。

b. 受场地限制,泥浆池容量不足,当盾构刀盘前涌水量较大时,泥水循环系统的排浆量大于进浆量,泥浆池很快装满后漫浆,造成膨润土流失,增加了施工成本。

c.沉砂池清渣通道不合理,1号分离站的清渣通道须从分离站绕过去,实际施工中,清渣通道被分离站的弃渣堵塞,无法及时使用挖掘机进行清渣,造成泥浆池泥渣沉淀,使原本容量不足的泥浆池容量更加减小,更易漫浆。由于膨润土流失未得到及时补充,排泥管路润滑不良,排泥管磨损严重,焊修磨穿的排泥管时耽误了掘进时间,延误了工期。

(6)同步注浆

盾尾壁后同步注浆系统的主要目的是控制地面沉降,防止地下水或地层的裂隙水向管片内泄漏,使土压力作用均匀以及使管片组成的衬砌环及早稳定。盾构施工引起的地层损失、盾构隧道周围受扰动或受剪切破坏的重塑土的再固结以及地下水的渗透,是导致地表沉降的重要原因。为了减少和防止沉降以及保证管片拼装后管片的受力均匀,在盾构掘进过程中,要尽快在脱出盾尾的衬砌管片背后同步注入足量的浆液材料充填盾尾环形建筑空隙。

在盾构推进时,在盾尾随即产生建筑空隙,从盾尾内部暗置的注浆管道采用与推进油缸同步的速度迅速进行管片壁后注浆的方法称为同步注浆。

重庆过江隧道施工的同步注浆系统采用地面拌和井内运输式,浆液在地面用搅拌机拌和,通过下料管道将砂浆下到停在竖井底部的砂浆车内,砂浆车将浆液泵入盾构拖车上的搅拌罐,用盾构上的注浆泵进行注浆。其同步注浆设备主要由地面上的砂浆材料储存设备、砂浆材料计量设备、砂浆搅拌机、下料管道(将浆液从地面下到竖井)、砂浆转运车、盾构拖车上的砂浆搅拌罐、注浆机、注浆管、控制和记录装置等组成。

管片背衬同步注浆是盾构施工中的一项十分重要的工序,其目的主要有以下3个方面:

a.及时填充盾尾建筑空隙,支撑管片周围岩体,有效地控制地表沉降。

b.凝结的浆液将作为盾构施工隧道的第一道防水屏障,增强盾构隧道的防水能力。

c.为管片提供早期的稳定并使管片与周围岩体一体化,有利于盾构姿态的控制,并能确保盾构隧道的最终稳定。

①同步注浆材料。

采用水、水泥、粉煤灰、膨润土、砂子按一定比例配成的浆液作为同步注浆材料,该浆液具有结石率高、结石体强度高、耐久性好和良好的防止地下水侵蚀的特点。

②浆液配比及主要物理力学指标。

重庆过江隧道试掘进阶段采用的同步注浆初步配比见表4-12。

重庆过江隧道同步注浆最初配比($1m^3$) 表4-12

水泥	粉煤灰	膨润土	砂	水
120kg	381kg	54kg	662kg	344kg

在试掘进阶段,盾构数次穿越砂岩,砂岩裂隙较发育有裂隙水,虽采用提高盾尾油脂注入量和注入压力及加大同步注浆量(注浆量≥理论注浆量的1.8倍)的方法,但盾尾仍有较大漏水情况出现。在试掘进阶段,德国海瑞克公司技术服务人员曾建议在管片两端及外表面涂油脂,但仍不能止住盾尾漏浆。2004年4月10日,对盾尾油脂的消耗量进行了统计,如表4-13所示。

试掘进前期的盾尾油脂消耗情况 表4-13

3月16日~3月28日			3月29日~4月9日		
掘进环数	总消耗量	单耗量	掘进环数	总消耗量	单耗量
26环	5750kg	221.15kg/环	35环	3500kg	100kg/环

根据海瑞克公司提供的数据,盾尾油脂的理论消耗量应为$1kg/m^2$,单环管片的外表面积$S=\pi DL=3.1415926\times6.32\times1.5=29.78m^2$,因此盾尾油脂理论消耗量应为29.78kg/环。2004年4月13日,海瑞克现场人员采集了同步注浆的浆液样本,在4d后发现还相当软,且同步注浆液无论是注入量还是强度都不足够填充管片的背衬空隙,这是盾尾漏水的最主要原因,也是造成盾尾油脂大量浪费的直接原因。TBM三公司在4月18日及时调整了同步注浆的配比,调整后的同步注浆液配比见表4-14。

重庆过江隧道同步注浆调整后的配比（1m³） 表4-14

水泥	粉煤灰	膨润土	砂	水
400kg	100kg	150kg	650kg	500kg

在调整同步注浆配合比的同时，对同步注浆参数也进行了调整。注浆压力为泥水压力的1.1～1.2倍，注浆量≥理论注浆量的2.8倍，每环注浆量最高时达到16.7m³，调整后的同步注浆效果基本达到了注浆填充的目的。

另外，同步注浆浆液的主要物理力学性能指标应满足表4-15的要求。

浆液性能指标表 表4-15

稠度(cm)	比重(g/cm³)	结石率(%)	凝胶时间(h)	1d抗压(MPa)	28d抗压(MPa)
7.5～9.0	1.7～1.8	>85	≤6	>0.3	>5.0

根据地层条件和掘进速度，通过现场试验加入促凝剂或变更配比可调整胶凝时间。对于强透水地层和需要注浆提供较高的早期强度的地段，可通过现场试验进一步调整配比和加入早强剂，进一步缩短胶凝时间，获得早期强度，保证良好的注浆效果。

③同步注浆方法。

同步注浆与盾构推进同时进行，通过同步注浆系统及盾尾内置的8根注浆管（4根备用）在盾构向前推进形成盾尾空隙的同时进行同步注浆，采用2台注浆泵4根注浆管路对称同时注浆，如图4-43所示。

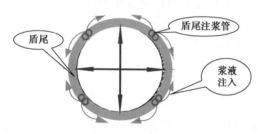

图4-43 同步注浆示意图

注浆可根据需要采用自动控制或手动控制方式，自动控制方式即预先设定注浆压力，由控制程序自动调整注浆速度，当注浆压力达到设定值时，自行停止注浆。手动控制则由人工根据掘进情况随时调整注浆流量，以防注浆速度过快而影响注浆效果。

④注浆参数。

a. 注浆压力。同步注浆时，要求在地层中的浆液压力大于该点的静止水压及土压力之和，做到尽量填补同时又不产生劈裂。注浆压力过大，管片周围土层将会被浆液扰动而造成后期地层沉降及隧道本身的沉降，并造成跑浆；注浆压力过小，浆液填充速度过慢，填充不充足，会使地表变形增大，且易造成盾尾漏浆。重庆过江隧道施工时，同步注浆压力一般控制在泥水压力的1.1～1.2倍。

b. 注浆量。同步注浆量理论上是充填盾尾建筑空隙，但同时要考虑盾构推进过程中的纠偏、浆液渗透及注浆材料固结收缩等因素。根据本工程的地质及线路情况，注浆量一般为理论注浆量的1.8～2.8倍。在实际施工中，应通过地面变形观测来调节注浆量。

每环的实际注浆量可用下式进行计算：

$$Q_{实} = Q_{理} \lambda$$

式中：λ——注浆率，取1.8～2.8；

$Q_{理}$——盾尾建筑空隙，即理论注浆量，$Q_{理} = \pi \times (3.30^2 - 3.16^2) \times 1.5 = 4.26\text{m}^3$。

计算得：$Q_{实} = 7.67 \sim 11.93\text{m}^3$

c. 注浆速度。同步注浆速度根据盾构推进速度，以每循环达到总注浆量而均匀注入，注浆与推进同步进行。盾构推进时注浆开始，推进完毕后注浆结束。注浆速度与盾构推进速度相匹配，可按下式进行计算：

$$V = \frac{10\lambda \pi V_0 (D^2 - d^2)}{4}$$

式中：λ——注浆率，取1.8～2.8；

V_0——推进速度，mm/min；

D——盾构外径,m;

d——管片外径,m;

V——注浆速度,L/min。

d. 注浆顺序。同步注浆通过盾尾注浆孔在盾构推进的同时进行压入式注浆,在每个注浆孔出口设置压力传感器,以便对各注浆孔的注浆压力和注浆量进行检测与控制,从而实现对管片背后的对称均匀压注,以防止注浆使管片受力不均产生偏压导致管片错位造成错台或破损。

e. 注浆标准。同步注浆采用注浆压力和注浆量双指标控制标准。

⑤注浆设备配置。

同步注浆设备主要由地面拌和系统、砂浆运输系统、同步注浆系统组成。

a. 地面拌和系统。搅拌站安装在地面上竖井的东侧,位于门吊轨线旁。最早采用的是 2 台湖北宜昌黑旋风 ZJ-400 型制浆机,但这种制浆机的离心泵叶轮磨损很快,不能满足施工需要。经实践证明不适合于砂浆拌和,只适用于膨润土制浆。2004 年 3 月 25 日,将 2 台用于提供同步注浆液的制浆机拆除,3 月 26 日改用 1 台 JS500 型双轴卧式强制搅拌机,拌和能力为 $25m^3/h$,充分满足了施工需要。

b. 砂浆运输系统。砂浆运输系统由地面上安装在搅拌机下的用于临时存放浆液的砂浆车、将浆液从地面输送到井底的输送管(采用 $\phi 200$ 胶管)、从竖井运输到隧道工作面的砂浆车等组成。搅拌机出料口与临时存放砂浆车之间设梭槽,临时存放砂浆车及运料砂浆车均采用中隧股份制造公司生产的 24T-$5m^3$ 型砂浆搅拌车,该砂浆车带有自搅拌功能和砂浆输送泵,额定容量为 $5m^3$,但实际容量为 $6m^3$。由于每环的注浆量一般为 $12m^3$,因此需要配备 2 台砂浆车用于运输,共需要 3 台砂浆车。但由于从南京地铁工地调运来的 3 台砂浆车其中 1 台是坏的,且在重庆施工期间一直没能修复,使得只有 1 台砂浆车用于洞内运输,造成施工中往往需要长时间等待砂浆,严重影响了施工进度。例如 2004 年 7 月 5 日白班第 474~477 环等砂浆时间分别为 43min、91min、77min、20min。平均每环等砂浆时间为 58min。

c. 同步注浆系统。配备 SWING KSP12 型液压注浆泵 2 台,注浆能力 $3×12m^3/h$,8 个盾尾注入管口(其中 4 个备用)及其配套管路。同步注浆的 4 根备用注浆管路,在堵管时保证同步注浆的可靠性。

⑥同步注浆质量保证措施。

a. 制订详细的注浆作业指导书,做到操作性、规范性和实用性。

b. 进行详细的浆材配比试验,选定合适的注浆材料及浆液配比,保证所选浆材配比、强度、耐久性等物理力学指标符合设计要求。

c. 制订详细的注浆施工设计和工艺流程及注浆质量控制程序,严格按要求实施注浆、检查、记录、分析,及时做出 P-Q-t 曲线(P:注浆压力,Q:注浆量,t:注浆时间),分析注浆速度与掘进速度的关系,评价注浆效果,反馈指导下次注浆。

d. 根据洞内管片衬砌变形和地面变形监测结果及管片渗漏水情况,及时进行信息反馈,修正注浆参数和施工工艺。

e. 做好注浆设备的维修保养,及时供应注浆材料,定时对注浆管路及设备进行清洗,保证注浆作业顺利连续不中断进行。

(7) 二次注浆

①进行二次注浆的原因。

始发隧道从 K0+916.6 到 K0+848,共 68.6m;混凝土反力支撑环从 K0+864.5 到 K0+862.5;2004 年 3 月 9 日从 K0+862.5 位置开始安装第 1 环管片,但盾构隧道的管片存在渗漏水和管片破损等情况,特别是在试掘进阶段管片存在较大面积的渗漏水和管片破损。

盾构隧道各阶段施工的漏水原因分析如下:

a. 始发隧道。混凝土反力环往北方向的 14.5m 长的始发隧道,是用钻爆法施工的,在盾构始发后随着盾构的推进而安装管片,由于混凝土反力支撑环不平整,且第 1 环管片与反力环之间没有使用螺栓进行连接,在始发推进时,管片发生扭转,注浆时密封较困难,因而出现较大漏水。在始发隧道施工时,

K0+862、K0+850一处的拱顶有大股裂隙水流出,且始发隧道与管片之间的空隙太大,并与刀盘连通,泥水仓的泥水压力不能很好地建立。虽注入大量砂浆,亦无法填充饱满。此阶段盾尾油脂消耗极大,平均每环消耗油脂221.15kg,是理论消耗量(29.78kg/环)的7.4倍。

b. 试掘进阶段。在试掘进施工阶段,管片螺栓孔渗漏水和管片嵌缝漏水都较严重,且盾尾也经常大量漏水。在试掘进阶段,德国海瑞克公司曾建议在管片两端涂油脂,但仍不能止住管片漏水,海瑞克公司又建议管片之间使用水膨胀性密封来止水。在此阶段盾构数次穿越砂岩,砂岩裂隙较发育有裂隙水,虽采用了提高盾尾油脂注入压力和加大同步注浆量(注浆量≥理论注浆量的1.8倍)的办法,但盾尾仍有漏水情况出现。此阶段盾尾油脂消耗较大,平均每环消耗油脂100kg,为理论消耗量的3.4倍。2004年4月13日,海瑞克现场人员采集的同步注浆的浆液样本在4d后发现还相当软,同步注浆液无论是注入量还是强度都不足够填充管片的背衬空隙,这是管片嵌缝和盾尾漏水的主要原因。

c. 正常施工阶段。4月18日及时调整了同步注浆的配比,同时调整了同步注浆参数,注浆压力为泥水仓压力的1.1~1.2倍,注浆量≥理论注浆量的2.8倍。调整后的同步注浆效果基本达到了注浆填充的目的。但由于砂岩段裂隙发育,与长江水有明显的联系,实际涌水量远大于地质勘探资料反映的数据,造成隧道外侧水力贯通,因而导致同步注浆效果在砂岩段不是特别理想。根据掘进报告的统计资料,5月份盾尾油脂平均每环消耗量为33.58kg,在正常掘进阶段盾尾油脂消耗相对较小,仅为理论消耗量的1.1倍。

隧道内渗漏水通过裂隙由长江补充,裂隙水存在一定的压力,由于整个盾构隧道纵向连通,随着盾构隧道的向前推进,渗漏水对盾构隧道危害将会更大,因此必须及时进行二次补强注浆。

② 二次注浆方案

对盾构隧道渗漏水的处理需要进行二次注浆,二次注浆也称为补强注浆。盾构隧道渗漏水的处理采用"防、堵、截、排"综合治理的原则,以注浆堵水为主,整个隧道分段进行,以达到隧道防水要求。

a. 盾构隧道二次注浆的分段。根据隧道渗漏水分布情况,将隧道每40环划为一段,采用"蛙跳式"间段分割注浆。分段的目的是减少本段的流水量,形成一个相对静止和密封的区段,为二次注浆提供一个较好的环境。

b. 注浆孔的布置。注浆孔应尽可能利用管片的安装孔,并尽可能靠近拱顶。每注浆段前后各开一孔(纵向间距为60m左右)。前孔为注浆孔,进行压浆用;后孔为观察孔,可排水引流,以观察浆液浓度指导注浆,必要时也可作为注浆孔。

c. 注浆孔的施工。先将安装孔凿毛,用金刚水钻钻入,留5cm厚不钻穿;然后用锚固剂将钢管(直径50mm,带螺纹,长度为300mm)预埋好,钢管周围务必填充密实。在注浆前,垫上橡胶垫和钢板连接件,钢板连接件采用膨胀螺栓连接。在使用前安装好闸阀,用 $\phi42mm$ 风钻将安装孔打通。注浆参数如表4-16所示。

二 次 注 浆 参 数　　　　　表4-16

注浆段长(m)	注浆速度(L/min)	注浆终压(MPa)
60	10~110	0.5~0.6

③ 二次注浆工艺流程。

二次注浆工艺流程见图4-44。

图4-44 二次注浆工艺流程

④ 注浆结束标准。

在注浆过程中,水泥浆结束的标准是观察从观察孔流出浆液的浓度,足够浓时才能停止注浆并关闭观察孔;双液浆结束的标准是注浆速度降低至10L/min,注浆压力上升至0.5~0.6MPa并持续几分钟,同时观察主要渗漏点的渗漏变换情况。

⑤注浆材料。

二次注浆材料采用新鲜的普通32.5R水泥,35~40波美度的水玻璃。浆液配比根据隧道渗漏水程度而定,见表4-17和表4-18。

单液浆配比　　　　　　　　　　　　　　　　　　　　　　表4-17

渗 漏 程 度	水 灰 比
干燥地段	1∶1~1.1∶1
潮湿或渗水地段	0.8∶1~1.1∶1
漏水地段	0.6∶1~1.1∶1

双液浆配比　　　　　　　　　　　　　　　　　　　　　　表4-18

渗 漏 程 度	水泥∶水玻璃
较大漏水地段	1∶1

⑥注浆设备。

二次注浆使用的设备见表4-19。

二次注浆设备　　　　　　　　　　　　　　　　　　　　　　表4-19

名　称	型号或规格	数　量
多功能台架	轨行式	1台
双液注浆机	JZGB型	1台
混合器	Y型 $\phi 25$	1只
高压胶管	$\phi 25$	10m

⑦大漏水点的处理方法。

在漏水点附近的管片安装孔位置,预埋钢管后,开孔注浆。采用水泥—水玻璃双液浆,以浓为主,凝结时间为40~90s。同时,在外部采用快凝水泥和聚氨酯对漏水裂隙进行外部封堵。通过内外结合达到堵水目的。

⑧管片裂纹部位的注浆。

管片裂纹是由于盾构推进过程中推力过大或推力不均衡而造成的。当管片裂缝大于0.2mm时,渗漏水较大,先将渗水外前后各一环的环、纵缝用双快水泥临时封堵,在渗水点以钻孔的形式埋置$\phi 10mm$铝管,并接普通塑料管,用手掀泵压注聚氨酯,待浆液达到一定的龄期后,拔出铝管与塑料管,清除封堵用的双快水泥块,然后清洁管片。

(8)盾构隧道防水

盾构法施工时,隧道的防水和渗漏治理至关重要。盾构隧道漏水的主要原因涉及盾构制造、管片制造、防水材料及施工状况等诸多方面,但盾尾漏水与管片接缝漏水起主导作用,应特别引起重视和防范。

造成管片接缝漏水的原因很多,如防水等级的确定不合理,防水措施选用不当等。有防水施工方面的原因,如选材不当,现场防水施工质量控制不严,未能及时检漏与治理等;也有验收方面的原因,如未按要求进行严格验收。

盾构隧道的防水原则是"以防为主、多道设防、因地制宜、综合治理"。盾构法隧道对渗漏控制较严,应突出"防"而不宜强调"排",盾构隧道施工时,由于管片衬砌接缝多,防水难度高,因此"多道设防"非常必要。盾构隧道的防水是综合效果的体现,在结构设计、盾构选型、管片生产、盾构掘进、管片拼装、同步注浆、二次注浆等环节上,都应与防水一起综合治理。

重庆过江隧道在水底施工,最大静水压力达到0.64MPa,地层裂隙水直接由长江水补给,施工中的防水及结构防水相当重要。在盾构选型过程中确保盾构主轴承密封、铰接密封、盾尾密封等必须适应

0.64MPa的压力,同时确保管片自身的防水效果。过江隧道采用单层钢筋混凝土管片衬砌结构,其防水工作主要是盾尾防水和管片防水。盾构配备的同步注浆机的性能应能满足高水压的要求,同步注浆作为管片的外加防水层,应确保同步注浆的及时性、耐久性以及填充的密实性,切实起到加强防水的作用。对渗漏水的治理一般采用二次补强注浆。

①盾构防水设计。

重庆过江隧道泥水盾构的设计适应高水压施工。主轴承、铰接装置、盾尾等具有密封止水功能,设计能抵抗0.8MPa的水压。

a. 主轴承密封。主轴承外密封采用4道唇形密封,如图4-45所示。

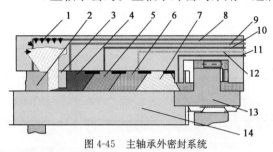

图4-45 主轴承外密封系统

1-泥水压;2-刀盘;3-迷宫环;4~7-唇形密封;8-HBW油脂室;9-油脂室;10、11-润滑油室;12-泄漏室;13-主轴承;14-主轴承座圈

外密封系统的润滑全部为自动润滑,当油脂或润滑油泄漏时,盾构会自动停止运转,并且能通过泄漏室对密封状况进行检测。

在密封表面上,安装了一个带硬化表面的轴承座圈,可以产生轴向位移,以便对第1道唇形密封进行补偿。

沿齿轮室方向的密封是一个特殊的轴密封,可以在必要时对齿轮室施加压力。

油脂室位于第1道与第2道唇形密封之间。通过周边分布的若干个孔道添加油脂,并且通过定位装置,在环形空间中呈均匀分布状态,使油脂室内始终保持恒定的油脂配送压力。每一油脂供给线路均通过一个独立的油脂分配阀提供恒定的供给量。

润滑油室位于第2道和第3道唇形密封之间。润滑油通过周边分布的若干个孔道进行添加,并在环形空间内通过定位装置呈均匀分布状态。

泄漏室位于第3道与第4道唇形密封之间。泄漏室通过沿周边分布的若干个检查孔道连接到隧道的常压空间,从而对泄漏情况进行监视。

为避免杂质侵入主轴承的前部密封,防止密封件和轴承座圈磨损,除了采用正常的油脂润滑外,还采用HBW密封脂。刀盘前部的迷宫环提供密封脂,通过油脂泵将油脂从油脂桶直接泵送到润滑点。

主轴承内密封系统将主轴承隧道内空气隔离,采用双唇密封系统(图4-46)。双唇之间采用手动方式供给油脂以降低摩擦。

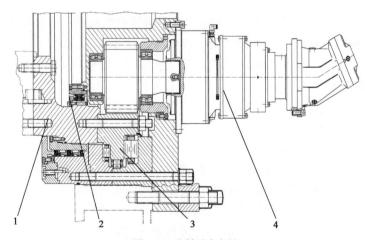

图4-46 主轴承内密封

1-刀盘安装座;2-唇形密封;3-主轴承;4-驱动马达

b. 铰接密封。盾尾与中盾之间的铰接密封为双排充气密封,外侧常闭,内侧为应急密封设计,均由耐磨橡胶制成,具有较好的密封效果。对排充气式铰接密封见图4-47。

c. 盾尾密封。盾尾止水采用4道钢丝刷密封装置。它是集弹簧钢、钢丝刷及不锈钢金属网于一体的结构,并在弹簧钢和钢丝刷上涂氟树脂进行防锈处理。在每道盾尾密封之间能根据掘进速度自动注入密封油脂来提高止水性能。盾尾密封示意图见图4-48。

②管片结构防水。

管片抗渗等级为S12;拼装缝采用三元乙丙弹性密封防水,在密封衬垫防水不能满足隧道防水要求时,采用拼装缝内侧进行嵌缝加强防水;环形间隙注浆体作为隧道防水的加强层。

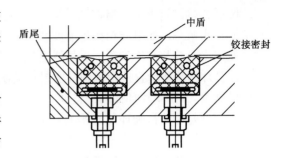

图4-47 双排充气式铰接密封

a.管片自防水。管片自防水包括管片本体防水和外防水涂层。

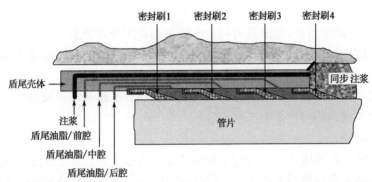

图4-48 盾尾密封示意图

管片本体防水一般要求其抗渗标号不小于S8。在高水压地段使用的管片,其抗渗标号一般为S12~S16。过江隧道使用的管片其抗渗等级为S12。

管片外防水涂层一般采用焦油氯磺化聚乙烯涂料为底层,环氧类树脂为表层。

管片应具有较高的制作精度。制作中采用高精度钢模,以控制管片的制作误差。控制钢筋笼的加工和就位误差,避免因管片制作误差大造成管片在拼装中的开裂。管片制作时通过合适的配合比和掺加添加剂,提高混凝土密实性,提高管片抵抗水渗透的能力,使管片自防水性能加强,一般渗透系数不大于1011cm/s。管片应进行抽样检漏测试,将抽样管片放在专用测试架上,以0.8MPa水压对管片背部进行4h检漏测试,以水分未渗过1/3厚度为合格。

加强管片堆放、运输中的管理和检查,防止管片开裂或在运输中碰掉边角。管片进场和下井前应作外观检查,保证有缺陷的管片不得进工地或下井。

b.管片防水施工。管片防水施工包括管片间的弹性密封垫防水、相邻管片间的嵌缝防水及管片螺栓孔的防水。防水材料粘贴时注意以下事项:

a)选购专业厂商生产的性能优良的防水材料、黏结剂,并对进场的防水材料进行严格的检验,确保其质量的合格。

b)三元乙丙橡胶止水条采用粘贴安装,在现场井口地面堆放场粘贴施工,每环管片止水条的粘贴应在安装前12~24h内完成。在粘贴止水条时同时进行丁腈软木橡胶管片传力衬垫材料的粘贴。待粘基面应无尘、无油、无污、干燥,以保证粘贴质量。

c)粘贴步骤:基面清理→槽内涂黏结剂→密封条涂黏结剂→粘贴→用木槌或橡胶锤打压密贴。

d)对粘贴防水材料的管片,在运输和装拼中应避免擦碰、剥离、脱落或损伤。

e)管片角部为防水的薄弱环节,角部防水采用自黏性橡胶薄片,其材料为未硫化的丁基橡胶薄片。角部密封垫应铺设到位,必要时在管片角部设加强密封薄片,以加强防水密封效果。

③控制施工质量。

a.防止运输或起吊过程中造成管片开裂。

b. 盾构推进过程中严格控制盾构姿态,避免管片开裂。盾构掘进施工的轴线控制影响管片拼装质量及接缝止水效果。如果盾构掘进坡度和纠偏过大,会造成隧道的蛇形,并产生拼装错台和接缝张开,严重时会使混凝土管片产生裂缝。盾构隧道施工轴线偏差值应控制在±100mm以内,掘进时应勤测勤纠偏。

c. 管片拼装质量直接影响弹性密封垫的防水作用。拼装时应注意控制两项目技术指标,一是管片成环的椭圆度,二是管片环面的平整度。

椭圆度是管片衬砌环的水平直径与竖向直径的差值,椭圆度过大会引起环缝张开量增大,易造成漏水。

拼装后的初始椭圆度应控制在6‰直径以内,管片脱离盾尾后应尽量限制椭圆度的增大,应复紧管片连接螺栓,并注意控制管片背衬注浆部位、注浆量和注浆压力。

环面不平整度一般是因管片制作和拼装精度不够,推进油缸推力不均衡引起,环面不平整度应控制在5mm内,若超出应用垫片填平补齐。

此外,管片拼装中应减少错台,保证其密封止水效果和盾尾止水效果。

d. 拼装管片时采取有效措施避免损坏止水条,特别是拼装封顶块时,止水条表面应涂润滑剂。

④注浆防水。

同步注浆作为管片的外加防水层,应确保同步注浆的及时性、耐久性以及填充的密实性,切实起到加强防水的作用。隧道渗漏水的治理采用二次注浆。

⑤隧道结构防腐防锈。

a. 混凝土管片防腐、防锈措施。根据地下水腐蚀等级的综合评价及管片工厂化生产的特点,混凝土管片防腐、防锈措施体现在原材料采用42.5普通硅酸盐水泥,铝酸三钙含量小于8%,水胶比不大于0.5,迎水面钢筋保护层厚度为5cm。

b. 管片连接螺栓防腐防锈措施。采用镀锌进行防锈防腐蚀处理,镀层厚度不小于6μm。

⑥盾尾漏浆分析。

a. 管片错台漏水。管片错台时,盾尾钢丝刷密封与管片外表面在错台处不能形成有效密封,从而造成管片错台处大量漏浆,其主要特点是漏水集中在错台位置,成喷射状态,且水流中含有盾尾油脂,如图4-49所示。

b. 封顶块漏水。封顶块漏水的原因主要是在拼装封顶块时,由于推进油缸的顶推使K块或邻接块管片的外表面破损,或者是封顶块的管片密封破损。

封顶块管片密封破损一般可在拼装前在密封条上涂润滑剂即可克服。

封顶块或邻接块管片破损是由于安装封顶块时,推进油缸与封顶块中心不重合产生偏推引起。这主要是由于始发时管片错动,造成管片的拼装点位在圆周上偏离了约220mm。

所谓"拼装点位"是指管片拼装时封顶块所在的位置。重庆过江隧道每环管片的接缝连接包括环向15根螺栓,纵向14根螺栓。管片拼装有14个点位,点位顺号按时钟面在圆周上均匀分布,且与推进油缸相对应。管片采用错缝拼装,由于拼装点位与推进油缸的组数相等且在圆周上均匀分布,因此,封顶块所在的位置总是与某组推进油缸相对应。由于始发时管片的错动,造成了始发姿态的不正确,管片拼装点位的偏离是造成封顶块拼装困难的直接原因。

由于管片拼装采用真空吸盘式管片安装机,与机械抓取式管片安装机不同,安装管片时,为了保持真空,其接触力量较小,封顶块的拼装主要依靠推进油缸的顶推力就位。由于推进油缸的纵向顶推力与封顶块中线偏离,使封顶块产生偏转,造成与推进油缸接触位置的封顶块或对角位置的邻接块管片损坏。

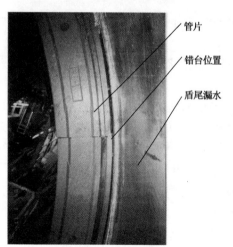

图4-49 管片错台漏水

当封顶块或邻接块管片损坏时,盾尾密封刷与管片的外表面不能形成密封作用,泥水从管片破损位置的裂纹向隧道内渗漏。

当封顶块或邻接块破损较严重时,必须重新更换管片,重庆过江隧道施工时,更换了两次管片(图4-50为2004年6月20日更换下来的第396环破损封顶块及邻接块管片)。当破损不严重时,加大同步注浆量即可克服渗漏。在管片拼装时,应严格控制管片的拼装质量。防止管片错台和管片破损。

a) 破损的封顶块

b) 破损的邻接块

图 4-50 拼装封顶块时造成破损的管片

管片的破损过程示意如图 4-51 所示。

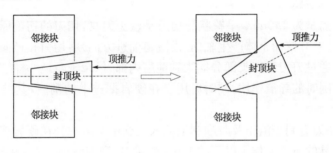

图 4-51 封顶块安装时管片破损示意图

c. 同步注浆不正确引起漏水。同步注浆配比不正确,或注浆压力小于泥水压力,注浆速度与掘进速度不匹配时,容易引起盾尾漏水。重庆过江隧道在试掘进阶段,由于浆液配比不正确,盾尾漏水非常严重,盾尾油脂的消耗量极大,是理论消耗量的 7.4 倍。调整配比后,同步注浆效果基本达到了注浆填充的目的,盾尾漏水现象得到了明显控制。

同步注浆液的物理力学性能指标应满足表 4-15 的要求。根据地层条件和掘进速度,通过现场试验采用合理的浆液配比;对于强透水地层,通过现场试验进一步调整配比并加入早强剂,进一步缩短胶凝时间,获得早期强度,保证良好的注浆效果。同步注浆压力必须控制在泥水压力的 1.1~1.2 倍。同步注浆速度根据盾构推进速度,以每循环达到总注浆量而均匀注入。注浆与推进同步进行。注浆速度与盾构推进速度相匹配,同步注浆采用注浆压力和注浆量双指标控制标准。

盾构法施工中,提高同步注浆质量的办法是在每环推进前对同步注浆的浆液进行小样试验,严格控制初凝时间。在同步注浆过程中,合理掌握注浆压力,使注浆量、注浆速度与推进速度等施工参数形成最佳参数匹配。

当盾尾漏浆较严重时,可配制初凝时间较短的双液浆进行壁后注浆,压浆部位一般为后 5~10 环,并适当调低泥水室水压(水压调整量每次不大于 0.05MPa)。实施以上措施盾尾漏浆仍得不到控制时,则在 6~8 环处压注聚氨酯,进行堵漏。

d. 开挖面泥水压力的波动引起漏水。盾构掘进过程中,应保持泥水室的水压稳定,防止泥水室水压波动。在每次调高泥水压力后,需进行试推进,并安排专人观察盾尾漏浆情况,待确定盾尾无泥水逸漏后,方可正式调高泥水压力,进行正常推进。当泥水压力调高后,同步注浆压力也应相应提高,以防盾尾漏水。

⑦盾构电器设备防水。

a.施工中出现的问题。2004年3月17日,竖井排泥管密封垫损坏,泥浆喷出造成竖井排泥泵($P_{2.3}$)冷却电机进水受潮,电机相间短路,更换冷却电机,故障停机4h。3月18日,因管片接缝漏水,管片吊机行走电机制动装置的整流桥因内部进水烧坏,故障停机3h。3月27日盾构齿轮油润滑泵电机进水烧环,故障停机28.5h。

5月26日,隧道内中继排泥泵($P_{2.2}$)出泥侧软管破裂,泥浆喷射进入配电柜,造成变频器损坏,直接经济损失22800欧元,不使用$P_{2.2}$泵,直接接通排泥管,故障停机37h。

b.电器设备防水措施。盾构的电器设备是不能进水的。盾构隧道施工中,由于易出现盾尾漏水、管片漏水等现象,易出现泥浆软管破裂、泥浆管磨穿、泥浆管接头密封衬垫损坏而造成喷浆的现象,以上原因使电器设备进水烧坏,施工中采取以下措施进行电器设备防水:

a)用塑料布包扎电机接线盒。

b)焊接铁皮防护棚,对油脂泵电机、空压机、排泥泵冷却电机、排泥泵电控柜、竖井的电控气动阀进行防护。

(9)刀具更换

①刀具破岩机理。

重庆过江隧道泥水盾构配置了单刃滚刀9把(其中边滚刀4把,正滚刀4把),双刃滚刀9把(均为正滚刀),三刃滚刀4把,切刀76把(采用牙型交错连续排列方式),刮刀8把。所有的刀具都是背装式的,能从刀盘的背面进行刀具更换。

a.切刀。切刀的超前量为140mm,呈靴状。切刀是软土刀具,切刀的切削原理主要是盾构向前推进的同时,切刀随刀盘旋转对开挖面土体产生轴向(沿隧道前进方向)剪切力和径向(刀盘旋转切线方向)切削力,在刀盘的转动下,通过刀刃和刀头部分插入到地层内部,像犁子犁地一样切削地层。切刀的前后角等斜面结构利于软土切削时的导渣作用,同时可用于在硬岩掘进中的刮渣,其结构形式有利于渣土流动进入土仓。

在硬岩中掘进时,切刀有利于渣土及时顺利地流入土仓中。考虑到在硬岩掘进时破碎下来的岩石可能撞坏切刀、刮刀,在刀具的布置上作了以下的考虑:把切刀、刮刀背向布置,并拉近两刮刀、切刀之间的距离,在硬岩双向掘进时能够对切刀和刮刀有一定的保护作用。如图4-52所示,切刀的布置间距较近,图中所示的虚线为掘进时渣土的流动线,这样在掘进时渣土不能到达切刀的下部,避免了在硬岩掘进时打坏切刀,同样对刮刀也可以进行保护。刀具离刀盘的中心越远,其线速度也就越大,则渣土流动的轨迹线越缓,两个切刀的背向布置间距就可以适当地加大。

b.滚刀。在硬岩中掘进时,采用滚刀进行破岩,滚刀破岩原理如图4-53所示。

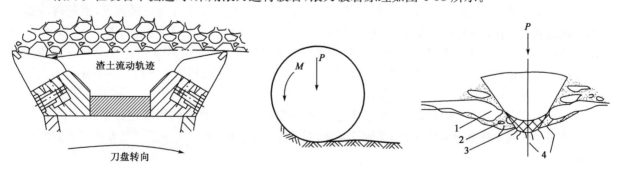

图4-52 硬岩掘进时保护切刀

图4-53 滚刀滚压破岩示意图
1-断裂体;2-碎断体;3-密实承载;4-径向裂纹

滚刀破岩形式属于滚压(也称挤压)破碎岩石。滚压破岩是一种破碎量大、速度快的机械破岩方法,其特点是靠刀具滚动产生冲击压碎和剪切碾碎的作用达到破碎岩石的目的。轴力P使滚刀压入岩石,滚动力矩M使滚刀滚压岩石,两者的共同作用使岩石得到连续的破碎。

滚刀的类型、数量、布置方式、位置、超前量应根据岩层的强度和整体性、掘进距离、含砂量等特点确定,滚刀超前量一般为120~180mm,本机的滚刀超前量为175mm。

滚刀刀圈的材质是滚刀能否胜任掘进硬岩的关键,一般有以下4种类型的刀圈可供选择。

a)耐磨层表面刀圈。适用于掘进硬度40MPa的紧密地层,硬度80~100MPa的断裂砾岩、砂岩、凝灰岩及砂黏土等地层。

b)标准钢刀圈。适用于掘进硬度50~150MPa的复合地层,砾岩、大理石、砂岩、灰岩及有石块的地层。

c)重型钢刀圈。适用于掘进硬度120~250MPa的硬岩,硬度80~150MPa的高磨损岩层、花岗岩、闪长岩、斑岩、大理石、蛇纹石及玄武岩等地层。

d)镶齿硬质合金刀圈。适用于掘进硬度高达150~250MPa的花岗岩、玄武岩、斑岩及石英岩等地层。

②滚刀失效分析。

刀具往往因磨耗引起刀刃缺损或脱落,磨损到一定程度时,必须进行更换。

刀具的磨损量受施工方法、地质条件、滑动距离、刀具形状、刀具材质、推进速度、刀盘转速等因素影响,磨损量通常用下式进行预测。

$$\delta = \frac{K\pi DNL}{V}$$

式中:δ——刀具磨损量,mm;

K——磨损系数,mm/km;

D——刀具切削轨迹直径,m;

N——刀盘转速,r/min;

L——推进距离,km;

V——推进速度,m/min。

盾构在向前推进时,推进油缸必须提供足够大的推力才能保证盾构前移。推进油缸的推力通过刀盘作用到地层,刀盘旋转时刀具正对地层的部分与地层之间将产生很大的摩擦力,磨料磨损是刀具正对地层部分的主要磨损形式。

刀盘通过旋转完成对地层的切削,刀盘旋转时中心点和边缘位置的线速度有很大的差异。刀盘旋转一圈,安装在距刀盘中心点3m位置的刀具是安装在距中心点1m位置的刀具所通过路程的3倍,从理论上讲,在相同的工况下,1m位置上的刀具的寿命应是3m位置上的3倍。

在重庆过江隧道施工时,盾构在砂岩、泥岩等地层掘进。越靠近刀盘外侧,其线速度就越大,靠近刀盘外侧的刀具刃部比中心部位的刀具所承受的冲击力更大,冲击磨损是导致刀圈磨损的主要原因,因此盾构的边刀总是磨损得最快。

为了解决刀盘中心区域与外侧刀具使用寿命差异很大的问题,在刀盘设计中应增加刀盘外侧的刀具布置数量,否则换刀的频率会过快。由于重庆盾构安装的边刀运动轨迹直径为6600,前盾直径为6580(前盾ϕ6570,加5mm厚耐磨层)相差仅仅20mm,因此刀盘边滚刀磨损量达到8~10mm时就必须进行换刀,否则盾构就容易卡住,因此更换边刀的频率远大于更换中心区域刀具的频率。

刀具进行破岩时,破岩效率与滚刀的刃口宽度有关,随着刀圈磨损量的增加,刃口的宽度增加,当达到一定范围时会影响掘进速度,甚至不能再掘进。滚刀的正常磨损是指刀圈刃口宽度(或刀圈的高度)超过规定值的均匀磨损。此类磨损使用测量仪进行测量。正常磨损是刀具失效的主要形式,重庆过江隧道施工中,从更换下来的刀具看,形式均属正常磨损(图4-54)。

③刀具的检查与更换。

刀具是盾构掘进系统的主要部件,盾构的破岩由安装在刀盘上的9把单刃滚刀、9把双刃滚刀和4把三刃中心滚刀完成,此外还有导渣和刮渣用的切刀76把和刮刀8把。必须根据地质条件对刀具的运转状况进行检查。在刀具严重磨损或损坏的情况下进行推进,会导致刀盘严重损坏。根据实际遇到的地质条件的不同,检查的时间间隔也不同。在试掘进阶段,应通过各种短时间间隔的试验,来确定检查的最佳时间间隔;在地质条件发生变化时,应检查刀盘及刀具。

盾构掘进中,当推进油缸的推力逐渐增大,推进速度变慢,推进时间延长时,必须检查刀具。本工程的地质,岩层的自稳性强,检查和更换刀具时,不必带压作业,可开仓检查。认真准确详细地进行刀具的检查是了解刀具运转状况和进行刀具更换的基础。

a. 刀具外观检查。检查刀盘上所有刀盘螺栓是否有脱落现象、刀圈是否完好、有无断裂及平刀圈(弦磨)现象、刀体是否漏油、挡圈是否断裂或脱落、刀圈是否移位。

图4-54 滚刀的正常磨损

b. 刀具螺栓的检查。用手锤敲击螺栓垫,听其声音来辨别螺栓的紧固程度,或一边敲击一边用手感觉其振动情况来辨别螺栓的紧固程度。

c. 刀具磨损量的测量。正确地进行刀具磨损量的测量是更换刀具的基础。在掘进较硬的砂岩时,一般每掘进30环测一次;在掘进较软的泥岩时,一般每掘进50环测一次。重庆过江隧道掘进中,刀具的检查和更换如表4-20所示。

重庆过江隧道盾构刀具更换情况 表4-20

检查序次		第1次	第2次	第3次	第4次	第5次	第6次	第7次	第8次	第9次	第10次	第11次
检查日期		04.4.4	04.4.16	04.4.28	04.5.15	04.6.6	04.6.18	04.6.24	04.7.1	04.7.9	04.7.21	04.7.26
检查环号		45	100	153	237	320	388	414	453	500	532	554
检查间隔		45环	55环	53环	84环	83环	68环	26环	39环	47环	32环	24环
换刀情况	单刃	4把	4把	4把	9把	9把	4把	3把	7把	3把	3把	3把
	双刃	—	—	3把	5把	4把	—	7把	2把	3把	2把	3把
	三刃	—	—	—	—	2把	—	—	2把	—	—	—

④ 刀具更换的基本原则。

a. 中心刀的最大磨损极限为25mm,双刃正滚刀的最大磨损极限为20mm,单刃正滚刀的最大磨损极限为20mm,单刃边刀的最大磨损极限为10mm。更换标准为:边滚刀磨损量为8mm(换下的边滚刀可用在正滚刀位置),正滚刀15mm,中心刀20mm。

b. 当刀具出现下列任一损坏情况时,必须更换:刀圈断裂、平刀圈、刀体漏油、刀圈剥落、挡圈断裂或脱落、刀具轴或刀座损伤。

c. 相邻刀具的磨损量高差不大于15mm。

更换刀具后,将固定刀具轴的螺栓紧固至规定的扭矩,待掘进一环后,再开仓复紧刀具螺栓。

⑤ 常压换刀前的排水。

重庆过江隧道盾构法施工时,由于地层自稳性较好,未进行带压力换刀。常压换刀时,在泥岩段盾构刀盘前涌水量约为80~150m³/h,在砂岩、砂岩夹泥岩段盾构刀盘前涌水量约为140~360m³/h。为实现常压换刀必须进行排水,使盾构刀盘前水位降至2m以下或将刀盘前水放完。

a. 利用盾构中体下部的排水阀放水。当盾构刀盘前涌水流量小于100m³/h时,采用从盾构中体排水阀放水。放水操作程序如下:

a) 关闭4号拖车后的泥水循环系统送排泥闸阀。

b) 关闭平衡仓进气阀。

c) 打开盾构中体下部的放水闸阀。

d)当刀盘前液位降至只有最下面的一个绿色指示灯亮时,打开平衡仓排气阀。

e)在泄压情况下继续放水,当刀盘前液位降至只有最下面的1个绿色指示灯亮时,可打开人仓,进行换刀。

b. 利用排泥泵抽水。当盾构刀盘前涌水量大于$100m^3/h$时,利用$P_{2.1}$、$P_{2.3}$泵进行抽水,操作程序为:

a)将盾构泥水系统大循环10min以上。

b)打开V32阀,利用$P_{2.1}$、$P_{2.3}$泵将刀盘前的水向外抽。

c)关闭4号拖车后送泥管闸阀,继续利用$P_{2.1}$、$P_{2.3}$泵将刀盘前的水向外抽。

d)当刀盘前水位降至液位只有最下面的1个绿指示灯亮时,关闭平衡仓进气阀,打开平衡仓排气阀,此时因气压降低,刀盘前水位会上升。

e)在泄压的情况下,继续利用$P_{2.1}$、$P_{2.3}$泵将刀盘前的水向外抽。

f)当刀盘前水位降至液位只有最下面的1个绿指示灯亮,并且抽水量与涌水量基本保持平衡,刀盘前液位保持在只有最下面的一个绿色指示灯亮。

g)第f)步操作保持5min,确认排水与涌水已达到平衡后,可打开人仓,进行换刀。

⑥换刀作业程序。

滚刀的安装见图4-55。常压开仓换刀的作业程序如下:

a. 停机前将刀盘后退150mm。

b. 通过管片安装机将需更换的新刀具转运到人仓。

c. 关闭送泥管路闸阀,使用排泥泵降低液位,当降低到1个绿灯亮时,打开排气阀进行排气。

d. 打开放水阀,使放水量与刀盘前方的涌水量相平衡,保持液位基本稳定。但由于放水阀较小,当涌水大于$100m^3/h$时,必须使用排泥泵进行排水。

e. 打开仓门,由土木工程师确认常压进仓更换刀具的可行性。

f. 经确认后,在人仓内,由机械工程师通过控制面板定位刀盘,将刀盘转到合适位置后停机。

g. 将平台和支撑固定到隔板和沉浸墙上。

h. 机械工程师检查确认刀具的磨损量,并填写"刀具检查记录"。

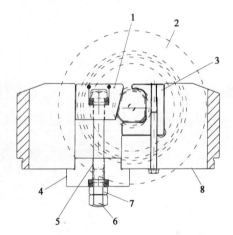

图4-55 滚刀在刀盘上的安装示意图
1-楔子;2-滚刀;3-嵌块;4-夹紧块;5-固定螺栓;
6-锁紧螺母;7-螺母;8-滚刀支承

i. 用风动扳手将刀具的固定螺栓松开,螺栓拆下后放在工具盒内以免丢失。

j. 使用加长杆拆卸滚刀支撑、楔子、螺母,松开固定螺母,向前推动楔子,直到转动90°并可以向后拉动为止。

k. 悬挂手拉葫芦,用吊带将刀具向外拖动。通过钳子,沿被拆卸了的楔子方向,横向拉动滚刀,然后向后拉动至装配平台,然后使用手拉葫芦吊升滚刀。

l. 安装刀具悬挂吊耳,用手拉葫芦将刀具拉出,暂放在人仓内。

m. 对刀盘上刀具内嵌件内的导向面和支撑面进行清理。

n. 将新刀具吊进刀盘后面。

o. 更换吊耳,使用吊带将刀具吊下,在滚刀的支撑面上涂抹一层薄薄的油膜,将滚刀放入卡槽内。

p. 检查滚刀的固定杆、夹紧块和楔子有无损坏,即使有轻微损坏也必须更换,清洁螺栓、螺母及垫圈,用风动扳手初步紧固螺栓,然后用扭力扳手将螺栓拧紧至规定的扭矩。

q. 清理工具,并开始确认后一把刀的位置,重复以上程序进行刀具更换作业。

r. 关闭人仓仓门,关闭排气阀,进行0.5~1h的泥水循环,然后进行试掘进作业,掘进1环后,开仓检查刀具螺栓的紧固情况,并复紧螺栓。

s. 将换下的刀具运出人仓,关闭仓门,进行泥水循环,准备正式掘进。

t. 将旧刀具运送配件库,机械工程师填写"刀具更换记录"。

(10) 盾构到达

盾构到达施工也称盾构进洞,是整个盾构施工的重点环节之一。盾构到达掘进必须保证盾构顺利、安全快速地进入预留洞门,并为下一步盾构拆机提供较好的施工条件。

① 地质情况。

根据地质钻探资料,北岸竖井穿越地层自上而下为回填土、卵石土层、强风化泥岩、中风化泥岩、微强风化砂岩、微风化泥岩。在 0～10.4m 段为回填土,10.4～13m 段为卵石层,13～32.6m 为泥岩,32.6～38.1m 为微风化砂岩,该段渗水较大,约为 $60m^3/h$;再往下为微风化泥岩,该段无大涌水,仅局部有渗水。隧道洞口段位于微风化泥岩内,为弱透水带。北岸竖井地质剖面见图 4-56。通过在竖井洞门处井壁打探水孔测涌水情况看,靠近洞门段隧道涌水量不大。探水孔采用风钻施工,长度为 5m,从洞门断面外底部以 30°倾角向隧道方向左右两边各打 1 个,有少量流水,无涌水。

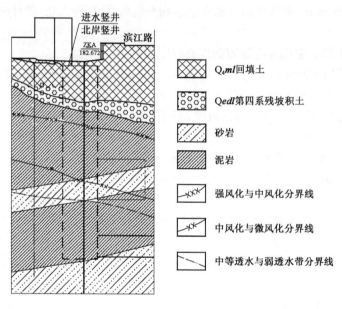

图 4-56 北岸竖井地质剖面示意图

② 到达施工前的准备。

盾构到达施工是指从盾构到达接收井之前 30m 到盾构贯通区间隧道进入预留洞门,并将盾构从预留洞门推上盾构接收架的整个施工过程。

到达前期准备主要进行端头洞门处理,包括洞门预埋件的安装等。由于洞门段处于岩石地层,且涌水量不大,所以不需进行特殊的地基加固处理。

洞门预埋钢环在工厂制作,运到北岸竖井,在地面将预埋钢环拼装成整体,并在钢环内部横向和竖向分别用 4 根 14 号槽钢将钢环加固(盾构到达时割除),避免在浇筑混凝土时钢环变形。用门吊将拼装好的钢环吊放到位,将钢环焊接在洞门四周的锚杆上。然后立模,浇筑竖井二次衬砌。立模前将钢环上螺栓孔位用油脂或纸填塞,避免浆液填充。在安装钢环时必须精确测量,保证钢环的位置准确。预埋钢环位置见图 4-57。

③ 洞门密封环的安装。

到达时的洞门密封环主要是防止背衬注浆砂浆及地下水在盾构穿越洞门时外泄,保证管片拼装质量,并为盾构进洞提供较好的施工环境。在盾构刀盘露出洞门端头之前,完成洞门密封的安装。先将帘布橡胶板套在预埋钢环上,用扇形压板固定帘布橡胶板。

④ 隧道与围岩间隙注浆止水。

根据 7 月 20 日至 7 月 21 日开仓换刀时的情况,隧道断面内涌水较大,约为 $380m^3/h$。涌水主要来自掌子面前方岩层裂隙和盾尾方向，由此可知管片外侧与岩石开挖面的空隙被同步注浆填充得不密实，地下水在纵向有一定的连通，盾构到达段从盾尾后部涌入掌子面水量的多少是决定盾构能否成功到达的关键。盾构到达前必须将管片外侧与岩石开挖面间的间隙封堵到无涌水状态。施工中采取如下措施进行堵水。

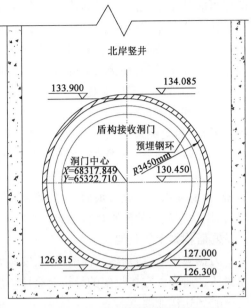

图 4-57　北岸竖井预埋钢环位置图

　　a. 在盾构刀盘掘进至 K0+50 时，在盾尾后第 4 环的管片中部环向每隔 50cm 钻一个直径为 10mm 的孔，钻孔深度为 450mm，然后用高压注浆设备注入卡波普隆材料（高膨胀性防水材料），对管片背部环形空间进行整环封堵。封堵后开仓检查刀盘前方的涌水量以确定环形空间的封堵效果。若达不到要求时继续补注浆液进行封堵，确保封堵效果。

　　b. 在盾构掘进 K0+50～K0+15 段时，加强同步注浆控制，改变同步注浆浆液的配比，并加大同步注浆量。浆液调整以早强高强为目的，使环形空间填充密实。在掘进过程中应加强二次注浆，二次注浆位置紧跟 4 号拖车后部，浆液采用双液浆，凝结时间宜稍长。

　　c. 在盾构掘进至 K0+15（距北岸洞门 9.5m）时，暂停盾构掘进，在盾尾后第 4 环管片处进行化学注浆封堵，方法同 a。封堵后开仓检查刀盘前方的涌水量，达不到要求时继续补注浆液，必须确保在该位置时，盾尾后部无大的涌水进入掌子面。在注浆过程中每隔一定时间将盾构向前掘进几厘米，避免浆液将盾壳包裹造成推进困难。

　　⑤贯通前测量与盾构姿态调整。

　　盾构到达前，对洞内所有的测量控制点进行一次整体的、系统的控制测量复测，对所有控制点的坐标进行精密、准确的平差计算。在盾构到达前的最后一次测量系统搬站中，以精密测设并经过平差的地面导线点和水准点为基准，用测量二等控制点的办法精确测量测站、后视点的坐标和高程（测量经纬仪和后视棱镜的坐标和高程），每一测量点的测量不少于 8 个测回。

　　盾构到达前 50m 地段加强盾构姿态和隧道线形测量，根据复测结果及时纠正偏差，确保盾构顺利地从到达洞门进入接收架上，并根据实测的洞门位置对隧道贯通时的盾构刀盘位置进行必要的调整。盾构到达时，刀盘平面偏差允许值：平面≤±10mm、高程 0～15mm。为便于盾构的接收，要求盾构水平进洞，进洞时注意调整盾构姿态与管片拼装姿态。

　　⑥盾构进洞掘进。

　　盾构隧道最后 9.5m 的掘进是盾构安全准确进入预埋洞门的关键。泥水盾构施工时，在泥水循环过程中保持泥水压力是施工的前提。盾构进入到达段（K0+15～K0+5.5）后，将北岸竖井蓄水 30～35m 深。一方面保证洞门处围岩的压力，避免围岩过早破坏；另一方面，可以保证泥水压力使盾构尽可能地将渣土输送到地面分离站。掘进过程中，首先减少推力，降低推进速度，加快刀盘转速，并时刻监视泥水仓的压力值。

　　当刀盘破土到达洞门后，利用盾构的排泥泵将北岸竖井的集水快速抽到底部一定液位，然后使用 22kW 潜水泵将北岸竖井的剩余水抽干。

　　刀盘破土通过洞门后，用扇形压板将帘布橡胶板压紧在盾壳上，然后从盾尾后部管片进行双液注浆，将水封堵。

　　⑦接收架的安装。

　　刀盘破土后，清除洞口渣土，将接收架吊入北岸竖井，根据洞门位置及盾构的实际位置进行调整和固定。在接收架定位时，要严格控制接收架的轴线与盾构的姿态相匹配，为便于盾构到达后的拆机，接收架应尽可能处于水平位置,且接收架轴线与盾构轴线之间的夹角不大于1.5°。根据现有接收架的结构尺寸及盾构到达北岸洞门的位置,接收架基础顶面标高为126.84m,考虑到施工误差,实际施工基础顶面标高为126.80m。接收架通过钢板进行高度的调节,调整好后将钢板与钢板、钢板与预埋件以及钢板与接收架间进行焊接,同时在接收架的侧面与后部用型钢将接收架进行固定。

⑧到达阶段的管片安装。

盾构到达掘进过程中,应加强管片螺栓的复紧工作,由于盾构前方掘进反力的减小,将造成管片接缝不够紧密,为避免漏水,最后15环管片采用复合型防水材料,采用三元乙丙橡胶加遇水膨胀橡胶。

当隧道贯通后,还需要安装5环管片才能完成区间隧道的管片安装。此时适当调整砂浆的凝结时间(5h),同时这几环管片随着隧道贯通后,盾构前方没有了掘进反力,将造成管片与管片之间的环缝连接不紧密,容易漏水。为此将最后15环管片用角钢连接。在最后几环管片安装时,待盾尾即将离开洞口密封环时,用快速凝结的砂浆进行注浆,保证洞口的管片背衬注浆迅速凝结。

⑨盾构推上接收架。

刀盘破土后,盾构继续向前推进、安装管片至刀盘通过洞口密封环后调整洞口扇形压板,使洞门密封紧紧压住盾壳。在接收架的导轨上涂抹一层润滑油脂,确保盾构顺利轻松地在接收架上向前移动。

⑩到达作业要点。

在盾构到达前约50m左右时,必须对隧道贯通进行精确的复测,以便能很好控制盾构的姿态。

在盾构到达洞门口15m时,必须密切关注盾构的掘进参数,注意对非常规状态的研究及调查,根据需要进一步对掘进参数进行调整。

在盾构距到达洞门10m时,必须开仓检查泥水仓内的涌水情况,并确保无大的水流从盾尾后部涌入。在最后10m掘进时,做好洞内和北岸竖井的联系,北岸竖井洞口观测人员务必高度负责,及时将信息反馈给洞内,以便控制盾构的掘进。

注意最后几环管片的拼装控制,在没有刀盘的反推力情况下,尽量减小管片错台,防止漏水。管片螺栓要及时复紧,并按要求进行注浆。

北岸竖井潜水泵的抽水能力必须保证在300m³/h以上。

(11)盾构拆机

盾构于2004年7月29日凌晨0点10分到达北岸竖井,8月1日举行贯通典礼,8月2日开始拆机,9月19日完成拆机工作。计划拆机时间15d,实际拆机时间50d。

8月10日刀盘和前体吊上地面,8月15日盾尾推出洞口,因重庆大件公司400t汽车吊钢丝绳断裂,由于要等待更换钢丝绳,盾构大件起吊工作暂停。8月18日~8月19日,租用150t汽车吊拆除并起吊管片安装机及轨道梁。9月5日用400t汽车吊将盾尾吊上地面。

9月6日重庆地区暴雨造成洪灾,因北岸竖井地势较低,过江隧道进水,盾构中体及拖车下部被淹。

9月10日隧道内积水抽干,拆机工作继续进行。9月11日中体吊出地面后400t吊车退场。12日~13日,用40t门吊将设备桥和1号拖车吊上地面。

由于40t门吊起升PLC程序制动器松闸提前时间和抱闸滞后时间设置不合适,14日在起吊2号拖车(重42t)时发生溜钩,未能将拖车吊起。15日~16日,再租用400t吊车吊出2号及3号拖车。因北岸竖井井口长10m宽9m,4号拖车可拆部分拆除后长10.5m,须在井下分解成左右两块沿竖井对角线才能起吊,9月17日在井下支撑4号拖车左右两部分,18日盾构部件全部吊上地面,19日将北岸起吊的盾构部件全部运到重庆大件公司,盾构拆机工作完成。

盾构拆机的顺序为盾构主机→设备桥→后配套拖车,拆机前做好电缆和液压管路的标识。管线标识,要做到不缺、不漏,清晰明确。拆机后盾构及后配套设备存放在重庆大件公司,管片模具及分离站存放在重庆鸡冠石。

①拆机前的准备工作。

a.管线标识。在拆机前将需要拆卸的电缆、配电箱、接线盒进行清洁,将盾构所有需要拆卸的电缆和液压管路进行标识。管线标识,要做到不缺、不漏,清晰明确。

b. 用电负荷计算。

c. 拆机设备准备。

d. 拆机工具准备。

e. 材料准备。

f. 加工件及其他准备。

准备吊耳,加工设备桥行走支撑架,加工拖车连接固定装置,加工拖拉后配套用人字形拉杆,加工顶推支座,加工设备桥和管片安装机梁的支架。准备一个大木箱,存放散件。

② 刀盘拆卸。

a. 安装 2 环管片,刀盘及前盾推上接收架。盾构刀盘破土后,调整洞门密封的扇形压板,使洞门密封紧紧压住盾壳。清理洞门口的渣土,清理刀盘内部的渣土。安装接收架,在接收架导轨上涂抹油脂,盾构继续向前推进,安装 2 环管片并用快速凝结的砂浆进行注浆。

b. 焊刀盘及前盾吊耳。安装 2 环管片后,刀盘和前盾部分推上了接收架。割除刀盘顶部耐磨圈(在刀盘原吊耳位置,分 4 段,按原样割除),把耐磨圈入库。清洁焊接区域,去除氧化部分,打磨平整。焊接刀盘及前盾的吊耳。每个吊耳焊接时要保持连续性,不得随意停止。焊接时采取保温措施和敲击释放应力。

c. 吊车进场。清扫北岸竖井地面的吊装场地,从大件公司租用的 400t 汽车吊 1 台、150t 汽车吊及运刀盘的拖车进场。吊车的停放位置如图 4-58 所示。

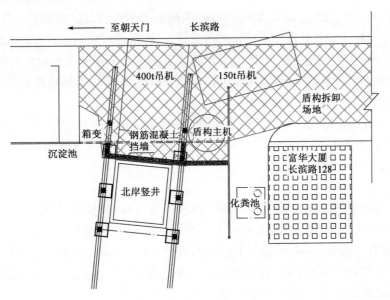

图 4-58 盾构拆机吊装场地

d. 刀盘吊出。拆除刀盘旋转接头连接管线及其他管线,拆除旋转接头;割除刀盘前部螺栓保护帽上的钢筋并拆除保护帽,用拉伸预紧扳手松掉刀盘前部连接螺栓;用 400t 汽车吊挂好钢丝绳,稳起刀盘;用液压扭力扳手松动刀盘后部连接螺栓,松动螺栓时严格按顺序交叉松动(由于拆卸中未按规定顺序,致使 17 颗螺栓受力偏大不能拆除而延误了拆机计划);用两个 3t 倒链将刀盘向前拉动,定位销脱离后将刀盘吊出竖井;使用 150t 汽车吊配合将刀盘翻身并装上拖车运至重庆大件公司存放。

③ 前盾拆卸。

a. 中盾推上接收架。再安装 2 环管片,将中盾推上接收架,用快速凝结的砂浆进行注浆,保证管片的背衬注浆迅速凝结。

b. 前盾吊出。拆除前盾与中盾的连接螺栓及管线连接;拆除人仓与前盾的连接螺栓;在前、中盾及接收架上焊接顶推支座;用顶推油缸将前盾与中盾分离;用 400t 汽车吊将前盾吊出竖井,使用 150t 汽车吊将前盾翻身,将前盾装运到重庆大件公司存放;将连接螺栓进行清洁保存。

④主机与后配套分离。

a. 安装最后1环管片。安装最后1环(第570环)管片,将盾尾推至接收架上,在盾尾即将离开洞门密封环时,用快速凝结的砂浆进行注浆,待砂浆凝固后,向管片背衬注入双液浆进行补强,确保洞门管片的填充效果。

b. 盾尾前移。管片安装机缩回所有油缸并处于最前部,管片吸盘处于最下端。缩回推进油缸,在推进油缸和管片之间放一个1400mm长的顶推支撑接杆。将推进油缸伸至最大行程,使盾尾脱离管片,直至将中盾与盾尾移动到极限位置。

c. 拆除管片输送机。清理管片输送机,拆卸管片输送机上的连接,拆卸的接头两端用堵头堵住,泄漏的液压油用油桶接住。将管片输送机吊到管片车上并运至南岸竖井,用门吊将管片输送机吊出并运到重庆大件公司存放。

d. 制作设备桥临时支撑。将隧道内的轨道铺至管片安装机下面,准备1辆管片车,用型钢在管片车上制作设备桥临时支撑撑住设备桥前部。

e. 电缆拆卸。所有电缆拆下后,电缆头均需用塑料膜包扎并用绑扎带捆扎密封,防止进水和受潮。所有电缆均只需拆下一端,将其收回,盘好并固定。拆卸主机和设备桥的电缆时只需停掉相关部分电源,高压电在拆后配套电缆时才停。电缆拆卸步骤如下:拆除主机与后配套之间的所有电缆的后部接头(绝大部分为插接头),将电缆收到主机内盘好、捆扎、固定;拆除管片安装机电缆的前部接头,将电缆收到主机室旁的走道盘好、捆扎,并在走道边以60cm的间距垂直焊接5个左右大约50cm高的钢管,放置木板以堆放电缆;拆除设备桥电缆的前接头,将电缆收到主机室旁的走道盘好并捆扎。管片吊机电缆随同吊机放到库房;拆除1号拖车与其他拖车连接电缆的后接头,将电缆收到主机室旁的走道盘好并捆扎;拆除2号拖车与其他拖车连接电缆的后接头,将电缆收到2号拖车右侧尾部平台盘好并捆扎;拆除3号拖车与4号拖车连接电缆的前接头,将电缆收到4号拖车盘好并捆扎;拆除高压电缆的两端,将端头严格密封包装,然后盘好捆扎放到变压器的集油槽内。

f. 主机与后配套分离。将主机和设备桥之间的管线拆除并用堵头密封好,拆卸主机与设备桥之间的拖拉油缸,拆卸与主机连接的泥浆管,然后用机车及人字形拉杆(在4号拖车上)将后配套后移约20m后,在拖车行走轮下安放4个阻车器。

⑤盾尾及中盾拆卸。

a. 盾尾吊出。彻底清扫中盾及盾尾;在盾尾上焊接后移支座;焊接盾尾上的吊耳及盾尾内部的翻身吊耳;拆除盾尾与中盾连接的管线,拆除铰接油缸与盾尾的连接,将铰接油缸留在中盾上。拆除金属压板和中盾上的刮板,将盾尾后移(本可用北岸门吊协助,但由于是门吊坏,只能用汽车吊),用油缸顶推,取出铰接密封和塑料压板。盾尾脱出中盾后,用400t汽车吊将盾尾吊出地面,用150t汽车吊翻身将盾尾装车运至重庆大件公司存放。

b. 管片安装机吊出。检查管片安装机油管拆卸及封堵情况,准备管片安装机固定支架,拆除前后移动油缸销轴将油缸固定。安装管片安装机专用吊具,拆除管片安装机后部端梁及两侧刮板,用钢丝绳将管片安装机挂好并将吊索微微起吊,用2个1.5t倒链向后移动,使导向轮退出轨道梁后起吊,用汽车吊配合翻身后装车运至重庆大件公司存放。

c. 管片安装机轨道梁拆除。拆卸内侧管线,吊出内侧管线并装车,用钢丝绳及两个5t倒链挂好轨道梁,用液压扭力扳手及风动扳手拆卸轨道梁连接螺栓,起吊轨道梁装车并运到存放场地。

d. 中盾吊出。安装中盾上的8个吊耳,使用400t汽车吊将中盾吊出竖井,在地面用150t汽车吊配合翻身装车、运至重庆大件公司存放。中盾吊出后,400t汽车吊退场。

⑥后配套拆卸。

后配套设备的拆卸和吊装可使用北岸门吊,但由于门吊是坏的,只好仍使用150t汽车吊。由于北岸门吊的失修,相应提高了盾构拆机的吊装成本。

a. 拆除后配套拖车管线。把拖车上油箱内的液压油排尽,把水循环管路里的水排尽。拆开与设备桥连接的水管、风管、注浆管、泥浆管,拆与设备桥相连的油脂管、液压油管,用堵头堵住接头。拆除1号与2号拖车之间、2号与3号拖车间,3号与4号拖车间的水管、风管,用塑料膜扎住接口处。拆除拖车间的泥浆软管。

b. 接收架上铺设钢轨。以隧道内钢轨高度为基准,将钢轨向竖井延伸,在接收架上铺设枕木、钢轨。

c. 设备桥吊出。设备桥及后配套拖车前移,设备桥移至井底后,在拖车前后放置阻车器,拆卸设备桥与1号拖车的销轴连接,并把销轴留在1号拖车上,用汽车吊及2个20t倒链挂好设备桥,起吊设备桥并调整倒链使设备桥与水平方向约成40°角吊出。装车后运往重庆大件公司存放。

d. 后配套拖车的吊出。将1号至4号拖车间相连的拉杆拆除,销子仍留在拖车上,拆除4号拖车的水管卷筒、风管卷筒及拖车后面的平台、支架、储风筒起吊装置,依次将1~4号拖车从竖井内用汽车吊吊出,拆除拖车的轮对,拆除风筒及其连接,并做标记,放在拖车内部固定。将1~4号拖车依次运至重庆大件公司存放。

4) 输水管道安装

(1) 概述

盾构隧道完成后进行输水管道安装。输水管道由盾构隧道内的水平输水隧道和竖井内的竖直输水管道组成。水平输水隧道包括3根倒"品"字布置的预应力钢筒混凝土管(PCCP管)和1根钢筒自来水管。预应力钢筒混凝土管由成都金炜预制件厂制造,内径为2000mm,外径为2300mm,管节长度为5m,单节重量约14t。管中间为1.5mm厚钢筒,内外层为模注混凝土,强度等级为C40,内外层混凝土达到设计强度的70%后在其壁上缠绕预应力钢丝,最后在外层喷射砂浆保护层。预应力钢筒混凝土管接头部位设两道密封止水,自来水钢管原设计内径为800mm,安装在隧道顶部,施工中变更设计为内径600mm,壁厚为10mm,安装在隧道左下侧。回填采用C20商品混凝土。竖井内输水管为3根,与盾构隧道内3根预应力钢筒混凝土管相连接,并在竖井内延伸至箱涵标高位。竖井内输水管道原设计为C30S16现浇钢筋混凝土管,施工中变更设计为预应力钢筒混凝土管。

(2) 南岸管道安装前的准备工作

①完成盾构隧道全部管片的安装。

②完成盾构隧道内管片破损修补和堵漏工作。

③完成盾构隧道清底工作。

④完成部分管线路的拆除和隧道内泥浆泵的拆除,留通风管、2根高压风管(安装上部管道时需将通风管拆除、用高压风管给井下供新鲜空气)、1根水管(用于清洗隧道底)、2根400m长低压电缆(给洞内混凝土输送泵和电焊机供电)。

⑤现场组装单导梁桁吊式管道安装机(用于安装底部管道),如图4-59a)所示。

⑥现场组装针梁式管道运输安装车(用于运输并安装上部两根管道),如图4-59b)所示。

a) 底部PCCP管安装机

b) 上部PCCP管运输安装车

图4-59 管道安装设备在现场进行组装调试

⑦改造管道运输车（用于运输底部管道）。

⑧完成安装管道所需垫块的预制。

(3)水平输水管道安装和混凝土回填

水平输水管道由3根倒"品"字预应力钢筒混凝土管和1根钢管组成。分两部进行安装和固定，混凝土回填施工也分两次进行。第一部先安装并固定底部预应力钢筒混凝土管和$\phi 600$钢管，然后进行混凝土回填。第二部安装并固定上部2根预应力钢筒混凝土管，然后回填混凝土。

①底部输水管道及钢管的安装。$\phi 600$钢管和预应力钢筒混凝土管交替安装，钢管要比预应力钢筒混凝土管超前安装40m，然后按照安装2节PCCP管和1节钢管的顺序进行循环安装。

a. PCCP管道和钢管地面储存。PCCP管道以水平状态运输到工地后（图4-60），利用32t门吊将其卸车临时存放在地面上门吊起吊范围内，管道在地面采用2根长度为2m的300mm×300mm方木支撑，方木间距为3m。管道沿垂直门吊方向摆放，共储存15节管道，管道在地面堆放层数为1层，管道间留0.5m左右的间隔，以防起吊碰撞。钢管运输到现场后并排摆放，钢管长度为10m，用3根木板支撑。

图4-60 PCCP管运输到工地

b. PCCP管和钢管竖井垂直起吊。PCCP管道垂直运输采用32t龙门吊，起吊管道时采用两个吊点。起吊采用2根10t的吊带。钢管起吊采用两个吊点，采用2根5t钢丝绳起吊。

c. PCCP管和钢管水平运输。PCCP管和钢管的水平运输采用改装后的管片车和25t电瓶车编组进行，轨线采用盾构施工时运输轨线。在管片车的两端各焊接一个圆弧形钢支座，弧度与PCCP管道外径相吻合，管道固定在弧形钢支座上，保证在运输过程中稳定。吊装时注意将PCCP管道的承插口方向摆正确（承口端始终对着南岸竖井方向，插口端对着北岸竖井）。

d. 钢管安装。$\phi 600$钢管安装既要考虑到其安装的易操作性，还要考虑到单导梁桁吊式PCCP管安装机的空间，钢管安装位置距隧道中心标高为1320mm，水平方向以不干扰PCCP管安装为原则。安装方法如下：在钢管安装前，预先利用管片上的螺栓安装挂钩和管道支架；当钢管运输到安装位置时，利用挂在挂钩上的2个导链将钢管缓慢从运输车上吊起，然后利用起吊的导链调整钢管的角度以便进行钢管的焊接；当管道需要进行水平方向移动时，在钢管上焊接结构件利用导链进行水平移动；当钢管焊接好之后，将其固定在支架上，利用8号铁丝缠绕在支架上或将钢管焊接在支架上，避免浇筑混凝土时钢管上浮。钢管固定后拆下导链及挂钩。

e. PCCP管道的安装。底部PCCP管道采用中隧股份制造公司生产的单导梁桁吊式安装机进行安装，单导梁桁吊式管道安装机的主要技术参数见表4-21。

单导梁桁吊式管道安装机主要技术参数 表4-21

序号	参数名称	参数
1	外形尺寸（长×宽×高）	20404mm×3140mm×4888mm
2	行走速度	5m/min

单导梁桁吊式管道安装机主要由悬臂式导梁、导梁支撑、配重块、手拉倒链、行走机构、阻车器等组成，见图4-61。

管道安装方法如下：

a)用25t电瓶车牵引改装后的管片车，将改装管片车停放在竖井下方的适当位置。

b)利用32t门吊将1节PCCP管吊到改装管片车上。

c)拆除管道安装位置处的钢轨和轨枕并运出，清理隧道底部的泥渣；将单导梁桁吊式管道安装机停放在尽量靠近安装位置处，旋紧阻车器；拧紧悬臂式导梁的前端支撑。

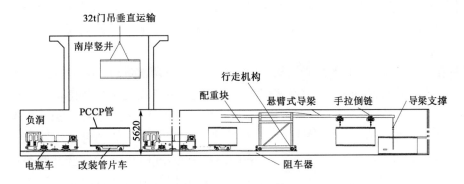

图 4-61　单导梁桁吊式管道安装机

d) 用电瓶车牵引改装管片车将 1 节管道运送到单导梁桁吊式安装机的起吊区,用导梁上的两个 10t 手动倒链将管道垂直起吊,起吊点分别距承插管口 1m。起吊时确保同步以避免管道偏斜。

e) 用手拉倒链将沿导梁将管道送到安装区域,然后检查承口内侧和插口外侧,用中砂砂纸和软布擦拭接合面,清除杂质,然后用肥皂水涂刷承插口接合面,使其充分润滑,再把橡胶密封圈均匀地套在插口上。用手整理橡胶密封圈保证其粗细均匀、无翻转扭曲,最后在橡胶密封圈上均匀涂刷肥皂水,使其足够润滑。利用手拉倒链升降将管道准确定位。若管道左右存在偏差,利用撬棍将其调正。

f) 管道安装就位采用内拉法,在待安装管子的端部设一根横扁担(方木和型钢组成),在已安装好管道的端部设一承力支撑架,横扁担和承力支撑架间用钢丝绳和手动葫芦连接,管道对位后,用手动葫芦缓慢将管道拉到位。在管道拉动到位的过程中应保证承插口间隙一致(在管道间上下左右位置设置 25mm 厚的钢垫块,保证承插口间隙一致)。并检查橡胶密封圈有无局部挤出现象。内拉法管道安装见图 4-62。

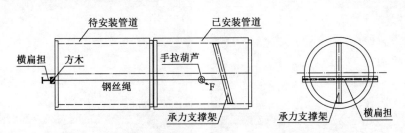

图 4-62　内拉法管道安装就位示意图

g) 当管道就位后,测量管道的中心线和高程,以及相对转角,确保其满足设计要求。管道精确定位后使用预制钢筋混凝土块进行管道的支撑。预制块质量为 11kg,操作人员能够轻松搬运,操作方便。首先将预制块搬运到设计支撑位置,并将其摆正;然后用铁锤将预制块轻轻楔入,使预制钢筋混凝土支撑块与管片和管道连接紧密、牢固。预制块每节管道垫 3 组共 6 块,其中 2 组垫块分别距管口 1m 处(避开钢丝绳),管道中间支撑 1 组。垫块支撑牢固后,将钢丝绳取出。

h) 管道接头打压试验。管道安装固定后即进行管道接头间的打压试验,检验接头间密封是否达到设计要求。打压试验采用气压,利用预留在承插口的打压嘴进行试验。

i) 移动单导梁桁吊式安装机。管道安装完成后,将单导梁桁吊式管道安装机的阻车器松开,将安装机向后移动一节管道长度,准备下一节管道的安装。(注:若拆轨长度能够满足大于两节管道长度,则可以安装完两节管道后再移动单导梁桁吊式安装机。)

j) 始发隧道的预处理。由于始发隧道段没有进行二次衬砌,其底部结构与盾构隧道底部有一定的高差,为了保证始发隧道段第一节管道快速安装,需在盾构隧道内管道安装的同时,对始发隧道段底部进行预处理,处理方案如下:清理始发隧道段条形基础间和两侧底部的淤泥、杂物;用清水冲洗隧道底部,并将积水清除;用C20混凝土将底部回填,并振捣密实。混凝土回填高度与相应标高段管片底部标高一致,如图4-63所示。在混凝土初凝时,用抹子将条形基础间混凝土抹平便于管道垫块安装;在管道安装时,采用垫块支撑牢固。

②底部混凝土浇筑施工。底部混凝土从南岸浇筑600m,分两次进行,第一次在前300m管道安装完成后开始连续浇筑混凝土300m;第二次在底部管道安装完成后连续浇筑剩余底部混凝土。

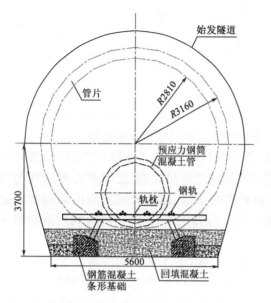

图4-63　始发隧道PCCP管道安装前铺底图(尺寸单位:mm)

a.第一次混凝土浇筑施工。第一次混凝土浇筑高度为2.26m,在管道安装的同时,将混凝土输送管道接通,在距南岸竖井井口300m处和竖井底部各设置一台混凝土输送泵,并用管道将2台混凝土输送泵连接。隧道内混凝土输送管连接的长度为600m,头部带两节软管。隧道内混凝土输送泵搁置在管片车上便于快速运输。

混凝土浇筑方案如下:在地面上的竖井边制作一梭槽,地面与井底之间采用原有的φ300送排管中的一根,在地面上混凝土输送车将混凝土输送到梭槽,通过梭槽将混凝土输送到竖井的原送排泥管道,通过管道将混凝土输送到竖井底部的4m³料斗中,料斗制作成倒锥体,设计成底卸式(设有牢固可靠的固定锁紧结构,并带有附着式振捣器。),通过人工操作料斗将混凝土送入竖井底部的混凝土输送泵,并由混凝土输送泵进行接力输送。浇筑方案见图4-64。

a)地面上混凝土输送车作业

b)竖井底部的料斗与混凝土输送泵

图4-64　盾构隧道混凝土回填浇筑方案

混凝土浇筑施工技术如下:

管道安装后,将管道利用自制螺旋丝杆进行支撑,螺旋丝杆一端顶在PCCP管道的顶部,另一端顶在管片上,避免管道上浮。支撑杆每节管道设2根,和底部的支撑相对应,如图4-65所示。在每节管道距端口1m处,分别缠绕2根8股8号铁丝,为后续管道抗浮稳定准备。进行挡头施工,挡头采用砖混结构,每50m设一挡头。对称浇筑混凝土,浇筑每50cm一层,左右高差不大于50cm,避免管道水平位移。浇筑过程中用插入式振捣棒进行振捣,保证混凝土密实。浇筑施工过程中每50m设一道变形缝(充填浸乳化沥青木丝板)。底部混凝土浇筑高度为2.226m,每米混凝土方量为5.2m³,按照南岸浇筑600m进行计算,总共需浇筑3120m³。浇筑完成后将1台混凝土输送泵吊出井外。

b.第二次混凝土浇筑施工。在隧道内底部剩余管道安装完成后进行第二次混凝土浇筑。在地面上的竖井边制作一梭槽,在地面上混凝土输送车将混凝土输送到梭槽,通过梭槽将混凝土输送到φ300管道,然后输送到竖井底部的4m³料斗中,通过人工操作料斗将混凝土送入竖井底部的混凝土输送泵,由混凝土输送泵通过管道将混凝土输送到浇筑部位。浇筑完成后将混凝土输送泵吊出井外,准备进行竖井底部轨线的改造。底部混凝土浇筑完成后的实况见图 4-66。

③竖井底部混凝土浇筑施工。

a. 在竖井底部设集水坑。在竖井底部用大块石设置一层 30cm 厚过滤层,并在主要出水点位置设钢管将水流引入集水坑。然后在底部和边墙铺设土工布和防水板,然后再整体浇筑混凝土,保证输水管道周边混凝土的厚度和质量。在集水坑设一台大功率抽水机。为了防止底部垫石渣滤层不密实,可以在滤层上设 60cm 厚钢筋混凝土底板(设两层钢筋网,钢筋间距为 150~250mm,两层钢筋间距为 500mm),保证结构的稳定。

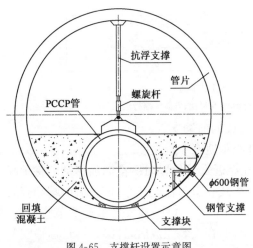

图 4-65 支撑杆设置示意图

图 4-66 底部混凝土浇筑完成后的实况

b. 底部管道施工。南岸竖井底部管道设计为 PCCP 管,由于第一根管的施工在弯头部会影响到上部管道的安装,所以将管道安装仅施工至起弯点。

c. 竖井底部混凝土浇筑。在安装管道段,混凝土浇筑高度与洞内底部回填混凝土标高相对应(坡度一致);在已管道安装与负洞间混凝土浇筑高度比弯管的起点低 100mm,并在浇筑混凝土时预埋钢板以固定后续管道安装时的运输轨线;负洞混凝土浇筑高度以满足轨道和轨枕铺设为宜。

④上排管道安装。

底部 PCCP 管及供自来水钢管安装并回填混凝土后,开始进行上排两根 PCCP 管的安装。在底部混凝土浇筑后,待其有一定的强度后,开始安装上排管道运输安装所需的轨线,轨线间距为 2.4m,钢轨为 24kg 轻轨。轨枕采用槽钢,间距为 0.6m。上排 PCCP 管的运输和安装采用中铁隧道股份制造公司生产的针梁式管道运输安装车,其主要参数见表 4-22。

针梁式管道运输安装车的主要技术参数　　　　表 4-22

序　号	参 数 名 称	参　数
1	外形尺寸(长×宽×高)(mm×mm×mm)	12640×4450×2337
2	行走速度(m/min)	60
3	轨距(mm)	2400
4	轴距(mm)	3000
5	液压系统额定压力(MPa)	20

针梁式管道运输安装车(图 4-67)主要由动力系统、车体、针梁、主动行走轮、安装伸缩油缸、承托油缸、铰接机构、横移套、升降架、前伸缩行走轮、滚架等组成。

上排管道安装程序如下:

a. 将针梁式管道运输安装车停放在负洞内,在竖井下方适当位置设一基座。

b. 使用门吊吊下 2 节管道搁置在基座上。

c. 将针梁式管道运输安装车的前伸缩行走收缩至最高点,并将升降架降至最低。向前移动针梁式管道运输安装车,使2根悬臂式承托梁各自穿过1节管道,直到承托梁上的前伸缩行走轮伸到管道另一端为止。

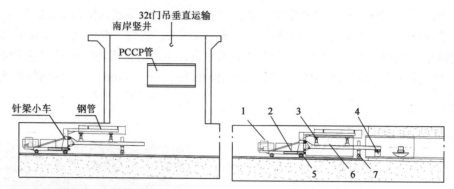

图 4-67　针梁式管道运输安装车安装上排管道
1—动力系统;2—车体;3—升降架;4—滚架;5—主动行走轮;6—针梁;7—前伸缩行走轮

d. 将前伸缩行走轮下放支撑到轨面上,作为悬臂式承托梁的前端支点。

e. 升起承托梁上的升降架,向上托起管道,使管道底部距钢轨有一定高度。

f. 用针梁式管道运输安装车将管道运输到安装位置,在靠近安装位置时缓慢向前移动。将承托梁前端与滚架搭接作为前支点,然后收起前伸缩行走轮,移动针梁式管道运输安装车,使管道前端到安装位置的距离小于370mm,旋紧卡轨器以防止针梁式管道运输安装车滑移。(注:在安装最初2节管道时,应将滚架与承托梁连接,用针梁式管道运输安装车将其带入管道内,在安装完成后,针梁式管道运输安装车后退时将滚架置于管道上适当位置,以便下一组管道的安装。)

g. 检查管道的承口内侧和插口外侧,用中砂砂纸和软布擦拭接合面,清除杂质,然后用肥皂水涂刷承插口接合面,使其充分润滑,再把橡胶密封圈均匀地套在插口上。用手整理橡胶密封圈保证其粗细均匀、无翻转扭曲,最后在橡胶密封圈上均匀涂刷肥皂水,使其足够润滑。

h. 操纵承托梁上的横移套,调整管道的水平方向位置;操纵承托梁上的升降架调整管道的竖直方向位置;通过横移套和升降架实现将管道进行左右、上下的调节功能,使之与安装位置完全对正,然后操纵安装伸缩油缸将管道顶到安装位置,进行管道就位安装。

i. 当管道就位后,测量管道的中心线和高程,以及相对转角,确保其满足要求。管道精确定位后进行钢轨、轨枕的拆除。先将钢轨接头鱼尾板拆除,然后将钢轨向外侧翻。

j. 轨道拆除后使用预制钢筋混凝土块进行PCCP管道支撑,预制块每节管道垫3组共12块,其中两组支撑垫块分别距管口1m,另1组支撑在管道中间,且中间的两块采用螺栓穿孔连接,以确保PCCP管道不下沉,不侧移。

k. 垫实后将安装伸缩油缸收回。

l. 管道接头打压试验。管道安装固定后即进行管道接头间的打压试验,检验接头间密封是否达到设计要求。打压试验采用气压,利用预留在承插口的打压嘴进行试验。若不满足设计要求,还需将管道拆卸,检查承插接头和接口密封,确认没问题再重新安装,直到打压试验合格为止。

m. 将针梁式管道运输安装车的升降架降低,操纵承托油缸使承托架适当向上倾斜,松开卡轨器,向后缓慢移动针梁式管道运输安装车。

n. 当承托梁上与滚架连接位置到达滚架所处位置时,将滚架与承托梁连接,使滚架与针梁式管道运输安装车一起向后移动。

o. 当滚架移动到新安装1组管道相应位置时,松开滚架与承托梁之间的连接,将滚架停放到该位置。

p. 继续向后移动针梁式管道运输安装车,当前伸缩行走轮伸出新安装管道后,降下前伸缩行走轮,用针梁式管道运输安装车将钢轨和轨枕运回竖井,并进行下一循环管道的安装。

⑤上部混凝土浇筑施工。

从南岸浇筑混凝土600m,在前300m,需在中间安设1台混凝土输送泵进行接力灌注,后300m,在竖井内设1台输送泵进行浇筑混凝土施工。每安装15m管道进行一次混凝土的浇筑,以保证混凝土回填密实。

a. 前300m混凝土浇筑施工为了保证混凝土回填密实,每安装15m管道后进行一次混凝土浇筑。浇筑前,在地面上的竖井边制作一梭槽。在地面上混凝土输送车将混凝土输送到梭槽,通过梭槽将混凝土输送到ϕ300管道,然后输送到竖井底部的4m^3料斗中,通过人工操作料斗将混凝土送入竖井底部的混凝土输送泵,由混凝土输送泵进行接力灌注。浇筑完成后将多余混凝土输送管拆除运出,并将中继混凝土输送泵运出井外。为了保证混凝土回填阶段管道不上浮,除将各预制块支撑牢固并楔紧外,在上部PCCP管身与下部管道对应部位缠绕钢丝束,并将钢丝束绞紧,在混凝土浇筑过程中起到抗浮的作用。每米浇筑混凝土方量为约为6.6m^3,每45m设一道变形缝(充填浸乳化沥青木丝板)。

b. 后300m混凝土浇筑施工每安装15m管道后,进行一次混凝土浇筑。在地面上混凝土输送车将混凝土输送到梭槽,通过梭槽将混凝土输送到ϕ300管道,然后输送到竖井底部的4m^3料斗中,通过人工操作料斗将混凝土送入竖井底部的混凝土输送泵,由混凝土输送泵进行浇筑。

(4)南岸竖井内管道施工

竖井内管道为预制管道,在制作施工过程中在指定部位设有吊装头。图4-68为水平输水管道与竖直输水管道相连接的弯管。

竖井内管道安装程序如下:

a. 当上排水平管道安装到竖井内时,利用门吊将底部管道的预制管道吊下,并采用内拉法进行就位,然后进行固定。

b. 浇筑混凝土至上排管道安装面。

c. 安装上排两根管道的弯管,并用型钢将其牢固固定在竖井井壁上。

d. 分层浇筑混凝土至设计标高段。

e. 竖井内垂直管道采用PCCP管道。承口在上,插口朝下,安装时采用外拉法使其就位,并利用在锚杆和圈梁上设置钢结构对管道进行固定。

图4-68 拟安装在竖井底部的PCCP弯管

f. 每安装一节竖直管道后,安装模板然后浇筑混凝土。模板采用整体钢模板,每次浇筑混凝土高度为1.8m。

g. 浇筑下一循环混凝土或在进行下一节管道安装的同时进行已浇筑混凝土段(混凝土已凝固)碎石土的回填。每次回填高度应严格控制在30cm。采用打夯机进行夯实。

(5)北岸管道安装和回填

①北岸管道安装前的准备工作。

北岸辅助隧道(负洞)设置的目的是在安装上排PCCP管道时停放针梁式管道运输安装车。辅助隧道在竖井开挖时施工,其长度满足管道吊装的要求,断面形式为直墙圆拱形。北岸管道安装前的准备工作如下:

a. 完成盾构拆卸并将后配套拖车全部吊出。

b. 完成盾构隧道内的管片破损修补和堵漏工作。

c. 完成安装管道段隧道清底工作。

②北岸水平输水管道安装和混凝土回填。

北岸水平输水管道安装方案同南岸安装方案,分两部进行。第一部先安装并固定底部一根预应力钢筒混凝土管和一根钢管,然后进行混凝土回填;第二部安装并固定上部两根预应力钢筒混凝土管,然后进行混凝土回填。

a. 底部输水管道及钢管的安装。φ600钢管和预应力钢筒混凝土管交替安装,钢管要比预应力钢筒混凝土管超前安装40m,然后按照安装2节PCCP管和1节钢管的顺序进行循环安装。北岸施工场地设一台40t龙门吊,在管道安装期间负责管道和材料的垂直运输。PCCP管的水平运输机具和安装机具采用南岸竖井使用的设备。北岸安装按照310m进行计算,共安装62根,安装方案同南岸。

b. 底部混凝土浇筑施工。北岸混凝土浇筑长度为312m,一次性浇筑完成;在盾构拆卸的同时,将混凝土输送管道接通,在竖井底部设置一台混凝土输送泵,并将管道与混凝土泵连接。按照每50m浇筑一次,浇筑施工过程中每50m设一道变形缝(充填浸乳化沥青木丝板)。底部混凝土浇筑每米方量为5.2m³,按312m计算,需浇筑1622m³。浇筑完成后需将混凝土泵吊出。

c. 竖井内底部水平管道的施工。竖井内管道在出洞后即进行弯起,底部管道仅安装到洞门口。

d. 上排管道安装。上排管道从北岸安装315m;管道安装方案同南岸。

e. 上部混凝土浇筑。上部混凝土浇筑施工方案同南岸竖井。北岸浇筑315m,在竖井内设一台输送泵进行混凝土浇筑施工。每安装15m管道进行一次混凝土浇筑,以保证混凝土回填密实。

f. 北岸竖井内管道施工。竖井内管道安装和回填施工方案同南岸。

4.4.3 日本东京湾海底公路隧道

1998年建成通车的日本东京湾公路工程,于1986年开始建设,于1996年8月完成全线工程,全长15.1km,其中海底盾构隧道长9.12km,是目前世界上最长的海底公路隧道,海底公路隧道由两条外径13.9m的单向双车道公路隧道组成,采用了8台(其中三菱3台、川崎3台、石川岛1台、日立1台)直径为14.14m的泥水加压盾构施工。

1) 工程概况

东京湾跨海公路工程,由海底隧道、海上桥梁和人工岛把川崎市和木更津市连接起来,全长15.1km。该工程由三部分组成,见图4-69。一为川崎侧,为2条长约9.12km的海底公路隧道,二为木更津侧,为长约4.4km的海上桥梁,三为川崎侧岸边浮岛的引道部分。在隧道和桥梁的连接处设置木更津人工岛和通风塔,海底隧道的中部设置川崎人工岛和通风塔,海底隧道与川崎陆地相连的地方设置浮岛通风塔。

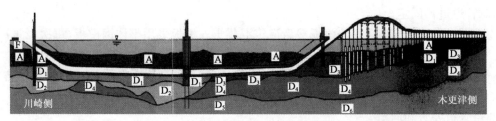

图4-69 东京湾跨海公路工程示意图

东京湾跨海公路工程是在地质、气象、地震等自然条件很差,船舶交通拥挤,环境保护要求严格的条件下修筑的跨海工程。公路标准为第一类第二级,设计速度为80km/h;设计荷载为TL-20t及TT-43t;车道为4车道路宽为3.5m。

两条长度约为9.12km的海底公路隧道由8台直径为14.14m的泥水加压盾构施工。在海底隧道段的中间处筑造了川崎人工岛,从人工岛的竖井向东西两个方向推出4台盾构,在隧道的东端,也筑造了木更津人工岛,从此岛的竖井中向西推出两台盾构,这两台盾构与川崎人工岛竖井中向东推出的两台盾构在东侧海底地层中对接,川崎岛竖井向西推出的两台盾构与浮岛竖井中向东推出的两台盾构在西侧海底地层中对接。

公路工程设计位置的海底地形呈极平缓的船底形,中央最大海水深约28m。从川崎侧浮岛到东京湾中央,土质为软冲积黏性土层,层厚为20～30m;木更津一侧从海底面起为比较密实的砂层。隧道段的土质,川崎侧以冲积黏性土、洪积黏性土为主体,木更津侧在冲积黏性土和洪积黏性土层中夹有洪积砂质土层;浮岛、木更津倾斜段为人造地基。

2)隧道设计

(1)设计参数

①隧道基本结构。东京湾海底公路隧道基本结构见图4-70。

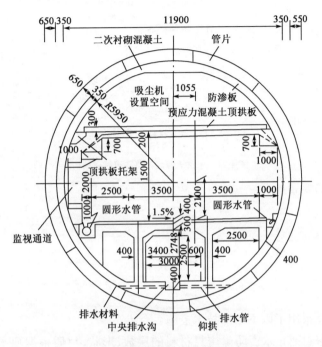

图4-70 东京湾海底公路隧道基本结构(尺寸单位:mm)

②衬砌。

一次衬砌:采用钢筋混凝土管片,外径为13.9m,内径为12.6m,管片宽1.5m。

二次衬砌:采用现浇钢筋混凝土结构,厚0.35m。

③隧道长度。每条隧道全长9.12km,其中川崎侧长4600m,木更津侧长4520m。

④线路坡度。

纵断面:斜坡段最大坡度为4%,海底水平段坡度为0.2%(用于排水),坡度曲率半径为$R=1000$m。

水平面:$R=1650\sim2500$m(川崎侧与木更津各一处)。

⑤隧道间距。海底段为$1D$,两个斜坡段为$0.5D$(D为隧道外径)。

⑥覆土厚度及水深、水压。斜坡段覆土层厚6.4~9.4m,海底水平段覆土层平均厚度为16m。海底段平均水深为27.5m。

(2)隧道设计

①衬砌防渗结构。

海底隧道位于海底腐蚀环境下,隧道防渗的目的是避免漏水维修,减少因维修管理带来的交通限制,减少漏水造成的排水费用及止水处理费用,降低管理维修费用,确保隧道的耐久性、安全性和舒适性。基本防渗方法是进行管片一次衬砌,辅助防渗方法是在一次衬砌和二次现浇钢筋混凝土衬砌之间铺设导水型防渗板。

一次衬砌采用11等分的预制钢筋混凝土平板型管片,拱顶管片采用轴向插入式。管片外径为13.9m,内径为12.6m,宽1.5m。一次衬砌按全部荷载设计,管片使用高炉水泥,以提高防渗性能。管片的接头具有高刚度、高耐力且可自动拼装,管片间及管片环间采用长螺栓接头。

二次衬砌设计考虑自重和水压,以承受附加重量和防渗为目的,采用厚0.35m的现浇钢筋混凝土结构。

一次和二次衬砌之间设置导水型防渗板，以提高二次衬砌的使用寿命。隧道防渗，主要以一次衬砌时的防渗措施为主，万一发生渗漏，可以利用防渗板进行二次防渗。东京湾海底公路隧道衬砌结构见图4-71。

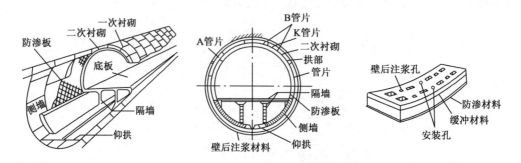

图4-71 东京湾海底公路隧道衬砌结构

海底隧道防渗结构的要素如下：

a.壁后注浆材料。

b.管片密封材料。

c.注浆孔栓和防水衬垫材料。

d.管片混凝土。

e.防水密封。

东京湾海底公路隧道采用了以下防渗技术措施：

a.用防渗材料进行密封面止水。防渗密封材料的层数、形状、材质根据耐水压力试验及水膨胀特性等实施有关质量变化的耐久性试验，并在螺栓外侧配置了一层宽幅水膨胀性密封。

b.注浆孔栓及衬垫材料以及逆止阀选用能承受1MPa水压的材料，防水衬垫材料选用具有与混凝土反应后产生黏结的低倍率水膨胀性异丁系橡胶。

c.为了提高管片的耐海水性和止水性，将管片混凝土的50%水泥置换成高炉矿渣。

d.在一次衬砌与二次衬砌间设置导水型水密封防渗板，以确保隧道内空的止水性和防止二次衬砌时产生裂缝。

导水型水密封的功能如下：能迅速排除来自一次衬砌的漏水，防止漏水扩散到隧道的纵断面方向，防止一次衬砌劣化；能降低作用在二次衬砌上的水压；能减少一次衬砌对二次衬砌的约束系数，防止二次衬砌产生裂缝和劣化。

防渗板及二次衬砌施工程序如下：

a.设置排水通道。

b.隧道底拱及下半拱形部防渗板作业。

c.隧道底拱二次衬砌钢筋混凝土作业。

d.中壁及下半拱形部二次衬砌钢筋混凝土作业。

e.车道底板钢筋混凝土作业。

f.上半拱形部防渗板作业。

g.上半拱形部二次衬砌钢筋混凝土作业。

②柔性防震结构。竖井连接段采用了柔性管片和柔性面板，这种结构在地震时应变集中，能吸收地震时的变形量。此外，用这种结构还可以吸收倾斜段填土造成的隧道底部地基的二次沉降变形。

③防腐蚀。由于隧道设在高水压海水下，虽然充分考虑防渗措施，但要完全达到没有渗漏是很困难的。因此，海底隧道采取了以下防腐蚀对策：

a.刷漆防锈。

b. 设置腐蚀厚度余度。

c. 用混凝土创造一个碱性环境。

d. 采用镀层和特殊涂层。

3) 盾构选型

(1) 结构特点

东京湾公路工程海底盾构隧道长 9.12km，采用了 8 台 φ14.14 的泥水盾构施工。盾构主机长 13.5m、重 3200t，其外形如图 4-72 所示。主要性能特点如下：

①大直径：盾构隧道管片外径为 13900mm。

②长距离掘进：每条长 9.12km 的盾构隧道分 4 段掘进，平均每段长 2.28km。刀具采用背装式螺栓安装型，形状为 T 形切刀（图 4-73），可从土仓内进行中途更换刀具。为了监视刀具的磨损量，安装了 8 个探测刀具，在超硬刀具内镶嵌有超声波传感器，能连续不断地监测刀具的磨损量，以便及时更换刀具。

③土质：盾构能在冲积黏性土层、洪积黏性土层、砂质土层、砾石层、人工改良土层、冻结土层中掘进。

④高水压施工：盾构在海平面下约 55m 处，盾构承受的水土压力约为 0.6MPa。盾尾设置 4 道钢丝刷密封并安装紧

图 4-72 东京湾海底隧道 φ14.14m 泥水盾构

急止水装置，见图 4-74。盾尾密封是集弹簧钢、钢丝刷及不锈钢金属网于一体的结构，在弹簧钢和钢丝刷上涂氟树脂进行防锈处理。在各盾尾密封之间注入油脂来提高止水性能。在掘进途中，为了对付在通过盾尾密封部时可能发生的大量漏水险情及作为更换钢丝刷时的一种技术措施所采取的紧急止水手段，安装了紧急止水装置。工作原理是从连接背面（盾壳侧）加液压，使其膨胀，将密封呈入字形挤压在管片的外表面来确保止水性能。

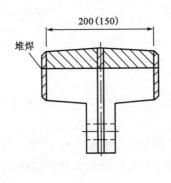

图 4-73 切刀的形状（尺寸单位：mm）

⑤地中对接：8 台盾构在海底地层进行对接，盾构具有地中对接结构。在高水压下施工，通过冻结土体法进行地中对接，刀盘的外周安装冻结管及辐射状冻结管阀。

⑥同步注浆：在盾尾安装了 4 组壁后同步注浆装置。注浆系统是掘进速度、注浆压力及注浆量三者连动作用的一套系统。为了不让地下水及土砂从壁后注浆材料输出口倒流，用液压油缸通过往复运动的活塞来止水，并配合注浆作业使其开闭。同时装备了当掘进结束后能迅速及时地清扫壁后注浆管的水清洗管路。

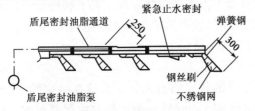

图 4-74 盾尾密封示意图（尺寸单位：mm）

(2) 技术参数

东京湾海底公路隧道施工用泥水盾构的主要技术参数见表 4-23。

东京湾海底公路隧道施工用泥水盾构主要技术参数　　表4-23

系统名称	参数名称	参　数
盾构主体	盾构外径	14140mm
	主机长度	13500mm
推进系统	推进油缸数量	48根
	推进油缸行程	2550mm
	总推进力	240000kN
	推进速度	3cm/min
	功率	75kW×3台=225kW
刀盘切削系统	支承方式	中间支承
	刀盘扭矩	31810kN·m
	刀盘转速	0.39r/min
	刀盘开口率	30%
	刀盘功率	90kW×14=1260kW
	切刀	标准150mm,100mm高
	仿形刀	行程290mm,推力420kN
搅拌机	叶轮外径	1240mm
	扭矩/转速/功率	8500N·m/50r/min/45kW
	数量	5台
盾尾密封	钢丝刷密封/紧急密封	4道/1道
管片拼装系统	起重量	240kN
	平移行程	2250mm
送排泥管	送泥管/送泥预备管	1.3　12B×1根/12B×1根
	排泥管/排泥预备管	1.4　12B×1根/12B×2根
	旁通管	1.5　12B×1根

4）施工技术

（1）人工岛筑造

①川崎人工岛。川崎人工岛处在9.12km长海底隧道的中间部位，岛中心位于浮岛以东4.7km。筑造人工岛的目的是在施工时作为4台盾构的始发基地，在隧道建成后作为隧道通风塔的安装基地。人工岛的地基采用混凝土压实工法、低强度深层混合处理工法进行改良。川崎人工岛附近海域水深约为28m，人工岛是一个直径200m的近似圆筒形结构（实际为112角多边形结构），采用大型地下连续墙围筑而成。

②木更津人工岛。木更津人工岛作为隧道和桥梁的连接基地，处于川崎人工岛东面海上，长1400m，宽100m，采用回填土方式筑造而成。人工岛靠川崎侧750m为坡度4‰的斜坡道路，木更津侧650m为平坦部分。在斜坡和平坦部分的衔接处，设置了盾构始发的竖井。人工岛东侧端部设置了和桥梁合用的护岸，把人工岛和木更津市连接在一起，作为海上桥梁的基础。在斜坡段的护岸形式有抛石式、单道钢管板桩式、双道钢管板桩式和护套式4种，平坦部分的护岸采用钢板桩格构式。

（2）盾构出洞

①盾构始发推进程序。北线和南线盾构从出洞到始发掘进的程序略有差异。北线在结束约140m的始发掘进后，依次投放后配套车架，但是南线是在掘进约50m和140m后分两次投放后配套车架。南线始发推进施工程序如下：

a.拼装临时管片，空载推进盾构，当处于穿越洞门状态后，分1～2次拆除临时墙。

b.盾构进入地层后，利用临时升降机铺设临时井下轨道，并掘进至50m。

c. 进行第一次工程转换,用履带吊车拆除临时升降机,并将临时轨道修筑至正常掘进时的轨面标高位置。

d. 盾构下半部使用的作业脚手架车架和管片输送装置等车架投放到仰拱部进行组装。

e. 掘进至140m后,进行第二次工程转换,将盾构上半部作业车架、起重机及其他未安装的后配套车架投放到工作井轨道上进行组装。

f. 进行后续设备的管线连接和调试后,开始进行正式掘进。

② 出洞地层加固。为了让盾构安全可靠地从沉箱工作井始发推进,各工区出洞地层加固措施全部采用冻结工法。冻结工法不仅在始发推进时能形成具有遮水性和一定强度的冻土壁,而且能起到止水和挡土的作用。

冻结管成两排而立,第一排埋设在离工作井外0.3m处,第二排埋设在距第一排2m的位置。冻结管直径为3.5in,相邻冻结管的中心间隔距离平均为80cm。

③ 掘进施工。盾构隧道长9.12km,川崎侧隧道长4.6km,木更津侧隧道长4.52km,分为南线和北线,共设8个工区由8台盾构进行施工。

a. 始发掘进长度的确定。盾构的始发掘进长度应尽可能缩短,但不短于以下两个长度中较长的一个。

a) 管片外表面与土体之间的摩擦力应大于盾构的推力,根据管片环的自重及管片与土体间的摩擦系数,计算出此长度 $L_1 \approx 100m$。

b) 始发长度应能容纳后配套设备。此长度 $L_2 \approx 125m$。

b. 出洞段冻结区掘进。出洞时洞门连续墙一般采用大型破碎机进行破除,但为了不影响冻土,本工程通过采用钻岩机钻取岩芯,由控制爆破工法除去洞门。

掘进冻土的泥水压力,必须上升至0.1~0.6MPa,在升压过程中,边实施洞门密封圈耐水压及漏水量的测定试验,边向前低速推进。

在通过冻土层之后,便进入上半部分经低强度深层混合处理工法改良的加固区和围岩地层的区段。在改良加固地段,由于水泥成分混入到泥水中,泥水损耗明显。故需慎重进行泥水输送及处理设备的运转和管理。

c. 洞门密封。竖井洞口采用洞门密封装置和带袋型管片进行密封。洞门密封装置由橡胶密封和翻板组成,带袋型管片是在钢管片外侧,事先将袋子内置,当盾构通过时,立即向袋中注入砂浆液使其膨胀紧贴洞壁。

(3) 正式掘进

始发掘进后,拆除出洞设备,连接后配套设备,进行正式掘进。掘进速度为3cm/min,每环掘进时间为50min,安装一环管片时间为110min,每环管片采用11片相同圆心角的钢筋混凝土管片(A型8片、B型2片、K型1片),管片宽1500mm,厚650mm。

(4) 盾构对接施工

地中对接的接合方式一般有三种,即连接环方式、罩盖推出方式和中心刀缩回方式。本对接工程采用中心刀缩回方式。

① 盾构地中对接结构。为了实施盾构在海底进行地中对接施工,盾构在设计制造时预先采取了下列措施:

a. 地中对接施工时,两台盾构的间距为300mm,两台盾构到达地中对接位置时,刀盘的中心刀向后滑动缩回。

b. 地中对接时,进行盾构位置量测和钻孔探测,在盾构的隔板上安装钻孔用阀。

c. 海底对接施工时,拆除盾构的内部结构,仅留下盾壳。

d. 地中对接的辅助工法采用冻结法,盾构刀盘上安装了冻结用导向套管,在刀盘前端150mm位置处,能冻结从盾构外壳到外周1000mm的范围,在冻土内进行盾构解体时,为了隔离切割作业热量对冻土的影响,在刀盘外周附近设置了贴附冻结管,并用逆流通风机强制换气。

②对接施工技术。

a. 泥水仓内,一般是发泡砂浆,但考虑到拆除时的作业性,置换成高浓度泥浆。

b. 在距对接地点约 50m 处,进行钻孔探测,实测两台盾构的位置,以实测结果为依据进行修正掘进。

c. 先到达对接地点的盾构进行先行解体,并设置 48 根放射形冻结管;后到达的盾构用事先安装在盾构内的粘贴冻结管进行冻土,后到达盾构在冻土期间进行解体,以赶上先到达盾构的解体。

d. 考虑到海底对接的安全,在完成一次止水前,将盾构的压力隔板留下,当遇到紧急情况时,通过关闭闸门防止隧道进水。

e. 将盾壳作为结构体留在隧道内。

f. 盾构进行二次解体,并同时进行对接工程施工。

在确认冻土形成后,二次解体与对接工程同时进行,首先排除泥水仓内的高浓度泥水和两台盾构之间的冻土,然后对冻土暴露的部分设置拼接板进行止水,拼接板设置位置位于两台盾构的盾体之间,该作业称一次止水,一次止水完成后进行二次解体,二次解体完成后,在对接部拼装 3 环钢管片,由于该拼装不能使用管片安装机,而使用钢材装卸机,完成拼装后,焊接管片与盾构间的止水用拼装板,并对该空隙进行填充注浆,这一作业称二次止水。

4.4.4 德国汉堡易北河第四隧道

1) 工程概况

位于汉堡和北海湾之间的易北河是世界上最繁忙的航道之一。1907—1911 年使用压缩空气盾构首次建成了最早的"老"易北河隧道(2 条隧管,每管单车道。详见第 3 章第 3.2.1 节)。1965 年后,随着汉堡港口经济地位的日益增强,开始修建新易北河隧道(3 条隧管,每管两车道。河中段隧道采用沉埋法,岸边深埋段采用盾构法施工),这 3 条新 6 车道易北河公路隧道于 1975 年 1 月正式通车,当时一天的交通量大约是 56000 辆。现在的日交通量实际上翻了一番,平均为 110000 辆,高峰时高达 140000 辆,以致隧道口排起了长龙,为缓解这一拥挤现象,决定采用泥水盾构建造第四条隧道。

易北河第四条隧道距原有隧道 35~70m,全长 3100.75m,其中 2561m 采用盾构法施工。易北河第四条隧道 1995 年开工,1997 年 11 月 27 日开始使用盾构,于 2003 年完工。易北河第四隧道纵剖面示意图见图 4-75。

易北河第四隧道包括每车道宽 3.75m 的双机动车道、一条宽 2m 的硬质路肩和两条各宽 0.5m 的应急用人行道。隧道掘进从南岸始发井开始,开始的 500m 段穿过了海港的填筑土(由砂、砾石和无级配回填物质结合各种垃圾组成)。中间的 1000m 为河下冰川物质层,由非常硬的黏土和砾石或砾岩混合而成。最后的 1000m 为易北河北部填筑层,土的状况与河中段相类似,但因隧道要在老建筑和住房下 12~35m 穿过,故需加固地层,控制沉降。此外,在这条新隧道和原有的隧道之间有 3 条 15~70m 长的横向联络通道,联络通道采用 1 台 φ4.4 顶管机施工,内径约为 3.5m。易北河第四隧道穿越易北河河床下,覆土厚度为 7~13m,易北河的最深点覆土仅 11m(包括 1.5m 厚铜石层)。

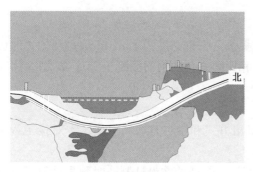

图 4-75 易北河第四隧道纵剖面示意图

河床覆土应尽可能地进行加固,包括施工时在隧中线 20m 宽地带采用振浮压实技术和覆土 1.5m 厚铜石层压实河床砂和淤泥。河岸处覆土厚度为 9m,易北河最大河深在海平面下 15m,最大浪潮达 17m。河中段隧道最低位置大约在海面下 41m,估计水压小于 0.6MPa。考虑到安全和支护地层压力的需求,盾构工作泥水压力达 0.5MPa,调试压力为 0.55MPa,维持工作和修理气压达到 0.45MPa。河床横断面从南向北急剧地上升约 38m。隧道距建筑物基础的最小间距为 9.5m。易北河第四隧道示意图见图 4-76。

2) 泥水盾构的特点

施工中使用了由德国海瑞克公司制造的泥水盾构。这台泥水盾构被命名为"Trude",其外形见图 4-77。

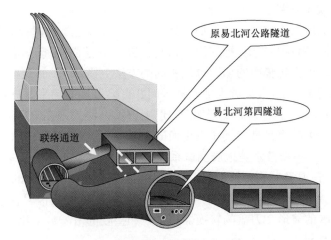

图 4-76　易北河第四隧道示意图

Trude 盾构的刀盘直径为 14.2m，盾构直径为 14.17m，是当时所制造的直径最大的泥水加压平衡盾构。

盾构总重约 2600t，其中刀盘重 400t。盾构主机长约 12m，盾构及后配套全长为 60m。

Trude 盾构切削面板上有 42 个开口，其位置形成 10°～20°的夹角。通过这些开口，可以试钻在盾构前方 20～25m 的地层。该开口还可用来在盾构前方注浆，以达到稳定加固地层的目的。

盾构主机结构示意图如图 4-78 所示。盾构设计有 48 根推进油缸，总推进力为 120000kN。设计有 2 个气闸，2 个材料闸。设计制造的切土刀盘是专门用于穿越易北河的地基，主刀盘上安装了 30 把直径为 431.8mm 的双刃圆盘滚刀和 120 把切刀。主刀盘由 16 台液压马达驱动，驱动功率为 3200kW，最大扭矩为 26000kN·m，转速为 0～2.5r/min。

图 4-77　易北河第四隧道泥水盾构

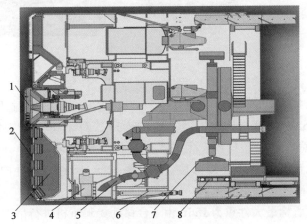

图 4-78　盾构主机结构示意图
1-中心刀盘；2-主刀盘；3-主轮辐；4-破碎机；5-排泥管；6-推进油缸；7-管片安装机；8-管片输送机

主刀盘的中部装有一个直径为 3m 的中心刀盘，它能按主刀盘的要求作正反转，也可单独操作，与主刀盘无关。中心刀盘由 1 台功率为 300kW 的液压马达驱动，中心刀盘的转速为 0～2.5r/min，最大扭矩为 600kN·m，并可在主刀盘前伸缩 600mm。中心刀盘还有其自己的独立泥水循环路线，并能保持刀盘自由转动，效用很显著。已经证实使用这种独立的中心刀盘，切土扭矩可减少至原扭矩的 50%。此外，在黏性土中，掘进循环时的向前推动力也可大大降低。所有的盾构钢制构件设计可承受的运行压力均为 0.5MPa。

Trude 盾构的一项技术革新是在常压条件下能够更换刀具（图 4-79）。盾构设计为人员可直接进入主刀盘的 5 个主轮辐中，并能在常压条件下更换滚刀和切刀。但是任何对刀盘钢结构件或次要轮辐上的切刀的修理或更换都必须在压缩空气下进行。

每把滚刀安装在有液压操作的闸式阀的加压间内。当卸去装配螺栓时，圆盘滚刀由液压缸固定在适当位置。然后将刀具缩回、闸式阀关闭，把加压间密封使其与开挖面脱离。用伸缩附件卸下磨损的圆盘滚刀并安装上新的。在5个主轮辐中的切刀也用相同的方法更换。

在地基具有磨耗性的条件下，人员进入加压掘进间并更换刀具的频率要比预计的高。Trude盾构掘进到2000m时，已更换了300把滚刀和50把切刀，比预计的多，滚刀是在常压下更换的，只有刀盘开口槽边缘处的切刀及中心刀盘上的刀具是在气压下更换的。

Trude盾构开发的另一项新技术是地震测试系统，称为"声波软土地基探查系统"（SSP）。在整个隧道掘进过程中，它利用装在刀盘上的高频声波发射器采集测试数据。发射器的信号是由在电磁场内对着前方钢膜片的微小惯性振荡产生的。频率范围在100~6000Hz之间的信号向前方发射，刀盘上的接收器记录任何不连续性反映的波形。刀盘的转换器将发射和接收的信号数字化，并通过汇集环装置送入盾构主控室（图4-80）的计算机内。

图4-79　通过轮辐常压换刀　　　　　　　　图4-80　盾构主控室

在地震探测的同时，程序控制器（PCS）与盾构的导向系统联系，以获得切削刀盘的准确位置。接收器接收的每10个记录中有一个无需由发射器发射任何信号而实现，可以使声波软土地基探查系统（SSP）计算出仅由机器产生的噪声。对于每一个正常记录的信号，计算机移送源信号或输出信号，然后消除盾构所产生的噪声。每前进几米，把经处理的数据用图形分析软件转换成图像，它可显示出地基的不连续部位。SSP系统能自动操作，并向盾构司机提供切土刀盘前方下一段20~30m的实时三维反射图像。

盾构最大件重为186t，由4台移动式起重机进行吊装，其中包括两台450t和1台300t起重机。盾构组装过程花费了4个月左右的时间。

首次进入加压间是在盾构进入易北河之后开始的。超声波检测显示自填土的碎石渣和金属废屑对切削刀盘造成了很大的磨损。在压缩空气下，对这些损坏处进行矫正与修复用了6~7个星期。施工人员注意到在切削刀盘的背面磨损较严重，这是由于在切削刀盘与盾构外壳之间有磨损性的冰川碛物的堆积造成的。为了减少这类问题，在切削刀盘背面焊接上了特殊的刮土刀具。

后来的检查发现，对切削刀盘进行焊接修复部位和原来的钢结构已从80mm被磨损到15mm，后来又用了6周时间在压缩空气下进行了修理。滚刀同样也磨损严重，在掘进2000m后，就已经更换了300把滚刀和50把切刀，相当于每掘进7m就要更换1把滚刀。磨损相当严重，以至于特殊的切刀前部以及刮刀均已彻底磨损。当开始发现刮刀磨损时，盾构正在易北河下穿过，施工人员根本不可能进入盾构前部来更换刮刀。因此，掘进的扭矩显著增加了。作为临时的解决办法，将其中5把滚刀卸下来并用一种特殊的倒梯形刮土刀具替换，这种刮土刀具的设计是与特殊的切削圆盘外壳装置相适应的。这种作业可在常压条件下进行。进入掘进面时,施工人员发现不仅刮土刀具受到严重的磨损,而刀具配件也彻底地磨损掉了。因此,又设计了一种新型的刮土刀具系统,并焊接在适当的位置。

施工中,几处掘进面的塌陷均发生在人工开挖部分。其中一处的塌陷竟延到河床,这就使得过重的铜矿石、砂、粉土和坚硬的石头掉入孔隙并流入盾构的工作面。主刀盘的每次转动都使更多的杂物流入盾构掘进面,直到其端部填实为止。只有当盾构之上的地基经过注浆处理,并且钻孔阀门在盾构表面定位之后,切土刀盘才能重新启动。在切削刀盘再次运转之前,要用整整两个台班的时间泵送泥浆。

3)隧道衬砌

隧道管片由 8 块标准管片和 1 块封闭管片组成。管片内径为 12.35m,每环宽 2m,厚 700mm,衬砌内钢筋用量为 100kg/m³,标准块每块重 18t。

每块管片沿厚度方向嵌有密封橡胶条。衬砌中的管片连接螺栓仅帮助拼装衬砌环,当一天或两天后拆除螺栓,并填塞螺栓凹囊。

8 台注浆泵通过盾尾注浆系统(8 条直径为 65mm 的管道)提供环向压浆,以加固衬砌。每台注浆泵独立操作,以确保当盾构推进时管片背衬空隙均匀地填充。易北河第四隧道盾构法施工见图 4-81。

4)泥水分离

盾构泥浆系统的水直接从易北河提取。泥水分离站由德国公司提供,分离能力为 2400m³/h,由 3 套 800m³/h 的分离站组成。易北河第四隧道 2400m³/h 泥水分离站见图 4-82。

图 4-81 易北河第四隧道盾构法施工

图 4-82 易北河第四隧道 2400m³/h 泥水分离站

5)施工相关数据

盾构于 1997 年 11 月 27 日开始从南岸始发,于 2000 年 3 月 2 日完成隧道掘进,盾构准确地进入北岸接收井(图 4-83)。施工中,盾构最大日掘进速度为 7 环。

德国汉堡易北河第四隧道于 2003 年开放交通。

工程完工后,德国海瑞克公司将盾构回购,经检修和配备一个新刀盘后,运到俄罗斯开挖一条莫斯科环线的双管公路隧道。

4.4.5 大板商街公园地铁车站

日本大阪商街公园地铁车站运用三圆泥水盾构施工,三圆泥水盾构亦称三连体泥水盾构,是泥水加压平衡盾构的新发展,三圆盾构车站建成后的运营模式见图 4-84。

图 4-83 泥水盾构进入接收井

1)工程概况

日本大阪商街公园地铁车站是大阪市地铁 7 号线工程中施工难度最大的一个车站,处在地下 32m 左右,因此也是大阪市地铁中最深的一个车站。这座车站总长 155m,位于 IMP(International Market Place)摩天大楼及盾构法施工的大断面下水道隧道(弁天下水道干线)的正下方,处在深度大、水压高的

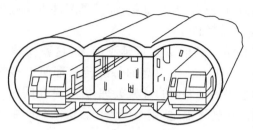

图 4-84 三圆盾构施工的地铁车站

易塌方地层中,该车站采用了世界上首次在实际工程中应用的三圆盾构,采用"MF 盾构法"施工。车站的结构形式分为两大部分,即工作井部分和隧道部分。该工区的地质条件为冲积层和洪积层,隧道覆土 27m,地下水压力为 0.15MPa,盾构拱顶部为洪积砂土(均匀系数为 3~5 左右),下半部分为黏土层。

2) 三圆泥水盾构

三圆盾构由三个圆柱横向搭接叠合而成,正好构成横向三连圆断面的结构体,见图 4-85。该盾构为泥水加压式盾构,每个圆柱体的大刀盘为独立体系的转动机构。中心大刀盘比两侧刀盘超前 1.4m,三个大刀盘的支承方式均为中心轴支承方式,三个泥水室也是三个独立体,因此被称为"3 刀、3 室盾构"。

3) 管片安装

车站范围内的盾构法施工长度为 107m,安装管片共计 105 环(105m),一次衬砌均采用球墨铸铁管片。除站台的拱顶部外,其余部分原则上不予考虑二次衬砌,日后仅作内部装修处理。管片圆环接点处的轴向力垂直分力由站台立柱承担。立柱间距为 4.0m,管片宽为 1.0m,立柱间隔中间部分的管片连接点处的轴向力合力由纵向梁(工字钢劲性钢筋混凝土梁)向立柱端部传递。每一管片环由 14 块管片拼装而成,14 块管片的分块形式是 $8A_1 + A_2 + A_3 + 2K_1 + 2K_2$,环间采用错缝式拼装,搭接长度为 14.1°圆心角弧长。管片

图 4-85 三圆泥水盾构

的断面形状为(外弧侧)凹形,为解决盾尾与外弧间的连续密封性,铸铁管片的外弧面凹槽内由混凝土预先充填密实,构成类似于复合管片的形式。

4) 盾构出洞处理

①洞口地层加固。盾构出洞处上部是松下 IMP 大楼,出洞时的沉降控制要求很高,洞口地层加固的处理工作在大楼的地下室中进行,纵向 6.5m 范围内的地基采用高压喷射处理,桩径为 1.6m。考虑到盾构刚进入土体时,盾构工作面超越高压喷射处理区后,有可能会产生涌水,因此在高压喷射处理区的前方 6m 左右采用了冻结法(管间隔为 1m)作隔水处理,以确保盾构出洞的安全性。

②洞门密封。盾构出洞用洞门密封,采用"橡胶板+翻板"的密封形式。该形式的橡胶板起密封作用,翻板可防止橡胶板外翻,橡胶板为 10mm 厚的纤维加强板。

三圆盾构外弧圆形接点处为 30cm 左右的凹槽,施工前,在预先实体模型试验中,发现该处是密封的薄弱点。因此在盾构出洞时,密封套圈采用了局部气囊充气的形式。该气囊可使凹槽局部的密封套圈与盾构外壳板强迫密贴,达到了理想的密封效果。

5) 盾构进洞处理

盾构进洞时要求对相关区域的土体进行改良加固,该工程中采用的方法是:分别在 A、B、C 三个区域内进行处理。

①A 区域高压喷射处理。在离盾构接收井井壁 4.4m 范围内,采用高压喷射方法作地基改良,高压喷射处理后的土体在拆除洞口连续墙后,具备自立和挡土条件。

②B 区域化学注浆。在离井壁 4.4~7.4m 的范围内,对洪积砂层化学注浆处理,化学注浆处理的目的是:使砂土层在化学材料的凝固和充填条件下可防止土体产生流砂和涌水现象,以达到盾构进洞时洞口土体稳定的目的。

③C 区域砂浆回填。在预定洞口部的连续墙拆去后,在该孔口部 2m 厚度内,以及在井内侧附加 2m

厚(共计 4m)范围内回填低强度砂浆,使盾构工作面能在常压条件下进入接收井,待盾尾空隙注浆处理结束后,抽除泥水室内的泥水,然后拆除低强度砂浆浇灌时的支撑模板,凿除低强度砂浆,使盾构外壳与井壁固定。最后拆除盾构内部设施,在盾构外壳内侧浇捣钢筋混凝土衬砌。

6)泥水管理

三圆盾构掘进中的开挖面稳定与单圆盾构相同,要求对泥水压力和泥水物理性质(黏度、比重)进行适当管理。三圆盾构的三个泥水仓,在分别对干砂量及偏差流量进行管理的同时,还安装了复数连通孔,以消除各泥水仓间的差压。

(1)三个独立泥水仓中的泥水管理

在泥水方面,设一路(直径为 300mm)总进泥水管道经分岔管分成三路(直径为 200mm),再送往各泥水仓,排泥水管设三路管道,在各个泥水仓上分别设置开挖面水压计、电磁流量计及 γ 密度计。送泥水泵具有即使泥水浓度产生了变化也能保持一定流速的功能。为了控制泥水仓间产生压力差,不仅设置了连接各泥水仓室的连通管,还在隔板上配置了复数连通孔。本盾构管理系统的特征是,能分别设定开挖面水压和进排泥流量等,能对掘进中的干砂量及偏差流量进行泥水仓的整体或分别管理。

(2)泥水的物理性管理

泥水的黏度,其漏斗黏度在 25s 以上,为了防止排泥管堵塞,将上限 50s 以下作为目标值进行管理,在出洞防护的地基改良区间,可看到泥水中混入水泥成分后泥水黏度呈上升趋势。一进入自然土层后,尽管掘进结束,因土体黏土成分的影响,而使泥水黏度有若干的上升,但能维持在目标值范围内,此时的密度为 $(1.2\pm0.05)\mathrm{g/cm^3}$。

(3)开挖面泥水压力

自然地基区间的泥水压力为水压加 0.03~0.04MPa。它是以水压加上半部洪积砂层的主动土压力所设定的值为基础的。

为了确认泥水的加压效果,在接圆部上部的 1.4m 处(36 环)埋设了孔隙水压计。孔隙水压在盾构掘进中上升,一旦停止掘进就回复原状。该状况在盾构开挖面靠近孔隙水压计 15m 的时刻就可观察,在最大孔隙水压力上升至 0.015MPa 左右时,尽管与开挖面水压保持 0.02MPa 以上的压力差,但至少能从孔隙水压计上判断在外侧是否稳定。盾构通过土体时的孔隙水压变化见图 4-86。

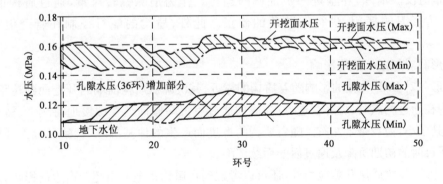

图 4-86 盾构通过土体时的孔隙水压变化

(4)干砂量与偏差流量

各个泥水仓的开挖面水压在 2%~4%范围内变动,各泥水仓间的差压纳入仪器的误差范围内。三个泥水仓的干砂量和掘进量的相互关系都被纳入±5%的管理界限内,只要对进排泥系统进行调整,各泥水仓都能处于充分的管理状态。

左右泥水仓相比,偏差流量来自中央泥水仓的逸水略多些,并引起泥水从中央到左右泥水仓的流动,但该情况属于在实用中不受到影响的范围。通过复数排泥系统,连通管及连通孔的组合,不仅能控制开挖面水压在仓室之间的差压,还可以分别进行干砂量的管理。作为掘削对象的上部洪积层,其粒度组成差,渗透系数为 2×10^{-4}m/s,因而难以产生逸泥。

7) 壁后注浆与地基稳定

壁后注浆采用四处同步壁后注浆法。在注浆材料上,采用了双液急凝性加气砂浆(仿凝固性)。

(1) 同步壁后注浆

同步壁后注浆,其注浆管根数和设置位置很重要,要求对可能发生土体塌方的上方接圆部进行迅速注浆。

当掘进速度为 20mm/min 以下,或注浆率为 150% 以下时,根据初步试验的讨论结果也是当超过 4 个注浆处注浆时,相当于一个注浆处的注浆量是少的,其主要原因是注浆管堵塞。因此注浆管位置设 4 处,外加两处备用注浆管,共在 6 处设置了注浆管。

(2) 壁后注浆的管理

对于壁后注浆的管理,其注浆率为 120% 以上,自动阀装置压力计的注浆压力为 0.3~0.4MPa(上限值 0.5MPa),并以上下方接圆部为主从 4 处进行了注浆。

由于本盾构外周长度较长,通过用初期实验计算的移动注浆压力的压力损失和由设置在同步注浆管前端的土压计测定实际施工时的注浆压力,解析周围注浆压力的分布状态,并通过反馈上述情况,进行了注浆压力的设定。

在此,注浆材料流动时的压力损失为 0.0125MPa 左右。注浆量和注浆压力的分布,在初期注浆阶段和将要到达时,注浆量有些不均,但在通常掘进时呈较稳定的注浆状态,注浆压力大致控制在 0.3~0.5MPa 内。注浆率,根据大气压力换算为 140% 左右,而加压后的实际注浆率为 125%。

(3) 壁后注浆的充填性

由于三圆盾构的盾尾孔隙大,良好的注浆材料对于盾尾的充填性是很重要的。因此就注浆材料充填状况的确认方法,主要有从注浆孔进行直接调查的方法和新开发的采用无损调查的方法,如新的超声波法充填管理方法,并对其有效性进行确认。

8) 盾构姿态控制

盾构姿态的前倾、平面偏移通过盾构推进油缸操作盘的编组是可以充分控制的。由于盾构尾部是用略偏左上姿态开始推进的,根据姿态控制的模型实验结果的三个面板都试着用右旋转来控制,但是偏转非但没能消除,还呈进一步加剧的趋势。作为消除偏转对策,通过盾构推进油缸对角编组控制以及仿形刀的使用,进行偏转角的修正。此外,盾构的蛇行控制在管理值(±5%)范围以内。

9) 地层变形和对邻近构筑物影响

① 地层变形和对 IMP 大楼的影响 随着盾构的靠近,其沉降从盾构前端的开挖面到达距测点约 3.3m 时开始,当盾构在通过测点时,沉降在进行;当盾构通过后沉降倾向还在缓慢地持续,大概至沉降结束止的总沉降量极其微小,为数毫米左右。随着盾构的掘进而产生的地基沉降,大致可分为开挖面前方的早期沉降、盾构通过时的初期沉降及通过后的后续沉降。

初期沉降,除了释放盾尾孔隙应力外,还可以考虑到在盾构正上方由超挖产生的影响,在刀盘通过至盾尾通过期间,初期沉降基本结束。初期沉降不仅在掘进中,即使在盾构停机时还在进行,其原因是泥水压力的临时变动及管片拼装时的推进油缸操作,但主要还是因三连体特有的形状而明显产生的超挖影响处于易诱发地基振动的条件之中。

不同时期的沉降及比率见表 4-24。

此外,盾构正上方原有的 IMP 大楼情况,用设置在大楼停车场内的水准式沉降仪进行管理,盾构通过各测点后沉降量也在数毫米左右,立柱间的部材变形角也控制在建筑基础结构设计标准的一次管理值范围内(0.7×10^{-3}rad)。

不同时期的沉降及比率　　　　　表 4-24

沉降时期	发生部位	原 因	沉降量(mm)	比率(%)
早期沉降	开挖面	泥水压力不足；泥水变动推力不足	0.1～0.6	平均 0.37
初期沉降	盾构	摩擦切削刀泥水压力的临时变动	2.4～3.5	平均 3.07
	盾尾孔隙	壁后注浆压力的变动与变化；盾构推进油缸的操作		
	一次衬砌	由注浆压力与土压产生的变形		
后续沉降	壁后注浆	因压密与脱水而产生的变形	0.9～1.2	平均 1.02
	一次衬砌	因土压而产生的变形松动传递到		
	周围地基	周围地区		

注：早期沉降发生在开挖面前方；后续沉降发生在盾构的影响范围以外。

②横断面方向的地基情况。在与盾构隧道轴线相垂直的沉降槽方向上的沉降形状，与单圆和双圆隧道的场合类同，是正态概率曲线倒置的形状，并控制在盾构主动滑动面范围内(靠近盾构)。

③弁天下水道干线的情况。关于相隔 90cm 超邻近的弁天下水道干线，对下半部采用化学注浆进行防护。这是因为事先确认了通过用化学注浆改良弁天下水道干线下的地基，对地基的弹性系数给予大的评价，并且 FEM 解析中的应力释放率即使在 30% 的条件下，也纳入管渠应力的容许值范围内。

有关盾构通过时的开挖面水压，在通过弁天下水道干线时，保持在 0.16MPa。通过后，为了防止泥水对两层连接层部的喷浆，则下降到 0.15MPa。管渠因受事先掘削上部连接层的回弹及化学注浆影响而呈隆起趋势，将壁后注浆压力与已建 IMP 大楼下进行比较后将注浆压力定在控制值范围内进行管理。结果与该大楼下的沉降比较，后期沉降比率高，但盾构通过后也保持着 2mm 左右的起拱量状态，属于管理容许值范围。对弁天下水道干线内部进行净空断面的变形状态(上下、左右)等量测及二次衬砌裂缝调查，并确认和开始推进前几乎相同。

10) 结构应力量测

(1) 立柱托换

立柱托换包括对主柱预加荷载和割除临时立柱。主柱预加荷载施工是为了取得纵梁混凝土和管片以及锚定板间的磨合(载荷流畅地移行到主柱)，并在谋求主柱轴力的均一化的同时进行以防止割除临时柱时的结构体系的急剧变化为目的的施工。调整下横梁与主柱间的扁平千斤顶，并完成预加荷载后，用无收缩砂浆充填孔隙，从起始侧起依次割除不要的临时柱。

(2) 纵梁施工

在上方纵梁混凝土与 K 型管片间，若产生孔隙，会引起主柱在预加荷载时的应力局部集中，或在割除临时柱时，载荷不能流畅地移行到纵梁等严重影响结构物的现象。对于上方纵梁所使用的混凝土，因要确保其黏合性与 K 型管片间的一体性，适合使用不离析且不压实的流动性快的混凝土。

(3) 立柱轴力

传递在主柱上的预加荷载，事先进行了荷载试验，在测定主柱及临时柱的轴力变化以及纵梁的变位后，按底梁混凝土的承压力设定为 4500kN/根。

通过该试验表明：临时柱的轴力随主柱预加荷载而降低；其影响范围只涉及主柱前后 4m。

完成一次衬砌后的临时柱轴力参差不齐，但由于主柱预加荷载的传递，相当于一根的临时柱轴力荷重几乎下降到 1000kN 以下。

衬砌的设计，是在最初的上载竖直荷重上再考虑了全部土压和 50Pa 的偏土压(按主柱轴力差为 900～1050kN)。

割除东西临时柱后的主柱轴力差最大值，被测定为 1300kN(平均为 320kN)，可断定设计值基本上是妥当的数值。割除临时柱后的主柱轴力见表 4-25。

割除临时柱后的主柱轴力（单位：kN） 表 4-25

环 号	东侧轴力	西侧轴力	东西轴力差	东西平均
37 号	(5700)4600	(5700)4600	(100)0	(5650)4600
53 号	(7550)5000	(6600)4900	(1150)100	(7080)4950
81 号	4500	4900	400	4700
85 号	4900	5500	600	5200
97 号	4600	5900	1300	5250
101 号	4300	4000	300	4150
平均值	4650	4970	320	4810
标准偏差	200	490	330	330

注：括号内数值是加上中柱轴力的值。

(4) 作用土压和纵梁及管片的应力

由现场量测结果可知，作用在衬砌上的土压和拱顶部相比，集中在接圆部，并清楚地知道有约 100Pa 差值。这是多圆形盾构特有的现象。在预加荷载及割断临时柱过程中，几乎看不到土压有 ±(10～20)Pa 的变化，纵梁及管片的应力变化也极微小。

施工中，三圆盾构的日掘进为 2～3 环，于 1994 年 1～4 月完成了约 107 延米。尽管穿越已建大楼的正下方及邻近通过弁天下水道干线等，但按事先所做试验，成功地进行了开挖面水压控制、壁后注浆控制及姿态控制的管理，没有产生对周围结构物的不良影响，另一方面，立柱的托换在完成一次衬砌后，也于同年 10～11 月顺利完工。完工后的地铁车站见图 4-87。

图 4-87 完工后的地铁车站内景

4.4.6 武汉长江公路隧道工程

1) 工程概况

(1) 工程位置

武汉长江公路隧道是长江上第一条采用盾构法施工的大直径公路隧道工程，其地理位置见图 4-88。

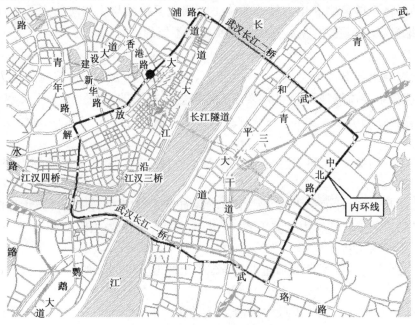

图 4-88 武汉长江公路隧道地理位置

武汉长江公路隧道位于武汉长江一、二桥之间,是一条解决内环线内主城区过江交通的城市主干道,建设规模为双向四车道,车道宽3.5m,隧道净高4.5m,车速为50km/h。隧道建成后可有效减轻武汉交通压力,改善中心城区交通环境。武汉长江公路隧道工程是穿越长江的首座公路隧道,也是国内采用超大型泥水盾构首次穿越长江修建公路交通隧道。江中段隧道工程采用盾构法施工,引道部分采用明挖施工,两条隧道的间距为11.96~28m。

武汉长江隧道工程详见视频4-3。

视频4-3 武汉长江隧道工程

(2) 隧道设计概况

武汉长江公路隧道管片外径为11000mm,内径为10000mm,厚500mm,环宽2m,采用9块等分分块形式,管片为双面通用楔形管片,楔形量为55mm,错缝拼装,封顶块拼装方式采用径向搭接3/4推上,然后纵向插入。

盾构隧道左线长2550m,右线长2499.2m。隧道最小水平曲线半径为800m,最小竖曲线半径为2500m。线路纵坡大致为U形,线路最大下坡坡度为4.35%,最大上坡坡度为4.4%。隧道最大埋深40.5m,最小埋深7.2m,断面最大水压为0.57MPa。隧道切入基岩最大深度约为3.5m,其中切入微风化带深度0.3m,切入基岩总长度约503m,其中切入微风化带长度为18m。岩石的单轴抗压强度为120MPa。

(3) 工程自然条件

武汉长江隧道横穿长江,是连接汉口与武昌的重要通道。长江江面宽约1100m,河道较为顺直,主航道靠近江心,历史最高洪水位29.76m,最低水位10.08m;江底较为平坦,河床断面呈不对称的"U"形。北岸岸坡平缓,南岸岸坡较陡,两岸地貌单元属长江一级阶地,地面标高在21.58~28.26m之间,江北地势微向长江倾斜,江南地势微向沙湖倾斜。

武汉长江隧道地处亚热带气候区,具大陆气候特色。温暖湿润,雨量充沛,四季分明,具明显干湿季节,春秋干燥凉爽,夏季酷热,冬季寒冷。年平均气温为16.7℃,极端最高气温为41.3℃,极端最低气温为-18.1℃(1月)。每年7~9月为高温期,12月至翌年2月为低温期,并有霜冻和降雪发生。多年平均降雨量为1204.5mm,最大日降雨量为317.4mm,最小年降雨量为575.9mm,降雨一般集中在6~8月,降雨量小于蒸发量。区内盛行东南信风,多年平均风速在2~3m/s之间,最大风速为27.9m/s,多年平均雾日数为32.9d。

武汉长江隧道及周边50m范围内5层及以上的建筑物有54幢,其中高于8层的高层建筑10幢。隧道及周边文物和保护建筑物主要分布于江北。长江隧道通过地段的文物保护建筑物主要为鲁兹故居。

武昌段地下水主要有上层滞水、孔隙水和基岩裂隙水三种类型。上层滞水主要赋存于上部人工填土层中,孔隙水主要赋存于第四系松散层中,可分为孔隙潜水和孔隙承压水两种类型,基岩裂隙水主要赋存于下部基岩裂隙中。场地内地下水位埋深为0.80~5.90m。

(4) 地质条件

隧址区长江段水下地层上部由第四系全新统新近沉积松散粉细砂、中粗砂组成。中部由第四系全新统中密~密实粉细砂组成，下部基岩为志留系泥质粉砂岩夹砂岩、页岩；江南及江北两岸地层除地表有呈松散状态的人工填土(杂填土或素填土)和局部分布有第四系湖积层外，上部由第四系全新统冲积软~可塑粉质黏土，中部由第四系全新统中密~密实粉细砂组成，下部基岩为志留系泥质粉砂岩夹砂岩、页岩。

(5) 盾构段岩土工程条件

武汉长江隧道盾构段隧道底板最高点为江北竖井一侧(标高为-0.89m)，最低点位于K3+718m处(标高为-31.78m)，盾构穿越的地层主要为中密粉细砂(地层代号$⑤_2$)、密实粉细砂(地层代号$⑤_3$)，底部中间为卵石层(地层代号⑥)及强风化泥质粉砂岩夹砂岩、页岩(地层代号$⑦_1$和$⑦_2$)之间。局部见中密中粗砂(地层代号$⑤_4$)、密实中粗砂(地层代号$⑤_5$)、可塑粉质黏土层(地层代号$⑤_6$)。盾构两端接近竖井处的地层为软塑粉质黏土层(地层代号$④_3$)、中密粉土层(地层代号$④_6$)其可挖性除中风化泥质粉砂岩夹砂岩、页岩为Ⅳ级、强风化泥质粉砂岩夹砂岩、页岩及密实卵石为外Ⅲ级外，其他土层为Ⅰ级。岸边段隧道最大埋深40.5m，江中段隧道最大埋深21.3m，在江中段的河床深槽处，隧道顶的覆盖层较薄。地质剖面图见图4-89。

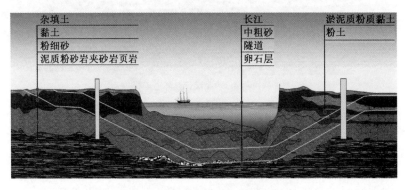

图4-89 武汉长江公路隧道地质剖面图

盾构隧道最大埋深40.5m，最小埋深7.2m，由于上覆土层较薄，其厚度小于盾构外径，该地段基岩埋藏较浅，且上覆土层主要为松散状态砂土层。

盾构穿越地层主要为富含地下水的砂土层，其地下水特征在两岸表现为较高承压水头的承压水特征，在长江则表现为高水头压的潜水特性。由于其水头压力较高，盾构施工时易引起突发性涌水和流砂，而导致大范围的突然塌陷。同时，高水头压对盾构和隧道的密封及抗渗能力提出了更高要求。

盾构推进时工作面底部将会遇到卵石层，虽然其粒径不大，厚度较小，但仍应考虑在该层中掘进时，刀盘对卵石层的扰动而引起超挖和地基下沉的影响。

根据盾构段隧道底板标高K3+588.6~K4+250段盾构工作面的下部将切入密实卵石层(地层代号⑥)及强、中风化泥质粉砂岩夹砂、页岩(地层代号$⑦_1$、$⑦_2$)层中，与盾构工作面其他土层构成了软硬不均匀的工作面，盾构推进时，由于受力不均，容易造成盾构在线路方向上的偏离。

2) 施工难点及对盾构的要求

(1) 长距离掘进

盾构隧道左线长2550m，右线长2499.2m。为了实现长距离掘进，盾构设计制造必须满足下列要求：

① 保证切削刀具的耐磨性和耐久性。盾构配备耐磨刀具，避免在中途换刀。

② 具有刀具磨损自动监测系统。由于盾构长距离掘进，且有软硬不均地质，刀具易造成非正常损坏。为了能准确地检测刀具的磨损状况，应配备刀具磨损量自动监测系统，在不同区域的刀具上安装刀具磨损量监测装置。目前，刀具磨损状况监测装置有液压式、电磁式、超声波式等三种类型。液压式的原理是刀具磨损至极限时，液压油泄漏，PLC自动报警；电磁式的原理是刀具磨损至极限时，埋置于刀具内的探头接触到地层，电磁回路断开，接收器接收不到电磁信号，报警器启动；超声波式监测系统能对刀具的磨

损量进行实时监测,能随时掌握刀具的磨损状况。

③具备带压进仓的功能。长距离掘进时,为满足万一需要换刀或进仓维修的需要,盾构应配备双气路的人仓,具备带压作业的功能。

④精确的导向系统。采用激光导向系统保持盾构姿态和隧道线形一致。

(2) 超大断面

①盾构开挖直径为 11.38m,盾壳刚度必须满足大直径盾构掘进作业和承受武汉长江隧道工程水压及土压的要求。

②刀盘设计要有有效解决中心区域由于线速度慢而造成的结泥饼现象的措施。

③宜采用间接控制型泥水模式。由于间接控制型泥水管理系统由泥浆和空气双重回路组成,因此只要调节空气压力,就可以确定和保持在开挖面上相应的泥浆支护压力,与直接控制型泥水平衡盾构相比,操作控制更为简化,对开挖面土层支护更为稳定,能有效地控制泥水压力的波动,对地表变形控制也更为有利。

④泥水分离系统应有足够的处理能力,并与最快的掘进速度相匹配。

⑤盾构主机的重量要满足既不上浮,也不下沉的要求。

⑥大直径盾构必须采用盾尾间隙测量系统。

(3) 高水压

盾构在 0.57MPa 的高水压下施工时,隧道防水是盾构法施工的关键。

①在盾构设计时应确保刀盘主轴承和盾尾密封的性能,并应考虑推进时的附加压力和必要的安全储备,设计时一般按能承受 0.8MPa 的高水压考虑。

②盾尾止水采用 4 道钢丝刷密封,并设计一道紧急止水密封。

③确保管片自身的防水效果。包括管片的自防水和管片的接缝防水,其中接缝防水是武汉长江隧道必须高度重视的问题,因最大水压约为 0.57MPa,要承受如此高的静水压力,尚无多少可供借鉴的经验。国内较常采用的是内外双道密封条防水,但当管片接缝发生变形时,真正起作用的是其中的一道防水。因此如何设计出一道优质密封圈才是关键,而这道密封圈在最大变形发生时能抵抗高水头。德国目前开发出了世界上性能优良的 EPDM 型弹性密封垫。这种 EPDM 弹性密封垫能确保管片张开 6mm、错位 20mm 时接头具有抵抗 2MPa 水头,张开 10mm、错位 20mm 时仍具有抵抗 0.9MPa 水头的能力。它具有弹性好、耐老化、使用寿命长等特点。根据测试,在使用 150 年后,密封条的残余应力仍保持 65%,具有良好的水密性,在欧洲盾构隧道使用效果良好。

④盾构配备的同步注浆系统的性能应能满足高水压的要求。同步注浆作为管片的外加防水层,应确保同步注浆的及时性、耐久性以及填充的密实性。

⑤防止高水压下的隧道变形。武汉长江隧道采用九等分大小一致的通用型钢筋混凝土管片,可以保证管片接缝处受力均衡,有利于提高隧道整体的刚度,防止盾构隧道变形。

(4) 软硬不均复合地层

刀盘应具有足够的刚度、强度和耐疲劳性,并能适应武汉的复杂地质。在盾构的泥水仓内配备破碎机,对较大粒径的岩块进行破碎,有效防止排泥管堵塞。推进油缸在圆周方向进行合理的分组,每组可以单独调整推进力和行程,通过分组调整推进油缸的推力和行程来控制盾构的三维姿态。

(5) 建(构)筑物及地下管线众多

盾构设计必须满足下列要求:

①满足能处置掘进线路上存在不明障碍物的功能。

②刀盘转速可调,在不同地层采用不同的刀盘转速。

③稳定的推进速度,减少对土体的扰动。

④准确迅速的泥水压力调节功能,严格控制泥水压力的波动范围,减少对正面土体的扰动,避免导致正面土体的流失。

⑤准确快速地拼装管片,减少停机时间。

⑥及时进行同步注浆。

(6)管片结构

管片宽度为2m,采用较大环宽后,固然可使同等长度隧道内环缝少,漏水环节少,管片密封用量少,加快了施工进度,降低了工程造价,但同时也对盾构提出了更高的要求:

①单块管片更重,要求更大的管片拼装举升能力。

②需要行程更长的推进油缸,更长的盾尾。

③对推进油缸的方向控制也更严格,尤其是在转弯时,要求油缸快速回收。

④要求更精确、及时的导向系统及其与盾构操作的有效合理配合。

⑤因为管片更宽更重,对管片运输与起吊设备的能力要求也相应增加。

3)盾构选型

武汉长江隧道工程为双孔四车道的公路隧道,越江段采用盾构法施工,盾构的选型是盾构法施工的关键环节,直接影响盾构隧道的施工方法、工艺及施工成本,为了保证工程的顺利完成,对盾构的选型工作应非常慎重。

盾构选型主要依据长江隧道工程招标文件、工程勘察报告、隧道设计、相关标准和规范,针对工程特点及难点、隧道设计参数、盾构施工工艺、进度要求等因素进行分析,对盾构类型、驱动方式、功能要求、主要技术参数、辅助设备的配置等进行研究。中铁隧道集团邀请了具有制造同类大型盾构制造经验的法国NFM公司、德国海瑞克公司、日本三菱公司、日本IHI公司等四家盾构制造商进行技术交流,经过反覆多次的论证和研究,参照类似工程大直径盾构的选型及施工情况,完成了适应本工程过江隧道施工的盾构选型工作,确定了泥水平衡盾构方案、主要功能、主要技术性能参数及辅助设备的配置。

(1)选型依据及原则

盾构的性能及其与地质条件、工程条件的适应性是盾构隧道施工成败的关键。盾构选型的主要依据是武汉长江隧道工程招标文件和岩土工程勘察报告,相关的盾构技术及规范参考国内外已有盾构工程实例,盾构选型采用"可靠性第一,技术先进性第二,经济性第三"的原则,并保证可靠性、先进性、经济性相统一。

(2)盾构法施工段施工条件

武汉长江公路隧道盾构施工段左线长2550m,右线长2499.2m。江北竖井为L形,最大宽度为37.15m,最小宽度为18.22m,最大长度为67.67m,最小长度为19.4m。江南竖井净长20.5m,宽33.09m,深19.6m。

盾构隧道长度:左线长2550m,右线长2499.2m。

隧道埋深:最大埋深40.5m,最小埋深7.2m。

隧道内净空:管片内径为10m,外径为11m,环宽2m。

线路状况:平面曲线半径为800m,纵断面曲线半径为2500m。

坡度:4.4%。

掘进方向误差:±50mm。

地表沉降允许范围:-30~+10mm。

工期计划:总工期660d,最高月进度210m。

(3)工程地质及水文地质特点

①各地层所占比例。盾构穿越的地层主要为中密粉细砂、密实粉细砂,底部中间为卵石层及强风化泥质粉砂岩夹砂岩和页岩之间,局部见中密中粗砂、密实中粗砂、可塑粉质黏土层,盾构两端接近竖井处的地层为软塑粉质黏土层、中密粉土层。其中粉细砂和中粗砂层约占74.7%(石英含量约为66%),卵石层约占1.0%,泥质粉砂岩夹砂岩和页岩占约1.17%。

②渗透系数。在隧道洞身上部及通过的地层中水平渗透系数在$8.0 \times 10^{-10} \sim 8.0 \times 10^{-3}$ m/s范围变化,垂直渗透系数在$3.0 \times 10^{-9} \sim 9.0 \times 10^{-3}$ m/s范围变化,而且在长江底下穿过。

(4)盾构工程特点

①盾构穿越全新统新近沉积粉细砂、全新统沉积粉细砂、中粗砂、砂卵石层以及志留系砂岩泥岩不同

地层。盾构穿越地层主要为富含地下水的砂土层,其地下水特征在两岸表现为较高承压水头特征,在长江则表现为高水压的潜水特性。由于其水压较高,盾构施工时易引起突发性涌水和流砂。同时,高水压对盾构和隧道的密封及抗渗能力提出了更高要求。地表及地下水的动态变化随季节变化较为复杂。

②根据盾构段隧道底板标高,盾构工作面的下部将切入密实卵石层及强、中风化泥质粉砂岩夹砂、页岩层中,与盾构工作面其他土层构成了软硬不均匀的工作面,盾构推进时,由于受力不均,容易造成盾构在线路方向上的偏离。

③盾构段隧道覆盖层厚度变化大,最大埋深40.5m,最小埋深7.2m;由于上覆土层较薄,其厚度小于盾构外径,且上覆土层主要为软塑粉质黏土层、中密粉土层,该地段属隧道施工较困难地段。

④长江两岸盾构工作区及周边的建筑密集地下管线密布,并分布有许多文物保护性建筑及长江大堤。

⑤盾构直径大,且一次掘进距离长达2550m。

(5)盾构类型的确定

不同类型的盾构适用的地质类型不同,盾构的选型必须做到针对不同的工程特点及地质特点进行针对性方案设计。盾构的主要类型有敞开盾构、泥水盾构、土压平衡盾构等。由于盾构穿越地层主要为富含地下水的砂土层,不宜使用敞开式盾构,可选择的盾构类型只有土压平衡盾构和泥水盾构。

①盾构类型与地层类别关系。

不同类型的盾构对地层有一定的适应范围。土压平衡盾构最适合在黏土地层施工,在砂土、砂砾、岩石等地层施工时,需向开挖仓中注添加剂,以改善渣土的性能,使其成为具有良好塑流性及止水性、低摩擦系数的渣土。且对于泥质粉砂岩夹砂岩、页岩,开挖破碎后可能会有大颗粒渣土,需要考虑螺旋输送机通过粒径的能力。泥水盾构能适应粉质黏土、粉细砂、中粗砂、卵石层、岩层等各种地质,适合开挖面难以稳定的滞水砂层、砂砾层、含水量高的地层及隧道上方有水体的场合;对于泥质粉砂岩夹砂岩、页岩,开挖破碎可能会有大颗粒渣土,可在泥水平衡仓内设置破碎机。从地质条件来看,土压平衡盾构和泥水盾构都是适用的,只是采用土压平衡盾构时,需采取渣土改良措施。而采用泥水盾构时,在砂土地层易形成泥膜,以防止地下水喷出,本工程含有约74%以上的砂性地层,因此从地质条件方面分析最适宜采用泥水盾构。

②盾构类型与地层渗透性的关系。

地层渗透系数对于盾构选型是一个很重要的因素。根据欧美和日本的施工经验,两种盾构能够适应的地层渗水系数范围如图4-90所示。

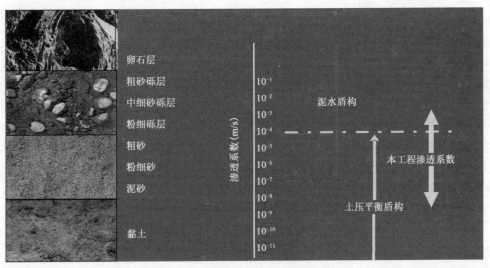

图4-90 地层渗透系数与盾构选型的关系

当地层的透水系数小于10^{-7}m/s时,可以选用土压平衡盾构;当地层的渗水系数在$10^{-7}\sim10^{-4}$m/s之间时,既可以选用土压平衡盾构也可以选用泥水式盾构;当地层的透水系数大于10^{-4}m/s时,宜选用泥水盾构。如选用土压平衡盾构,开挖仓中的添加剂将被稀释,水、砂、砂砾相互混合后,土渣不易形成具有良好塑性及止水性的渣土,在螺旋输送机出土闸门处易发生喷涌,施工困难。本工程在隧道洞身上部及通过的地层中水平渗透系数在 $8.0\times10^{-10}\sim8.0\times10^{-3}$ m/s 范围内变化,垂直渗透系数在 $3.0\times10^{-9}\sim9.0\times10^{-3}$ m/s 范围内变化,地层的最大透水系数大于 10^{-4} m/s,因此宜选用泥水盾构。

③盾构类型与水压的关系。

当采用土压平衡盾构时,在富含水、透水性大的粉细砂及中粗砂层中,需向开挖面及土仓中添加泡沫或泥浆材料,才能使开挖土形成具有良好塑流性及止水性的土体。当水压大于 0.3MPa 时,螺旋输送机难以形成有效的土塞效应,从而有可能在螺旋输送机排土闸门处发生喷涌现象,引起土仓中土压力下降,导致开挖面坍塌。本工程水压高达 0.57MPa,因此宜选用泥水盾构。

根据类似工程使用盾构的经验及上述各项分析,采用泥水盾构最适应武汉长江公路隧道工程的地质情况和水文情况,可以确保工程施工安全可靠。

(6)盾构驱动方式的选择

受始发竖井结构尺寸的限制,盾构设计时要求结构紧凑,效率高,起动扭矩大,设备的散热温度低。

驱动方式有三种,一是变频电机驱动,二是液压驱动,三是定速电机驱动。鉴于定速电机驱动,刀盘转速不能调节,一般不采用,现将变频驱动与液压驱动比较,见表4-26。经综合评价,宜采用变频驱动。

刀盘驱动方式比较表　　　　　　　　　　　　　　表 4-26

项　目	①变频方式	②液压方式	备　注
驱动部件外形尺寸	大	小	一般情况下,①∶②=(1.5~2)∶1
后续设备	少	多	②需要液压泵、油箱、冷却装置等
效率(%)	95	65	液压系统效率低
起动电流	小	小	①变频起动电流小;②无负荷起动电流小
起动力矩	大	小	①启动力矩可达到额定力矩的120%
起动冲击	小	较小	①利用变频软起动,冲击小;②控制液压泵排量,可缓慢起动,冲击较小
转速控制、微调	好	好	①变频调速;②控制液压泵排量,可以控制转速和进行微调
噪音	小	大	液压系统噪声大
隧道内温度	低	高	液压系统传动效率低,功率损耗大,温度高
维护保养	容易	较困难	②液压系统维护保养要求高,保养较复杂

(7)泥水压力控制模式的选择

泥水盾构根据泥水平衡仓构造形式和对泥浆压力的控制方式不同,分为直接控制型和间接控制型。直接控制型泥水盾构采用泥水直接加压模式,其泥水输送系统的流程如下:送泥泵从地面调浆池将新鲜泥浆输入盾构泥水仓,与开挖泥土进行混合,形成稠泥浆,然后由排泥泵输送到地面泥水分离处理站,经分离后排除渣土,而稀泥浆流向调浆池,再对泥浆密度和浓度进行调整后,重新输入盾构循环使用。直接控制型泥水盾构的泥水压力,通过调节送泥泵转速或调节控制阀的开度来进行。送泥泵安在地面,控制距离长而产生延迟效应不便于控制泥浆压力,因此常用调节控制阀的开度来进行泥浆压力调节。

间接控制型泥水盾构的泥水压力控制采用气压模式,由泥浆和空气双重回路组成。在盾构的泥水仓内插装一道半隔板(沉浸墙),在半隔板前充以压力泥浆,在半隔板后面盾构轴心线以上部分充以压缩空气,形成空气缓冲层,气压作用在隔板后面与泥浆的接触面上,由于接触面上气、液具有相同压力,因此只要调节空气压力,就可以确定和保持在开挖面上相应的泥浆支护压力,由于空气缓冲层的弹性作用,当液位波动时,对支护泥浆压力变化无明显影响,泥水压力的波动小,控制精度高,对开挖面土层支护更为稳定,对地表变形控制也更为有利。因此,选择间接控制型泥水盾构最佳。

(8)间接控制型泥水盾构的工作原理

间接控制型泥水盾构的结构如图 4-91 所示。其工作原理如下:随着刀盘的旋转,隧道开挖面上的泥土被挖下,并沿刀盘的开口落至泥水平衡仓的泥浆中。盾构上的刀盘旋转空间称为开挖室或土仓,也称泥水室或泥水仓。开挖室与工作室之间由一道沉浸墙予以分隔,在沉浸墙的下部设有开口,开挖下来的土料经由此开口被输送到碎石机,然后再到排泥管。泥土和支护泥浆通过吸泥管的抽吸排出泥水室,然后泵送到地面上的泥水分离站。开挖室和工作室内被排空部分的体积将由来自送泥管出口提供的新鲜膨润土泥浆予以填充。隧道掘进机上的常压区域与高压区域由隔板分隔开来。工作室内的压力由工作室内的气压平衡仓予以设定,该压力要略高于隧道开挖面上的土压和水压,以维持开挖面的稳定。支护压力并非通过泥水压力或送泥管中的压力直接控制,而是通过气压平衡仓进行控制的,因此,刀盘后面的泥水室由隔板前面的一个沉浸墙予以分隔。沉浸墙后部的支护泥浆液位随气压而变化,而沉浸墙前面的泥水室则完全充满支护泥浆。通过压力调节系统,可以精确控制气压平衡仓内的气压,可以准确地保持其额定压力值。气压平衡仓形成空气缓冲层,气压作用在泥浆接触面上,由于接触面上气、液具有相同压力,因此只要调节空气压力,就可以确定和保持开

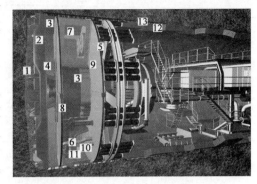

图4-91 间接控制型泥水盾构结构示意
1-隧道开挖面;2-刀盘;3-泥水平衡仓的泥浆;4-刀盘旋转空间;5-隔板;6-送泥管出口;7-气压平衡仓;8-沉浸墙;9-工作室;10-吸泥管;11-栏石栅;12-钢筋混凝土管片;13-盾尾

挖面上相应的泥浆支护压力。当盾构掘进时,有时由于泥浆的流失,或推进速度的变化,进、排泥浆量将会失去平衡,气液接触面会出现上下波动现象。但气压平衡仓的空气缓冲层可以非常容易地对泥浆回路中的压力波动以及土压和水压的变化进行补偿,为了避免泥浆回路中发生堵塞,确保泥浆泵平稳工作,在吸泥管的前面安装了一个栏石栅,以防止大块的岩石和大卵石进入排泥管中。为了保证弃排放的经济性,膨润土泥浆和泥土的混合物必须在隧道外部进行水土分离,经分离后的泥浆在泥浆池中进行质量调整后重新送入盾构的泥水室。隧道的内衬采用钢筋混凝土管片,管片在盾尾使用管片安装机进行拼装。在推进过程中,外侧管片与开挖直径之间的建筑间隙通过同步注浆液连续充填,管片背衬注浆通过盾尾处的注浆管完成。

4)盾构参数及特点

(1)技术参数

武汉长江公路隧道工程通过国际招标选用了2台法国NFM公司在北方重工制造的φ11.38m泥水盾构(图4-92),其主要技术参数见表4-27。

图4-92 武汉长江公路隧道泥水盾构始发(2006年9月29日)

武汉长江公路隧道 φ11.38 泥水盾构主要技术参数　　　　表 4-27

刀盘直径	11.38m	切刀磨损检测装置	4 把
盾尾直径	11.34m	最大推力	121220kN
盾构主机长度	11.7m	推进油缸数量	36
刀盘形式	8 辐条面板式	推进油缸行程	2600mm
刀盘驱动形式	变频驱动	推进系统功率	160kW
刀盘转速	0～2.3r/min	最大推进速度	40mm/min
刀盘最大扭矩	13650kN·m@0.85r/min	送泥泵流量	900m³/h
脱困扭矩	17750kN·m	排泥泵流量	1250m³/h
刀盘驱动功率	1600kW	送排泥管内径	14in
开口率	30%	排泥泵通过的最大粒径	190mm
中心刀	8 把切刀	泥浆泵最大扬程	76m
切刀数量	224 把	盾尾间隙	40mm
滚刀	39 把	盾尾密封	3 排钢丝刷+1 排钢板束
周边刮刀	32 把	注浆能力	3×12m³/h
仿形刀	1 把	管片安装机额定起重能力	100kN

(2) 主要技术特点

① 刀盘。

刀盘结构由 8 块辐条及 8 块幅板组成。刀盘的中心部分有较大的开口(开口率约为 50%)，便于黏土从刀盘开口顺利进入到泥水仓,有效地解决了刀盘中心部位容易黏结泥饼的问题。刀盘进行了耐磨性设计,刀盘面板用特殊耐磨材料焊接成格栅状,刀盘的外圈焊接高强度的耐磨板,刀盘开口部位的表面进行了硬化,充分保证刀盘在掘进时的耐磨性能。

② 刀具布置。

武汉长江公路隧道地层中石英含量高达 66%,NFM 盾构的刀具设计和布置(图 4-93)对该地层的高磨损性具有针对性。为了减少过江换刀的风险,避免中途换刀,采用了盘形滚刀(图 4-94)与特殊双层碳化钨切刀(图 4-95)重叠布置及特殊双层碳化钨切刀刀刃高于盘形滚刀的方法来保护盘形滚刀到达基岩前不被磨损,在盘形滚刀上采用镶嵌高耐磨性材料(碳化钨圆柱)的方法来适应在到达基岩前粉细砂层的掘进,避免盘形滚刀不转造成弦磨。刀具采用三层立体布置方式,第一层为切刀,第二层为滚刀,第三层为切刀。在掘进第一段砂和黏土时,由超前量较大的第一层碳化钨切刀开挖土壤,并对滚刀起保护作用。当掘进到基岩时,第一层超前量较大的切刀已磨损了约 40mm,由布置在第二层的滚刀对基岩进行滚压破岩,切刀只起导渣作用。配置的碳化钨镶嵌型特殊滚刀,具有非常高的耐磨性,滚刀启动力矩值设计为 15～16N·m,在软土地层掘进时具有抗停转效应,避免滚刀的偏磨。当盾构达到第二段软土时,滚刀已磨损,由超前量较小的布置在第三层的切刀切削软土,直到掘进结束,这种采用德国维尔特硬岩技术的独特的刀具设计和刀具布置,避免了在掘进中途进行刀具更换,不仅加快了施工进度,更降低了换刀成本。

③ 主轴承密封。

过江隧道施工中,隧道防水是盾构法施工的关键,应确保刀盘主轴承密封装置的性能安全可靠。主轴承的内外密封均采用 5 道唇形密封。比传统的主轴承密封多设计了 1 道,多设计的这道密封由于密封腔室前后压差小,磨损量极小,一直处于保护状态,当第 1 道主密封失效时,由这道处于保护状态的密封继续承担密封作用,因此密封可靠,使用寿命延长了 1 倍。

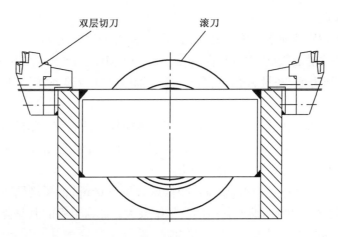

图 4-93 刀具布置

图 4-94 滚刀

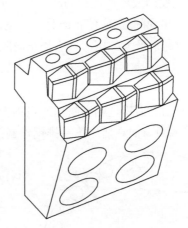

图 4-95 双层切刀

主轴承采用 5 道唇型密封,确保主轴承的防水性能。具有自动润滑功能、自动密封功能、自动检测密封的工作状况功能、密封磨损后的继续使用功能。结构如图 4-96 所示。

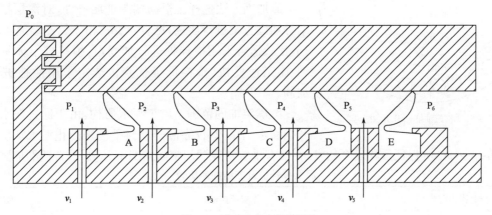

图 4-96 高寿命的主轴承密封

主轴承密封通过 3 种注射实现,腔室 1 注入密封油脂,起密封防水作用;腔室 2 和 3 注入润滑油脂,起润滑减摩作用;腔室 4 使用液压油进行润滑,起冷却和润滑作用,并起密封泄漏检测作用,能检测密封的工作状况和磨损情况;腔室 5 定期使用液压油进行润滑,起检测泄漏作用。如果密封 C 出现问题,应停止向腔室 4 里注油而将油转注入腔室 5。

如果密封 A 出现问题,则停止向腔室 2 注射油脂,由密封 B 来承担密封作用。因此具有密封磨损后的应急功能。

各腔室密封具体如下：

腔室1：连续注入HBW型油脂。压力P_1比土压P_0高0.05MPa左右，以避免杂质侵入主轴承。

腔室2：用传统方法注射油脂，压力调整保持在0.3~0.4MPa。密封A的压差在0.25~0.35MPa之间变化。由于密封唇上压力低，密封A的磨损也减小。油脂消耗量很低，因为腔室1里的压力比腔室2里的压力高。

腔室3：与腔室2同时采用传统方法注射油脂，但是流速较低。腔室3里的压力和腔室2里的压力相关，注射时的最大压差为0.05MPa。如果压力平衡，油脂消耗量就很低，密封磨损也很小，密封B的使用寿命最长，在密封A损坏后由密封B承担密封作用。

腔室4：使用DT46液压油进行润滑，以获得很低压力和5m/min的平均循环速度。密封唇C的压差在0.3~0.45MPa之间变化。因此，此密封唇的磨损率最大。此密封唇的泄漏会立即通过润滑油中出现油脂而被发现。该高速油循环也用作密封槽的冷却。

腔室5：定期使用液压油进行润滑。从排油量可以检测泄漏。

如果密封C出现问题，应停止向腔室4里注油而将油转注入腔室5。如果密封A出现问题（发现反常高油脂流量或高于最大的压力），应停止向腔室2里注射油脂，以先处于被保护状态的密封B来承担密封作用。

④盾尾密封。

盾尾密封采用三道钢丝刷密封加一道钢板束密封，同时设计了一道紧急膨胀应急密封。当钢丝刷密封正常时，紧急密封弯曲在盾尾第一排钢丝刷前面的沟槽里，不起密封作用。当钢丝刷密封失效时，通过注水使该密封膨胀，将管片外侧与盾尾内侧之间的间隙完全密封，以防止涌水从盾尾漏入隧道内。

⑤推进油缸。

推进油缸分为4组，其分组如图4-97所示。

5）盾构始发与到达技术

（1）盾构始发工艺流程分析

①始发端头加固。

a.加固方法选择。根据端头地质条件，对深层搅拌桩及冻结等加固方案进行比选，见表4-28。由于始发端地层软弱，$N<15$，比较适合采用搅拌桩进行加固，且搅拌桩土体具有加固均匀、施工速度快、价格低等优点。选定采用搅拌桩进行端头加固。

b.确定加固范围。对于泥水盾构，由于通过泥水压力平衡开挖面水土压力，仅靠洞门密封平衡来防止泥水从盾壳外侧涌出是很难的。因此，为保证盾构安全始发，在没有采取特殊洞门密封情况下，应采取合适的加固范围。

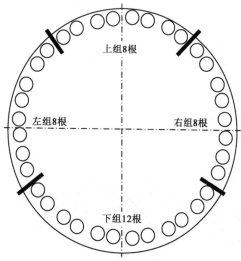

图4-97 推进油缸分组示意图

深层搅拌桩及冻结加固比较　　　　　表4-28

加固方式		深层搅拌桩	冻结
技术可行性	强度要求	满足	满足
	均匀性	一般（可能存在局部薄弱带不能封堵压力泥水）	好
	与槽壁结合处加固效果	一般（泥水易从此间隙内冒浆）	好
	盾构穿越可靠度	一般（易堵塞吸口）	高
工期		60d	60d
经济性		经济	不经济

根据经验将加固区长度取为盾构长度$+a$(a一般取1~2环管片宽,即2~4m),所以加固体长度$L=L_0+a=10.78+2=12.78$(L_0为盾构长度),所以加固区长度不应小于13m。根据经验各方位加固厚度分别取为:盾构两侧土体加固厚度为2~3m,隧道顶加固厚度为2.5~3m,隧道底部加固厚度为1.5~2m,底部土体加固厚度取3m。

②洞门部分凿除。

首先,在盾构组装前对洞门进行破除,凿除地下连续墙厚度为112mm,中心部位凿除厚度为310mm,并将外露的玻璃纤维筋全部割除取出,采用人工破除。然后利用刀盘刀具将剩余的地下连续墙切割通过。

③安装始发基座。

盾构始发基座采用钢结构形式,主要承受盾构的重力和提供推进时的摩擦力,结构设计还需考虑盾构推进时的便捷。由于盾构重达900t,所以始发基座必须具有足够的刚度、强度和稳定性。由于盾构主机在组装过程中盾壳间还需要进行焊接作业,所以需要始发基座在距洞门6.05m处断开0.9m,为盾构护盾焊接提供必要的作业空间。始发基座全长11.84m,宽8.74m,分两节进行吊装,一节长度为6.05m,另一节长4.89m,两段中间断开部分为盾构中体和盾尾焊接提供必要的焊接作业空间,待盾构护盾焊接完成后再将两节始发基座用型钢连接成一个整体(图4-98、图4-99)。

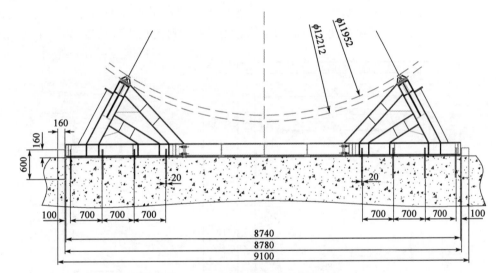

图4-98 始发基座横断面结构示意图(尺寸单位:mm)

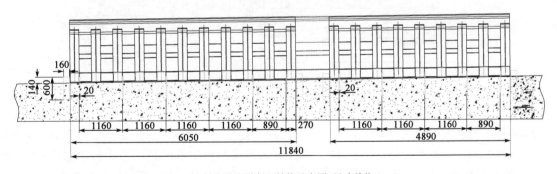

图4-99 始发基座纵断面结构示意图(尺寸单位:mm)

④安装洞门密封装置。

为了防止盾构始发掘进时泥水、地下水及循环泥浆从盾壳与洞门的间隙处流失,造成开挖面失稳,在盾构始发时需安装洞门临时密封装置,临时密封采用双道密封装置,其中每道密封由帘布橡胶、扇形压板、止水箱、注浆管和螺栓等组成,两道密封间隔400mm。洞门临时密封装置见图4-100。

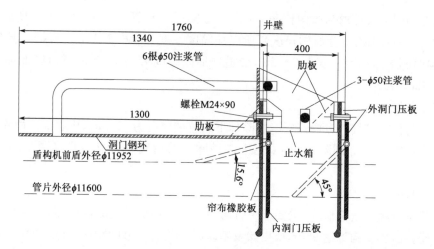

图 4-100 洞门密封结构示意图(尺寸单位:mm)

⑤安装反力架及支撑。

反力架为组合钢结构件,便于组装和拆卸;根据竖井结构进行设计;反力架提供盾构推进时所需的反力,因此反力架须具有足够的刚度和强度;通过反力架支撑将盾构推力传送到竖井结构上,支撑提供的反力满足盾构推进要求,且支撑有足够的稳定性,反力架支撑采用水平支撑加斜撑的方式,如图 4-101 所示。根据盾构主机长度、负环管片宽度以及洞门结构宽度等综合确定反力架位置,如图 4-102 所示。

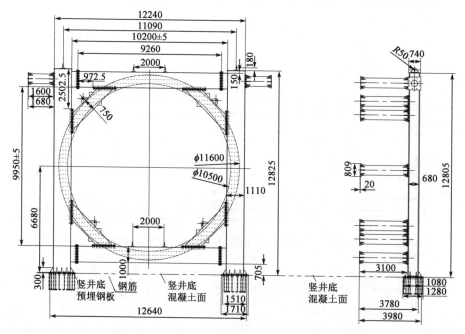

图 4-101 反力架及支撑结构示意图(尺寸单位:mm)

⑥破除洞门连续墙。

连续墙在开洞处盾构开挖轮廓线上下各 1.5m,左右各 0.5m 范围内采用玻璃纤维筋,混凝土采用石灰石为粗骨料的细石混凝土,强度等级不大于 C20。由于玻璃纤维筋的抗剪能力较弱,且石灰石硬度较小,能够满足刀盘切削要求,所以开洞处不再需要进行人工凿除,直接采用盾构掘进切削洞门。

⑦负环管片拼装。

负环管片为特制的钢筋混凝土管片。负环管片厚 500mm,内径为 10000mm,外径为 11000mm,始发负环管片拼装、反力架结构位置见图 4-103 和图 4-104。

(2)盾构到达施工技术

①贯通前测量、盾构姿态调整。

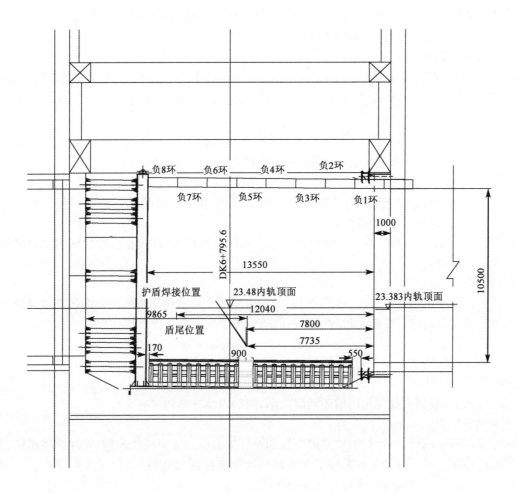

图 4-102　反力架位置示意图(尺寸单位：mm)

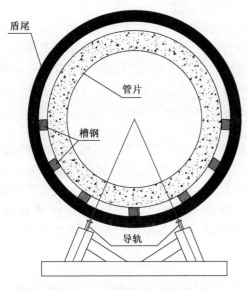

图 4-103　负环管片拼装示意图

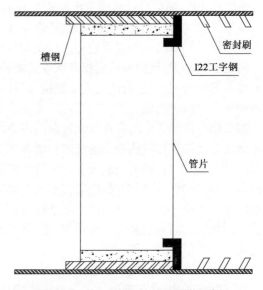

图 4-104　第一环负环(负八环)拼装示意图

盾构到达前，要对洞内所有的测量控制点进行一次系统的控制测量复测，对所有控制点的坐标进行精密、准确的平差计算。精确测量测站、后视点的坐标和高程(测量全站仪和后视棱镜的坐标和高程)，每一测量点的测量不少于 8 个测回。

盾构到达前 50m 地段即加强盾构姿态和管片测量，根据复测结果及时纠正偏差，并结合实测的竖井洞门位置适当调整隧道贯通时的盾构姿态,确保盾构按设计线路从到达口进入江北竖井接收台上。盾构进洞时其刀盘平面偏差允许值:平面≤±20mm,高程为30~50mm。

②到达前施工参数控制。

a.盾构到达连续墙里程左线约为LK2+733.4、右线约为RK2+741.1,因连续墙成槽时可能存在垂直度不够、塌孔等现象,当盾构接近至此里程时,应密切关注刀盘扭矩变化,当刀盘扭矩明显上升时,说明已抵拢连续墙,应立即停止掘进。

b.考虑到加固体曾出现过涌砂现象,土体可能存在局部松动,在加固体内掘进时,应密切关注盾构姿态变化,若出现刀盘载头或突变量达2cm时,应立即停止掘进,停机对土体进行处理。

c.最后20环注浆配合比中适当增加水泥用量,同时增加同步注浆量,每环注浆量不小于24方。

d.刀盘抵拢掌子面后需安装管片1264环,最后20环管片应严格把关三道复紧制度,刀盘抵拢掌子面停机后,再次复紧最后20环直螺栓。

e.在1254~1264环的管片间安装纵向工字钢连接拉杆避免盾构贯通后,管片纵向受力突然减小,环间接缝变大产生漏水。

③洞门凿除。

洞门地下连续墙采用2排$\phi 28 \sim \phi 32$钢筋,盾构进洞前要将盾构切割范围内的钢筋全部取出,故洞门范围内混凝土需全部凿除。在施工过程中必须以减少掌子面土体暴露时间为原则。具体实施步骤如下:

a.自上而下凿除0.4m厚的钢筋混凝土并将第一层钢筋割除。

b.自上而下凿除剩余混凝土,直至钢筋外露。

c.割除钢筋、拆除脚手架,并清理内侧保护层混凝土。

d.刀盘外露后,根据刀盘与洞门钢环间隙大小,洞门内填充早强混凝土。

6)隧道轴线控制技术

盾构施工过程中,盾构姿态控制及掘进参数选择直接关系到隧道轴线控制、管片拼装质量、掘进速度以及开挖面的稳定。对于复杂地质条件下大直径盾构姿态控制难度更大,合理选择掘进参数,对控制开挖面变形、防止坍塌,提高掘进速度具有重要的作用。

(1)掘进方向控制

①采用PPS隧道自动导向系统和人工测量辅助进行盾构姿态监测。

该系统配置了导向、自动定位、掘进程序软件和显示器等,能够全天候在主控室动态显示盾构当前位置与隧道设计轴线的偏差以及趋势。据此调整盾构掘进方向,使其始终保持在允许的偏差范围内。

随着盾构推进,导向系统后视基准点需要前移,必须通过人工测量来进行精确定位,为保证推进方向的准确可靠性,拟每周进行两次人工测量,以校核自动导向系统的测量数据并复核盾构的位置、姿态,确保盾构掘进方向的正确。

②采用分区操作盾构推进油缸控制掘进方向。

通过分区操作盾构的推进油缸来控制掘进方向。在上坡段掘进时,适当加大盾构下部区域油缸的推力;在下坡段掘进时,则适当加大上部区域油缸的推力;在左转弯曲线段掘进时,则适当加大右侧区域油缸推力;在右转弯曲线掘进时,则适当加大左侧区域油缸的推力;在直线平坡段掘进时,则应尽量使所有油缸的推力保持一致。在均匀的地质条件时,保持所有油缸推力一致;在软硬不均的地层中掘进时,则应根据不同地层在断面的具体分布情况,遵循硬地层区域推进油缸的推力适当加大,软地层区域油缸的推力适当减小的原则来操作。

(2)盾构掘进姿态调整与纠偏

在实际施工中,由于地质突变等原因造成盾构推进方向可能会偏离设计轴线并达到警戒值;在稳定地层中掘进,因地层提供的阻力小,可能会产生盾体滚动偏差;在线路变坡段或急弯段掘进,有可能产生较大的偏差。因此应及时调整盾构姿态,纠正偏差。参照上述方法分区操作推进油缸来调整盾构姿态,纠正偏差,将掘进方向控制在符合要求的范围内。

①滚动纠偏

当滚动超限时,盾构会自动报警,此时应采用盾构刀盘反转的方法纠正滚动偏差。允许滚动偏差≤

1.5(0.4%),当超过1.5时,盾构报警,提示操纵者必须切换刀盘旋转方向,进行反转纠偏。左线前1000环盾构滚动偏差见图4-105,盾构滚动偏差基本控制在0.4%以内,297~329环盾构滚动偏差超过0.6%,造成管片拼装困难,管片破碎机率增加。

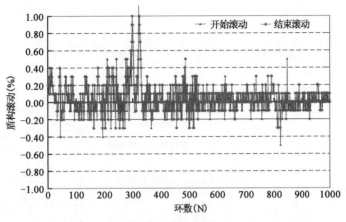

图4-105 盾构滚动偏差

②竖直方向纠偏与水平方向纠偏。

控制盾构方向主要是通过千斤顶的单侧推力,当盾构出现下俯时,可加大下部区域千斤顶的推力,当盾构出现上仰时,可加大上部区域千斤顶的推力来调整。盾构纠偏的基本原则是将盾构与设计轴线水平与竖向偏差控制在±75mm(设计容许偏差100mm)以内,避免纠偏过猛。

盾构偏差实际见图4-106~图4-109。盾构在曲线段(205~244环)施工时,由于受盾构间隙及盾构操作水平的影响,盾构偏差过大,管片频繁破损。其他水平偏差基本控制在60mm以内。掘进过程中,掘进2m水平偏差基本控制在20mm,从盾构轴线控制及对管片的影响来看,每环最大纠偏量不大于10.0mm,盾构变化趋势控制0.5%。

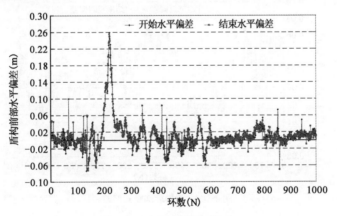

图4-106 盾构前部水平偏差

③盾构上下倾斜。

盾构掘进过程中可能存在盾构轴线与隧道设计轴线方向的偏差,为了保持盾构良好姿态,避免管片的受力不均,盾构倾斜引起盾构中心与管片中心偏差,相当于减小一侧的盾尾间隙,盾构上下倾斜与隧道坡度的差值控制在0.25%以内(盾构掘进一环一侧盾尾间隙相应减小5mm)。避免因管片衬砌环的中心和盾构的中心有偏移,使管片局部受力过大引起管片破损,实际盾构倾斜见图4-110。

(3)盾尾间隙与油缸行程差控制

①盾尾间隙。管片拼装与盾构姿态相适应,盾构姿态调整以隧道设计轴线为目标,同时盾构姿态调整不能损坏管片,因此管片拼装后,盾尾间隙应大于每环盾构姿态调整允许的偏差10mm。根据实际盾尾间隙(图4-111、图4-112)与管片破损情况,管片拼装后(开始掘进前)盾尾间隙大于85mm(净间隙15mm)时,管片破损情况明显减小,掘进结束后盾尾间隙不小于75mm。

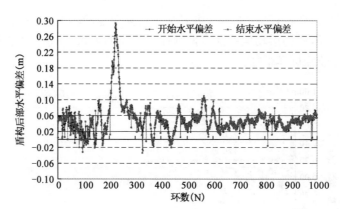

图 4-107　盾构后部水平偏差

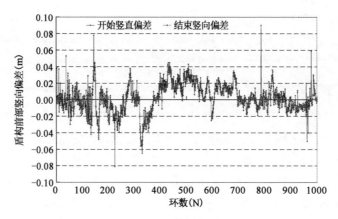

图 4-108　盾构前部竖向偏差

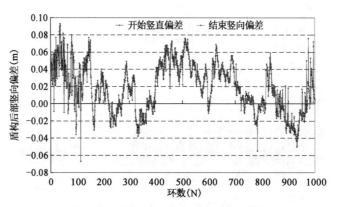

图 4-109　盾构后部竖向偏差

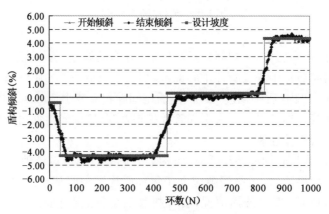

图 4-110　盾构倾斜

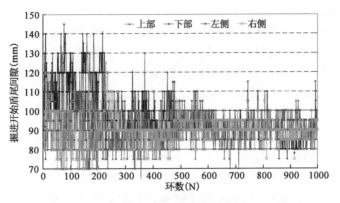

图 4-111 管片拼装后盾尾间隙

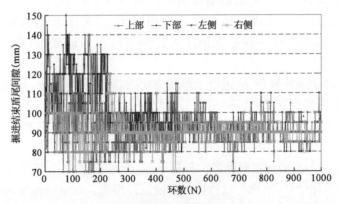

图 4-112 掘进结束后盾尾间隙

②油缸行程差。为了保持盾构姿态与管片相互关系,管片拼装后,油缸行程差最好控制在 30mm 以内,掘进结束后油缸行程差控制在 60mm 以内。实际油缸行程差见图 4-113、图 4-114。

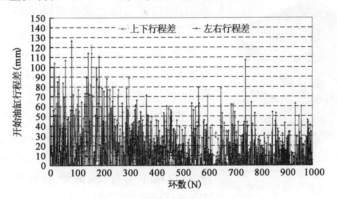

图 4-113 管片拼装后油缸行程差

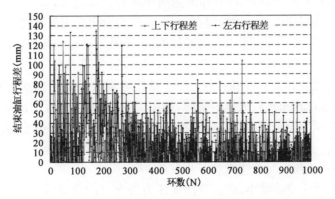

图 4-114 管片拼装前油缸行程差

(4)方向控制及纠偏注意事项

①蛇行的修正应遵循长距离慢修正的原则,如修正得过急,蛇行反而更加明显。在直线推进的情况下,应选取盾构当前所在位置点与设计线上远方的一点作一直线,然后再以这条线为新的基准进行线形管理。在曲线推进的情况下,应使盾构当前所在位置点与远方点的连线同设计曲线相切。

②正确进行管片选型,确保拼装质量与精度,以使管片端面尽可能与计划的掘进方向垂直。

③严格控制纠偏力度,防止盾构发生卡壳现象。

④盾构始发到达时方向控制极其重要,应按照始发、到达掘进的有关技术要求,做好测量定位工作。

7)大直径泥水盾构开挖面稳定技术

随着泥水盾构施工的不断增大,国内开挖面支护压力控制方法的不断发展,但是由于地层条件的不确定性因素众多,施工对地层扰动的不可避免,而且施工技术及手段的不完善等因素的存在,使得盾构施工中地表沉降过大、开挖面坍塌等情况时有发生,尤其在刚刚采用该技术的地区,由于施工经验的缺乏,此类问题尤为突出。国内泥水盾构施工中,关于开挖面支护压力的控制,既有成功经验,也有失败教训,其主要原因都是支护压力控制方法不当造成的,所以对支护压力大小研究显得尤为迫切。

武汉长江隧道工程地层条件复杂、隧道覆土厚度变化大、周边环境复杂,开挖面支护压力及泥浆特性的确定极为困难。因此,为确保武汉长江隧道施工过程中的开挖面的稳定,控制地表沉降和周边建筑物的安全。对影响泥水盾构开挖面稳定的两个主要因素进行系统研究具有重要的意义。

(1)数值模拟分析

①始发端头浅覆土(<1D)段开挖面稳定性分析

a.计算模型。为了简化计算,选择左线盾构始发段进行模拟。根据隧道埋深及始发端的影响。确定计算模型沿隧道纵向50m,隧道中线两侧46m,竖向计算范围地表以下40m。网格划分,隧道周围网格划分较密,向外逐渐变疏,计算模型如图4-115所示。

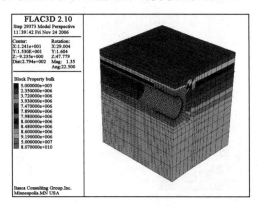

图4-115 浅覆土段开挖面稳定FLAC计算模型

b.盾构始发段变形分析。由横向地表沉降槽曲线可以看出,切口泥水压力取值不同,地表沉降差别很大,例如水土合算时隧道开挖上方地表沉降为20mm左右,隧道前方4m处地表沉降为7mm左右,如图4-116a)所示。而采用水土分算时开挖面沉降只有10mm左右,隧道前方4m处地表隆起近6mm,如图4-116b)所示。

由纵向地表沉降曲线分析,切口泥水压力取合算值,最大地表沉降为42mm左右,如图4-117a)所示,纵向影响范围为隧道前方10m左右;而采用分算时,地表最大沉降为24mm左右,纵向影响范围为隧道前方3m左右,如图4-117b)所示。

盾构掘进出加固后,距盾构始发井15~45m之间出现较大的地表沉降。经分析可能是由于受地层加固区与地面建筑影响,地层应力状态比较复杂,而泥水压力设定采用简单理论计算值,与实际地层压力分布差别较大。即使切口泥水压力按水土分算进行取值,仍然不足以平衡实际地层侧压力。

c.沉降历程曲线。加固区切口水土压力为0.091MPa,纵向地表沉降曲线加固区地表产生隆起,如图4-117所示。而距盾构始发井24m(距加固区11m)处的地表从掘进开始就发生沉降,特别盾构是出加固区前4m,隧道前方未加固区出现较大地表沉降,如图4-117a)所示。说明出加固区前4m,切口泥水压力取值明显偏小,其泥水压力设定应考虑非加固地层的影响,其取值最好按非加固地层计算,以减小地表沉降。

d.施工措施。在小覆土施工时应注意如下几点:

a)对于浅埋段,由于覆土荷载减小,而且开挖面压力所允许的管理幅度缩小,所以,即使是少量的管理误差也会给开挖面带来很大的影响。因此准确的确定泥水压力上下限非常重要,对黏土地层,其下限采用水土合算的值,其上限采用水土分算的值。这样可以同时避免泥水压力过高产生对地层的过大扰动引起地面冒浆,同时避免压力过低引起地表过大的沉降。

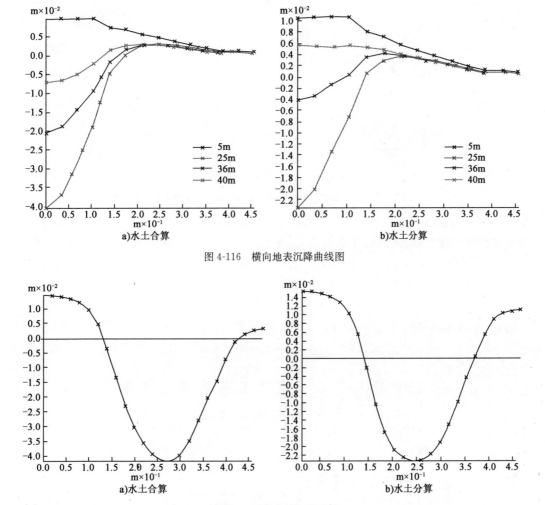

图 4-116 横向地表沉降曲线图

图 4-117 纵向地表沉降曲线

b) 盾构在出加固区前后,由于受地层加固的影响,地层应力状态极其复杂。在出加固前 4m,切口泥水压力按加固地层取值明显偏小,其泥水压力设定应考虑非加固地层的影响,其取值最好按非加固地层计算,以减小地表沉降。

c) 受加固区与地面建筑影响,盾构始发段地层应力状态非常复杂,而泥水压力设定采用简单理论计算值,与实际地层压力分布差别较大。在进行开挖面压力管理时,必须根据地表沉降监测决定管理值,并及时进行调整。

d) 对于泥水盾构而言,在黏土地层施工时,黏土极易在刀盘底部沉积,堵塞泥浆门或排浆管,引起泥水仓压力不正常上升,泥水压力非常难以控制与调整。施工过程中必须采用相应的对策,但一定要控制泥水压力上限值不要超过采用水土分算的得到的值。泥水压力一旦超过黏土的被动土压值,引起地层破坏,极易产生地层冒浆,引起较大的地表沉降,危及周边建筑物安全。

e) 小覆土段,由于盾尾间隙会立即影响到地表或地下结构物,所以要进行充分的壁后注浆管理,以控制地表变形。使用有早期强度的壁后注浆材料,初凝时间控制在 4~6h。同时在施工过程中不断优化。

② 江底浅覆土段开挖面稳定性分析。

考虑本工程武昌深槽隧道埋深情况,分析采用静止土压力作为上限值,以主动土压力作为下限值时,对比分析隧道开挖面稳定情况。泥水压力设置采用静止土压力:隧道中心泥水压力为 0.365MPa,泥水密度为1200kg/m³。压力梯度为12kPa/m。左线隧道掘进50m,其地层位移如图4-118所示。隧道周围地层表现为整体向上隆起,最大隆起值20mm;隧道开挖面向隧道掘进方向移动,最大位移为65mm。

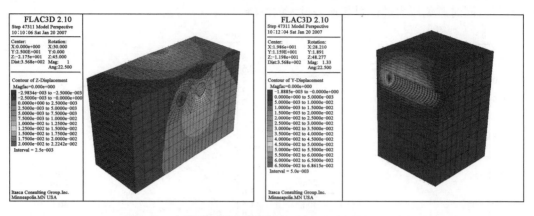

图4-118 武昌深槽地层位移等值图(泥水压力采用静止土压力)

因此,以控制地表沉降为目的,泥水压力采用静止土压力(水土分算)作为控制上限是合适的。但在隧道小覆土条件下开挖时,应考虑由于压力波动,更易发生开挖面泥浆突涌。而且水底部分与覆土压力相比水压力更大,水压力主导施工,特别是武昌深槽段。应以保持开挖面稳定为目的,泥水压力采用下限值,避免泥浆泄漏或喷涌。由于长江水位受降雨影响较大,应时刻注意长江水位的变化,及时调整泥水压力值。

(2)江南地表实测沉降结果

江南盾构隧道施工引起的地表沉降基本情况见图4-119和图4-120。

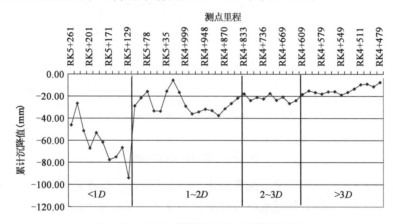

图4-119 江南右线隧道中线地表沉降分布图

①隧道覆土小于1D。

隧道覆土厚度小于1D时,地表沉降较大,左线平均沉降71.62mm,右线平均沉降58.7mm。根据左线隧道施工的经验,在右线隧道施工时提高泥水压力,泥水压力基本接近静止土压力。盾构到达前平均沉降-10.2mm,占总沉降的17%,最大沉降为-22mm,隧道开挖面变形明显变小。

左右线隧道盾构通过过程中的沉降基本相同,在隧道覆土小于1D黏土地层,盾构通过时引起的沉降在24.5mm左右。隧道其他覆土存在类似的规律,通过时的沉降主要与地层性质隧道覆土厚度有关。同时开挖面到达前沉降较小时(泥水压力设定较大时),通过过程中地表沉降也相应减小,这一点与矿山法隧道很相似。

如果隧道覆土厚度小于1D,根据地表沉降与覆土厚度的关系呈正比规律,覆土厚度小于1D地段地表沉降可以控制在40~50mm。因此,对于盾构隧道施工,控制施工对周边环境的影响,关键保持两个方面的平衡,即开挖面压力平衡,同步注浆压力平衡、注浆量与掘进平衡,如果需要减小地表沉降,适当提高泥水压力,使盾构到达前基本不沉降或适当隆起,同步注浆量大于23m³,可进一步减小地表沉降。

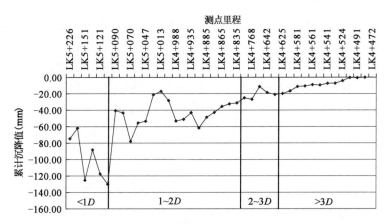

图 4-120　江南左线隧道中线地表沉降分布图

②隧道覆土厚度在 1D~2D 之间。

覆土厚度为 1D~2D 时,左线平均沉降 29.9mm,右线平均沉降 24.9mm,只有隧道覆土厚度小于 1D 情况的 1/2,地层损失率 $V_1(\%)$ 为 0.7~1.0。

盾构到达前左线平均沉降 5mm,占总沉降的 17%,右线平均沉降 2.5mm,占总沉降的 9%,该段采用静止土压作为泥水压力设定值基本合适。盾构通过过程中,左线平均沉降 13.4mm,占总沉降 45%,右线平均沉降 9.1mm,占总沉降的 34%,基本是隧道覆土厚度小 1D 的 1/2。盾构通过后,左线平均沉降 11.5mm,占总沉降的 39%,右线平均沉降 13.3mm,占总沉降的 51%,其同步注浆量平均为 22.6m³。管片脱出盾尾后的沉降所占比例较大,若需减小地表沉降,应适当增加同步注浆量,同步注浆量不宜小于 23m³。

③隧道覆土在 2D~3D 之间。

覆土厚度为 2D~3D 时,地表沉降在 20mm 左右,地层损失率 $V_1(\%)$ 为 0.6~1.0。隧道覆土厚度大于 2D 时,开挖面稳定系数 N 在 1~2 之间,开挖面只发生弹性变形,同时受地面建筑物影响较小。

盾构到达前,左线平均沉降 4.4mm,占总沉降的 31%,右线平均沉降 4.5mm,占总沉降的 22%,采用静止土压作为泥水压力偏于安全,采用松弛土压或主动土压力作为泥水压力控制基准值更合适。盾构通过过程中,左线沉降 2.3mm,占总沉降的 16%,右线沉降 4.6mm,占总沉降的 23%,只有隧道覆土厚度小于 1D 时的 1/8。盾构通过后,左线平均沉降 7.5mm,占总沉降的 53%,其同步注浆量平均 17.1m³,右线平均沉降 8.5mm,占总沉降的 42%,其同步注浆量见平均 16.4m³。

④隧道覆土大于 3D。

覆土厚度大于 3D,地表沉降小于 20mm,地层损失率 $V_1(\%)$ 为 0.5~0.7。开挖面稳定系数 N 在 1~2 之间,开挖面只发生弹性变形,同时受地面建筑物影响较小。

盾构到达前,左线平均沉降 2.9mm,占总沉降的 35%,右线平均沉降 3.5mm,占总沉降的 31%,采用静止土压作为泥水压力偏于安全。盾构通过过程中,左线沉降 2.2mm,占总沉降的 27%,右线沉降 2.4mm,占总沉降的 21%。盾构通过后,左线沉降 3.3mm,占总沉降的 39%,右线平均沉降 4.4mm,占总沉降的 38%,平均注浆量大于 17m³,与隧道覆土厚度 2D~3D 相比,地表沉降减少 50%。

(3)江北地表实测沉降结果

江北地表沉降明显小于江南,见图 4-121。隧道覆土厚度<1D 时平均沉降 12.7mm,只有江南沉降的 1/4;覆土厚度为 1D~2D 时,平均沉降 17.5mm,约为江南沉降的 1/2。

分析其主要原因有以下几个方面:

①江北地层较好。江南隧道覆土厚度<2D 段,隧道开挖面以上包括淤泥质黏土层,为灵敏度高的软弱地层,开挖面稳定性很差,即使支护压力采用静止土压力,其稳定性系数 N 在 3~4 之间。而江北不存在淤泥质地层,地层相对较稳定,支护压力采用静止土压力,其稳定系数 N 在 2~3 之间。

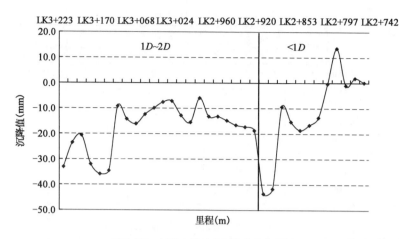

图 4-121　江北左线地表沉降分布曲线图

②泥水压力设定合理。江北泥水压力设定充分考虑地面附加荷载,泥水压力略高于静止土压力,开挖面变形减小,盾构通过前地表沉降明显减小,盾构到达前覆土<1D 段平均沉降 0.45mm,覆土 1D~2D 段平均沉降 1.81mm,与江南相比明显减小。因此,合理设定泥水压力基本可以避免盾构到达前的沉降。

③同步注浆充足。同步注浆采用塑性浆液,体积收缩率小。江北隧道覆土厚度为 1D~2D 段平均同步注浆量 24.6m³,填充系数为 1.89,盾尾通过后平均沉降 11.54mm,覆土厚度<1D 段平均同步注浆量 23.5m³,填充系数为 1.8,盾尾通过后平均沉降 8.9mm,管片脱出盾尾后的沉降与左线隧道相当,江南左线平均同步注浆量 22.6m³ 左右,填充系数为 1.7 左右;右线同步注浆量 14~18m³,填充系数在 1.1~1.4 之间。因此同步注浆量控制为 24m³,填充系数为 1.83,盾尾通过后的沉降可以控制在 10mm 以内。

(4)稳定开挖面的技术措施

泥水盾构施工,为了保持开挖面的稳定,要根据围岩条件调整泥浆质量,能满足在开挖面上形成充分的泥膜的同时,要慎重地进行开挖面泥浆压力和开挖土量的管理。控制开挖面稳定的主要措施是根据围岩条件调整泥浆质量、泥浆压力管理、开挖土量管理等。

①合理设定泥水压力。

根据以往的工程实例和本工程的地质条件、隧道埋深及周边环境条件,泥水压力设定的一般原则为采用"静止土压力+水压力+20kPa"作为下限值,以"主动土压力+水压力+20kPa"作为下限值。当要求控制地表沉降时,采用上限值;当周边环境对沉降要求不高时,允许地表小量沉降,以保持开挖面稳定为目的时采用下限值。

a.浅覆土地段泥水压力设定原则。

a)对于浅埋段,由于覆土荷载减小,而且开挖面压力所允许的幅度缩小,所以,即使是少量的管理误差也会给开挖面带来很大的影响。因此比较准确确定泥水压力上下限,非常重要,对黏土地层,其下限采用水土合算,其上限采用水土分算的值。这样可以同时避免泥水压力过高产生对地层的过大扰动引起地面冒浆,同时避免压力过低引起地表过大的沉降。

b)盾构在出加固区前后,由于受地层加固的影响,地层应力状态极其复杂。在出加固前 4m,切口泥水压力按加固地层取值明显偏小,其泥水压力设定应考虑非加固地层的影响,其取值最好按非加固地层计算,以减小地表沉降。

c)受加固区与地面建筑影响,盾构始发段地层应力状态非常复杂,而泥水压力设定采用简单理论计算值,与实际地层压力分布差别较大。在进行开挖面压力管理时,必须根据地表沉降监测决定管理值,并及时进行调整。

b. 江底段泥水压力设定原则。江底段同样采用静止土压力(水土分算)作为泥水压力的上限,由于本工程受长江影响很大,地层和地下水状况比较复杂,地质情况变化急剧,地下水的流动快。而且水底部分,与土压力相比水压力更大,因此,必须根据地层的水土压力设定适当的开挖面压力,同时应特别考虑隧道上浮问题和管片的变形问题。

c. 近距离施工泥水压力设定原则。为了控制后行隧道施工对先行隧道的影响,后行隧道施工泥水压力设定值,最好采用水土合算值,同时需要对先行隧道进行加固。施工过程中加强监测,如果地层沉降不影响地表建筑物的安全,泥水压力设定可采用主动土压力计算值。

d. 互层地基开挖面的稳定。城市地基土多呈互层状态。开挖面也几乎都是互层的。由于互层地基中各土层的开挖释放力不同,就产生了以哪一层的土压力作为控制压力的问题。一般认为以释放荷重最大的那一层来决定控制压力较为合适。此时,释放荷重小的地层将被动受压,但一般情况下地基被动受压能力很强,所以不会出现被动破坏。

e. 软土地基开挖面的稳定。软土地基的静止压力和主动土压力相差甚微,如以主动土压力控制,压力稍一降低,就有可能产生主动破坏。因此,最好是加大预留压力,即适当提高控制压力。但软黏土加压过度,会使前方地表隆起,同时扰动土体进而出现后续沉降,这一点应引起注意。

②泥水压力控制技术。

根据开挖面稳定的判决方法判断开挖面是否稳定,根据不同的地质条件、隧道覆土厚度、周边建筑附加荷载等,确定泥水压力设定值,并不断根据实际情况进行优化调整。但关键是通过泥水压力的控制确保泥水压力的稳定。一般泥水压力控制标准是压力波动控制在 0.02MPa 以内。泥水盾构施工泥水压力波动的主要原因如下:

a. 在黏土地层施工时,黏土极易在刀盘底部沉积,堵塞泥浆门或排浆管。

b. 在卵石层或风化岩地层施工时,渣土中可能有较大的石块,易造成堵管或堵泵。

c. 地层中存在石块、树根或其他障碍物等,易造成堵管或堵泵。

d. 开挖面坍塌,大量渣土堆积在泥水仓底部,堵塞排浆管。

e. 泥水循环系统误操作,包括进排泥量不均衡、气垫 SAMSON 系统操作错误、不正确的停机、泥水循环系统错误的开启顺序等。

对于由于堵管或堵泵等引起泥水仓压力不正常波动,施工过程中必须根据泵压等判断堵塞情况,及时采用相应的措施进行清理,以减小压力波动;对于避免因泥水循环系统误操作引起的泥水压力波动,必须加强盾构操作人员的技术培训,增加应对突发事件的处理能力。

③特殊条件下对泥水特性的要求。

a. 开挖面坍塌处理。泥水盾构施工,可能由于种种原因引起开挖面坍塌,特别是浅覆土段或江中段,由于泥水与地面(江底)连通,不能建立正常的泥水压力,要恢复正常掘进状态必须重新建立掌子面稳定。对泥水质量具有特殊的要求。

配置高性能聚合物泥浆时,泥浆黏度不小于 35s,同时泥浆加入木屑、珍珠岩、谷壳、坚果壳等堵漏材料,聚合物泥浆由不同分子量的大、中分子材料和正电胶组成,主要是增强结构,提高黏度,改善流变性,利于携带和稳定开挖面的作用,加入的木屑、珍珠岩、谷壳等材料及不同颗粒级配的原植物纤维和惰性矿物质,能快速对土层的孔隙进行封堵,起到防止地面冒浆和引起土层垮塌的作用。

b. 带压作业时。带压作业时,要求开挖面的渗透系数小于 1×10^{-2} cm/s。为保证开挖面的气密性,通常采用地层加固或采用高分子聚合物泥浆等方法。对地表不能采用加固的地方,必须采用高分子聚合物泥浆,并应对泥浆性能进行优化,确保泥浆在开挖面形成耐久性好的泥膜(泥膜稳定时间大于 7d),防止开挖面在带压作业期间气体泄漏,确保开挖面稳定,具体内容见"高压作业技术研究"。

8)泥水分离技术研究

目前,国外泥水处理设备及处理技术比较成熟,国内泥水分离设备存在占地大、噪声大、分离效率低的问题,也都面临泥水处理设备占地面积大、能耗高、设备一次性投资大及可能引起的环境污染等问题。因此,泥水分离设备国产化及其配套研究具有重要的意义,在满足与盾构掘进速度相适应的处理能力的前提下,提出泥水分离设备国产化及其配套方案,选择适当的分离技术,对推动泥水盾构施工技术在我国的成功运用具有重要意义。

(1) 泥水分离设备选型分析

泥水分离设备选择主要考虑的因素见表 4-29。

影响处理设备和工地要求的设计和尺寸的参数 表 4-29

影响因素	对设备的要求
地层颗粒大小分布	旋流器:种类和数目,分离步骤;筛:面积大小,筛面种类,筛面倾度,筛台加速度;微粒脱水器:离心机,滤压机,带压机
黏土/淤泥的悬浮性和流变性	膨润土的应用与否;膨润土的配制和储料筒仓
废渣的处理要求	旋流器潜流排放的控制;下料区;离心机/滤压机
环保标准	隔音/BSP 的类型;防尘;工地安全
工地局限性	致密式设计;集装箱式设计;模块式设计
隧道掘进过程中间是否需要迁移	BSP 设计便于装拆卸和再架设

Schauenburg MAB 泥水分离设备的特点,设备分离效率高,后期设备使用成本低,但一次性进口费用高。宜昌黑旋风泥水分离设备在国内起步较早,技术虽然与国外有一定的差距,但在国内处于领先地位。

黑旋风泥水分离设备,经过优化设计配备合适的沉淀池系统基本能满足本工程泥水分离要求。同时设备成本只有进口设备的四分之一,但后期膨润土消耗量、利用率、耗电量等成本偏高,使其综合成本较高。但通过采用沉淀池等辅助措施,提高泥水分离系统效率,同时通过改进泥水分离系统,不断提高性能,以满足工程需要,降低综合应用成本,同时可以促进泥水分离设备的国产化,提高我国泥水分离技术整体水平。因此,选用国产黑旋风泥水分离设备。

(2) 泥浆分离系统

泥浆分离系统的基本组成包括振动筛(双层)、沉淀池、旋流器、调整槽、储浆槽、废浆池、压滤机等。

ZX-1500 泥浆处理系统由 3 套 ZX-500B 泥浆处理系统组合而成。其中 ZX-500B 由振动筛(进行一级分离,除去砾石、砂及 0.074mm 以上的黏土、粉砂块)、旋流器(包括一次除砂旋流器与二次除砂旋流器,进行二级分离清除 0.074mm 以上砂质清除,并清除掉 0.045mm 以上的泥质颗粒,)、回收泥浆箱和调配泥浆箱组成。

ZX-500B 泥浆处理系统的工作原理如图 4-122 所示,盾构排出的污浆经过预筛器的粗筛振动筛选后,将粒径在 3mm 以上的渣料分离出来;筛余的泥浆同时进入 2 台 ZX-250 泥浆净化装置的储浆槽,由泥浆净化装置的渣浆泵从储浆槽内抽吸泥浆;在泵的出口具有一定储能的泥浆沿输浆软管从旋流除砂器进浆口切向射入,经过一次旋流除砂器分选,粒径微细的泥砂由下端的沉砂嘴排除落入细筛;细筛脱水筛选后,干燥的细渣料分离出来;经过第二道筛选的泥浆循环返回储浆槽内,处理后的干净泥浆从旋流器溢流管进入中储箱,然后沿总出浆软管输送入回收泥浆箱或二次除砂系统。

(3) 新浆制造子系统

新浆制造子系统采用涡流制浆,具有制浆速度快,浆液搅拌均匀等特点。在系统中还配备了泥浆防沉淀搅拌装置等,使系统具有良好的可操作性。本系统由 ZJ-1600 制浆机 2 台,灰罐 1 套,上料空压机 1 台,螺旋输送机 2 台,自动称量计 8 套,上料斗 2 个,电动蝶阀 4 件,电动三通球阀 4 件,PLC 一套等组成。其主要技术参数如下:

①最大容浆量：45.3m³。
②标称容浆量：40m³。
③许用水灰比：0.5∶1。
④系统额定制浆能力：40m³/h。
⑤额定功率：60kW。
⑥外形尺寸：6774mm×6720mm×2120mm。

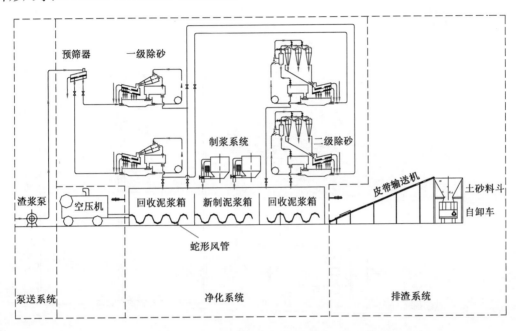

图 4-122　泥水处理工作原理图

制浆时，先将水加入制浆机锥桶，开动制浆机，然后由人工将通过称量的灰料加入制浆机，可以快速地在 3min 内制好四桶浆，通过操作制浆机上的三通阀把制好的泥浆送入调浆池。调浆池连通盾构泥浆循环系统的回浆池，即可进行补浆。配置的空压机对调浆池里的防沉淀装置提供动力，其中的自旋式搅拌枪可以直线移动或摆动进行搅拌，防止在死角处出现沉淀。搅拌系统如图 4-123 所示。

(4) 泥水处理效果分析

①黏土段：分离设备平均分离效率为 30.1%，沉淀池系统平均分离效率为 10.425%，综合平均分离效率为 40.6%。

②粉细砂段：经分离和沉淀后，其处理效果较黏土段有比较明显的进步，达到 70% 左右。

③中粗砂段：经分离和沉淀后，其处理效果比较好，可以达到 80% 左右。

但对于细颗粒含量大的黏土、粉土地层，国产的宜昌黑旋风 ZX 系列泥水分离设备的分离效果不够理想，还有待进一步改进，提高其性能，来满足复杂地层的泥水盾构分离。但就武汉长江隧道而言，以砂土地层为主，黏土地层只占一小部分，虽然在黏土地段的分离过程中遭遇到一些麻烦，但从整体上看，选择国产的宜昌黑旋风 ZX 系列泥水分离系统还是比较合理的。

9) 带压作业关键技术

目前世界上大多数国家的有关压缩空气法规规定，最大压力超过 0.36MPa 压力时不允许工人从事工作；压力超过 0.4MPa 需要对压气工作人员延长减压时间和减少工作时间，甚至不能进行带压作业。而武汉长江隧道工程地下水压力最高达 0.57MPa，如果采用带压进仓，必须事先对高压作业技术进行充分的研究；防止带压作业引起的灾害，特别是避免或减少由此引发的减压病。

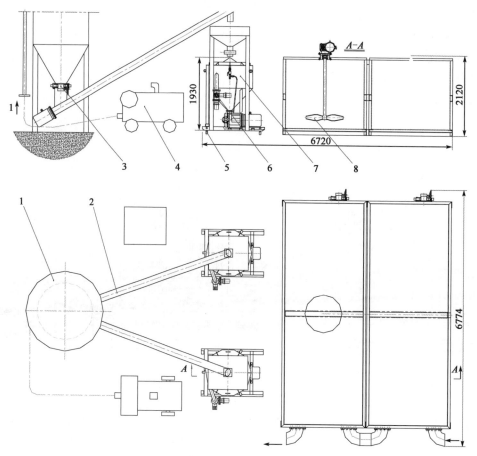

图 4-123 制浆搅拌系统（尺寸单位：mm）

1-灰罐；2-螺旋输送机；3-空压机；4-上料斗；5-自动称量计；6-ZJ-1600 高速制浆机；7-电动球阀；8-冲沙管路

(1) 压气压力的设定

选择压气压力的方法，因隧道覆土厚度、地质、隧道直径、稳定开挖面的方法等而异，若果隧道开挖面地层稳定，仅靠气压平衡地下水压力，一般多取压力等于从盾构顶部 $D/2 \sim D/3$ 位置的地下水压力，小直径隧道多取 $D/2$ 位置的地下水压力。但是在黏性土地层，透气性小的条件下，可采用较上述数值略小的压力进行施工。

如果开挖面不能稳定透气性地层，采用高质量泥浆在隧道开挖面形成不透气的泥膜，则泥水压力可以平衡地层压力与地下水压力，地层压力一般采用静止土压力。

(2) 漏气对策

在压气作业时，为了防止漏气、喷发等现象发生，要充分研究事前调查结果并考虑相应的措施，施工过程中应注意压气压力和送气量的变化。为了防止漏气或喷发而进行的事前调查，所需要考虑的措施和注意点等如下：考虑到缺氧空气的喷发和对水井的污染，需要调查盾构开挖面半径为 1km 以内的水井、地下室；压气作业附近有其他地下工程正在施工时，要分析压气压力的影响，另外，开挖面附近有既有建筑物、桥基、地下结构物等时，事前要充分调查它们的状态，特别是在已完工的工程由于造成地基松动的部分，或有透气层时，因此考虑到这些部分会产生漏气和喷发的危险，人员进入工作仓前必须进行漏气性检查，根据检查结果，决定是否采取相应的措施。

(3) 停气控制

停气不要急速进行，要仔细观察地基的变形，特别是地表沉降、涌水的增加状况等，如果发现上述征兆时，则需重新压气并采取必要的措施，再次慢慢降低压气压力来停气。如果预测到地层由于停气而会使开挖面出现涌水时，应在实施化学加固或降水后，再进行停气。

盾构到达时，要在开挖面与贯通面之间的围岩以及临时隔墙等的抵抗力能充分承受气压力时开始停气,并注意防止喷发。在江底进行停气时,必须采取充分的对策以防止水的流入。一般,在到达前,采用化学加固等来进行地基的改良和加固,盾构进入改良区段后再进行停气。

(4)超高压作业技术措施

在 0.36MPa 以上超压下工作,有效的工作时间和所需要的减压时间之间的比例现在已经不经济,而且达到了临界线,如达到人体所承受的极限。国内没用相应的减压法规与减压表,所以制定了关于工作人员在超压下工作的健康和安全规定,规定概要如下:

①本规定基于压力小于 0.36MPa 的压缩空气中作业的规定。

②在压缩空气中作业最多 30min 后,输入 5min 氧。

③配备高压辅助作业人员,联系工作人员和高压医生。

④第一次在 0.36MPa 以上压力下进行作业之前,在应急室内对全体工作人员进行额外的"高压检测"。

⑤在高压下减少最大作业时间。

⑥对在 0.36MPa 以上超压下工作的隧道工作人员在中国海军学院进行专门培训。包括高压助手、高压医生和人孔闸助手,培训工作人员在加压/减压之前、之中及之后的正确行为。

⑦配备合格的压缩空气作业的高压医生,培训随叫随到的医生。

⑧在 0.36MPa 以上的超压下进行作业之后的现场停留时间延长到 2h。并在应急室内 0.09MPa 的压力下进行 30min 的预防性氧气治疗。

⑨为作业人员设置警报系统,医生和潜水员随叫随到。

⑩压缩空气作业规定在实际操作中得到执行,并根据工程实际情况进行调整。所以可以在不严重伤害压缩空气工作人员健康的情况下安全进入超压工作室。

10)地面建筑、地下管线保护技术

结合武汉长江隧道工程,开展盾构施工和基坑施工对地面建筑及地下管线保护技术的研究,为武汉长江隧道工程施工中对地面建筑及地下管线的保护提供了技术指导,并为武汉市规划中的过江隧道和地铁建设积累了经验,将对我国大型越江隧道工程建设具有重要的借鉴作用和指导,对加快我国地下工程的发展具有重要的理论意义和工程意义。

(1)鲁兹故居

鲁兹故居建成于 1913 年,为美国友人 Bishop Roots 的原居住地,故居位于鄱阳街 32 号,为 2 层砖木结构,如图 4-124 所示,属省级文物保护建筑。砖木结构设计使用年限一般为 15～20 年,但鲁兹故居作为一历史文物,具有丰富的历史内涵和深厚的文化底蕴,特别与中国当代历史有着密切的联系,所以对其进行详细检测和精心的保护加固,具有特别的意义。

图 4-124　鲁兹故居外观

通过加固修复现有结构,提高房屋结构的强度和整体性,提高地基基础及房屋结构抵御变形的能力。

①结构加固保护方案。

a.基础的加固。根据建筑物墙体存在的较宽的竖向裂缝(已稳定)可判断,建筑物的沉降已导致基础多处断裂。因此在内、外墙基础顶面两侧设置圈梁,两侧圈梁沿墙体每隔1.0m左右用钢筋(或拉梁)穿墙拉结,使内、外封闭圈梁形成整体;再在基础两侧用钢筋混凝土对称加大原有基础。

b. 上部结构的加固。

a)墙体的加固:对出现裂缝的墙体,注浆液(或结构胶)封闭。内墙在两侧、外墙在内侧采用在墙上设钢筋网夹板墙(钢筋网加40mm水泥砂浆)方式加固,钢筋网需采用可靠方式与墙体连接,钢筋网夹板墙应锚固在新设的圈梁及构造柱中。

b)圈梁的设置:在二层楼面装饰线下、屋面外墙装饰线下,沿纵横墙设圈梁。内墙圈梁沿墙两侧设置,两侧圈梁沿墙体每隔1.0m左右用钢筋穿墙拉结。根据现场情况,在垂直与楼梯方向增设2~4道圈梁。外墙圈梁在建筑物内侧墙体上设置,并沿墙体每隔1.0m左右在外墙上设扁钢与内设圈梁用穿墙螺栓作临时拉结,待隧道施工完毕后拆除。

c)构造柱的设置:在建筑物内侧四角、纵横墙相交处两侧设构造柱。外墙构造柱在建筑物内侧墙体上设置,并沿墙体每隔0.5m左右在外墙上设扁钢与构造柱用穿墙螺栓作临时拉结,待隧道施工完毕后拆除。为形成整体,在两内横墙同一纵向位置沿墙体两侧设构造柱,并在二层、屋面用圈梁连接。墙体同一位置位于墙两侧的构造柱,沿墙体每隔0.5m左右用钢筋穿墙拉结。

d)圈梁与构造柱、圈梁及构造柱与屋架的连接:圈梁在二层楼面装饰线下及屋面外墙装饰线下位置与构造柱有效连接,现浇成整体。屋架与圈梁构造柱在节点处及屋架与圈梁沿圈梁每隔1.5m左右处实施有效连接。

e)楼板的加固:由于二层楼面梁为圆木,屋面为屋架,房屋的整体性差,为提高结构的整体性,将二层楼面置换为钢筋混凝土梁板结构,钢筋混凝土梁板由原墙体和新增圈梁支承;屋架下设与内、外墙顶面同标高的小间距圈梁。

②地基加固措施。在施工过程中,由于地下连续墙槽段的施工、基坑开挖及盾构的穿越,将影响到故居的安全及运营,故居地基可采取如下加固方案。

a. 地下连续墙槽段施工时:在地下连续墙的槽段施工过程中,为了防止地层的松弛、槽段的坍塌而影响故居的安全,在地下连续墙与故居建筑物基础之间设置隔离墙;同时对靠近地下墙泥浆槽段的周围的易坍塌的砂、砾或杂填土地基预先进行注浆加固。

b. 盾构穿越施工时:对靠近地下墙泥浆槽段的周围的易坍塌的砂、砾或杂填土地基预先进行注浆加固;同时采用锚杆静压桩、灰土桩、树根桩、高压旋喷桩等加固故居基础。

c. 基坑开挖时:基坑开挖时可采用锚杆管棚注浆加固地基土体,当基坑开挖至故居基础埋深时,设置一排密集的水平锚杆,锚杆伸入故居的基础底下,这样既起到外锚地下连续墙的作用,减小基坑围护结构的变形,同时又可加固建筑物底部的土体,还起到管棚支护的作用。

(2)武汉理工大学电教楼

武汉理工大学电教楼由主楼和两栋侧楼组成,两栋侧楼为U~X轴的两层阶梯教室,以及桩号为N~S的4层泵房,施工时主楼与附楼间留有5~8cm沉降缝。该建筑1984年完工,主体部分分别为4层、5层楼房结构,建筑面积约4210m^2。根据电教楼的安全鉴定及建筑物的倾斜观测结果,建筑物的累计变形较大,最大倾斜达0.4%,对施工的扰动较为敏感,难以承受较大的变形,因此在隧道施工过程中,应加强建筑物的变形监测,严格控制建筑物的变形。

①地面预加固。盾构通过前一个月,根据电教楼与隧道的相对位置和隧道施工对房屋的影响程度,采用直径为250mm桩进行基础托换,桩长为18m和5m两种,数根桩采用端头扩大的方式与原有基础连接。采用压密注浆的方式对电教楼基础进行地面预加固,提高加固地层密度,增加土体自稳能力,并在电教楼周遍形成止水帷幕,可有效限制后期跟踪注浆扩散范围。

②掘进严控制。因电教楼位于隧道的正上方,局部沉降的可能性较小,若发生沉降,很可能为均匀沉降。且盾构施工不会引起开挖土体地下水损失,正常施工情况下,不会出现上部土体局部塌陷的情况,故

电教楼保护重点为盾构施工连续性的控制。

(3) 武汉理工大学家属楼

武汉理工大学三层楼校区的13号、10号两栋宿舍楼(五层)分别位于JN02节明挖暗埋段东侧,距基坑的最近距离分别为1.8m、5.5m。建筑物保护等级定为一级。

①基坑围护结构与施工方面。

a. 根据现场具体情况,建议在恰当的部位设置承压水降水井或减压排水管。

b. 对于横向钢支撑应在不大于12.0m长度内设置一刚性立柱,以确保横向支撑的有效性。

c. 支护桩的横向围檩应确保及时设置,在可能的条件下应考虑反压土体与横向围檩的协同施工方法。

d. 对于横向钢支撑因立柱等因素影响而导致横撑松弛时,应考虑辅以围护结构外的锚定结构。

②旋喷桩加固措施方面。

a. 考虑到建筑荷载对围护结构的侧向荷载作用,在建筑物两侧各增加3根旋喷桩,使得加固范围达到应力扩散的边界。

b. 为增加旋喷桩与围护结构桩之间的密实性,应考虑压浆处理。

c. 增加桩身全长插筋 $\phi16@500$(或采用 $\phi42@500$ 钢管),以提高旋喷桩的抗剪刚度,减少基础底下土体横向位移。

③监测工作与预警方案措施方面。

a. 应健全监测数据成果的完整性,如围护结构的水平位移、建筑物沉降均应标明对应的基坑开挖状态。

b. 由于横向钢支撑的跨度较大,应增设钢支撑的压曲扰度及轴力监测。

c. 预警方案采用多重指标、分级预警的建模方法。多重指标包含支护结构横向位移、相邻建筑的差异沉降及其裂缝控制等;分级预警包含警戒预警、危险预警与极限预警三级。

(4) 长江防洪堤的保护措施

隧道于LK3+143处下穿江北防洪堤,基底至隧道顶的距离约25.3m;于LK4+462处下穿江南防洪堤,基底至隧道顶的距离约36.4m。长江防洪堤为重要防洪工程,因此,在必须确保防洪堤万无一失,保护等级定为二级。长江防洪堤与盾构隧道位置关系纵剖面图见图4-125。

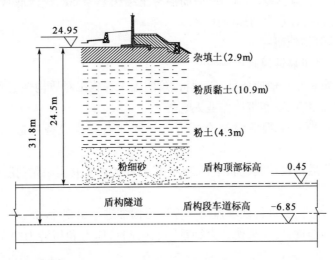

图4-125 长江防洪堤与盾构隧道位置关系纵剖面图

①加强盾构通过前及通过过程中监测,通过信息化施工积累盾构掘进参数,使盾构通过大堤时的掘进参数达到最优化,如通过信息反馈对盾构切口泥水压力、注浆压力、注浆量进行调整。

②在盾构通过过程中,采用跟踪注浆对防洪堤地基进行加固;盾构通过后,根据沉降情况及时注浆,直至大堤处于稳定状态。

(5)地下管线的保护

本工程范围内各类管线累计总长58.34km,与明挖隧道有关的管线有21条,与暗挖隧道有关的管线有8条,与盾构隧道有关的管线有35条。

①沉降标准制定与沉降预测:根据管线制造材料、接口构造、管节长度等不同情况,地下管线大致可分为刚性管线和柔性管线两种。因此,在施工前应制定不同管线的沉降控制标准,分析预测地层隆陷对管线的影响。

②加强管线沉降监测,尤其是对沉降敏感的管线(如混凝土管、煤气管等)要布点监测并及时分析评估施工对管线的影响,根据施工和变位情况调节观测的频率,及时反馈监测信息并指导施工。对于盾构隧道施工,在管线处于重要影响范围内以前,以已通过段地层变形实际监测成果为基础,再次对管线区内的地面沉降进一步预测,据此制定正确的管线保护方案。

③对于横穿基坑的管线,可采用管线迁移、悬吊法、抬梁法等保护措施。

④基坑结构外地下管线采用一般性保护措施,如注浆处理等。

⑤保持盾构隧道施工开挖过程中水土压力平衡。保持开挖面平衡主要措施为:出土量计量方法与控制;开挖面水土压力控制标准与监测;合理选择添加剂与添加量。其中切口泥水压力值的设定是控制开挖面水土压力平衡的关键。

⑥在盾构隧道施工过程中,采用同步注浆,加强注浆压力控制。并根据沉降监测进行二次补强注浆。因此尽管过盾构掘进段管线的深浅不一,注浆填充加固地层的同时对管线产生局部的侧压力,它与注浆孔至管线的距离、注浆压力和注浆量有关,这个侧压力十分有限,不至于使管线发生变形或断裂。而在明挖基坑端头采用旋喷桩加固时,当注浆孔距离管线在一定范围内时,注浆压力过大,就会对管线产生局部集中侧压力,可能使管线发生变形断裂,那么对于管线的破坏将是致命的。

⑦明挖段管线暴露措施:混凝土管、铸铁管保护的重点是管的接口。明挖段施工必要时可在地面开槽使相应的混凝土、铸铁管暴露。对于其他承插式接口混凝土、铸铁管,在有条件时将接口处暴露。其目的是可以做到有的放矢,一旦出现漏水、下沉过大等现象时可以随时处理,缩短抢修时间,确保其正常运行。

⑧隧道上方施工影响范围内混凝土方沟的保护措施:对于隧道上方施工影响范围内的混凝土方沟,可采用"⊥"形钢筋混凝土结构包裹。"⊥"形钢筋混凝土结构厚40cm,深入底板下30cm,外侧40cm,每隔50cm设一道外肋,以加强对方沟的加固作用。

11)典型施工风险控制措施研究

(1)规避盾构适应性和可靠性风险措施

①认真研究工程地质和水文地质条件,工程特点,明确工程施工对盾构性能和功能的要求,盾构配置有应付突发事故的设备(超前注浆和带压作业人仓等)。

②通过招标采购选择既有工程业绩又有实力的国际知名盾构设备制造商进行盾构设计、加工和制造。

③根据现场条件强化盾构设计制造联络,盾构整机设计能力要有富余量(扭矩、推力、密封、切削岩石范围等)。

④在制造过程中派专业人员进行现场监造。保证盾构推进不出现无法现场维修更换的机械故障,要求盾构主要部件原材料性能优良,无损伤。大轴承在长时间挤压力和扭转力矩负荷的作用下,应基本不变形,无磨损、密封良好。

⑤配置耐磨性的刀盘、切刀和滚刀,防止砂层、岩石地质条件下刀具快速磨损,并配有专门检测刀具磨损刀具。刀具易于在常压或气压条件下更换。盾构必须具有满足人员带压进仓的保压装置。

⑥泥浆泵应当有足够的扬程,泥水输送的管路应采用耐高压、耐磨损的管材。

⑦盾构掘进施工操作严格按照操作说明进行,避免人为因素造成设备损坏。施工过程中加强设备的维修保养,提高设备完好率。

⑧盾构采用先进的气垫—膨润土泥水加压平衡盾构设备,易于掌子面泥水压力控制;主轴承由唇式密封来保护,配备了2排、每排5道唇式密封。满足江底掘进高水压耐水压力;采用四道盾尾密封系统,盾尾油脂选择国际最优的产品,以抵抗高水压力,确保密封有效。

(2)规避盾构始发和到达施工风险措施

①合理进行盾构始发到达密封结构的设计,严格密封结构施工操作。

②合理设计盾构始发基座、反力架结构,使其强度、刚度和稳定性满足始发结构受力要求。

③对洞门端头土体进行合理的加固,并对加固效果进行检查,确保加固土体满足要求。

④采用盾构整体始发方案,使盾构快速始发,尽快形成正常掘进模式。快速组织,始发时以最快的速度进行洞门凿除,并使盾构及时贯入并支撑掌子面。到达时在确认无泥砂时再进行洞门破除。

⑤对周边的建筑物提前进行调查,对整体结构差的建筑物和对沉降要求高的管线提前进行加固。

⑥编制应急预案,并落实设备物资和人员。

(3)规避盾构浅覆土层施工对地表建(构)筑物和地下管线破坏风险措施

①在盾构掘进前对沿线建筑物和管线进行全面调查,了解建筑物结构形式、房屋状况、业主以及与隧道的关系等情况,重点是居民楼、被保护建筑物;对于地下管线全面调查管道结构类型、管理单位、与隧道的关系等情况,重点是供水管、煤气管和电力通信管道。

②对年代久远、结构差的房屋进行房屋鉴定;对结构较差的房屋和文物提前进行预加固。

③加强对建筑物的监测,盾构通过前后加大监测频率,并及时反馈信息以指导施工。

④盾构掘进期间安排专人24h地面巡视,对掘进通过段地面情况进行观察并及时反馈信息,如有险情及时通知居民搬出,保证人员安全。

⑤对于地下管线掘进前与管理单位进行接洽,建立沟通渠道保证信息畅通,对于重要管线要制定危险情况下应急处置措施方案。

⑥盾构下穿建筑物关键还是要精细操作盾构,控制泥水压力,调整好泥浆质量,使掌子面保持稳定。加强泥水循环系统控制和泥浆管理,适当减少出渣量。

⑦保证同步注浆系统工作正常,适当加大注浆量。根据监测情况需要时可从隧道内部进行二次注浆。

⑧确保盾构及后配套设备正常运转,加快推进速度,快速通过建筑物段、武大铁路和长江防洪大堤段。

⑨盾构下穿武大铁路需进行设计方案和施工方案评审,并按照方案准备。盾构掘进期间,与武汉铁路局相关单位协调好,把盾构掘进和列车通过时间错开,并减小列车通过时的速度。

⑩做好地表注浆准备工作,当建筑物和大堤沉降达到预警值时,立即进行地表注浆。如有需要请武汉铁路局负责盾构穿越期间的轨线监测和维护。

(4)规避盾构掘进姿态失控导致管片无法拼装风险措施

①盾构推进油缸采用分区控制,可以根据不同荷载作用下受力对盾体施加推力,避免盾体产生大的变位。

②严格控制盾构泥水压力和每循环出渣量,避免土体扰动过大引起盾构变位。

③管片拼装要选好拼装点位,使盾尾间隙保持正常,避免盾壳内侧与管片刚性接触。

④在软硬不均层中掘进时,加强盾构操作控制,适当减小推进速度,保证盾构姿态。

(5)规避盾构过江掘进风险措施

①规避江中换刀风险措施。

a.根据地质勘探资料,合理进行盾构刀盘和刀具设计方案比选,使刀盘和刀具配置能够适应先黏土、砂层、中间穿越岩石层,最后穿越砂层和黏土层的特点。设置切刀和盘型滚刀来适应武汉长江隧道穿越软弱不均地层和岩石地层;切刀设置两排碳化镶嵌物,形成两层截割层。切刀的两层截割层位置交错布置,满足过江隧道先穿越黏土层,后穿越砂层及江中段岩石地层,最后又穿越黏土层的地质分布。

b. 增加滚刀切割断面。在目前的勘探资料切岩深度的基础上,将滚刀配置范围增加1m(由2.5m增加到3.5m)。

c. 刀盘和刀具设计有防磨保护,并采用耐磨刀具以降低江中换刀可能性。刀盘采用先进的防磨保护;切刀上镶有碳化钨刀刃,能更好地防止刀具磨损;刀体由经过机加工的碳钢制成,刀刃由用铜焊焊在刀体凹槽中的碳化钨镶嵌块构成。刀盘安装有镶嵌型的特殊滚刀。该滚刀具有很高的耐磨性,并在软土地层条件下还具有抗停转效应,避免偏磨;滚刀设计可切削岩石的强度达120MPa(过江段岩石最高强度为48MPa)。

d. 在切刀和刮刀上安装最新的检测装置,能够及时掌握刀具的磨损情况。

e. 尽可能在过江前对刀盘进行全面检查并对刀具进行更换。

f. 与国外高压带压进仓作业专业公司保持联络作为预备方案。

②规避盾尾密封失效风险措施。

a. 盾尾设四排密封刷,即三排钢丝刷加一排钢板束(迎水面),密封刷间不间断地压注盾尾油脂(油脂采用国际知名品牌)以抵抗高水压力及可能的流砂泄露。

b. 组装盾构时,将盾尾密封油脂填充质量作为重点来抓,确保盾尾刷油脂充填饱满。

c. 在始发时盾尾油脂在同步注浆之前形成压力,并在施工过程中油脂压力要高于注浆压力,避免砂浆进入盾尾油脂腔损坏盾尾密封。

d. 可采取手动和自动方式对出现漏水、渗水、漏泥浆部位集中压注盾尾油脂。

e. 加强管片拼装操作,避免盾尾间隙过小使管片与密封刷刚性接触而造成密封刷损坏;减少管片破损,避免密封槽处混凝土破损引起弹性密封止水条失效。

f. 管片外弧纵缝粘贴海绵橡胶,避免浆液、地下水砂沿纵缝涌入隧道。

g. 隧道内设一定量的高扬程泥浆泵,以备急用。

h. 在盾构上配备有注浆材料和注浆泵,当出现较大漏浆情况时,则迅速通过倒数第二、三环管片二次注浆孔向地层压注水溶生聚氨酯进行封堵。

(6)规避盾构软硬不均地层掘进施工风险措施

①在软硬不均层中掘进时,提前做好地质分析,并根据出渣的岩石推断掌子面情况为盾构掘进参数选择提供依据。

②在软弱不均地层掘进,加强盾构操作控制,适当减小推进速度,保证盾构姿态。

③在前期掘进过程中对不同地层盾构掘进参数进行记录分析,选择合理的施工参数,并在后续施工过程中加以对比并及时调整,使盾构掘进顺利。

④盾构软硬不均地层掘进要通过推力、转速的控制避免刀具的非正常磨损。

(7)规避盾构开挖面遇障碍物风险措施

①在掘进过程中要根据渣土情况判断地层是否含有杂物,地层是否均一。

②进行走访调查,特别是江中段是否有沉船、炮弹轰炸等情况。

③在掘进过程中注意对掌子面刀盘响声的监听,有异常响声停止掘进进行研究,并考虑应对措施。

④根据掘进参数、盾构姿态的变化推断是否有障碍物。

4.4.7 南水北调中线一期穿黄工程

1)工程概况

南水北调中线工程属特大型跨流域调水工程,从长江支流汉江上的丹江口水库引水,跨江、淮、黄、海四大流域,主要向唐白河流域、淮河中上游和海河流域的湖北、河南、河北、北京及天津供水。主体工程由水源区工程和输水工程两大部分组成,输水工程包括总干渠、天津干渠工程及穿黄河工程。穿黄工程是南水北调中线总干渠与黄河的交叉建筑物,是总干渠上规模最大,技术最复杂,并控制工期的关键性工程,一期设计输水流量为265m³/s,加大设计流量为320m³/s。为确保穿黄工程万无一失,水利部指派黄河水利委员会勘测规划设计研究院和长江水利委员会长江勘测规划设计研究院两大全国最权威的水利部门分别独立设计渡槽、隧洞两个方案。

隧洞方案与渡槽方案相比,可免受温度、冰冻、大风、意外灾害等不利因素影响,耐久性好,检修维护相对简单;采用渡槽方案则增加了世界治水史上最为宏伟的人文景观,而且还可以成为具有较高开发价值的旅游资源。从技术上看,两种方案都是可行的,并且工程造价相当。经过水利部及国家计委组织的专家多次审查,考虑到隧洞方案可避免与黄河河势、黄河规划的矛盾,且盾构法施工技术国内外都有成功经验,因此最终选择了隧洞方案。

穿黄工程线路总长19.30km,南起荥阳市李村村西,北至河南焦作市温县陈沟村西。主体工程由南、北岸渠道、南岸退水洞、进口建筑物、穿黄隧洞、出口建筑物、北岸防护堤、北岸新老蟒河交叉工程以及孤柏嘴控导工程等组成。穿黄隧洞总长4250m,如图4-126所示,包括过河隧洞段(3450m)和邙山隧洞段(盾构施工段765m,矿山法暗挖段35m),双洞布置,隧洞轴线间距为28m,两洞各采用1台泥水盾构自北向南推进。

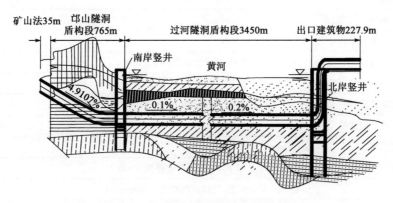

图4-126 南水北调穿黄隧洞纵断面示意图

穿黄隧洞最大埋深35m,最小埋深23m;最高水压为0.45MPa;最小曲线半径为800m;过河隧洞段坡度为0.1%和0.2%,邙山隧洞段坡度为4.9107%;穿黄隧洞为圆断面,内径为7.0m,外径为8.7m,隧洞外层为7等分装配式普通钢筋混凝土管片结构,管片内径为7.9m,外径为8.7m,管片宽度为1.6m;内层为现浇预应力钢筋混凝土整体结构,厚45cm,标准分段长度为9.6m,隧洞内衬在与北岸和南岸施工竖井衔接的洞段以及地层变化洞段将局部加密;内、外层衬砌由弹性防、排水垫层相隔。

2)工程地质

过河隧洞桩号为5+658.57～9+108.57,全长3450m。北岸始发竖井中心高程为67m,桩号为9+108.57;南岸到达竖井中心高程为72.45m,桩号为5+658.57。过河隧洞穿越的主要地层为Q_2粉质壤土、Q_4l砂层和砂砾(泥砾)石层。根据隧洞围土的组成可划分为以下三种类型:

①单一黏土结构。隧洞围土为Q_2粉质壤土层,分布在桩号5+658～6+033和7+109～7+919,总长1185m。

②上砂下土结构。隧洞围土上部为Q_4l砂层,下部为Q_2粉质壤土层,分布在桩号6+033～7+109和7+919～8+233,总长1390m。

③单一砂结构。隧洞围土主要为Q_4l中砂层,局部为粗砂层,砂层中零星分布砂砾石透镜体,该类结构分布在桩号8+233以北,长875m。

过河隧洞开挖范围内,砾卵石粒径为2~10cm;Q_2粉质壤土中夹有钙质结核层;Q_4l砂层中石英颗粒含量较高,达40%~70%,且分布有泥砾层和砂砾石透镜体,局部有淤泥质粉质壤土透镜体;在桩号8+670～8+940之间,隧洞底板分布有Q_3粉质黏土,应考虑其变形特性。根据目前地质勘察资料,不排除在隧洞掘进过程中偶遇粒径大于15cm的块石、枯树及上第三系黏土岩、砂岩、粉砂岩和砂质黏土岩的可能性。上第三系的黏土岩、砂岩、粉砂岩和砂质黏土岩成岩作用差。黏土岩强度较 Q_2 黏土略高,抗压强度为 0.53MPa;砂岩一般为泥质胶结,强度低,抗压强度为 0.62MPa。局部分布有薄层钙质胶结的砂岩,呈坚硬状,强度较高,抗压强度为 16.5MPa。

邙山隧洞段桩号 5+658.57～4+893.57,长 800m。桩号 4+893.57～5+090 隧洞段为黄土状壤土;桩号 5+090～5+359.08 段为粉质壤土,中间夹 3 层古土壤层;桩号 5+359.08～5+658.57 段为粉质壤土,中间夹 4 层古土壤层,其下多富积钙质结核或钙质结核层。

Q_2 粉质壤土渗透系数为 $i\times10^{-7}$m/s;$Q_4 l$ 中砂、粗砂渗透系数为 $i\times10^{-5}\sim i\times10^{-4}$m/s;砂砾石层渗透系数为 $i\times10^{-4}\sim i\times10^{-3}$m/s。

3) 盾构技术参数

南水北调一期工程穿黄隧洞引进 2 台德国海瑞克公司制造的 $\phi 9$ 泥水盾构施工(出厂编号 S358、S359),其主要技术参数见表 4-30。

$\phi 9$ 泥水盾构主要技术参数   表 4-30

系统名称	项目	参数
综述	盾构类型	泥水加压平衡式
	主机长	10.97m
	盾构及后配套总重	1166t
刀盘	开挖直径	9000mm(新滚刀:9030mm)
	类型	中间支撑式
	旋转接头	1 个,用于膨润土、液压管、电气线路
	中心冲刷装置	1 个,200m³/h
	开口率	35%
	先行刀	27 把,与切刀高度差为 30mm
	齿刀	6 把,与切刀高度差为 30mm
	切刀	76 把(多个钨质嵌刃)
	铲刀(周边刮刀)	16 把
	仿形刀	1 把,带软土刀具
	滚刀	2 把,双刃,17in
	切刀磨损检测装置	3 个
	刀具安装方式	背装式
刀盘驱动	驱动形式	变频驱动
	主轴承寿命	10000h
	连接形式	螺栓固定式
	电机	10 台
	驱动功率	1100kW
	主轴承类型	3 排滚柱轴承
	密封形式	4 道外密封、2 道内密封
	外密封最大工作压力	0.6MPa
	最大扭矩 1	8876kN·m
	最大扭矩 2	5547kN·m
	脱困扭矩	9467kN·m
	旋转速度	0～2.6r/min
	旋转方向	顺时针/逆时针

续上表

系统名称	项　目	参　数
碎石机	驱动方式	液压
	类型	颚式
	安装位置	调压仓
	功率	30kW
	最大破碎粒径	500mm
盾体（包括盾尾）	前盾直径、钢板厚度	9000mm（不计耐磨层）/80mm
	中盾直径、钢板厚度	8985mm/50mm
	压缩空气调节系统	2套（其中1套备用）
	调压仓的调压精度	±0.01MPa
	压力仓板	1个
	分隔仓板	1个
	碎石机冲刷头	1个
	前闸门	1个（液压控制）
	盾尾直径、钢板厚度	8970mm/60mm
	盾尾类型	固定式
	钢丝刷密封数量	4道
	紧急膨胀密封数量	1道
	油脂管，通径30mm	3×10条
	注浆管，通径50mm	4条，集成在盾尾内
	注浆管，通径30mm	4条，集成在盾尾内
	注浆管，通径10mm	4条软管，分别位于30mm注浆管内
	盾尾间隙	40mm
推进系统	最大总推力	60344kN
	油缸数量	2×14个，其中4个带有压力测量和内置的行程测量系统
	油缸尺寸	280/240mm
	油缸行程	2300mm
	工作压力	5～35MPa
	最大推进速度	60mm/min
	最大回缩速度	1600mm/min
	行程传感器测量精度	±0.5mm
	压力传感器测量精度	±0.01MPa
	推进油缸分区数量	4区
人仓	仓室数量	2个
	直径	1600mm
	容量	3人+2人
	仓门数量	4个
	标准	按欧洲安全标准EN12110设计
	工作压力	0.6MPa
	测试压力	0.675MPa

续上表

系统名称	项 目		参 数
同步注浆系统	单液系统	注浆泵数量	2套，KSP12双活塞泵
		总能力	20m³/h
		砂浆罐容量	8m³,带搅拌器
		最大注浆压力	3MPa
		压力传感器数量	4个
		注浆管路	4条
	双液系统	A成分泵	4×Allweiler螺杆泵
		总能力	20m³/h
		A成分罐	8m³
		B成分泵	4×Allweiler螺杆泵
		总能力	6m³/h
		B成分罐	1m³
		B成分罐更换设备	1台
		压力传感器	4＋4
		流量计	4＋4
		注浆管路	4条＋4条
管片拼装机		类型	中心回转式,液压驱动;欧洲CEN标准
		额定起吊能力	72kN
		最大起吊能力	100kN
		抓取系统	真空吸盘式
		驱动方式	液压
		自由度	6
		移动行程	2300mm,可拆装最后安装的一环管片
		旋转角度	±200°
		纵向移动速度	0～8m/min
		控制方式	无线遥控,和有线遥控(用于紧急状况)
		控制调节方式	比例阀调节
		旋转速度	0～1r/min
		超前钻机安装位置和接口	与选定的钻机匹配
管片吊机		形式	真空吸盘式
		额定起吊能力	72kN
		最大起吊能力	100kN
		行走速度(变频调速)	0～40m/min
		提升速度(变频调速)	0～10m/min
		控制方式	有线控制
导向系统		型号	SLS-APD
		精度	2s
监视系统		彩色摄像头数量	2台
		彩色显示屏数量	1个

续上表

系统名称	项 目	参 数
后配套	拖车数量	3节
	允许列车通过尺寸(宽×高)	1.8m×2.8m
冷却水系统	能力	45m³/h
	水管卷筒规格/数量	DN80mm×40m(水管长度)/2个
	工业水罐	1个,5m³
	调节水罐	1个,1m³
空气压缩机	容量	75kW,13.8m³/min@0.8MPa
	储气罐	1m³
	噪音	68dB
油脂站	盾尾油脂泵	1×200L
	HBW油脂泵	1×60L
	主驱动润滑油脂泵	1×200L
排污系统	潜水式排污泵	一台,50m³/h,电机驱动,安装在管片拼装区域
隧道通风	风管储存箱数量	2个,100m风管储存能力
	隧道里的风管直径	1400mm
二次通风	风机	1台,带消声器
	盾构上的风管直径	700mm
	通风速度	0.5m/s(瑞典标准SIA196)
	通风能力	90000m³/h
泥水循环	送泥流量	1000m³/h
	送泥密度(Max)	1.10t/m³
	送泥管直径	300mm
	排泥流量	1100m³/h
	排泥密度(Max)	1.28t/m³
	排泥管直径	300mm
	泥水仓压力传感器数量	1个
	调压仓压力传感器数量	1个
	泥浆管延伸装置形式	伸缩式
	泥浆管延伸装置长度	可延长8m的泥浆管
送泥泵	型号	Warman10/8
	功率	400kW
	数量	2台
	扬程	73m
	排量	1000m³/h
	允许通过的最大粒径	180mm
排泥泵	型号	Warman10/8
	数量×功率	3×450kW
	扬程	74m
	排量	1100m³/h
	允许通过的最大粒径	180mm

续上表

系统名称	项 目	参 数
电气系统	初次电压	10kV(±10%)
	二次电压	400V
	变压器	一个,2500kV·A,硅油型
	系统保护等级	IP55
	主轴承变频电机保护等级	IP67
	泥浆泵变频电机保护等级	IP67
	控制电压	24V
	照明电压	230V
	应急照明电压	24V
	频率	50Hz
	10kV 高压电缆规格/型号	3×120+3×70/3 或者 3×95+3×50/3
功率	刀盘主驱动	1100kW
	仿形刀	18.5kW
	推进系统	90kW
	管片安装机	90kW
	破碎机	30kW
	注浆泵	30kW
	砂浆储存罐及搅拌器	9kW
	真空泵	2×2.2kW
	泥浆泵的冷却水泵	1.5kW
	液压辅助系	55kW
	多管油脂泵	0.37kW
	电缆卷筒	2.2kW
	水管卷筒	2×2.2kW
	液压油和齿轮油过滤泵	5.5kW
	主轴承润滑	7.5kW
	管片吊机	15kW
	排水泵	12kW
	冷却水系统	37kW
	空压机	75kW
	二次通风机	30kW
	泥浆管铺管吊机	4.0kW
	送泥泵	400kW×2=800kW
	排泥泵	450kW×3=1350kW
	备用功率	150kW
	总功率	3921.37kW

4)盾构的结构特点

(1)盾体

盾体钢结构设计能够承受预期的水压和土压,所有的法兰盘都进行了机加工以保证精度,法兰盘之间均设有密封槽,钢材质量为 Q345B16MnR/S355J2G3。连接螺栓等级为 10.9,钢材为 34-CrNiMo6。

分隔仓板将盾体分隔为两个仓室，前仓即开挖仓包含刀盘，其中充满了给开挖面和后仓提供"压力平衡"的流体，后仓也包含气垫加压的流体。在仓板的后部有气闸、安装主驱动的法兰盘、推进油缸固定装置、泥浆管接头、冲刷喷嘴、风水电液压、连接管线等。刀盘主驱动是通过法兰盘连接在压力仓板上。

（2）推进油缸

盾体前进由4组推进油缸实现。每组油缸均可独立控制压力进行操纵。在控制室里，司机可以看到数字显示的每组油缸行程及压力。油缸的布置避开了管片接缝，所有的油缸撑靴均为球形铰接式以避免造成管片裂缝或损坏。推进油缸设计为双缸，每对油缸均有独立的撑靴。总推进速度由一个总流量控制阀来调节。

（3）盾尾

根据预测的水压和土压设计盾尾的钢结构和密封系统。盾尾密封由4道密封钢刷和1道紧急密封组成（图4-127）。

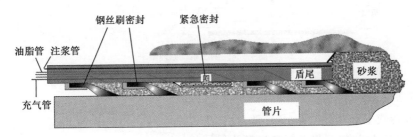

图4-127 盾尾密封系统

1道止浆板安装在盾尾尾部，可以在一定程度上阻挡注入的浆液进入盾壳外部的空隙、防止盾尾尾部与砂浆黏结在一起。盾尾内置4条通径50mm的注浆管用于单液注浆；4条通径30mm的注浆管（A管），每条还包含1根通径10mm的软管（B管）用于双液注浆。

（4）双仓人闸

双仓人闸与压力仓板的法兰相连。门的密封采用唇密封。双仓人闸有紧急仓和主仓两部分，紧急仓可以用于进入主仓，通过主仓可以进入气垫调压仓。主仓设计容纳3人，紧急仓容纳2人。紧急仓的作用是在需要时，在降压状态下，通过紧急仓可以进入主仓。

（5）压缩空气调节

压缩空气调节器安装在盾体内，用于调节工作仓内的支撑压力以及气闸的空气压力。

压力传感器安装在开挖仓，随时检测压力值。压力调节器比较测得值与设定值，然后控制进气阀修正支撑压力。压缩空气系统只调节进气。如果开挖仓过压，则通过卸压阀卸压。调压系统精度为±0.01MPa。

精确的工作面支撑压力调节是通过操作员控制泥浆循环系统的送、排泥量及调压系统来实现的。调压系统包括两个压力调节阀，一个升压，另一个减压。同时，安装有两套调节系统，一套是工作系统，另一套是备用系统。一旦工作系统出现故障，备用系统马上可以启用。压缩空气调节系统是全气动操作装置。如图4-128所示，红色表示为工作线路，蓝色表示为备用线路。调压仓的压力通过压力采集单元由调压气垫处获得，然后传递到调压器，调压器把获得的压力与设定的压力进行对比，如果采集的压力小于设定的压力，则通过调压器，进气阀门打开，对调压气垫进行加压，否则打开排气阀进行排气；所以，调压气垫内的压力始终是在设定的压力值上下波动。

（6）碎石机

碎石机安装在排泥管的吸入格栅前、分隔仓板之后。液压驱动颚式破碎机能够使用人工和自动模式进行操作，能破碎的岩石粒径最大为500mm。格栅限制大粒径物料进入到排泥管，开口约为160mm×160mm，前部焊有耐磨材料。

（7）前闸门

前闸门位于分隔仓板底部，关闭时，用于分离开挖仓和调压仓。前闸门用液压驱动，关闭时，可保证在调压仓里安全地进行检查和维修工作。

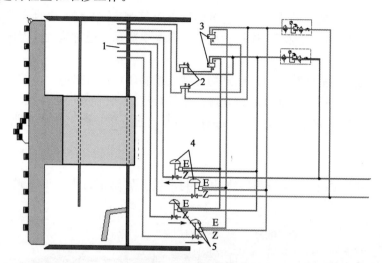

图 4-128　调压系统原理图

1-调压气垫；2-压力采集单元；3-调压器；4-气动控制进气阀门；5-气动控制排气阀门

(8) 刀盘与刀具

刀盘为双向旋转软土型辐条面板式刀盘，设计为 4 个主辐条及 4 个辅助辐条，有 16 个渣槽。采用 S355J2G3/Q345/16MnR 材料制作。辐条设计为箱体焊接结构。

为了将渣土从刀盘及开挖仓顺利排出，采用从中心旋转接头大流量（100m³/h）冲刷方案。冲刷出口是固定的，而刀盘和传力架是旋转的，这样就可以防止渣土在刀盘中心区域堆积，并同时从中心部位注入膨润土加快泥浆在开挖仓中心部位的混合。

特殊的先行刀/齿刀可以预先进行开挖以降低对切刀的直接磨损。切刀采用大尺寸刀具，以减少开挖时粉末状渣土的产生，并减少堵塞的危险，开挖强度高达 25MPa，可以开挖始发竖井和中间竖井的混凝土凝固块，处理带有砾石的土壤。铲刀用于清理外围开挖的渣土，保证开挖直径的精度，防止刀盘外缘的直接磨损。由于硬质黏土距隧道轴线只有数米，所以设计了边缘滚刀数，以开挖隧道底部的硬质黏土。在不同的地层采用不同的刀具布置方案：在砂质/砾石土层中，刀具布置为 27 把先行刀、6 把齿刀、76 把多刃标准切刀、16 把铲刀；在黏质土壤中，刀具布置为 76 把多刃标准切刀、16 把铲刀。

(9) 磨损监测系统

采用了一套特殊的系统来监测切刀的磨损情况（图 4-129），监测工作在常压下进行，不需进入到开挖仓。在刀具里预埋了线圈，线圈的开闭表明了刀具的磨损情况。信号通过感应传递到刀具支座上，通过显示装置可直接看到监测结果。

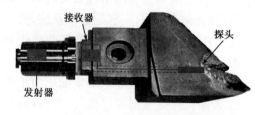

图 4-129　切刀的磨损监测

(10) 其他

采用真空吸盘式管片安装机。盾构后配套台车上配备有 1 套双液注浆系统和 1 套单液注浆系统。

5) 施工难点及对策

南水北调一期穿黄隧洞工程规模宏大，是多个工作面同时施工、多种施工技术共同运用的综合工程，施工内容涉及深基坑围护和开挖、大断面泥水盾构掘进施工、全圆预应力钢筋混凝土衬砌等工程技术。超深连续墙施工、盾构进出洞端头地层加固、盾构始发、过河隧洞长距离掘进、泥水长距离输送、邙山段大坡度推进、预应力混凝土二次衬砌及施工期安全度汛是穿黄隧洞工程的技术难点。

(1) 超深地下连续墙施工

南北岸竖井地下连续墙呈环形布置，北岸竖井墙体深度为 76.6m，南岸竖井墙体深度为 60.85m。竖井地质条件复杂,成槽难度大,槽孔垂直度较难保证,接头处理难度大。钢筋笼制作安装、泥浆下混凝土浇筑质量要求高,钢筋笼安装时限要求高,混凝土浇筑质量、强度高。施工中采取如下措施进行处理:

①北岸及南岸竖井地下连续墙采取液压槽壁机配冲击反循环钻机成槽,抓斗自带测斜装置,冲击钻成槽配 KE-400 测斜仪及时测斜、纠偏,保证槽孔垂直度。采用钢板 V 型接头法保证槽孔接头连接紧密,另外在槽孔接头侧布高压旋喷孔封水,进一步保证接头防水。

②钢筋笼及预埋管件分节加工,采用专业吊架、固定架现场吊装连接,分节钢筋笼接头采取直螺纹套筒连接,现场配两台大吨位吊车安装,将钢筋笼安装时间控制在 4h 以内,避免槽孔淤积超标重新清孔。

③采用直升导管法浇筑混凝土,试压检查导管完好后再下导管。采取混凝土泵车运送混凝土,溜槽入导管,每半小时量测一次,做好记录,控制导管埋深、混凝土上升速度、槽内混凝土上升面、混凝土坍落度等满足设计要求,防止堵管、导管提出混凝土面等问题发生。

(2)端头地层加固

穿黄工程两岸端头地层主要为砂层,埋深大,地下水位高,为确保盾构正常施工,北岸竖井(盾构始发井)、南岸竖井两侧地层、邙山隧洞进口(盾构到达口)地层采取高压旋喷注浆措施进行地基加固。高压旋喷注浆加固孔深超过 40m,最深达 60m,成孔、喷灌困难,高喷孔距较近,易串孔、塌孔。施工中可采取如下措施进行处理:

①选用 XY-2 型岩芯钻机成孔、优质泥浆护壁防止塌孔。选用三重管高压旋喷机进行喷灌,加强各工序衔接,防止中断、喷嘴堵塞、抱管等事故,出现问题及时处理。

②高压旋喷孔距、排距较近,采取先施工奇数排再施工偶数排的间隔施工法,防止喷灌时串孔。当高压旋喷孔串通时,可适当调整喷灌参数,对被串孔须扫孔后再下喷管。

③加强加固效果的检查,保证加固质量。加固完成后,从竖井内向加固区用岩芯钻机钻水平检查孔,在加固区的四角和盾构始发区域内各布置不少于 4 个检查孔,对检查孔的岩芯进行检验和评价,对其渗水情况进行分析,必要时进行补充加固。

(3)盾构始发

北岸始发竖井为直径 16.4m 的圆形竖井,盾构直径为 9m,始发时井内有效长度仅 13.7m,盾构及后配套设备无法一次性在井下整机始发,只能采用二次始发方案,即先吊下盾构主机,后配套设备置于地面,主机与后配套之间采用延长管线进行连接,等盾构主机向前掘进一定长度后,再将后配套吊下,重新进行管线连接。盾构始发时加强洞门密封、反力架、始发架的监控,做好始发时的泥水压力控制,保证施工安全和始发的顺利进行。

盾构主机长约 11m,竖井的有效长度仅 13.7m,为了满足在盾构主机后面安装反力架和吊运管片的空间需要,始发时采用以下措施进行处理:

①盾构始发洞施工。在竖井施工时,预先施工一长约 4m 的始发洞。

②组装盾构的下半部。安装盾构前体的下半部、中体的下半部、刀盘驱动及盾尾的下半部。盾构下半部组装见图 4-130。

③组装盾构的上半部。安装盾构前体的上半部、管片安装机支撑、人仓、中体的上半部和刀盘。利用盾构下半部分推进油缸,通过顶在下部仰拱部分的管片上将盾构移入始发洞内;排泥泵 P3 临时安装在盾构左侧的竖井底部。盾构上半部组装见图 4-131。

④始发推进。拆除下部仰拱部分的临时管片,组装管片安装机的梁、管片安装机及盾尾的上半部分;在盾尾后部安装反力架和反力环;在盾尾内紧靠反力环拼装负环管片,将盾构推进至掌子面。盾构发见图 4-132。

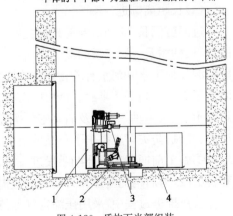

图 4-130 盾构下半部组装
1-前盾;2-中盾;3-刀盘驱动;4-盾尾

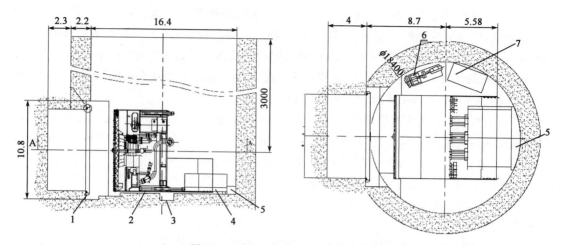

图 4-131　盾构上半部组装（尺寸单位：m）
1-洞门密封；2-推进油缸；3-盾尾焊接空间；4-临时管；5-可移动垫块；6-排泥泵；7-排泥泵控制柜

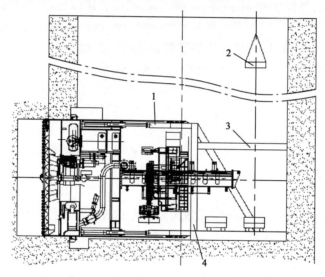

图 4-132　盾构始发
1-负环管片；2-管片吊运；3-反力架；4-反力环

⑤后配套吊下，整机推进。在盾构向前掘进72m后，拆除延长管线、负环管片、反力架及反力环，铺通竖井轨线，将后配套拖车吊下，移至隧洞内与主机连接，重新进行管线连接，调试后，形成整机向前掘进。

（4）长距离掘进

过河隧洞长3450m，穿越地层主要为Q_4l砂层和砂砾（泥砾）层、Q_2粉质壤土层，以及可能有极少量的块石、枯树及上第三系的黏土岩、砂岩、粉砂岩和砂质黏土岩。砂层和砂砾石层渗透系数大，多数砂层段隧洞外地下水和河水有着密切的水力联系通道，施工过程控制不好，就可能造成隧洞涌水涌砂，造成隧洞掌子面前方坍塌等事故。砂层中石英含量高，长距离的黄河下掘进，且水压大（0.45MPa），对刀盘、刀具的耐磨性、主轴承密封及盾尾密封等提出了很高的要求。长距离的独头掘进，对工程的施工运输、泥水输送、通风、防灾等也提出了很高的要求。施工中可采取如下对策：

①施工前通过地质补勘手段进一步查明过河段隧洞洞身的地层特性，特别是对可能出现块石、枯树和岩层段，为盾构的设计和刀具的配置提供准确的依据。

②在推进过程中，采用压缩空气保持切口水压稳定，压缩空气垫可起到吸振器的作用，减小泥水压力的波动。在每次调整压力后，均进行试推进，并进行分析，合适后再正式进行正常推进。

③通过仪表测定送排泥水的密度差，通过计算求出实际排渣量，指导掘进施工，避免出现大的塌方和

超挖现象,确保掌子面的安全。

④刀盘具有足够的刚度、强度和耐疲劳性,对刀盘面板和开口的表面进行硬化耐磨处理,减少刀盘的磨损,防止刀盘变形。

⑤配备高耐磨刀具,布置适应软土掘进的切刀和适应于卵石或枯树的先行刀,切刀和先行刀均采用碳化钨高耐磨刀。不同区域的切刀上配备刀具磨损自动监测系统,及时检测刀具的磨损状况,便于对刀具的磨损情况和磨损规律进行分析和评价。

⑥盾构配备带压进仓功能,在出现意外情况时可以带压进仓作业。

⑦确保高水压下的密封效果,盾构设计时加大耐压安全系数,主轴承和盾尾密封能承受 0.6MPa 的高水压。盾尾密封采用 4 道,并设置紧急密封,且盾尾的前两道密封能安全进行更换,以保证长距离掘进的密封效果。

⑧配置足够的运输设备,并在隧洞内 1500m 处设置错车道,保证隧洞施工的运输供应。配置大功率的通风机和大直径的通风管,保证洞内长距离通风的效果。

⑨对长距离掘进进行风险辨识、评估、分析,制定相应的应急预案,避免和减少安全事故的发生。

(5)长距离泥水输送

过黄河隧洞段长 3450m,同时考虑北岸竖井深度(50.5m)以及弯管和闸门及分离站高度的影响,泥水输送的距离约为 4000m,在长距离输送条件下,考虑如下布置方案。

①采用大功率和大扬程的重型送排泥泵,其流量和扬程均具有较大的储备系数;泥浆泵设计较大的排浆通道,能够泵送的最大石头尺寸为 180mm。泵的关键部件为转轴,转轴进行了耐磨保护,适应穿黄工程的磨损性介质。

②送泥泵采用两台大功率大扬程的重型泵。排泥泵采用 3 台大功率大排量大扬程的重型泵。加大排泥泵的功率,减少排泥泵的数量,缩短安装排泥泵的时间,确保工程进度。泥浆泵具体是在盾构后配套拖车上安装 1 台主排泥泵,在竖井底部安装 1 台接力泵,当掘进到过河隧洞的中间时在隧道内安装 1 台中继泵。

③在盾构的泥水平衡仓的底部配置砾石破碎机,对较大的砾石进行破碎;破碎机的后部设置拦石格栅,避免大砾石进入排泥管。

④泥浆系统安装电磁控制球阀和相应的旁通管路,可以实现在进排浆管中进行反循环,有效地防止在黏土地层中特别容易发生的堵管现象。

⑤在气仓的底部设计两个电磁球阀。在开挖模式下,可以在泥水平衡仓的上面实现反循环,以便清理在破碎机和仓室底部的沉积物。

⑥配备泥浆管线延伸系统,通过此系统保证盾构在正常掘进过程中的管线延伸,防止发生泥浆泄漏。

⑦采用远程控制式球阀通过 PLC 软件进行泥水系统的控制。

(6)邙山段盾构大坡度推进

邙山隧洞最大上坡坡度为 4.9107%。要求盾构有较强的爬坡能力和方向控制能力,同时对运输系统提出了更高的要求,为保证施工质量和安全,可采取如下对策:

①在盾构设计时充分考虑 4.9107% 上坡掘进对盾构的功能要求,推进系统装备的推进力应留有足够的余量,总推力按直线段最大推力的 1.3~1.5 倍考虑,以满足盾构爬坡时需要更大推进力的要求。

②为防止在上坡段盾构产生低头,分 4 组控制推进油缸中,下组油缸数量多于上组油缸的数量。

③主轴承采用适用于大推力的重工况三维滚柱整体式轴承,轴承支承框架做成刚性焊接结构件,以防止在推力载荷作用下轴承支承框架产生变形而发生扭转。

④管片吊机的行走电机及升降电机均采用加大功率设计。

⑤盾构掘进时,加强盾构和管片姿态检测,控制盾构纠偏量。

⑥盾构后配套拖车安置防下滑的止动装置。

⑦隧洞内水平运输采用大吨位变频牵引机车(35t),且具有安全可靠的止动装置。

⑧在盾构后配套及运输列车停车位置的运输轨道上及时设置可靠的止动装置,保证运输安全。

⑨加强轨道线路的维保力度,保证运输线路的安全可靠。

(7)预应力混凝土二次衬砌

穿黄隧洞工程预应力混凝土衬砌量大(其中锚索达10498束),工期紧(实际施工工期仅为11个月),施工速度高(锚索施工速度为32束/d,衬砌平均速度为25环/月),且水工隧洞对衬砌质量要求高。为保证施工质量和进度,施组中采取如下对策:

①二衬混凝土采用全圆穿行式模板台车施工,增加台车的模板数量,保证台车的施工速度。

②配备数量充足的、先进成套的、轻便灵活的机械设备,尤其是张拉设备的性能要优良,能够适应高速度施工的要求,既能满足质量要求,又能比较轻便灵活、方便移动。合理加大施工设备的配置数量及各种资源储备,为高强度施工做好充分的准备。

③混凝土的运输能力与钢筋绑扎能力相匹配,配备钢筋台车。

④进一步优化施工方案,合理安排施工流程,发现问题及时处理及总结,确保施工质量,保证混凝土衬砌施工顺利进行。

⑤抓好工序质量控制,强化质量检查。对钢筋绑扎、立模、混凝土灌注、锚索张拉等关键工序进行工序质量责任签认和详细记录,保证施工质量。

⑥紧抓施工工序衔接,合理安排各工序施工时间,建立工序时间考核制度,严格实施,保证施工工期。

(8)施工期安全度汛

穿黄隧洞工程施工场地均布置在黄河两岸的漫滩上,施工场地略高于黄河20年一遇的汛期水位,工程总工期为56个月,施工期间需要跨越4个汛期,做好施工导流和度汛,直接关系施工安全。施组中拟采取以下主要措施确保施工期安全度汛:

①做好施工导流设施。在黄河滩地上建筑物汛期采用临时断面挡水,临时断面填筑平台高程为105.6m,高于20年一遇的汛期水位。南北岸工作竖井平台在汛期采用增加子堰措施挡水,采用码石及抛石护坡防冲保护。

②北岸防护堤及早施工,并尽量在汛前完工,以便于北岸施工临时设施的防汛。南岸靠河的临时设施必要时采取临时护堤防汛。

③施工区内系统布置临时排水干、支沟和集水井,确保将降雨汇水顺利通过临时设施排出。

④成立防汛领导小组,建立抗洪应急预案,组建抗洪抢险队,并配备足够的抗洪抢险物资及机械设备,随时应急处理突发事件。不良天气时,采取昼夜巡逻、检查制度。

⑤专人与当地气象部门密切联系,获取有关水文气象等情报资料,并作出科学预测分析,为防汛决策提供充分的依据。

4.4.8 北京铁路地下直径线工程

1)工程概况

北京铁路枢纽北京站至北京西站地下直径线工程,自北京站起,沿崇文门西大街、宣武门大街,莲花池东路至北京西站;线路全长9.156km,其中地下隧道长7.23km,地下隧道中盾构施工长度为5.7km。北京铁路地下直径线工程是国内第一条采用盾构法施工的铁路地下隧道,也是目前城市最大直径的双线铁路隧道工程。

盾构区间采用钢筋混凝土管片衬砌,外径为11.6m,内径为10.5m,环宽1.8m,管片分块采用8+1形式。盾构法隧道分为2个标段,共采用2台ϕ11.97大直径盾构施工,其中1标段盾构在前门站始发,向西掘进3.2km到达宣武门站;2标段盾构在天宁寺桥北侧设置盾构始发井,向东掘进2.5km到达宣武门站。

2)工程地质与水文地质

盾构穿越的地层95.21%为砂卵石地层,盾构区间各地层所占比例见图4-133。

盾构区间地层随机取样筛分试验粒径比例见图4-134。地层细颗粒含量极少,0.074mm以下的含量约占2.4%,10mm以上的含量大于60%,最大砂卵石粒径达到280mm左右,且不能排除有大直径孤石的可能。

盾构区间覆土厚度为11~29m。含水层主要为砂卵石层、圆砾层及砂层,最大渗透系数为1.74×10^{-3}m/s,最大水土压力为0.3MPa。

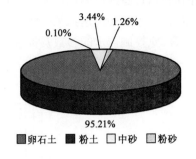

图4-133 各地层所占比例

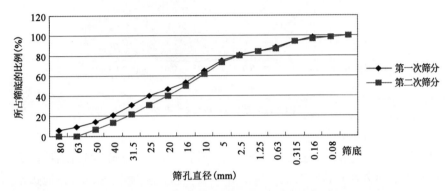

图4-134 地层随机取样筛分试验粒径比例图

3)盾构类型的选择

(1)泥水盾构方案

①盾构类型与地层渗透性的关系。

根据德法等国的盾构施工经验,当地层的渗透系数小于10^{-7}m/s时,可选用土压平衡盾构;当渗透系数在$10^{-7} \sim 10^{-4}$m/s之间时,既可选用泥水盾构,也可在渣土改良的情况下选用土压平衡盾构;当地层的渗透系数大于10^{-4}m/s时,宜采用泥水盾构。北京铁路地下直径线盾构穿越地层的渗透系数为1.74×10^{-3}m/s,大于10^{-4}m/s,采用泥水盾构施工是可行的。

②盾构类型与颗粒级配的关系。

一般来说,细颗粒含量多,渣土易形成不透水的流塑体,容易充满土仓的每个部位,在土仓中可以建立压力来平衡开挖面的土体。粗颗粒含量多的渣土塑流性差,实现土压平衡困难。盾构类型与颗粒级配的关系见图4-134,图中最右边深灰色区域为黏土、淤泥质土区,为土压平衡盾构适用的颗粒级配范围;左边的矩形格铺网区域为砾石粗砂区,为泥水盾构适用的颗粒级配范围;右边的浅灰色区域为细砂区域,两类盾构都能适用。北京地下直径线的地层主要为砂卵石地层,砂卵石含量占95.21%。根据直径线地层随机取样筛分试验所做的级配曲线(图4-135中左边两条曲线)可以看出,北京直径线的地质颗粒级配不适宜采用土压平衡盾构,较适于采用泥水盾构。但样件1与样件2的曲线局部超出了泥水盾构的适用范围,因此,北京地下直径线使用泥水盾构也存在一定的风险。

③开挖面稳定与泥膜的形成。

泥水盾构利用泥浆作为支护材料,开挖面的稳定是通过泥浆渗透形成不透水的泥膜,通过泥水压力来平衡作用于开挖面的土压力和水压力,开挖面的稳定与泥膜能否形成至关重要。在砂卵石地层中使用泥水盾构的风险就是泥膜形成困难。在砂卵石地层中,地层孔隙较大,当有效孔隙$L > 3D_{max}$(泥水最大粒径)时,全部泥水可经过地层的孔隙流走,无法形成泥膜,由于易出现逸泥现象,泥水压力管理较困难,易造成掌子面坍塌或地面沉降的危险。在砂卵石地层泥膜形成的方法除在泥水中加入膨润土外,还应加入增黏剂或加入聚丙烯酰胺或其他聚合物等泥浆改良剂。当加入泥浆改良剂后,泥水在向地层孔隙中渗透的同时,自身形成体积增大的团粒与地层土颗粒吸附结合,对渗透形成阻力,该阻力随渗透距离的增大而增大,当渗透距离达到某一定值时,渗透阻力与泥水压力平衡,渗流停止,形成渗透泥膜。对于渗透泥膜而言,应控制泥水的参数及掘进参数,使其成膜时间短于刀盘对应的掘削时间。

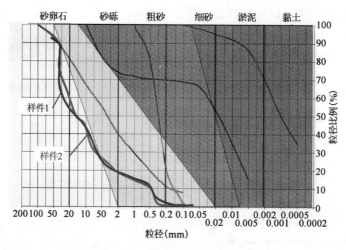

图4-135 盾构与颗粒级配的关系

④刀具的布置与砂卵石的破碎。

在砂卵石地层,砂卵石属松散体,地层对砂卵石缺少约束力,且由于砂卵石的抗压强度较高,滚刀只能部分破碎砂卵石,不能对砂卵石进行有效破碎。在刀盘上应配置撕裂刀、切刀、周边刮刀等刀具,撕裂刀为先行刀,超前切刀布置,先行切削地层,先对砂卵石进行冲击和撕裂,对砂卵石进行部分破碎并解除地层对砂卵石的约束力,然后由超前量较小的切刀切削剩余部分。经撕裂刀松动和部分破碎的砂卵石,通过刀盘的刀口进入泥水仓,在泥水仓内通过破碎机进行二次破碎。在泥水仓内布置的破碎机能破碎砂卵石的粒径一般不大于500mm。因此在设计刀盘时,泥水盾构宜采用面板式刀盘,通过刀盘的开口来限制进入泥水仓的砂卵石的粒径。

⑤大直径孤石的处理。

直径线地层预计最大砂卵石粒径为280mm左右,且不能排除有大粒径孤石的可能。对粒径大于500mm的孤石需人工处理,处理程序如下:停机→刀盘前地层加固→带压进入开挖仓→破碎漂石→掘进。

(2)土压平衡盾构方案

①盾构类型与黏土含量的关系。

根据日本的盾构施工经验,当地层中黏土含量不足10%时,不推荐使用泥水盾构。黏土含量不足时,使用泥水盾构在开挖面上很难形成泥膜,开挖面易坍塌。直径线地层细颗粒含量极少,0.074mm以下黏土含量仅占2.4%,泥膜形成较困难,因此使用泥水盾构具有一定的风险,可考虑采用土压平衡盾构施工。

②开挖面稳定与土压平衡。

土压平衡盾构是依靠推进油缸的推力给土仓内的开挖渣土加压,使土压作用于开挖面使其稳定,主要适用于黏稠土壤的施工,掘进时,由刀盘切削下来的土体进入土仓后由螺旋输送机输出,在螺旋机内形成不透水的土塞,保持土仓压力稳定。土压平衡盾构施工中,土仓内的渣土起着平衡开挖面水土压力,支撑开挖面的作用,应具有良好的塑性变形、内摩擦角小及渗透率小等特点。在饱水的砂卵石地层,需使用添加剂进行渣土改良。其原理为将开挖土砂与添加剂在开挖面混合,形成具有不透水和塑流性的渣土,通过推进油缸给土仓加压,使土压作用于开挖面,以平衡开挖面的水土压力。

③添加剂的选择。

添加剂的选择和使用与地层的含水量、地层的细颗粒含量等有关。对于一般的砂层或砂砾层(渗透

性在 $10^{-7}\sim10^{-4}$ m/s 之间)而言,掘进时注入泡沫或膨润土泥浆。在细颗粒含量很少的地层中(渗透系数在 10^{-4} m/s $\sim10^{-2}$ m/s),可注入添加有聚合物的泡沫或泥浆,或注入单纯的聚合物,或同时通过几种添加剂的联合合理使用,也可以建立起有效的土压平衡和土压控制。直径线地层的最大渗透系数为 1.74×10^{-3} m/s,为达到建立土压平衡及有效实现开挖渣土的流塑性,宜采用多种添加剂联合使用方案,建议注入的添加剂为泡沫(FIR=80%)、稠泥浆(8%~10%)、聚合物(1%)。具体如下:

a. 掺聚合物的泡沫:主要以向刀盘上添加为主,向土仓和螺旋输送机上添加为辅。由于地层具有细颗粒少、高透水性的特点,因此泡沫剂中宜掺入专门为这种地层研制的用于增强泡沫韧性和寿命的聚合物 TFA6AM(CONDAT)或 FIXSLFP2(麦斯特)。向刀盘上添加的目的是利用掺聚合物泡沫良好的渗透性、控水性和润滑冷却性,使用时将发泡率设置成较大值。向土仓内加的目的是利用其维持土仓内上部没有渣土填充部位的开挖面的稳定性,同时也可加速渣土搅拌和在土仓内的流动。

b. 高浓度泥浆:主要以向土仓内添加为主,向刀盘和螺旋输送机上添加为辅。向土仓内添加以给开挖下来的渣土提供足够的用于改良的细颗粒,以实现渣土的流塑性和低渗透性,同时可极大降低仓内土与刀盘间的摩擦,以减少刀盘扭矩。向刀盘前注入是辅以增加开挖面的细颗粒,形成一定的泥膜以降低渗透性并加强泡沫的使用效果。

c. 聚合物溶液:从土仓隔板上往螺旋输送机两侧注入,用于再次改善进入螺旋输送机的渣土的塑性和止水性,确保在螺旋输送机内形成土塞效应。添加剂可使用 CONDAT 的 TFA34 或麦斯特的 FIXSLFP3。

(3) 方案比选

盾构选型应从安全性、可靠性、经济性等方面综合考虑,所选择的机型要能尽量减少辅助施工工法并能确保开挖面稳定,确保施工安全可靠,确保地面建筑物的安全,确保以最低的成本实现施工进度目标。从技术上来说,直径线工程不论是选用土压平衡盾构还是选用泥水盾构都是可行的,但哪类盾构更适用,应从以下方面予以分析:

①地表沉降。大直径土压平衡盾构施工的困难在于难以有效地控制螺旋输送机内的土压力,难以达到理想的渣土混合效果。由于直径太大,泡沫堆积在土仓的上部,较重的土体集中在土仓的下部。大直径盾构比小直径盾构刀盘的转速慢,更加剧了这种趋势。土仓中的渣土混合耗时长,导致掘进过程中,螺旋输送机内的土体的黏性变化剧烈,从一开始的密质,到掘进一段时间后会变成浆液。此外,在泡沫积累的过程中还可能造成气体泄露。大直径土压平衡盾构的土仓压力的控制精度不会低于±0.05MPa,也就是说地表沉降会较高,不利于地面建筑物的安全。相反,泥水盾构的压力控制精度不受盾构直径大小的限制,不论直径多大,泥水压力的控制精度都是±0.01MPa,地表沉降会低于 5mm。

②装机功率。土压平衡盾构的功率大部分用于土仓内土体混合,泥水盾构的装机功率要比土压平衡盾构的功率小很多。比如,西班牙项目 ϕ15.16mm 的土压平衡盾构刀盘的装机功率为 14000kW,而格林哈特项目 ϕ14.87mm 泥水盾构刀盘的装机功率仅为 3600kW。

③刀盘及刀具的磨损。土压平衡盾构高装机功率的后果就是造成刀盘及刀具磨损严重,大部分功率都消耗在土仓内土体的混合和地层与刀盘及刀具之间的摩擦上。施工经验数据表明,同直径盾构的两种机型的磨损率和其装机功率成正比,因此土压平衡盾构的刀盘及刀具的磨损比泥水盾构严重,根据北京地铁土压平衡盾构的施工经验,在砂卵石地层掘进时,由于砂卵石地层石英含量高,每掘进 300~500m 需换刀一次,带压换刀不仅安全性差,而且严重影响了施工进度。泥水盾构的刀具在泥水环境中工作,由于泥水的冷却与润滑作用,刀具磨损较小,有利于长距离掘进,可减少或避免中途换刀,不仅降低了盾构法施工风险,更节省成本,且加快了施工进度。

④施工成本。大直径土压平衡盾构的综合施工成本比泥水盾构高。一方面,高装机功率会带来盾构价格的增加,从使用成本来说,高装机功率造成能源消耗增加,在电及冷却水的消耗方面,土压平衡盾构

比泥水盾构要高,这种成本的增加相当于地面泥水处理设备的成本。第二方面,大直径土压平衡盾构采用螺旋输送机将渣土转运至皮带输送机上,然后通过渣车运至竖井,由地面上的门吊将渣车吊至地面进行卸渣,土压盾构的渣土运输成本要略高于泥水盾构。第三方面,土压平衡盾构的维护费用大约是泥水盾构的两倍,特别是刀具的更换费用很高。第四方面,土压平衡盾构在砂卵石地层施工时,渣土的改良成本相当昂贵。

⑤施工进度。由于砂卵石地层的孔隙率高达38%,为了能形成具有塑流性的渣土,需要添加大量的膨润土、泡沫、聚合物进行渣土改良,因此在地面要设置添加剂存储场地;而且,由于渣土改良的需要,增加了洞内的运输量,严重制约了施工进度。泥水盾构采用管道以流体形式将开挖渣土运输至地面,施工工序连续性强,有利于加快施工进度。

4)选型结论及盾构参数

北京铁路地下直径线的盾构选型,先后进行了多次专家论证,在专家首次论证时选用了土压平衡盾构方案,以后经多次反复论证后,决定采用泥水盾构方案,所选泥水盾构的主要技术参数见表4-31。

从技术上来说,土压平衡盾构和泥水盾构都是可行的,但泥水盾构更适应北京铁路地下直径线的工程地质和水文地质,可以确保盾构施工的安全可靠。北京铁路地下直径线选用泥水盾构施工,不仅是"安全第一"的需要,也是满足施工进度目标的需要。

北京铁路地下直径线工程泥水盾构主要技术参数　　　表4-31

系统名称	项目	技术参数
综述	盾构主机长度	盾体10.315m,含刀盘约11m
	盾构总长度	约65m
	盾构及后配套总重	约1600t
	最小转弯半径	纠偏500m
刀盘	刀盘结构形式	8个辐条+面板,沿盾壳周圈布有注浆孔
	分块数量	3块
	开挖直径	11970mm
	开口率	30%
	先行撕裂刀数量	30把
	先行撕裂刀形式	双层重型特制碳钨合金刀齿
	先行撕裂刀最大磨损量	2×32=64mm
	切刀数量(含面切刀和中心切刀)	284把重型面切刀,10把重型中心刀
	切刀形式	双层特制碳钨合金刀齿
	切刀最大磨损量	2×32=64mm
	周边刮刀数量	16把
	周边刮刀最大磨损量	32mm
	仿形刀数量	1把
	仿形刀行程	75mm
	仿形刀装机功率	11kW
	周边保护刀	16把
	切刀磨损检测装置	5把
	搅拌臂数量	4个
	刀盘防磨保护	硬化处理并在刀盘面堆焊耐磨材料
	旋转接头	1个

续上表

系统名称	项　目	技　术　参　数
刀盘驱动	刀盘驱动形式	变频电机驱动，双向
	转速	0～2.3r/min（双向、无级调速）
	额定最大扭矩	15700kN·m@0.85r/min
	最大转速下扭矩	5802kN·m@2.3r/min
	脱困扭矩	20410kN·m
	刀盘驱动装机功率	1620kW
	主轴承结构形式	三排滚子（轴向—径向）
	大齿圈类型	内齿与主轴承为一个整体结构
	大齿圈齿数	174
	模数	22
	主轴承密封形式	2×5道唇型密封
	主轴承寿命	10000h
	工作压力	0.6MPa
	主轴承润滑方式	自动集中润滑
破碎机	安装位置（内置/外置）	内置式
	破碎形式	颚式
	驱动方式	液压驱动
	最大破碎粒径	500mm
	最大破碎力	1000kN
盾壳	形式	无铰接式
	前盾直径、长度、钢板厚度	直径为11952mm，长2405mm，厚60mm
	中盾直径、长度、钢板厚度	直径为11940mm，长3700mm，厚60mm
	盾尾直径、长度、钢板厚度	直径为11940mm，长4315mm，厚60mm
	盾壳总长度（含刀盘）	约11000mm
	盾壳工作压力	0.6MPa
	钢丝刷密封数量	3道，本工程施工中无须更换盾尾密封刷
	钢板束密封数量	1道
	盾尾间隙	40mm
	预留超前注浆孔数量	DN100　22个、盾壳外圈全圆布置
盾尾油脂注入系统	盾尾油脂注入口数量	3×10个
	盾尾油脂泵形式	适合200L油脂桶的气动泵
	气压调节	以体积为基础的调节
	压力传感器数量	3×10个
推进系统	比推力	1275kN/m²
	最大总推力	140700kN
	油缸数量	50根
	油缸行程	2500mm（管片搭接按1200mm考虑）
	最大推进（掘进）速度	40mm/min（50根油缸同时工作）
	管片安装模式下最大伸出速度	1500mm/min（4组油缸同时工作）
	管片安装模式下最大回缩速度	3000mm/min（4组油缸同时工作）
	位移传感器数量	4只
	推进油缸分区数量	4区

续上表

系统名称	项目	技术参数
人仓	仓室数量	2个
	容纳人数	3+2人
	仓门数量	4个
	工作压力	0.6MPa
压缩空气调节系统	形式	PID
	压缩空气调节器数量	2套
	压力控制精度	±0.005MPa
同步注浆系统	注浆管路数量	2×6根(其中6根为备用)
	注浆泵的数量	3台双活塞泵
	泵送能力	$3×12m^3/h=36m^3/h$
	注浆泵装机功率	3×30kW
	储浆搅拌罐容量	$15m^3$
	储浆搅拌罐装机功率	15kW
	压力传感器数量	6个
管片安装机	形式	真空吸盘式
	起吊能力	额定起吊能力为110kN
	侧向挤压力	100kN/m
	安装功率	160kW
	驱动方式	液压驱动
	自由度	6
	旋转速度	0~1.5r/min
	旋转扭矩	597kN·m
	静扭矩	945kN·m
	移动行程	3000mm,可以更换第一道盾尾刷
	旋转角度	±220°
	控制方式	无线遥控、有线控制各一套
	安装一环管片的时间	小于40min
管片吊机	形式	真空吸盘式单轨吊机
	起吊能力	额定起吊能力为110kN,考虑安全系数2.2时的起吊能力为242kN
	控制方式	无线遥控
	工作范围	允许堆放3块管片的管片车通过
	管片吊机装机功率	37kW
激光导向系统	激光导向系统形式	PPS
	激光全站仪和棱镜之间的角度测量精度	2s
	激光有效工作距离	500m
	双轴倾角计测量滚动精度	≈0.1mm/m
	双轴倾角计测量倾斜精度	≈0.1mm/m

续上表

系统名称	项　目	技　术　参　数
盾尾间隙测量系统	传感器数量	4个
	安装位置	管片安装机上
电视监视及电话通信系统	摄像头数量	2台
	显示屏数量	1个
	显示屏规格	液晶显示器
	电话数量	5部
后配套	拖车数量	3节
	允许列车通过尺寸(长×宽×高)	30m长、1.8m宽、高度允许堆放3块管片
工业水系统	进水参数(买方提供)	70m³/h@30℃,最大粒径500μm
	进水水泵装机功率	55kW
	水箱容量	冷水 9m³(进水)+热水 4m³(回水)
	水管卷筒规格	DN100×40m
	回水泵(泵送至地面清水池中)	80m³/h@0.6MPa
污水排放系统	盾壳内的潜水泵	1×40m³/h@0.2MPa,5kW
	污水箱容量	6m³
	安装在污水箱上的转运泵	1×60m³/h@0.7MPa,30kW
工业气体压缩机	能力	Standard 430m³/h@0.8MPa
	工作压力	0.8MPa
	储气罐容量	1m³
气垫空气压缩机	能力	2×1260 Standard m³/h@0.8MPa
	工作压力	0.8MPa
	储气罐容量	14m³
	过滤装置数量	2×2个
二次通风设备	流量	39m³/s
	风管直径	1000mm,两根对称布置
	工作区最小风速	大于0.5m/s
	二次通风机装机功率	45kW
	消音器数量	2
液压系统	设计标准	液压系统符合 ISO 标准
	主油箱容量	13.5m³
	液压油	矿物油 VG46 或 HFDU 可适用
	清洁度	7级(NAS 1638)
	滤油泵装机功率	15kW
	液压油冷却方式	水/油热交换器
	热交换器进水温度	30℃
	液压管形式	带两层金属丝编织网,ISO 1436 标准

续上表

系统名称	项 目	技 术 参 数
泥水输送系统	类型	气垫式
	压力控制精度	±0.005MPa
	送泥流量	955m³/h(掘进期间),1250m³/h(旁通时)
	送泥密度	1.1t/m³
	送泥管直径(主机和后配套上)	14in(内径为337mm),壁厚8mm
	排泥流量	1250m³/h 掘进期间和旁通时
	排泥密度	1.3t/m³
	排泥管直径(主机和后配套上)	14in(内径为337mm),壁厚8mm
	泥水仓压力传感器数量	4个
	泥浆管延伸装置形式	软管、球塞式
	泥浆管延伸装置有效长度	7.2m
送泥泵 P1.1	数量	1台,叶片和壳体进行耐磨处理
	扬程	67m
	送泥管直径	14in(内径为337mm)
	最大送泥密度	1.1t/m³
	排量	955m³/h
	允许通过的最大粒径	160mm
	装机功率	315kW
排泥泵 P2.1	数量	1台,叶片和壳体进行耐磨处理
	扬程	67m
	排泥管直径	14in(内径为337mm)
	最大排泥密度	1.3t/m³
	排量	1250m³/h
	允许通过的最大粒径	160mm 球形
	装机功率	500kW
排泥泵 P2.2（安装在隧道内）	数量	1台,叶片和壳体进行耐磨处理
	扬程	67m
	排泥管直径	14in(内径为337mm)
	最大排泥密度	1.3t/m³
	排量	1250m³/h
	允许通过的最大粒径	160mm 球形
	装机功率	500kW
排泥泵 P3	数量	1台,叶片和壳体进行耐磨处理
	扬程	46m
	排泥管直径	14in(内径为337mm)
	最大排泥密度	1.3t/m³
	排量	1250m³/h
	允许通过的最大粒径	160mm 球形
	装机功率	315kW
	从泥浆处理站到竖井的最大距离	150m

续上表

系统名称	项 目	技 术 参 数
供电系统	初次电压	10(1±10%)kV,50Hz,3 相
	二次电压	710V/410V/230V(刀盘驱动/辅助/照明)
	刀盘驱动变压器容量	2500kV·A,全充填防水
	辅助变压器容量	1000kV·A,全充填防水
	变压器防护等级	IP55
	电机补偿	$\cos\varphi=0.95$
	中线	IT 型
	电机防护等级	IP55
	电缆	阻燃型,符合 IEC 332-1 标准(C2 级)
	高压电缆延伸能力	240m,自动收放,电驱动
	应急发电机组或内燃空压机(用户提供)	后配拖车上预留有安装位置
控制系统	安装空调的主控制室	1个
	可编程逻辑控制器(PLC)	750 输入/输出,存储器采用 E^2PROM
	显示系统	在监视屏上显示运行参数和故障
	数据记录系统	P4、2.0GHz、内存 512M、硬盘 40G
	纵倾角和滚动传感器数量	分别各一个
安全设施	紧急停机用锁定式按钮	沿机器布置
	专用的紧急停机	在拼装机控制盒上有锁定式按钮
	正常照明和应急照明	1 套,沿机器布置
	消防设施	1 套,沿机器布置
功率	刀盘驱动	1620kW
	仿形刀	1×11=11kW
	推进系统	1×110=110kW
	管片安装机	1×160=160kW
	破碎机	1×75=75kW
	安全闸门	与破碎机共用
	注浆泵	3×30=90kW
	注浆储存罐的搅拌器	1×15=15kW
	液压油过滤泵	1×15=15kW
	主轴承脂润滑	气动
	管片吊机	1×37=37kW
	污水排放泵	35kW
	冷却水循环回水泵	55kW
	盾尾油脂泵	气动
	二次通风机	1×45=45kW
	泥浆管铺管吊机	5kW
	排泥泵 P2.1	1×500=500kW
	工业气体压缩机	1×45=45kW
	气垫空气压缩机	2×130=260kW
	其他设备	1×100=100kW
	总装机功率	3163kW

续上表

系统名称	项目	技术参数
始发延长管线	数量	1套
	长度	150m
气体自动监测系统	探测的气体种类	O_2、CO、CO_2、NO、CH_4
	传感器数量	10

5)刀盘刀具适应性改造

盾构原刀盘结构由8块辐条及8块幅板所组成,上面安装切刀和先行撕裂刀。原刀盘的中部安装有重型中心刀12把、切刀296把、撕裂刀32把、边刮刀16把、周边保护刀16把、仿形刀1把,刀盘开口率为30%,中心部位开口率为45%,改造前的刀盘结构如图4-136所示。

(1)刀盘磨损及原因分析

盾构掘进69m后,出现刀盘扭矩过大,主驱动保险轴断裂。经带压进仓检查,发现刀盘刀具磨损非常严重。

经过检查分析得出,主要是由于实际地层与地勘出入较大,发现了非常致密的卵石胶结层(图4-137),造成先行撕裂刀无法松动土层,损坏严重,而实际上利用切刀松土,但切刀刀齿受卵石碰撞导致大范围崩落,进而发生刀盘、刀具磨损(图4-138)。周边刮刀因线速度最大,磨损也最严重,由刀齿切削地层改变为刀座切削地层,刀具由刀齿点接触改变为面接触,最终导致刀盘、刀具磨损超限及停机。原刀具选型及配置已不适应实际地层需要。因此依据实际揭露地质情况,对盾构刀盘、刀具进行改造以适应实际地层需要。

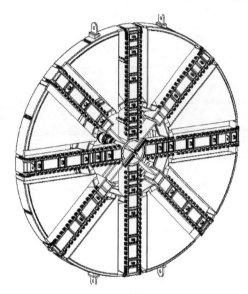

图4-136 改造前的刀盘结构示意图

(2)刀盘改造竖井

图4-137 卵石胶结层

图4-138 周边刮刀、切刀磨损现象

根据盾构刀盘改造所需空间要求,确定竖井的净空为14×4.5m(长×宽)。竖井所处地下水位埋深为20~21m,考虑井位周边区域无施做降水井的条件,同时根据盾构刀盘改造要求的竖井深度为进入盾构刀盘中心(刀盘中心埋深17.5m)以下2m,所以确定竖井深度为20.5m(图4-139)。

(3)盾构刀具改造

采取的刀盘刀具改造措施主要体现为以下几个方面:

①将原设计的重型撕裂刀、切刀和周边刮刀分别更换为滚刀、新型耐磨切刀及新型耐磨刮刀。

②将原设计的刀盘12把中心锥形鱼尾切刀刀座进行割除,改造为5把中心双联滚刀,同时对刀盘旋转接头进行改造以适应中心鱼尾切刀更换为滚刀,主要是更改仿形刀和检测刀液压管路并进行保护。

③在刀盘90°和270°辐条上各新增1把17in滚刀。

④在刀盘辐条新增26把可更换撕裂刀,辐板上新增26把焊接撕裂刀。

⑤在刀盘周边辐板上开孔,制作短刀梁,安装边滚刀,刀梁两侧新增1把刮刀和3把切刀,同时在短刀梁两侧附近刀盘倒角处各新增1把焊接撕裂刀,共计8把边滚刀,16把刮刀,48把切刀。

⑥在刀盘辐条外径处各新增1把切刀,共计16把切刀。

⑦在刀盘外周及外经过渡区新增96把周边保护刀。

改造后的刀盘结构示意图如图4-140所示。

图4-139 刀盘改造竖井

图4-140 改造后的刀盘结构示意图

改造前后的刀具配置对比情况如表4-32所示。

北京铁路地下直径线盾构改造前后参数对比　　　　表4-32

刀具名称	改造前	改造后
切刀	296把	360把
重型撕裂刀	32把	0
周边刮刀	16把	32把
中心刀	12把鱼尾状切刀	5把双联滚刀
双刃滚刀	0	34把
边滚刀	0	8把
焊接合金刀	0	96把,位置处于刀盘外周和倒角过渡区
撕裂刀	0	52把,其中26把焊接可更换,26把不可更换

(4)刀盘结构加固

①增加加强筋板对刀盘进行加固,确保加固后的刀盘结构满足刀盘整体的强度要求。

②在刀盘辐板和辐条之间增加加强钢板,在刀盘辐条和法兰之间增加加强箱体结构的钢板,幅板和法兰之间增加加强钢板。通过这些钢板的加强,来保证刀盘的整体结构。

(5)刀盘耐磨处理

改造前刀盘边沿处焊接耐磨层已磨损,周边刮刀刀座也已部分磨损,同时刀盘也有磨损迹象。为保证长距离掘进,在刀盘面板上增加耐磨钢板,在刀盘外圆上增加合金刀齿以保护外圆,保证开挖直径。在刀盘外圆与面板倒角位置增加合金块及耐磨钢板,在刀盘幅板上增设的单刃滚刀刀箱上增加耐磨钢板以保护刀箱。

(6)冲刷系统改造

针对地层中存在的黏土层,增加一套冲刷系统。在开挖仓增加6个冲刷口,从进浆管路上引出浆液,由一台渣浆泵加压后从背后对刀盘进行冲刷。并根据掘进实际需要,可以实现单独控制对不同位置进行冲刷。

(7) 刀盘改造后应用情况

①滚刀的适应性。

由于北京直径线穿越地层主要以非常致密的卵石胶结层为主,滚刀的破岩机理与岩石地层破岩有较大区别,由于开挖面整体抗压强度不高,滚刀只是将卵石和漂石挤碎。相比硬岩而言,滚刀受到更多的刮削磨损和冲击磨损。直径线正面滚刀为双刃滚刀,边滚刀为单刃刀,刀间距为80mm,施工过程中发现所装滚刀全部属于正常磨损,偏磨及刀圈断裂现象较少出现,但是发现所装双刃滚刀较单刃滚刀磨损快,磨损量也较大,同时有部分双刃滚刀刀圈有串轴的现象。

经分析,在盾构推进和刀盘转动过程中,双刃滚刀受到大粒径卵石、漂石的高速冲击,造成刀圈的串轴和刀体变形。为了减少滚刀刀具的磨损,延长刀具使用寿命,节约成本,将双刃滚刀替换为单刃滚刀,使用寿命延长了原寿命的1/3,效果明显。

②切刀、边刮刀适应性。

切刀、刮刀进行了抗高冲击、高耐磨性设计,在后期施工过程中基本属正常磨损,但非正常损坏现象仍比较严重。其原因是切刀刀座设计不合理,切刀与刀座接触部位角度太小,刀盘在旋转过程中,切刀背部及侧面受到卵石、漂石的高速冲击,导致刀具螺栓频繁、不均匀疲劳受力,螺栓被剪断,切刀掉落,掉落的切刀堆积在开挖仓底部,刀盘转动过程中,掉落的刀具与刀盘刀具又发生激烈碰撞冲击,造成了更大范围的切刀、刮刀刀具的掉落,从而导致刀盘刀具损伤比较严重。为进一步提高切刀、刮刀的适应性,又从如下三个方面进行了二次改造:

a. 切刀形式由原来螺栓连接方式改为销轴连接方式,新型切刀刀座定位焊接在原有刀座上。

b. 在刀盘外周焊接周边保护刀,保证刀盘圆周的耐磨及开挖直径。在刀盘面板上焊接耐磨撕裂刀,以减少刀盘磨损和减小刀盘旋转过程中切刀的受力。

c. 针对刀盘的磨损情况进行耐磨补焊,主要部位有刀盘正面、倒角、外圆、背部切口环及其刀具刀座和刀盘开口等部位。

6) 盾构高压环境下动火修复技术

泥水盾构高压环境动火作业工法技术原理如图4-141所示。盾构刀盘根据掘进参数预估损坏或突发损坏停机后,首先通过一定的技术措施在掌子面安全构建地下高压作业空间,以气压(根据埋深及水位)替代掘进过程的泥水压,然后由合格的作业人员,通过盾构的人仓加压进入此高压作业空间,按照规定程序进行焊接、切割作业、修复刀盘;在此修复过程中,通过一定的技术措施维持地下高压作业的空间安全和气密性要求,并按照要求和规定保障作业人员的安全和健康。

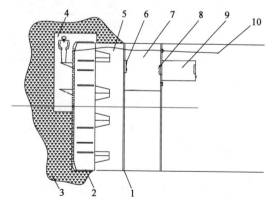
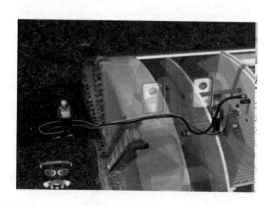

图4-141 泥水盾构高压环境动火作业工法技术原理

1-盾构;2-盾构刀盘;3-地层加固区;4-工作空间;5-刀盘仓;6-刀盘仓仓门;7-气垫仓;8-气垫仓仓门;9-人仓;10-废气排放管

(1) 建立作业空间

①停机点选择。停机维修点应选择在地面建/构筑物风险等级较低的地方,尽量避开地下管线,不影响地面交通,并根据维修内容及地质情况进行选择。一般选择地势开阔、施工对地面建筑物影响小、地层稳定、渗透系数较低的地方。

②地层加固。为确保带压动火作业的安全,在作业前需要采用辅助措施加固地层,常用的辅助措施包括采用膨润土置换、超前地质钻机地层加固、冷冻掌子面地层、地面加固等方法对掌子面地层进行加固,以实现掌子面地层的稳定,为人员进仓作业提供安全保障。

③建立作业空间。刀盘修复所需的作业空间的形成主要有以下方法:一是对于计划性停机,结合地表加固方法进行事先的空间预留;二是对于随机性停机及未事先进行空间预留的计划性停机,空间的形成主要通过停机后人员带压进仓人工凿除实现。具体方法如下:

a. 利用二次复钻中空钻孔灌注桩建立地下高压作业空间。以盾构停机位置为中心施做3排玻璃纤维筋灌注桩,最后在隧道轴线上,群桩中间做1根直径为2.0m的灌注桩,待混凝土初凝后,在直径为2.0m的桩中间位置采用旋挖钻复打钻出一个直径为1.0m的孔,深度至刀盘中心以下2m。然后采用人工将带压进仓作业范围内的桩扩挖成直径为1.3m的工作井。往井里填满粗砂,填至盾构刀盘顶部0.5m高的位置,做一层厚度1.0m的钢筋混凝土盖板,盖板上面回填砂土或浇筑M5砂浆。在桩间地层进行补偿注浆,最后在桩顶施做盖梁将所有的桩连成一个整体,在工作井顶部孔口2m位置与盖梁一起浇筑。待盾构掘进至此处后,由专业人员在带压状态下进入刀盘前方预留的工作井内对刀盘刀具进行切割或焊接作业。复打空心桩结构形式如图4-142所示。

b. 利用高压环境下人工凿除形成作业空间。对于未事先预留作业空间的停机位置,通过人工带压进仓人工凿除形成刀盘修复所需的作业空间。首先用高黏度膨润土浆置换刀盘仓内达不到要求的泥浆。置换后的膨润土泥浆相对密度必须控制在1.15~1.2,黏度控制在40~50s。由试验员在现场用专门的测量仪器检测膨润土泥浆的质量。然后保压3h,保压期间气垫仓压力设定为刀盘仓中心压力,确保掌子面形成良好的泥膜。保压完成后,将开挖仓液位降低至50%左右,为作业人员带压进仓凿除掌子面提供作业空间。

在刀盘中心部位磨损严重的范围内,先用风镐或其他工具在刀盘辐条中间的空隙向掌子面开挖一个小洞室,然后人员出仓,刀盘仓恢复液位,置换高黏度膨润土泥浆,然后保压。下一仓按同样的步骤进仓对作业洞室进行扩挖。直到将作业洞室开挖到洞室高2.5m、宽1m、深1m(根据刀盘损坏部位,对洞室范围可进行适当调整)。为使洞室受力最好,洞室顶部凿成拱形。洞室凿成后,立即恢复液位,置换高黏度膨润土泥浆,然后保压,使洞室内壁形成好的泥膜。掌子面作业洞室开挖如图4-143、图4-144所示。

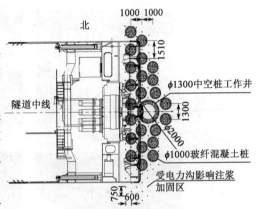

图4-142 带压动火空心桩平面图(尺寸单位:mm)

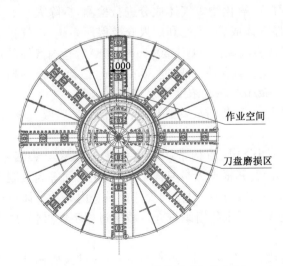

图4-143 带压动火作业空间开挖横断面图(尺寸单位:mm)

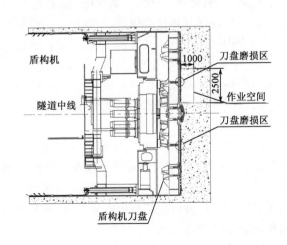

图4-144 带压动火作业空间开挖纵断面图(尺寸单位:mm)

c. 桩群中间开挖作业空间。采用钻孔灌注桩群加固地层,当无法施做空心桩作为带压动火作业空间时,需要当盾构掘进至桩群中间停机后,人工带压进仓在桩间凿除作业空间。开挖洞室采用玻璃纤维筋加工格栅拱架,拱架沿洞深方向及高度方向各架设两榀,拱架架设完成后采用C30喷射混凝土作为洞室的支护结构。

d. 泥浆护壁及降低液位。刀盘仓泥浆置换要求为:拌制的高黏度泥浆黏度控制在90~100s,相对密度为1.05,泥浆置换后刀盘仓的泥水黏度不应小于40s,相对密度控制在1.15~1.20。中盾尾盾注入的高浓度泥浆要求:泥浆比重控制在1.3以上。通过同步注浆管路向盾尾脱出的管片壁后注入高浓度泥浆。注浆压力控制根据该点的静止水土压力之和设定。压注泥浆的终压比该点水土压力和大0.05~0.1MPa。保压时间至少要在2h以上,使掌子面及其盾体周边形成效果良好的泥膜,防止高压气体逃逸。进仓液位根据工作需要确定:液位可保持在55%左右,维修或更换滚刀、周边刀时可降低至40%~50%。

(2) 人员进出仓作业

带压进仓作业属于特种作业,要求作业人员必须是经过带压作业培训的人员,人仓操作必须由具有专业资质的人员进行。加减压过程严格按照规范执行,现场值班领导负责过程监督和协调,安全总监或安全员负责过程的安全控制和监督,盾构带压进仓作业流程如图4-145所示。

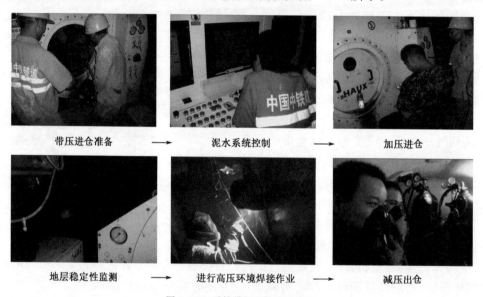

图 4-145 盾构带压进仓作业流程

① 气体成分检测。高压可燃性气体将造成燃烧甚至爆炸事故,人员进仓前应采用气体分析仪对仓内一氧化碳、二氧化碳、甲烷、二氧化硫、硫化氢、氨气、氧气、氮氧化物等气体成分进行检测,拆除人仓右上侧的法兰后连接气体检测仪,如发现甲烷、瓦斯等可燃性气体成分,应先利用人仓及保压系统、废气排放系统对仓内气体进行空气置换。满足《盾构法隧道施工及验收规范》(GB 50446—2008)对仓内气体的规定:空气中氧气含量不小于20%,瓦斯浓度小于0.75%,一氧化碳不超过30mg/m³,二氧化碳不超过0.5%(按体积计),氮氧化合物换算成二氧化氮不超过5mg/m³,氧气浓度不超过25%。

② 管线安装。电焊机焊把线和接地线、高压清洗机水管、废气排放管路和阀、冲洗水管、呼吸气管、高压气管。

③ 人员进出仓。严格按照相关空气潜水标准和集团公司《盾构带压进仓作业工法》(工法编号:GZSJGF07-06-07),结合海军潜水作业人员常用加减压方案,并根据人员身体素质、工作时间等因素制定人员进出仓作业加减压方案,加减压时的压力梯度为0.03MPa,加压时密切关注人员仓内人员身体反应情况,如有不适,及时按照减压方案出仓,更换不良反应人员后重新组织进仓。减压过程不能过快,应严格按照制定的减压表执行。

④ 仓内压力保持。仓内压力稳定、可控,供排气平衡顺畅,焊接过程根据仓内空气条件及盾构补气系统能力合理控制排气阀开度,保证仓内空气流通。一般带压进仓的补气量控制不应超过50%,当补气量

大于50%时,进仓人员应立即出仓,然后恢复液位继续保压。

⑤人员防护。高压下仓内动火作业具有燃烧快、燃烧剧烈的特点,进仓人员不能穿合成纤维衣物,并需佩戴经空气过滤的焊接面罩。人员作业过程中佩戴有减压装置的焊接呼吸面罩,其气源必须是经过净化后的压缩空气。

⑥通气排风。盾构刀盘在隧道内高压环境下修复作业过程中,为了有效控制焊接、切割修复过程中的废气和烟尘含量,在盾构盾体上安装有一废气排放阀和管路,当打开废气排放阀门时,盾构刀盘仓和气垫仓内的压力会下降,此时压缩空气调节器(即保压系统)会及时向仓内补充压缩空气,保证了在废气排放时刀盘仓和气垫仓内压力稳定。根据刀盘仓内具体情况对阀门进行适当调整,在人员作业区域要满足$8\sim10m^3/min$的压缩空气排风风量。

⑦人员作业过程控制。人员工作期间随时检查修复空间安全状况,电焊钳或气刨枪不工作时及时通知仓外人员及时关闭电源,并保持与仓外人员通信联络。

(3)带压切割、焊接维修

①盾构刀盘维修工艺。

a. 维修工作准备:根据磨损部位损伤情况,对其进行清理、切割、打磨、替换件准备等。

b. 替换件制作:机械工程师根据刀盘磨损情况,绘制替换件图纸或制作模板,根据图纸或模板加工替换件。替换件的材质必须与刀盘本体材质一致。

c. 焊材选型:以刀盘本体材质为基础,结合焊接性等要求,选择焊材。刀盘母材一般为Q235,焊材选用国际知名品牌焊接材料(如:ESAB-84.78、MT-BR10),其主要特征为:起弧性能优异、飞溅量低、极易脱渣、烟尘排放量低等。

d. 焊接要求:所有的焊接均采用多层多道焊,并且每一层的焊道左右交替进行,最后一道放置在中间位置,如图4-146所示。

e. 每一条焊缝都必须一层一层的焊接,不允许同一条焊缝的一部分位置焊接了多层,而其他部分位置才焊接了一层。

f. 若装配间隙或坡口角度过大,必须先进行堆焊,减小间隙,不能直接用一个焊道将两个零件连接起来,如图4-147所示;角焊缝图纸标注的数值是指三角形的腰高,即使可能会导致焊缝大小超出图纸的要求,角焊缝也至少要分两层进行焊接,如图4-148所示;组合件中相邻的拼接焊缝,其错开距离不小于250mm。

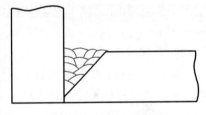

图4-146 多层多道焊接

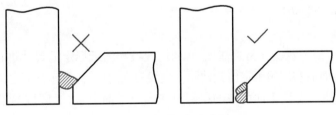

图4-147 装配间隙过大

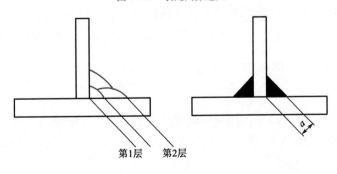

图4-148 角焊缝

g. 焊层数量要求：与刀盘制造相比，替换件与刀盘本体之间焊层数量增加1～2层，可以有效地提高连接强度。

h. 耐磨堆焊要求：对于磨损严重的部分，先用普通焊材焊接得到适当的焊缝高度，再用耐磨焊材堆焊，可以有效地提高耐磨性。

i. 刀盘、筋板、面板焊接完成之后，才能进行刀座的焊接和刀具的安装。

j. 在刀盘修复过程中，加强对土体监测，发现土体有渗水现象，立即进行注浆止水加固。

② 盾构刀盘维修方案实施。

a. 清理残根。面板筋板残根以及刀箱刀具残根，可以采用气割或者碳弧气刨工具进行切割清理，切割完毕，按照焊接要求打磨出坡口面，为焊接工作做好准备。

b. 修复筋板。筋板修复首先要制备替换件。首先在残根上做出标记并进行拓样，根据拓样图纸确定补贴复原筋板的泡沫塑料样板，然后按样板加工所需替换件。至此将替换件焊接在本体上，完成筋板修复。

c. 校正刀盘。考虑到校正刀盘时对主轴承的负面影响，将刀盘与前盾进行加固。加固区域确定在刀盘的未变形区域，既要保证对主轴的影响小又要保证未变形区域不产生二次变形。将变形区域的筋板和影响刀盘校正的筋板割断，仅留背板。在其后面与土仓板间放两台液压油缸将刀盘需校正部位缓慢顶出，顶到位置后用"工"字钢和角钢将刀盘与前盾焊接在一起，防止反弹。

d. 主轴承防护。在盾构刀盘维修进行焊接作业时，电焊机的电缆必须直接连接在工件上，不允许用钢筋等材料搭接来代替，且严禁连接在盾体上，避免焊接作业过程中电流通过主轴承，对主轴承造成影响。

③ 刀箱定位安装。

a. 确定刀盘面位置。为进行刀箱定位，需要确定刀盘面的平面位置。因为刀盘是在安装在盾体上的情况下修复，如果盾体不处于水平段，则刀盘平面与铅垂面不是同一平面。此时，采用在前盾上焊接6根定位钢筋的办法确定一个与前盾面平行的平面，该平面通过从定位钢筋上挂线相交来确定，作为刀箱定位的参考基准面。

b. 定位刀箱。根据参考基准面及图纸尺寸，确定出刀箱与盘面的相对位置，保证刀刃相对于盘面的高度一致。为了保证刀间距离及刀具的同心度，要在刀盘上精确定位圆心，利用中心点与图纸标注的刀间距确定刀箱位置。先在仓内进行刀箱后部的焊接，而后用薄钢板(0.5～2mm)将刀盘与外筋板的缝隙填实。

c. 边缘滚刀的安装。为了满足安装的角度，结合现场条件，用木板制作所需角度的样板尺，通过使用样板尺，保证边缘滚刀的安装角度。

④ 刀座安装。

a. 安装小刮刀刀座。以刀盘实际测绘基准面，利用残根和图纸标定的尺寸进行刀座的定位。先在内、外两端各定位一把刀座，而后利用角钢定出其他同一直线刀座的位置，刀座全部定位后进行加固焊接。

b. 安装边缘刮刀刀座。保证正面区域的小刮刀在同一平面上，边缘区域与设计相符，保证开挖圆周的直径，定位后焊接牢固。

c. 刀盘仓、气垫仓内冲刷管路、破碎机等其他系统维修。为保证修复后的使用效果，根据管路或其他设备损坏程度，由技术干部带压进仓进行检查确定修复方案，损坏严重者割除后进行重新焊接。

4.4.9 广深港客运专线狮子洋隧道SDⅢ标工程

1) 工程概况

广深港客运专线是广深地区城际铁路网中两条主轴线之一，也是北京至广州客运专线的延伸，是连接香港、深圳、广州的快速铁路通道，满足广深港间直达客流快速增长需求，同时也兼顾了广深沿线城际客流。广深港客运专线广州至深圳段线路长度约为105km，其中狮子洋隧道工程位于东涌站至虎门站之间，为全线控制性工程，分SDⅡ标（由中铁十二局施工）和SDⅢ标（由中铁隧道集团施工）两个标，全长

10.8km,其中曲线段长2819m,占隧道全长的26%。隧道采用双孔单线结构形式,建筑限界按《京沪高速铁路设计暂行规定》,全隧采用4台φ11.18泥水加压平衡盾构施工,左右线的2台盾构分别进行地中对接,盾构隧道内径9.8m,外径10.8m,采用"7+1"分块式的通用楔形环钢筋混凝土单层管片衬砌,管片宽度为2m。全段设置左右线联络通道25处,总工期35个月。

SDⅢ标位于狮子洋隧道的东莞侧,起点处与位于深圳侧的SDⅡ标相接,SDⅢ标隧道采用2台泥水加压平衡盾构进行施工,2台盾构从东莞侧出口盾构井始发,穿越穗丰年、穗丰年水道、西大坦,在狮子洋底与SDⅡ标的2台盾构对接。隧道平面为直线,左、右线间距约为17~22m。纵断面设置了两段竖曲线,曲线半径25km,总长度675m,占总长度的15.1%,隧道最大坡度2%。SDⅢ标工程包括引道段180m,明挖暗埋段597m,盾构井23m,盾构段左线4450m,右线4750m。左线正线长度5.25km,右线正线长度5.55km。隧道轨面最低点标高为−60.876m,距百年一遇高潮位约64m。

2)工程地质及水文地质

(1)盾构长距离穿越砂岩、砂砾岩

SDⅢ标工程盾构隧道穿越砂岩、砂砾岩约2160m,占标段全长的48%;粉细砂、中粗砂地层约740m,占标段地层的17%;泥质粉砂岩约1550m,占标段地层的35%。

岩石为强风化带~弱风化带,根据颗粒分析结果,黏粒含量为3.0%~31.9%,粉粒含量为23.3%~47.6%,石英含量为21.7%~76.01%,离散性较大;第四系粉细砂层石英含量为10.25%~28.4%;第四系中砂层石英含量为14.7%~97.41%,粗砾砂层石英含量为17.5%~99.45%,离散性大;第四系圆砾土层石英含量为9.95%~31.1%。

(2)盾构长距离穿越弱风化地层,岩石抗压强度高

强风化层,天然状态,单轴抗压强度最大值3.55MPa;弱风化层为82.8MPa。SDⅢ标工程单台盾构掘进长度接近5km,84%为弱风化的砂岩、砂砾岩、泥质粉砂岩。在中砂、粗砂中石英含量最高达93.71%,在强风化的泥质粉砂岩中石英含量达47.3%,在弱风化的泥质粉砂岩地层中石英含量达73.8%,高石英含量对刀具的磨损较大。

(3)盾构掘进段局部软硬不均

隧道东莞陆地段隧顶YDIK42+360~YDIK43+000里程段、隧底YDIK42+360~YDIK42+500里程段盾构通过的岩土层有海陆交互相沉积的淤泥层、淤泥质土层、冲积形成的黏性土层及粉细砂层或中粗砂层,为上软下硬的复合地层,地下水丰富。隧道在局部地段存在软硬(土岩分界面)不均工作面;弱风化岩强度变化较大,天然抗压强度为6.54~82.80MPa;弱风化岩部分地段裂隙发育,地下水丰富。

(4)盾构掘进段地下水丰富

SDⅢ标段第四系海陆交互相和冲积形成的砂层,地下水丰富,与珠江水有一定的水力联系,稍具承压水头,强透水性地层占41%,弱透水性地层占59%。

在里程DIK42+260~DIK43+000段,隧道进入到第四系上更新统河流冲积相粉细砂、中粗砂承压水含水层中。含水层顶板标高−18.78~−13.31m,厚度3.50~15.10m,承压水位埋深1.50m,承压水位标高0.55m,承压水头高度13.85~17.85m。渗透系数为1.9×10^{-4}m/s,强透水。

3)盾构设计特点

(1)刀盘的设计

刀盘结构由8块辐条和相应的幅板组成,采用S355J2G3/Q345B/16MnR材料制作。刀盘的开口率为32%,刀盘的中心部分由中心刀做成半个小锥体,有较大的开口(开口率为45%),便于泥渣进入开挖室内。在刀盘的中心设计有3个膨润土注入口,用于对该处的冲洗和清理;这样既可以防止渣土在刀盘中心区域堆积,同时还可从中心部位注入膨润土而加快泥浆在中心部位的混合。在刀盘背面靠近土仓侧安装4个搅拌棒,用于搅拌土仓底部的沉渣,优化泥水压力的控制和改善泥浆的均匀性。在刀盘结构的易磨损部位采取了耐磨措施,在刀盘的每个进渣口的周圈进行硬化处理并堆焊耐磨材料,在刀盘的中心和周缘进行硬化处理并堆焊耐磨材料,在刀盘外圈设有保护刀。

(2)滚刀或齿刀的设计

①对泥岩的适应性。

本标段泥质粉砂岩地层占标段地层35%左右,地层粉细砂含量较多,泥质粉砂岩遇水软化、黏度加大,盾构在软岩中掘进时,地层为滚刀提供的摩擦反力矩较小,采用一般滚刀达不到滚刀的起动力矩,使滚刀滚动不流畅,在软岩中近似滑动,容易造成滚刀偏磨损坏。宜采用低起动力矩的滚刀,滚刀的起动扭矩值为15N·m;在泥岩地段施工时,也可采用复合型刀具布置,即硬岩滚刀和软岩齿刀混装,并充分考虑软岩齿刀的合理选型。在泥质粉砂岩中可以考虑全部安装齿刀或滚刀齿刀混装,从而达到良好的掘进效果。同时滚刀用于软弱地层宜采用单刃刀具,避免双刃滚刀两刀刃之间结泥饼,出现刀具偏磨,进而导致掘进效率大幅度降低。在滚刀与齿刀设计时,滚刀和齿刀能互换。

②对硬岩的适应性。

本标段砂岩、砂砾岩地层占标段全长的48%,单轴抗压强度最大值为82.8MPa。硬岩地层(国际隧协规定抗压强度不小于50MPa即为硬岩)采用滚刀进行破岩,滚刀的设计既要考虑刀具合理的运行轨迹,又必须考虑刀具的离散受力趋于合理。对于刀具合理运行轨迹的设计,双刃、单刃两种滚刀均可达到良好效果。但采用双刃滚刀设计,刀具综合离散受力点的分布不如单刃滚刀,在硬岩地层不利于刀盘的刚度和强度设计。采用单刃滚刀,单把刀具的隧道轴向受力可以满足25t,而双刃滚刀隧道轴向受力则成倍增加(50t),滚刀在82.8MPa的硬岩掘进,很容易因重载而导致刀具密封和轴承损坏。因此采用单刃滚刀,更适合硬岩地层的掘进。当采用双刃滚刀时,如果单侧刀刃轻微损坏,由于双刃滚刀同一刀体,两刀刃相距较近,会引起另一个刀刃的加速损坏,这种损坏机理类似于"中心刀效应"。而单刃滚刀则在刀刃轻微损坏的情况下,对其他刀具的影响程度相对较小。

③对软土地层的适应性。

在粉细砂、中粗砂地层施工时,刀盘仅安装切刀,可不安装滚刀,或在安装滚刀的位置上换装齿刀;当掘进至岩石地段时,再换装滚刀并继续掘进。在粉细砂、中粗砂地层施工时,即使不换装齿刀,由于采用了低起动力矩的滚刀,滚刀也不会造成偏磨,仍能正常掘进。

(3)切刀的设计

278把切刀布置在辐条的边缘上。从半径$R798$mm到$R2100$mm,刀盘每个转动方向的每条切削轨迹上有2把刀重叠;从半径$R2220$mm到$R5400$mm,刀盘每个转动方向的每条切削轨迹上有4把刀重叠;从半径$R5520$mm到刀盘的边缘,刀盘每个转动方向的每条切削轨迹上有8把刀重叠,而通常条件下的设计为6把。这种特殊设计是为适应本工程地质条件和长距离掘进的工程特点,每个轨迹之间有约12mm的搭接。在刀盘不同半径上的每条切削轨迹安装了4~16把双层碳钨合金切刀,在刀盘切削轨迹上最多有32层合金刀齿在切削地层,其中每个转动方向为16层,大大延长了刀具的使用寿命。

(4)周边刮刀的设计

32把周边刮刀安装在刀盘的外圈,用于清除边缘部分的开挖渣土,防止渣土沉积,确保刀盘的开挖直径以及防止刀盘外缘的磨损。该刀的切削面上设有1排连续的碳钨合金齿和1个双排碳钨合金柱齿,用于增强刀具的耐磨。

(5)仿形刀的设计

在刀盘的外缘上安装1把仿形刀,采用可编程控制,通过液压油缸来动作。可以控制仿形刀开挖的深度(即超挖的深度)以及超挖的位置。如果决定要对左侧进行扩挖以帮助机器向左转弯,那么仿形刀只需在左侧伸出,扩挖左侧水平直径线上下45°的范围。

(6)护盾的设计

护盾的设计充分考虑本工程的洞内拆机特点,中盾和前盾分为6块,采用螺栓连接,外盾壳分为4块,盾尾分为4块,整体焊接。

①双层盾壳设计,且两层盾壳互相独立。

由于盾构在地中实现对接,为了便于盾构在隧道内拆卸,护盾的设计采用双层独立的内外盾壳。除尾壳外,前盾和中盾均为双盾壳设计。拆卸时,尾盾壳直接留在地层中,仅拆除中体和前体的内盾壳。前盾与中盾的外层盾壳留在地层中作为盾构洞内拆机的支护。在外壳的保护下,所有内部钢结构和部件都可拆卸。在后续工程中,仅需再制作前盾与中盾的外护盾和盾尾,即可利用所有拆卸下来的钢结构和部件重新组装成一台完整的盾构。

②整体钢结构易于拆卸。

前盾、中盾等部件采用易于拆卸的分块设计。盾体分成 6 部分,每部分可以用标准工具轻松拆卸,此外,刀盘也是分块设计的,也可以分块拆卸。

③限制单件最大质量。

为了拆卸和运输的方便,在设计时限制单件的最大质量和最大尺寸。

④盾壳周圈 360°范围预留超前注浆孔。

为保证盾构地中对接和拆卸的安全,在地中对接时应进行地层加固。本工程水压大(0.64MPa),为达到止水的目的,应采用多排圆周加固方式,因此在中盾的盾壳周圈 360°范围设计了超前注浆孔。

(7)盾尾密封设计

盾尾密封系统设计可靠,采用了 3 排钢丝刷密封和 1 排钢板束密封,4 排密封之间形成环形空间,持续不断地用密封油脂填充,能抵抗 0.7MPa 的高水压。在第 2 道和第 3 道密封之间设有 1 道紧急密封(图 4-149)。钢板束密封采用特殊材料制作,具有止浆和密封双重作用,能防止浆液进入钢丝刷密封,避免浆液固结在尾刷上而影响密封效果。整个盾构区间不需更换盾尾密封刷,但具备在隧道中无须采取土体加固措施只需利用管片安装机便可安全更换 2 排盾尾刷的能力。管片安装机的设计具有足够的纵向行程,能够满足在隧道内更换前面 2 排盾尾刷。在管片安装机轨道梁上安装了随管片安装机前后移动的方便管片连接螺栓安装的工作平台。

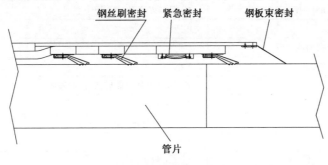

图 4-149 盾尾密封系统

(8)盾构后配套设计

①满足工期计划。

本工程总工期为 35 个月,为了保证工期和履约要求,盾构后配套设计必须考虑盾构掘进和隧底铺底等工作同步进行,盾构后配套系统按后配套拖车和隧道机车运行在一个平面上的方案进行设计。

②考虑合理的列车编组。

为减小工序干扰,隧道机车行驶频率应尽可能减小。隧道列车编组按"1 节机车+1 节人车+2 节砂浆车+4 节管片车"的编组方式进行,确保 1 列列车满足掘进 1 个循环的材料运输需要,并在后配套拖车上设计 4 台管片快速卸载机。

③满足快速拆卸的净空要求。

根据本工程设计,盾构采取水下地中对接,盾构的拆卸必须在洞内进行,根据洞内拆机条件,后配套拖车采用 35t 机车逐节拉至盾构工作井进行拆卸,以缩短拆机时间,盾构后配套的尺寸设计必须考虑隧底填充、沟槽等施工后的净空要求。

4)盾构技术参数

广深港客运专线狮子洋隧道泥水盾构主要技术参数见表 4-33。

广深港客运专线狮子洋隧道泥水盾构主要技术参数　　表 4-33

系统名称	项　目	技术参数
综述	盾构类型	膨润土—气垫式泥水盾构
	盾构总长度	约 69m
	盾构及后配套总质量	约 1600t
	最小转弯半径	纠偏 500m
刀盘	刀盘结构形式	8 个辐条+面板
	刀盘质量	约 148t
	分块数量	3
	开挖直径	ϕ11170mm
	开口率	32%
	先行撕裂刀数量	无
	切刀数量	278 把
	切刀形式	双层碳钨合金刀齿,背部装有双排碳钨合金柱齿
	切刀最大磨损量	2×32=64mm
	周边刮刀数量	16 把
	周边刮刀形式	装有一排连续的碳钨合金齿和双排碳钨合金柱齿
	周边刮刀最大磨损量	32mm
	扩挖刀数量	1 把
	扩挖刀行程	75mm
	扩挖刀装机功率	11kW
	周边保护刀	16 把
	17 英寸(in)滚刀	48 把单刃滚刀+10 把中心刀
	其他刀具	0 把
	先行刀磨损检测装置	0 把
	切刀磨损检测装置	5 把
	换刀方式	背装式(可从刀盘后部拆卸、安装刀具)
	搅拌臂数量	4 个
	刀盘防磨保护	硬化处理并堆焊耐磨材料
	旋转接头	1 个
刀盘驱动	刀盘驱动形式	变频电机驱动,双向
	转速	0～3.2r/min(1.24～3.2r/min,双向、无级调速)
	额定最大扭矩	13650kN·m@1.24r/min
	最大转速下扭矩	5289kN·m@3.2r/min
	脱困扭矩	17745kN·m
	刀盘驱动装机功率	8×250kW
	主轴承结构形式	三排滚子(轴向—径向)
	大齿圈类型	内齿与主轴承为一个整体结构
	大齿圈齿数	174
	模数	22
	主轴承密封形式	2×5 道唇形密封
	主轴承寿命	10000h
	使用寿命可靠度	99%
	大齿圈传动装置、减速器、轴承密封使用寿命	10000h
	工作压力	0.7MPa
	主轴承润滑方式	自动集中润滑

续上表

系统名称	项　目	技　术　参　数
破碎机	安装位置（内置/外置）	内置式
	破碎形式	鄂式
	驱动方式	液压驱动
	最大破碎粒径	500mm
	最大破碎力	1000kN
盾壳	形式	无铰接式
	前盾直径、长度、钢板厚度	ϕ11152mm，长 2405mm，厚 80mm（40mm＋40mm）
	中盾直径、长度、钢板厚度	ϕ11140mm，长 3900mm，厚 80mm（40mm＋40mm）
	盾尾直径、长度、钢板厚度	ϕ11140mm，长 4675mm，厚 60mm
	盾壳总长度（含刀盘）	约 11500mm
	盾壳工作压力	0.7MPa
	钢丝刷密封数量	3 道
	钢板束密封数量	1 道
	紧急膨胀密封数量	1 道
	盾尾间隙	40mm
	预留超前注浆孔数量	DN100×25 个，沿盾壳 360°圆周布置
盾尾油脂注入系统	盾尾油脂注入口数量	3×10 个
	盾尾油脂泵形式	适合 200L 油脂桶的气动泵
	气压调节	以体积为基础的调节
	压力传感器数量	3×10 个
推进系统	比推力	1275kN/m²
	最大总推力	123850kN（在压力 35MPa 情况下）
	油缸数量	44 根
	油缸行程	2700mm（管片搭接按 1400mm 考虑）
	最大推进速度	40mm/min（44 根油缸同时工作）
	管片安装模式下最大伸出速度	1500mm/min（4 组油缸同时工作）
	管片安装模式下最大回缩速度	3000mm/min（4 组油缸同时工作）
	位移传感器数量	4 只
	推进油缸分区数量	4 区
人仓	仓室数量	2 个（1 个主人闸＋1 个紧急人闸）
	容纳人数	（3＋2）人
	仓门数量	4 个
	工作压力	0.7MPa
压缩空气调节系统	形式	PID
	压缩空气调节器数量	2 套
	压力控制精度	±0.005MPa

续上表

系统名称	项 目	技 术 参 数
同步注浆系统	注浆管路数量(含备用管路)	2×6根(其中6根为备用)
	注浆泵的数量	3台双活塞泵
	泵送能力	36m³/h
	注浆泵装机功率	3×30kW
	储浆搅拌罐容量	16m³
	储浆搅拌罐装机功率	15kW
	压力传感器数量	6个
管片安装机	形式	真空吸盘式
	起吊能力	130kN,考虑2.5安全系数情况为325kN
	侧向挤压力	100kN/m
	安装功率	160kW
	驱动方式	液压驱动
	自由度	6
	旋转速度	0~1.5r/min
	旋转扭矩	618kN·m
	静扭矩	1648kN·m
	移动行程	3500mm,可以更换前两道盾尾刷
	旋转角度	±220°
	控制方式	无线遥控、有线控制各一套
	安装一环管片的时间	小于40min
	是否预留超前钻机安装位置	预留并配有机械、液压、电气及超前注浆管接口
管片吊机	形式	真空吸盘式单轨吊机
	起吊能力	130kN,考虑2.5安全系数情况为325kN
	控制方式	无线遥控
	工作范围	允许堆放3块管片的管片车通过
	管片吊机装机功率	37kW
激光导向系统	激光导向系统形式	PPS
	激光全站仪和棱镜之间的角度测量精度	2s
	激光有效工作距离	500m
	姿态超限报警	有
	双轴倾角计测量滚动精度	≈0.1mm/m
	双轴倾角计测量倾斜精度	≈0.1mm/m
盾尾间隙测量系统	传感器数量	4个
	安装位置	管片安装机上

续上表

系统名称	项　　目	技　术　参　数
电视监视及电话通信系统	摄像头数量	2台
	显示屏数量	1个
	显示屏规格	液晶显示器
	电话数量	5部
后配套	拖车数量	4节
	允许列车通过尺寸	长50m、宽2.2m、允许堆放2块管片运输车通过
工业水系统	进水参数	60m³/h@30℃,最大粒径500μm
	进水水泵装机功率	50kW
	水箱容量	冷水9m³(进水)+热水4m³(回水)
	水管卷筒规格	DN100×40m
	回水泵(泵送至地面清水池中)	70m³/h@0.6MPa
污水排放系统	盾壳内的潜水泵	1×40m³/h@0.2MPa,5kW
	污水箱容量	6m³
	安装在污水箱上的转运泵	1×60m³/h@0.7MPa,30kW
工业气体压缩机	能力	Standard 430m³/h@0.8MPa
	工作压力	0.6~0.8MPa
	储气罐容量	1m³
气垫空气压缩机	能力	Standard 2×1260 m³/h@0.8MPa
	工作压力	0.8~1MPa
	储气罐容量	14m³
	过滤装置数量	2×2个
二次通风设备	流量	40m³/s
	储风桶数量	2个
	储风桶直径	φ1500mm
	储风桶更换起吊装置	1套
	储风桶容量	150m
	风管直径	φ1000mm(两侧对称布置)
	工作区最小风速	>0.5m/s
	二次通风机装机功率	45kW
	消音器数量	2个
液压系统	设计标准	液压系统符合ISO标准
	主油箱容量	13.5m³
	液压油	矿物油VG46或HFDU可适用
	清洁度	7级(NAS 1638)
	滤油泵装机功率	15kW
	液压油冷却方式	水/油热交换器
	热交换器进水温度	30℃
	液压管形式	带两层金属丝编织网,符合ISO 1436标准
	管接头形式	使用焊接的管接头或SAE焊接型的套接管连接

续上表

系 统 名 称	项 目	技 术 参 数
泥水输送系统	类型	气垫式
	压力控制精度	±0.005MPa
	送泥流量	1190m³/h(掘进期间),1420m³/h(旁通时)
	送泥密度	1.1t/m³
	送泥管直径(主机和后配套上)	16in(内径φ387mm),管壁厚8mm
	排泥流量	1420m³/h掘进期间和旁通时
	排泥密度	1.30t/m³
	排泥管直径(主机和后配套上)	16in(内径φ387mm),管壁厚8mm
	泥水仓压力传感器数量	4个
	泥浆管延伸装置形式	软管、球塞式
	泥浆管延伸装置有效长度	8m
送泥泵 P1.1	数量	1台,叶片和壳体等部件采用耐磨材料
	型号	Warman 12/10GH
	扬程	58m
	送泥管直径	16in(内径φ387mm)
	最大送泥密度	1.1t/m³
	排量	1190m³/h
	允许通过的最大粒径	100mm
	送泥泵 P1.1装机功率	315kW
送泥泵 P1.2	数量	1台,叶片和壳体等部件采用耐磨材料
	型号	Warman 12/10GH
	扬程	58m
	送泥管直径	16in(内径φ387mm)
	最大送泥密度	1.1t/m³
	排量	1190m³/h
	允许通过的最大粒径	100mm
	送泥泵 P1.2装机功率	315kW
排泥泵 P2.1	数量	1台,叶片和壳体等部件采用耐磨材料
	型号	Warman 12/10GH
	扬程	66m
	排泥管直径	16in(内径φ387mm)
	最大排泥密度	1.30t/m³
	排量	1420m³/h
	允许通过的最大粒径	160mm 球形
	排泥泵 P2.1装机功率	500kW
排泥泵 P2.2	数量	1台,叶片和壳体等部件采用耐磨材料
	型号	Warman 12/10GH
	扬程	66m
	排泥管直径	16in(内径φ387mm)
	最大排泥密度	1.30t/m³
	排量	1420m³/h
	允许通过的最大粒径	160mm 球形
	排泥泵 P2.2装机功率	500kW

续上表

系统名称	项 目	技 术 参 数
排泥泵 P2.3	数量	1台,叶片和壳体等部件采用耐磨材料
	型号	Warman 12/10GH
	扬程	66m
	排泥管直径	16in(内径 ϕ387mm)
	最大排泥密度	1.30t/m^3
	排量	1420m^3/h
	允许通过的最大粒径	160mm 球形
	排泥泵 P2.3 装机功率	500kW
排泥泵 P3	数量	1台,叶片和壳体等部件采用耐磨材料
	型号	Warman 12/10GH
	扬程	35m
	排泥管直径	16in(内径 ϕ387mm)
	最大排泥密度	1.30t/m^3
	排量	1420m^3/h
	允许通过的最大粒径	160mm 球形
	排泥泵 P3 装机功率	315kW
	从泥浆处理站到竖井的最大距离	150m
供电系统	初次电压	10×(1±10)%kV,50Hz,3 相
	二次电压	710V/410V/230V(刀盘驱动/辅助/照明)
	刀盘驱动变压器容量	2×1600kV·A
	辅助变压器容量	1000kV·A
	变压器防护等级	IP55
	电机补偿	$\cos\varphi$=0.95
	中线	IT 型
	电机防护等级	IP55
	电缆	阻燃型,符合 IEC 332-1 标准(C2 级)
	高压电缆延伸能力(电动)	400m,自动收放
	应急发电机组或内燃空压机(买方提供)	后配拖车上预留有安装位置
控制系统	安装空调的主控制室	1个
	可编程逻辑控制器(PLC)	750 输入/输出,存储器采用 E^{2}PROM
	显示系统	在监视屏上显示运行参数和故障
	数据记录系统	P4、2.0GHz,内存 512M,硬盘 40G
	纵倾角和滚动传感器数量	各一个
安全设施	紧急停机用锁定式按钮	沿机器布置
	专用的紧急停机	在拼装机控制盒上有锁定式按钮
	正常照明和应急照明	1套,沿机器布置
	消防设施	1套,沿机器布置

续上表

系统名称	项 目	技 术 参 数
功率	刀盘驱动	2000kW
	扩挖刀	1×11＝11kW
	推进系统	1×110＝110kW
	管片安装机	1×160＝160kW
	破碎机	1×75＝75kW
	安全闸门	与破碎机共用
	注浆泵	3×30＝90kW
	注浆储存罐搅拌器	1×15＝15kW
	液压油过滤泵	1×15＝15kW
	主轴承脂润滑	气动
	管片吊机	1×37＝37kW
	污水排放泵	35kW
	冷却水循环回水泵	50kW
	盾尾油脂泵	气动
	二次通风机	1×45＝45kW
	泥浆管铺管吊机	5kW
	排泥泵 $P_{2.1}$	1×500＝500kW
	工业气体压缩机	1×45＝45kW
	气垫空气压缩机	2×132＝264kW
	其他设备	1×85＝85kW
	总装机功率	3382kW
超前钻机	钻机台数	1
	安装位置	一台安装在管片安装机上
	品牌型号	Deilmann-Haniel B1000型
	冲击力	30kN
	回转速度	0～350r/min
	最大回转扭矩	3160N·m@175r/min
	最大钻孔直径	100mm
	行程	1725mm
	额定功率	37kW
	液压动力	与管片背后注浆系统共用
有害气体自动监测系统	探测的气体种类	O_2、CO、CO_2、CH_4
	传感器数量	8

5)地中对接施工技术

(1)盾构地中对接方法

盾构地中对接方法有两种。一种是用辅助施工法对接,另一种是机械式地中对接。根据本工程的情况,本着安全、可靠和经济的原则,本次设计选用从盾构内进行辅助施工方法的方式来实现盾构设备和隧道结构的地中对接。

辅助施工法进行地中对接是一种常用方法,即在对接区域进行地层加固处理,当加固后的地层达到止水及强度要求后,即可拆卸盾构外壳内的结构和部件,并在盾壳内进行衬砌作业。地层加固的方法通常有采用化学注浆法或冻结法。化学注浆法的施工性能优越,造价低;冻结法改良地层的效果可靠,但造价高,工期长。通常两种方法都可行,但采用哪种方法更优,需要根据具体的施工条件选定。从盾构内进行辅助加固施工的方式有两种,一种是从两侧盾构内设置的超前加固设施同时对地层进行加固处理;另一种是仅从某一侧盾构内设置的加固设施进行超前地层加固处理,另一侧盾构到达后直接进入加固地层中。由两侧盾构内进行加固的方法用于两台盾构几乎同时到达的场合,采用这种方法进行的加固处理,其加固范围基本对称,特别是当采用化学注浆法进行作业时,加固的效果更好。仅从一侧盾构内加固的方法是从先行的盾构内进行加固,采用这种方法加固的范围较大,且改良范围的形状不规则,效果不易控制。本工程采用从两侧盾构内同时进行超前加固的方式。

为了确保盾构对接以及第1台拆卸后进行人工挖掘时的安全,当两台盾构距离约35m时,从两台盾构内围绕盾体360°进行超前地层加固处理。为了达到封闭整个地层的目的,在整个35m范围的加固分3排圆周注浆孔逐步实施。整个盾构周圈预留有22个超前注浆孔,通过这些孔注入双液浆来加固地层。地中对接盾构内地层加固的方法及顺序如图4-150所示。

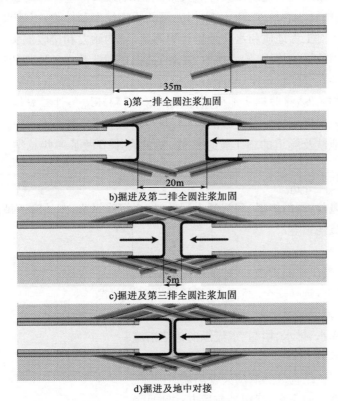

图4-150 地中对接盾构内地层加固

(2)地中盾构拆卸

①主驱动的拆卸。

盾构的主驱动为盾构最重的不可拆卸件,拆卸流程为:拆除中心部分的土仓隔板→安装水平滑梁,纵向水平抽出主驱动装置→在盾壳上安装4个40t导链,吊起主驱动装置→安装2个40t导链,逐步下放驱动装置→利用额外安装的两个导链,逐步翻转驱动装置,然后平放在运输车上→将驱动装置外运。

②盾体的拆卸。

中盾和前盾由双盾壳组成,地层中拆卸时,把外壳留在地层中作为拆卸结构和其他内部部件的一个临时支护,中盾和前盾的钢结构分别被分成6块,以方便拆卸和运输,拆卸流程为:导链,材料准备→拆卸盾构中体上部5块、运出洞外→分块拆卸盾构前体→拆除盾构中体及前体最下面一块。

③刀盘的拆卸。

刀盘在盾体拆卸前,预先锚固在刀盘前面的土体上,在前盾拆卸后将刀盘分块拆除并运出。

(3)对接段隧道结构的施工

在将盾壳内的杂物清理干净后,即可进行对接段隧道衬砌结构的施工。至此,整个地中对接和盾构拆卸作业完成。

4.5 南京大直径泥水盾构施工综合技术

4.5.1 大直径泥水盾构始发、接收关键技术

多年来,甚至多年前,如2007年南京地铁2号线元通路车站盾构接收下沉被埋;2014年7月31日杭州地铁4号线挖穿河道,导致河水倒灌淹没区间隧道;2014年某市地铁盾构先后进入接收风井内发生流水流砂事故;2012年南京地铁10号线沿江某盾构始发发生洞门涌水涌砂事故等。这些事故造成盾构、车站及隧道被淹,地面坍塌及地面建筑损毁等重大事故,影响极其严重。归纳这些事故的发生,均处于富水承压含水层且地质条件复杂的粉砂、粉土、中粗砂层的盾构始发和接收,工程水文地质条件复杂是造成事故的直接原因;但由于对工程地质和水文地质认识不足,盾构始发和接收端头地基加固方法的选择、加固长度尺寸合理性、加固效果的检测、始发接收方案的选择合理性及应急抢险的正确性和及时性,还有备用降水措施采用等,都存在着严重不足。

全国地域广泛,盾构始发、接收端头地质条件、水文条件和环境条件差异性大,如何选择合理的端头加固和始发接收方案,来保证盾构始发接收的安全,减少事故损失,值得设计、施工及建设者的深思。在此,编者根据多年从事地铁及隧道的施工管理经验,对此在本节做了一些总结,希望对读者有所启发和收获。

1)盾构始发、接收风险分析

盾构始发、接收的风险:洞门坍塌、洞门涌水涌砂、端头沉降塌陷、车站隧道被淹、地面道路塌陷、建筑物损毁、隧道被淹及人员伤亡等。

(1)风险控制措施

①选择正确合理的端头加固方式,保证加固体的质量。

②条件许可的情况下,选择安全、经济、可靠的始发接收方式。

③盾构始发接收的辅助措施必须实施好。

④应急抢险:做好降水、排水、堵漏、水流纵向封堵措施。

(2)洞门端头加固目的

①洞门安全:防止围护结构破除洞门失稳坍塌。

②止水:纵向和垂直方向止水,特别是前后方、纵向止水。

③稳定:稳定端头地层变形及盾构"磕头"下沉失稳。

(3)制订端头加固方案原则

必须认清端头地层的特性组成和地下水的状态,分析周围环境条件状况,选择最有效和针对性的加固方法,确保加固质量,满足盾构加固的目的,这是盾构始发、接收安全的前提。

2)盾构始发、接收端头加固技术

(1)加固长度

①始发、接收地基。

盾构始发地基加固:盾构长度+(2~3)m,上下左右各3m(条件允许)。

盾构接收地基加固:不小于盾构长度,上下左右各3m(条件允许)。

②端头。

加固端头长=1.2倍盾构主机长度,始发加固前端长2~3m。

加固宽度=盾构直径外缘尺寸+3m。

上下尺寸＝盾构上下各加 3m。

③垂直冻结尺寸。

宽度＝2 排冻结孔 1.6～1.8m 宽。

深度＝盾构下 3m 上至地面。

长度＝隧道外沿宽 3m。

④水平冻结（井内水平）。

圆形布孔 3 排约 55 孔左右，呈杯形状。

中心圆体约 3.5～5m。

圆体周 12～13m，杯壁厚约 1.2m。

(2) 端头加固方法

根据施工经验和试桩方法确定，常用方法有：

①搅拌桩：三轴搅拌桩、二轴搅拌桩（根据深度确定）。

②旋喷桩：三重管、两重管和单管（根据地层进行试验）。

③MJS 工法：双高压旋喷桩，价格太昂贵，慎重选择。

④注浆法：袖阀管劈裂注浆、水泥压密注浆、双液注浆。

⑤挡土加固法：玻璃纤维筋桩、素桩或素墙（强度等级低于 C20）。

⑥削坡换填法：剥离换填等强度砂浆或混凝土。

⑦垂直冻结法：双排孔（1.6～2m）垂直冻结法。

⑧水平加固法：水平冻结法或水平注浆法。

⑨辅助加固方法：端头降水措施、特殊管片注浆方法。

(3) 盾构端头地基加固方法的适应性选择

①三轴水泥搅拌桩（$\phi650$、$\phi850$）工法。

优点：强制性搅拌，使水泥浆、气及加固体强制性搅拌均匀为一体，普遍认为在地层适应性和加固体强度、渗透性指数保证上更可靠。搅拌注浆压力不变，靠置换搅拌达到加固目的，认为是相对较为稳定的一种加固法。

缺点：当地层为密实性较高的粉细砂层或中粗砂（俗称铁板砂）及风化岩石层，卵石层搅拌困难，对搅拌器磨损大，施工困难。图 4-151 所示为正在施工的端头加固三轴搅拌桩。

图 4-151 端头加固三轴搅拌桩

②二轴搅拌桩。

对于顶管和小直径盾构端头加固，可适用于软弱含水地层，加固体质量均匀，质量相对有保证，但加固深度一般小于 20m。

③高压旋喷桩（三重管、二重管）。

高压旋喷桩适用于淤泥质土、黏土及粉质黏土等，对于富水及粉砂和中粗砂、卵砾石、透水性强的地层，加固效果较差，对加固体取芯和抗渗性检测较差。所以三重旋喷桩加固在端头加固时应先进行试桩，根据加固效果再确定。

④袖阀管注浆及压密注浆。

袖阀管注浆在混合土、残积土及含砾砂中效果较好，主要起到固结、填充，达到提高强度和止水效果。

⑤垂直冻结加固。

在富水、含水层水位高及全断面粉砂、粉土及粉质黏土和中砂等位于洞门地层中加固，基本设计双排，间距 1.6m 左右冻结孔，其作用是提高洞门土体强度、防止洞门破除后坍塌和止水防水作用。垂直冻结的主要目的是：首先，端头加固强度和抗渗性效果较差时，洞门破除后能够保证掌子面的安全，冻结墙的强度和稳定性较好；其次，盾构在始发、接收穿过冻结体加固体后，其因水体流动冻结效果较差，冻结体与盾体间隙达 10～15cm，其止水效果起不到决定盾构洞门密封的决定性作用，但垂直冻结对车站外端头加固与车站围护结构间隙止水有较好的作用。图 4-152a）为某盾构接收垂直冻结平面图。

大直径盾构始发、接收垂直冻结加固，由于冻结强度和止水效果较好，其主导作用可保证洞门加固土体强度。

⑥盾构始发、接收的水平冻结。

水平冻结是在地面（垂直）冻结不具备条件，设置在盾构井内的呈"杯"形状的土体加固，但因在井内水平施工，故拔管方便性不太好。水平冻结适应于端头不具备地面垂直加固施工的环境条件，如地面有建筑物等影响。其设置地层一般在地下水丰富，水位较高或具有承压性的粉土、淤泥质粉砂及砂层中，其目的是一方面提高土体强度，另一方面达到止水效果。图 4-152b）为某地铁盾构接收水平冻结效果图。

a）盾构接收垂直冻结平面图　　b）地铁盾构接收水平冻结效果图

图 4-152　地铁盾构接收垂直冻结平面图和水平冻结效果图

水平冻结呈"杯"状体，一方面，加固体提高"杯壁体"的强度，盾构接收端下部土体强度提高；另一方面，洞门内外混凝土剥离后洞门安全性提高；其三，对盾构接收端盾构与冻结壁间隙止水起一定作用，但由于冻结动流水的效果极差，如果冻结体被盾构切削后存在纵向流动水，则会大大降低止水效果。很多案例中，采用水平冻结加固的盾构接收仍有可能发生被淹事故。

3）盾构始发、接收涌水涌砂事故原因分析

（1）常见原因分析

①盾构始发、接收洞门与盾构隧道间隙涌水涌砂，首先是由纵向间隙通道盾构前后方泥水、泥沙流入的；其次是盾构上下方因加固体质量太差，导致水砂从垂直方向补充经纵向水力通道间隙流向洞门。

②盾构始发、接收下沉，是因为加固体质量太差，不能承受盾构重量；再是因为软弱地层的地下水位较高，未采取降水辅助措施降低地下水位。

③盾构加固体长度不足，盾构始发切削穿越加固体后，盾构前方挡不住地下水，致使地下水沿水平通道流向洞门。

④盾构接收加固体长度不足，纵向水力通道未进行有效封堵，盾构后方的水和垂直方向的水沿水平通道流入洞门。

(2) 端头加固要求

① 无地下水或地下水贫乏条件下,盾构始发端头加固满足条件:强度+稳定性+变形特征。盾构始发示意图如图 4-153 所示。

② 地下水丰富条件下,盾构始发端头加固满足条件:强度+稳定性+变形特征+渗透性。盾构始发示意图如图 4-154 所示。

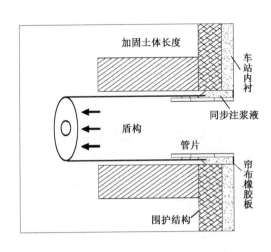

图 4-153 （无地下水或地下水贫乏）盾构始发示意图

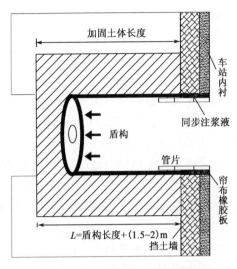

图 4-154 （地下水丰富）盾构始发示意图

③ 无地下水或地下水贫乏条件下,盾构到达端头加固满足条件:强度+稳定性+变形特征。盾构到达示意图如图 4-155 所示。

④ 地下水丰富条件下,盾构到达端头加固满足条件:强度+稳定性+变形特征+渗透性。盾构始发示意图如图 4-156 所示。

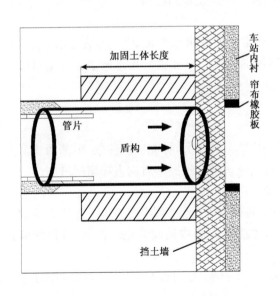

图 4-155 （无地下水或地下水贫乏）盾构到达示意图

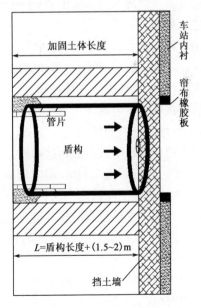

图 4-156 （地下水丰富）盾构始发示意图

只有做好端头加固质量,确保端头加固长度,阻断盾构间隙水力通道和垂直方向水的补给,保证洞门的安全,才能彻底地保证盾构始发接收的安全。

(3) 事故案例分析

2015 年 3 月在南京长江漫滩地区地铁接收进入端头井部位,盾构隧道已完成一年,在拆除管片进行端头井接头施工前,发生管片与洞门间隙漏水现象。施工单位先进行常规水泥和堵漏王堵漏,10 个小时后仍然无效,洞门漏水漏砂仍然严重,最终采取打开管片二次注浆孔进行聚氨酯封堵,堵漏六吨聚氨酯,约8个小时完成堵漏。之后,对管片背后进行双液注浆,地面进行注浆填充,使沉降变形得以控制。

事故原因分析如下:

①在长江漫滩富水地区,地下水丰富,地层为粉砂粉土,地下水具有承压性,当拆除管片后渗水通道被打通,先期发生渗水现象,后期发生涌水涌砂事故。

②施工单位承认盾构掘进施工在接收端未做好同步注浆,认为同步注浆不重要,不会发生问题;更未进行二次注浆,渗漏通道畅通。

③初期堵漏方法不正确,不具有针对性。

4) 盾构始发技术方案

盾构始发关键是阻挡盾构前方的水和垂直方向水的补给,不发生泥水涌入始发井是始发的关键。

(1) 无水稳定地层盾构始发

素墙或素桩(建议直径600～800mm之间不高于C20),辅助注浆,盾构直接切削始发。

袖阀管或注浆加固洞门地层稳定,直接掘进始发。

(2) 软弱地层富水且水头压力较高地层盾构始发

软弱地层富水且水头压力较高地层中盾构始发方案主要有以下几种:

①三轴搅拌桩或高压旋喷桩＋垂直冻结＋辅助应急降水措施。

②端头加固＋水平冻结＋辅助应急降水。

③端头加固＋垂直冻结＋钢套箱始发＋备用降水。

④端头加固＋垂直冻结＋(帘布＋钢丝刷密封)＋备用降水。

⑤直径超过10m的盾构软弱地层始发,为确保洞门破除后的安全,必须采取端头加固＋垂直冻结＋辅助降水措施。

⑥降水作为富水且水头较高的软弱地层盾构始发接收,是必须备用的应急措施,也是有效的,很多工程已经验证。应急降水是短暂的,认为对周边环境产生沉降不一定正确,相反很多工程产生事故后,仍采用降水进行处理。

⑦钢套箱在富水砂中始发:这种方法用的较少,它是在常规始发帘布外加900mm左右长的套箱,加设两道钢丝刷或一道帘布密封,形成附加止水箱体,箱体内加注油脂增加密封止水效果。在富水砂层中可增加保险性,南京地铁3号线曾用过。

5) 盾构接收技术方案

(1) 无水稳定地层的接收

在无水稳定地层中进行盾构接收时,关键是加大同步注浆量和压力,补充二次注浆,阻断盾构后方水力通道,必要时进行聚氨酯封堵,阻断切削间隙,保证接收安全。稳定地层中盾构直接切削进洞。

(2) 富水且地下水位较高的软弱砂土或砂层地层的接收技术原则

在富水且地下水位较高的软弱砂土或砂层地层进行盾构接收时,无论采用何种端头加固方法和接收方案,都必须切断盾构后方和垂直水的补充涌入接收井,才能确保盾构接收安全。否则,难以保证接收安全。

所以首先采用特殊管片,加固同步注浆量,补充二次注浆,必要时进行聚氨酯封堵,确保阻断水力通道,保证盾构接收安全。

(3) 软弱富水地层盾构接收方案

软弱富水地层盾构接收方案主要有以下几种:

①端头加固＋垂直冻结＋水中接收,如图4-157a)所示。

②端头加固或水平冻结＋钢套筒接收,如图4-157b)所示。

③端头加固＋垂直冻结＋洞门密封＋辅助降水措施,如图4-157c)所示。

④端头加固或水平冻结＋水平纵向封堵＋降水措施。

⑤软弱富水地区同时采取隧道纵向止水和封堵措施。

a)南京长江隧道水中接收

b)某地铁盾构水平冻结钢套筒接收

c)洞门端头垂直冻结

图 4-157 软弱富水地层盾构接收方案

6)盾构始发、接收的辅助措施

(1)富水软弱地层必须采用辅助降水措施。

(2)洞门帘布和钢板刷组合使用措施。

(3)钢套箱始发与密封钢板束共同使用措施。

(4)降水措施作为富水地层盾构始发应急措施是必需的,另外,特殊环管片增加二次注浆、同步注浆和聚氨酯封堵等,也是常用的辅助措施,具体如下:

①增加同步注浆量、注浆压力,封闭盾构掘进中管片与隧道的间隙,提高注浆性能质量,达到止水效果。

②增加二次注浆孔,每块管片增加1~2个二次注浆孔,在盾构始发、接收段阻断盾构及隧道纵向水力通道,达到封水的效果。

③补注双液浆或聚氨酯封堵纵向水力通道,保证盾构在富水层、砂层及粉土和承压水层始发和接收的安全。

7)盾构井嵌岩与管涌事故分析

(1)基本概念

所谓全封闭围护结构,泛指围护结构穿过较弱地层嵌入中等风化(完整)岩石地层中,完全封闭隔离基坑内外的水力联系,是理想的状态。实际工程施工中由于各种原因,这种完全理想的隔水是很难实现的,处理不好往往还会造成工程事故,产生巨大的风险。很多选用这种方案的盾构井施工发生管涌事故,处理时间达数月。

(2)全封闭结构基坑降水思路

若全封闭围护基坑可以实现,降水思路是先减压后疏干的理想模式。

(3)全封闭围护结构基坑的利弊分析

利:理想的全封闭基坑切断坑内外水力联系,基坑降水先进行减压后再疏干,降水方案简单,切断基坑外部水系对坑内的补给。

弊：全封闭围护结构相对于其他地墙设计较深，鉴于国内目前的施工技术及设备现状，施工难度较大，质量难以保证，特别是地墙，接缝封水难以保证。

4.5.2 过江大型泥水复合盾构施工关键技术

1) 复合盾构刀盘刀具设计典型案例分析

(1) 南京纬三路隧道刀盘刀具设计案例

南京纬三路过江通道工程详见视频 4-4。

视频 4-4　南京纬三路过江通道

①工程概况。

南京纬三路过江盾构隧道南、北线于 2012 年 10 月始发，贯通于 2015 年 7 月，历时 33 个月。南京纬三路隧道的建设，代表着我国当今大型过江泥水复合盾构隧道的施工技术水平，虽然工程建设经历艰苦复杂的过程，但最终获得成功，来之不易。其难度如下：一次性过长江掘进 4200m 和 3560m，其中岩石地层及复合地层分别长达 600m、500m；采用了国产盾构，盾构制造商为中交天和机械制造公司，是一家新成立的盾构制造单位，能制造出这样大型复合泥水盾构，并基本实现了国产化，满足了工程要求，是值得赞赏的；中交集团作为国内盾构隧道施工企业的后起之秀，起步较晚，敢于承担如此艰难复杂和有风险的工程，并取得成功；地质条件复杂、水压高，对掘进和换刀造成的难度和风险是国内和世界上少有的，成功地完成了对刀具的改进选型；熟练掌握了饱和气体作业刀具更换高压新技术。

②盾构刀盘刀具配置情况。

南京纬三路隧道复合盾构刀盘刀具设计采用典型的超大型泥水复合盾构刀盘和刀具，可以实现软土、卵砾石地层、复合地层和岩石等地层的盾构掘进施工。刀盘初装刀配置了 312 把先行切削刀（焊接固定），172 把主切削刀（螺栓固定可拆式），80 把可伸缩更换切削刀，15 把向导型切削刀，17 把推出式切削刀，32 把外围切削刀，45 把 19in 固定双刃滚刀，6 把 17in 中心单刃滚刀，38 把 19in 可推出双刃滚刀，共计 717 把。刀盘刀具配置示意图如图 4-158 所示。

南京纬三路隧道复合盾构刀盘采用辐条—面板式耐磨处理结构，开挖直径 15.02m，刀盘开口率 25.7%，结构材料采用 Q345B，辐条耐磨板厚度 100mm，为典型的复合式配置刀盘，8 个辐条 8 个面板，可以实现带压更换滚刀和常压更换（伸缩）切削刀，满足常压和带压作业要求，适应软土、卵砾石地层、复合地层和岩石底层的掘进。刀盘刀具配置初装图如图 4-159 所示。

③初装刀配置设计理念分析。

该盾构刀盘从结构强度、刚度设计上满足了掘进岩石及复合地层的要求，其主要设计理念如下：

在盾构始发自岩石段之间黏土、砂层等软土地层中掘进，依靠先行切削刀（高出面板 200mm）完成工作，此时先行刀高出滚刀和可更换切削刀 40mm（滚刀、可更换切削刀高出面板 160mm）起到保护作用。理想设计是在盾构进入岩石前，先行切削刀会因为磨损严重而损坏，在进入岩石阶段与滚刀高度一致，岩石地层滚刀起主要切削作用。但实际在软弱地层掘进中，先行切削刀并未磨损严重，相反刀具相对较好。

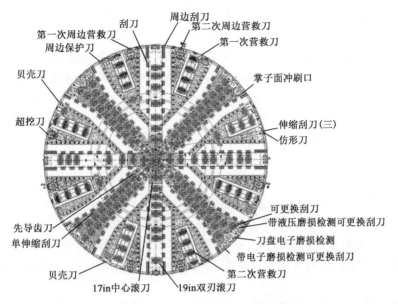

图 4-158 刀盘刀具配置示意图

岩石和风化岩石段地层纬三路隧道南、北线均约长 500～600m，将可更换切削刀缩回 100mm，使滚刀高出可更换切削刀 100mm，利用初装滚刀进行岩石地层的掘进（初装滚刀为鲁宾斯刀具），初步设想每盘滚刀大约可掘进岩石地层 200m，分三次完成（刀盘设计滚刀备用 8 联 32 把可推出双刃滚刀），初装滚刀磨损后，分两批次推出 4 联 16 把双刃滚刀来完成后续大约 400m（每次 200m）岩石段掘进工作，实现无带压更换滚刀，完成隧道岩石段掘进工作。

6 把单刃 17in 中心滚刀磨损量小（中心部位线速度较低），此外，还有 6 把可推出边缘滚刀与 8 联 32 把双刃滚刀共同参与切削岩石段，推出面板高度是 160mm，可推出滚刀推出完成后，将其固定锁死。

岩石段完成后的卵砾石和软土地层推出 80 把可更换切削刀，高出面板 160mm 来完成剩余的隧道掘进工作，其考虑前提是刀盘刮刀完好。

图 4-159 刀盘刀具配置初装图

研制了刀盘伸缩装置机构，通过千斤顶伸缩移动驱动部带动总质量约 1000t 的刀盘向后滑移 100mm，以满足带压换刀作业时刀具更换的空间，大大缩短了换刀时间，增加换刀效率。这项技术首次在超大型直径盾构中使用，这种装置在处理盾构脱困和换刀作业中发挥了作用。

④实际掘进刀具使用状况。

312 把先行切削刀在进入岩石前软土地层时根本未发生磨损损坏，在软土地层中合金刀也不可能发生实质性的破坏。

由于进入岩石前先行切削刀相对完好，在岩石层掘进中先行刀高出滚刀 40mm，此时滚刀不参与切削岩石，同时滚刀不会发生滚动工作，致使初装 45 把滚刀大多发生偏磨和刀圈断裂。本人初步估算超过 70%，分析原因为初装滚刀非正常磨损，根本未发生切削作用而失效。

可更换切削刀在滚刀使用时缩回 100mm，但实际实现退缩切削刀的数量很少，大部分不能缩回。咨询生产厂家，原因可能是可更换切削刀刀具与刀座装置间隙被泥沙夹死或刀具出现毛刺不能退缩。

备用的可推出（隐藏面板内）8 联共 38 把滚刀在岩石层掘进中有部分不能实现推出，其原因可能是推出液压系统在掘进中磨损，或推出机械部分出现故障。

使用可更换切削刀完成后续软弱地层的掘进的计划也未能实现。

⑤改进刀具使用情况。

超前切削刀在岩石层中磨损破坏的同时，初装滚刀多处出现偏磨和刀圈崩断、断裂现象（初装滚刀为分体式刀具）。工程建设指挥部经分析研究认为采用一体式滚刀较好，选择意大利庞万利一体式球齿滚刀，两条隧道分别经过6~8次带压更换滚刀，完成整个工程岩石掘进工作，同时摸索了工程滚刀使用规律。

对8联38把隐蔽式可推出滚刀进行全部推出，并进行锁死固定，共同参与了岩石掘进工作，增加了同轨迹上切削滚刀数量。

最后剩余段卵砾石地层、穿越风井和软弱地层掘进，经全体技术人员共同技术攻关，选择洛阳久久重型撕裂刀具来完成最后的掘进工作。实践证明这是成功的、正确的。

⑥对盾构刀盘初装刀具的评价。

总体评价：盾构性能和硬件系统总体可靠，可以满足大型复合地层隧道对盾构掘进的要求。

刀盘开口率25.7%，较低，与大型泥水盾构30%~35%相比明显偏低；特别是中心部位，"结泥饼"现象严重。

先行切削刀在完成软弱地层掘进后，进入岩石段较完好，先行刀切削岩石而滚刀不工作，发生偏磨、刀圈断裂等非正常现象。

可推出滚刀、可伸缩切削刀在推出、退缩过程中有一半失效，而不能实现其功能，未发挥作用。

刀具717把，数量太多，设计层次太复杂，以至于相互干扰，各刀具不能实现其切削目的。

⑦复合地层刀具使用管理体会。

通过类似工程的实践证明，盾构初装刀设计布置大部分是不完善的，不能全部依赖和信任国外盾构厂家的设计，来实现一次性完成长距离复合盾构隧道的掘进工作。其主要原因是他们对于地层的分析和刀具的适用性认识不足，可能还有其他原因。

对于大型或超大型泥水复合盾构隧道工程，其关键的刀盘刀具适应性设计必须经过多次的方案设计、论证和细化。

进行刀盘刀具设计时，必须综合考虑掘进隧道全域地层条件，制定通用性和备选方案。同时，要充分考虑施工单位的意见，甚至要以他们为主导，因为盾构是他们使用，他们更为负责任，也更为专业，更了解地质条件和机械性能。专家评审方案也不能流于形式，要请懂专业的人员和专家及施工单位的盾构人员、有丰富经验的人员参与其中。评审论证可以由盾构厂家、施工企业和项目工程指挥部来完成。

复合盾构的刀具布置要力求在保证切削理论、切削方式等前提下，保证刀具切削层次分明，软土、复合地层、岩石层等刀具的配置不能相互干扰和影响，应"各做各的事情"，刀具的种类和形式可以简单化。

刀盘形式、开口率应合理，刀盘的刚度、强度、变形应满足盾构掘进最大化要求。

复合盾构的刀具配置：周边滚刀、超挖刀、仿形刀及周边保护刮刀要牢固，以保护刀盘。

长距离复合地层盾构隧道，在滚刀和重型撕裂刀端配置上必须考虑刀座通用性，以实现滚刀和撕裂刀的互换，适应岩石层和复合地层的掘进。

（2）南京地铁3号线过江隧道刀盘损坏修复方案

①损坏情况分析。

南京地铁3号线过江隧道采购海瑞克S683盾构，直径12.7m。在长距离掘进卵砾石地层中，发生刀盘外圈磨损50cm的严重事故，外圈刀具全部损毁（图4-160），事故造成工期和经济损失巨大，在国内同行业中产生较大影响。

②修复位置。

本次刀具修复方案包括焊接搅拌棒、安装土体切削

图4-160　南京地铁3号线过江段盾构刀具磨损严重

结构、开挖仓清理、打捞底部钢结构以及刀臂结构修复。具体修复刀具的分布情况如表 4-34 所示。

损坏刀臂分布情况　　　　　表 4-34

类　型	A　类	B　类	C　类
所处半径	$R=4193$mm	$R=5273$mm	$R=5565$mm
数量	2	2	4
单根质量	80kg	170kg	
所处辐条	5号、13号	3号、11号	2号、6号、10号、14号

③修复方案分析。

将刀箱结构焊接至指定辐条上。

在刀箱结构上安装刀具，刀具采用法兰连接，具体如图 4-161 所示。在刀臂上焊接定位块，在盾壳上焊接吊点，如图 4-162 所示。

图 4-161　刀具法兰连接示意图

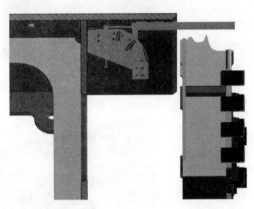

图 4-162　定位块示意图

将刀箱推出至两个刀臂之间，如图 4-163 所示。将刀箱向上顶升，如图 4-164 所示。

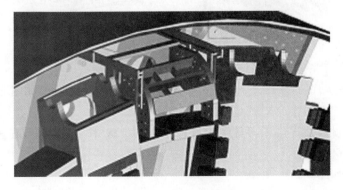

图 4-163　刀箱推出示意图

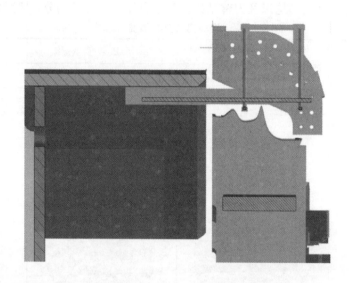

图 4-164　刀箱顶升示意图

旋转刀盘使刀箱就位,如图 4-165 所示。放下刀箱套在刀臂上,然后焊接,如图 4-166 所示。

图 4-165　刀箱就位示意图

图 4-166　刀箱放置示意图

④第一个刀箱工作情况。

刀箱进仓前的准备工作:现场试装,仓内清理并焊接吊耳等运输结构,如图 4-167 所示。刀箱进仓,如图 4-168 所示。

刀具顶升并尝试就位,发现由于刀具螺栓板与原刀臂相碰[图 4-169a)],在进行左右两侧刀臂切割后,完成就位,如图 4-169b)所示。

进行刀臂的焊接,如图 4-170 所示。

安装刀具,如图 4-171 所示。

第4章 泥水盾构

图 4-167 刀箱进仓前的准备工作

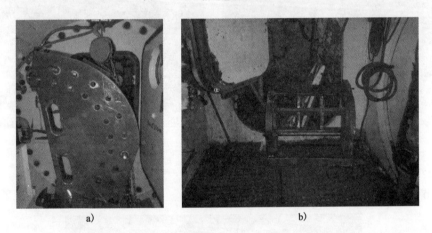

图 4-168 刀箱进仓

图 4-169 刀具顶升

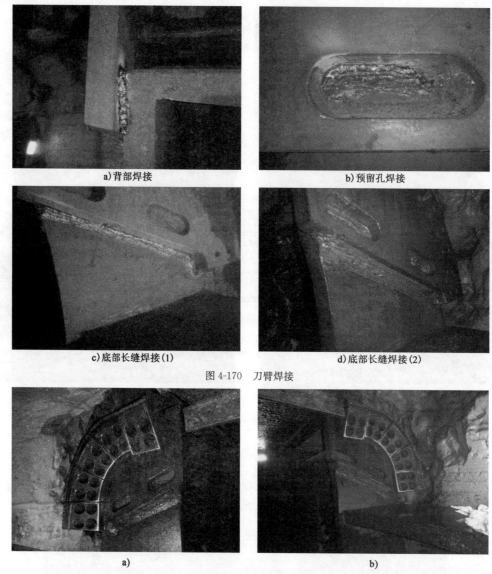

a) 背部焊接　　b) 预留孔焊接

c) 底部长缝焊接(1)　　d) 底部长缝焊接(2)

图 4-170　刀臂焊接

a)　　b)

图 4-171　刀具安装效果

(3) 南京长江隧道刀具改进方案

南京长江隧道详见视频 4-5。

视频 4-5　南京长江隧道

①改进前的状况分析。

南京长江隧道刀盘形式和上海长江隧道相似,采购海瑞克S350盾构,其开口率为35%,采用辐条面板结构形式。刀具配置主要有可更换切削刀、刮刀,适应于软土地层泥水大直径盾构隧道开挖。海瑞克在盾构设计时承诺可一次性掘进3200m,实现一次过江,但在2008年8月5日掘进至655环时,推进扭矩明显异常,故停机查找原因。

②异常现象分析。

地层为粉细砂、砾砂和卵石地层,卵石最大粒径达200mm,石英含量占35%。开仓检查刀具异常损坏,刀具设计与复杂地层条件不适应是导致本次事件的主要原因,表现为刀刃崩断、脱落或块状损坏,以及合金刀刃整体因焊接质量问题(或槽)单体脱落。其原因是合金刀的形状、尺寸、性能及焊接质量差,与卵砾石地层不适应,在切削回转过程中切削刀与卵砾石碰撞而崩断崩落和整体脱落。

③改进方案。

在分析初装刮刀设计不足的基础上,认真分析了发生的原因所在,研究三种方案,改进刮刀的性能,通过试验对比确定最优方案。进一步验证细化刮刀在砂砾地层的地质适应性设计要点,并分析刀具参数、掘进参数对刀盘扭矩的影响。邀请招标选择山东聊城切削刀具,在合金性能、尺寸、形状和焊接质量及焊接刀具出刃方面进行改性,适应了卵砾石地层条件,后续掘进200m进行一次刀具检查与更换,摸索出刀具使用、检查与更换的规律,使盾构掘进有序、正常进行。

本工程刀具改进是比较成功的,总结摸索出长距离盾构复合地层掘进刀具磨损、检查更换和使用的规律,掌握技术难点和解决办法,使得工程得以顺利进行。

(4)南京纬三路隧道北线刀盘沟槽分析与修复

南京纬三路隧道北线刀盘,在换刀恢复掘进时发现阻力和扭矩较大,开仓检查发现刀盘出现沟槽磨损,宽度大约30cm,深度2~6cm不等。原因可能是滚刀掉落磨损或其他物品磨损。

①作业人员量测沟槽,如图4-172所示。

②沟槽两端加焊刮刀修复,如图4-173所示。

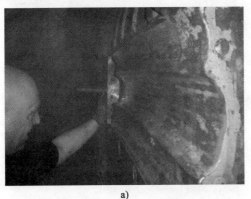
a)

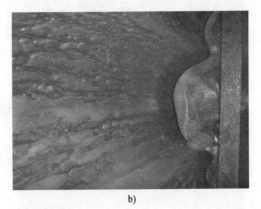
b)

图4-172 作业人员量测沟槽

a)

b)

图4-173 沟槽两端加焊刮刀修复

(5)南京地铁4号线某盾构区间盾构刀盘刀具损毁修复

①刀具配置。

始发掘进刀具配置情况如表4-35所示。

刀 具 配 置 情 况　　　　　表4-35

开口率	约37%	开口率	约37%
双联齿刀	4把	边缘刮刀	16把
齿刀	14把	保径刀	8把
单刃滚刀	20把	保护刀	16把
切刀	40把		

②刀盘刀具磨损情况及原因分析。

刀具磨损情况：1～14号滚刀部分脱落或磨损严重；15～18号正面滚刀偏磨；21～30号正面滚刀正常磨损20mm左右。检查切刀40把，部分切刀磨损量在2/3左右；12把切刀磨损量在1/3左右；15把切刀完好。检查16把边缘刮刀，其中4把边缘刮刀合金部分磨损2/3左右，12把边缘刮刀合金部分少量磨损。

刀盘检查情况：刀盘磨损范围为以1～3号双联滚刀为中心、2650mm为直径的圆形区域。刀盘磨损最宽部位为25cm。刀盘磨损区域及磨损宽度分别如图4-174、图4-175所示。

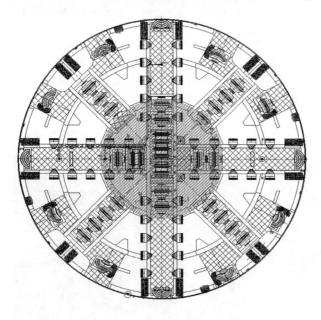

图4-174　刀盘磨损区域示意图

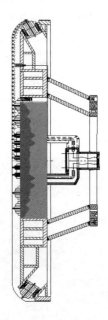

图4-175　刀盘磨损宽度示意图

竖井开挖完成后发现实际刀盘磨损情况如图4-176所示。

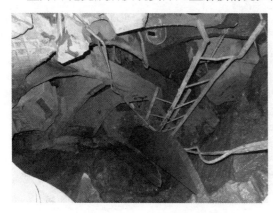

图4-176　实际刀盘磨损

根据掘进参数、历次开仓检查结果及竖井揭示地质情况判断，事件原因分析如下：

a. 盾构区间地质复杂多变，软硬不均，且地层中含水量及其变化较大，区间详勘报告中岩层强度远低于实际岩石强度，在强度高的石英砂岩和粉质黏土的复合地层掘进，容易导致刀盘磨损。

b. 南京市北京东路为城市主干道，来往车流量非常大，绿化改迁困难，无补充勘察条件，勘察资料不能准确反映该段地质情况，详勘地质纵断面图未反映岩石分布范围。

c. 在复合地质地段，对周边滚刀检查更换结束后，刀盘顶部塌陷（顶部坍塌高度约 2.0m），继续带压进仓危险性较高，地面无加固条件，为了保证人员安全，停止换刀继续掘进。

③竖井开挖。

经过多次刀盘修复专题会议，决定采取首先加固地表土体，稳定地层，然后在盾构切口处开挖竖井，对刀盘进行修复的方案。

袖阀管注浆加固：注浆范围为盾体左右两侧各 1.0m，刀盘前方 3.0m，刀盘后方 2.0m；布孔间距不大于 1.5m，布孔深度为刀盘上方 0.5～1.5m，刀盘前方入岩 0.3m。后又在此次注浆的基础上进行二次加密注浆，两次共计注水泥浆 86m³，水玻璃 13m³。注浆范围及布置如图 4-177、图 4-178 所示。

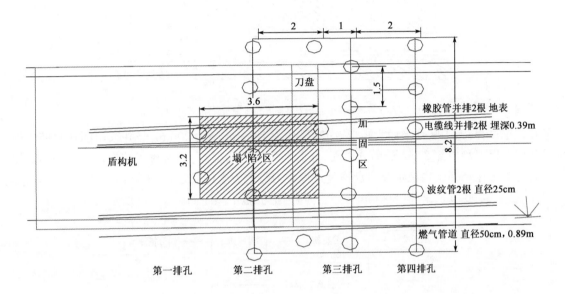

图 4-177　注浆范围及注浆孔位平面布置图（尺寸单位：m）

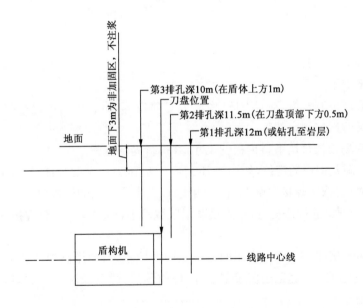

图 4-178　注浆范围及注浆孔位剖面布置图

树根桩注浆加固：为防止竖井开挖过程中前方土体失稳，在刀盘右前方打设两排树根桩。树根桩桩径 150mm，桩间距 200mm，桩深入岩层 50cm，注入水泥—水玻璃双液浆（图 4-179）。因管线及大树影响，共打设树根桩 19 根，每根桩注入浆液约为 1t 水泥量，未达到预期密排隔断、加固效果。

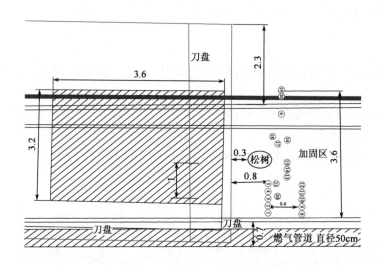

图 4-179　树根桩注浆范围及注浆孔位平面布置图(尺寸单位:m)

竖井开挖过程:施工竖井平面为矩形,净空尺寸为 1650mm×1800mm,竖井采用倒挂井壁法施工,人工分层开挖。以刀盘顶部 20cm 处为分界面,分上下两部分施工,上部为封闭结构,下部为敞口式"U"形结构。同时为确保竖井结构稳定及刀盘修复过程中刀盘前方土体稳定,在刀盘前方及竖井前方布设三根人工挖孔桩(一根 900mm、两根 800mm)。竖井与围护桩施工顺序如图 4-180 所示。

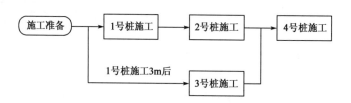

图 4-180　竖井与围护桩施工顺序图

④刀盘结构修复。

刀盘修复施工流程如图 4-181 所示。

刀盘结构修复方案如下:

a.刨除中心区域磨损滚刀刀箱、刮刀刀座、中心刀盘喷口等,对磨损刀梁进行打磨或火焰切割修整,处理完后测量磨损刀梁各部位剩余宽度。

b.通过测得数值现场校核每块下料钢板的尺寸,并进行局部修整。

c.考虑到土仓的空间及钢板的定位,如图 4-182 所示,0°和 180°主梁分成 A、B、C 三块进行拼焊,A、B、C 三块全部拼焊完成后,依次焊接主梁 D(总共四块)以及主梁之间的筋板(1、2、3、4),完成之后对刀盘 45°、135°、225°、315°四个副梁进行修复,由于副梁磨损区域较小,根据现场下料焊接修复。

刀盘修复过程:

a.长短刀梁定位和焊接(图 4-183):由于旧刀梁变形区域较多,使用高温矫正后对接,对于变形量较大处,采取焊后对突起处刨除;焊缝采用多层多道焊;焊前预热,焊后保温;采取焊接防变形措施;使用钢筋支撑作为反变形措施。

b.副梁焊接(图 4-184):对 45°、135°、225°、315°共四处的副梁进行修复,修复至原样;对 45°和 225°的副梁增加耐磨焊条。

c.刮刀刀座和保护块定位(图 4-185):刮刀刀座定位尺寸误差不大于 2mm;在 3 号刮刀和 4 号刮刀保护块上下方焊接加强筋板。

d.滚刀刀箱定位焊接(图 4-186):刀箱整体定位参考筋板定位,放置后距离筋板的间隙平均满足不大于3mm；第16号刀箱的高度定位参考20号刀箱，其余刀箱综合参考17、18、19号刀箱，使用轨迹定位，保证在同一平面上；刀箱与筋板、刀梁与刀梁焊接时，由筋板和刀梁处向刀箱靠拢。刀箱与刀箱由中间向两边焊接。

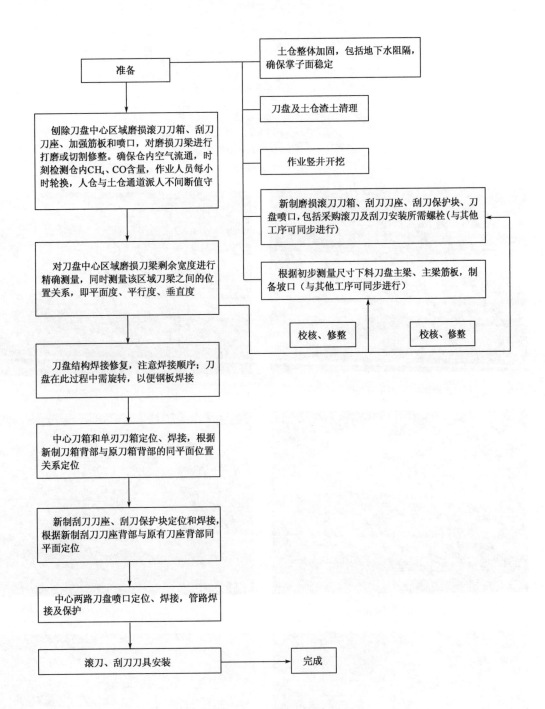

图4-181　刀盘修复施工流程

e. 泡沫管和膨润土管修复（图4-187）：泡沫管路和膨润土管路疏通后再焊接喷口；喷口增加保护钢板；保护钢板上堆焊网格耐磨焊。

f. 刀盘修复完成（图4-188）：刀盘修复完成后，双方委外对刀盘焊接部位进行超声波探伤，按《焊缝无损检测　超声检测　技术、检测等级和评定》（GB/T 11345—2013）B级执行，符合Ⅱ级要求。刀具安装结束后，刀具高低定位应满足设计要求。

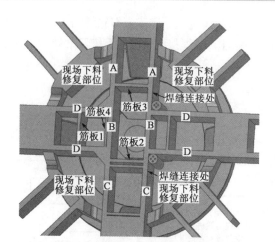

图 4-182 刀盘结构修复示意图

图 4-183 长刀梁定位图

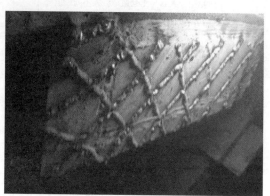

图 4-184 副梁耐磨焊图

图 4-185 刮刀刀座定位图

图 4-186 刀箱定位图

图 4-187 刀箱定位图

图 4-188 刀箱定位图

⑤修复后运行情况。

根据改进意见制订后续300环掘进方案,掘进过程顺利,盾构顺利贯通出洞后,未发现刀盘有焊缝脱落、刀盘磨损、结构变形等现象,盾构及其刀盘状态良好。

2)高水压复合地层江底盾尾刷更换技术

(1)江底盾构盾尾刷击穿分析与处理

①原因分析。

2015年3月6号,南京纬三路隧道北线1261环盾构处于$R6000m$缓和曲线及4.2‰纵坡空间曲线上,盾构在左侧8~10点钟位置发生严重漏浆现象,流速$20m^3/h$,漏时长达4h,采用两台聚氨酯泵强行封堵才完成堵漏。2015年10月18号南京纬三路隧道南线在780环掘进时,在6~7点钟位置发生严重盾尾漏浆事件,采用棉被、方木、油缸顶推棉被堵塞漏水缝隙,砂袋水泥进行压重,盾尾部采用两台聚氨酯泵高膨胀率高效聚氨酯封堵近40h,才使险情消除。整个堵漏抢险过程十分危险,由于指挥得当,迅速有力,避免了一场大事故的发生。

产生原因:盾尾设计间隙50mm,但由于处于复杂地段,盾构姿态很难控制,致使单侧间隙达100mm,足以使100mm×100mm方木塞进间隙里。另外,盾构掘进虽然距离不是很长,但掘进累计时间较长,盾尾刷磨损严重。根本原因可能是盾构姿态较差。

②处理措施及过程。

a.采用棉被从盾尾间隙塞进,堵住渗漏通道。

b.盾尾间隙设计50mm,由于姿态较差致使单边达到100mm,盾尾间隙过大。

c.采用水泥砂袋进行反压。

d.对盾尾后管片二次注浆孔进行聚氨酯封堵,采用高发泡率和凝固时间短的聚氨酯进行封堵。

e.在封堵完成后进行双液浆填充封堵。

对于大型盾构施工而言,应急措施应有备无患,盾构上必须配置双液注浆泵、聚氨酯泵和充足的聚氨酯、水泥、水玻璃、棉被等应急抢险物资,发生险情及时处理。液氮冻结方案和冻结检测方案均选择具有相应设计和施工资质的专业单位完成,检测单位也具有多年的冻结检测经验。液氮冻结风险很大,主要是特殊超低温的专业施工,对整个过程中人员管理相当严格。最终工程方案得到圆满实施,未发生险情。

(2)盾尾刷更换流程

为确保本次更换盾尾刷期间的安全,防止出现盾尾渗漏,在上次盾尾刷更换方案的基础上增加布置了两环有预留孔道的特殊管片,减少注浆孔间距,增强注浆体止水效果,同时增加注酯孔,进一步确保止水效果。

更换盾尾刷方案的整体施工步骤为:特殊管片制作→停机前10环注紧急密封油脂(后2道腔体)→特殊管片1、2及826环管片安装→停机在盾构B环注聚氨酯→特殊管片1(第825环)注聚氨酯→对已脱出盾尾的3环管片及特殊管片2(第824环)进行二次注浆→第826环F封顶块及邻接块拆除→从F块区域开始更换盾尾刷→手涂油脂涂抹→移动一个点位拼装邻接块→依次进行下一块管片的拆除和盾尾刷更换→管片封顶块安装→盾尾刷腔体油脂注入→恢复掘进。特殊管片与盾尾刷及油缸位置关系图如图4-189所示,更换盾尾刷主要工艺流程如图4-190所示。

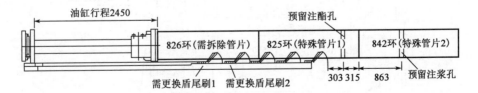

图4-189 特殊管片与盾尾刷及油缸位置关系图(尺寸单位:mm)

(3)特殊管片制作

本次需制作的2环特殊管片为第824环和第825环,每环管片在原二次注浆孔基础上增加38个预

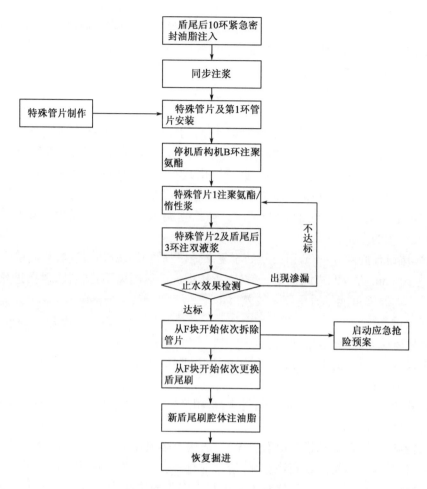

图 4-190　更换盾尾刷主要工艺流程图

留孔,其中 F 块增加 2 个孔,邻接块和标准块分别增加 4 个孔(上次更换盾尾刷,由于后 3 道盾尾刷掘进距离较短,损坏较小,因而采用直接在倒数第 3 环管片二次注浆孔注聚氨酯,其注浆扩散半径达 2m,目前更换盾尾刷。考虑到后 3 道盾尾刷受损较大,采取减少注浆扩散半径,形成更有效的堵水体的方案,因此在 825 环与 824 环上增加预留孔,使得注浆扩散半径减为 0.5m),特殊管片预留孔与二次注浆孔孔径、构造相同,且孔口位置与二次注浆孔一样采用螺旋加强筋进行加固,后期封堵加强措施也与二次注浆孔相同。考虑到真空吸盘位置、螺栓孔、剪力销以及原设计预留孔等因素影响,遵循孔位尽量平均分布的原则,本次特殊管片的孔位按照管片中心相对距离对称布置,预留孔与主筋位置冲突时可在 3cm 范围内微调,避免影响结构强度。注浆封堵特殊管片尺寸示意图如图 4-191 所示。

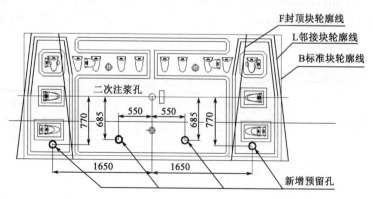

图 4-191　注浆封堵特殊管片尺寸示意图(尺寸单位:mm)

(4)掘进及拼装准备

①紧急密封油脂注入。

为了在更换前 2 道盾尾刷时,后 3 道盾尾刷能够起到更好的密封效果,需要在 815 环掘进时开始使用紧急密封油脂替代普通密封油脂对后两道腔体进行填充。预计每环掘进使用 1 桶,到 826 环停机时共需要约 10 桶紧急密封油脂,油脂泵注入压力控制为 1.0MPa。

②同步注浆。

在停机更换盾尾刷前 10 环的掘进和拼装过程中应加强同步注浆,当注浆停止时以及停机时间较长时要注意管道的疏通和适时打膨润土浆润滑管道,保证上下左右 6 孔全通。每环总注浆量控制不得少于 35m³(按照 150%计算),且注浆要均匀、饱满,浆液配合比为水∶水泥∶砂∶膨润土∶减水剂＝456∶450∶1120∶80∶3kg(每方用量),初凝时间为 10h,3d 强度为 2.1MPa,为后续更换盾尾刷的止水及加固提供前期保证条件。

③管片拼装准备。

为方便该环管片的拆除,及时进行盾尾刷的更换,在拼装 826 环管片时进行通缝拼装,且 F 封顶块安装在 1、2 点位。因上次拆除 F 块时难度较大,本次在拼装 F 块时不安装遇水膨胀止水条,并将三元乙丙均匀涂抹黄油,减少摩擦力,为更换盾尾刷时拆除 F 块降低难度。管片环纵向螺栓需按照正常要求进行安装,尽量保证该环管片的整体性。825 环管片拼装点位与 826 环一样为 1、2 点位,824 环管片拼装点位为 28、29 点位。因 824、825 环特殊管片拼装完成后,下部预留注浆及注酯孔被船行板压住,无法注浆,可根据拼装点位预先对船行板进行割孔,或者采用千斤顶将 1 号台车前端抬起,拆除挡住预留孔的船行板,以确保全环注浆效果。

④掘进及停机准备。

第 827 环掘进过程中,当油缸最小行程达到 2450mm 时必须立即停止掘进,此时需要拆换的第 2 道盾尾刷刚好拖出到 826 环管片下部,掘进行程过大将会把第 3 道盾尾刷拖进 826 环管片;后 2 道盾尾刷无法保证更换前 2 道盾尾刷时密封效果,掘进行程过小又无法提供更换前 2 道盾尾刷的有效空间。827 环掘进时的行程差不宜超过 3cm,且以较小分区油缸的行程为主要控制行程,最小油缸行程达到 2450mm,且各分区行程差不大于 3cm 时停止掘进。

(5)聚氨酯注入及二次注浆

①盾构 B 环注聚氨酯。

停机后首先在盾体 B 环的 16 个径向预留孔注入聚氨酯,使其与盾体四周的地下水反应,包裹在盾体周围,起到阻挡泥水仓泥水后窜的作用。注入压力应大于地下水压,宜为 0.6MPa 左右,总注入量控制在 2t(10kg,装 200 桶)左右,每孔注入量约为 125kg(10kg,装 12.5 桶),取 300%的发泡率,总充填空间达 7.2m³,注入顺序为从隧道底部经两侧向顶部进行。

②特殊管片注聚氨酯。

为进一步封堵后方注浆空间至盾尾的通道,防止注浆体包裹盾构盾尾外壁或填充盾尾间隙,影响盾构的脱困和掘进,需对 825 环管片(特殊管片 1)的 38 个径向预留孔注入聚氨酯或惰性浆,使其与管片四周的地下水反应,并填充盾尾管片与最后一道盾尾刷外的空间,形成一个隔离带,一方面起到阻水作用,另一方面有效防止后方注入的双液浆渗入前方的盾尾刷和盾构盾尾外壁。打开特殊管片 1(825 环)的预留孔道,若无渗水,可认为同步注浆效果良好,需对该孔注惰性浆;若有渗水现象,则先对该孔注入聚氨酯,再进行惰性浆液注入,防止聚氨酯进入尾刷导致板结现象。顶部为淤泥质粉质黏土,开孔后应无水渗出,对该孔应直接注惰性浆,聚氨酯和惰性浆注入压力应大于地下水压,宜为 0.6MPa 左右,聚氨酯总注入量控制在 5t(10kg,装 500 桶)左右,每孔注入量约 130kg(10kg,装 13 桶),取 300%的发泡率,总充填空间达 18m³,注入顺序为从隧道底部经两侧向顶部进行;惰性浆浆液配合比为水∶粉煤灰∶砂∶膨润土∶减水剂＝431∶360∶1120∶80∶3(每立方米用量),初凝时间为 47h,注入总量控制在 6m 左右。

③二次注浆。

在注入聚氨酯或惰性浆后,对其后的 822～824 共 3 环管片(包括特殊管片 2)的二次注浆孔和增加的预留孔注入双液浆。按照从下到上、从后到前的方式注入双液浆,形成包裹住盾尾的止水环和具有一定强度的加固体,以确保盾尾刷更换的安全。注浆材料采用水玻璃—水泥双液浆或惰性浆,水泥浆水灰比=1.3:1(质量比),水泥浆:水玻璃=1:0.11(体积比),初凝时间100s,3d强度12.5MPa,最大注浆控制压力为3MPa。二次注浆主要是填充同步注浆不密实的空隙,因此以控制注浆压力为主,当注浆压力达到最大控制压力时可结束注浆。

④止水效果检测。

在二次注浆浆液终凝后,从下至上依次打开特殊管片第825环管片的10个二次注浆孔,检测是否有水渗出,若无水渗出可认为止水效果达标,可进行盾尾刷更换作业;若有水渗出,应对渗水区域预留孔补注聚氨酯,确保所有检测孔无渗水,方可进行第一块管片的拆除和该区域盾尾刷的更换。

⑤管片拆除及安装。

首先拆除826环管片F块,采用拼装机真空吸盘配合推进油缸通过葫芦缓慢拉出F块,然后直接采用拼装机真空吸盘拆除L1邻接块,该区域外露盾尾刷更换完成后,立即恢复L1块的安装,新安装的L1块点位应错开原安装位置1个点位,然后再拆除标准块B1,更换B1区域盾尾刷,依次按照顺序逐块拆除,逐块更换该区域盾尾刷,逐块恢复拼装。详细管片拆装及盾尾刷更换顺序如图4-192所示。

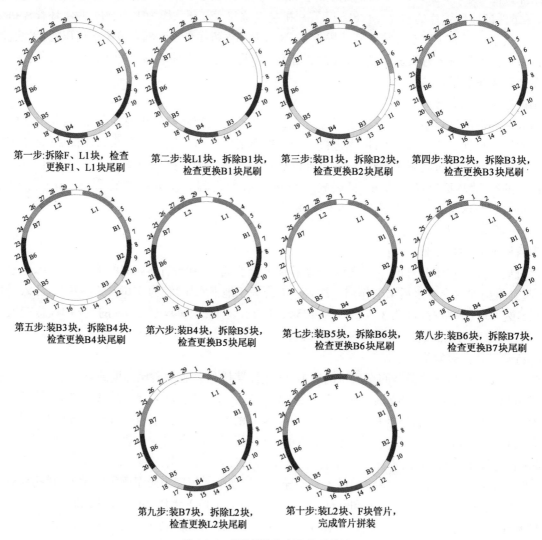

图4-192 管片拆装及盾尾刷更换顺序

(6)盾尾刷更换

南京纬三路隧道北线采取注浆封堵的方式进行盾尾刷更换,第一次更换采用国内与原出厂相同的盾尾刷,第二次采用进口盾尾刷,均取得圆满成功,过程中未发生任何险情。盾尾刷更换的部分过程如

图 4-193 和图 4-194 所示。

图 4-193　纬三路 N 线隧道江中更换尾刷

图 4-194　更换下的尾刷与管片复位

南京纬三路隧道成功实现了大型泥水盾构在软弱富水地层和江底高水压复合地层中的盾尾刷更换，这项技术的成功应用，为我国今后跨江跨海盾构隧道的发展起到了积极的推动作用。盾构江底更换尾刷技术要点：

①保头：掌子面"泥膜"牢固，不坍塌，不漏气。

②护尾：阻止盾构后方水不流向前方和因密封问题涌入盾构内。采用加大同步注浆、二次双液注浆和加注聚氨酯及盾尾加注优质油脂等技术，达到安全作业。

③阻断盾构头和盾尾的水力通道联系：B 环加注聚氨酯。

更换尾刷原设想能更换三道尾刷，形成两个完整的油脂密封腔，但实际盾构设计中，只要前两道尾刷采用可拆式，第三道尾刷出厂采用焊接方式，所以无法拆除。其他类似工程建议盾构厂家均采用可拆方式固定尾刷。

3）盾构掘进主驱动密封失效更换技术

（1）南京地铁 3 号线过江盾构主驱动密封失效

①发生过程。

南京地铁 3 号线过江隧道采购海瑞克 12.70m 泥水盾构编号 683，海瑞克与施工单位完成组装，完成后进行调试始发试掘进,在掘进20～30环左右时,盾构组驱动密封在0.25～0.3MPa压力时,主驱动密封发生油脂泄漏现象,导致密封失效,不敢掘进和后续施工,被迫停机进行处理更换密封。

②事故原因。

事故处理过程中发现主驱动密封出厂夹有一螺栓,转动磨损发生油脂泄漏现象。

③事故处理过程。

始发端具备地面加固条件,专家论证采用MJS双高压旋喷桩进行地面加固,盾构推到加固区,实行常压开仓更换主驱动密封,打开压板清理干净密封,重新更换密封系统。该工作由海瑞克工作人员完成,处理时间4个月,费用昂贵,据南京地铁公司和施工单位介绍,海瑞克公司赔偿500万。

④事故教训。

据施工单位和业主介绍,这是一起严重的设备质量事件,由于设备生产厂家未检验出厂,质量检验不完善,生产厂家应当承担全部责任;作为全球最知名的盾构生产企业,为什么会出现这种质量事故,出厂如何检验,现场组装如何验收,国内的企业在进行设备交接时有何责任;作为国内施工企业采购成套的国外设备,如何进行设备的验收和关键部位的检查,应该思考如何解决;类似其他工程采购国外或国内成套盾构的初装刀配置系统,也常出现刀具质量较差问题。施工企业与设备厂商多发生争议和矛盾,最终主导解决问题的还是靠施工企业,索赔问题很难达成协议。

(2)南京地铁4号线盾构区间右线更换主驱动密封

①停机位置概况。

停机环号为183环(里程:DK18+609.1),距玄武湖约104m,上方地面周边环境为太阳宫南侧,地势开阔,无管线及建(构)筑物。根据停机前渣样分析及183环常压开仓检查情况,判断开挖掌子面为全断面岩层,掌子面水量较少。为进一步保证掌子面稳定,将采取对掌子面进行喷射混凝土,并用木模对刀盘开口率位置进行封堵的措施。

②故障及检查情况。

2014年4月4日晚,S-673主驱动齿轮油监测报警。经检查发现齿轮油进水乳化,齿轮油滤芯堵塞。发现故障后,项目部迅速进行排查,并邀请盾构生产厂家海瑞克公司的技术人员及其他专家到场检查。经一系列现场检查并结合油样分析报告,确认引起齿轮油进水的原因为主驱动外密封损坏渗漏,应对主驱动外密封进行更换。

③主驱动外密封更换准备工作。

a.准备工作一:开挖仓。

a)在密封更换期间,开挖掌子面要非常稳定,目前常压开仓检查掌子面为全断面岩层,具备更换密封条件。

b)在开仓加固刀盘之前通过盾体径向孔注聚氨酯,并在后方管片通过吊装孔注双液浆,确保切断管片盾构后方的水进入土仓。

c)刀盘和压紧环需用高压水枪进行清洁,以避免密封更换期间的污染。

d)密封更换前将压紧环螺栓孔内的硅胶清除干净。

b.准备工作二:主驱动。

a)密封拆除以前,需要将主驱动的齿轮油排放干净。

b)根据附图进行密封压力测试前的准备工作。

c)密封更换完成以及压力测试后,应在添加齿轮油前对主驱动进行多次冲刷。

c.准备工作三:通风及照明。

a)安装一根直径300mm的通风管至土仓内。

b)盾体两侧安装足够的荧光灯并准备若干用于密封检测的手电筒。

d.准备工作四:土仓内排水。

a)在土仓的最低点安装1～2个排水泵并连接到盾体的排水管路A10(DN125),以保证水位尽可能的低。盾体 A36(DN125)的闸阀在更换过程中应保持常开。

b)通过盾尾后面两环管片注射聚氨酯泡沫以避免水从管片壁后汇聚到土仓。如果土仓上部有水的话，应在盾体和刀盘中间安装塑料棚以避免密封更换过程中的污染。

e. 准备工作五：中心回转及刀盘伸缩。

a)需将中心回转拆除，为了便于安装，应在刀盘和中心回转的法兰面进行位置标注。

b)刀盘伸缩应伸出至少 180mm(最大 190mm)。

f. 准备工作六：刀盘固定。

a)为了将刀盘固定在正确位置，应按附图从盾体至刀盘处焊接工字钢梁。

b)盾体底部焊接 4 根 350 的长度为 700mm 的工字钢。盾体两侧到刀盘焊接 4 根 250 的长度为 700mm 的工字钢(两根左边，两根右边)。盾体顶部焊接 2 根 250 的长度为 700mm 的工字钢。

c)为进一步加强对刀盘的固定，将刀盘转至水平位置(刀盘支撑牛腿上下，两个均在同一水平位置)后，采用 H 型钢将刀盘牛腿和前盾连接。

g. 准备工作七：刀盘。

刀盘在被正确固定后，拆除刀盘双头连接螺栓，然后拆除刀盘内部连接螺栓，将主驱动尽可能地收缩到最大位置。

h. 准备工作八：操作平台搭设。

a)拆除密封时，需要按照预期要求在盾体上焊接平台。

b)左右侧在不同高度分别焊接两个操作平台。

c)在密封更换过程中，应在开挖仓底部水平面以上搭建木头平台。

④主驱动外密封更换程序。

a. 步骤一：密封的拆除。

a)拆除压紧环并进行清洁；通过刀盘上的螺栓将压紧环固定。

b)拆除 3 号密封。

c)拆除并清洁 2 号密封环。

d)拆除 2 号密封。

e)拆除并清洁 1 号密封环。

f)拆除 1 号密封。

g)清洁密封仓。

b. 步骤二：检查外部推力环的磨损。

a)检查外部推力环的磨损。

b)应从 4 个方位对推力环进行测量(每 90°一次)。

c)根据海瑞克的建议，如果磨损槽的深度等于或大于 0.8mm，应将推力环外移 10mm。

d)外移推力环时需要更换新螺栓：部件号 24000032-18 件(boltsM16x60-10.9)；部件号 25651374-18 件(specialboltsM-16＝L＝42)。

c. 步骤三：安装 1 号密封。

a)从 4 个方位来控制密封仓的深度。

b)从 4 个方位来控制密封仓的厚度。

c)安装密封，部件号为 28300146。

d)从 12 个方位来控制密封仓剩余空间深度(每 30°一次)。

e)安装 1 号密封仓环。

f)从 4 个方位来控制密封仓环的厚度。

g)控制密封环的清洁度。

h)安装新的密封圈，部件号 28200013,2 件。

i)安装密封仓环。

j)从4个方位来控制密封仓环剩余空间深度。
　　d. 步骤四:安装1号密封仓环。
　　a)从4个方位来控制密封仓环的厚度。
　　b)控制密封环的清洁度。
　　c)安装新的密封圈,部件号28200013,2件。
　　d)安装密封仓环。
　　e)从4个方位来控制密封仓环剩余空间深度。
　　e. 步骤五:安装2号密封。
　　a)从4个方位来控制密封仓的厚度。
　　b)安装密封,部件号28300000。
　　c)从12个方位来控制密封仓剩余空间深度。
　　d)安装密封圈,密封圈每隔30cm要涂抹顺干胶。
　　f. 步骤六:安装2号密封仓环。
　　a)从4个方位来控制密封仓环的厚度。
　　b)控制密封环的清洁度。
　　c)安装新的密封圈,部件号28200013,2件。
　　d)安装密封仓环。
　　e)从4个方位来控制密封仓环剩余空间深度。
　　g. 步骤七:安装3号密封。
　　a)从4个方位来控制密封的厚度。
　　b)安装密封,部件号28300000。
　　c)从12个方位来控制密封仓剩余空间深度。
　　d)安装密封圈,密封圈每隔30cm要涂抹顺干胶。
　　h. 步骤八:安装压紧环。
　　a)从4个方位来控制压紧环的尺寸。
　　b)控制压紧环的清洁度。
　　c)安装新的密封圈,部件号28200014,1件。
　　d)安装新的螺栓,部件号24000424,32件。
　　e)打紧螺栓,然后用硅胶将螺栓孔进行封堵。
　　i. 步骤九:对密封系统进行压力测试。
　　在完成密封的组装后,应通过OAX接口对密封系统进行30min的0.08MPa的压力测试。
　　j. 步骤十:对密封系统进行压力测试
　　在整个密封更换过程中严防被污染,密封更换完成后,对齿轮箱进行多次清洗,刀盘空载运转后再更换一次齿轮油。
　　4)大型泥水盾构江中换刀技术
　　(1)常压换刀技术
　　常压更换刀具作业需具备安全的作业条件,南京长江隧道、南京纬七路隧道等大型泥水复合盾构的可更换伸缩切削刀均采用常压换刀作业,作业在辐条仓内完成,常压作业大部分由国内盾构人员完成,但常压作业也不是绝对安全的。某大型过江隧道工程在换刀过程中,因可更换刀具刀座压盖螺栓崩断,而发生重大伤亡事故。常规压缩空气带压进仓作业工艺流程如图4-195所示。
　　(2)空气带压换刀技术
　　①作业流程。
　　a. 流程一:带压进仓作业人员准备。
　　高压环境下工作对人员和设备有着特殊的要求,带压进仓前必须对进仓人员进行身体检查、理论与实践培训,并配备专业的操舱医生。

b. 流程二:进仓前准备工作。

a)检查隧道内通风系统、供电系统(模拟断电,测试应急发电机)、空压机是否工作正常,整个带压作业期间必须保持隧道内道路通畅。

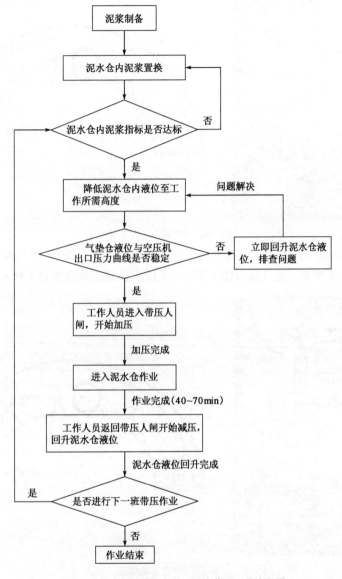

图 4-195　常规压缩空气带压进仓作业工艺流程图

b)现场高压医生就位,紧急救援车辆在盾构尾部待命,车上应配备担架和急救药品箱,在盾构操作室内也应配备相同急救药品箱。

c)安装并检查减压吸氧时所需氧气管线及仪表,确认医用氧气储备。

d)检查带压人闸中呼吸面罩、加热系统、通信系统、仓内及仓外控制面板上各类仪表是否工作正常。

e)检查带压进仓作业所需工具及材料。

c. 流程三:进仓加压。

加压速率不超过 0.06MPa/min,实时监测气体损失情况。若作业人员在加压过程中出现不良反应,则立即停止加压,待减压出仓后对其进行必要的医疗处理。

d. 流程四:仓内作业。

a)带压进仓作业期间,刀盘必须处于锁定状态。

b)进仓后,作业人员先对泥膜形成质量、开挖面气密性检查,确认安全后,方可进行作业。

c) 带压进仓检查刀具，作业人员从上部人闸与泥水仓之间的门进入泥水仓，进行检查刀具，如图 4-196 所示。

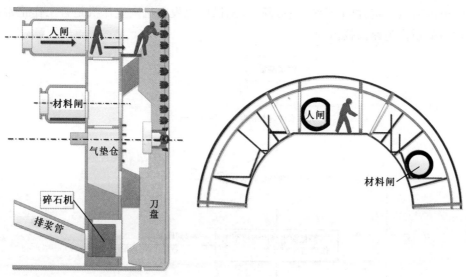

图 4-196　带压进仓检查示意图

d) 带压进仓换刀，作业人员从上部人闸与气垫仓之间的门进入气垫仓，然后经由气垫仓与泥水仓之间的门进入泥水仓进行带压换刀。进仓路线图如图 4-197 所示。带压进仓换刀工作示意图如图 4-198 所示。

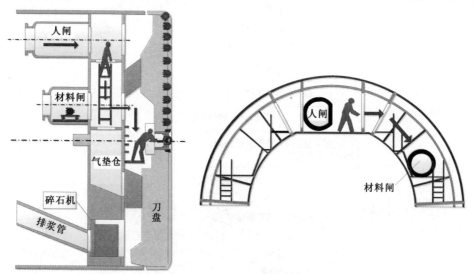

图 4-197　进仓路线图

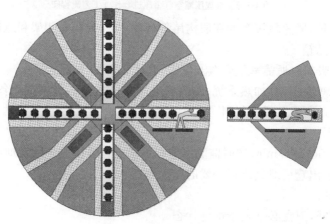

图 4-198　带压进仓换刀工作示意图

e. 流程五：减压出仓。

一次带压进仓作业完成后，作业人员进入人闸，进行减压，减压作业由专业操仓医生操作。专业操仓医生要严格根据相关潜水规范制订的相应减压方案进行减压。每组进仓人员进仓作业达到规定时间后，必须及时返回带压人闸进行减压。

②具体实现过程。

换刀每天安排4个班次。

每班3～4人进入盾构上部人闸（图4-199）。

在人闸加压至工作压力0.6MPa，时间15min（图4-200）。

通过人闸，进入盾构刀盘后部0.6MPa压力工作面（泥水舱内）。

在0.6MPa压力下工作40min（除去进仓后工具准备、出仓时整理时间，实际工作时间约20～30min，如图4-201所示）。

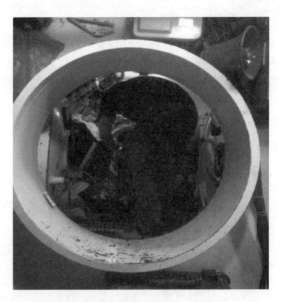

图4-199 换刀人员进入人闸

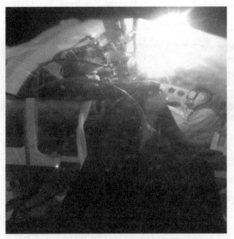 

a）换刀人员在人闸内加压操作　　　b）机外加压操作人员

图4-200 加压操作过程

图4-201 泥水仓内换刀

从工作面进入盾构上的人闸进行减压，时间3h。

人员回到地面正常业余生活，完成一个班次的空气换刀工作。

（3）氦氧饱和带压换刀技术

①作业工艺流程。

饱和潜水带压进仓作业工艺流程如图4-202所示。

②带压进仓作业要点。

a.要点一：泥浆制备。

a）循环泥浆制备：根据开挖面地层情况，配制不同指标的泥浆。

b）膨润土原浆指标及成分控制：进行带压进仓检查作业时，泥浆指标推荐值为相对密度1.08～1.15，黏度（马氏）40～45s；进行带压换刀作业时，泥浆指标控制值为相对密度1.08～1.15，黏度（马氏）>50s；使用纯膨润土材料进行制浆，并且不能含有石棉成分。

b. 要点二：泥膜制作。

a)停机前准备工作：盾构到达带压进仓里程桩号之前，应尽量减小刀盘对地层的扰动。在停机前2环，控制刀盘转速不大于0.75r/min，推进速度不大于15mm/min，排泥流量控制在30～32m³/min。如果带压进仓更换滚刀，需在最后20cm掘进时将超挖刀伸出5cm，扩挖以利于安装边滚刀。

b)渗透型泥膜形成：盾构停止推进后，将切口水压上升0.02～0.05MPa，对掌子面进行渗透压浆，压浆结束标准为每小时泥浆漏失量小于15cm，且压浆时间不小于4h。压浆完成后，将切口水压下调至正常值。

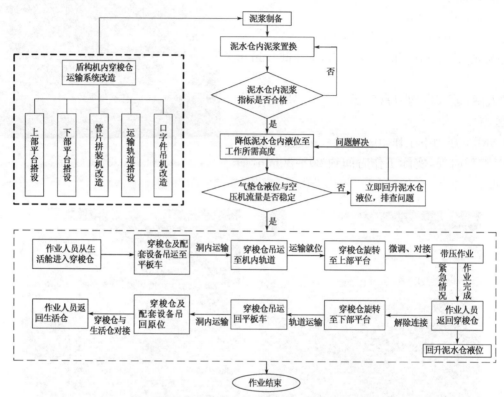

图4-202 饱和潜水带压进仓作业工艺流程图

c)泥皮型泥膜形成：置换泥水仓与气垫仓内泥浆。使用泥水站配置的纯膨润土泥浆直接置换。置换泥浆前期，送排泥流量尽可能大，泥浆置换按从下到上置换的原则进行置换，即以逆洗模式走机内循环。当泥浆置换方量达到送泥管浆量＋泥水仓浆量＋气垫仓浆量时，对泥水仓上、下部位及气垫仓中部进行泥浆指标测量。若泥水仓上部泥浆指标不达标，继续进行泥浆置换，并每隔10min测量一次，直到泥浆指标达标。若泥水仓上部泥浆指标达标，但气垫仓中部指标不达标，继续置换，每置换10min停机2h，以便气垫仓泥浆与泥水仓泥浆充分混合。缓慢转动刀盘10min（参考转速0.1～0.2r/min），然后将切口水压提高0.02MPa，对掌子面进行压浆，压浆时间为2h。

d)转动刀盘：转动刀盘至指定位置，若检查刀具，将待检查辐条（面板）转动至12点钟方位；若更换滚刀，将待更换刀具所在辐条转动至3点钟方位；若更换刮刀，将待更换刀具所在辐条（面板）转动至12点钟方位。检查和更换刀具时，将刀盘回缩10cm。更换边滚刀时，刀盘可不回缩。对于直接潜水带压进仓作业，不需要进行前期的泥浆制备及置换操作。

c. 要点三：降低泥水仓液位。

a)计算停机位置切口泥水压力，如图4-203所示。

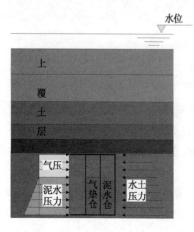

图4-203 停机位置切口泥水压力示意图

b)泥水仓内泥浆采用压缩空气置换，采用压缩空气支撑开挖面。

c) 打开气垫仓与泥水仓连通阀,并开启排泥泵,使气垫仓内压缩空气进入泥水仓,进行压缩空气与泥浆的置换。调节排泥泵转数和连通阀开度,使之相平衡,即气垫仓液位保持不变。

d) 为了防止开挖面气密性不好而诱发开挖面塌方事故,在降液位过程中,观察空压机流量与空压机出口压力波动曲线;若空压机流量超过 $10m^3/min$ 或空压机出口压力曲线异常波动,则停止降液位并迅速回升液位。

e) 当液位降低至工作液位时,调节连通阀使气垫仓液位保持平稳,准备带压进仓。对于直接潜水带压进仓作业,不需要进行降液位操作。

d. 要点四:带压进仓作业。

a) 系统组成。

设备组成:盾构饱和潜水带压进仓作业系统主要由地面生活系统(生活仓及配套设施)和运输系统(穿梭仓及配套运输设备)组成,如图4-204所示。

图 4-204　饱和潜水带压进仓作业系统

气体储备:饱和潜水作业气体储备通常由下面的气体组成,即基础混合气体($5\%O_2/75\%He/20\%N_2$),运输用混合气体($10\%O_2/55\%He/35\%N_2$),医用氧气($100\%O_2$),氦氧治疗气体($50\%He/50\%O_2$,$35\%He/65\%O_2$,$20\%He/80\%O_2$),校准气体($100\%N_2$,$100\%O_2$,$5.0\times10^{-6}CO_2$,$25\%He/75\%O_2$)。

b) 作业人员准备。

高压环境下工作对人员和设备有着特殊的要求,因此,带压进仓前必须对进仓人员进行身体检查、理论与实践培训,并配备专业的操仓医生。穿梭仓运输过程涉及的吊机(车)操作手、平板车司机及管片拼装手需通过相关资格认证,其他所有相关操作人员需经过专门培训。

c) 进仓前准备工作。

检查隧道内通风系统、供电系统(模拟断电,测试应急发电机)、生活仓、穿梭仓、吊车、平板卡车及盾构是否工作正常,整个带压作业期间必须保持隧道内道路通畅。现场高压医生就位,紧急救援车辆在盾构尾部待命,车上应配备担架和急救药品箱,在盾构操作室内也应配备相同急救药品箱。安装并检查混合气体呼吸管线及仪表,确认混合气体储备并检查混合气体的成分含量。检查上部人闸中加热系统、通信系统、仓内及仓外控制面板上各类仪表是否工作正常。检查饱和带压进仓作业所需工具及材料。

d) 穿梭仓运输。

进仓作业之前,作业人员一直在生活仓内的高压环境中生活(呼吸基础混合气体),生活仓压力根据作业压力进行设定。穿梭仓与生活仓对接,作业人员从生活仓进入穿梭仓。运输过程中,穿梭仓内压力与生活仓压力相同,作业人员将呼吸运输用混合气体。将穿梭仓、混合气体气瓶组、发电机及其他配套设备吊运至专用运输平板车上(图4-205和图4-206)。

图 4-205　穿梭仓及配套设施吊装

图 4-206　穿梭仓吊至平板运输车

  运输穿梭仓及配套设备至盾构内指定位置。将穿梭仓吊运至盾构内运输轨道，采用卷扬机将穿梭仓沿轨道运输至下部平台。采用卷扬机将穿梭仓平移至指定位置，并将穿梭仓与改造之后的管片拼装机连接，使用管片拼装机将穿梭仓旋转至上部平台，准备与上部人闸对接（图 4-207～图 4-209）。

图 4-207　穿梭仓运输至 2 号台车下方

图 4-208　与拼装机下方连接

图 4-209　使用管片拼装机旋转运输穿梭仓

  微调平台，使穿梭仓与上部人闸法兰接口对齐，并进行对接（图 4-210）。
  上部人闸及对接法兰段加压（与穿梭仓压力相同），作业人员从穿梭仓进入上部人闸后即关闭人闸仓门，装备饱和潜水头盔及服装（图 4-211）。作业人员在人闸内加压至作业压力后，即可开始进仓作业。
  e）仓内作业。
  带压进仓作业期间，刀盘必须处于锁定状态。带压进仓作业期间，作业人员通过特制的头盔进行呼吸（基础混合气体）。带压进仓换刀，工作人员从上部人闸与气垫仓之间的门进入气垫仓，然后经由气垫仓与泥水仓之间的门进入泥水仓进行带压换刀。进仓后，作业人员先对泥膜形成质量、开挖面气密性检查，确认安全后方可进行作业。仓内进行钢板带压水切割的过程如图 4-212 所示。

图4-210 穿梭仓与上部人闸法兰接口对接

图4-211 饱和潜水专用头盔

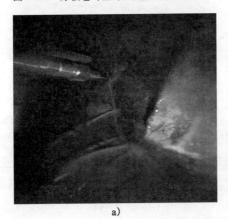

a)   b)

图4-212 钢板带压水切割

f) 出仓运输。

进仓作业完成后,作业人员返回人闸减压,待压力降至与穿梭仓压力相同时解除饱和潜水装备,并返回穿梭仓。作业人员全部进入穿梭仓后,解除穿梭仓与人闸的连接,使用管片拼装机将穿梭仓旋转回下部平台,并通过轨道将穿梭仓运输至盾构内指定位置。穿梭仓及配套设备吊运回专用运输平板车,随后运输回地面。由于对接过程中,穿梭仓内气体成分发生改变,作业人员从作业结束返回穿梭仓到返回生活仓的过程中,将佩戴呼吸面罩进行呼吸(运输用混合气体)。穿梭仓返回地面后,对仓内的气体成分进行调节。调节完成之后,穿梭仓与生活仓对接,作业人员返回生活仓。

g) 重复进仓。

需在生活仓休息至少16h方可再次进仓作业。

h) 减压出仓。

一个作业周期(通常为14d)完成后,作业人员将在生活仓内减压(约3.5d),减压完成后即可出仓生活。

e. 要点五:回升液位。

带压作业人员返回带压人闸开始减压之后,开始回升液位操作。首先,关闭连通阀,打开排气孔、开启下部进浆口和P1.1泵,送泥流量控制在$5.0m^3/min$左右。调节排气孔开度,以保证气垫仓液位不出现大波动。然后,等到液位上升至排气孔有浆液流出时,关闭排气孔、下部进浆口阀、P1.1泵。

③南京纬三路隧道换刀案例。

南京纬三路隧道在世界范围内首次成功运用氢氧饱和带压换刀技术。南京纬三路隧道建设指挥部针对两台大型泥水盾构在长距离复合地层和岩石地层掘进,带压换刀次数多、换刀频繁、换刀工作量大等情况,而常规带压换刀作业效率低,工程工期要求紧的问题,与国外合作研发使用氢氧饱和气体带压作业工法,并获得成功,这种换刀作业效率高,每天可分 3~4 个班次进行连续作业,每班作业人员可连续工作 4h,减少了人员增压和减压的时间(人在饱和仓中生活),人员可以连续工作 20d,取代了常规带压作业,作业效率高,每小班最高可更换滚刀 3~4 把,极大地提高了换刀功效,为纬三路盾构掘进穿越岩层创造了条件。工效比常规带压换刀提高 6~8 倍,但由于专用设备、作业人员和氦氧气体等用量较大,所以成本费用极其昂贵。

5)过江隧道盾构掘进典型事故案例

(1)南京长江隧道盾构掘进"冒顶"处理

南京长江隧道在盾构换刀后恢复掘进过程中,由于气压设定启动操作失误,发生轻度"冒顶"事件,当时送泥水量为 $1350m^3/h$,全部流失,排泥管道不发生排泥循环,产生"冒顶"。采取的处理措施:

①继续进行送泥水推进,不能停止掘进,适度降低泥水压力,稳步推进,尽可能保证泥水循环,防止掌子面和拱顶坍塌,掩埋盾构被困。

②稳步掘进快速循环拼装管片,继续掘进。送泥水使泥水系统循环,促使泥水循环形成,达到泥水平衡掘进。

③掘进拼装 2 环后泥水循环形成,冒顶基本解决,恢复正常掘进。经验表明发生轻度"冒顶"事件,必须稳步推进并继续送浆,保持低压推进和掌子面稳定。千万不能停止掘进,防止掌子面坍塌,盾构被困,直至形成泥水循环,达到泥水平衡。

(2)江苏长江某电厂取水隧道事故分析与处理

江苏某电厂长江取水隧道东线施工中,2011 年 4 月 28 日凌晨,在进行最后一环(1048 环)推进时,在已施工完成的 1030 环与 1031 环缝隙间(进入长江中约 852m 处)因⑤层土蕴含的沼气喷溢引起含水层承压水携带流砂涌入,出现流砂突涌险情,东线隧道突涌流砂,也使相距 16.8m 的西线隧道出现一定的变形,最大沉降量达 2.5cm。为防止险情的进一步扩大,在应急堵漏(压重、注聚氨酯、注双液浆)无效的情况下,向隧道内注水平衡压力,注水水位标高与长江水位基本一致。事故发生以后先后邀请了国内数十名知名专家、多个科研院所为隧道修复出谋划策,研究制订继续施工方案。首先采取隧道末端垂直冻结封堵、降水措施,降低隧道底部承压水和释放沼气,深井与江底隧道对接、永久封堵墙部位的隧道间钢管、注浆加固及隧道修复加固等技术。

东线取水隧道取水特殊段的施工是在水文条件和地质条件极其复杂、自然地质条件易发条件下进行的,这一隧道的成功修复,标志着我国在复杂地质条件下隧道施工技术取得重大突破。

(3)某长江隧道"冒顶"与盾构脱困处理

①事故原因及后果分析。

地层条件:刀盘下断面 1/2 砂岩,上部卵砾石地层,属浅覆盖地段。

位置:在隧道进行带压更换刀具过程中,因长时间作业换刀,未进行泥膜养护,发生掌子面坍塌而加气仍在进行,形成江底与掌子面串通,产生大量气泡,形成江面泛花。

产生原因:长期带压换刀,未对泥膜进行养护,泥膜质量差;为维持压力平衡,长时间对气压仓进行加气,掌子面坍塌,击穿江底,与江底上下串通。

事故后果:由于掌子面坍塌形成,与江底串通,导致开挖仓或辐条被泥砂堆积填满,泥水循环不能形成,排渣及循环系统堵塞,泥水系统无法循环,致使盾构无法运转而被困。

②事故处理方法及经过。

对江底塌陷区漏斗进行抛填覆盖压重,压重覆盖高度高于原江底 3m,形成稳固的覆盖层,隔绝盾构与江底的联系通道。由航运局完成抛填方案设计和实施。

③盾构脱困处理。

在排泥管道上开孔安装闸阀(破碎机上端泥水管道出口部位),采用高压水枪冲洗排泥管道,排出堵塞管道内的泥砂,使管道出口畅通。

采用正、反循环方式(包括逆洗系统),反复清理冲洗开挖仓内淤积的泥砂并排出。

送泥浆进行循环,使泥浆充满泥水仓和掌子面的空间。

利用盾构自身的刀盘伸缩系统,将刀盘缩回100mm。

送浆进行泥水循环,利用盾构强大的动力并启动备用500kW电机进行强力启动,最终使盾构运转,泥水系统形成循环,盾构得以脱困。

6)大型泥水复合盾构施工技术管理

(1)地质勘察的重要性

现行的勘察设计模式:大院做总体设计,勘察委托省、市地方的勘察院来做,而省、市有可能将勘察委托给别人来做,勘察资料的真实性和准确性有待提高,很多工程案例已经证明。

大型的跨海过江隧道的勘察往往要向地方的海事部门申请勘察时间,而在规定的时间内必须完成相应的勘察任务,否则影响勘察工作的质量。勘察的准确性和真实性对盾构隧道的施工难度、风险影响很大,给工期、成本和安全带来很大影响。

最为重要的勘察准确性和真实性对大型隧道盾构设计,特别是复合盾构刀盘和刀具设计与组合起到重大影响,复合盾构设计必须以地质基础为前提,盾构的设计必须适应地层要求。经验表明,绝大部分的复合盾构刀盘初装刀的配置,不能完全适应地层要求,需在施工过程中去摸索改进和更换。所以,地质条件是基础,有条件对特大型项目进行补勘是必要的。

(2)关于隧道轴线设计

隧道轴线的设计对盾构隧道特别是复合地层的盾构施工意义重大,对工程的质量、安全、风险和造价及工期影响巨大。作为施工企业应该懂得一些设计知识,加强与设计的沟通,尽量达到设计最优,这对隧道建设起到很大作用。

关于隧道坡度、缓曲线和平面曲线设计问题:众所周知,公路铁路隧道对纵坡、平面曲线和缓和曲线均有一定要求,但设计如何做到最优,对施工影响很大,特别是对超长复合盾构隧道的岩石段的长度、施工难度和风险控制,刀具的寿命、工期成本等影响极大。所以如果施工单位能认识到这一点,并与设计积极沟通,将有益于工程进展。国内有很多工程案例在实施过程中,做到了这一点。

(3)技术管理

①技术管理是关键,责任心是根本。

纵观很多工程事故,由管理问题造成的占到80%以上,都是由于缺乏责任心和管理不到位造成的。当今,基本上没有解决不了的技术难题,管理是一门科学也是一门技术,所以管理很重要。

②大型隧道工程的土建和盾构技术负责人员应紧密联系,不能各行其是,很多工程是脱离的,往往会发生问题。

③大型项目的领导班子紧密团结,项目土建和盾构协同作战很重要,松散不团结的班子肯定会出问题。例如南京的两条过江大型地铁盾构隧道,盾构直径相同,盾构厂家相同,同为国企,相距不到10km,而一条比另一条提前1年贯通,一条施工无大的事故,另一条事故一个接一个。总结认为是企业管理体制和项目班子管理问题。

④年轻的项目班子比中老年班子更能管理好重大风险项目,一来因为他们年轻、有体力精力和进取心;二来因为他们"输不起",在国有大企业必须上进,学习新技术,当然也要向有经验的人学习请教。

(4)大型复合盾构选型及掘进管理

综合过江大型泥水复合盾构隧道施工技术管理体会,总结出以下教训:

①长距离过江复合盾构选型设计必须重视刀盘、面板的设计和初装刀组合设计,事关大局,必须由施工单位和盾构厂家及专业人员共同做好,并进行多方面专项论证,做到最优,是盾构选型设计的关键所在。

②盾构选型设计和掘进施工管理必须重视和加强以下三方面的工作:

a.保头:刀盘面板和刀具设计;主驱动密封;掘进防止掌子面"坍塌击穿""冒顶"事故发生。

b.护尾:设计好盾尾密封系统;掘进中加强维护保养;掘进控制好盾构姿态和技术工艺管理,严防盾尾"击穿",防止盾尾涌漏水事故的发生。

　　c. 密封:主驱动密封、盾尾密封、隧道防水密封,严防隧道发生大的渗漏涌水事故。

　　③盾构刀盘、刀具设计要完善,适应隧道掘进地层和长距离掘进要求,等于工程成功一半;盾构选型及使用,做好"保头""护尾"和"密封"是工程风险控制的重点。

　　(5)盾构施工理念认识

　　对盾构隧道工程而言,地质条件的复杂性和多变性,要求盾构设备必须具有针对性和适应性。要充分了解和认识地质条件,准确掌握地质条件,研制和开发适合工程地质条件的盾构;其中盾构刀盘和刀具设计的组合最为关键,占工程的相当重要一部分,甚至关系到盾构掘进的成败,对盾构掘进的安全、经济效益、工期和风险控制及社会效益起到重要的主导作用。因此在工程前期,必须进行综合评估和策划,以期工程顺利完成。还是一句老话:地质是基础,盾构是关键,人的管理是根本。

　　(6)长距离大型盾构施工,必须及早摸索规律

　　对于大型盾构隧道的施工,很多企业都是第一次,刚开始都比较担心,但最终都是成功的,如南京长江隧道、南京纬三路隧道等。

　　对于大型盾构掘进施工,要尽快熟悉和掌握盾构操作要领和性能,才能使用好盾构。在盾构面板和刀具设计论证方面应达到最佳,在确定的情况下,施工必须尽快摸索刀具使用、检查和更换的规律,总结出适应地层的刀具,进行正常掘进,使工程尽快走向正常。例如南京长江隧道海瑞克盾构初装切削刀不适应卵砾石地层,通过8个月的分析总结和改进,国产刀替代了初装刀,工程走向正常。南京纬三路长江隧道也对滚刀和重型撕裂刀进行了研究改造,替换了初装滚刀和主切削刀,时间接近1年,使工程走向正轨,并顺利完成岩石掘进。

　　所以对于盾构初装刀,研究摸索十分重要,应尽快总结出刀具的使用、检查、更换规律,尽早使工程走向正轨。

　　(7)端正对待大型复杂项目的态度

　　①把事情想得太简单容易出问题。

　　国内长江隧道盾构厂家海瑞克公司承诺刀具可一次过江,在掘进800m卵砾石地层时刀具磨损受阻,专家会上一位专家讲可能碰到"孤石"或废弃"炸弹",建议强推,结果更糟,停了8个月。大型隧道带压换刀要建立"泥膜",大家都认为是成熟的技术,但往往出问题的很多。南京地铁3号线主驱动密封夹螺栓失效事故、刀盘磨损事件,均是由于把问题想得太简单。

　　②不要把问题复杂化。

　　南京纬三路盾构刀盘设计刀具有717把,后进行了改进,证明刀具减少了更利于工作。

　　(8)大型项目应急预案

　　对于大型或特大型工程,应急预案必须落实到位,绝对不能停在口头上。以前我们认为应急方案只是为了应付检查,大型事故离我们太远;但现在不是:如大型盾构井深基坑的"突涌"、江中盾构隧道的"冒顶"、盾尾的"击穿"和隧道被淹事故等,不只是听讲。所有这些问题的处理最终没有酿成大祸,都得益于有充分的应急预案和救援体系的有效指挥。隧道施工的应急抢险堵漏物资、设备和人员到位才能保证有效的进行。同样,某隧道在常压换刀过程中,也曾发生人员缺氧安全事故。

　　如:2009年国内某大型隧道贯通后,一辆小型面包车因速度过快,为躲避配电柜而意外坠入预留洞孔内,造成严重交通安全事故;江苏某电厂长江取水隧道,隧道贯通前最后1环因管片底部严重渗漏,堵漏无效后被迫灌水才得以保住隧道结构,为后续隧道修复建立基础,隧道修复完成;2015年,某大型隧道在施工过程中,也曾发生隧道内的交通安全事故,车辆严重受损报废,幸好无人员伤亡。诸如隧道的防火、盾构井基坑突涌、盾构安装拆解吊装等的安全事故很多,建设管理者应该吸取教训。

4.5.3　大型泥水复合盾构施工刀具使用管理

　　目前,我国中铁装备集团、中交天和机械、中铁建重工等厂家先后生产出国内复合盾构,相应的复合

盾机刀盘和刀具设计研究也进行多年,盾构及掘进国家重点实验室做了大量的技术研究工作,对复合盾构刀盘和刀具的研究取得了一定的成效,但还远远不能适应我国隧道工程的迅速发展,特别是大直径江底、海底复合地层、岩石地层隧道的掘进施工;盾构刀具的选择和使用仍然有很大局限性,特别是盾构初装刀的研究和配置,存在很大问题。我国的很多条过江(如过长江、黄河),为了隧道的顺利施工,隧道刀具使用、选择花费和对初装刀的改进,少则几个月,多则一年甚至更长时间,花费了大量的时间、资金和人力,付出了巨大的代价,所以仍需要广大技术人员的努力。如南京纬三路隧道、南京长江隧道、南京地铁3号线过江隧道及地铁等岩石地层、复合地层、混合地层就经历过这样的过程。

(1)刀具使用的前期管理

①复合盾构刀具、刀盘的设计选型研究和应用管理,应向前延伸到从研究隧道设计的工程地质报告开始。

复合盾构设计重点应在刀盘和刀具方面,建设单位,重点是施工单位应会同盾构制造的技术人员,共同分析研究隧道地层,研究岩石的强度、完整性及可切削性等,换句话说,即盾构刀具对地层的适应性。当今,我们的大多数企业或企业领导对这方面研究的重视不够,盾构制造出来让盾构技术人员去使用,刀具设计不合理、不适应需花费高昂的费用后再去改进改造,损失更大;与其后来的改进带来工期、造价、成本和安全的高昂付出,不如早期主动去研究,这样做事半功倍。高层管理人员要重视这个教训,很多大型工程已经证明这一点。

②设计单位在进行隧道轴线断面设计时,应充分考虑到盾构施工的难度和风险,合理确定隧道穿越岩石复合地层的长度。

设计单位在进行过江复合岩石隧道轴线设计时,关注的重点多在隧道的埋深、抗浮、隧道线路的坡度和进出端口的限制条件及强制性要求等方面,缺少对隧道岩石、复合地层盾构施工难度和风险的了解。如直径15m盾构在强度达到60MPa以上的岩石地层中掘进时所需要的造价、工期及所面临的施工风险等,设计单位应知晓当前国内、国际施工技术现状和水平,在满足隧道设计功能的条件下,尽可能减少隧道段岩石地层的长度,以节省成本,缩短工期,降低造价和施工风险。比如有的工程项目,出于工期、造价和施工风险等综合因素的考虑,在施工过程中不得不对隧道轴线进行优化和调整。

③做好盾构刀盘、刀具设计,是做好刀具使用管理的前提。

只有根据地层做好刀盘、刀具设计,才能在掘进工作中确保刀具的合理使用。具体建议如下:

a. 刀盘设计应加强冲刷系统,特别是防结"泥饼"的措施。大型盾构在砂岩、泥岩中掘进易结"泥饼",特别是刀盘中心区域,因开口率低,易结"泥饼",所以应加强对中心区域的改进。

b. 刀盘的耐磨装置,特别是外圈耐磨更应牢固。南京地铁3号线过江隧道在卵砾石混合地层掘进,因管理和耐磨传感系统失效等原因,刀盘外圈磨损30~50cm,修复达7个月。

c. 刀盘、刀具的磨损检测系统要可靠、有效。盾构掘进施工,盾构刀盘、刀具均布置磨损检测系统,但实用性和完好性应提高。

d. 滚刀和撕裂(切削)刀刀座的通用性,应做到互换性和通用性。

e. 刀座的耐磨性要强,刀具的可拆性应方便。

根据多年大型泥水复合盾构的施工技术管理,刀具设计总结相关经验如下:

a. 刀具的设置数量,不宜太多太复杂。例如:大多15m的泥水复合盾构刀具数量在350~400把,而有的盾构在700多把,显然多了很多,刀具数量多不仅造成刀具成本高,同时带来刀盘的开口率低,结"泥饼"现象严重,刀具切削岩石层次重复。有些东西不是越多越好,可能会顾此失彼,甚至达不到设计效果。

b. 刀具设计的切削层次不宜太多,设计越复杂实际做起来效果越差。例如:在刀具设计掘进岩石过程中,推进一次性完成过江,采取几个层次的推出滚刀,实际做起来极为困难,难以达到。

c. 刀具的可推出装置在长距离掘进后,在退回或伸缩过程中,应防止失效。

d. 不要把刀具切削的层次设计太多太理想化,滚刀与切削刀应层次分明。

e. 刀具设计的适应性,应从隧道全线地层结构全面考虑。

④盾构刀盘、刀具设计要立足于施工本身,不要把希望全部寄予在盾构生产厂家。

施工单位本身技术经验最丰富,对隧道岩石地层清楚了解,对刀具的适应性更清楚,所以对于刀盘刀具的设计,技术人员首先要深入研究地层与刀具,论证拿出刀具设计主导方案,做好外部专家评审论证;外部专家评审应立足效果,不要流于形式。同时,要重视盾构出厂验收和现场刀具组装调试验收。

(2) 刀具使用过程中的管理

① 合理使用刀具。

复合岩石地层盾构掘进,首先应建立每把刀(包括同一轨迹刀具)的使用、更换档案,记录刀具包括初装刀使用和更换情况,包括更换时间、使用寿命和相邻刀具的使用情况,摸索总结出不同刀具使用寿命,通过分析对比使用寿命,结合掘进异常情况,综合判断刀具磨损损坏情况,制订科学的换刀计划,动态控制刀具的检查更换。

② 优化掘进参数。

根据复合地层的岩石各方面情况,合理确定掘进工艺参数,加强掘进参数的控制,规范操作,减少刀具不正常磨损和损坏,具体如下:

a. 推力:滚刀掘进每把滚刀轴承的额定推力是基本固定的,但由于盾构推进摩擦阻力的不确定性,所以确定有效推力的准确值比较困难,多数人建议采用贯入度控制,推力不应过大,否则易造成滚刀刀圈断裂、偏磨等不正常损坏刀具现象。

b. 转速:应结合岩石的全断面、半断面及岩石的性质、软硬程度、强度等级和岩石的完整性综合考虑。

③ 及时总结规律。

及时对复合地层、岩石地层掘进进行总结,摸索刀具使用寿命和更换规律,确定滚刀定型和工艺参数,使盾构掘进施工尽早步入正轨。大多复合盾构隧道掘进都是经历这么一个过程,如南京长江隧道混合地层刀具改进历经 8 个月;南京扬子江隧道完成岩石地层掘进和刀具改进摸索历经 20 个月;南京地铁 3 号线过江盾构隧道刀具改进及刀盘修复历经 7 个月。其他地铁盾构复合地层掘进也都是经历这样一个过程,都是在对盾构初装刀具掘进总结改进的基础上,对掘进参数进行优化,摸索总结出刀具形式和更换规律,才使盾构掘进步入正轨,完成隧道工程掘进施工。

④ 勤检查、勤更换、勤维护。

勤检查:在岩石和复合地层中,根据岩石强度情况和掘进经验一般 5~10 环左右,应对刀具进行检查,在新刀具安装掘进 2 环后对刀具螺栓进行复紧,根据刀具使用情况统计出刀具检查更换的周期和使用寿命。

勤更换:对边缘刀、正面刀和中心刀的更换,应遵循刀具使用磨损标准,达到更换标准后及时进行更换,刀具的更换应确保同一轨迹有一把更换的新刀,以保证应急情况下可以实现立即恢复掘进。

勤维护:对刀座、刀具和刀盘面板等的维护,在进行开仓检查和刀具更换时,应及时进行冲洗,防止刀盘结"泥饼";在掘进和管理拼装过程中也可进行,以便保护这些部位,防止过度磨损。

如南京扬子江隧道北线在掘进 585 环时,刀盘扭矩骤增,掘进速度突降,刀盘面板温度升高,开始出现刀盘面卡死现象,掘进速度 1~2mm/min,刀盘辐条温度达 80°,且扭矩达到 70% 以上,泥水站出渣量减少,浆液相对密度变大,对刀具检查无磨损,泥水循环 5h,温度仅降 10°。带压进仓检查结果:发现刀盘被黏性土完全糊住,且后侧泥水仓隔板也有黏性土,导致刀盘扭矩增大,刀盘温度升高。处理措施:采取低相对密度、低黏度泥浆,通过刀盘高速旋转和泥水循环冲刷对泥水仓进行冲洗,同时由北海公司人工带压进仓用高压水枪冲洗被黏土糊住的部位,使问题得以解决。

对于卵砾石混合地层,为避免刀具的二次磨损,应加大冲刷系统和循环系统泵的流量,及时排出仓内的渣土和碎石,对大的卵石、石头可以使用破碎机,加强掘进排渣,同时在掘进中途和拼装管片时间加强循环排渣及冲刷,达到排渣干净和保护刀座刀具目的。

⑤ 重型撕裂刀。

充分利用重型撕裂刀的优势,在岩石强度低于 25MPa 时替换滚刀,可以达到较好的效果。南京扬子江隧道南线盾构穿越江心洲风井时,盾构掘进需切削风井两端三轴搅拌桩加固区、井内回填混凝土和风井围护玻璃纤维筋地墙等。方案讨论时,个别专家认为地墙混凝土和加固区施工已完成2年以上,强度可能超过30MPa,建议使用滚刀切削;而施工单位通过分析,采用重型撕裂刀穿越,每天掘进达5~6m,掘进非常顺利,发挥了重型撕裂刀的作用,减少了滚刀的更换。

⑥磨损检测报警系统。

充分利用刀盘、刀具的磨损检测报警系统,及时判断刀具损坏情况,做好刀具的更换,禁止盲目推进,导致事故发生。利用安装的刀具磨损检测报警系统,并根据掘进参数的异常变化,如刀具严重磨损时,推力不变的情况下掘进速度会明显降低,扭矩增大,可以基本判断为刀具严重磨损;同时根据岩渣的形状判断刀具的磨损,综合判断确定对刀具进行检查更换,不应盲目推进,以免发生重大事故。

如南京长江隧道在2008年8月5日掘进655环时,推力、扭矩、速度明显异常,专家咨询时,有一位专家提出可能是江底的"异物"或"孤石",建议强推1环判断情况,但未成功,带压开仓检查刀具出现严重磨损,个别刀具损毁严重导致掘进难以维持,之后进行刀具的检查和更换,带压开仓修补刀盘和补焊周边刮刀,更换切削刀,历时6个月才得以恢复掘进。同样,在南京地铁3号线过江隧道卵砾石混合地层掘进时,出现掘进异常,仍强行掘进,认为可侥幸过江,最终导致刀盘外圈损毁达30~50cm,刀盘刀具修复更换长达7个月,损失较大。

(3)刀具检查与更换过程中意外事故的预防

刀具检查与更换过程中容易出现的意外事故:

①人员伤亡安全事件:常用和带压检查更换刀具均发生过类似事件,主要靠管理实现安全生产。

②掌子面坍塌和漏气事件。

③刀具及工具掉入泥水仓。

刀具检查和更换过程中应加强安全防范,防止发生常压、带压作业人员安全事故,加强人员培训和通风、供气和掌子面等安全防护,确保人员安全。盾构刀具检查和更换,每次需要很长的时间和周期,应加强对掌子面"泥膜"的维护,防止垮塌和漏气事件,保证换刀安全。大型盾构的滚刀质量达150~250kg,加之仓内工作条件极其复杂,稍有不慎,拆除的刀具和新的滚刀运送、使用时会掉入仓内,需花费人力、时间去打捞,需特别慎重,注意防范。

(4)刀具更换后恢复掘进注意事项

完成刀具检查更换,完成恢复掘进前,应进行清仓工作,加强泥浆循环,按设定的掘进参数进行恢复掘进,并应注意以下问题:

①对掉入仓内的异物进行清仓工作,防止掘进损坏刀盘刀具。如南京扬子江隧道北线在刀具更换完成后,恢复掘进发现异常,开仓检查发现刀盘外圈磨损,有深5~7cm宽30cm的沟槽,不得不进行修补。

②掘进1~2环后及时给滚刀螺栓进行复紧,防止装配掘进后螺栓松动。

③恢复掘进应规范操作,防止意外事故的发生。南京长江隧道在刀具更换完成恢复掘进时,由于外方人员操作失误,发生轻度"冒顶"事件;南京扬子江隧道在刀具更换过程中,也曾因为掌子面漏气发生过类似问题。

④恢复掘进后泥水压力设定应合理,平稳恢复掘进。

第 5 章

土压平衡盾构

本章重点：土压平衡(earth pressure balance)盾构,简称 EPB 盾构。本章介绍土压平衡盾构的概念及工作原理、基本配置、开挖面稳定机理、地质适应范围、盾构类型与渗透性的关系、盾构类型与水压的关系；重点介绍南京地铁 TA15 标、斯多贝尔特海峡隧道、广州地铁 2 号线越三区间、上海地铁 2 号线西延伸工程 2 标、广州地铁 4 号线小新区间右线盾构隧道、深圳地铁 11 号线施工、西安地铁全断面砂层盾构施工、北京地铁砂卵石地层辐条式盾构施工、成都地铁 4 号线砂卵石地层盾构施工、广州地铁 3 号线客村—大塘区间盾构过软岩和中硬岩、大石—汉溪区间选择辅助工法使盾构通过硬岩段、广州地铁 3 号线天河客运站—华师区间盾构过球状风化体、广州地铁 3 号线珠江新城—客村区间盾构过砂层、广州地铁 3 号线大石—汉溪区间盾构过断层、广州地铁 3 号线沥滘—大石区间盾构整体吊装过站、广州地铁 3 号线大石—汉溪区间盾构尾刷的更换、广州地铁 3 号线珠江新城—客村区间刀盘修复、广州地铁 2 号线海珠广场—江南西区间盾构过江、广州地铁 3 号线珠江新城—客村区间盾构过江、广州地铁 3 号线大塘—沥滘区间盾构过淋砂涌、东莞地铁 R2 线 2307 标刀盘变形与主轴损伤、南昌地铁溪湖东站—艾溪湖西站刀盘刀具异常磨损等盾构施工的工程实例。

5.1 概念及工作原理

土压平衡(earth pressure balance)盾构,简称 EPB 盾构。土压平衡盾构是在机械式盾构的前部设置隔板,使土仓和排土用的螺旋输送机内充满切削下来的泥土,依靠推进油缸的推力给土仓内的开挖渣土加压,使土压作用于开挖面以使其稳定。土压平衡盾构的支护材料是土壤本身。土压平衡盾构由盾壳、刀盘、刀盘驱动、螺旋输送机、皮带输送机、管片安装机、人仓、液压系统等组成,见图 5-1。

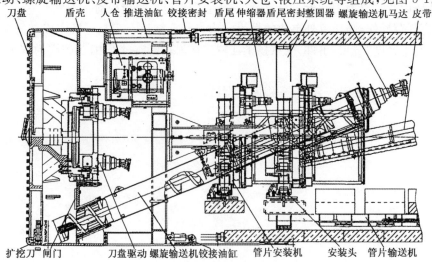

图 5-1　土压平衡盾构

土压平衡盾构的工作原理如下:刀盘旋转切削开挖面的泥土,破碎的泥土通过刀盘开口进入土仓,泥土落到土仓底部后,通过螺旋输送机运到皮带输送机上,然后输送到停在轨道上的渣车上。盾构在推进油缸的推力作用下向前推进。盾壳对挖掘出的还未衬砌的隧道起着临时支护作用,承受周围土层的土压、地下水的水压,并将地下水挡在盾壳外面。掘进、排土、衬砌等作业在盾壳的掩护下进行。

土压平衡盾构的结构与施工详见视频 5-1。

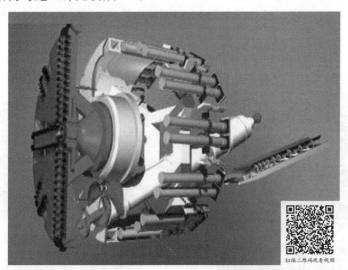

视频 5-1　土压平衡盾构结构与施工

5.2　基本配置

土压平衡盾构的组成及施工流程详见视频 5-2(该视频由浙江大学 973 计划"全断面大型掘进装备设计制造中的基础科学问题"项目组提供)。

视频 5-2　土压平衡盾构的组成及施工流程

5.2.1　刀盘

刀盘是机械化盾构的掘削机构,刀盘结构应根据地质适应性的要求进行设计,必须能适合围岩条件,在确保开挖面稳定的情况下,提高掘进速度。刀盘设计时,应充分考虑刀盘的结构形式、刀盘支承方式、刀盘开口率、刀具的布置等因素。

刀盘具有下列三大功能:

①开挖功能。刀盘旋转时,刀具切削隧道掌子面的土体,对掌子面的地层进行开挖,开挖后的渣土通过刀盘的开口进入土仓。

②稳定功能。支撑掌子面,具有稳定掌子面的功能。

③搅拌功能。对于土压平衡盾构,刀盘对土仓内的渣土进行搅拌,使渣土具有一定的塑性,然后通过螺旋输送机将渣土排出。

盾构的刀盘结构形式与工程地质情况有着密切的关系,不同的地层应采用不同的刀盘结构形式。土压平衡盾构的刀盘有面板式和辐条式两种形式。

面板式刀盘(图 5-2)在中途换刀时安全可靠,但开挖土体进入土仓时易黏结易堵塞,在刀盘上易形成泥饼。

辐条式刀盘(图 5-3)仅有几根辐条,辐条后设有搅拌叶片,土砂流动顺畅,不易堵塞。但不能安装滚刀,且中途换刀安全性差,需加固土体,费用高。

图 5-2 面板式刀盘

图 5-3 辐条式刀盘

辐条式刀盘对砂、土等单一软土地层的适应性比面板式刀盘较强,但由于不能安装滚刀,在风化岩及软硬不均地层或硬岩地层,宜采用面板式刀盘。

5.2.2 刀盘驱动

驱动方式有三种,一是变频电机驱动,二是液压驱动,三是定速电机驱动。由于定速电机驱动,刀盘转速不能调节,一般不采用。现将变频驱动与液压驱动比较,见表 5-1。

刀盘驱动方式比较表 表 5-1

项 目	①变频方式	②液压方式	备 注
驱动部外形尺寸	大	小	一般:①:②=(1.5~2):1
后续设备	少	多	②需要液压泵、油箱、冷却装置等
效率(%)	95	65	液压系统效率低
起动电流	小	小	①变频起动电流小;②无负荷起动电流小
起动力矩	大	小	①起动力矩可达到额定力矩的120%
起动冲击	小	较小	①利用变频软起动,冲击小;②控制液压泵排量,可缓慢起动,冲击较小
转速控制、微调	好	好	①变频调速;②控制液压泵排量,可以控制转速和进行微调
噪声	小	大	液压系统噪声大
隧道内温度	低	高	液压系统传动效率低,功率损耗大,温度高
维护保养	容易	较困难	②液压系统维护保养要求高,保养较复杂

5.2.3 刀盘支承

刀盘的支承方式有中心支承方式、中间支承方式和周边支承方式(图 5-4)三种。在设计时应考虑盾构直径、土质条件、排土装置等因素。

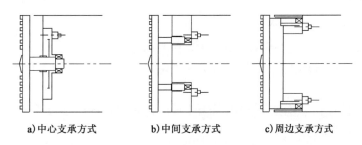

图 5-4 刀盘的支承方式

1) 中心支承方式

中心支承方式一般用于中小型直径的盾构。该方式刀盘旋转切削土体时,土仓内土体的流动空间和被直接搅拌的范围大,土体流动顺畅,土体搅拌混合效果良好,黏土附着的可能性少,不易引起堵塞,开挖面压力较稳定,因而盾构掘进效果较好,改善了盾构控制地面沉降的性能。但由于机内空间狭小,处理大石块、卵石比较困难。

2) 中间支承方式

中间支承方式结构上较为平衡,主要用于大中型直径的盾构。当用于小直径盾构时,应认真考虑防止中心部位黏结泥饼等问题。由于中间支承的存在,将盾构土仓分隔成两个区域,中心区域占土仓内相当大的空间。当刀盘旋转切削土体时,中心区域以外部分的土体流动顺畅,易于搅拌;中心区域内的土体流动较差,当切削土体黏性较大并长期积聚于中心区域时,中心区域土体逐渐增多并最终形成泥饼,会完全丧失流动性。内外两个区域的土体流动性差异较大,土体搅拌混合的效果难以确保。刀盘采用中间支撑方式的盾构在黏性土(包括粉细砂)中施工时,若处理不好,土仓内切削土体搅拌效果不易满足要求,并可能会因黏附堵塞形成泥饼,造成出土不畅、阻力增大、开挖面压力控制不稳定。因而,盾构掘进效果受到影响,且对控制地面沉降不利。

3) 周边支承方式

周边支承方式一般用于小直径盾构,机内空间较大,砾石处理较为容易。该方式易在刀盘的外周部分黏结泥土,在黏性土中使用时,应充分研究如何防止黏附的问题。

5.2.4 膨润土添加系统及泡沫系统

膨润土添加系统和泡沫系统是盾构掘进的调节媒介。采用该系统,对于不同的地质条件,通过添加塑流化改性材料,改善盾构土仓内切削土体的塑流性,既可实现平衡开挖面水土压力,又能向外顺畅排土,拓宽了土压平衡盾构的适应范围。

5.2.5 螺旋输送机

螺旋输送机由伸缩筒、出渣筒、液压马达、螺旋轴、出渣闸门组成。是土压平衡盾构的排土装置,主要有以下三个功能:

① 将盾构土仓内的土体向外连续排出。

② 土体在螺旋输送机内向外排出的过程中形成密封土塞,阻止土体中的水分散失,保持土仓内土压的稳定。

③ 将盾构土仓内的土压值自动与设定土压值进行比较,随时调整向外排土的速度,控制盾构土仓内实现连续的动态土压平衡过程,确保盾构连续正常向前掘进。

5.2.6 皮带输送机

皮带输送机将渣土从螺旋输送机的出渣口转运到停在轨道上的渣车内。

5.2.7 同步注浆系统

同步注浆的目的主要有以下三个方面：

①及时填充盾尾建筑空隙,支撑管片周围岩体,有效地控制地表沉降。

②凝结的浆液作为盾构施工隧道的第一道防水屏障,能防止地下水或地层的裂隙水向管片内泄漏,增强盾构隧道的防水能力。

③为管片提供早期的稳定并使管片与周围岩体一体化,限制隧道结构蛇行,有利于盾构姿态的控制,并能确保盾构隧道的最终稳定。

5.2.8 盾尾密封系统

盾尾密封系统是盾构正常掘进的关键系统,盾构法隧道施工所发生的安全事故常常在盾尾。铰接式盾构的盾尾密封系统包括铰接密封和盾尾密封。

1) 铰接密封

铰接密封一般有三种形式:一种是采用一道或多道橡胶唇口式密封;另一种是采用石墨石棉或橡胶材料的盘根加气囊式密封(图 5-5);还有一种是双排气囊式密封(图 5-6)。

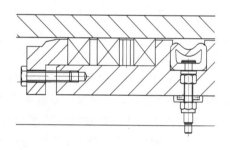

图 5-5 盘根加气囊式铰接密封

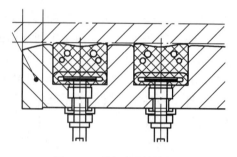

图 5-6 双排气囊式铰接密封

2) 盾尾密封

盾尾止水采用钢丝刷密封装置,是集弹簧钢、钢丝刷及不锈钢金属网于一体的结构。盾尾油脂泵向每道钢丝刷密封之间供应油脂,以提高止水性能。采用三道钢丝刷的盾尾密封系统如图 5-7 所示。

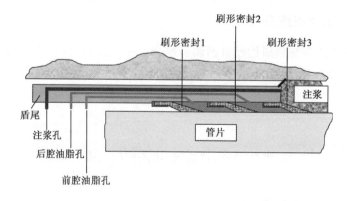

图 5-7 采用三道钢丝刷的盾尾密封系统

5.2.9 管片安装机

管片安装机有两种形式:机械抓取式和真空吸盘式。

5.2.10 数据采集系统

数据采集系统的功能是采集、处理、储存、显示、评估与盾构有关的数据。此系统可输出环报、日报、周报等数据,且有各种参数的设定、测量、掘进、报警以及历史曲线和动态曲线。所有采集数据均能保存下来,供日后分析、判断和参考。

5.2.11 导向系统

随时掌握和分析盾构在掘进过程的各种参数,是指导盾构正常掘进不可缺少的条件。导向系统由经纬仪、ELS 靶、后视棱镜、计算机等组成,能连续不断地提供关于盾构姿态的最新信息。通过适当的转向控制,可将盾构控制在设计隧道线路允许公差范围内。导向系统的主要基准点是一个从激光经纬仪发射出的激光束,经纬仪安装在盾构后方的管片上。目前较先进的导向系统是 VMT 导向系统和 PPS 导向系统。

5.3 开挖面稳定机理

开挖土仓由刀盘、切口环、隔板及螺旋输送机组成。土压平衡盾构就是将刀盘开挖下来的渣土填满土仓,在切削刀盘后面及隔板上各焊有能使土仓内渣土强制混合的搅拌棒。借助盾构推进油缸的推力通过隔板进行加压,产生泥土压力,这一压力作用于整个作业面,使作业面稳定,刀盘切削下来的渣土量与螺旋输送机向外输送量相平衡,维持土仓内压力稳定在预定的范围内。

土仓内的土压力通过土压传感器进行测量,并通过控制推进力、推进速度、螺旋输送机转速来控制。

盾构在粉质黏土、粉质砂土和砂质粉土等黏性土层中掘进时,由刀盘切削下来的土体进入密封土仓后,可对开挖面地层形成被动土压力,与开挖面上的主动土压力相抗衡。在密封土仓和螺旋输送机内有足够多的切削土体时,产生的被动土压力即可与开挖面上的主动土压力大致相等,使开挖面的土层处于稳定。在密封土仓的土压与开挖面的土压保持平衡的状态下,盾构向前推进的同时,启动螺旋输送机排土,使排土量等于开挖量,即可使开挖面的地层始终保持稳定。排土量一般通过调节螺旋输送机的转速和出土闸门的开度予以控制。

在黏性土层推进时,当含砂量超过某一限度时,泥土的塑流性明显变差,土仓内的土体因固结作用而被压密,导致渣土难以排送,可向土仓内注水或泡沫、泥浆等,以改善土体的塑流性。

在砂性土层施工时,由于砂性土流动性差,砂土的摩擦力大、渗透系数高、地下水丰富等原因,土仓室内压力不易稳定,所以需进行渣土改良。向开挖的土仓里注入膨润土或泡沫剂,然后进行强制搅拌,使砂质土泥土化,具有塑性和不透水性,使土仓内的压力容易稳定。

土压平衡盾构开挖面的稳定由下列各因素的综合作用而维持:

①土仓内的土压力平衡地层压力和水压力。

②螺旋输送机调节排土量。

③适当保持泥土的流动性,根据需要调节添加剂的注入量。

开挖面稳定系统必须保持填充在土仓内的泥土压力,调节排土量,以便能平衡开挖面的地层土压力和水压力。

当土仓内的土压力大于地层压力和水压力时,地表将隆起,见图 5-8。

当土仓内的土压力小于地层压力和水压力时,地表将下沉,见图 5-9,因此土仓内的土压力应与地层压力和水压力平衡,见图 5-10。

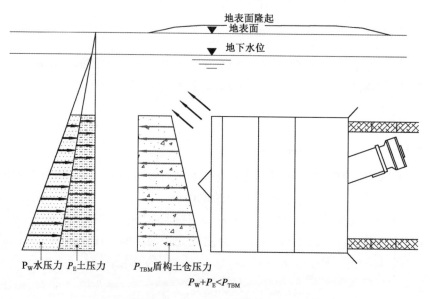

图 5-8 土仓压力大于水压力及土压力之和,地面隆起

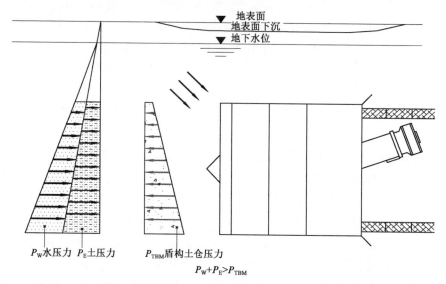

图 5-9 土仓压力小于水压力及土压力之和,地面下陷

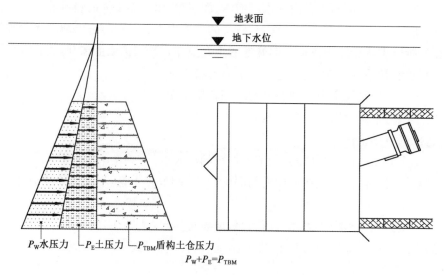

图 5-10 土仓压力等于水压力及土压力之和

5.4 地质适应范围

土压平衡盾构主要应用在黏稠土壤中,该类型土壤富含黏土、亚黏土或淤土,具有低渗透性。这种土质在螺旋输送机内压缩形成防水土塞,使土仓和螺旋输送机内部产生土压力来平衡掌子面的土压力和水压力。

土压平衡盾构用开挖出的土料作为支撑开挖面稳定的介质,对作为支撑介质的土料要求具有良好的塑性变形和软稠度、内摩擦角小且渗透率小。一般土壤不完全具有这些特性,需进行改良。改良的方法通常为:加水、膨润土、黏土、CMC、聚合物或泡沫等,根据土质情况选用。

有软稠度的黏质粉土和粉砂是最适合使用土压平衡盾构的土层。根据土层的稠度,有时不需要水或只需要加很少量的水。通过搅拌装置在土仓内的搅拌,即使十分黏着的土层也能变成塑性的泥浆。

随着含砂率的增加,加水就显得不够,因为它不能减小内摩擦角。增大的渗水性使得必须解决好螺旋输送机的密封问题。细土粒含量的缺乏可以通过加入黏土和膨润土悬浮液来补偿。对非黏透水性土层可以通过注射泡沫进行改良处理。粒状结构中的气泡可以降低土浆密度,减小颗粒摩擦,使土浆混合物在较宽的形变范围内有最理想的弹性,以利于控制开挖面支撑压力。

泡沫是用特殊发泡剂、泡沫添加剂和压缩空气通过泡沫发生器制成的 $30\sim400\mu m$ 的细小齿状气泡。特殊发泡剂由各种表面活性剂经过特别调配制成,泡沫添加剂是以矿浆为主要原料的高分子水溶液。特殊发泡剂的水溶液称为 A 型特殊发泡材料,如果将特殊发泡剂的比例降低,代之以泡沫添加剂,所形成的水溶液称之为 B 型特殊发泡材料。泡沫剂的主要技术特点如下:

①在砂土及砂卵石地层中,泡沫的支撑作用使切削土体的流动性增强,土仓内的渣土不会因压密而固结,不会产生拥堵,刀盘或螺旋输送机的驱动扭矩减小,刀具磨损减小。

②微细泡沫置换了土颗粒中的孔隙水,增强了土体的止水性,能较容易地开挖强渗透性或地下水位较高的砂卵石地层,有效地防止螺旋输送机喷涌。

③在黏性土地层中,泡沫起着界面活性剂的作用,可有效地防止切削下来的黏性土附着于刀盘和土仓内壁,防止结泥饼现象。

④泡沫的可压缩性,使开挖面的土压力波动减小,有利于开挖面的稳定。

⑤泡沫的90%是空气,排出的渣土中的泡沫在短时间内会逐渐消除,很快就可以恢复到注入泡沫前的状态,不造成环境污染。

泡沫剂的适用范围见图 5-11。图中Ⅰ区为 A 型特殊发泡材料的适用范围;Ⅲ区为 B 型特殊发泡材料的适用范围;Ⅱ区既可使用 A 型特殊发泡材料,也可使用 B 型特殊发泡材料。A 型特殊发泡材料,主要用于黏性土及含水率较少的砂质土;B 型特殊发泡材料制成的泡沫比 A 型特殊发泡材料制成的泡沫更稳定,尤其是止水性能更佳,主要用于含水砂砾地层及地下水位较高的砂质土。

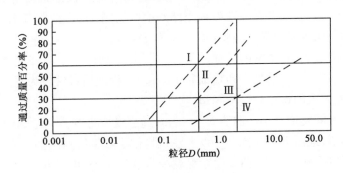

图 5-11 泡沫剂适用范围

Ⅰ-A 型特殊发泡材料适用范围;Ⅱ-A 或 B 型特殊发泡材料适用范围;Ⅲ-B 型特殊发泡材料适用范围;Ⅳ-泡沫剂与聚合物混合适应范围

5.5 盾构类型与渗透性的关系

根据欧美和日本的施工经验,当地层的透水系数小于 10^{-7} m/s 时,可以选用土压平衡盾构;当地层的渗水系数在 10^{-7} m/s~10^{-4} m/s 之间时,既可以选用土压平衡盾构也可以选用泥水式盾构;当地层的透水系数大于 10^{-4} m/s 时,宜选用泥水盾构。

5.6 盾构类型与水压的关系

当水压大于 0.3MPa 时,适宜采用泥水盾构。如采用土压平衡盾构,螺旋输送机难以形成有效的土塞效应,在螺旋输送机排土闸门处易发生渣土喷涌现象,引起土仓中土压力下降,导致开挖面坍塌。

当水压大于 0.3MPa 时,如因地质原因需采用土压平衡盾构,则需采用二级螺旋输送机。

5.7 施工实例

5.7.1 南京地铁 TA15 标

1) 工程概况

南京地铁南北线一期工程南起小行,北至迈皋桥,线路全长 16.9km。其中 TA15 标由两个区间组成,工程范围见表 5-2,包括玄武门—许府巷站区间和许府巷—南京站区间圆形隧道工程以及联络通道、泵站和相应洞门的施工,盾构区间总长 4574.108m,总工期 33 个月。

南京地铁 TA15 标工程范围   表 5-2

区 间	工程名称	里 程	长 度	覆土厚度	地下水位
玄武门～许府巷	区间隧道	K11+594.00～K12+424.19	1660.38m	9.5～15.5m	地表下 1.0m
	联络通道	K12+172.50	14.858m		
许府巷～南京站	区间隧道	K12+661.09～K14+117.95	2913.728m	9.0～15.0m 局部 25m	
	联络通道	K13+367.50	14.28m		
区间隧道总长			4574.108m		

TA15 标工程穿越金川河、玄武湖公路隧道、廖家巷建筑群、明城墙、玄武湖和龙蟠路隧道地下连续墙等地段,是南京地铁南北线一期工程全线 3 个盾构标中隧道最长的一个标段。施工中攻克了三大难关:一是隧道从玄武湖下穿过,并且与玄武湖公路隧道最小净距仅 1.004m,是有资料记载以来两条隧道的最近距离;二是隧道在穿过玄武湖底后到达明城墙之下,明城墙属国家一级保护文物,不仅对施工沉降要求高,而且由于城墙自身的重力,局部对隧道的荷载很大;三是标段的最后部分与龙蟠路隧道立体正交,两条隧道间距仅为 3.5m,龙蟠路隧道地处火车站站前广场侧,车流量大,工程的安全十分重要。

南京地铁 TA15 标段属古河道漫滩地貌,基岩埋藏较深,均大于 25m。软弱土层较厚,主要为低塑性淤泥质粉质黏土、粉质黏土及中到稍密的粉细砂等,土质不均,黏性土中局部夹有粉细砂,土质较差。区间隧道主要在淤泥质粉质黏土、粉质黏土和粉细砂中通过,工程地质条件较为复杂,具体表现为覆土层次多、分布不均匀及土质差异大的特点。

玄武门—许府巷站区间隧道最小平曲线 $R=600$m;隧道纵坡为 V 形,最大纵坡为 3‰;区间隧道下穿金川河及玄武湖公路隧道,地面上有 5 栋 3 层以上建筑物位于隧道线路的侧上方。许府巷—南京站区间隧道从许府巷站出站后以 $R=400$m 的曲线向东穿越廖家巷居民楼,再以 $R=400$m 的反向曲线向北穿越古城墙和玄武湖至南京站。区间最小平曲线 $R=400$m。隧道纵坡为 V 形,最大纵坡为 2‰。区间隧道采用钢筋混凝土管片进行衬砌,管片内径为 5.5m,管片外径为 6.2m,宽度为 1.2m。每环管片分 6 块,1 块封顶块,3块标准块,2块邻接块;封顶块安装时先搭接3/5环宽,径向推上,再纵向插入,管片间设橡胶止水带,管片采用错缝拼装。

TA15标工程使用2台德国海瑞克公司 $\phi 6390$mm 铰接式土压平衡盾构施工。第一台盾构(开拓Ⅰ号)于2002年4月6日在许府巷站南端头井始发,8月11日到达玄武门站进行调头,9月17日在玄武门站二次始发,于2003年1月8日到达许府巷站南端头,然后转场至许府巷站北端头井,于2003年4月1日三次始发,2003年8月28日到达南京站。第二台盾构(开拓Ⅱ号)于2002年12月8日在许府巷站北端头井始发,于2003年7月23日到达南京站。掘进过程见图5-12。

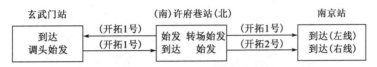

图5-12　南京地铁TA15标工程盾构推进示意图

工程实施前,首先进行盾构和管片模具的采购;进行补充地质钻探、建筑物和地下管线调查等工作,开展永久工程的设计;对工程施工所需的材料和设备进行调研和采购;加强与许府巷车站施工单位的联系,落实场地移交并进行临时设施的施工。

本工程的地质主要是黏性土,宜选用土压平衡盾构。当在含水的砂质粉土层施工时,通过配备泡沫注入装置进行渣土改良。施工中采用了2台德国海瑞克公司制造的 $\phi 6390$mm 铰接式土压平衡盾构,其主要技术参数见表5-3。

$\phi 6390$mm 土压平衡盾构主要参数　　　表5-3

名　　称	参　　数
盾构直径	6390mm
刀盘功率	2×315kW
刀具	中心刀1把,切刀120把,切刀16把,扩挖刀2把
刀盘开口率	34%
刀盘转速	0~3.05r/min
刀盘扭矩	Ⅰ档620kN·m/Ⅱ档4377kN·m
掘进速度	6.0cm/min
推进油缸	32根,行程1900mm
总推进力	31650kN
螺旋输送机功率	160kW
盾尾密封数	三排钢丝刷

选用的土压平衡盾构,外形如图5-13所示,其结构简图见图5-1。其主要性能特点如下:

①铰接式盾构便于小半径曲线掘进和掘进方向纠偏;铰接位置在支承环与盾尾之间,便于盾尾部分的转动,延长盾尾密封的寿命,而且铰接油缸受力小。

②刀盘结构见图5-14,是针对南京的地质设计的。刀盘采用典型面板式结构,刀盘上安装了泥土型专用刀具,装有1把中心刀,120把切刀,16把切刀及1把扩挖刀。扩挖刀用于曲径开挖。切刀安装在进渣口的左右两边,刀具覆盖了整个进渣口的长度。切刀安装在刀盘边缘。刀盘开口率为34%,有16个渣槽,渣槽布置与土渣开挖量对应。其中有8个渣槽接近中心,以防止刀盘中心部位泥饼的产生,提高了刀盘开挖效率。

图5-13　$\phi 6390$mm 土压平衡盾构

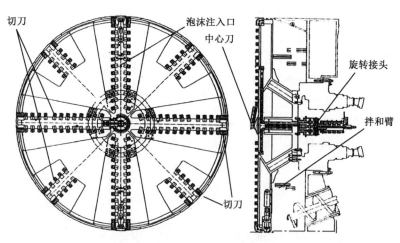

图 5-14 南京地铁 $\phi 6390 mm$ 土压平衡盾构刀盘

③刀盘及密封隔板设计有泡沫、膨润土注入管路，可调节渣土的塑性及黏度、降低透水性及内摩擦力，便于不同地质的开挖，保持土压稳定和工作面的稳定，减少功率消耗。

④配置有超前钻机及注浆设备，针对易液化的地层及特殊地层可实现地层超前加固及处理；推进油缸中心线与管片中心重叠，管片受力良好，油缸全部行程为 1900mm，同步注浆管路另有 4 根备用注浆管路，堵管时，可保证同步注浆的可靠性。

⑤激光导向保证掘进方向的准确性和盾构姿态的控制。

⑥采用液压驱动，便于刀盘调速及过载保护，保证驱动系统的安全，而且驱动功率大，有足够的刀盘开挖性能储备。

2) 端头土体加固

在始发掘进和到达掘进时，随着竖井挡土墙的拆除，端头土体的结构、作用荷载和应力将发生变化，对始发掘进和到达掘进的出洞及进洞地层需进行土体加固。始发、到达段地层加固的目的如下：防止拆除临时墙时的振动影响；在盾构贯入开挖面前，能使围岩自稳及防止地下水流入；防止因开挖面压力不足引起的开挖面坍塌；防止地表沉降。

根据盾构施工要求以及工程地质、水文地质条件和地面环境条件，本标段两区间除南京站不需加固外，其他 6 个进出洞端头需全部进行地层加固。

(1) 加固范围

根据南京地铁 TA15 标施工组织设计，加固范围为隧道断面轮廓线外 3.0m，始发端长度为 6.0m，到达端长度为 3.5m。加固后的地层采用取芯进行强度试验，保证加固土体的强度在 2MPa 以上。实际施工中许府巷右线到达段补充加固了 6m。

(2) 加固方案

地层加固有化学注浆法、砂浆回填法、深层搅拌法、高压旋喷注浆法、冷冻法等。盾构工程中，始发、到达段的地层加固以化学注浆法为主，化学注浆法多用于改善止水性。由于南京地铁 TA15 标进出洞端头采用了连续墙，拆除很费时间，故需要进行能长时间稳定的地层加固。为了使地层达到高强度，能长时间稳定，且与挡土墙充分黏接，宜采用高压旋喷注浆法、深层搅拌法或冻结法。冻结法造价太高、解冻后存在沉降问题等缺点，旋喷桩加固虽然效果好，但其造价远高于深层搅拌桩，因此六个进出洞端头全部采用深层搅拌法进行加固，搅拌桩与车站连续墙之间的间隙采用高压旋喷桩进行补充加固，见图 5-15。

(3) 施工工艺

深层搅拌法是通过钻孔将水泥送入地层，依靠深层搅拌机在地层中将软土和水泥浆液就地强制搅拌，利用水泥和软土之间的一系列物理化学反应形成深层搅拌桩，使软土的物理力学性能得到改善的地层加固方法，其施工工艺流程如图 5-16 所示。

深层搅拌加固钻孔中心距为 120cm，桩径为 70cm，桩间距为 50cm，梅花形布置，喷材为水泥浆。在搅拌桩加固体与连续墙间无法加固的间隙处采用旋喷加固。

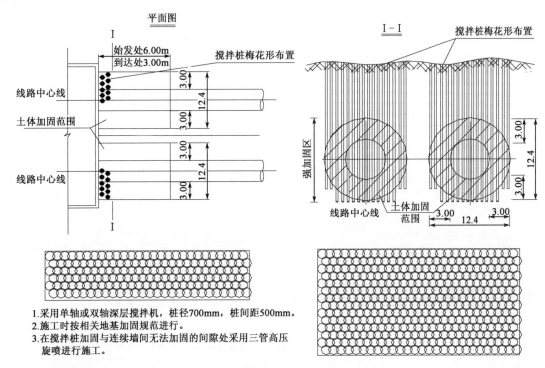

1. 采用单轴或双轴深层搅拌机,桩径700mm,桩间距500mm。
2. 施工时按相关地基加固规范进行。
3. 在搅拌桩加固与连续墙间无法加固的间隙处采用三管高压旋喷进行施工。

图 5-15 端头土体加固(尺寸单位:m)

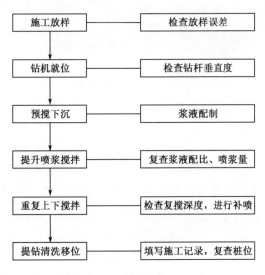

图 5-16 深层搅拌工艺流程

施工过程中注意以下事项:深层搅拌机到指定桩位对中,对中误差不超过 2cm,搅拌轴垂直度偏差不超过 1.0%。浆液配制时严格控制水灰比,一般为 0.45~0.55,充分拌和水泥浆,每次拌和时间不得少于 3min。钻进至桩位的设计高程为隧道底下 3m,搅拌机下沉到设计深度后,开启灰浆泵,将水泥浆压入地层,同时边喷浆、边搅拌、边提升。由下往上搅拌,搅拌机外拔速度应保持均匀。

(4)质量控制

采用取芯进行强度试验的方法进行检验,保证加固土体的强度在 2MPa 以上。每个洞门取一组岩芯进行检验,钻孔位要避开隧道衬砌。同时对加固土体进行标贯实验检测。

加固后的土体具有良好的防水性,以使盾构在土压平衡状态未建立阶段的施工安全。土体加固完后,在预留洞门处将车站连续墙凿九个孔,透水量小于 $0.030m^3/d$。

通过对所取芯样的观察,判断所加固土体的匀质性。

3）盾构掘进概述

许府巷站—玄武门站采用1台盾构施工，由许府巷站始发，并将始发后的130m作为掘进试验段，然后正式掘进至玄武门站，在玄武门站调头后由玄武门站掘进至许府巷站。施工流程如图5-17所示。

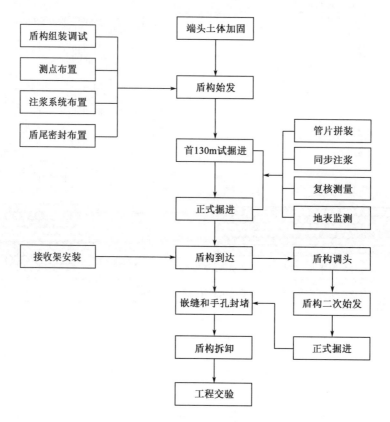

图5-17 许玄区间施工流程

许府巷站—南京站由2台盾构分别掘进左右线隧道，2台盾构均从许府巷站北端头始发，然后向南京站掘进，到达南京站后拆卸退场。

根据TA15标的水文地质状况，2台盾构均设计为全封闭土压平衡式，在土压平衡模式下，足够的土压平衡调节能力可有效的平衡周围土体的静水压力和土压力，保证开挖面的稳定。配合可靠的同步注浆系统、必要的二次补充注浆以及后期地层注浆加固技术等辅助工法，可将地表隆陷控制在规定的范围之内，从而确保安全通过金川河、玄武湖隧道、建筑物群、古城墙、玄武湖等特殊区段。

4）盾构始发

始发是指利用反力架和负环管片，将始发台上的盾构，由始发竖井推入地层，开始沿设计线路掘进的一系列作业。盾构始发的主要内容包括：安装盾构始发架、盾构组装就位和调试、安装洞门密封圈、安装反力架、拼装负环管片、拆除洞门围护结构、盾构贯入作业面加压和掘进等。盾构始发流程如图5-18所示。

（1）始发台的安装

始发架采用钢结构形式，主要承受盾构的重力和推进时的摩擦力。

在始发台的两侧每隔1.5m加设200H型钢作为横向支撑，支撑在车站结构的地梁上，提高始发台的稳定性。在安

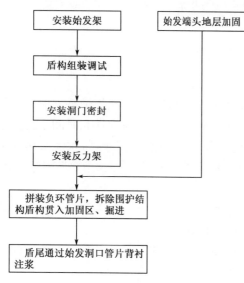

图5-18 盾构始发流程

装始发架前先由测量组在车站底板设立控制护桩,根据护桩精确定位始发架的高程和左右位置。然后由掘进班将始发架安设在预定的位置上,并由测量组进行复核,在完成定位之后,将始发架固定。在盾构主机组装时,在始发架的轨道上涂黄油以减小盾构在始发架上向前推进时的阻力。第1台盾构在许府巷站南端头井的始发位于圆曲线段,另外,隧道中线和线路中线在曲线段有一定的偏移量,由于盾构主机在全部进入加固区时几乎不能够调向,为了使盾构进入加固区后管片衬砌不超限,盾构始发的方向不能垂直于车站端墙,而是同洞门处线路中线点的一条割切线方向平行。

(2) 反力架的安装与定位

反力架为钢结构,用来提供盾构推进时所需的反力。反力架的端部里程 D 按下式计算:

$$D = D_{洞门} + (L_{管} - L_{洞}) + L_{管} N + L_{钢} \tag{5-1}$$

式中:$D_{洞门}$——洞门里程,mm;

$L_{管}$——管片长度,mm;

$L_{洞}$——洞门长度,mm;

N——负环管片环数;

$L_{钢}$——负环钢管片长度,mm。

盾构在许府巷站南端头井左线的始发里程为 K12+422.185,洞门长度为 500mm,负环管片采用7环,钢管片长度为 400mm,管片长度为 1200mm。将数据代入式(5-1)中,得 D=422185+(1200-500)+1200×7+400=431685(mm),因此,端部里程为 K12+431.685。安放反力架之前,先对底板进行清理,当反力架安放至里程位置后,对反力架进行精确定位,使之与盾构的中心轴线保持垂直。定位完毕后,用18号工字钢将反力架支撑在车站底板和中板之上。反力架安装完毕后由测量组对其姿态进行复核。

在安装反力架和始发台时,反力架左右偏差控制在±10mm 之内,高程偏差控制在±5mm 之内,上下偏差控制在±10mm 之内。始发台水平轴线的垂直方向与反力架的夹角<±2‰,盾构姿态与设计轴线竖直趋势偏差<0.2%,水平趋势偏差<±0.3%。

(3) 负环钢管片的安装、组装负环管片

负环钢管片起着连接负环管片与反力架的作用,并可以对反力架的姿态进行微调。钢管片的组装分两部分进行。先把下半部钢环用门吊吊运下井并摆放到位,然后用门吊将上半部钢环吊下进行对接,钢管片对接后用螺栓与反力架连接,拼装好的并推出盾尾的负环管片与钢管片之间用螺栓连接。

(4) 安装辅助装置

① 安装盾构防扭装置。盾构刀盘切削加固区土体时产生巨大的扭矩,为了防止盾构壳体在始发台上发生偏转,必须在始发台两侧的盾构壳体上焊接防扭装置。随着盾构的前行,当防扭装置靠近洞门密封时,将之割除。

② 负环管片支撑。在拼装负环管片的同时,在负环管片底部安装三角支撑,三角支撑应坐落在始发台基础上并与始发台之间用螺栓进行连接,每侧的三角支撑上部用一根工字钢相连用以支撑负环管片,三角支撑上的工字钢与负环管片之间以及始发台与负环管片之间的间隙用木楔子垫实。盾构始发时由于油缸推力较小,为防止管片之间发生位移,在负环管片之间可加设槽钢拉紧,槽钢焊接在管片连接螺栓上。

(5) 盾构姿态复核

当盾构刀盘到达始发里程 K12+422.185 时,必须对盾构的姿态进行测量复核,以确定盾构的平面位置、高程以及盾构中心轴线的坡度,盾构的高程与设计高程的差值应小于±5mm,平面位置与设计的差值应小于±10mm,坡度误差应小于2‰。

(6) 凿除洞门混凝土

盾构始发时,车站围护结构为 600mm 厚的地下连续墙。由于车站端头土体采用搅拌桩加固,加固区土体暴露时间不能太长,在盾构刀盘进入预留洞门前只能将部分围护结构进行凿除以保证安全。施工时先凿除 500mm 厚,并将外层钢筋割掉;当盾构组装调试完毕以及完成负环管片的拼装工作后,将最后一层钢筋割掉,并进行剩余围护结构的凿除,在进行第二次凿除施工时,准备好喷浆机以及喷浆料,一旦工作面出现失稳的迹象,马上进行喷浆以封闭掌子面。

(7)安装洞门密封

为了防止盾构始发掘进时泥土、地下水从盾壳和洞门的间隙处流失,以及盾尾通过洞门后背衬注浆浆液的流失,在盾构始发时需安装洞门密封,洞门密封由帘布橡胶、扇形压板、防翻板、垫片和螺栓等组成。安装洞门密封之前,应对帘布橡胶的整体性、硬度、老化程度等进行检查,对圆环板的成圆螺栓孔位等进行检查,并提前把帘布橡胶的螺栓孔加工好。然后将洞门预埋件的螺栓孔清理干净,最后按照帘布橡胶板、圆环板、扇形压板、防翻板的顺序进行安装。盾构进入预留洞门前在外围刀盘和帘布橡胶板外侧涂润滑油以免盾构刀盘挂破帘布橡胶板影响密封效果。

在盾尾通过之后,立即进行壁后注浆。在盾尾通过后,就可对开挖面加压,盾构掘进从非土压平衡模式进入到土压平衡模式。

(8)始发掘进的难点控制

①盾构的姿态控制。

始发掘进中盾构姿态的控制是一个重点、难点。由于受车站结构的尺寸限制,盾构形不成正常的始发状态。根据许府巷南端头井的具体情况,始发方案如下:

a.盾构主机与设备桥的连接,利用临时支架将设备桥托起,后配套拖车置于出渣井后面。

b.在设备桥上安装临时皮带输送机作为临时出渣设备,设备桥和后配套拖车间利用长120m的延长管线进行连接。

c.管片和渣土的吊装均通过出渣井进行起吊。

d.当盾构掘进50m后,拆除反力架和负环管片。

e.将后配套拖车分别移至隧道内,拆除设备桥临时支架和临时皮带输送机,并将第一节后配套拖车与设备桥连接,并顺次连接第二、三、四节拖车。

f.取掉延长管线,黏接盾构配套的输送皮带,重新连接管线,使盾构形成正常的掘进状态。

②掘进参数控制。

在始发段,地质条件较差,地下水位高,覆土比较薄,加固区土体较硬,宜以小于10mm/min的速度缓慢推进。在下一环开始掘进时,可能会由于刀盘吃进的土质较硬而引起刀盘启动困难,此时可采用以下办法克服:正反转启动刀盘;加大泡沫剂注入量;从膨润土通道注入水,加大渣土的流动性。

在始发阶段,渣土在螺旋输送机内不易形成土塞效应,螺旋输送机出渣口易发生渣土喷涌现象,出渣门的打开程度可根据实际情况而定,当发生喷渣时可开启150~200mm,不发生喷渣时可开启300~350mm。盾构脱离加固土体时,由于由加固区进入到软弱地层,要注意调节好盾构上下推进油缸的压力差,防止盾构低头。

③背衬注浆控制。

盾构始发阶段前15环的背衬注浆的浆液采用早强性浆液。始发时浆液由搅拌站经管路直接泵入盾构上的储浆罐中以备用,由于出渣关系,始发时前3环每环掘进时间长达7~8h,而早强型浆液的初凝时间不超过4h。为防止浆液在储浆罐中凝结,在没有形成正常的出渣状态之前,一次拌和的浆液以 $1m^3$ 为宜。

5)试掘进

将盾构在许府巷站始发后的130m作为掘进试验段(包括穿越金川河和玄武湖隧道段)。通过试验段掘进熟练掌握盾构操作、在不同地层中盾构推进各项参数的调节控制方法;熟练掌握管片拼装工艺、防水施工工艺、环形间隙注浆工艺;测试地表隆陷、地中位移、管片受力、建筑物下沉和倾斜等。当盾构的刀盘部分切入帘布橡胶板并抵达掌子面时,人工将预制好的黏土土坯加入刀盘后的土仓内,以便盾构在始发掘进时形成一定的土压。在确认洞门连续墙的钢筋已经割除完毕以后,进行盾构的试运转。由于盾构没有进洞后周围岩土侧压力的摩擦作用,且盾构油缸的推力和掌子面通过刀盘的反力都很小,所以,在试运转时应使刀盘慢速旋转,且要正、反向旋转,使盾构姿态正确。进洞后,盾构刀盘切削水泥搅拌桩并穿越洞门端头加固区,这时,土压设定值应略小于理论值且推进速度不宜过快,各组油缸的压力不大于 7MPa,盾构总推力不大于 6000kN。盾构坡度略大于设计坡度,待盾构出加固区之后,为防止因正面土压变化而造成盾构突然"低头",可将土仓的土压力的值设定成略高于理论值,并将下部推进油缸的推力稍稍调高一些。当盾尾进入洞门后,及时调整扇形压板的位置将洞门封堵严实,以防洞口漏泥水、漏浆从而减少地层的损失。在掘进过程中,根据情况在盾构正面及土仓内加入泡沫剂以改善渣土性能。在施工过程中,应根据地表的监测信息对土压设定值以及推进速度等施工参数作及时的调整。

(1)掘进参数的设定

①在地层下,土压一般采取水土合算,土压设定的理论值可由以下公式计算得出。

正面土压力:
$$P = K_0 \gamma h \tag{5-2}$$

式中:P——土压力(包括地下水),MPa;

γ——土体的平均重度,kN/m^3,取 18.6kN/m^3;

h——隧道埋深,m,取 16m;

K_0——土的侧向静止土压力系数,取 0.7。

代入数值后计算得出:$P=208.32$kPa。

②在江、河等水下一般采取水、土分算。
$$P = P_土 + P_水 = K_0 \gamma_土 h_土 + \gamma_水 h_水 \tag{5-3}$$

③地表沉降对土压设定的影响。

在掘进时,土木工程师根据地表沉降的信息反馈,随时对土压的设定值进行调整,地表沉降过大,就应适当地调高土压设定值,地表发生隆起过大,则应适当调低土压设定值。并及时作好数据记录和分析,对相应的地层、埋深得出土压设定的经验值,以指导以后的掘进。

随着隧道埋深的不断加大,土压也会越来越大,应每掘进 10 环计算一次土压设定值。加大土压时,首先关闭螺旋输送机,停止出渣,同时通过压力传感器观察土仓内土压的变化,当土仓内的土压达到土压的设定值时,打开螺旋输送机,根据压力传感器所反映的土压的变化调节螺旋输送机的速度,直到土压保持在土压设定值上不变为止。

(2)出渣量的控制

由于盾构的特殊构造,使其无法观察掌子面的情况,只能通过出渣量的大小来推算掌子面的情况,出渣量过大,掌子面就有可能出现坍塌,出渣量过小,则掌子面就可能有空洞或裂隙比较发育,因此掘进中必须控制好出渣量。

$$每循环理论出渣量 = \frac{\pi}{4} D^2 L = \frac{3.14}{4} \times 6.4^2 \times 1.2 = 38.58 (m^3)$$

盾构每掘进一循环的出渣量应控制在理论出渣量的 95%~105%之间,即 36.65~40.51m^3 之间,如超出此范围,应立即采取相应的措施。

(3)掘进速度

试掘进时,掘进速度不宜过大,以控制在 2~5cm/min 为宜,同时应根据地表的监测情况随时进行调节。

(4)盾构轴线及地面沉降控制

盾构轴线控制偏离设计轴线不得大于±50mm;地面沉降量控制在-30~+10mm。

(5)监测点的布置

为了能及时反映盾构掘进时对周围环境的影响,应在地面布置一定数量的地面监测点。为了能及时地反馈盾构始发时地面及土层的变形情况,在端头井外沉降监测点应适当加密。在盾构开始掘进之前,对已布置好的监测点须测得原始数据。

(6)试掘进的技术要求

由于盾构在始发后的前 50m 内,后配套拖车必须置于车站底板之上,不能形成正常的掘进状态。所以试掘进分为三个阶段:第一段 50m、第二段 50m、第三段 30m。

在掘进第一段50m时,由于盾构在始发后须经过6m宽的端头加固区,这时由于围岩土体强度较大,盾构的姿态调整较为困难。盾构的推进速度应控制在2cm/min左右。为减少刀盘切削困难,可适当往掌子面加水,同时应密切注意土仓的压力和刀盘扭矩的变化。如果发现压力或扭矩突然降低,则可以认为盾首已出加固区域,由于盾尾仍在加固区内,所以还不能对盾构姿态作较大的变动。待盾构再继续掘进6个循环,方可对盾构姿态作调整。盾构出加固区后,掘进速度可提高至3~4cm/min,日进度可控制在3~4环。对土仓压力、刀盘转速、油缸推力、掘进速度、注浆压力以及注浆量等诸项分别做好记录,通过对隧道沉降、地表沉降的测量及数据反馈,对上述技术参数进行修改,直到确定一组适用的技术参数。

第二阶段50m掘进采用已掌握的各项参数值,通过施工监测,根据地层条件、地表管线、房屋情况,对施工技术参数作缜密、细微的调整,以取得最佳的施工技术参数。这一阶段掘进速度可适当加快至4~6cm/min,日进度应达到6环左右。

第三阶段为正式掘进施工前的准备阶段,各项施工技术参数已基本确定,员工都已基本掌握了各项技术要领。这时要控制好每一循环的作业时间,每循环控制在2h左右,日进度维持在8环左右。

(7) 过金川河的施工

盾构从许府巷站始发62m处穿过金川河,里程位置在K12+350~K12+360段。金川河宽10.4m,河堤深达4m,水深1.3m,为污水河,主要由三根管径分别为1.5m、1.7m、1.5m的雨污水管及其他的排水管给水。左线隧道从河的正下方穿过,右线隧道约从管线出水口下方穿过。

该段覆土厚约6.6m,自上而下分别是②-1d_{3-4}粉细砂3.5m、②-2c_{2-3}粉土约6.0m、②-2b_4淤泥质粉质黏土约3m、③-2-1b_2粉质黏土4m、③-3-1$(a+b)_{1-2}$粉质黏土约4.7m。隧道主要在②-2c_{2-3}粉土、②-2b_4淤泥质粉质黏土(上部)和③-2-1b_2粉质黏土(下部)地层中穿过。金川河段地质状况见图5-19。

一般情况下,在覆土超过一倍的洞径时,不对地层进行特殊的处理,所以掘进前不对该段进行处理。由于该段覆土主要为透水性好的粉细砂层和具有流塑特性的淤泥质粉质黏土,施工中可能引起涌砂、突水现象,严重时可能引起"冒顶"事故;另一方面,由于该段覆土较薄,地下水丰富,盾构通过地层上软下硬,施工中易引起盾构抬头;此外,盾构第一次从左线穿过金川河时,盾构仍处在调试和试掘进阶段,掘进速度不快,在一定程度上增大了施工的难度,在施工中采取以下措施来确保通过金川河的安全。

①做好理论渣土量与实际渣土量的记录,保证出渣量与掘进速度的一致,避免"冒顶"突发事故的发生。

②施工时通过合理组织施工,尽量能连续、快速地通过金川河。

③加强盾构姿态的测量和地面的监控量测,及时反馈信息以指导掘进施工。

④严格控制盾构操作,调整好盾构推进油缸的压力差以及各组推进油缸的行程,避免盾构上飘。

⑤掘进时保持土压平衡工况掘进。

⑥施工时在土仓和刀盘前注入泡沫,改善渣土性能,防止涌砂、突水现象发生。

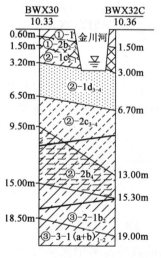

图5-19 金川河段的地质情况

(8) 穿越玄武湖隧道

南京地铁南北线一期工程与玄武湖公路隧道在新模范马路与中央路的丁字路口立体交叉。玄武湖隧道在城墙西段采用明挖顺做法施工,围护结构为SMW桩,主体结构在与地铁隧道相交段为钢筋混凝土框架结构,主体结构底板为900mm厚钢筋混凝土,垫层为200mm厚素混凝土。沿玄武湖隧道纵向设抗拔桩,每排抗拔桩为4根,在地铁隧道段设三排抗拔桩。

地铁盾构隧道与玄武湖隧道在K12+294.378~K12+317.948(左线)和K12+294.696~K12+318.266(右线)段相交,两条线路的交角为94°24′54″。玄武湖隧道先于地铁盾构隧道施工,位于地铁隧道的上方,采用SMW工法施工围护结构,主体结构宽23.5m,采用明挖法施工,施工完毕后进行覆土回填。由于线路纵坡的调整,地铁盾构隧道与玄武湖隧道之间的最小净距由原来的2.0m变为1.0m。玄武湖隧道对盾构隧道的影响长度近28m,这种现象在国内盾构施工中还是首次;其次,玄武湖隧道施工结束时间与地铁隧道穿越时间相隔不到一个月,玄武湖隧道还未进入稳定期,施工风险大,施工难度高。

玄武湖隧道底下覆土依次为②-2b4淤泥质粉质黏土约4.4m,③-2-1b2粉质黏土3.5~4m,③-3-1(a+b)1-2粉质黏土4~4.5m。地铁盾构隧道主要从淤泥质粉质黏土(上部)和粉质黏土(下部)穿过。

① 施工协调。

根据玄武湖隧道初步设计以及玄武湖隧道建设单位的进度计划,需要协调的主要有以下几个方面的问题:

a. 玄武湖隧道设计有抗拔桩,间距为3~4m,盾构直径为6.4m,需要将抗拔桩的间距调大,并避开盾构隧道;另外,为了保证玄武湖隧道的抗浮要求及盾构隧道的受力要求,需将抗拔桩在盾构隧道方向加密设计。

b. 由于盾构施工不可避免的引起地面的沉降,为了保证玄武湖隧道的安全需将该段的底板做加强设计。

c. 玄武湖隧道底的地质条件为流塑性的淤泥质粉质黏土和粉质黏土,盾构隧道上半部为淤泥质粉质黏土,下半部为粉质黏土,为了减少地层损失,需将盾构隧道进行全断面加固处理。

协调结果如下:玄武湖隧道设计方已考虑调整抗拔桩间距以避开盾构隧道,同时对隧道底板进行加强;SMW桩工字钢必须拔除;对下部土体进行注浆加固;监控量测在玄武湖隧道施工时需预埋的测点请玄武湖施工单位预埋。

② 施工措施。

a. 跟踪地层加固的施作过程,并检验其加固质量。

b. 跟踪抗拔桩的设计和施工情况,避免抗拔桩设在盾构隧道通过段。

c. 在2002年2月底,派专人到玄武湖隧道施工现场检查围护结构H型钢的拔除情况,保证盾构隧道通过地段的H型钢全部拔除。

d. 盾构通过玄武湖隧道前将玄武湖隧道回填至地面高程。

e. 土仓压力设定值略高于正面土体压力。

f. 玄武湖隧道设计有抗拔桩与主体结构形成门架结构;另外,盾构隧道断面经过加固处理后,地层的稳定性提高,所以在盾构通过玄武湖隧道时掘进速度不宜太快,使盾构平稳地穿过玄武湖隧道。

g. 严格控制盾构操作,避免盾构抬头。

h. 掘进时采用同步注浆方式及时填充管片与刀盘开挖面的间隙,通过控制注浆量和注浆压力控制注浆效果,以减少地层损失,从而降低地表沉降以避免玄武湖隧道开裂。

i. 盾构通过后根据量测数据对地层进行二次注浆。

③ 监控量测。

a. 在盾构通过前根据现场的实际情况埋设测点,测点的布置应能够明确地反映出沉降槽的状况,测点的埋设要尽可能的牢固。

b. 在盾构通过前,对各个测点进行初始数据的测量,并在施工过程中加强监测频率。

c. 量测工作由集团公司科研所完成,量测的结果直接呈报到项目部,由项目部根据量测的分析指导结果及时进行掘进参数的调整。

d. 当盾构通过后对玄武湖隧道进行跟踪测量,直到玄武湖隧道的沉降稳定为止。

(9) 试掘进阶段的施工监测

盾构始发和试掘进阶段由于竖井开挖及加固土体对地层已有扰动,盾构推进时易发生土体坍塌和引起较大的地表沉陷,危及地面构筑物和地下管线的安全,特别是盾构始发时还没有建立起土压平衡,盾构推进会引起较大的地层损失,从而使地表沉降加大,因而对盾构始发处需重点监测,测点间距和测试频率应加密。南京地铁盾构TA15标玄武门站—许府巷站区间、许府巷站—南京车站盾构区间地表沉降测点在布设时区间隧道两端盾构始发和到达处各50m范围内及规划玄武湖隧道、金川河地段沿隧道轴线纵向每隔 10m 布设一个测点,其余地段每隔约 20m 布设一个测点。

监测断面分为主要监测断面和辅助监测断面,主断面可埋设多种仪器,进行多项监测。

根据以上所述,盾构始发处 50m 范围内是重点监测地段,因而南京地铁盾构 TA15 标玄武门站—许府巷站区间和许府巷站—南京车站盾构区间在盾构始发地段各布置了一个监测主断面。

监测主断面上主要进行地表沉降、地中水平位移、地下水位、土压力监测。同时在两个区间布设地表沉降辅助监测断面,辅助监测断面埋设仪器少,用于监测个别有重大意义的参数,在辅助监测断面上主要布置地表沉降槽测点。

6)正常掘进

正式掘进施工阶段采用试掘进阶段所掌握的最佳施工技术参数,结合具体的地质情况,通过加强施工监测,不断完善施工工艺,控制地面沉降。掘进前由工程部土木工程师下达掘进指令与管片指令,主司机应严格按照掘进指令上的各种参数进行掘进,拼装管片应按照管片指令上所注明的管片布置形式进行安装。掘进过程中,应根据 VTM 系统给出的坐标值严格地控制好盾构姿态,当盾构的水平位置或高程偏离设计轴线 20mm 时,便要进行盾构姿态的纠偏。且在纠偏过程中,每一循环盾构的纠偏值水平方向不超过 9mm,竖直方向不超过 5mm。掘进过程中,严格控制和记录好各组油缸的行程。在直线段,各组油缸的行程差每循环不能超过 20mm。盾构在停止掘进时,土仓内应保持相应的压力,以防止在安装管片或停机时,掌子面发生坍塌。在掘进过程中,盾构的趋势不能突变,水平和高程的趋势改变量不能超过 2‰。在每个循环掘进之后,必须由土木工程师对盾尾间隙进行测量。同时将测量数据记录下来并将其输入 VMT 系统,通过 VMT 系统计算后预测出下几环管片的布置形式。背衬注浆与掘进应同时进行,背衬注浆是控制地表沉降的关键工序,所以应严格做到没有注浆就不能掘进。盾构掘进施工全过程须严格受控,工程技术人员应根据地质变化、隧道埋深、地面荷载、地表沉降、盾构姿态、刀盘扭矩、油缸推力、盾尾间隙、油缸行程等各种测量和量测数据信息,正确下达每班的掘进指令及管片指令,并即时跟踪调整。盾构主司机及其他部位操作人员必须严格执行掘进指令以及管片指令,细心操作,对盾构初始出现的偏差应及时纠正,绝对不能使偏差累积,造成超限。盾构纠偏时,纠偏量不要太大,以避免管片发生错台和减少对地层的扰动。

为了防止盾构掘进对地面建筑物产生有害的沉降和倾斜,防止盾构施工影响范围内的地下管线发生开裂和变形,必须规范盾构操作并选择适当的掘进工况,减小地层损失,将地表隆陷控制在允许的范围内(+1cm/-3cm)。根据本标段隧道所穿越的地质条件,盾构在整个区间隧道掘进过程中全部采用土压平衡工况进行掘进施工。

(1)土压平衡工况掘进特点

土压平衡工况掘进时,刀具切削下来的土充满土仓,然后利用土仓内泥土压与作业面的土压和水压相抗衡,与此同时,用螺旋式输送机排土设备进行与盾构推进量相应的排土作业,掘进过程中,始终维持开挖土量与排土量的平衡,以保持正面土体稳定,并防止地下水土流失而引起地表过大的沉降。

(2)掘进控制程序

在盾构掘进中,保持土仓压力与作业面压力(土压、水压之和)平衡是防止地表沉降,保证建筑物安全的一个很重要的因素。

①土仓压力值 P 的选定。

P 值应能与地层土压力和静水压力相抗衡,在地层掘进过程中根据地质和埋深情况以及地表沉降监测信息进行反馈和调整优化。地表沉降与工作面稳定关系以及相应措施对策见表 5-4。

地表沉降与工作面稳定关系以及相应措施与对策　　　表 5-4

地表沉降信息	工作面状态	P 与 P_0 关系	措施与对策	备注
下沉超过基准值	工作面坍陷与失水	$P_{max} < P_0$	增大 P 值	P_{max}、P_{min} 分别表示 P 的最大峰值和最小峰值
隆起超过基准值	支撑土压力过大,土仓内水进入地层	$P_{min} > P_0$	减小 P 值	

②土仓压力值 P 的保持。

土仓压力值 P 的保持主要通过维持开挖土量与排土量的平衡来实现。可通过设定掘进速度、调整排土量或设定排土量、调整掘进速度两条途径来达到。

③排土量的控制。

排土量的控制是盾构在土压平衡工况模式下工作时的关键技术之一。

理论上螺旋输送机的排土量 Q_S 是由螺旋输送机的转速来决定的,当推进速度和 P 值设定时,盾构可自动设置理论转速 $N(\text{r}/\min)$。

$$Q_S = V_S N \tag{5-4}$$

式中:V_S——设定的每转一周的理论排土量,kg/r。

Q_S 与掘进速度决定的理论渣土量 Q_0 相当,即:

$$Q_0 = AVn_0 \tag{5-5}$$

式中:A——切削断面面积,m^2;

n_0——松散系数;

V——推进速度,mm/min。

通常,理论排土率用 $K = Q_S/Q_0$ 表示。

理论上,K 等于 1 或接近 1,这时渣土就具有低的透水性且处于良好的塑流状态。事实上,地层的土质不一定都具有这种特性,这时螺旋输送机的实际出土量就与理论出土量不符,当渣土处于干硬状态时,因摩阻力大,渣土在螺旋输送机中的输送遇到的阻力也大,同时容易产生固结、阻塞现象,实际排土量将小于理论排土量,因此必须依靠增大转速来增大实际出土量,以使之接近 Q_0。这时 $Q_0 > Q_S$,$K < 1$。当渣土柔软而富有流动性时,在土仓内高压力的作用下,渣土自身有一个向外流动的能力,从而使实际排土量大于螺旋输送机转速决定的理论排土量,这时,$Q_0 < Q_S$,$K > 1$,必须依靠降低螺旋输送机的转速来降低实际排土量。当渣土的流动性非常好时,由于输送机对渣土的摩阻力减小,有时还可能产生渣土喷涌现象,这时,转速很小就能满足出土要求,K 值接近于 0。

渣土的排出量必须与掘进的挖掘量相匹配,以获得稳定而合适的支撑压力值,使掘进机的工作处于最佳状态。当通过调节螺旋输送机的转速仍不能达到理想的出土状态时,可以通过改良渣土的塑流状态来调整。

④渣土具有的特性。

在土压平衡工况模式下渣土应具有以下特性:良好的塑流状态、良好的黏—软稠度、低内摩擦力低、透水性低。

一般地层岩土不一定具有这些特性,从而使刀盘摩擦增大,工作负荷增加。同时,密封仓内渣土塑流状态差时,在压力和搅拌作用下易产生泥饼、压密固结等现象,从而无法形成有效的对开挖仓密封和良好的排土状态。当渣土具有良好的透水性时,渣土在螺旋输送机内排出时无法形成有效的压力递降,土仓内的土压力无法达到稳定的控制状态。

当渣土满足不了这些要求时,需通过向刀盘、混合仓内注入添加剂对渣土进行改良,采用的添加剂种类主要是泡沫或膨润土。

(3)确保土压平衡而采取的技术措施

①拼装管片时,严防盾构后退,确保正面土体稳定。

②同步注浆充填环形间隙,使管片衬砌尽早支承地层,控制地表沉陷。

③切实做好土压平衡控制,保证掌子面土体稳定。

④利用信息化施工技术指导掘进管理,保证地面建筑物的安全。

⑤在砂质土层中掘进时向开挖面注入黏土材料、泥浆或泡沫,使搅拌后的切削土体具有止水性和流动性,既可使渣土顺利排出地面,又能提供稳定开挖面的压力。

(4)泡沫的注入

无论盾构通过砂性土还是黏性土层,都可以通过向土仓内注入泡沫来改善渣土的性状,使渣土具有良好的流塑性;同时泡沫的加入可以起到防水的作用,防止盾构发生喷涌和突水事故。但由于泡沫的用量和价格都比较高,所以只有在加泥不满足要求以及发生喷涌、突水的情况下才使用。当泡沫注入后,可以将螺旋输送机回缩,控制好盾构推力将盾构刀盘进行空转,使泡沫充分地和土仓内的渣土拌和,使泡沫剂在改善渣土性状和止水方面发挥最大的功效。

(5) 曲线地段的推进

施工区间隧道共有五处平曲线,七处竖曲线。平曲线半径有 400m、800m、1000m、1500m 四种;竖曲线半径有 3000m、5000m 两种。许府巷站～玄武门站区间隧道共有三处平曲线,曲线长 240.979m,三处竖曲线,曲线长度占隧道全长的 29%;许府巷站—南京站区间共有两处平曲线,曲线长 1022m,四处竖曲线,曲线长度占区间隧道总长的 71.2%。

在曲线段(包括水平曲线和竖向曲线)施工时,盾构推进操作控制方式是把液压推进油缸进行分区操作,见图 5-20。使盾构按预期的方向进行调向运动,液压推进油缸的分区,可采用表 5-5 中的方案。

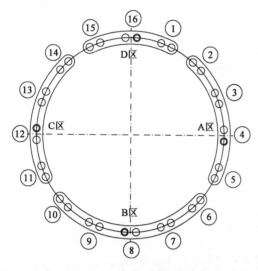

图 5-20 液压推进油缸的分区图

液压推进油缸的分区表　　　　　表 5-5

油缸分区	直线	左转	右转	上仰	下俯
A	工作	工作	—	工作	工作
B	工作	工作	工作	工作	—
C	工作	—	工作	工作	工作
D	工作	工作	工作	—	工作

曲线段施工时,采用安装楔形环与伸出单侧推进油缸的方法,使推进轨迹符合设计线路的弯道要求。另外,盾构采用铰接形式使曲线施工更容易控制。在曲线段推进时,要注意以下几点:

①进入弯道施工前,调整好盾构的姿态。

②精确计算每一推进循环的偏离量与偏转角的大小,根据盾尾间隙和掘进线形,选择合适类型的管片拼装,合理选配推进油缸的数量、推进力、分区与组合进行推进。

③将每一循环推进后的测量结果记入图中与设计曲线相对照,确定是否修正下次推进的偏转量与方位角。

④合理选择超挖量,尽量使盾构靠近曲线内侧推进,将推进速度控制在 3～4cm/min 内,或将每一循环分成几次推进,从而减小管片的受力不均。

⑤为防止管片的外斜,必须保证管片背后注浆的效果,使推进油缸的偏心推力有效地起作用,确保曲线推进效果,减少管片的损坏与变形。

⑥当盾构偏离曲线的设计线路较大时,停止盾构推进,采取相应措施,避免下述现象发生:在曲线推进过程中,出现管片损坏严重、管片螺栓折断,接头部件损坏,管片拼装困难、隧道衬砌超限等问题。

⑦根据掌子面地层情况及时调整掘进参数,调整掘进方向避免引起更大的偏差。

⑧蛇行的修正以长距离慢慢修正为原则,如修正得过急,蛇行反而更加明显。在曲线推进的情况下,使盾构当前所在位置点与远方的一点进行线路拟合,使隧道衬砌不超限。纠偏幅度每环不超过 20mm。

⑨在曲线施工中,盾构曲线走行轨迹引起的建筑空隙比正常推进大,因此应加大注浆量,正确选好压注点,并做好盾尾密封装置的技术措施(加大盾尾密封油脂的注入量)。

(6) 推进过程中的蛇行和滚动

在盾构推进过程中,蛇行和滚动是难以避免的。出现蛇行和滚动主要与地质条件、推进操作控制有关。因此针对不同的地质条件,应进行周密的工况分析,并在施工过程中严格控制盾构的操作,减少蛇行值和盾构的滚动。当出现滚动时采取正反转刀盘方法来纠正盾构姿态。

7)玄武门站盾构调头施工

盾构从许府巷站南端头左线始发,到达玄武门站后,进行调头,调头后进入许府巷站—玄武门站区间右线,在玄武门站二次始发。由于玄武门站结构及调头场地十分狭小(图5-21),仅仅提供了端头12m的调头场地及50m长的站台,而盾构总长为65m,且出渣列车最小长度为12m,所以不能满足整机始发的条件;同时,盾构主机及后配套拖车都是体积大、重量大的实体,后配套拖车不能进入净空仅为4.2m的站台内,因此给盾构的调头工作增加了难度和复杂性。根据现场条件,同时考虑出渣速度和便于管片运输,调头时使用延长管线连接主机和后配套,分主机和设备桥调头、始发掘进、后配套调头,成功地完成了盾构在玄武门站的调头始发。

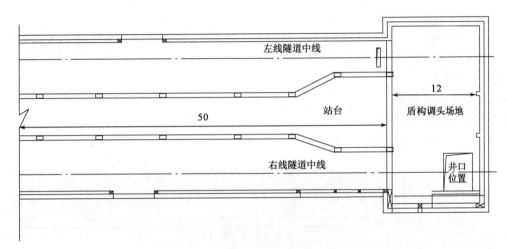

图5-21 玄武门站底板俯视图(尺寸单位:m)

(1)盾构到站接收

盾构的到达也称盾构到站或盾构接收。盾构的到达,是指在稳定地层的同时,将盾构沿设计线路推进到竖井边,然后从预留洞门处将盾构推进至竖井内接收架上。

①准备工作。

为保证盾构调头时,调头场地有足够的支撑面,在盾构调头井内铺设5mm厚的细砂及20mm厚的钢板,钢板间的接缝进行段焊,并保证接缝平整,有错台时进行打磨处理。

在调头场地内铺设临时轨道,将设备桥支撑架下井并移至玄武门站的站台后部备用。

利用80t汽车吊在调头井口进行反力架、钢负环的下井、拼装,并利用15t起道机平移反力架及钢环至调头场地后部定位,组装平移时应在反力架的前、后部加焊支撑,防止倾翻。

盾构主机的接收采用盾构始发时所使用的始发架,并且在始发架底部采用20mm厚的钢板进行焊接封闭,以保证盾构调头时底部有足够的支撑面,焊接时应保证焊缝平整,错台部位进行打磨。采用25t汽车吊将接收架下井,并用自制盘式轴承平移至隧道左线,检查并紧固接收架连接螺栓,确保连接螺栓完好。采用钢板或型钢垫平接收架,应确保垫层牢靠,对接收架进行精确定位,并进行复测。精确定位后,采用14号工字钢对接收架进行固定,固定支撑在站台一侧,洞门侧和预埋件焊接,同时将接收架轨道延伸至洞门内,并加固。

②盾构接收。

控制盾构姿态,避免损坏洞门环,脱离洞门密封前注浆要饱满,防止漏水。盾构进站时应低速推进。进站时及时在盾体前部耐磨层处垫4mm钢板进行支撑,防止耐磨层与轨道接触。检查接收架是否有位移、变形,若有变形及时加固或调整。盾构进站后,拆除四号拖车皮带机驱动装置。在前体、中体两侧各焊接顶升支座,焊接时确保对称、牢固。支座采用20mm厚的钢板制作,共4个,支座焊接加工误差为±3mm,支座底板保持水平。顶升支座示意图见图5-22。当主机完全进站后,用型钢将主机与接收架焊接为一体,便于整体起升。

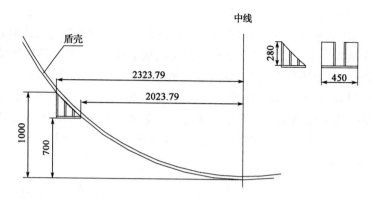

图 5-22 顶升支座示意图(尺寸单位:mm)

注:1.支座采用 20mm 钢板制作,共 4 个;2.支座焊接要确保坚固,焊缝打坡口,满焊;3.加工误差±3mm;4.安装保证精度,误差±3mm,支座底板保持水平

(2)盾构主机调头

盾构主机调头程序如下:

①设备桥中部焊接支撑架。

②用油缸分别将设备桥前部、后部顶升,并在支撑架底部安装 $\phi 50$ 的钢管,如图 5-23 所示。

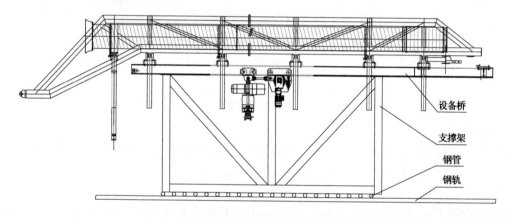

图 5-23 设备桥调头支撑示意图

③主机与后配套脱离(拆除管线和拖拉油缸),并后移后配套拖车至主机与后配套完全脱离。

④采用 4 根 150t 油缸将盾构顶升,接收架底部均匀安装自制盘式轴承(图 5-24),取出底部的垫块后将主机落至轴承上(主机顶升时注意油缸应保持同步,且应有专人指挥)。

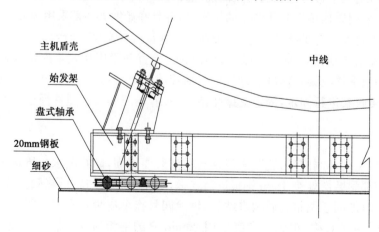

图 5-24 盘式轴承安装图

⑤在底板的钢板上焊接顶推支座,并用100t油缸及150t油缸将主机连同接收架平移至调头场地中部并进行调头,调头时注意防止螺旋输送机与车站结构及反力架发生干扰(图5-25)。

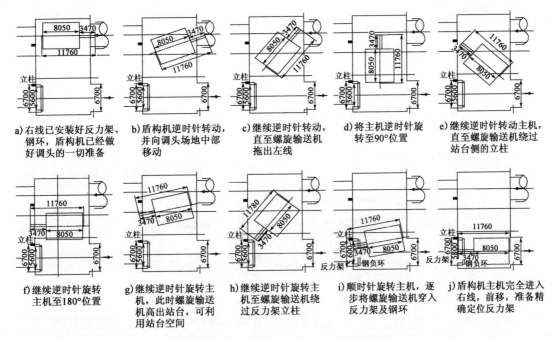

图5-25 主机调头示意图(尺寸单位:mm)

⑥主机调头后平移至隧道右线前部。

⑦采用4根150t油缸将盾构顶升,接收架底部用钢板或型钢支撑,进行精确定位,并将接收架轨线延伸至隧道内。

⑧将反力架和钢环精确定位并焊接反力支撑。

⑨盾尾刷均匀涂抹WR90油脂。备用注浆管及超前钻机管内填充WR90油脂。

(3)设备桥调头

①左线调头井铺设轨线,主机后部铺设轨线。

②将设备桥与后配套拖车脱离。

③拆解管片吊机轨道,拆除一号拖车后部的管片吊机控制柜及电缆卷筒并移至设备桥前部固定,以便于管片吊机接收时功能的恢复。

④采用10t倒链将设备桥前移至站台内,并在20~21轴之间进行调头(图5-26)。

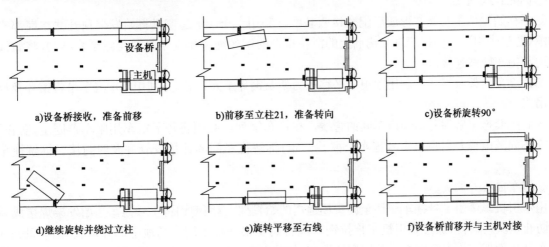

图5-26 设备桥调头示意图

⑤设备桥调头后前移并与主机对接。
⑥将设备桥支撑架前移并与设备桥对接,并拆除中部支撑。
⑦安装皮带机驱动装置。
⑧安装管片安装机控制柜及电缆卷筒。
⑨安装皮带并进行皮带的硫化。

(4)主机始发掘进

①安装延长管线。延长管线的连接从后配套拖车开始进行。由于洞门与22号立柱之间距离只有25m,延长管线较长,不易堆放。因此,应将后配套拖车后移40m,延长管线布置,如图5-27所示。

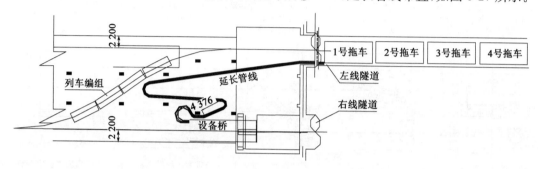

图 5-27 主机、设备桥始发状态示意图(尺寸单位:mm)

②盾构调试。盾构整机调试按出厂调试程序进行,总的原则是先单机调试,再整机联动。

③始发掘进。安装洞门密封并焊接防扭支撑,割除洞门钢筋并推进,向刀盘内装添3/4容积的土坯以便于快速建立土压,当刀盘推至距洞门700mm时,割除洞门最后一层钢筋,割除时必须保证迅速,割除并完全取出钢筋后,将刀盘推入洞门开始掘进。盾构沿始发架掘进时,推力尽可能小,刀盘油压不要超过12MPa。在始发掘进时,采用3列机车进行运输,机车布置在前部,第1列的编组形式为1辆牵引机车、1辆渣车、1辆管片车;第2列的编组形式为1辆牵引机车、1辆渣车、1辆管片车;第3列的编组形式为1辆牵引机车、1辆砂浆车。

(5)后配套调头及正常掘进

当始发掘进至53环时,进行后配套调头工作。程序如下:

①停机。
②拆除延长管线。
③拆除皮带及设备桥支撑架。
④拆除负环。
⑤拆除左线轨线。
⑥平移始发架至左线并形成后配套接收轨线。利用4个15t起道机将始发架顶升并在底部安装盘式轴承,通过牵引机车拖拉绕过结构墙上的滑轮拉点的钢丝绳将始发架平移至隧道左线,并将轨线延伸至洞内与拖车轨线连接。
⑦拆除反力架及钢环。利用起道机平移反力架及钢环至井口处,并利用80t汽车吊将钢环及反力架拆解吊出。
⑧后配套拖车解列并拆卸拖车间的管线。在拖车解列前必须将每节拖车用阻车器固定,防止溜车;拆解拖车间的电缆并回收至1号拖车上捆扎固定;拆解拖车间的连接胶管并及时封堵。拆解拖车间的拉杆。
⑨拖车前移并调头。

用牵引机车牵引1号拖车前移至调头场地内的始发架上;用型钢将1号拖车与始发架焊接成一个整体以防止调头时倾翻;通过牵引机车拖拉钢丝绳将始发架平移至调头场地中部并调头(图5-28);平移1号拖车及始发架至许玄区间右线并固定始发架;将始发架轨线与右线轨线连接,并将型钢割除;用机车将1号拖车拖入洞内并与设备桥对接。依此类推,将2号、3号、4号拖车调头后并对接。

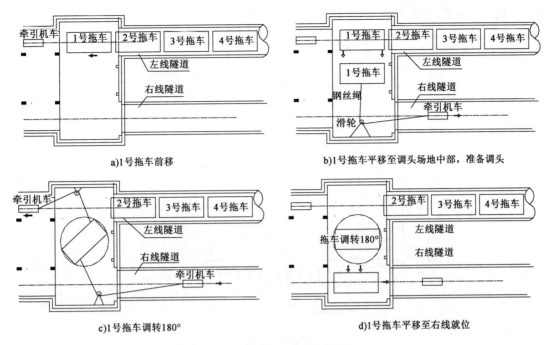

图 5-28 后配套拖车调头示意图

⑩后配套管线连接及整机调试掘进。将4号皮带机移至井口时,安装皮带机驱动装置;连接拖车间的电缆;连接拖车间的胶管;安装皮带并进行皮带的硫化。盾构整机调试按出厂调试程序进行,总的原则是先单机调试,再整机联动。调试完毕后进行正常掘进。

8)联络通道冷冻法施工

许玄区间联络通道采用"冻结临时加固土体,矿山法暗挖构筑"的施工方案。南京地铁一号线许府巷站—玄武门站区间隧道的联络通道位于两站之间,隧道中心标高为−7.347m,地面标高为+10.3m,隧道中心埋深17.647m。联络通道及泵站采取合并建造模式,既能保证上、下行隧道间的联络作用和必要时乘客的安全疏散,又起到地铁运营中两车站之间集、排水的作用。工程结构由联络通道和泵站组成。联络通道通过的土层主要为粉质黏土和淤泥质黏土,适宜采用"冻结临时加固土体,矿山法暗挖构筑"的施工方案。该工程从2003年4月1日开始钻进冻结孔,至6月29日永久结构构筑完毕,历时90d。

(1)冻结施工设计

①冻结帷幕设计。

a. 断面、荷载及冻土厚度。

联络通道冻结帷幕结构荷载如图5-29所示。

计算模型采用矩形刚架(冻结孔布置按矩形布置),设冻土帷幕(冻结壁)厚度为1.6m,实际通道开挖轮廓高为4.24m,宽3.20m,按超静定问题,根据变形谐调条件计算该结构内部的弯矩和轴力,进而求得截面内的压应力、拉应力和剪应力。

根据地质资料,地面标高为+10.3m,盾构中心埋深为17.647m,联络通道垂直水土压力(P)和侧向上、下压力(P_{cs}、P_{cx})按下式计算(由于冻胀,土体向上膨胀,上部土体产生被动土压力,上、下垂直土压力应相等):

$$P = \gamma H = \gamma(H_0 + H_x) \tag{5-6}$$

$$P_{cx} = \xi P \tag{5-7}$$

$$P_{cs} = \xi \gamma (H_0 - H_s) \tag{5-8}$$

式中:γ——土的重度,kN/m³,约为18kN/m³;

H、H_0——计算点的土的埋深,m;

H_x、H_s——联络通道下部、上部冻结管到联络通道中心线的距离,m;

ξ——侧压力系数,一般为 0.4~0.65,为安全考虑取 0.7。

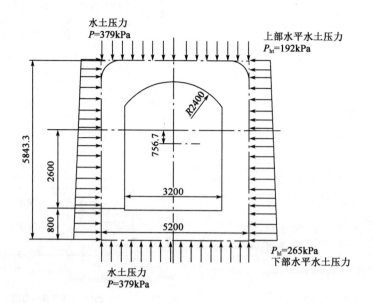

图 5-29 冻土帷幕受力简图(尺寸单位:mm)

将 $H_o=17.647$m,$H_x=3.2$m,$H_s=2.6433$m 分别代入式(5-6)~式(5-8)可得 $P=375$(kPa),$P_{cx}=263$(kPa),$P_{cs}=189$(kPa)。

计算得到联络通道中部冻土结构的弯矩及轴力列于表 5-6,并示于图 5-30 中。

联络通道中部冻土结构的弯矩及轴力   表 5-6

截面	1	2	3	4	5
弯矩 M(kN·m)	+545	−736	+67	−747	+533
轴力 N(kN)	626	985	985	985	700

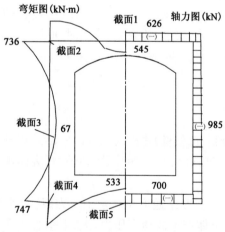

图 5-30 冻土结构各截面承受的弯矩及轴力

b. 强度校验、安全系数校验。

校验结果列于表 5-7,表中的安全系数 k 是由冻土强度与其相应的冻土结构相关位置的应力比值。由于联络通道断面的土层以灰色淤泥质黏土和砂质黏土为主,故冻土强度以冻土平均温度为−10℃时的淤泥质黏土强度为准,$\sigma_{压}=3.9$MPa,$\sigma_{拉}=1.9$MPa,$\tau_{剪}=1.6$MPa。从表 5-7 数据可见,各截面的压应力安全系数 $K_{压}>1.65$,拉应力安全系数 $K_{拉}>1.67$,剪应力安全系数 $K_{剪}>1.62$,安全。

c. 冻结孔的布置。

根据冻结帷幕设计及联络通道的结构,冻结孔按上仰、近水平、下俯三种角度布置。冻结孔数为 50 个。冻结孔的布置详见图 5-31。

联络通道中部冻土结构各截面安全系数   表 5-7

截面	1	2			3	4			5
应力类型	压	压	拉	剪	压	压	拉	剪	压
应力值(MPa)	1.667	2.341	1.109	0.985	0.772	2.367	1.135	0.985	1.866
安全系数 k	—	—	—	—	—	1.65	1.67	1.62	—

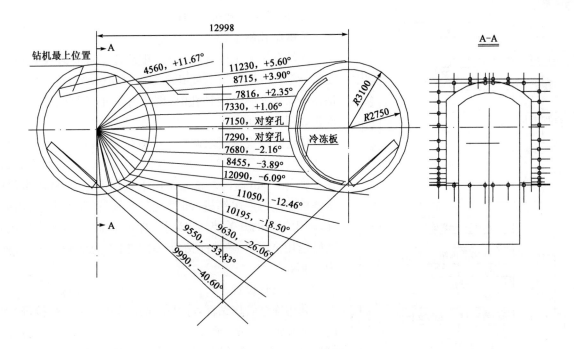

图 5-31 冻结孔布置图

注：1. 总计 50 个孔；其中对过隧道 6 个孔；2. 冻结管总长度为 460m。

②冻结设计。

a. 冻结参数确定。

设计盐水温度为 $-25 \sim -28$℃。

冻结孔单孔流量不小于 $4m^3/h$。

冻结孔终孔间距 $L_{max} \leqslant 1000mm$。

测温孔 8 个，测压孔 2 个，具体位置视现场情况而定。

b. 制冷量和冷冻机选型。

冻结制冷量由下式计算：

$$Q = 1.3\pi dHK \tag{5-9}$$

式中：H——冻结管总长度，取 $486+60=546(m)$；

d——冻结管直径，取 $0.089m$；

K——冻结管散热系数，取 $250kCal/h \cdot m^2$。

经计算 $Q=49615kCal/h$。

选用 YSLGF300Ⅱ型螺杆机组一台套，设计工况制冷量为 $87500kCal/h$，电机功率为 $125kW$。

c. 冻结系统辅助设备选择。

盐水循环泵选用 IS125-100～200 型 1 台，流量为 $200m^3/h$，电机功率为 $45kW$。

冷却水循环选用 IS125-100～200C 型 1 台，流量为 $120m^3/h$，电机功率为 $30kW$。冷却塔选用 NBL-50 型 2 台，补充新鲜水 $15m^3/h$。

d. 管路选择。

冻结管选用 $\phi 89 \times 8mm$，20 号低碳无缝钢管，丝扣连接加焊接（钻杆当冻结管）。

测温孔管选用 $\phi 32 \times 3mm$，20 号低碳无缝钢管。

供液管选用 1.5in 钢管，采用焊接连接，总长度约 800m。

盐水干管和集配液圈选用 $\phi 159 \times 6mm$ 无缝钢管。

冷却水管选用 $\phi 133 \times 4.5mm$ 无缝钢管。

(2) 冻结施工和永久结构施工
① 冻结孔施工。

冻结孔施工工序为：定位开孔及孔口管安装→孔口装置安装→钻孔→测量→封闭孔底部→打压试验。施工中的关键是如何保证在隧道内钻孔时，解决好漏水、涌砂的问题，施工流程如图5-32所示。

钻孔时按设计要求调整好钻机位置，并固定好，将钻头装入孔口装置内（图5-33），并将盘根轻压在盘根盒内，在孔口装置上接上1.5in阀门。首先采用干式钻进，当钻进不进尺时，从钻机上进行注水钻进，同时打开小阀门，观察出水、出砂情况，利用阀门的开关控制出浆量，保证地面安全，不出现沉降。钻机选用MK-5型锚杆钻机，钻机扭矩为2000N·m，推力为17kN。

② 冻结管设置。

利用冻结管作钻杆，冻结管采用丝扣连接加焊接，确保其同心度和强度，冻结管钻至设计深度后密封头部。钻好冻结管后，进行冻结管长度的复测，然后再用灯光经纬仪进行测斜并绘制钻孔偏斜图。冻结管长度和偏斜合格后再进行打压试漏，压力控制在0.8MPa（盐水循环时的压力≤0.4MPa），稳定30min压力无变化者为试压合格。

③ 冷冻站安装。

将冻结站设置在隧道内占地面积约60m²，站内设备主要包括冷冻机、盐水箱、盐水泵、清水泵、冷却塔及配电控制柜等。

管路用法兰连接，隧道内的盐水管用管架敷设在隧道管片斜坡上，以免影响隧道通行。在盐水管路和冷却水循环管路上要设置伸缩接头、阀门和测温仪、压力表、流量计等测试

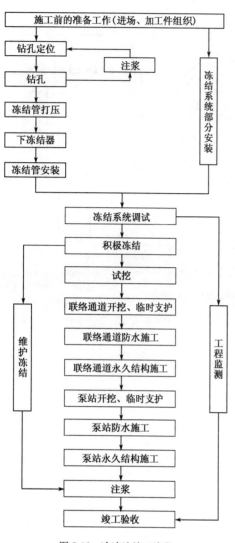

图5-32 冷冻法施工流程

元件。盐水管路经试漏、清洗后用聚苯乙烯泡沫塑料保温，保温厚度为50mm，保温层的外面用塑料薄膜包扎。集配液圈与冻结管的连接用高压胶管，每根冻结管的进出口各装阀门一个，以便控制流量。联络通道四周主冻结孔每两个一串联，其他冻结孔每三个一串联。

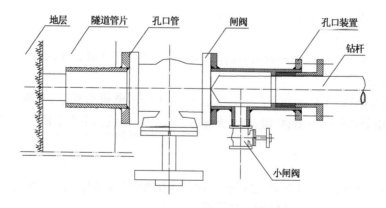

图5-33 冻结孔钻进示意图

冷冻机组的蒸发器及低温管路用棉絮保温，盐水箱和盐水干管用50mm厚的聚苯乙烯泡沫塑料板保温。

④积极冻结与维护冻结。

设备安装完毕后进行调试和试运转。在试运转时,要随时调节压力、温度等各状态参数,使机组在有关工艺规程和设备要求的技术参数条件下运行。在冻结过程中,定时检测盐水温度、盐水流量和冻土帷幕扩展情况,必要时调整冻结系统运行参数。冻结系统运转正常后进入积极冻结,即让冷冻机组满负荷运行。

在积极冻结过程中,要根据实测温度数据判断冻土帷幕是否交圈和达到设计厚度,当冻土达到设计要求后,再开探孔判断水文情况、试挖。正式开挖后,根据冻土帷幕的稳定性,可适当提高盐水温度,进入维护冻结,但盐水温度应低于−20℃。

⑤永久结构施工。

开挖掘进采用短段掘砌技术,开挖步距控制在0.5m左右,采用两次支护方式。第一次支护(临时支护)采用型钢支架加木背板,这样有效地控制了冻土的冷量损失和蠕变。第二次支护(永久支护)采用现浇钢筋混凝土。两层支护间安装EVA防水层。

为保证施工的安全,永久结构分两步做,即先做通道的开挖、临时支护、喷射混凝土、防水层、钢筋绑扎、稳模、浇灌混凝土,而后再做泵站的开挖、临时支护、喷射混凝土、防水层、钢筋绑扎、稳模、浇灌混凝土。

(3)冻结工程的监测

监测工作在所有冻结工程中有着极其重要的作用,联络通道更是如此,冻结帷幕是否达到设计要求及开挖时间的判断主要是依据监测数据进行综合分析得来的。

①冻结系统监测。

在去、回路盐水干管上安装热电偶传感器测量去、回路盐水温度。在去路盐水干管上安装流量计测量总盐水流量。安装热电偶温度传感器测量盐水回路温度。

②冻土帷幕监测。

a. 温度监测。通过设测温孔检测冻土帷幕温度。每个测温孔设3个测点,分别布置在靠近管片处和测温管中部。每天测量1次。温度量测用热电偶测温器精度为0.5℃。

b. 未冻土空隙水压力监测。通过在泄压管口安装压力表测量未冻土空隙水压力变化。每天测量1次。

③地表和隧道变形监测

a. 地表隆起与沉降监测。根据经验,冻结施工的影响范围约为联络通道附近20m的区域,在可能的情况下,最好对整个影响区域都进行地表隆起与沉降监测。地表监测时间从开始施工冻结孔起,到冻结壁融化结束、监测地表变形基本稳定为止。测量频度视地表变化速度及可能对地面结构造成影响的严重程度确定,变形速度越快,施工影响越大,则监测时间间隔越短。初步考虑在钻孔、冻结期间每周测量2~3次。

b. 隧道管片变形监测。隧道变形通过量测管片的水平和垂直位移来测定。监测范围为沿隧道40m。测点间距按3m考虑,在联络通道附近测点布置应加密。

(4)融沉处理

由于土层受冻后,土体膨胀,地层中的水分重新分布,当永久结构施工完毕后,停止了冻结,当冻土融化后,由于土体的扰动、土层中水分的重新分布会造成地表的沉降,而沉降的多少与冻结时间的长短、土层的特性有关,也与地面的荷载有关,特别当地面有动负荷时会造成较大的沉降,目前解决冻土融化后的沉降问题,主要是靠注浆。

(5)综述

为确保冻结法施工的安全可靠,除落实施工措施外,应加强工程监测,综合应用监测信息判断冻土维幕的闭合、冻结壁的厚度和强度。值得注意的是,施工中不得擅自调整施工工艺和随意降低冻土温度,不得随意减少冻结孔的数量和长度,以免导致冻土结构出现薄弱环节。冻结法施工后,由于冻土的解冻造成的融沉问题也应引起充分的重视。

冻结施工,一般在其他施工法很难达到围岩稳定的目的时采用。由于冻土强度及止水性较高,而且只要测定地中温度,就能确认冻土的形成状态等,所以只要进行良好的施工管理,便是一种可靠性很高的施工方法。冻结施工法有盐水方式(间接方式)和低温液化气方式(直接方式),但是,由于盾构工程冻结规模大,所以通常采用的是盐水方式。

采用冻结法加固围岩时,应注意以下几点:

①必须根据地中温度的测定来确定地层的冻结状态。隧道内气温高时,需要盐水循环设备及对冻结地面采取保冷措施。

②必须注意由冻结管损坏等引起的盐水泄漏。通常,冻结管铺设后进行耐压试验,开挖冻结管附近的冻土时,应在确认冻结管的位置后再进行。

③地下水的流动(流速在 1～5m/d 以上)会妨碍冻结的进行。地下水丰富且透水性好的砂及砂砾层中,要注意地下水流的存在。可根据情况采用化学加固方法来截断地下水,或降低其流速。

④冻土接触地中结构物时,地中结构物成了妨碍冻结的热源,所以必须研究地中结构物的冷却措施。另外,穿越河川、湖泊等的施工中使用冻结施工法时,必须研究河川底与冻土顶端之间的间距。

⑤冻土的强度随着温度下降而增大,但是围岩的含水率小时(10%以下),不可指望冻土会有较高的强度。另外,冻土的强度受土中含盐量的影响,所以滨海地区要注意。

⑥冻结时,地基会隆起、膨胀;解冻时,地基会下沉、收缩。隆起及下沉根据地基条件、冻结时间、冻结规模、解冻速度、荷载条件而异。一般来说,砂及砂砾层较小,黏土、粉砂、砂质粉土较大。对解冻产生的地表下沉,可采用循环温水强制解冻后,用化学加固等来填充空隙的强制解冻方式进行控制。

9)穿越龙蟠路隧道的地下连续墙

(1)地理位置

许府巷—南京站区间隧道掘进时,盾构需穿越龙蟠路隧道的连续墙。此工程位于南京火车站前,南京市东西主干道龙蟠路上,龙蟠路隧道西出口两侧,北依火车站前的公交车站广场,南邻玄武湖。

(2)龙蟠路隧道情况简介

龙蟠路隧道是南京市东西主干道龙蟠路在火车站前的地下通道,其地下连续墙最深 14m,盾构将 4 次穿越该隧道连续墙,龙蟠路隧道底板最低处离盾构隧道 3.5m。龙蟠路隧道本身属于一种类似"盖板"的特殊情况,自身结构对扰动及其他特殊情况发生时的稳定性不强。

(3)水文地质

根据补充地质勘探和原龙蟠路隧道施工的地质勘探报告,该处地质分为 7 个层次。

①填土层:顶部为路面,主要由沥青、石子、石块等组成;中部为压实路基,主要由黄色黏性土及石灰组成,含少量碎石,坚硬塑状,下部为素填土层,主要由青灰色软塑黏土及淤泥质土组成,含植根茎,局部含碎石、砖石。该土层全场分布,一般层厚 1.4m 左右,局部深达 5.50m,中上部人工填土层工程特性较好,下部素填土层工程特性较差。

②粉质黏土层:颜色较杂,一般为灰～青灰色,灰黄～黄褐色,局部含砂浆及铁锰质结核,呈饱和可塑状,该土层局部缺失,一般层厚 1.30m 左右,工程特性一般。

③粉土夹粉砂层:灰黄～灰色,含云母碎屑,具层理,一般表现为上部以灰黄～青灰色粉土为主,中部渐变为黄～青,灰色粉砂,下部以灰色粉土为主,但局部地段有变化,呈很湿、稍密状,局部中密。该土层仅个别孔缺失,一般层厚 1.10～2.00m,工程特性较差。

④粉砂层:灰～青灰色,局部为细砂,含较多云母碎屑,具层理,局部夹粉土薄层,个别孔见粉质黏土夹粉土透镜体,呈饱和中密状,该土层仅个别孔缺失,层厚变化较大,中偏低压缩性,工程特性一般。

⑤粉质黏土层:灰～青灰色,局部夹浅灰色黏土团块,呈饱和软塑～流塑状,局部为淤泥质土。该土层局部分布,层厚变化较大,高压缩性,强度低,工程特性较差。为本区主要的不良工程地质现象。

⑥粉质黏土层:灰～青灰色,灰黄～黄褐色,呈饱和可塑状,局部硬塑。该土层局部分布,中压缩性,强度较高,工程特性较好。

⑦残积土层:灰黄～褐黄色,主要由碎石土和黏性土组成。呈可塑状,向下碎石含量渐增,碎石粒径增大,局部见白色高岭土,为中性火成岩风化残积土。地下水主要是潜水,水位埋深1.5m左右,受玄武湖影响,地下水极为丰富。

(4)施工条件

场地狭小,交通繁忙,人流、车流量大,组织协调难度大;围护结构既要满足开挖和地下墙凿除期的基坑安全,又要满足盾构能通过;基坑开挖深,作业空间小,操作难度大;地下水丰富,距玄武湖近,水压大;地质差,易产生管涌现象;地下连续墙混凝土强度高,且钢筋密,难凿除;地下管线较多。

(5)施工方案

按照隧道穿过连续墙的位置分4个部分进行施工,每一部分为一个工作井,工作井围护采用$\phi 800@600$三重管旋喷桩止水帷幕进行围护止水。旋喷桩桩深:右线18m,左线16m。

支护形式:护壁加型钢支撑。工作井在标高2.75m以上采用20cm厚的C20钢筋混凝土护壁,下部采用30cm厚的C20混凝土护壁,靠连续墙一侧采用15cm钢筋混凝土护壁。连续墙凿除面及开挖时无支撑部位采用固结注浆。

(6)施工顺序

先开挖龙蟠路南端2个工作井,凿除完连续墙后进行回填。再转入龙蟠路北端进行施工。

(7)施工安排

①市政管线施工安排。在隧道两侧有平行隧道的地下管线,埋深在地下3m以内;在开挖第一层土时进行人工探管,结合现场情况进行改迁或保护。

②旋喷桩施工安排。旋喷桩的作用是围护止水。进场施工准备结束后,即进行旋喷桩施工,确保该工序结束后即能开挖。

③开挖与支撑施工安排。受场地限制,场内只作小型堆土场,内支撑在场外加工好运到场内堆放。开挖与支撑交替进行,开挖到位后马上立模浇筑混凝土,时间控制在8h内,以减少基坑变形。

④旋喷防水与钢筋混凝土破除施工安排。开挖到位后,先凿除外层500mm地下墙混凝土,之后视具体情况看是否需在工作竖井里对连续墙后的土体进行水平注浆加固处理,再分层破除地下墙混凝土,凿完后立即回填。

(8)施工机械

龙蟠路施工机械计划见表5-8。

龙蟠路施工机械计划   表5-8

序 号	名 称	规格型号	单 位	数 量
1	旋喷钻机		套	1
2	打气泵	1.1m³/min	台	6
3	蛙式打夯机		台	2
4	挖掘机	0.15m³	台	1
5	泥浆车	10t	台	3
6	电焊机		台	3
7	污水泵		台	3
8	注浆机	KBY-50170	台	1
9	灰浆搅拌机		台	1

(9)旋喷桩施工

旋喷桩(围护止水)$\phi 800@600$,采用三重管形式。

主要施工机具:XJ100型振动钻机、ACF-700型压浆车及配套设备、$\phi 42$旋喷管(喷口直径为3.2～24.0mm)、高压胶管(内径为19mm)。

施工要点如下:根据施工图纸规定的桩位进行放样定位,其中允许误差不得大于5cm。钻机或喷射机组就位后,应保证立轴或转盘与孔位中心对正,成孔偏斜率应不大于1.5%。

采用水射流成孔时,应采用低压(2MPa)水流将喷管送至施工图纸规定的孔深,经监理工程师检验合格后,方可进行高压喷射注浆施工。喷浆量按以下公式计算:

$$Q = \left(\frac{H}{V}\right)q(1+\beta) \tag{5-10}$$

式中:Q——单根桩灌注浆液用量,L;

H——旋喷长度,m;

V——旋喷管提升速度,m/min;

q——泵的排水浆量,L/min;

β——浆液损失系数,取0.1～0.2。

高压喷射注浆应自下而上进行,注浆过程中高压注浆设备的额定压力和注浆量应符合施工图纸要求,并确保管路系统的畅通和密封。水、浆均连续输送,水泥浆液的高压喷射作业不得停喷或中断。中间发生故障时,应停止提升和喷射以防桩体中断,同时立即进行检查排除故障,如发生浆液喷射不足,影响桩体的设计直径时,应进行复喷。工地一般故障为:喷嘴堵塞,其现象为泵压增高而不出浆;高压部分密封性能不好,连接处或旋转处漏浆、漏水,其现象为泵压达不到要求值。

水泥浆液应进行严格的过滤,防止喷射作业时堵塞。应按监理指示定期测试水泥浆液密度,浆液水灰比为1:1和1.5:1时,其相应浆液密度分别为$1.5g/cm^3$和$1.37g/cm^3$,当施工中浆液密度超出上述指标时,应立即停喷注,并调整至上述正常范围后,方可继续喷射。

因故停喷后重新恢复施工前,应将喷头下放30cm,采取重叠搭接喷射处理后,方可继续向上提升及喷射注浆,并应记录中断深度和时间。停机超过3h后,应对泵体输浆管中进行清洗后方可继续施工。

施工过程中,应经常检查泥浆(水)泵的压力、浆液流量、钻机转速、提升速度及耗浆量;当冒浆量超过注浆量20%或完全不冒浆时,应按规定及时进行处理。

施工过程中应根据监理指示采集冒浆试样,每种主要地层应取冒浆试件不少于6组。

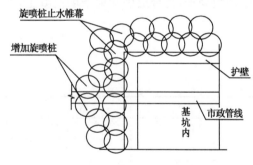

图5-34 管线处旋喷桩布置

喷射作业完成后,应连续将冒浆回灌至孔内,直到浆液面稳定为止。在黏土层或淤泥层内进行喷射时,不得将冒浆进行回灌。

旋喷完毕后,泥浆泵和高压泵应用清水洗净,各管路内不得有残余浆液和其他杂物。管拆下后采用清水冲洗,泥浆泵停止运转后,拆洗缸室和三通阀。损坏部件及时修理和更换,运转部分要涂抹黄油以利润滑和防锈。若遇管线,旋喷桩如图5-34布置,且采用复旋法加大旋喷桩直径,确保管线下旋喷桩相交。

(10)开挖与支护

本工程共分4个工作区域,开挖深度右线16.3m,左线14m,采用人工分层分段开挖,卷扬机加吊桶出土。开挖到位后分层凿除连续墙然后回填并恢复路面。护壁在标高2.75m以上采用20cm C20钢筋混凝土护壁,下部采用30cm C20混凝土护壁。

为方便施工,将每一工作井以横撑为界分成东西两段,各段按挖孔桩形式相对独立的组织施工,两段高差不得超过50cm。每段三个班,每班4人,井上两人负责提土、运土,井下两人负责挖土;每个井共24人,提升辘轳两幅,提土筒4只。

分层开挖时,在东西两端留集水坑,开挖时人为地将土挖成中间高两头低,以方便汇水,用污水泵往外抽水。基坑开挖见图5-35。

开挖时,工作井设活动盖板和活动雨棚,活动盖板采用2cm厚强度较高的竹胶板,目的是避免井外土掉入井内伤人。活动雨棚采用彩条布和$\phi50$钢管搭设,防止雨水进入井内。

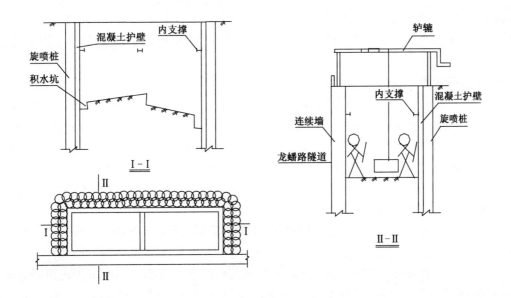

图 5-35 基坑开挖

内支撑施工时,钢支撑采用 I22b 工字钢焊制,每层 5 根,运到现场采用 20t 汽吊进行人工拼装,接头形式采用焊接。

每层内支撑采用 4 根 16 槽钢与上一层内支撑连接,见图 5-36。

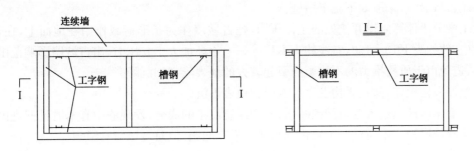

图 5-36 内支撑

内支撑安装施工要点如下:
①支点标高必须准确,确保支撑受力在同一水平面上。
②支撑可略短 1~2cm,安装后再用木楔填实,确保其均匀受力。
③支撑连接要满焊,确保焊接强度不小于母材。

内支撑拆除施工要点:支撑体系的拆除过程就是支撑的"倒换"过程,即把由型钢横撑所承受的侧压力转至回填土上。支撑拆除,先拆除竖向连接槽钢,后拆支撑,注意各个支撑应逐根拆除,避免瞬间应力释放。

(11)固结注浆

在以下地方采用固结注浆:
①开挖时无地下墙支护段,先注浆后开挖。
②破除地下墙前,在凿除混凝土外 1.5m 范围内,视情况是否采用固结注浆,以防掌子面出现涌水、涌泥造成龙蟠路及龙蟠路隧道的沉降。

(12)地下墙混凝土破除

地下墙混凝土采用风镐凿除,混凝土内的钢筋采用氧气—乙炔焰切割,由下向上分层进行,且凿除一层,检查一层,合格后即回填一层,分层厚度 20~50cm。

(13)回填

路面下 1.5m 以下采用优质黄土分层回填,分层厚 15~20cm;路面下 0.8~1.5m 之间采用 7%灰土夯填；路面下 0.8m 以上按道路结构层施工。

采用三班制，每班 8 人，黄土、灰土外购，用两台 15t 自卸汽车运输，现场设临时小型堆土场，满足 10～15m³ 土的堆放。

(14)施工监控量测

在竖井开挖过程中，土体应力状态的改变将导致竖井围护结构产生位移和变形，主要包括竖井结构及周围土体的侧向位移和竖向沉降，且竖井地段的饱和软塑～流塑状粉质黏土层，为高灵敏度、高压缩性地层，根据类似地层的施工经验，沉降及变形会较大，这些位移超出一定范围，必然对竖井围护结构和周围地下设施产生破坏，为保证施工期间竖井围护结构的安全，需要建立一套严密、科学的量测监控体系，全过程追踪竖井周边的变形情况，分析、判断、预测施工中可能出现的情况，确保竖井围护结构和周围地下管线始终处于安全稳定状态。

测点布设时坚持重点与一般结合、局部与整体结合的原则，形成一个能控制整个工程各关键部位的监测体系。

地表沉降点在旋喷桩围护结构外侧 1m 处沿竖井井壁及在竖井施工影响范围内沿竖井轴线按 5～10m 间距布设，根据经验，一般竖井开挖影响范围为 $1.5H～2.0H$（H 为竖井深度）；管线沉降点按 10m 间隔布置在管线上；竖井井圈沉降和竖井净空位移点在井圈四侧各布设一个；竖井净空位移测试每个竖井沿深度布设两组；龙蟠路隧道底板隆沉点沿盾构隧道轴线各布设一个。

10）重点及难点控制

(1)盾构穿越古城墙

盾构穿越古城墙时，采取如下施工措施：

①在施工中分段计算隧道开挖处的土体压力，把古城墙作为条形荷载作用在地面上，在进入古城墙影响范围时（左线约为 K13+160，右线约为 K13+129）逐渐加大土仓压力，出古城墙影响范围时，逐渐降低土仓压力，避免由于盾构推力的不均衡而引起较大的地表隆起和沉降。

②严格控制盾构操作，防止盾构发生后退引起地表下沉。

③为防止有木质桩基进入隧道开挖断面，密切注意渣土的成分，发现渣中有木屑且掘进困难时，由人仓进入土仓排除障碍物。木质桩对于盾构本身通过没有问题，但对古城墙有影响。

④利用同步注浆和二次补压浆填充盾尾与管片间的空隙，减少地层损失。

⑤加强监测，仔细测量古城墙的沉降量，及时反馈信息以指导盾构掘进施工。

(2)盾构通过玄武湖

①地质情况。

许府巷站—南京站区间玄武湖区段各土层分布情况自上而下依次为：①-3a_4 淤泥及淤泥质填土、②-1c_{2-3} 粉土、②-1d_4 粉砂夹细砂、②-2c_3 粉土、②-2b_4 淤泥质粉质黏土～粉质黏土、②-3b_{3-4} 粉质黏土、③-2-2b_{2-3} 粉质黏土。隧道通过的地层主要为②-2c_3 稍密粉土、②-2b_4 淤泥质粉质黏土～粉质黏土、②-3b_{3-4} 软～流塑粉质黏土、②-2d_{2-3} 中～稍密粉砂夹细砂、③-2-2b_{2-3} 可～软塑粉质黏土。其中稍密粉土和中～稍密粉砂夹细砂地层稳定性差，易坍塌，且为可液化土层，孔隙水非常丰富，透水性好。隧道上覆土层厚 8.8～12.8m，玄武湖区段隧道长 400m。该段围岩划为 I 类围岩，属极不稳定层，该段地下水富集。

②施工措施。

a. 及时调整土仓压力，确保土压平衡，保证开挖面土体稳定。

b. 当发生涌砂、涌水现象时，及时关闭螺旋输送机，将水堵在盾构外；同时向土仓中加入膨润土使渣土具有良好的流塑性，一方面起到堵水的作用，另一方面有利于渣土的排放。过玄武湖段实际施工中，由于土仓压力控制得较好，未发生涌砂、涌水现象。

c. 由于岩土分界线起伏较大，地层不均匀，掘进过程中要控制掘进速度，严格操作各分区的推进油缸，防止盾构掘进方向出现大的偏离。

d. 拼装管片时，严防盾构后退，确保正面土体稳定。

e. 及时进行同步注浆,使管片衬砌尽早支承地层,防止地层沉陷。

f. 在盾构掘进过程中要不断地对盾尾密封钢丝刷注入油脂,避免盾尾密封破坏。当盾尾发生渗漏现象时采取如下措施:用初凝时间较短(≤30s)的水泥~水玻璃浆液进行注浆,压浆范围在盾尾5~10m,针对渗漏部位集中进行压注盾尾油脂。本工程通过玄武湖时,由于有专人负责加注油脂,未发生渗漏现象。

g. 掘进过程中做好出渣量的记录,保证出渣量与掘进速度的一致,避免出渣量远大于掘进量而引起"冒顶"事故。

h. 掘进中根据地质情况,在距盾尾20~30环管片处,对其背部②-2c_3稍密粉土和②-2d_{2-3}中~稍密粉砂夹细砂地层进行径向注浆加固,防止该类地层液化。

11)到站掘进

到站掘进,指盾构到达车站端头井之前15m范围内的掘进。盾构掘进到达车站时必须准确通过预留洞门,虽然盾构配备有先进的测量导向系统及盾构姿态显示系统,但为了确保盾构顺利到站,在到站掘进前,进行一次全面的测量复核工作。测量工作不仅包括盾构状态的测量(隧道中线及标高的测量),还对车站预留洞门位置进行闭合测量复核(复测),测量无误后再进行掘进施工。此时盾构隧道中心与设计隧道中心有一定的偏差,按照实际的偏差拟定一条盾构掘进线路(拟合线),在到达阶段严格控制盾构姿态,使盾构顺利通过洞门而且隧道衬砌不超限。

到达掘进前对地层进行土体加固。

随着盾构的推进,盾构越来越接近车站,掘进过程中要严格控制盾构推力(土仓压力),降低推进速度和刀盘转速,保证车站结构的安全以及避免较大的地表沉降。到达步骤如下:

(1)拆除围护结构混凝土

盾构前端靠近洞门前,先凿除部分围护结构混凝土,并在围护结构上设一个直径为500mm的观测孔,观测盾构到达情况。当盾构前端靠上洞门混凝土时,停止盾构推进,尽可能掏空土仓内的泥土,然后人工凿除预留洞门范围内围护结构混凝土并割掉全部的钢筋。

(2)安装洞门密封装置

盾构进入预留洞门前,在外围刀盘和帘布橡胶板内侧(迎盾构侧)涂润滑油以免盾构刀盘挂破帘布橡胶板影响密封效果。当盾构刀盘进入洞门后将扇形压板置于外侧并用螺栓固定,起到防止泥水、浆液流失的作用,从而减少到达时的地层损失。当盾尾通过洞门后,不再调整扇形压板位置(因为拼装完洞门环管片后不再进行管片的拼装)。

(3)安装接收基座

采用始发架作接收基座。在人工凿除围护结构的同时安装盾构接收基座。接收基座的姿态(平面位置、标高)根据盾构的姿态来进行相应的调整。使得盾构平顺地推进到始发接收基座上,以免盾构进洞时拉损隧道管片衬砌以及损坏盾尾密封钢丝刷。

(4)拼装到达段管片

当隧道贯通后,一般还需要安装5~6环管片才能完成区间隧道的管片安装。同时这几环管片随着隧道贯通后,盾构前方没有了反推力,将造成管片与管片之间的环缝连接不紧密,容易漏水。在最后几环管片安装时,根据现场实际情况,要在刀盘前方的预定位置设置支挡,以防盾构刀盘向前滑动。

待盾尾离开洞口密封环后,迅速重新调整洞口扇形压板,用快速速凝的砂浆进行注浆,保证洞口的管片背衬注浆迅速凝结。

在最后几环管片安装时,为加强管片防水和防止管片背后的砂浆突然从洞口冒出,在完成每一环管片的向前推进和管片安装后,等待砂浆凝固2h后,再进行下一环管片的推进。

当盾构掘进到达段时,一方面,由于EPB模式中土压力的调节,盾构推进不能够提供足够的压缩力,管片与管片间的缝隙会比较大,给防水带来一段的困难;另一方面,盾构推进到接收基座时盾构的姿态与理想状态有一定的偏差,盾构移动到接收基座的过程会对已经拼装的管片产生影响;因此对到达段管片的拼装质量要求更高。拼装时要加强连接螺栓的复紧工序,将纵向螺栓尽可能的连接紧。在到达段用6

根[18槽钢将洞门处10环管片沿隧道纵向拉紧作为辅助的手段。管片拼装至洞门环为止。

(5)注浆防水

在盾构出洞时要加强同步注浆和二次注浆,尤其是在盾尾进入加固区后,调整二次注浆浆液的性状,采用快硬性浆液或聚氨酯材料充填管片与加固区刀盘开挖面之间的空隙,作为一道比较理想的临时防水措施。

(6)洞门施工

到达段洞门的施工要通过合理的组织,及时进行施作以免引起较大的地层损失。洞门的施工安排在盾构进入端头井进行调头、转场、拆卸施工时进行。

12)施工中采用的掘进参数

南京地铁TA15标施工中采用的掘进参数见表5-9。

南京地铁TA15标采用的掘进参数　　　　表5-9

掘进参数	始发阶段	黏土地层	砂性地层	到达阶段
刀盘转速(r/min)	0.75~0.8	1.45~1.55	0.95~1.05	0.75~0.8
螺旋输送机转速(r/min)	1~2.5	7~16	3~7	1~2.5
刀盘油压(MPa)	9~18	6~13	18.5~21	9~18
螺旋输送机油压(MPa)	10~14	8~13	4~8	9~16
推进速度(mm/min)	10以下	40~60	30~40	15以下
推进压力(MPa)	约10	约11	约11	约10
泡沫剂比例(%)	1.5	0.7	1.5	1.0
土仓上部压力(MPa)	0.2	0.22	0.23~0.24	0.18
注浆压力(MPa)	0.29~0.32	0.3~0.32	0.32~0.35	0.29~0.32

13)始发、到达段地表沉降控制

盾构始发时地表沉降的主要原因是洞口暴露的加固土体发生移动,洞圈周围泥水流失以及盾构土仓压力未与原地层土压平衡等;盾构到达段地表沉降的主要原因则是盾构到达纠偏引起上方土体下沉及临时封堵同步注浆的效果不佳。为减少始发、到达段的地表沉降量,首先,要严格控制地层加固的质量,使加固后的土体满足强度和渗透性的要求;其次,严格控制盾构的各项操作,减少洞门加固土体暴露的时间;再次,控制好盾构掘进参数,做好盾构由非土压平衡到土压平衡以及土压平衡到非土压平衡的转换;最后,要加强衬砌环壁后注浆及洞口处的多次注浆。也可以采用水硬性注浆材料,达到减少地层损失的目的。

5.7.2 斯多贝尔特海峡隧道

丹麦境内连接菲英岛、斯普罗岛与西兰岛的斯多贝尔特海峡连接工程,由两条盾构隧道和一座高架公路大桥组成,是丹麦历史上最大的土木工程,也是当前世界三大海底隧道工程之一。

1)工程概况

海峡连接工程全长18km,隧道长7.9km,其中盾构隧道长7.26km。两条盾构隧道中心间距为25m,两条隧道之间每隔250m设一条直径4.5m的横向通道,盾构隧道采用预制钢筋混凝土管片衬砌,管片内径为7.7m、外径为8.5m、宽1.65m、厚400mm,每环管片采用6+1形式拼装,横向通道采用球墨铸铁管片衬砌。海峡隧道工程总造价为31亿丹麦克朗(折合人民币约40亿元)。盾构隧道在海平面下75m处,该处海水深55m,隧道最浅覆土15m,地质为冰碛层与砂质冰碛互层,黏土相当硬结,局部泥灰质岩断裂很深,静水压力大。

2)盾构选型

斯多贝尔特海峡隧道采用4台土压平衡盾构进行施工,由于水压大于0.3MPa,因此采用了二级螺旋输送机。盾构的主要技术参数如表5-10所示。

盾构的主要技术参数 表 5-10

名　称	参　数	名　称	参　数
刀盘直径	8782mm	总推进力	96480kN
盾构长度	10700mm	一级螺旋输送机直径	1200mm
盾构重量	9800kN	一级螺旋输送机长度	12500mm
后配套重量	10350kN	一级螺旋输送机功率	600kW
切刀数量	188 把	一级螺旋输送机转速	0～22r/min
滚刀数量	64 把	二级螺旋输送机直径	1200mm
扩挖刀数量	4 把	二级螺旋输送机长度	7000mm
刀盘功率	2000kW	二级螺旋输送机功率	600kW
刀盘转速	0～2.5r/min	二级螺旋输送机转速	0～22r/min
刀盘扭矩	5900/15000kN·m	盾尾密封数	4 道
推进油缸行程	2220mm	盾尾密封压力	0.8MPa

3) 施工降水措施

(1) 降水目的

① 将隧道轴线处的地下水位降至气压 0.3MPa 以下,使得隧道作业人员能在 0.3MPa 的气压下带压进仓,进行刀具更换或维修。

② 改良土质,并减少横向通道施工中局部降水的需要。泥灰岩是一种软弱、密实的岩层,由于裂隙的存在,使它成为一个储水体。泥灰岩上方的冰积层的渗透系数较小,形成了一个很好的隔离海水和泥灰岩地下水的隔离层。

(2) 井点布置

井点共 6 组,隧道中点两边各有 3 组,每组井点由 5～8 个井点管和 1～3 个水位测压管组成。各井点管之间的间距为 125m,处于各横向通道之间的中间,井点管在隧道轴线两侧 35m 呈间隔布置。每组井点和水位测压管的动力和控制系统来自于一个浮动的锚固的平底船,该平底船上有柴油发动机和控制监控系统。数据通过半导体传输到达陆地上的控制室。个别地方由于冰碛层有裂缝式砂层与海水相通,使得这些地方的降水效果达不到预期的数值。

4) 盾构掘进

为使泥土在螺旋输送机中形成土塞,以抵抗高水压下的水土呈喷涌状态进入隧道,采用了两级式螺旋输送机。在冰碛层掘进时,为了改良土体,向刀盘或泥土仓注入膨润土(4%～5%)和 CMC 聚合物(0.2%～0.5%)等添加剂。

冰碛层中的漂砾对刀具磨损严重,每掘进 100～120m,就要人从人仓进入土仓在 0.3MPa 的气压下检修和更换刀具。

在盾构隧道贯通相距 30m 时,采用冻结法冻结两台盾构之间的地层,人工将冻土挖出。

(1) 掘进冰碛层注意事项

① 向刀盘和土仓注入添加剂。

② 掘进主要在半敞开模式下进行。

③ 在没有漂石时,尽可能提高推进速度,以保证螺旋输送机内充满土体。

④ 每推进 100～120m,更换一次刀具。

(2) 掘进泥灰岩注意事项

① 泥灰岩具有岩石的特性,一般可在开敞式模式下掘进。

② 在隧道的最低段,由于无法降水,为预防两节螺旋输送机发生喷涌现象,采取向土仓内加软泥和在第二节螺旋输送机端头加上一个泥浆泵的措施。泥浆泵的作用是在螺旋输送机不能形成土塞时,防止高

压地下水从螺旋输送机喷涌而进入隧道。

5)施工事故及处理措施

(1)密封失效事故

从西兰岛推进的两台盾构在分别掘进218m和264m后,发现螺旋输送机的润滑系统有土层污染现象,从斯普罗岛推进的两台盾构分别推进185m和169m后,也出现类似现象。4台盾构于1991年3月和4月先后停机检修螺旋输送机。修复措施为:安装新的轴承,重新设计密封系统,维修所有内啮合齿轮和驱动系统。直至1991年9月和1992年7月才恢复掘进。

(2)斯普罗岛盾构水淹事故

1991年10月14日晨,正当在维修Jutlandia号盾构的螺旋输送机时,在盾构的土仓和海水之间形成了一个水力通道,海水以极快的速度突然大量涌入隧道并流进相邻的另一条隧道,淹没了斯普罗岛的部分工地现场。处理措施为:通过潜水员用黏土覆盖Jutlandia号盾构上方的海水通道,抽除隧道内涌水,修复进水隧道。1992年7月恢复推进。

(3)西兰岛盾构刀盘修复

1992年1月,西兰岛盾构推进速度极慢,约需7h才能推进1环,从人仓进入工作面进行检查后,发现不仅刀具磨损严重,且刀盘也受到了损坏,需修复刀盘。处理措施:在黏土回填的基础上,用旋喷桩法对盾构正上方做了加固,再筑了一个直径2m、深21m的连通半岛和盾构刀盘的竖井,通过该竖井,进行刀盘修复工作。修复工作耗时9个月。施工步骤如下:

①将黏土覆盖层延伸至盾构上方。

②用旋喷桩加固盾构前方,加固范围为12m×12m×10m。

③盾构推进至旋喷加固区。

④用液氮冻结法加固盾构上方。

⑤在气压下用矿山法加固洞窟,待锚杆打入后再减少气压,再沿盾构周边注入聚氨酯。

⑥建造一直径2m的竖井。

⑦修复刀盘。

⑧回填洞窟。

⑨盾构继续推进。

6)横向通道施工

两条主隧道每隔250m设置一条横向通道,最前面两个横向通道和最后的两个横向通道位于主隧道挖填法施工区段,是箱形断面,用钢筋混凝土筑成。剩下的29个横向通道,采用厚135mm、内径4.5m的球墨铸铁管片作衬砌,管片间用螺栓联结。

①先用内径1.8m的铸铁管片筑成一个导洞,然后以5m为最小长度从径向扩大导洞,使之成为内径为4.5m的隧道。

②横向通道的地层采用三种处理方法:一种是降水处理,一种是注浆处理,一种是冻结处理。在特别困难的地层,三种方法一起采用。

③横向通道的两端设置了紧急门,以防海水从横向通道进入主通道。

④横向通道的注浆加固:大多数复合管片都设有孔用的套管装置,并使其保持适当的角度,以便进行地基改良,然后再进行横向通道隧道的开挖。

5.7.3 广州地铁2号线越三区间

1)工程概况

广州地铁2号线越—三区间盾构隧道工程由中铁隧道集团施工设计总承包,工程范围包括越秀公园站(后变更为体育大厦站)至广州火车站、广州火车站至三元里站两个区间双孔隧道及区间双孔隧道之间的二条联络通道/泵房,具体见表5-11。

广州地铁 2 号线越三区间工程范围   表 5-11

区间	工程名称		里程	长度(m)	备注
越秀公园—广州火车站	区间隧道	右线	YCK15+592.8～YCK16+500.1	907.3	
		左线	ZCK15+592.8～ZCK16+500.1	911.137	长链 3.837m
	左、右线间联络通道		YCK16+100	8.5	含泵房、检修井、集水管
广州火车站—三元里站	区间隧道	右线	YCK16+646.3～YCK17+694.5	1048.2	
		左线	ZCK16+648.9～ZCK17+694.6	1059.397	长链 13.797m
	左、右线间联络通道		YCK17+300	13.65	含泵房、检修井、集水管
区间隧道总长				3926.034	

注：联络通道里程为中心里程，长度为与区间隧道相交的最短距离。

区间隧道的纵剖面见图 5-37，两个区间左右线共有三组六段曲线，转弯半径分别为 600m、400m，曲线合计长度约 1939m，占线路全长 49.4%。两个区间均为"V"形坡，最大坡度为 3%，隧道上方覆土厚度最大约为 28m，最小约为 9m。整个工程自 2000 年 5 月 1 日开工，于 2002 年 2 月完成区间隧道施工，于 2002 年 5 月 15 日竣工。

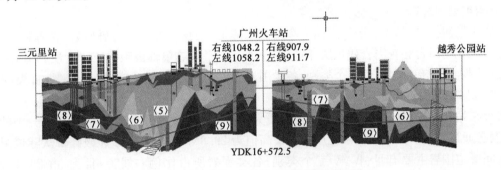

图 5-37　广州地铁 2 号线越三区间隧道纵剖面图

2) 工程地质及水文地质

(1) 工程地质

越秀公园 (体育大厦) 至广州火车站区间隧道 80% 的地段埋置于岩层中，仅有 20% 的洞体处在断裂带和土石混合层中。穿越地层大部分是强风化岩⟨7⟩及中风化岩⟨8⟩，及微风化岩⟨9⟩，有少部分为全风化岩⟨6⟩、残积土层⟨5-2⟩和断裂破碎带。

广州火车站至三元里区间隧道穿越地层大部分是中风化岩⟨8⟩、强风化岩⟨7⟩和微风化岩⟨9⟩，其次为全风化岩⟨6⟩和残积土层⟨5-2⟩。在洞身范围内，不稳定地层多分布于上部，稳定地层则多分布于隧道下部，基本呈上软下硬。

(2) 水文地质

本标段地下水主要为第四系孔隙水和基岩裂隙水两种。由于本标段发育有广从断裂和走马岗断裂，断裂破碎带富水性较好，施工时有突水现象发生。两个区间隧道地下水对混凝土均无侵蚀性。

(3) 施工环境

整个区间隧道的地表建筑物密集，地面交通繁忙，地下管线复杂，共穿越 135 栋建筑物，其中 4 层楼以上的建筑物 31 栋，最高为 7 层。整个区间隧道穿越的各种地下管线达 56 条。

3) 工程重点及难点

(1) 盾构穿越铁路车站轨道，对沉陷控制要求严格

区间隧道左右线在广州火车站—三元里区间约 180m 长度范围内穿越广州火车站站场 14 股轨道，且站内人行天桥桩基和邮电地下通道底板距隧道顶仅 9m。由于铁路行车密度大，对沉降要求严格 (轨面沉降≤10mm，两条钢轨沉降差≤4mm)。由于隧道上部覆土稳定性较差，如何在施工期控制地层沉降，并确保后期地层不固结沉降，确保铁路绝对安全，是本工程的难点。

(2) 盾构穿越断层破碎带、建筑群并需要切一根桩

在越秀公园(体育大厦)—广州火车站区间左右线隧道要穿越广从断裂破碎带,该断层带岩体破碎,由角砾和碎块岩组成,地层无自稳能力,且地下水富集,有突水涌泥的可能。

(3) 穿越软硬不均地层

在施工过程中,由于断面内岩层软硬不均,推力和扭矩变化较大,使盾构推进中的轴线控制和推进操作有相当大的难度。尤其是当软硬不均匀地层分布于曲线段和线路坡度较大洞段时,更加大了盾构掘进和轴线控制的难度。

(4) 盾构穿越线路曲线多

区间隧道曲线长度约占线路总长的49.4%,且隧道纵坡分段多,变化大,在竖曲线、平曲线和缓和曲线上施工,方向较难控制。

(5) 渣土粒径大,出渣困难

各种地层岩石与土体产生的渣土的粒径差异大、不均匀,可能造成出渣困难,影响螺旋输送机的使用效率。

4) 盾构选型

(1) 盾构类型的选择

根据岩土勘测报告,越秀公园—广州火车站区间隧道,洞身岩性主要为砾砂岩、含砾粉砂岩和砾岩,另有部分全风化花岗岩和花岗岩残积层;隧道洞身通过岩石天然单轴极限抗压强度最高值为44.6MPa。本区间隧道围岩主要有Ⅲ、Ⅳ、Ⅴ三个类别,各类围岩所占比例右线为:Ⅰ类,占5.85%;Ⅲ类,占39.2%;Ⅳ类,占1.22%;Ⅴ类,占53.8%。

广州火车站—三元里区间隧道洞身岩性主要为粉砂质泥岩及含砾粗砂岩,另有少部分细砂岩和粗砂岩,隧道洞身通过岩石天然单轴极限抗压强度最高值为29.8MPa,走马岗断裂破碎带从隧道洞身下方通过。本区间隧道围岩主要有Ⅲ、Ⅳ、Ⅴ三个类别,各类围岩所占比例右线为:Ⅲ类,占26.4%;Ⅳ类,占64.9%;Ⅴ类,占8.7%。

根据越三区间地质情况,地层含砂量大、有硬软互层、液限指数过大并含有砾石等,宜采用闭胸式的泥水盾构或土压平衡盾构。

土压平衡盾构,在粉砂和黏土含量少的地层开挖时,在充满腔室内的开挖土砂中添加制泥材料,然后通过机械强制搅拌,使开挖土砂泥土化,即增加其塑性、流动性和不透水性。由推进油缸推力对这些泥土加压,抵抗开挖面的水土压力使开挖面稳定,因此即使在坍塌性砂层,开挖面也是稳定的。此外,由于可以调节添加材料的浓度和剂量来适应砂土和黏土互层开挖的土质变化,所以,土压平衡盾构是最适用的。

土压平衡盾构开挖砾层时,要在土仓内的土砂中添加高浓度、高黏性的制泥材料并加以搅拌,使土仓内的土砂具有塑性、流动性和不透水性,通过泥土压力与开挖面土压力平衡来防止开挖面坍塌。在泥土加压式盾构上安装有预定最大砾径可以通过的螺旋输送机来处理大砾,所以,在开挖砾层时,土压平衡盾构也是很适应的。

根据岩土勘测报告,〈8〉、〈9〉岩层为稳定地层,越三区间约占50%,〈5-2〉土层、〈6〉、〈7〉地层和断裂带为不稳定地层约占50%,所以,应选用既能采用敞开式开挖稳定地层,又能采用闭胸式开挖不稳定地层的复合式土压平衡盾构。

根据广州越三区间的水文地质的情况,本标段构造裂隙和节理相对不发育,80%的地段埋置于岩层中,岩体大部分较完整,富水性较小,透水性较弱,可以选取具有敞开式开挖功能和土压平衡开挖的盾构;但同时本标段有20%的洞体处在断裂带和土石混合层中,广从断裂带和走马岗断裂带富水性较好,施工时有可能发生突水现象,地层属冲击层和洪积砂层,为灰白、灰黄色中、粗砂,饱和、松散~中密,属强透水层,透水率在10^{-6}~10^{-4}m/s之间,既可选用泥水盾构,也可选用土压平衡盾构。选用土压平衡盾构时,通过添加材料的辅助工法可以改善渣土的性状,能避免渣土从出料口喷涌的现象发生。

综上所述,本标段宜选用既能采用敞开式开挖稳定地层,又能采用闭胸式开挖不稳定地层的复合式

土压平衡盾构。根据越三区间的工程地质及水文地质特点和复杂的周边环境，本工程选用了2台德国海瑞克公司制造的ϕ6250mm复合式土压平衡盾构，其外形见图5-38。盾构均具有敞开式、半敞开式以及全闭胸的土压平衡式EPB式掘进模式，以适应硬岩地层、含水软岩以及软硬混合地层的掘进。同时，在EPB模式下，足够的土压平衡调节能力可有效地平衡周围土体的静水压力和土压力，保证开挖面的稳定。配合可靠的同步注浆系统，必要的二次补充注浆，以及后期地层注浆加固技术等辅助工法，可将地表隆陷控制在规定的范围之内，从而确保安全通过桩基群、广州火车站站场、广从断裂等特殊区段。

（2）主要技术参数

主要技术参数见表5-12。

图5-38　ϕ6250mm复合式土压平衡盾构

ϕ6250mm复合式土压平衡盾构主要技术参数　　　　表5-12

名　　称	参　　数
刀盘直径	6280mm
前盾直径	6250mm
中盾直径	6240mm
盾尾直径	6230mm
管片	外径6000mm，内径5400mm，宽度1500mm，管片数量5+1
刀盘驱动类型	液压驱动
刀盘功率	3×315kW
刀具	切刀64把，切刀16把，双刃滚刀14把，双刃中心滚刀6把，五环扩挖刀1把
刀盘开口率	28%
刀盘转速	0~6.1r/min
刀盘扭矩	最大扭矩4377kN·m，脱困扭矩5350kN·m
掘进速度	80mm/min
推进油缸	30根，行程2000mm
总推进力	34200kN
铰接油缸	14根，行程150mm，收缩力7340kN
螺旋输送机	直径900mm，功率315kW
盾尾密封数	三排钢丝刷
管片安装机	机械抓取式，起吊能力120kN

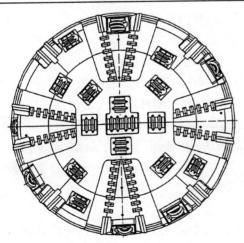

图5-39　ϕ6250mm土压平衡盾构刀

（3）刀盘的地质适应性分析

刀盘的结构及刀具布置如图5-39所示。刀盘采用面板式结构，开口率约为28%。刀盘开口的最大宽度为280mm，螺旋输送机能通过的最大砾石直径为300mm，从而保证了通过刀盘的石渣可以通过螺旋输送机。刀盘上安装了64把切刀，16把周边刮刀，14把双刃滚刀，6把双刃中心滚刀，1把五环扩挖刀。刀具均采用背装式，能从刀盘的背面进行更换。液压可伸缩式扩挖刀的行程为50mm，用于曲径开挖。

刀盘是根据广州的地质条件设计制造的，刀盘结构具有刀具（在安装滚刀的位置可以换装齿刀）的互换性和可更换性，能满足不同地层的掘进需要。在刀盘的圆周面、正面焊接有耐磨层，增强了刀盘的耐磨能力。

刀具在刀盘上的超前量较大,盘形滚刀的超前量为175mm,切刀的超前量为135mm。

可以将刀盘中心的双刃盘形滚刀更换为齿刀,以增加刀盘中心的开口率。

正滚刀的刀间距为100mm,边滚刀的刀间距为60～70mm。

滚刀的承载力为250kN,适应掘进的岩石抗压强度为20～120MPa。

滚刀的转动阻力矩小,在砂层中掘进时可以转动,以避免滚刀偏磨。

刀盘前部的中心部位,装有一个用于注入添加剂的旋转接头,同时设备本身配备了用于渣土改良的泡沫和膨润土注入系统。在刀盘的背面焊有四根搅拌棒,以用来进行充分的渣土改良和搅拌。

齿刀和切刀与刀盘之间的角度比较适合广州地层(约55°),同时所有切刀与盘形刀都可以从刀盘背面更换。

通过越三区间的掘进,已证明了刀盘的推力与扭矩足以满足广州地层需要,在掘进过程中,推力与扭矩一般只达到额定推力与扭矩的50%～60%。在施工后期,通过轻型盘形滚刀与中型滚刀的互换,进一步提高了刀盘的适应能力。

通过广州地铁2号线越三区间隧道的掘进实践,刀盘结构及刀具布置不太适应广州地铁的地质条件,仍需继续完善和改进。其一是刀盘中心的开口率相对较低,在掘进过程会形成泥饼,特别是在中心部位采用盘形滚刀的情况下,采用土压平衡模式掘进时。越三区间隧道施工后期,在刀盘的中心部位换装了齿刀后,刀盘中心结泥饼的问题基本得到了解决,主要原因是将滚刀换装成齿刀后增加了刀盘中心部位的开口率。其二是刀盘上的泡沫注入管偏少(盾构的泡沫注入系统共设计有7条注入管线,分别供刀盘和螺旋输送机),且位置不太合理,在土压平衡模式状态下掘进时,渣土改良效果欠佳,特别是刀盘中心部位和刀盘的边缘位置。其三是使用的轻型双刃盘形滚刀的滚动阻力矩小,在砂层中掘进时效果较好,但掘进比较坚硬的岩层时,轻型双刃盘形滚刀的适应性不是很好,在施工后期换装了中型盘形滚刀后,破岩效果较好。其四是盘形滚刀在采用气压平衡模式掘进时,容易被渣土包裹,从而易形成滚刀偏磨现象。其五是刀具的刀座设计不合理,很容易因掘进造成刀座变形或刀具脱落造成螺旋输送机损坏等事故。本工程完成后,对刀盘做了改进,刀具数量和布置做了较大调整,通过以后的3号线、4号线的实践证明,改进后的刀盘更能适应广州的地质。

5)掘进模式的选择

(1)掘进分段

根据盾构施工特点,将盾构掘进划分为三个阶段,即试掘进段、正常掘进段和到达掘进段。将盾构从三元里站始发后的右线300m、左线150m及广州火车站二次始发后50m作为试验掘进段,将盾构到达车站工作井前15m段作为到站掘进段,其余地段作为正常掘进段。

(2)掘进工况的选择

根据地质条件、地下水位和地层压力情况以及地表建筑物情况,以稳定工作面地层、有效控制地层沉降、确保地面建筑物安全为原则,选择敞开、半敞开和EPB模式三种盾构掘进工况。

①敞开式掘进模式。

在掌子面足够稳定并且涌水能够被控制时,采用"敞开式"掘进模式作业。

当洞身处于中风化岩⟨8⟩、微风化岩⟨9⟩等岩层中,且渗水量较小时,采用敞开式掘进模式作业。在敞开式掘进模式下开挖刀具破碎隧道掌子面的岩层,破碎的渣石通过刀盘上的开口进入土仓,通过位于土仓底部的螺旋输送机将渣土排出。

在敞开式掘进模式下,在土仓的底部,要有足够的岩渣供螺旋输送机出渣用,土仓的其他空间是空的。

在"敞开式"作业模式下,土仓通过螺旋输送机的卸料口与隧道相通。关闭卸料口,土仓将会在瞬间被压力封闭。当推进停止时,可以随时进入开挖仓而无须采取其他措施。

②半敞开式。

当洞身处于中风化岩⟨8⟩、微风化岩⟨9⟩岩层中,且含水水压为0.1～0.15MPa,掌子面可以稳定的地层中时,采用半敞开式掘进模式进行掘进。半敞开式作业时,隧道掘进速度近似于敞开式作业。位于刀盘和承压板之间的土仓一部分是岩渣,一部分为压缩空气。半敞开式作业的开挖和推进与敞开式作业基本一致。

半敞开式作业时,当土仓内气压≤0.1MPa时,不会发生螺旋输送机出渣喷涌现象;当0.1MPa≤土仓内气压≤0.15MPa时,可能会发生出渣喷涌现象,但可以控制。

③EPB模式。

EPB模式用于围岩不稳定、水压高、水量大的地层。采用EPB模式施工时,可以用泡沫系统改善渣土的塑流性。在EPB模式下工作时,要很好地控制螺旋输送机的转速和出渣量,以防止土仓中压力下降过大而造成地面下沉。

广州地铁2号线越三区间隧道施工时,以下地层采用EPB模式掘进。

a.洞身全断面或上部处于冲、洪积土层〈4〉,残积土层〈5〉,全风化岩〈6〉和强风化岩〈7〉等地层中。

b.洞身处于断裂构造带中。

c.当地层可能有较大涌水时。

从土压平衡状态向非土压平衡状态转换时,要逐渐减少平衡压力,同时加强观测,直至过渡到非土压平衡状态。当从非土压平衡状态向土压平衡转换时应逐步减少出渣量,同时加强观测来过渡,工况转换区段长度,按1.5～2.0倍洞径考虑。

(3)EPB模式下添加剂的注入

①泡沫注入。为了改善渣土的流动性,在掘进时需要加注泡沫。泡沫的膨胀比需控制在10之内。在土压平衡状态下泡沫需要量约为500L/m³。

②膨润土及黏土注入。盾构设计有膨润土注入系统,共有9条注入管线,供刀盘、盾壳和螺旋输送机。当隧道埋深较浅,且洞顶土层风化严重时,为控制地表沉降,可在盾壳上注入膨润土。当土仓中土流动性不好时,向开挖仓注入膨润土的比例为20%～30%。

6)始发隧道施工

始发隧道采用矿山法施工,由于三元里站端地层为中风化岩〈8〉号地层,施工用两层台阶法。架设钢支撑,超前管棚注浆。

7)联络通道/泵房施工

联络通道/泵房施工采用从地表增设竖井,从地面通过竖井(泵房位置)向两端施工,在盾构通过前除两端各2m外均需施工完毕,盾构通过后施工其余部分。施工采用暗挖矿山法,通道采用正台阶法非爆破开挖,复合式衬砌,二次衬砌(现浇混凝土)分两次完成。

8)洞门施工

掘进通过后选择适当时机,拆除洞门负环管片,按设计做好防水层后,现浇混凝土衬砌。

9)车站端头加固

根据三个车站地质情况及地面建筑物情况,需对越秀公园站左右线隧道端头,在隧道范围外径向2.0～3.0m,长5.0m范围,采用自钻式锚杆加固注浆。

10)隧道防水

隧道防水以高精度、高强度、高抗渗性的管片自防水和管片拼装缝的弹性密封垫为主,管片混凝土抗渗强度等级不小于S_{12},弹性密封垫采用遇水膨胀橡胶。拱部和底部衬砌内侧嵌缝充填水膨胀腻子作为辅助防水措施,并对洞门、联络通道接口钢管片、螺栓孔、注浆孔等作特殊防水、防腐处理,以保证建成的隧道不渗不漏。

11)盾构穿越广州火车站站场施工

广州地铁2号线广州火车站—三元里区间隧道为双洞单线隧道,两隧道净间距为12.6m。该区间隧道右线在YCK16+745.5～YCK16+910.5长165m区段穿越广州火车站站场的十四股轨道;左线ZCK16+768～ZCK16+925.5长157.5m区段穿越广州火车站站场的十四股轨道。区间隧道ZCK16+648～ZCK16+805为渡线。同时隧道要穿过四个站场下部的邮政通道和一个跨越站场的人行天桥。邮政通道距离区间隧道顶部的最近距离为4.2m,人行天桥的桩基距洞顶2.6m。因此要求地铁区间隧道在穿越车站站场时,必须采用切实可行的技术措施,有效地控制地层变形和防止地下水渗漏,确保地表沉降及其沉陷槽在可控的范围。

广州火车站站场所处地层情况从上至下依次为素填土、粉质黏性土、残积黏土、全风化岩石、中风化岩石、微风化岩石。

右线首先掘进,由于所处地层地质情况较好,地层变位并不明显。在右线开挖支护完成的基础上,开展左线隧道的掘进。由于左线隧道掘进将遇到〈5-2〉透镜体的薄弱夹层,隧道围岩变位迅速增加,相应的地表沉降也将加大。

(1) 施工原则

综合考虑该区间隧道的埋深、地质情况以及与火车站站场的空间关系,制定了本段隧道施工的指导思想,即"安全、连续、快速",并确立"模式正确、土压合理、防范失水、快速掘进、注浆充分、严密监测、快速反馈"的施工原则。

监控量测反馈系统建立两套模式:第一,与施工的反馈通过无线数据系统与施工决策部门建立通信网络,做到准确快捷;第二,与铁路运营部门建立通信热线,及时通报轨道及道床的沉降数据,同时了解列车进发动态。

(2) 施工方案

①优先考虑施工同步背衬注浆,必要时采用适当的及时补强注浆进行地层加固和地层稳固。

②通过对收集到的火车站站场地区地质资料的分析,要求在过站场之前,必须恢复同步注浆系统,并要求盾构具有超前注浆加固地层的能力。

(3) 施工措施

①在进入火车站站场前,全面检查盾构及后配套设备,如盾尾密封、铰接密封、注浆传感器、泡沫注入系统、刀具等,确保盾构在过站期间的正常工作。

②保证同步注浆的压力与注浆数量,确保注浆压力表的正常工作,注浆压力要维持在0.25MPa以上,且每一循环注浆量不宜少于4.5m³。

③在掘进模式选择方面,尽管盾构穿越微风化岩〈9〉号地层,但由于广州的地层复杂、地质状况变化多样。加上站场段为人工杂填土,失水时容易产生沉降变形,而且此变形不像隧道沉降槽变形可以提前预测。再加之站场下部的邮政通道是年久失修,稍不注意,极易因沉降产生裂缝,甚至损坏。因此在掘进时,应建立一定的土压,最少应保证土仓内的渣土盖住螺旋输送机进料口。宜采用半敞开模式进行掘进,仓内压力不小于0.08MPa。

④严格控制每一循环的出渣量、密切关注出渣渣土的物理性能。对于〈8〉、〈9〉号地层,每一循环的渣量不大于5.5车,〈7〉号地层,每一循环的渣量不大于4.5~5.5车,〈5-2〉、〈6〉号地层,每一循环的渣量不大于4~4.5车。如发现渣土比较稀时,要尽量使用泡沫提高渣土的止水能力,以实现半敞开式模式的掘进。

⑤地下水的流失,更加容易引起地层损失,使地表产生沉降。应密切关注作业面的出水量,一旦发现渣土太稀、水量偏大或工作面有地下水涌出,立即关闭螺旋输送机仓门,建立土压平衡模式。

⑥加强对铰接密封、盾尾密封、泡沫系统使用的检查,发现有涌水或砂浆露出等现象立即进行处理,防止因水的流失或砂浆流失,造成地层损失。

⑦土仓仓门和土仓压力要严格控制,任何人不得随意打开仓门。

⑧加强同步注浆,必要时,用风钻钻孔深不小于1.5m的孔,同时用40Be水玻璃与1:1的水泥净浆按照1:1的体积比,用0.2~0.3MPa的压力,进行补强注浆。

⑨尽量快速地通过火车站站场,如因特殊情况需长时间停机时,必须建立土压平衡,使渣土堆满整个土仓内。

⑩加强洞内和地表的监控量测工作,跟踪施工。

12)断裂带的施工

①及时调整土仓压力,确保土压平衡,保证开挖面土体稳定。

②掘进中向土仓添加泥水或泡沫,以改善渣土的塑流性,防止螺旋输送机堵塞或喷涌。

③及时进行同步注浆,使管片衬砌尽早支撑地层,控制地层沉陷。

④全天连续掘进,地表和建筑物连续监测。掘进中,根据地表沉陷监测情况,采取向洞身周围围岩径向注浆加固备用方案。

13)到站掘进

(1)施工措施

①对洞门的结构尺寸及中线位置进行复核,并对侵入洞门的围护桩、钢筋等结构物进行清除。

②为防止洞门岩体在盾构推力作用下发生坍塌,应对洞门的岩体作适当处理,在洞门岩面做 30cm 厚的素喷混凝土,并紧贴岩面制作以 $\phi 20$ 钢筋焊成 20cm×20cm 的钢筋网。施作时让钢筋接头朝向洞门外,以避免刀盘转动时钢筋进入刀盘。

(2)掘进参数

到站段尽量减小盾构掘进时对周围岩体的扰动影响,尽量减小推力、降低掘进速度。

土仓压力在距洞门距离大于 10m 时可保持与区间隧道掘进时一致的压力,在距洞门 5~10m 时需适当减小压力,在距洞门 2~5m 时将土压转换为相应的气压。在距洞门仅 2m 时减小土仓压力,小于 1m 时尽量排出土仓中的渣土,以使洞门岩面的渣土顺利进入土仓。

到站段采用的掘进参数见图 5-40。

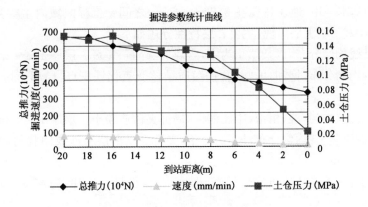

图 5-40 到站段施工采用的掘进参数

(3)管片衬砌背后注浆

为达到快速止水、尽快稳固管片衬砌的目的,在到站段的管片衬砌背后注浆选取胶凝时间短、早期强度高的浆液。注浆压力应小于区间隧道掘进时注浆压力,尤其在刀盘踞洞门岩体仅 2m 时,由于此时的油缸推力一般都很小,为防止管片下沉或出现错台,注浆压力必须进一步降低。注浆速度也应相应的随掘进速度的降低而减小。在刀盘从洞门出露后,注浆时要对洞门轮廓与盾壳之间进行防漏处理。

(4)掘进方向的调整与控制

为确保盾构准确贯通,提前对盾构姿态进行调整。在距站 50m 时,以工程地面导线点和水准点为基准,对盾构姿态作高精度的测量复核。在到站前 10m 完成对盾构姿态的调整。

在软弱地质情况下到站时,应考虑刀盘自重作用的影响,避免由于刀盘自重的作用,盾构前体发生下沉而导致贯通困难,可使盾构中线相对线路中线提高 5~20mm。

(5)管片安装

在到站段,由于盾构掘进时推力较小以及洞门岩体随盾构掘进逐步破除,推进油缸作用于管片上的力将减小,使管片之间的环缝不能紧贴,从而导致管片的环向止水条的止水效果不佳,同时也可能使管片由于油缸对其的作用力较小在自重的作用下而发生下沉或出现错台。为此,在拼装管片时要复紧所有的螺栓,尤其是纵向螺栓。必要时在螺栓手孔处用角钢进行连接加固处理,使到站段一定范围内的管片形成整体。

(6)地表监测

为确保到站段盾构掘进施工的安全,在施工的同时加强地表的隆陷情况的监测,并及时进行信息反馈,指导现场的施工。

5.7.4 上海地铁2号线西延伸工程2标

1)工程概况

(1)工程范围

上海地铁2号线西延伸工程2标段为威宁路站—古北路站。工程主要由一组双线单圆盾构区间隧道组成,区间隧道上行线1353.9m,下行线1296.75m,合计为2650.65m。主要附属工程有联络通道与泵房1座。

区间隧道共有二组平面曲线,其中第一组曲线半径下行线为1999.956m、上行线为1999.963m,而第二组曲线半径下行线为999.919m、上行线为1999.907m。左右线最大线间距(中轴线间距)为13.2m,最小线间距为12.0m。

区间隧道纵坡为"V"形坡。线路最大坡度为2.2‰,最小坡度为0.52‰。隧道顶部覆土厚度为6.7~14.3m,属中浅埋盾构隧道。

(2)工程地质

工程区域内地势基本平坦,地表高程在3.26~4.17m之间。工程区域内主要为河口滨海和滨海沼泽相地层,上部浅层有人工填土层出现,主要岩层特性分述如下:

①$_1$ 人工填土:沿线均匀分布,以杂填土为主,含煤屑、碎石、垃圾。层厚1.3~2.5m。

②$_1$ 褐黄色黏土:均匀分布,饱和,可塑,含铁锰质结核及氧化铁斑点,局部为粉质黏土。层厚0.8~2.5m。

②$_3$ 灰色黏质粉土:欠均匀,湿,稍密,中压缩性,局部夹砂质粉土。层厚1~3.3m。

③$_1$ 灰色淤泥质粉质黏土:均匀分布,饱和,流塑,夹有少量薄层粉沙或团状粉砂,欠均匀,层理紊乱,中压缩性,层厚0.9~5.0m。

③$_2$ 灰色黏质粉土:呈不连续分布,湿、稍密,尚均匀,含少量云母片,局部段夹砂质粉土,中压缩性,层厚0.5~3.5m。

④ 灰色淤泥质黏土:均匀分布,饱和,流塑,夹少量薄层粉砂,具水平层理,层底见贝壳碎层,常有沼气溢出,高压缩性,层厚6.5~10.5m,为隧道的主要组成地层之一,主要位于隧道的中上部。

⑤$_{1-1}$ 灰色黏土:均匀分布,饱和,软塑,含少量腐质根茎,高压缩性。层厚3.6~7.3m。是隧道的主要组成地层之一。

⑤$_{1-2}$ 灰色粉质黏土:均匀分布,饱和,软塑,含少量钙质结核及半腐质根茎,高压缩性。层厚大于2.2m。

⑤$_{3-1}$ 灰色粉质黏土:均匀分布,饱和,软塑~可塑,局部夹薄层粉沙,含少量腐殖物及钙质姜块,中压缩性,层厚大于2.2m。

隧道掘进范围内主要为灰色淤泥质黏土④层和灰色黏性土⑤$_{1-1}$层为主,土性较均匀;土质呈饱和~软流塑状,具有高压缩性,低透水性,是盾构掘进的良好地层,但由于其高含水量、大孔隙比和强度低等特点,又极易产生流变。土层的黏粒含量均大于10%,施工中不存在液化现象,但由于其高黏粒含量的特点,容易在刀盘产生泥饼。在古北路以西5个地质详勘探孔中有沼气溢出,喷出高度最大达11m,燃烧持续时间最长达20min,估计沼气溢出压力达1.7MPa。而根据提供的钻孔资料,该区段内各探孔的地层起伏变化不大,地层土质差异较小,因此从仅有个别孔沼气溢出可以说明,沼气在地层中呈不规则透镜体或在薄夹层中存在。

(3)水文地质

根据钻探揭示的地层结构,工程区域内受影响的地下水为潜水。补给来源主要为大气降水与城市人工活动排泄水,水位动态为气象型。

渗透系数参见表 5-13,从表中可以看出,除③$_2$ 黏质粉土层为中等透水外,其他各层渗透性均较弱。

地层渗透系数表　　　　　　　　　　　　　　　表 5-13

土层序号	土层名称	渗透系数	
		K_{V20}(m/s)	K_{H20}(m/s)
③$_1$	灰色淤泥质粉质黏土	2.17×10^{-9}	6.25×10^{-8}
③$_2$	灰色黏质粉土	1.72×10^{-6}	2.67×10^{-6}
④	灰色淤泥质黏土	1.18×10^{-9}	1.22×10^{-9}
⑤$_{1-2}$	灰色粉质黏土	4.05×10^{-9}	4.72×10^{-9}

(4) 地面建筑物及地下管线情况

隧道线路基本分布于与隧道线路平行的天山路路面下,下行线偶尔穿越天山路北侧人行道或部分临街建筑物。受影响的建筑物主要集中在天山路北侧。

根据调查资料显示,在本标段工程中,受盾构掘进影响的区域内管线设施密集,涉及种类较多,主要为给水、雨水、污水合流、煤气、信息、电力、路灯照明管线。这些管线按与隧道轴线平行和横交两类划分,其中沿天山路的管线属平行类管线,而其他管线主要属横交类管线。其中在芙蓉江路路口有一南北走向 $\phi 3600$ 的污水管道,管底埋深达 8.4m,是施工控制的重点。

2) 施工概述

上海地铁 2 号线西延伸工程 2 标段威宁路站—古北路站区间隧道采用一台土压平衡盾构施工。盾构自威宁路站始发(出洞),先行掘进下行线,在古北路站进行盾构调头后进入上行线进行第二次出洞,然后掘进上行线至威宁站后吊出、拆卸。盾构施工过程如图 5-41 所示。

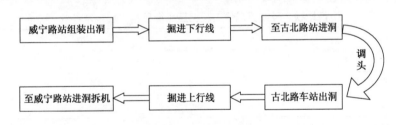

图 5-41　盾构施工过程示意

盾构隧道采用管片装配式单层衬砌结构,管片环宽 1.2m,通缝拼装,管片之间采用高弹性复合膨胀材料三元乙丙弹性橡胶密封圈,以获得高弹性和遇水膨胀的双重止水效果。

管片由上海市建筑构件制品公司制作和运输,为满足工程总体进度要求,共投入 6 套管片模具,左右转弯环模具各 1 套,标准模具 4 套,管片制作采用蒸汽养护以提高管片质量。

管片与围岩之间的环形间隙采用微膨胀可硬性水泥砂浆进行同步注浆回填,砂浆采用粉煤灰作填料,并添加一定量的具有膨胀与硬化性能的专用复合材料,以使管片背衬空隙充填密实,同时具有加固管片和增强防水的双重效果。

盾构区间隧道水平运输采用 24kg/m 钢轨铺设单线、25t 变频电力机车牵引重载大编组列车,使得每环掘进的进出料实现一组列车一次性运进(出),从而提高推进效率。垂直运输由 1 台 32t 门吊负责卸渣和所有进洞材料的供应。整个盾构施工过程采用监控量测跟踪,实施信息化施工,对掘进参数实施动态管理,以有效控制地层变形和确保施工安全。

3) 盾构选型

施工中采用了南京地铁 TA15 标使用过的土压平衡盾构,但刀盘及液压控制系统却采用了由中铁隧道集团公司制造的"863"盾构研发成果产品。采用的刀盘如图 5-42~图 5-45 所示。

图 5-42 刀盘在工厂制作

图 5-43 刀盘在工地组装(1)

图 5-44 刀盘在工地组装(2)

图 5-45 刀盘在工地组装(3)

盾构的主要技术参数如表 5-14 所示。

上海地铁 2 号线西延伸工程土压平衡盾构主要技术参数　　　　表 5-14

名　　称	参　　数
刀盘直径	6230mm
刀盘开挖直径	6420mm
盾构直径	6390mm
刀盘功率	2×315kW
刀具	中心齿刀 6 把,正齿刀 8 把,双刃滚刀 5 把,切刀 64 把,切刀 16 把,仿形刀 1 把
刀盘开口率	30%
刀盘转速	0～3.05r/min
刀盘扭矩	Ⅰ档 620kN·m/Ⅱ档 4377kN·m
掘进速度	6.0cm/min
推进油缸	32 根,行程 1900mm
总推进力	31650kN
螺旋输送机功率	160kW
盾尾密封数	三排钢丝刷

4) 刀盘研制

(1) 工程对象

根据国家"863"计划 2003AA420120 号课题任务合同书的要求,中铁隧道集团承担的课题任务之一是根据软土硬岩等不同的地质条件,自行研制具有较为宽泛的地质适应能力的盾构掘进机刀盘,并于 2004 年 12 月完成一个地铁标段的工业性试验。根据"863"课题任务合同书的要求,为使刀盘具有较为宽泛的地质适应能力,选择广州地铁 2 号线越三区间及上海地铁 2 号线西延伸工程威古区间作为参考工程对象。

广州地铁 2 号线越三区间的工程水文地质特征是全线有 2/3 以上的硬岩并且大部分位于隧道底部,而 50％左右的不稳定地层大都位于隧道拱部,隧道洞身地段一般地下水贫乏,但在岩石裂隙发育、全风化砾岩、基岩强风化带、中风化带以及断裂破碎带中含有一定量的地下水。

上海地铁 2 号线西延伸工程威古区间主要为灰色淤泥质黏土和灰色黏性土,土性较均匀;土质呈饱和～软流塑状,具有高压缩性、低透水性的特点。土层中的黏粒含量大于 10％,容易黏连刀盘,在刀盘上形成泥饼。

由于要求刀盘具有宽泛的地质适应性,既能适应类似于广州地铁 2 号线越三区间那样的硬岩及软岩交互地层,又能适应类似于上海地铁 2 号线西延伸工程威古区间那样的淤泥质黏土及黏性土,所以在进行刀盘的强度、刚度设计时,以广州地铁 2 号线的地质参数为依据,在设计渣土改良与排渣装置时,重点考虑上海地铁 2 号线的地质条件。

(2)刀盘的结构设计

刀盘的结构设计以广州地铁 2 号线越三区间及上海地铁 2 号线西延伸工程威古区间隧道的工程参数与地质参数作为依据。刀盘结构如图 5-46 所示,整个刀盘为焊接结构,在刀盘上焊接了安装各种刀具的刀座。刀盘和主驱动通过法兰盘连接,刀盘背面和法兰盘通过四根厚壁钢管焊接在一起,以传递足够的扭矩和推力。

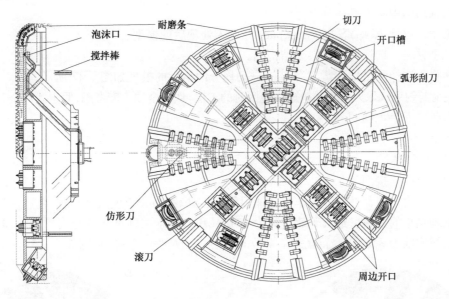

图 5-46 刀盘结构

刀盘结构件的直径为 6230mm,为适应广州及上海的双重地质,在广州施工时,开挖直径为 6280mm;在上海施工时,开挖直径为 6420mm。刀盘面板厚度 55mm,从法兰盘底面到刀盘面板高 1410mm,刀盘总质量约为 55t。

为了保证刀盘的整体结构强度和刚度,刀盘的结构采用焊接箱形结构。根据对刀盘设计模型在硬岩模式下对每个滚刀加载 250kN 荷载的有限元分析结果可知,刀盘的强度和刚度均满足要求。

刀盘的开口形式为对称分布的 8 个长条孔,结构形式利于渣土流动,开口尽量靠近刀盘的中心位置,以利于中心部位渣土的流动。刀盘的开口率根据安装的刀具类型不同而有所变化,当全部安装硬岩刀具时开口率为 28％,当安装齿刀时刀盘开口率可以达到 30％。

刀盘面板上共有 8 个泡沫注入口,其中在刀盘的中心设置有 4 个泡沫注入口。在刀盘的背面有 3 个泡沫注入口。泡沫注入口也可以用来加注膨润土和泥浆。

刀盘的周边设计了 3 条耐磨条,刀盘面板焊接格栅状耐磨材料,充分保证刀盘在硬岩掘进时的耐磨性能。

刀盘上的滚刀刀座和齿刀刀座相同,安装方式也相同,可以满足滚刀和齿刀的互换性要求。刀盘上可以安装不同类型的刀具以适应不同地层的开挖。

在上海地铁2号线西延伸工程威古区间施工时,安装切刀64把、双刃齿刀6把、单刃齿刀8把、双刃滚刀5把、周边刮刀16把和仿形刀1把。

在广州地铁等硬岩区施工时,在刀盘上安装切刀64把、双刃滚刀19把、周边刮刀16把和仿形刀1把。

(3)刀盘有限元计算

刀盘是盾构的掘削系统,具有开挖地层、稳定开挖面、搅拌渣土等功能,承受大扭矩、大推力和冲击载荷的作用,工作状况非常恶劣。为此,在采用类比法完成结构设计之后,有必要对刀盘结构的强度、刚度进行校核,并在此基础上进行结构的优化。通过有限元分析与结构优化的互动,可有效提高刀盘结构设计的整体水平与可信度。

采用 ANSYS Design Space 有限元分析软件对刀盘进行结构分析,过程如下:

① 简化处理模型。

a. 删除不影响结构强度的螺栓孔等特征。

b. 删除所有刀具。

c. 删除结构中的一些斜肋板。

d. 圆整三维结构中的尖点。

② 调入模型。运行 ANSYS Design Space 并调入处理后的模型。

③ 定义模型材料。选择模型材料为结构钢。

④ 划分网格。选择网格划分精度为100,自动划分网格后的模型如图5-47所示。

⑤ 施加载荷与约束。取刀盘驱动扭矩为脱困时的工况,从安全的角度考虑,假定载荷全部加于面板上。

a. 取轴向载荷 $F_a = 10000 \text{kN}$。

b. 取扭矩 $N_w = 5300 \text{kN} \cdot \text{m}$。

c. 取重力 $G = 540 \text{kN}$。

d. 固定中心支撑连接面。

⑥ 运行程序。由于刀盘在实际工作中转速很低,故选取静力分析模式运行程序。

⑦ 对后处理结果的分析。最大等效应力为164.4MPa,位于主轴承法兰与支撑钢管连接焊缝处。刀盘所用材料的屈服限为345MPa,屈服安全系数 $n_s = 2.1$,满足强度条件,见图5-48。

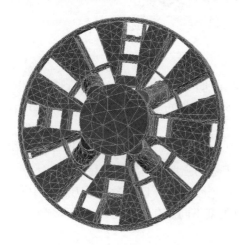

图 5-47 网格划分

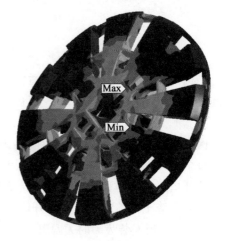

图 5-48 最大等效应力示意图

最大变形为3.87mm,见图5-49,位于超挖刀所在大圆环处,其相对变形量仅为0.02%,满足一般工程上所允许的刚度条件。

(4)刀盘制造

制造的刀盘为焊接结构,前部是安装刀具的焊接箱型结构,后部有法兰盘连接主驱动轴承,中间通过四根钢管支撑连接。刀盘的技术参数见表 5-15。

复合式刀盘主要技术参数　　　　　　　　　　　　表 5-15

刀盘直径(未安装刀具时)	6230mm	刀盘支撑结构形式	钢管焊接结构
刀盘最大切削直径	6420mm	刀盘开口率	30%
刀盘整体高度	1550mm	刀盘质量	55t
刀盘厚度	400mm		

(5)刀盘制造工艺

刀盘的主要制造工艺包括机械加工、焊接、热处理、装配等。

①关键零部件的加工。对于刀盘大圆环、法兰连接盘、刀盘支撑钢管、刀座箱体、刀盘中心支撑、刀盘面板等关键零部件的加工,有着各自的工艺流程与工艺要求,但其共同要求是采用数控火焰切割机下料、焊口刨边、采用 CO_2 气体保护焊、反复检查校正、对重要焊缝进行超声波探伤。

②刀盘组焊。刀盘组焊工艺流程如图 5-50 所示。

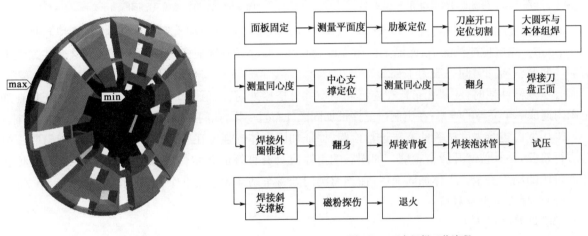

图 5-49　最大变形　　　　　　　　　　图 5-50　刀盘组焊工艺流程

③刀盘热处理。对刀盘进行焊后热处理是保证焊接工件质量的重要工序,通过热处理可以消除焊接内应力、改善组织、提高性能、保证使用过程中的结构稳定性。

采用的刀盘焊后热处理工艺参数如下:加热温度为 580~620℃;加热速度为 50℃/h;保温时间为 3.5h;冷却速度为 50℃/h。

5)刀盘的工业性试验

2004 年 7 月 15 日,中铁隧道集团研制的刀盘及刀具、液压系统用于上海地铁 2 号线进行工业试验。2005 月 3 月 26 日,上海地铁 2 号线西延伸工程盾构区间隧道成功贯通,实现连续掘进 2650.65m,平均月掘进 331m,最高月掘进 470m,达到了项目要求的各项指标(图 5-51)。这标志着中隧集团承担的国家"863"计划土压平衡盾构关键技术研究取得阶段性成果。

6)盾构法施工

(1)端头土体加固

区间隧道端头穿越的地层为淤泥质黏土层和黏土层,需进行端头土体加固,施工中采用了深层搅拌法。

加固范围为出洞端头纵向 6.0m,进洞端头纵向 3.5m,横向为隧道轮廓范围外 3m。采用双轴搅拌桩机施工,桩径为 700mm,间距为 500mm×500mm,梅花形布置;对于搅拌桩加固区和车站围护结构之间的加固盲区,采用分层劈裂注浆加固。

端头地质及加固断面范围详见图5-52。

图5-51 研制的刀盘成功用于上海地铁

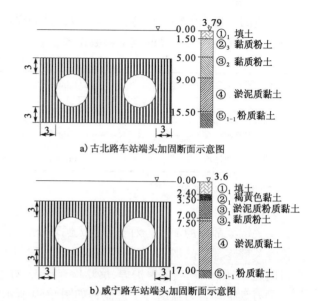

图5-52 端头井地质及加固断面示意图(尺寸单位:m)

深层搅拌加固时,严格控制水灰比,一般为0.45~0.55,充分拌和水泥浆,每次投料后拌和时间不得少于3min。深层搅拌桩的7d无侧限抗压强度为0.3~0.5MPa;浆液黏度为80~90s;双液浆在黏性土中劈裂注浆浆液凝固时间一般为1~2h。

分层双液注浆时,注浆孔布置在连续墙与搅拌桩搭接处,孔间距为0.8m,使注浆加固后的土体在加固范围内连成一个完整的帷幕;在出洞口搅拌桩加固区外布置一排,孔间距为1.0m,以保证有效加固范围。

采用取芯进行强度试验的方法进行检验,保证加固土体的强度在0.8MPa以上。每个洞门取一组岩芯进行检验,钻孔位避开隧道轮廓。加固后的土体应具有良好的防水性,以确保盾构在土压平衡状态未建立阶段的施工安全。土体加固完后,在预留洞门处将车站连续墙凿9个孔,透水量小于0.03m³/d。

(2)工程重难点及对策

①深埋管线段施工。

芙蓉路路口有一路南北向的合流污水管,管径为3600mm,在盾构施工影响区范围仅有一个窨井,井深9.2m,其管底深8.4m。由于这条管线埋深较深,盾构推进中如何控制对管线的影响,确保施工安全是本工程的重点。在施工过程中采用下列措施:

a.为了保证盾构安全、顺利的通过管线,在盾构进入管线影响范围内之前,对盾构及配套设施进行全面的检查和保养,确保在通过此管线时不出现因盾构故障而引起停机及地表沉降。

b.严格控制盾构掘进参数,减小地层沉降值。及时对环形空隙进行充填,并做好二次补压浆工作。

c.加强地面沉降监测,尤其是对管线分布点监测并及时分析评估施工对管线的影响,根据施工和变位情况调节观测的频率,及时反馈监测信息并指导施工。

d.在盾构进入管线重要影响范围内以前,以通过段所得到的地层变形实际监测结果为基础,再次对管线区内的地面沉降做出进一步预测,以准确反映实际情况并据此做出正确的管线保护方案。

e.在盾构到达雨污合流管影响范围内时,对地面情况进行巡视,一有异常及时通知值班工程师、主司机,以采取必要措施。

②局部存在沼气储气层。

地层中有沼气(有害气体)储气层,盾构推进穿越该层时如何防止有害气体的影响是本工程的重点,施工中采取如下对策:

a.盾构推进全过程采用光干涉型甲烷探测仪(AQG-Ⅰ型)对洞内气体进行全过程检测,并做好记录。

b. 加强施工通风,确保盾构掘进过程中隧道内送入新鲜空气。

c. 盾构施工过程中,严禁明火。

d. 在管片拼装前仔细检查止水条,确保管片止水条外表面的清洁。加强管片拼装质量控制,确保隧道防水效果的同时,防止土层内的气体通过管片接缝渗入隧道内,以确保隧道建成后运营的安全。

e. 配置地质钻机,必要时自地面打孔提前释放泄压。

7) 地表监测及沉降控制

盾构法隧道施工,会引起土层的扰动而导致不同程度的沉降与位移,通过对周围环境等的监测,掌握由盾构施工引起的周围地层和房屋沉降变化数据,分析出周围环境的变形规律和发展趋势,及时采取必要的技术措施改进施工工艺,将施工引起的环境变形减小到最低程度,确保盾构法施工隧道影响范围内的地下管线、建(构)筑物的安全;与此同时,隧道也会发生相应的变形和位移,必须加以监测,以确保盾构法隧道的结构免遭破坏。由于盾构穿越地层有沼气储气层的存在,因此在隧道掘进时进行了 CH_4 气体的监测与预报工作。

(1) 主要监测项目

上海地铁 2 号线西延伸 2 标施工开展的现场监测项目如下:

① 地表沉降和地下管线安全监测。

② 地面建筑物监测。

③ 隧道管片变形监测。

④ 盾构掘进过程有害气体监测。

测试仪器及量测频率见表 5-16。

上海地铁 2 号线西延伸段 Ⅱ 标监测项目表　　　　表 5-16

监测项目	监测仪器	频率
地面沉降	精密水准仪、铟钢尺	盾构前 20m,盾构尾 50m:1~2 次/d;盾构尾过 50m:1~2 次/周;基本稳定或盾构掘进完成后 1~2 次/月,直至竣工
建筑物沉降、倾斜、裂缝	精密水准仪、铟钢尺、经纬仪、测缝仪	
地下管线沉降	精密水准仪、铟钢尺	
隧道沉降、水平收敛	精密水准仪、铟钢尺、坑道收敛计	

(2) 监测基准值

依据经验、工程类比、结构计算结果及管线状况、材质,有关规范、规程和设计要求,制定了监控量测管理基准值,见表 5-17。

监控量测管理基准值　　　　表 5-17

监测项目	监测报警值(控制标准)(mm)		标准来源
	累计报警值	单次报警值	
地面隆陷	+10/-30	+3/-3	上海地铁技术标准
建筑物沉降	-30,差异沉降 1/800	+5	上海地铁技术标准及经验
地下管线安全监测	+10/-30	+3/-3	有关规范
隧道沉降与收敛	+30/-30	+5/-5	上海地铁技术标准及经验

(3) 测点布置

① 地表沉降和地下管线安全监测。地表沉降点沿隧道轴线按 5m 间距埋设,地表横向沉陷测点按 50m 间距埋设。沿区间隧道施工影响范围内(距隧道边线约 15m)的主要地下管线上方地表纵向每隔 30m 布置一个测点。

② 地面建筑物监测。在区间隧道两侧距隧道边线约 15m,特别是对隧道两侧 10m 范围内地面建筑物进行监测,测点主要布置在建筑物基础或承重柱上。

③ 隧道管片变形监测。隧道管片变形监测,含拱顶下沉测点与水平收敛测点等,管片变形测点布置见图 5-53。

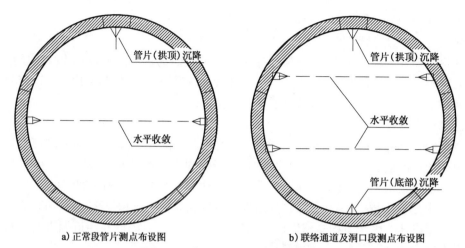

图 5-53 隧道沉降及水平收敛测点布置图

在盾构进出洞 50m 范围内、曲线段及联络通道处每 6m 布置 1 个测试断面,其他地段按 50m 间距布设测量断面。

④盾构掘进过程有害气体监测。用 AQG-1 型 CH_4 探测仪在螺旋输送机出渣口固定监测。

(4)盾构掘进监测结果及分析

①纵向地表沉降。

上海地铁西延伸工程 2 标,盾构主要在灰色淤泥质黏土中掘进,上行线地表沉降在 $-63.59 \sim +17.08$ mm 间,多数沉降稳定在 -30mm 左右,见图 5-54。

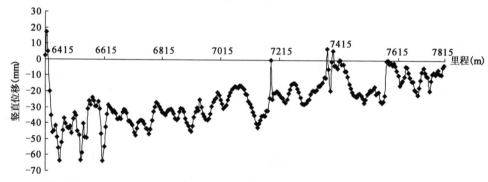

图 5-54 上行线地表沉降曲线

地表沉降最大的地段分布在威宁路站端头井附近及芙蓉江路附近。

威宁路站端头沉降较大的原因如下:其一是由于盾构进站时调整盾构姿态的需要,导致了地表的沉降过大;其二是由于附近给水管线的施工导致沉降过大;其三是地质勘探孔的冒浆导致地层损失。

芙蓉江路地段地表沉降较大主要是因为该地段的地质情况较差,多为流塑状黏土,流变性强,受扰动后沉降较大。

作为本工程施工重点的芙蓉江路下部的大型合流污水管线沉降控制较好,最大沉降量仅为 -27.16mm,对管线安全没有影响,主要取决于在盾构掘进至此管线下部时,采取了积极有效的施工措施,合理调整了注浆施工参数,控制了掘进速度。

下行线地表沉降变化在 $-53.3 \sim +11.4$mm 之间,多数沉降值稳定在 -30mm 左右,见图 5-55。

②地面建筑沉降。

地面建筑物的沉降比较小,控制在 $-25 \sim +3$mm 之间,详见图 5-56。

③管片沉降。

下行线管片沉降如图 5-57 所示,从图上可以看出,管片上浮最高达到了 81mm,远远大于设计允许值。管片上浮的主要原因是地层中有沼气储气层的存在。对管片上浮作了相应处理,采用了底部放浆,顶部注浆的措施。

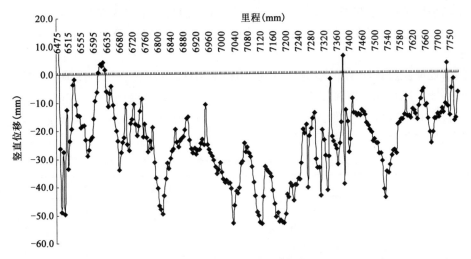

图 5-55　下行线地表沉降曲线

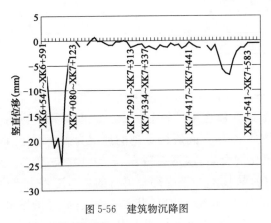

图 5-56　建筑物沉降图

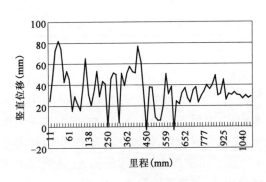

图 5-57　下行线管片上浮图

④地下管线沉降。

管线监测主要有煤气管线、大型合流污水管和给水管。煤气管线的沉降变化在−38.5～+1.87mm之间,最大沉降虽然达到了−38.5mm,但煤气管为钢管,仍然小于控制值。

合流污水管的沉降变化在−23～+1.86mm之间。

给水管沉降变化在−20.97～−8.01mm之间。

管线沉降控制较好,沉降规律与地表基本一致,在盾构掘进主要影响区内的管线沉降大,主要影响区外的沉降较小。

5.7.5　广州地铁4号线小新区间右线盾构隧道

1)工程概况

广州地铁4号线大学城专线小谷围站—新造站盾构区间工程位于整条线路的最南部,线路从新造站北端的明挖始发井向北经过曾边村、新广公路,下穿510m宽新造海、新造北岸、练溪村,最后到达小谷围站南端的吊出井,见图5-58。

小新区间盾构工程主要由一个明挖始发井段、两个盾构隧道区段和一段矿山法隧道构成,明挖始发井段长81.7m。右线盾构隧道长1417.3m,右线中间风井马蹄形矿山法隧道扩大段长38m,右线矿山法圆形隧道长181m,采用盾构拼装管片通过。左线盾构隧道长1598.3m,左线中间风井马蹄形矿山法隧道扩大段长38m。小新区间盾构工程的主要附属

图 5-58　广州地铁4号线小新区间工程位置

工程包括四个联络通道(一个与中间风井合建)、一个区间风井、一个废水泵房与八个洞门。区间隧道左右线间距为13.0m,隧道线路在平面上为直线。线路纵坡为"V"形坡,最大坡度为5‰,隧道覆土厚度在3~35m之间。

小新区间所处地貌属珠江三角洲河网交错的冲积平原区,其间夹有新造海河床,局部分布有侵蚀堆积成因的台间谷地。风化基岩埋深较浅,表层分布有坡积土层,新造海河床及局部低洼地段分布有软土。隧道通过地段自上而下为素填土、淤泥、淤泥质黏土、粉细砂、中粗砂、粉质黏土、砂质黏性土、全风化混合岩、强风化混合岩、中风化混合岩、微风化混合岩。小新区间右线隧道盾构穿越的地层见表5-18。

小新区间右线隧道洞身各地层围岩类别及渗水系数　　　　表5-18

地层编号	岩土名称	所占比例(%)	渗透系数
4—3	粉质黏土	0.95	2.3×10^{-7}m/s
5Z	砂质黏性土	17.15	2.3×10^{-7}m/s
6Z	全风化混合岩	11.12	2.3×10^{-7}m/s
7Z	强风化混合岩	47.64	6.9×10^{-6}m/s
8Z	中风化混合岩	9.49	1.0×10^{-5}m/s
9Z	微风化混合岩	13.65	1.0×10^{-5}m/s

2)盾构选型

根据欧美的盾构法施工经验,当地层的渗透系数大于10^{-4}m/s时,宜选用泥水盾构;当地层的渗透系数小于10^{-7}m/s时,宜选用土压平衡盾构;当地层的渗透系数在$10^{-7}\sim10^{-4}$m/s之间时,既可以选用泥水盾构,也可以在渣土改良的情况下选用土压平衡盾构。小新区间盾构穿越的地层为黏质黏土、砂质黏土、全风化混合岩、强风化混合岩、中风化混合岩、微风化混合岩,渗透系数在$2.3\times10^{-7}\sim1.0\times10^{-5}$m/s之间。不论是选用泥水盾构,还是选用土压平衡盾构,从技术上来说都是可行的。本工程由于受施工场地所限,如果选用泥水盾构,在场地占用,废弃泥水的处理、运输上均有很大的难度;从经济性来看,泥水盾构由于需要泥水输送系统和泥水分离站,设备的购置费用比土压平衡盾构高25%~35%,因此施工中选用了德国海瑞克公司制造的ϕ6250mm土压平衡盾构,其主要技术参数见表5-19。

广州地铁小新区间土压平衡盾构主要技术参数　　　　表5-19

系统名称	参数名称	技术参数
盾构	前盾直径	6250mm
	中盾直径	6240mm
	盾尾直径	6230mm
	盾构主机长	8.32m
	盾构及后配套总长	69.2m
	盾尾密封	4排钢丝刷
管片	管片内径	5400mm
	管片外径	6000mm
	管片宽度	1500mm
	管片数量	5+1
刀盘	开挖直径	6280mm
	开口率	31%
	刀盘开口槽	8个
	泡沫注入口	8个
	刀盘重量	560kN
	驱动功率	3×315kW
	转速	0~6r/min
	扭矩	4500kN·m;2000kN·m
	脱困扭矩	5400kN·m

续上表

系 统 名 称	参 数 名 称	技 术 参 数
刀具	中心滚刀(软土时换装双刃齿刀)	4把,17in(4把)
	单刃滚刀(软土时换装窄齿刀)	31把(31把)
	滚刀超前量	175mm
	齿刀超前量	140mm
	切刀	64把
	切刀超前量	140mm
	周边刮刀	16把
	超挖刀	1把,行程50mm
推进油缸	推进油缸数量	30个
	最大推力	34200kN
	最大推进速度	80mm/min
管片安装机	自由度数量	6个
	纵向移动	2000mm
	伸缩长度	1200mm
	旋转角度	±200°
	最大转速	0~2r/min
	功率	55kW
	提升力	120kN
螺旋输送机	功率	315kW
	长度	12290mm
	直径	900mm
	转速	0~22r/min
	最大扭矩	198kN·m
	输送能力	300m³/h
皮带输送机	功率	30kW
	长度	2×45m
	皮带宽度	800mm
	皮带速度	0~2.5m/s
同步注浆系统	注浆泵数量	2套
	注浆泵功率	30kW
	砂浆罐容量	6m³
加泥系统	功率	30kW
	注入能力	30m³/h
泡沫注入系统	功率	5kW
	注入能力	5~300L/min
	水泵功率	11kW
空气压缩机	功率	2×55kW
	空气压力	0.8MPa
	能力	10m³/min
电力系统	变压器容量	2000kV·A
	初级电压	10kV
	二级电压	400V

3)盾构功能简述

(1)刀盘驱动系统

刀盘有八个开口槽,开口率为31%,开挖直径为6.28m。由于小新区间既有硬岩,又有软土,在硬岩时使用滚刀进行破岩,刀盘上安装有中心滚刀 4 把,单刃滚刀 31 把,在软土层施工时,将滚刀卸下,在相应位置换装齿刀。刀盘上还安装有切刀 64 把,周边刮刀 16 把,超挖刀 1 把。盾构在转向时,可操作超挖刀油缸使超挖刀沿刀盘的径向方向向外伸出,从而扩大开挖直径,这样易于实现盾构的转向。刀盘上所有刀具都用螺栓连接,都可从刀盘后面的土仓中进行更换。刀盘采用 8 个液压马达驱动,其动力由拖车上 3 台 315kW 的电机驱动液压泵提供。刀盘的转速可以根据需要在 0～6r/min 范围内进行无级调节。

(2)推进系统

中盾内侧的周边位置装有 30 根推进油缸,推进油缸杆上安有撑靴,撑靴顶推在后面已安装好的管片上,通过控制油缸杆向后伸出可以提供给盾构向前的掘进力,30 根推进油缸按分为 5 组,掘进过程中,在操作室中可单独控制每组油缸的推力,以实现盾构左转、右转、抬头、低头或直行。中盾与盾尾通过 14 根铰接油缸连接,铰接结构有利于盾构的转向。

(3)出渣系统

出渣系统主要包括螺旋输送机和皮带输送机。土仓中的渣土由螺旋输送机运输到皮带输送机上,皮带输送机再将渣土运输至第 4 节拖车的尾部,然后落入停在轨道上的渣车内。装满渣土后,由电瓶车牵引运至竖井,由门吊吊至地面,并倒入弃渣坑中。

螺旋输送机安装于前盾的底部,上仰角为 23°。螺旋输送机内部为一个带轴的螺杆,螺旋片可伸缩。螺旋输送机的螺旋片分为两段,中间部分有一段没有螺旋片,这样有利于形成土塞,以防止渣土喷涌。

螺旋输送机有前后两个仓门,前仓门关闭可以使土仓和螺旋输送机隔断,后仓门可以在停止掘进或维修时关闭,在断电及紧急情况下,后仓门可由蓄能器储存的能量自动关闭。后仓门为双闸门结构,如果从螺旋输送机排出的渣土过稀,产生喷渣现象时,可通过该双闸门装置交替开合进行排土。螺旋输送机后仓门留有安装保压泵的法兰接口,在富水层到达之前,将皮带机移走,安装保压泵,保压泵直接将渣土排至渣车内运出,见图 5-59。

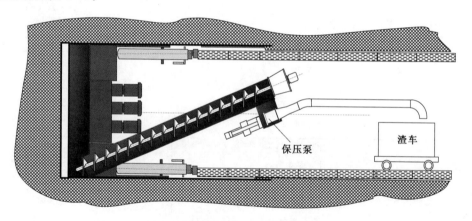

图 5-59 防止螺旋输送机喷涌的保压泵

(4)渣土改良系统

渣土改良系统通过向刀盘面、土仓或螺旋输送机内注入添加剂如泡沫、膨润土或聚合物等。利用刀盘的旋转搅拌、土仓搅拌装置搅拌或螺旋输送机旋转搅拌使添加剂与土渣混合。通过渣土改良,可以改善渣土塑流性,提高止水性,降低刀盘扭矩,减小刀盘刀具及螺旋输送机磨损,以及对掌子面止水的良好效果。小新区间使用的土压平衡盾构配置有泡沫系统、膨润土系统和聚合物系统等渣土改良设备。

①泡沫系统

泡沫及膨润土注入系统如图 5-60 所示。

泡沫系统通过螺杆泵泵送泡沫与一定比例的水混合,经过泡沫发生器,高压空气吹压发泡,产生大量的泡沫,通过管路输送到刀盘前面、土仓或螺旋输送机与渣土混合。泡沫具有如下优点:

a. 由于气泡的润滑效果,减少了渣土的内摩擦角,提高了渣土的流动性,从而减少了刀盘的扭矩,改善了盾构作业参数。

b. 减少渣土的渗透性,使整个开挖土传力均匀,工作面压力波动小,有利于调整土仓压力,保证盾构掘进姿态,控制地表沉降。

c. 减少黏土的黏性,有利于出土。

d. 泡沫无毒,在 2h 后可自行分解消失,对土壤环境无污染。

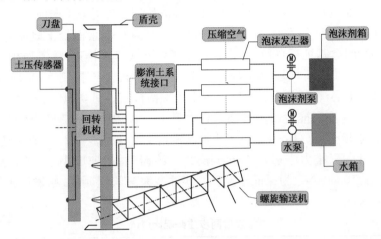

图 5-60　泡沫及膨润土系统示意图

泡沫系统主要包括泡沫剂罐、泡沫剂泵、水泵、溶液计量调节阀、空气剂量调节阀、液体流量计、气体流量计、泡沫发生器及连接管路。

泡沫剂泵将泡沫剂从泡沫剂罐中泵出,并与水泵泵出的水按盾构司机操作指令的比例混合形成溶液,控制系统是通过安装在水泵出水口处的液体流量计测量水泵出水的流量,并根据这一流量控制泡沫剂泵的输出量来完成这一混合比例指令的。混合溶液向前输送时,被分配输送到 4 条管路中,经过溶液剂量调节阀和液体流量计后,又被分别输送到 4 个泡沫发生器中,在泡沫发生器中与同时被输入的压缩空气混合产生泡沫,压缩空气进入泡沫发生器前也要先经过气体流量计和空气剂量调节阀。泡沫剂溶液和压缩空气也是按盾构司机操作指令的比例混合的,这一指令需通过盾构控制系统接收液体流量计和气体流量计的信息并控制空气剂量调节阀和溶液剂量调节阀来完成。最后,泡沫沿 4 条管路通过刀盘旋转接头,再通过刀盘上的开口,注入开挖室中。在控制室,操作人员也可以根据需要从 4 条管路中任意选择,向开挖室加入泡沫。

②膨润土系统。

膨润土系统包括膨润土箱、膨润土泵、气动膨润土管路控制阀及连接管路。膨润土系统与泡沫系统共用 1 套注入管路。

需要注入膨润土时,膨润土通过膨润土泵沿管路向前泵至盾体内,操作人员可根据需要,在控制室的操作控制台上,通过控制气动膨润土管路控制阀的开关,将膨润土加入到开挖室、泥土仓或螺旋输送机中。

③聚合物系统。

聚合物系统利用聚合物本身高析水性能,使渣土产生塑性,用于防止喷涌发生。该系统在高水压富水地层中防止渣、水喷涌发生方面效果较明显。用于铰接密封处及土仓。

4)盾构法施工

(1)盾构始发

盾构始发主要包括:掘进前地层加固、安装盾构始发基座、盾构组装、安装反力架、安装洞门密封、拼装负环管片、盾构试运转、洞门处理、盾构贯入作业面和掘进等。

盾构始发按下列次序进行:始发洞口的注浆补充加固→端头围护结构混凝土凿除(保留钢筋网)→始发台安装定位→盾构主机组装定位→反力架定位→负环钢管片安装定位→主机、后配套连接→盾构调试→负环管片安装→安装洞门密封→盾构空载推进→割除围护结构钢筋网→始发掘进→拆除反力架、负环管片。

在进行始发台、反力架和首环负环管片的定位时,为确保盾构始发姿态与隧道设计线形符合,始发前基座定位时,盾构轴线与隧道设计轴线应保持平行。为防止盾构低头,盾构中线比设计轴线适当抬高了 2cm。

盾构始发是盾壳在始发台上滑行,依靠盾构推进油缸作用在反力架上向前行走。小新区间盾构施工时,将前 100m 作为试掘进段。始发时,首先通过 800mm 厚的 C30 素混凝土地下连续墙,然后通过旋喷加固的洞门端头,在这个区段,地层自稳能力强,采用了敞开式模式推进;接着盾构进入 4.5m 长的袖阀管压密注浆加固区,盾构在这一区段推进时逐步建立了土压,土压控制在 0.15MPa 以内,推力小于 6000kN;然后进入原状土层,在原状土层中盾构按土压平衡模式掘进,土压力一般为 1.5MPa,刀盘转速为 1.6~1.8r/min,推进速度和推力逐步增加。其中第 10 环以内,掘进速度小于 20mm/min,推力小于 6000kN,泡沫剂用量为 40~45L/环,并根据渣土性状酌情加水;第 11~22 环,掘进速度小于 25mm/min,泡沫剂用量为 35~40L/环,推力小于 8000kN;第 23~70 环,掘进速度小于 30mm/min,泡沫剂用量为 30~35L/环,推力小于 10000kN。为保证始发后同步注浆浆液快速凝固,始发段采用水泥砂浆,水泥用量较大,其配比见表 5-20。

始发段同步注浆配比($1m^3$)　　　　　　　　　表 5-20

水泥	粉煤灰	膨润土	细砂	水
135kg	370kg	64kg	820kg	440kg

正常掘进时同步注浆液配比见表 5-21。

正常掘进时同步注浆配比($1m^3$)　　　　　　　　　表 5-21

水泥	粉煤灰	膨润土	细砂	水
120kg	381kg	54kg	779kg	465kg

(2)盾构掘进

盾构在完成 100m 试掘进后,进入正常掘进阶段。盾构在小新区间采用了三种掘进模式,分别是敞开式(OPEN)、半敞开式(SEMI-OPEN)和土压平衡式(EPB),三种掘进模式原理如图 5-61 所示。

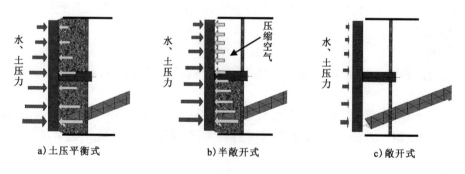

图 5-61　三种掘进模式原理图

①敞开式。该掘进模式类似于敞开式 TBM 掘进,盾构切削下来的渣土进入土仓内即刻被螺旋输送机排出,土仓内仅有极少量的渣土,土仓基本处于清空状态,掘进中刀盘和螺旋输送机所受反扭力较小。由于土仓内压力为大气压,故不能支撑开挖面地层和防止地下水渗入。在小新区间能够自稳、地下水少的地层多采用这种模式。

采用敞开模式掘进时,以滚刀破岩为主,采用高转速、低扭矩和适宜的螺旋输送机转速推进;同步注浆时浆液可能渗流到盾壳与周围岩体间的空隙甚至刀盘处,为避免此现象发生可采取适当增大浆液黏度、缩短浆液凝结时间、调整注浆压力、管片背后补充注浆等方法来解决。

②半敞开式。半敞开式又称为局部气压模式。掘进中土仓内的渣土未充满土仓,尚有一定的空间,通过向土仓内输入压缩空气与渣土共同支撑开挖面和防止地下水渗入。该掘进模式适用于具有一定自

稳能力和地下水压力不太高的地层,其防止地下水渗入的效果主要取决于压缩空气的压力,在小新区间过江地段及上软下硬地层施工时多采用这种模式。在上软下硬地层施工时以滚刀破岩为主破碎硬岩,以齿刀、切刀为主切削土层。在河底段掘进时,需要添加泡沫剂、聚合物、膨润土等改善渣土的止水性,以使土仓内的压力稳定平衡。

③土压平衡模式。土压平衡模式就是将刀盘切削下来的渣土充满土仓,并通过推进操作产生与土压力和水压力相平衡的土仓压力来稳定开挖面地层和防止地下水的渗入。该掘进模式主要通过控制盾构推进速度和螺旋输送机的排土量来产生压力,并通过测量土仓内的土压力来随时调整、控制盾构推进速度和螺旋输送机的转速。在小新区间的稳定性较差的软土和富水地层中采用这种模式。采用土压平衡模式时,以齿刀、切刀为主切削土层(硬岩地段则以滚刀破岩为主),以低转速、大扭矩推进。土仓内土压力值应略大于静水压力和地层土压力之和,在河底段掘进时,仍需要添加泡沫剂、聚合物、膨润土等改善渣土的止水性,并在螺旋输送机上安装止水保压装置,以使土仓内的压力稳定平衡。

(3)掘进方向的控制与调整

由于地层软硬不均、隧道曲线和坡度变化以及操作等因素的影响,盾构推进不可能完全按照设计的隧道轴线前进,而会产生一定的偏差。当这种偏差超过一定界限时就会使隧道衬砌侵限、盾尾间隙变小导致管片局部受力恶化,并造成地层损失增大而使地表沉降加大,施工中通过下列技术措施控制掘进方向和进行纠偏:一是采用SLS-T隧道自动导向系统和人工测量辅助进行盾构姿态监测;二是采用分区操作盾构推进油缸控制盾构掘进方向(图5-62)。本工程使用的盾构有30根推进油缸,推进油缸分为5组,每组6根油缸。通过调整每组油缸的不同推进速度来对盾构进行纠偏和调向。

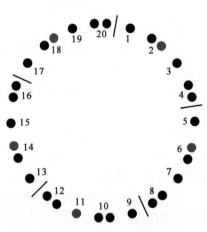

图5-62 推进油缸分区示意图

(4)渣土改良的主要技术措施

在小新区间混合岩硬塑状残积土和全、强、中风化混合岩的掘进中,采取分别向刀盘面和土仓内注入泡沫,必要时向螺旋输送机内注入泡沫的方法进行渣土改良,泡沫的注入量为每立方米渣土300~600L。在富水断层带和其他含水地层采用局部气压模式掘进及土压平衡模式掘进时,向刀盘面、土仓内和螺旋输送机内注入膨润土,并增加对螺旋输送机内注入的膨润土,以利于螺旋输送机形成土塞效应,防止喷涌。在砂土地层中掘进时,采取向刀盘面和土仓内注入泡沫的措施。

(5)防泥饼措施

在全风化岩、强风化岩、混合岩残积土和塑性黏土中掘进时,容易在刀盘特别是刀盘的中心部位产生泥饼。施工中采取的主要技术措施如下:盾构中心刀采用切刀,在到达这种地层之前把刀盘上的部分滚刀换成齿刀。刀盘前部中心部位布置有数个泡沫注入孔,在这种地层掘进时可以适量增加泡沫的注入量和选择比较大的泡沫加入比例,减小渣土的黏附性。

(6)穿越珠江段施工

新造海为珠江水系在广州番禺区的一条支流,江面宽510m,江水最大深度为17m以上,江底隧道最小覆土厚度为8.5m。2004年8月29日,小新区间右线盾构进入新造海底进行掘进,于11月14日通过新造海,过江历时79d。

在盾构到达新造海前,有一个4号联络通道,4号联络通道是与泵房合建的。由于开仓换刀远比带压进仓换刀安全方便,同时也为保证4号联络通道的施工安全,在4号联络通道位置采用垂直袖阀管注浆技术对隧道掌子面提前进行了加固,然后采用敞开方式,对盾构的刀具进行了一次全面检查和更换。加固范围为刀盘前方2.4m、后方1.2m、两侧各1.2m,竖向范围为盾构刀盘底部以下1m、刀盘顶部以上6m(图5-63)。注浆孔横、纵向间距均为1~1.2m,呈梅花形布置。注浆采用水泥—水玻璃双液浆,水灰比为0.8~1,水泥浆与水玻璃溶液体积比为1:1。

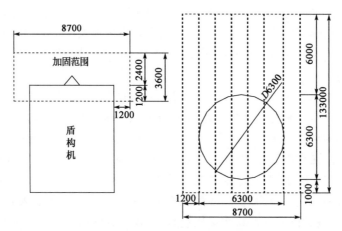

图 5-63 袖阀管注浆加固范围(尺寸单位:mm)

①过江段地质情况。

YDK22+864~YDK22+841(300~315 环)之间隧道顶部为强风化混合岩〈7Z〉地层、中下部为中风化混合岩〈8Z〉地层。

YDK22+841~YDK22+669(316~430 环)之间隧道顶部为全风化混合岩〈6Z〉地层、中下部为强风化混合岩〈7Z〉地层,其中 387~396 环隧道范围内下部有中风化混合岩〈8Z〉地层出现。

YDK22+669~YDK22+542(431~515 环)之间隧道顶部为强风化混合岩〈7Z〉地层、中部为中风化混合岩〈8Z〉地层,中下部到底部为微风化混合岩〈9Z〉地层,其中 387~396 环隧道范围内下部有中风化混合岩〈8Z〉地层出现。

YDK22+542~YDK22+503(516~540 环)之间隧道大范围以"V"字形状为砂质黏性土〈5Z-2〉地层、其隧道周边普遍为强风化混合岩〈7Z〉地层。

YDK22+503~YDK22+415(541~600 环)之间隧道顶部为强风化混合岩〈7Z〉地层、中部为中风化混合岩〈8Z〉地层,中下部到底部为微风化混合岩〈9Z〉地层,其中 387~396 环隧道范围内下部有中风化混合岩〈8Z〉地层出现。

YDK22+415~YDK22+363(601~635 环)之间隧道顶部为强风化混合岩〈7Z〉地层、中部为中风化混合岩〈8Z〉地层。

②过江段施工采用的掘进参数。

a. 硬岩段(〈8Z〉、〈9Z〉地层)。总推力:2.0×10^7 N;刀盘转速:2.0~2.3r/min;刀盘驱动:19.5MPa;掘进速度:15~25mm/min;土仓压力:0MPa;注浆量:6m³;注浆压力:0.3MPa;掘进模式:敞开式掘进。

b. 软岩段(砂质黏性土〈5Z〉、〈6Z〉、〈7Z〉地层)。总推力:1.35×10^7 N;刀盘转速:1.6~1.8r/min;刀盘驱动:18MPa;掘进速度:(不控制);土仓压力:0.18~0.22MPa;注浆量:5.5m³;注浆压力:0.38MPa;掘进模式:EPB 模式。

c. 上软下硬段(上部为〈6Z〉、〈7Z〉、中、下部〈8Z〉、〈9Z〉地层)。总推力:1.7×10^7 N;刀盘转速:1.6~2.0r/min;刀盘驱动:16.5MPa;掘进速度:25~40mm/min;土仓压力:0.12~0.15MPa;出渣量:注浆量:5.5m³;注浆压力:0.38MPa;掘进模式:半敞开式。

d. 上软下硬段兼有喷渣段(上部为〈6Z〉、〈7Z〉、中、下部〈8Z〉、〈9Z〉地层,且高压富水地段)。总推力:1.6×10^7 N;刀盘转速:1.6~1.9r/min;刀盘驱动:17MPa;掘进速度:25~35mm/min;土仓压力:0.15~0.2MPa;注浆量:5.5m³;注浆压力:0.35MPa;掘进模式:半敞开式。

③过江段施工控制要点。

施工过程中一直把出渣量的控制作为首要问题,出渣量一般控制在每环 68m³ 以内,掘进过程中尽量减少或避免大幅度的蛇行和纠偏。

土仓压力要按该掘进区间地段的地质、隧道埋深计算得出土压平衡式时的土压,在硬岩掘进时一般采用敞开式掘进,而遇到上软下硬地层,并且上部有塌方的可能时,要保持一定的平衡压力,这时就可用气压代替土压;在掘进软岩时(如 5Z 地层)最好保持一个比较稳定的土压进行掘进。

在掘进到硬岩地段或有探测孔时,地层赋水强,一般采用超前注浆孔放水或在已安装好的管片的后 4 环注入双液浆进行堵水。

在出现管片上浮迹象时,应及时根据上浮量调整盾构的姿态。调整同步注浆浆液的配比,保证注入的浆液能够起到作用,或在管片背后注入双液浆,及时填充管片背后的间隙。

5.7.6 深圳地铁 11 号线施工

深圳地铁 11 号线是深圳轨道交通线网中的一条西部快线,也是深圳目前里程最长,投资最多,施工最复杂的一条地铁线。线路起于深圳福田中心区福田枢纽,终点位于莞深交界以南(深圳侧)碧头站,正线全长 51.681km,采用盾构法和矿山法施工。深圳地铁 11 号线车公庙—红树湾区间段位于深圳市地铁 1 号线车公庙站西侧,起讫里程为 YCK3+428.13~YCK8+876.05,长 5447.92m,线路自东向西沿深南大道、白石路、白石四路行进。在区间中部设置盾构始发井兼轨排井,盾构区间长 3548m,采用 4 台 $\phi6.98$ 大直径盾构掘进。盾构所经区域的工程和水文地质条件、环境条件复杂,隧道不仅需要穿过人工填土,第四系冲洪积、坡(洪)积、残积黏性土,淤泥质黏土,砂土层,全、强、中至微风化花岗岩等地层,而且还会遇到断层、风化槽、球状风化花岗岩孤石、凸起的基岩等特殊地质。

1)工程概况

(1)工程地质条件

盾构隧道穿越地层种类繁多,地层岩性复杂,主要为砾质黏性土、全、强风化花岗岩及片麻状混合花岗岩,围岩等级以Ⅴ、Ⅵ级围岩为主。局部洞顶位于砂层或砾砂层内,局部底板位于中、微风化花岗岩中。部分区间存在高强度球状风化体和基岩凸起地层。车公庙—红树湾区间地层中,砾质黏性土的标贯值 N 约为 20.9,属中密;全风化花岗岩的 N 值约为 37.3,属密实;强风化花岗岩的 N 值平均约为 57.3,属极密。在全、强花岗风化岩残积土层中普遍发育微风化状风化球,天然抗压强度为 92.5~131.0MPa,平均值为 108MPa。另外,残积土颗粒成分具有"两头大,中间小"的特点,颗粒成分中,粗颗粒(>2.0mm)的组分及颗粒小的组分(<0.075mm)的含量较多,而介于其中的颗粒成分则较少。这种独特的组分使其既具有砂土的亦,亦具黏性土特征。

区间沿线的不良地质条件主要包括:沙土液化、软土震陷、人工填土(石)、残积土和风化岩、断层破碎带、膨胀性土、残积土层以及花岗岩风化岩中的风化球、岩脉、有害气体等。

(2)水文地质条件

区间隧道顶板基本在地下水位线下,区间范围地下水主要有上层滞水、第四系孔隙潜水、基岩裂隙水和构造裂隙水。上层滞水赋存于第四系人工填土层中;孔隙潜水含量少;基岩裂隙水和构造裂隙水主要赋存于基岩强~中等风化带和断裂构造带中。砂层主要被人工填土层及上层冲洪积黏土、粉质黏土层覆盖,局部地段被淤泥、淤泥质粉质黏土层覆盖,地下水略具承压性,最大承压水头一般为地表。第四系冲洪积砂层水量较丰富,具有中等~强透水性及中等~强富水性。地下水水位为 0.10~8.20m,水位高程为 2.75~6.65m。岩层裂隙水较发育,但广泛分布在粗粒花岗岩的中~强风化带、构造节理裂隙密集带及断层破碎带中。富水性因基岩裂隙发育程度、贯通度、与地表水源的连通性而变化,主要由大气降水、孔隙潜水补给,局部具有微承压性。

地下水对混凝土结构腐蚀性为弱~中等腐蚀性;在长期浸水环境下地下水对钢筋混凝土结构中钢筋的腐蚀性为弱腐蚀性。受地形地貌的控制,地下水径流总体上为由北东向南西方向往前海湾流动,垂直方向上主要为大气蒸发,同时考虑左右隧道分修时单侧进水,预估单个隧道涌水量为 2576.6m³/d,单位长度涌水量为 45.73~489.46m³/(d·m)。

(3)工程重难点

①高强度球状风化体区间掘进难度大。根据地质工程详勘报告,该区间在残积土层中普遍发育微风化球,其天然抗压强度为 92.5~131.0MPa,平均值为 108MPa;同时还存在因风化差异形成的中、微风化

岩块,近海部分的填海块石也在局部地段侵入隧道顶板。对于盾构掘进而言,孤石处理难度非常大,球状风化体的破除至今仍是盾构快速施工的难题。盾构通过微风化球孤石地段,施工非常困难。由于风化球单轴抗压强度非常高,与周围土体强度差异大,常在刀盘前面滚动,易造成刀具和刀盘的严重损坏(图 5-64),导致掘进困难、速度极慢;若采取措施不当,甚至可能造成长时间停机。

图 5-64 盾构穿越孤石地层刀具损坏现象
(非本工程照片)

高强度风化球的滚动还容易造成盾构姿态难以控制和盾构转向偏离隧道轴线,对地层的扰动变大,易引起地表沉降超限等问题。

②软弱不均等地层盾构掘进姿态难控制。该盾构区间隧道底板普遍存在基岩凸起、软硬不均等复合地层现象,在软硬不均等地层中掘进时,盾构姿态控制困难,工法转换频繁,对地层扰动大。同时工况转换频繁也会对地层产生扰动,造成较大的地表变形。本工程所遇到的复合地层具体表现在以下几方面:区间隧道穿越淤泥层,围岩稳定性差;区间隧道穿越人工堆积层,土性复杂,软硬不均,盾构掘进困难;区间隧道通过硬岩和微风化岩地层,盾构掘进难度大。

硬岩层的深孔预裂爆破虽有助于解决硬岩破除问题,但如果预裂爆破施作技术不到位,爆破后的粒径较大,遇到的问题几乎与球状体问题相同,而且由于开挖面严重破碎,对刀具的损坏(包括滚刀、刮刀和切刀)会更为严重,如图 5-65 所示。

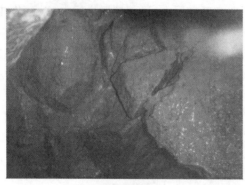

a) 验收爆破效果

b) 滚刀损坏现象

图 5-65 深孔预裂爆破

③黏性地层等易引起刀盘结泥饼和喷涌。区间隧道长距离通过黏性土层,对地层扰动大,易形成泥饼,对盾构造成损害。根据工程案例,即使在以砂层为主的地层中,只要存在黏粒成分并达到一定的比例,当渣土改良略有不足时即会产生泥饼。同时盾构在穿越富水断裂破碎带和富水饱和砂层等不良地层时,螺旋输送机易发生喷涌。

④区间隧道周边环境复杂,变形控制标准严格,施工技术要求高。在部分区段,隧道周边建构物密集、管线较多,同时与既有线隧道相交或者平行,对施工引起的地层变形要求严格,施工技术要求高。

⑤在有限距离内出现不同性质地层,刀具适应困难。区间穿越的地层既有中、微分化等硬岩,又有砾质黏性土、淤泥等软土,地层种类多、变化频繁,要求刀盘刀具设计能够适应各种地层。

⑥隧道区间较长,长距离掘进导致设备磨损。特别容易造成刀盘边刀、螺旋输送机叶片和筒体、盾尾密封等的磨损。

2) 大直径盾构适应性设计

盾构隧道修建成败的关键之一在于盾构的选型和设计是否与地质条件具有良好的适应性。如上所述,深圳地铁 11 号线 11301 标段的车公庙—红树湾区间地质情况复杂多变,软硬不均复合地层分布广泛,由于区间隧道较长且客车提速的需要,采用 $\phi 6.98$ 大直径盾构施工。根据以往深圳地铁工程情况,深

圳地区目前尚无 $\phi6.98$ 盾构掘进施工的工程实例和经验,因此根据地质条件与工程难点做好盾构针对性设计至关重要。

(1) 主驱动配置

由于上软下硬地层上部不能自稳,盾构必须采用平衡模式掘进,且硬岩层产生的块状渣土使渣土流动性差,刀盘搅拌需要较大的扭矩才能建立必要的土仓压力;硬岩掘进时贯入度较小,主要靠提高转速来获得较大的掘进速度;在全断面砂层及复合地层满仓掘进时,则需要较高的主驱动扭矩。

根据以往地铁工程经验,盾构的刀盘设计扭矩采用大功率设计,这样既可以在全断面微风化岩地层提供高转速(最高 3.6r/min),也可以在复合地层或砂层提供大扭矩,额定扭矩为 7806kN·m,脱困扭矩为 9757kN·m,扭矩系数确定为 23,从而可保证较大的扭矩储备。主驱动主要技术参数见表 5-22 所示。

盾构主驱动技术参数　　　　　　　　　　　　　　　　　表 5-22

项　目	参 数 列 表	项　目	参 数 列 表
驱动形式	电驱	脱困扭矩	9757kN·m
驱动组数量	7组	主轴承寿命	≥10000h
驱动总功率	1120kW	密封形式	唇形密封
额定转速	1.37r/min	内唇形密封数量	3道
最大转速	3.6r/min	外唇形密封数量	4道
额定扭矩	7806kN·m	密封最大承压能力	0.45MPa

(2) 刀盘刀具适应性设计

①刀盘开口率等设计。采用辐条+面板结构形式,设计足够的强度和刚度,可安装足够数量的刀具,又具有较大的开口率。刀盘开口率为 33%,中心开口率为 38%。开口在整个盘面均匀分布,中心部位设有足够的开口,且刀盘中心部位到周边的开口贯通。为确保渣土流动通畅,避免在砂质黏性土和全、强风化岩中掘进时产生泥饼,刀盘上设计有 6 个泡沫口,2 个膨润土口,以进行必要的渣土改良。

②刀盘刀具配置。刀盘配置 17in 中心双联 6 把,17in 单刃滚刀 38 把,共 50 刃,最外边滚刀有 2 把,该设计方案已在广州地铁三号线北延线同永嘉区间得到成功应用,在岩石强度 120MPa 的全断面花岗岩地层中,刀具寿命有明显提高。刀盘总体布置示意图如图 5-66 所示。

针对盾构施工过程中所遇到的高强度球状风化体等不良地层条件,根据相同贯入度条件下,刀间距越小,破岩能力越高,且当刀间距相同时,贯入度越大破岩能力越强的滚刀破岩机理,确定中心滚刀刀间距为 90mm,正滚刀最大刀间距为 80mm,最小刀间距为 75mm,以使刀具具有较强的破岩能力。在高出盾体的 4 把滚刀的保护下,可以减少更换边刀的次数。所有的滚刀均采用同一规格,边滚刀磨损后可换为正滚刀。同时为适应不同的地层需求,通过转换座即可实现滚刀和撕裂刀的互换。转换刀座示意图如图 5-67 所示。

图 5-66　刀盘总体布置图

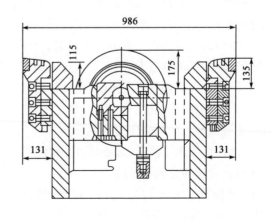

图 5-67　转换刀座示意图(尺寸单位:mm)

为适应盾构长距离曲线掘进,可采用加高边滚刀设计方案,加高后单边最大扩挖量可增加10mm,可行方案有两种:方案一,加厚L形垫块:对应5把边滚刀(38～43号),垫块依次加厚11mm、10mm、8.8mm、7.6mm、5.1mm;方案二,L形垫块下加垫片:对应5把边滚刀,垫片厚度分别与方案一中垫块增加的厚度相同。具体设计方案如图5-68所示。

③耐磨设计。根据广州台山核电站引水隧道深孔预裂爆破段掘进刮刀切刀碰撞掉落严重的案例,刀盘刮刀切刀的安装除了采用250mm宽的重型刀外(图5-69),安装螺栓数量增多,同时强化了刀具保护块的设计,避免遇到预裂爆破段掘进的刀具损坏。

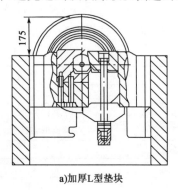
a)加厚L型垫块

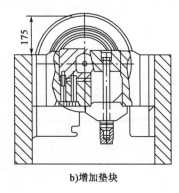
b)增加垫块

图5-68 边滚刀加高方案(尺寸单位:mm)

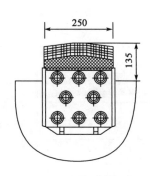

图5-69 重型刀示意图
(尺寸单位:mm)

(3)盾体设计

为适应盾构施工过程中所遇到的不良地质条件,盾体所采进行的针对性设计主要体现在以下几方面:

①采用被动铰接式盾体结构,为减小盾体在掘进过程中的阻力,盾体设计为梭形,前、中、尾直径分别为6950mm、6940mm、6930mm。

②尾盾注浆管采用内嵌式注浆管结构,有利于减小掘进过程中的阻力。

③设置3排尾刷,满足5MPa的工作要求。

④配置外插超前注浆管,可以在必要时进行超前地质处理。

⑤在土仓隔板上预留带压进仓必要的风水电通道。

(4)螺旋输送机设计

采用900mm内径轴式叶片螺旋输送机,最高转速为25r/min,最大通过粒径为350mm×530mm,最大扭矩为210kN·m,能够满足盾构在软硬不均等不良地层掘进时的排渣需求。

①高耐磨性设计。为保证螺旋输送机整体耐磨性能,以适应盾构在高强度球状风化体区间掘进时的出渣需求,在螺旋轴最易磨损的前端叶片上加装了复合耐磨钢块。同时螺旋输送机第一节筒体上设计有可更换的耐磨块(图5-70),当筒体磨损后,可以在洞内快速更换,提高筒体使用寿命。

②防喷涌设计。由于在地下水丰富、土层透水系数较高时,螺旋输送机内的渣土难以形成"土塞",发生喷涌现象的可能性较大,因此对盾构采用了如下的针对性设计:

a.盾构出土口设置2个闸门,交替开启以降低喷涌压力。

b.预留了膨润土和高分子聚合物注入接口,必要时可向土仓壁和螺旋机内注入膨润土或高分子聚合物,以缓解螺旋机的喷渣压力。

c.设置有保压泵接口,必要时可连接泥浆泵或泥浆管,缓解喷渣压力。

(5)复合式渣土改良系统

①单管单泵泡沫系统。为提高渣土改良的效果,泡沫系统采用6路单管单泵的方式,每路泡沫均可独立工作,不受土仓压力和管道阻力的影响,采用成熟的防堵塞设计。且渣土改良注入口采用整体背装式结构,便于洞内维修或更换,如图5-71所示。同时在刀盘面板喷口处加设防护盖,使添加剂改

变喷出线路,沿着刀盘径向喷出,最大限度地减少出口管路被土体堵塞的可能。发泡方式由原来的管路中混合直接发泡变为在混合箱充分混合后由泡沫泵泵送发泡,在不增加泡沫消耗量的条件下,发泡效果更好。

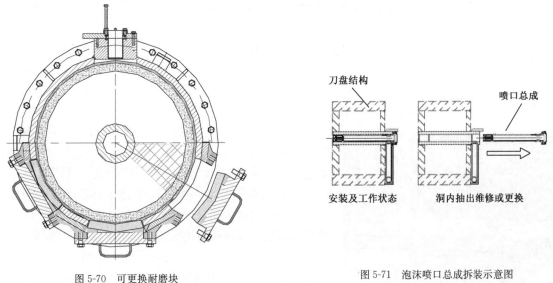

图 5-70　可更换耐磨块　　　　　　　　　图 5-71　泡沫喷口总成拆装示意图

②膨润土系统。膨润土系统包括膨润土洞外膨化装置及大流量膨润土泵,膨润土注入采用两台软管泵,一台用于渣土改良,一台用于盾壳外膨润土注入。两台既可通过单独管路注入,也可同时向刀盘前方注入。

③聚合物注入系统。当地层含水量大时,很难在螺旋输送机中形成土塞效应,使用泡沫的方法也不足以维持土仓的压力。聚合物能与水反应,将水与细微粒凝结,随后在螺旋输送机中形成压力体。聚合物通过两台螺杆泵分别注入土仓里面和螺旋输送机的两侧,单独使用时可以满足在高水压富水地层的掘进需要,阻止喷涌的发生。聚合物与泡沫配合使用时可以改善泡沫的使用性能。

3)掘进过程分析

(1)掘进前的施工准备

①加密补勘。在详勘基础上,加密布孔,保证沿线每 5m 有一个地质取芯资料,充分了解岩面变化情况,尽可能排查孤石分部情况。

②孤石处理。在欢乐海岸别墅区内,在前期补勘施工过程中发现 4 处疑似孤石,证明该区段球状风化体非常发育,对孤石均提前采取破碎处理。

③小里程上软下硬段预裂爆破及注浆处理。上软下硬段大里程部位前期具备预处理条件,设计采用地表钻孔预裂爆破＋深孔袖阀管预注浆工艺。要求预裂爆破后岩石块径≤30cm,满足螺机出渣要求,现场爆破后检验孔显示爆破效果满足要求。

④换刀点的设置及加固措施。区间联络通道范围均设计为换刀检查点,换刀点采用旋喷桩提前对隧道范围进行预加固处理。采用旋喷桩密排孔对隧道范围内进行预加固。

(2)施工过程中出现的问题

①掌子面渗水量大,造成螺旋机喷涌。

②受同步注浆压力限制,管片外部水体稀释水泥砂浆,浆液无法起到封闭管片上部土体的作用,由于掘进速度慢,振动强烈,对地层扰动大,盾壳通过上部土体时造成地层损失,在管片脱出盾尾后地表出现部分塌陷。

③刀具磨损严重,尤其是滚刀受软硬不均地层影响导致偏磨,以及岩块对刀具的撞击造成刀具损坏。

(3)盾构施工中采取的措施

①加强渣土改良。采用优质泡沫＋膨润土泥浆,泡沫原液比例为 1%,气流量为 600L/min,注入率

为30%,膨胀率为12%。膨润土流量为3m³/h。

②高浓度膨润土泥浆应用。在上软下硬地层,由于底部硬岩掘进速度缓慢,上部软土受刀具扰动频繁,易导致土体坍塌。采用高黏度膨润土泥浆(黏度不小于90s)注入土仓,用泥浆维持土仓压力,增加土仓内渣土中的黏性颗粒,顶部压力控制为0.15~0.17MPa,保证掌子面顶部软土层在掘进过程中不松散,不掉落,不形成空洞。

③优化盾构二次注浆。每掘进5环,采用水泥—水玻璃双液浆进行管片背后止水环施做以及二次补强注浆。

④优化掘进参数。刀盘转速≤1.5r/min;推力<2.0×10⁷Nt;扭矩不超过2000kN·m;全土压掘进,贯入度控制在5mm左右;边滚刀最大磨损<15mm;中心刀最大磨损<25mm。

2014年7月11日,深圳地铁11号线车红区间右线盾构"中铁70号"到达红树湾站;8月10号,左线盾构"中铁69号"到达红树湾站;8月29日,左线盾构"中铁67号"到达车公庙;9月2日,右线盾构"中铁68号"到达车公庙;深圳地铁11号线车公庙—红树湾区间双线贯通,比合同工期提前4个月。深圳地铁车公庙—红树湾盾构区间左线贯通如图5-72所示。

本工程通过地质补勘规避了地质风险,通过盾构的地质适应性设计规避了设备风险,通过专业管控措施规避了人为风险,顺利解决了盾构施工过程中所遇到的球状风化体区间掘进难度大、软硬不均地层盾构掘进姿态难控制及软土地层易引起刀盘结泥饼和喷涌等三大工程难题,创造了深圳地铁盾构施工单机月574.5m、单机日掘进30m的记录。

图5-72 深圳地铁车公庙—红树湾盾构区间左线贯通

5.7.7 西安地铁全断面砂层盾构施工

1)工程地质概况

西安地铁二号线铁路北客站—北苑站区间线路大致呈南北走向,区间右线长1306.927m,左线长1272.480m,线路最大坡度为2.42%,隧道埋深在10m左右。区间线路所在地域为渭河一级阶地。盾构隧道穿越地层基本为中砂和粗砂等地层组成的全断面砂层。隧道底处于粗砂层。局部处于中砂层,隧道顶以上主要为黄土状土,局部为粉质黏土。中砂层为蓝灰色,密实,饱和。砂质纯净,成分以石英、长石为主,含云母及少量暗色矿物;粗砂层为蓝灰色,密实,饱和,砂质纯净,成分以石英、长石为主,告云母及少量暗色矿物。区间线路范围内地下水属第四孔隙潜水,主要含水层为第四系冲积砂层,含水层厚度为40~80m,地下水位埋深为11~12.6m,水位最高处为隧道顶以上1.5m。

区间地层的主要地质特性如下:

①砂层中细颗粒含量很低(<5%),砂层黏聚力小、内摩擦角大,地层稳定性差。

②砂层渗透系数t为$(3.8~6.5)×10^{-2}$cm/s。地层透水性强。

③砂层标贯击数高,密实度大。

④砂层颗粒成分以石英、长石为主,砂粒硬度高。

2)盾构选型

从安全适应性、技术先进性、经济性等方面综合考虑,所选择的盾构形式要能确保开挖面稳定和适应地质条件,同时还要考虑可以合理使用辅助工法、满足隧道结构设计、长度和线形等设计要求、后配套设备和始发设施等能与盾构的开挖能力配套以及工作环境等因素。本工程隧道范围地质为渗透系数$(3.8~6.5)×10^{-2}$cm/s的中、粗砂地层,根据区间地质特点综合考虑上述因素,区间隧道可采用技术先进的闭胸式土压平衡盾构或泥水平衡盾构。

对土压平衡盾构和泥水平衡盾构进行比较可知:

①从技术上看,两种机型都可以适应该地层。

②从开挖面稳定控制性方面看,泥水平衡盾构比土压平衡盾构适应性更好一些,但通过正确的施工管理和辅助工法,土压平衡盾构也能适应。

③从施工场地来看,泥水平衡盾构在场地占用、废弃泥水处理、运输上均有很大难度,而土压平衡盾构在废弃土的堆放和运输方面容易处理。

经综合分析,采用土压平衡盾构。

区间隧道采用两台加泥式土压平衡盾构,主要技术参数:总推力为38500kN,额定扭矩为5147kN·m,推进速度为0~10cm/min,面板式刀盘开口率为43%,刀盘上配置76把主切削刀、12把周边刮刀和51把先行刀,在刀盘、土仓胸板处及螺旋输送机上设置若干个膨润土及添加剂的注入口。施工前对刀具、刀盘面板和螺旋输送机等部位进行了加强设计和耐磨处理,并对盾构机加泥系统等进行了适当改造,以适应盾构砂层掘进和辅助工法的实施。

3)主要技术问题及原因分析

(1)盾构掘进参数不协调

①主要现象:盾构推力大,刀盘贯入度小,掘进速度慢甚至无法推进,刀盘扭矩大甚至超过额定扭矩且扭矩会发生跳变,螺旋输送机扭矩大;排出不连续且不易排出,偶突发块状排出并伴有喷涌,出土量不易控制,土仓压力波动大;刀盘、渣土和液压油温度高等现象,盾构掘进的各项参数不协调,掘进效率低。

②原因分析:由于天然状态下地层中的砂层密实度较高,盾构克服地层的推力大且刀盘上的刀具较难贯入地层,推进速度慢;当切削下来的砂土沉积在土仓内和充满螺旋输送机时,黏聚力小、流塑性差的渣土会造成刀盘和螺旋输送机扭矩增大,土仓内上下部的渣土和易性差、密度不均匀,刀盘扭矩会发生突变;土仓下部沉积内摩擦角较大、密度较大的渣土不易从螺旋输送机排出,刀盘前方下部土体难以进入土仓内,刀盘下部很难在推力作用下贯入地层,进一步使掘进速度变慢甚至无法推进;土仓内和螺旋输送机内的渣土内摩擦角大,流动性和塑流性差,出土所需动力增加,螺旋输送机扭矩增大,出土不连续且不易排出;当渣土突然呈块状排出时,土仓内和螺旋输送机内会形成通道,土仓上部或地层中的水沿通道喷涌而出,出土量便不易控制,土仓压力也会因此产生较大波动;由于砂层内摩擦角大,砂土之间、砂土与设备之间摩擦力大,这些摩擦产生的热量会使设备和渣土温度升高,表现为刀盘、渣土和液压油温度高。高温下渣土易固结且盾构机正常使用受到影响。

(2)建立土压平衡掘进模式难度大

①主要现象:为了实现盾构掘进,土仓内上部土仓压力较小甚至为零。下部土仓压力大甚至大于开挖面水土压力,土仓内上、中、下的土仓压力呈现非线性分布,当发生喷涌等现象时土仓压力变化波动大,土仓压力与开挖面水土压力难以实现动态平衡。

②原因分析:在土仓压力不足、大量注入泡沫或加气形成局部气压条件下实现盾构掘进时,由于砂层中细颗粒含量低,砂层黏聚力小,稳定性差,开挖面上部土体很难成拱且不稳定易坍塌,土仓上部压力小。而经刀盘开挖及扰动后砂土进入土仓沉积在土仓下部,经沉积后的砂土密度较大。土仓下部压力较大,造成土仓压力与开挖面的水土压力不平衡。

(3)设备磨损严重

①主要现象:盾构机刀盘面板和刀具严重磨损甚至发生刀具脱落,刀盘开挖直径减小,切削能力下降;螺旋输送机叶片严重磨损甚至断裂,螺旋输送机驱动系统的密封损坏等现象,影响盾构正常施工。

②原因分析:由于砂土内摩擦角大,砂土颗粒硬度高,砂土之间、砂土与设备之间摩擦力大,这些摩擦作用易对盾构机刀盘、刀具以及螺旋输送机叶片等部位产生较大磨损,摩擦产生的温度升高会加剧设备的磨损甚至损坏;螺旋输送机筒壁与轴套接合处磨损之后会造成泥沙进入驱动系统的密封部位,使油封部分失效,造成大小齿轮和铜套磨损甚至损坏。

(4)沉降难以控制

①主要现象:地表沉降量超出允许值甚至发生地面塌陷。地面建(构)筑物和地下管线沉降和变形大

甚至发生损坏,工程环境安全风险高。

②原因分析:上述的盾构难以实现土压平衡模式掘进,出土不受控甚至喷涌等问题都会引起地层水土损失过多,造成地面较大沉降甚至坍塌,影响环境安全。

综上所述,开挖面和土仓内砂土的物理力学性质是影响盾构掘进施工的主因。因此,采用合适的渣土改良技术,改变砂土的物理力学性能,使渣土达到塑流状态是首要解决的问题,其次,在渣土改良效果理想的基础上采取沉降控制技术确保工程环境安全,这两方面的技术是土压平衡盾构在全断面砂层掘进施工的关键技术,其中渣土改良技术更是其核心技术。

4)施工关键技术

(1)渣土改良技术

对于全断面砂层掘进,渣土改良的主要目的是要提高砂层的黏聚力、减小砂土的内摩擦角和渗透系数,降低渣土密度等物理力学参数,以达到塑流状态。

①渣土改良材料。

目前国内盾构施工中广泛采用膨润土和泡沫等作为渣土改良材料。膨润土主要成分是蒙脱石,具有层状结构,易吸水膨胀,并具有润滑性;可以在工作面上形成低渗透性的泥膜,这样有利于给工作面传递密封仓的压力,以便平衡更大的水土压力,也可以改变密封仓内土的和易性和塑流性,以便于出土,减少喷涌;盾壳周边充满膨润土,可以减少盾构推进力,提高有效推力;降低扭矩、节约能耗。泡沫中90%是空气,另外10%中的90%~99%是水分,剩下的才是发泡剂,数小时内,渣土中泡沫里的大部分空气就会逃逸而恢复原来的状态,便于运输;可以防止可重塑的黏土形成泥饼;降低摩擦力,减小扭矩;渣土流动性增加,便于螺旋输送器出土;加到工作面上去的泡沫,会形成一个不透水层,对工作面起到保护作用;可增加土体的可压缩性,易于土压平衡的控制。

土压平衡盾构在全断面砂层施工时单独采用泡沫进行渣土改良效果并不是很理想,很难达到预期的目的:一是由于泡沫易在短时间内发生破灭和消散,使渣土在土仓内恢复原来的性状,达不到渣土塑流性的理想状态;二是泡沫破灭后在土仓内形成气压,使盾构在局部气压模式下掘进,当气体逃逸时土仓内压力下降,无法实现土压平衡模式掘进,土仓内压力波动大,开挖面易发生坍塌,造成水土损失过大,沉降控制难度大。为此,工程施工中采用了以加入膨润土为主,辅以加入泡沫的渣土改良技术。

②渣土改良参数确定。

渣土改良主要材料选用纳基膨润土和砂性土专用气泡剂。根据工程试验,结合现场实践调整优化,渣土改良参数参考值如下:

a.膨润土泥浆中膨润土与水质量比为1∶8~1∶10,浆液密度为1.07,黏度为25~35s;泥浆注入率为10%~20%(与渣土体积比);经膨润土泥浆改良后的渣土坍落度为100~150mm。

b.泡沫剂发泡液浓度为2%,发泡倍率为12倍,注入率为3%~5%(与渣土体积比)。

在施工过程中结合工程试验、渣土中细颗粒含量和施工具体情况对渣土改良参数进行调整、优化,以确保改良效果。

③渣土改良实施方法。

a.采用膨润土泥浆进行渣土改良实质上是增加渣土中的细颗粒含量,以改变渣土物理力学参数,达到良好建压和出土的效果。基于这种认识,在采用膨润土泥浆进行渣土改良时,首先要对盾构掘进时的渣样进行分析,测定地层中细颗粒含量,与试验和施工经验得出的细颗粒含量的限值相比较,来判定是否需要进行渣土改良以及泥浆注入量。

b.根据渣土改良需要,对加泥系统进行改造,使渣土改良剂可有效地加注到刀盘前方开挖面、土仓内及螺旋输送机内等部位。

c.根据盾构掘进所需膨润土泥浆量和泥浆制备要求,设置泥浆制备系统,并通过管道或泥浆车作为泥浆运输途径将泥浆运输至盾构施工作业面位置。

d.用管道或泥浆泵抽送的方式将制备好的合格泥浆输送至加泥箱,通过管路从加泥箱连接至盾构机上的加泥系统,通过加泥系统向开挖面、土压仓(必要时向螺旋输送机)注入膨润土泥浆和泡沫等。

e. 泡沫注入利用盾构机上的泡沫注入系统加注。

f. 细化操作流程,严格按既定的参数均匀、连续注入膨润土泥浆和泡沫,确保切削作业面的地层和进入土仓内的渣土得到充分改良。

(2)沉降控制技术

在渣土改良达到理想状态的基础上,对盾构掘进参数、盾构姿态、同步注浆、二次注浆和出土量等方面严格控制,以减少地层水土损失,确保地面沉降受控。

①严格控制土仓压力,尽量让渣土填充满土仓,建立土压平衡模式掘进,以平衡开挖面水土压力,在螺旋转速和掘进速度相匹配的情况下刀盘扭矩不宜过大。

②控制好盾构姿态。盾构在全断面砂层掘进时,可能会出现上抬、下俯或左右偏斜等姿态,合理分配油缸加力差控制盾构姿态,并及时缓慢纠偏,每环纠偏量≤5mm。

③及时掌握开挖面的地质情况和出土量,将理论出土量与实际出土量进行对照,按照每掘进300mm的出土量进行严格控制,一旦出土量超标,应及时采取注浆等补救措施。

④加强管片背后同步注浆控制。由于砂层的渗透性较好,孔隙率大,实际注浆量大于理论计算量。选用初凝时间快、早期强度高的硬性浆液,加快管片周围土体的固结,及时对开挖间隙进行填充,补充地层损失,有效控制地面沉降。要做到"掘进、注浆同步,不注浆、不掘进",通过控制同步注浆压力和注浆量双重标准来确定注浆时间。

⑤管片背后二次注浆主要是补充同步注浆不足,二次注浆的浆液分为单液浆和双液浆两种,按具体情况注不同的浆液:单液浆主要是补充同步注浆不足,控制管片错台、地面沉降(变形速率较慢时);双液浆针对变形速率过快,需及时凝固形成支撑力的情况。根据管片变形及周围环境监测结果,及时反馈信息,修正注浆参数。

(3)实施效果分析

①渣土改良效果良好:通过对螺旋机回转压力和出土口出土情况进行判断,渣土改良效果明显。从螺旋机回转压力来看,在渣土改良初期的40~120环,螺旋机回转压力基本处于6MPa左右,且波动大、不稳定;随着渣土改良技术的成熟,在160环以后,螺旋机回转压力基本处于3MPa左右。从螺旋机出土口出土情况来看,渣土塑流性得到明显改善。

②掘进参数正常:在膨润土泥浆黏度>25s,每掘进500mm加入2~3m³膨润土泥浆时,掘进速度在15~20mm/min之间;推力为20000~25000kN;刀盘扭矩为额定扭矩的40%~60%;土仓压力上部为0.08~0.1MPa,下部土仓压力在0.15~0.18MPa之间,左右土仓压力在0.1~0.12MPa以上。土仓压力基本呈线性分布。盾构施工工效可达10环/d以上,盾构掘进参数正常。

③降低刀盘内外周温度:在渣土改良初期的40~90环刀盘密封平均温度基本为50℃,90~140环增加了膨润土和泡沫使用量并将加泥管路改至刀盘前方后,温度降至40℃左右,后期基本稳定在30℃左右。通过渣土改良将刀盘温度降低至可接受的范围。

④设备磨损受控:由于渣土改良及盾构掘进得到良好控制,盾构机未因非正常磨损而停机处理,盾构机到达后的检查中发现,除刀盘上的刀具、切口环有局部磨损外,刀盘面板和螺旋输送机叶片等均属正常磨损。

⑤沉降得到有效控制:盾构施工过程中地表沉降处于受控状态。盾构机穿越某城市道路旗工中,沉降量控制在15mm以内;盾构机穿越民房过程中,沉降量控制在10mm以内。

虽然泥水平衡盾构在全断面砂层掘进的地质适应性要优于土压平衡盾构,但采取适当的渣土改良技术,土压平衡盾构也能较好地适应全断面砂层掘进。全断面砂层土压平衡盾构施工中的渣土改良技术是核心的关键技术,根据地层地质特点,采用膨润土泥浆为主、辅以砂性泡沫等渣土改良材料,根据地层中细颗粒含量,结合工程试验和现场实践确定合适的渣土改良参数,使渣土达到理想的塑流状态。盾构在全断面砂层施工时,采取土压平衡模式掘进,严格盾构掘进参数和姿态控制,注重出土分析和控制,管片背后注浆等沉降控制技术,确保工程环境安全。减少施工风险。

5.7.8 北京地铁砂卵石地层辐条式盾构施工

本节介绍北京地铁 4 号线 14 标工程动物园站—白石桥站区间(以下简称动—白区间)、白石桥站—学院南路站区间(以下简称白—学区间)、学院南路站—双榆树站区间(以下简称学—双区间)隧道使用日本 IHI 公司辐条式盾构的施工情况。

1)工程概况

动—白区间盾构隧道长 1333.6m,白—学区间盾构隧道长 1471.3m,学—双区间盾构隧道长 823m,单线总长度为 3627.9m(图 5-73)。本标段沿线基本都处在中关村南大街两侧绿地及其主辅路下方,到白石桥站之后向东沿西外大街下方到动物园车站。

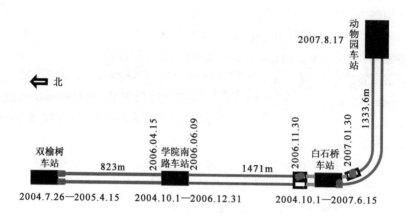

图 5-73　4 号线 14 标盾构隧道平面分布及工程筹划

动—白区间隧道平面上大致呈"C"形,设计最小曲线半径为 350m,曲线长度占区间全长的 85% 左右。由于要和地铁 2 号线西直门站相接,该区间段自白石桥站向动物园站一路下扎,落差近 7.5m,竖曲线最小半径为 5000m,竖曲线同平曲线叠加构成了一条立体空间的长距离急曲线地铁隧道。

2)地质条件

(1)动—白区间

该段区间的地层主要为粉质黏土④层、粉土④$_2$ 层、粉细砂④$_3$ 层、卵石圆砾⑤层、中粗砂⑤$_1$ 层、粉质黏土⑥层、黏土⑥$_1$ 层、粉土⑥$_2$ 层、细中砂⑥$_3$ 层、卵石圆砾⑦层、中粗砂⑦$_1$ 层、粉土⑦$_3$ 层、粉土⑧$_2$ 层、卵石圆砾⑨层等。隧道断面内大部分为卵石圆砾层,部分地段夹少量的砂层。

(2)白—学区间

该段区间的地层主要为粉质黏土④层、粉土④$_2$ 层、粉细砂④$_3$ 层、卵石圆砾⑤层、中粗砂⑤$_1$ 层、粉质黏土⑥层、黏土⑥$_1$ 层、粉土⑥$_2$ 层、细中砂⑥$_3$ 层、卵石圆砾⑦$_3$ 层、中粗砂⑦$_1$ 层、粉土⑦层、粉土⑧$_2$ 层、卵石圆砾⑨层等。隧道断面内基本上为全断面卵石、圆砾层。

(3)学—双区间

该段隧道上半断面在粉土层中通过,下半断面进入圆砾石层中。

3)辐条式盾构

本标段使用日本 IHI(石川岛播磨重工业株式会社)制造的 φ6140 加泥式土压平衡盾构,如图 5-74 所示。盾构刀盘的结构形式为辐条式,其特点是开口率大,更适合在砂卵石地层中(尤其是可能含有大粒径卵石地层)。该盾构铰接装置的水平张角为 ±2°,垂直张角为 ±1°,设计最小曲线施工半径为 150m。

4)施工难点

(1)盾构隧道全断面穿越砂卵石地层

根据地质报告和实际推进的情况,本工程盾构隧道穿越的地层大部分是以砂卵石为主的地层。盾构在砂卵石地层中掘进是本工程的施工难点。学—双区间盾构最大推力接近34000kN,正常掘进也在23000kN左右。刀盘扭矩最大达到5100kN·m,正常值在3500kN·m左右。在此种地层中掘进,对盾构刀盘的磨损非常严重的。由于盾构掘进时推力很大,对管片的作用力非常大,容易产生管片碎裂和错台。

(2)350m小半径曲线掘进施工

动—白区间有一曲率半径为350m的曲线段,在小半径曲线施工时容易出现大的管片错台,轴线控制较难掌握,施工较为困难。

图 5-74　北京地铁4号线14标使用的辐条式盾构

5)砂卵石地层盾构掘进参数控制

(1)土压控制

正常掘进理想土压为0.08～0.12MPa。但是考虑到土压和刀盘扭矩成正比的关系,为了尽量减少刀盘的磨损,在满足地面沉降要求的前提下应适当降低土压,正常情况下土压最低控制在0.05MPa。

(2)推进速度控制

正常掘进速度控制在40mm/min左右,推进时应保证速度的均匀性,实现稳定快速掘进,在综合盾构掘进刀盘速度、扭矩、推进压力以及螺旋机参数等因素的基础上尽量缩短盾构掘进时间,减少盾构的磨损。

(3)总推力控制

砂卵石地层中掘进理想推力应该控制在23000kN以下,当推力较大时应根据出土情况进行泥浆和泡沫注入量及注入比值的调整。当盾构推力长时间大于27000kN时应采取向盾构侧壁外注入减阻泥浆的措施来降低推力。

(4)刀盘参数控制

在刀盘扭矩合适的前提下尽量降低刀盘的旋转速度,初步控制在0.67～0.78r/min之间,当刀盘的扭矩超过75%时,首先应检查泥浆和泡沫的质量与注入率,在以上因素正常的前提下应适当调快刀盘的旋转速度。每次盾构掘进前在满足刀盘正常施工的前提下,适当减少刀盘空转的时间以减少刀盘的磨损。

(5)螺旋输送机控制

螺旋输送机的开度根据实际情况确定,螺旋输送机的转数应根据推进速度、推进土压、出土情况来适当调整。应尽可能减小螺旋输送机的力矩和压力,如果出现较高的情况,应采取向螺旋输送机内注入泥浆或泡沫的方式来降低压力和扭矩,以减少螺旋输送机的磨损。

(6)注浆参数控制

①同步注浆。同步注浆浆液的凝结时间控制在20s以内。B液的波美度控制在30,A、B液混合注入量基本控制在每环3000L左右,应结合注浆压力确定注浆量,在压力较低时应适当多注。

②补注浆。补注浆量应控制在每环1500L左右,补注浆位置与同步注浆位置相反,补注浆的控制参考同步注浆。

(7)盾构姿态控制

盾构轴线严格控制在±25mm以内,机头机尾差严格控制在±20mm以内。每环必测管片和盾壳的间隙,尽量使各位置的间隙相等,当间隙量有差别时应通过加贴软木衬垫来调整,当间隙量相差较大时,应通过左、右曲管片来调整间隙量。应尽量均匀推进,充分考虑推进油缸对管片成型质量的影响,必要时通过铰接来调整盾构掘进姿态。白—学区间左线第101环和前128环主要掘进参数如图5-75、图5-76所示。

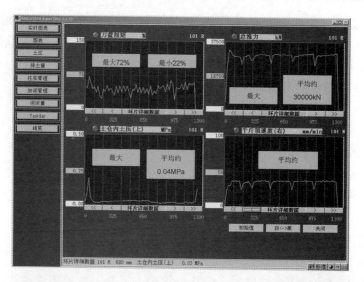

图 5-75 北京地铁 4 号线 14 标白—学区间左线第 101 环主要掘进参数

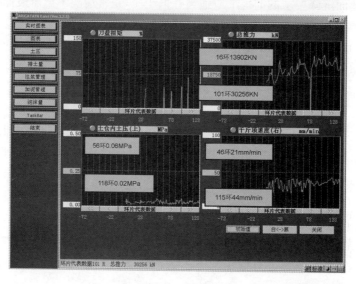

图 5-76 北京地铁 4 号线 14 标白—学区间左线前 128 环主要掘进参数

6)砂卵石地层中掘进的辅助措施——加泥与加泡沫

盾构穿越无水砂卵石地层时,如果仅采用加泥措施,改善切削土体的流动性能力有限,加入量太少起不到改善作用,加入量过大反而会造成土体严重离析;如果增加泥浆的浓度则可能出现无法运输和压送,造成盾构经常堵塞不能正常掘进。为适应这种地层的施工,在加泥的基础上通过加入泡沫改善土体粒状构造,吸附在颗粒之间的气泡可以减少土体颗粒与刀盘系统的直接摩擦,改善土体的塑流性,增加切削下来的土体的黏聚力,同时又能降低土体的渗透性。另外泡沫因其比重小,搅拌负荷轻,可以降低刀盘的旋转扭矩,且更容易将土体搅拌均匀,从而达到既能平衡开挖面土压,又能连续向外顺畅排土的目的。螺旋输送机实际排出的渣土状况如图 5-77 所示。

图 5-77 螺旋输送机实际排出的渣土状况

(1)加泥控制

盾构推进过程中,应根据实际出土的塑流性、刀盘的扭矩以及总推力来调整加泥量,白—学区间左线其中的 50 环加泥管理如图 5-78 所示。

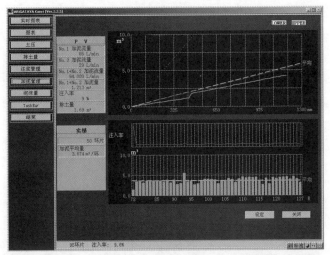

图 5-78 白—学区间左线其中的 50 环加泥管理

(2) 加泡沫控制

盾构推进过程中,应根据实际出土的塑流性、刀盘的扭矩以及总推力来调整加泡沫注入量,白—学区间左线其中的 50 环加泡沫管理如图 5-79 所示。

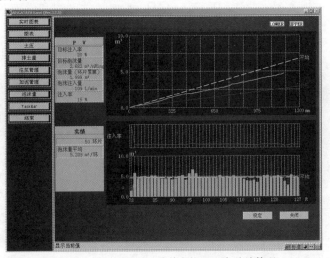

图 5-79 白—学区间左线其中的 50 环加泡沫管理

(3) 加泥加泡沫比值控制

加泥加泡沫的比值控制在砂卵石地层盾构掘进施工中非常重要,合理的比值和注入量能改善土体塑流性使其到最佳状态,从而降低刀盘扭矩和推力。在实际推进中应根据地层砂卵石含量和卵石粒径来调整比值。白—学区间左线前 128 环加泥加泡沫统计如图 5-80 所示。

7) 小曲线半径段的施工控制

(1) 启用盾构铰接及仿形刀装置,预先推出弧线

首先根据设计曲线半径计算出所需用的铰接角度,使盾构前盾与后端的张角与设计曲线近似的吻合,经现场试验及建模模拟后确定水平张角为 0.5°,竖直张角为 0.1°,然后根据铰接张角计算出所需超挖的范围及超挖量,因该段区间为左转,故确定仿形刀超挖范围为左侧 180°,超挖量为 20mm 左右。

(2) 增加盾构壁外加泥

针对无水砂卵石地层中盾构掘进施工时的推进阻力比较大的情况,增加了盾构壁外加泥的措施,即配制浓度较高的膨润土泥浆,通过盾构壳体预留的泥浆注入口将泥浆注入盾构壳体与土层的间隙中,在盾构壳体与土体之间形成一层黏稠、润滑效果良好的泥膜,减少了盾构壳体与土体之间的直接接触面积,使得盾构推进阻力由 37000kN 降至 16000～20000kN 之间,一方面增加了推进油缸编组选择的空间,另一方面使得推进速度大大提高了,可以达到 70mm/min。根据现场的实际数据,泥浆的浓度为 9%,黏度

为 18s,比重为 1.07。

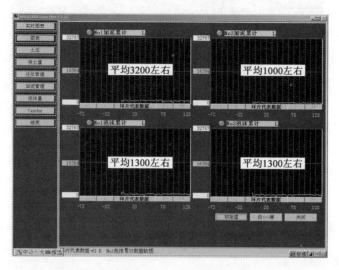

图 5-80　白—学区间左线前 128 环加泥加泡沫统计

8)实际施工效果

①实现了长距离推进近 1.5km 不换刀。动—白区间、白—学区间和学—双区间隧道均为中途不换刀一次推进。图 5-81 为推进学—双区间后盾构到达接收井的照片。

②创造了单月掘进 653 环的纪录,成型隧道的工程质量优良,如图 5-82 所示。

图 5-81　盾构长距离掘进中途不换刀到达接收井照片

图 5-82　盾构隧道施工效果

5.7.9　成都地铁 4 号线砂卵石地层盾构施工

1)工程概况

成都地铁 4 号线一期工程 4 标区间隧道起于苏坡立交站东端,止于草堂路站西端。该区间盾构穿越地层主要为:粉质黏土⟨2-3⟩、粉土⟨2-4⟩、细砂⟨2-5⟩、中砂⟨2-6⟩及卵石土⟨2-8⟩。其中,卵石地层主要包括:松散卵石⟨2-8-1⟩、稍密卵石土⟨2-8-2⟩、中密卵石土⟨2-8-3⟩和密实卵石土⟨2-8-4⟩。卵石含量为 50%～75%,粒径以 20～80mm 为主,部分粒径大于 100mm,充填物为中砂,局部夹漂石。该地层特点是整体松散、自稳性较差、经扰动后极易塌方,洞内和地面加固效果差。

2)掘进参数控制

盾构施工的关键是掘进参数的合理选择。施工时,根据地质环境和施工条件的变化,严格控制和灵活调整盾构掘进参数,主要包括:土仓压力、出渣量、刀盘转速和扭矩、掘进速度和推力、注浆压力和流量等。

(1)土仓压力控制

由于区间隧道为砂卵石地层,采用土压平衡模式掘进,刀盘极易"卡死"而造成推进困难,因而采取适量欠压模式掘进。土仓压力通过采取设定掘进速度、调整排土量的方法建立,并以维持切削土量与排土量的平衡为基准。在盾构掘进速度一定的情况下,主要通过调整螺旋输送机的转速来调整出土量,以维持土仓压力的相对平衡。盾构隧道覆土厚度为9~13m,掘进时土仓上方压力保持在0.1MPa左右、土仓下方压力保持在0.08MPa以上为宜。

(2)出渣量控制

盾构在砂卵石地层掘进时,出渣超量会造成地面沉降超限,因此,必须将出渣量作为各项掘进参数的重点加以严格控制。出渣量采用体积与重量双重控制机制,螺旋输送机出土以保证土压值的稳定为前提,不能过大波动。

施工中对渣斗车进行分格量化,从渣斗车顶往下每10cm所对应的渣土数值进行精确计算,确保快速确定每环出渣量。掘进时采取渣土改良措施增加渣土的流动性和止水性,密切观察螺旋输送机的栓塞和出土情况以及时调整添加剂的掺量。螺旋输送机转速一般控制在7~10r/min为宜。

(3)刀盘转速及扭矩

因富水砂卵石地层自稳性差,如刀盘转速过高,将加大刀盘、刀具的磨损,同时对土体扰动也会加大,不利于土体自稳,因此需适当降低刀盘转速。刀盘转速控制在1.0~1.2r/min之间为宜,刀盘扭矩控制在3000~4600kN·m之间为宜。

(4)掘进速度和推力

理论上,只要有足够的推力就能获得足够的掘进速度,但在刀盘转速一定的情况下,当掘进速度越大时,刀盘贯入度也越大,在粒径大的密实卵石层中极易出现卡刀盘等不良现象。

推力的大小依据掘进速度来调整,过大会引起刀盘向掌子面的正压力增大,对刀盘扭矩控制不利。另外,推力也易受到土压变化的影响,从盾构总推力的构成分析,除了要克服盾体前进时的摩擦力和刀盘正面破碎岩石的正压力外,还要克服土体对掌子面的正压力,该项目盾构掘进速度与推力分别控制在45~55mm/min、10000~13000kN范围内为宜。

(5)同步注浆压力和流量

注浆压力和注浆量是同步注浆的关键数据。同步注浆参数如下:

①注浆压力。同步注浆最大压力根据底层的水土压力大小来确定。从盾尾圆周上的4个点同时注浆,上部两个注浆孔的压力控制在0.15~0.2MPa之间,下部两个注浆孔的压力控制在0.2~0.25MPa之间。

②注浆量。浆液注浆率按1.5~2.2计算,每环同步注浆量按$6m^3$进行控制。

③注浆速度。注浆速度和推进速度保持同步。

(6)二次注浆参数

盾构欠压模式掘进过程中,易造成地面沉降,所以二次注浆至关重要。具体如下:

①当盾构正常掘进时。在富水砂卵石地层同步注浆浆液终凝时间长,为防止浆液流动,利用管片吊装孔孔位对管片背后进行补充注双液浆,每隔10环封闭一圈。

②当盾构掘进出现超挖时。在出渣超量相应位置,利用管片吊装孔及时对管片上方进行注浆填充,以防止地面塌陷。

3)工程难点及对策

(1)管片整环旋转现象

拼装成型的管片与设计要求的拼装位置相比较,旋转了一定的角度。当进入圆曲线后,不易调整,同时也增加了封顶块的拼装难度。

①原因分析。

a.千斤顶油压差大,管片受力不均匀产生相对转动;管片位置安放不准确,导致拼装时形成旋转。

b.千斤顶的受力方向与环面不垂直,盾构推进时产生导致管片转动的力矩;管片螺栓孔和螺栓之间一般留有3mm的间隙,给两环管片之间相互错动留有了条件。

c.盾构刀盘长时间往一个方向旋转,盾构自身的反扭矩使管片旋转。

②应对措施。

a.控制好盾构推进的姿态,每组千斤顶的油压相差避免过大;调整好管片环面的角度,减少推进过程中产生的转动力矩；拼装管片时管片要放置正确，千斤顶靠拢时要有足够的顶力使管片不发生相对滑动；管片拼装时，每个油缸的撑靴在顶到管片上时，要全部扶正，尽量使管片受力均匀。

b. 拼装机操作时要动作平缓。

c. 盾构主司机在掘进过程中，根据滚动角及时调整刀盘的转向。

(2) 小半径曲线段掘进控制措施

① 难点分析。

盾构到达清江中路后，需经过一小半径曲线段（$R=400$m）。盾构在小半径曲线段掘进过程中，遇到的施工难点主要有：隧道轴线控制难度大，纠偏困难；管片在水平分力作用下容易发生较大的位移，造成管片错台；对地层扰动大，容易产生较大的地面沉降；管片易产生开裂和破损；漏水现象严重。

② 解决措施。

对于小半径曲线段转弯的难点，主要从盾构掘进参数、盾构设备（铰接装置）、管片选型等方面来采取措施。

a. 纠偏与隧道轴线控制措施。掌握好左右两侧油缸的推力差，尽量减小整体推力，实现慢速急转；盾构主司机根据地质情况和线路走向趋势，使盾构提前进入相应的预备姿态，减少因后期不良姿态引起的纠偏量。

b. 控制管片水平移动。进入缓和曲线段时，将盾构姿态往曲线内侧偏移 15～20cm，形成反向预偏移，抵消后期管片向曲线外侧的偏移量。

c. 减小对地层的扰动，避免大的沉降。

d. 尽量避免错台和破损。

e. 减少漏水。做好盾构姿态控制，避免管片推裂变形；提高管片拼装质量，掘进过程中多次复紧螺栓，压紧止水胶条；做好盾尾止水注脂及注浆工作。

(3) 滞后沉降控制

① 滞后沉降过程分析。

刀盘切削土体时，掌子面附近土体受其扰动，在刀盘的前方、上方易形成松散带，从而引起地层损失。这些地层损失随着时间推移逐渐扩散到地表，并通过地面沉降、塌陷进行释放。以下分阶段阐述成都地铁 4 号线砂卵石地层盾构掘进沉降过程。

a. 阶段一：掘进前，掌子面土体整体稳定，刀盘前方和盾壳上方土体略有松散，松散土体是受上次掘进扰动而自然松散的。掘进前土体状态如图 5-83 所示。

b. 阶段二：掘进产生地层损失。掘进时，刀盘前方、上前方原有的松散土体落入土仓，掌子面上方土体出现空隙、空洞，从而形成地层损失。同时，由于砂卵石地层内摩擦角普遍较大，土层具有一定的成拱性，形成的空洞会暂时保持一段时间。掘进时掌子面上方产生空隙如图 5-84 所示。

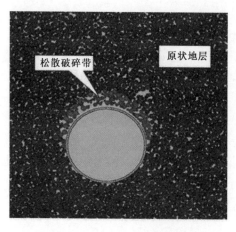
图 5-83　掘进前掌子面土体状态示意图

图 5-84　掌子面上方空隙示意图

c. 阶段三：即时沉降发展。受重力等因素影响，盾体附近空洞顶部土体逐步松散、不断剥落，逐渐填满下方位置，从而使地层损失由盾体附近向上方发展。此阶段产生的地面沉降具有即时性、一次性，沉降完成后地面迅速趋于稳定。即时沉降地层损失向上发展过程如图5-85、图5-86所示。

图5-85 即时沉降发展示意图（发展中）

图5-86 即时沉降发展示意图（释放）

d. 阶段四：再次沉降。大量降雨过后，地层水位逐渐上升，不断浸泡、冲刷地层，上层松散土体由于细颗粒被不断搬运，其土颗粒间隙越来越大，最终再次出现较大空隙甚至空洞，并在地下水流作用下快速向上发展，再次在地面释放地层损失，造成地面再次沉降、塌陷。再次沉降发展过程如图5-87、图5-88所示。

图5-87 再次沉降发展示意图（发展中）

图5-88 再次沉降发展示意图（释放）

②控制措施

根据以上滞后沉降形成机理分析可知，成都地铁砂卵石地层滞后沉降产生周期长、突发性强、后期难以发现和监控。因此，必须遵循"防控为主，监测巡视为辅，建立有效应急机制"的治理方针，保障工程质量、维护公共安全。

a. 掘进前控制。掘进前做好地面原始高程测量和记录；对即将通过地段进行全面仔细的地质分析，判断地层实际层状和土质结构，设定掘进参数值，确定掘进控制重难点；根据前期分析，在进入困难地段、松散地层前，提前调整好盾构掘进状态。

b. 掘进中控制。采用土压平衡模式掘进，保证出渣均匀连续；进行渣土改良，调整好渣土流态，减少刀盘对地层的过多扰动；避免强行纠偏，防止超挖而使地层损失增大；严格控制出渣量，加大同步注浆量，并选点及时进行洞内二次补充补浆；做好各类监测、测量工作，实时掌握地层变形动态。

c. 掘进后控制。对盾构通过后的地段进行及时、全面分析，包括掘进原始资料、地面监测资料等。重点分析的参数如下：一是松散系数、渣土构成、出渣方量和渣土称重，根据地质图分析掘进段渣土松散系数，同时参考实际渣土性状，判断理论出渣量及超挖情况；二是掘进注浆速度、注浆量，根据实际注入的同步浆液、二次浆液情况判断地层松散情况,并且折算出同步注浆、二次注浆补损情况,评估地层损失量;三是地面监测资料,根据地面沉降观测资料,制作沉降速率图,并根据沉降情况判断该段掘进后地层损失情况。通过综合分析以上各种参数,得出较为精确的地层实际受损情况。

根据分析,对即时沉降正在发生或即时沉降发生后、滞后沉降尚未发生的情况,对受掘进扰动影响的地层进行注浆填充,如图 5-89 所示。

③建立应急机制。建立健全应急体系,确保信息渠道通畅;责任到人、各司其职、分工明确;设立专用抢险物资库,预备专用机械和材料;全天候地面监测和巡视,发现异常及时处理。

④注意事项。地面在掘进后一周内塌陷或沉降量大的地段,其下地层基本为自由剥落的松散土,极易发生较大的滞后沉降;掘进前、掘进中控制的目的是防止超挖,尽量减少地层损失,以控制滞后沉降产生条件;掘进后控制则是着重对可能产生滞后沉降的松散体进行跟踪处理,弥补其地层损失,从根本上消灭滞后沉降发生条件;人是关键因素,故应使用经验丰富的盾构司

图 5-89　顶管注浆示意图

机进行盾构掘进,使用熟练的技术工人进行盾构操作及施工,杜绝人为因素造成的沉降超限;地面塌陷较浅时,采用级配良好的回填土回填,并视情况分层碾夯振实,塌陷深度大时,采用 C20 素混凝土灌注密实。

成都地铁 4 号线施工过程中,根据地质条件的变化及盾构掘进状态,实时调节刀盘转速及扭矩、推进速度、推力、注浆量等关键掘进参数,有效克服了管片整环旋转现象、顺利完成了小半径曲线段的施工,在滞后沉降控制等方面也取得了良好的效果,最终实现盾构安全、高效掘进。该工程的实施经验对富水砂卵石地层的盾构施工具有较好的借鉴意义,拓展了土压平衡盾构的适用范围。

5.8　盾构施工关键技术实例

5.8.1　广州地铁 3 号线客村—大塘区间盾构过软岩和中硬岩

1)工程概况

本区间的基岩是白垩系沉积岩,分布特征主要有两种:一种是全断面为中风化岩层⟨8⟩、微风化岩层⟨9⟩,岩性为泥质粉砂岩夹粉砂质泥岩、粉砂岩、细砂岩、粗砂岩、砂砾岩、含砾砂岩、砾岩,占隧道总长 60% 以上,岩石抗压强度大多在 30～60MPa 之间,最大单轴抗压强度为 62.3MPa;另一种是隧道穿越的断面,上部为强风化岩层⟨7⟩,下部为中风化岩层⟨8⟩、微风化岩层⟨9⟩的和上软下硬地层。对于这两种情况,均采用软岩和中硬岩区刀具布置形式,也就是在刀盘的边缘区、正面区和中心区共采用了 19 把双刃滚刀的刀盘刀具布置形式。

2)施工经验

本工程之所以进展顺利,除盾构选型合理外,施工过程还进行了适时、适地、科学的控制。在全断面软岩和中硬岩区段掘进,关键是刀盘刀具布置必须适应该地层的掘进,但同时也要做好掘进管理及施工过程中的刀盘刀具管理。其施工经验如下:

①在掘进中根据需要适当使用泡沫和膨润土,遇到连续掘进且地下水较少时,也应适当加一些水,以改良渣土的和易性,便于螺旋输送机排土。

②在中硬岩中掘进,刀具磨损较快,必须准备足够的刀具(尤其是滚刀),并及时检查和更换刀具。刀具的磨损程度可以通过掘进参数的变化做出初步判断。如果出现推力过大、推进速度变慢、扭矩偏小以及盾构姿态纠正很难的现象时,就要考虑刀具是否磨损严重,要安排开仓检查刀具;如果连续出现刀盘或螺旋输送机被卡住、驱动电机熄火等现象时,应立即停机检查;如果从出渣土中发现碎片石不均匀,且伴

有大块的石头出现时,就可能有滚刀损坏,应立即停机检查。有条件的话,一般不超过20环对刀具进行一次检查,检查刀圈是否磨损超限、断裂、变形,固定刀圈的螺帽是否松动或掉落,以及刀座是否有裂纹等,一旦发现应立即采取补救措施。在确定开仓检查时必须首先考虑安全问题,在确保安全的前提下方可进行开仓检查。

③盾构掘进应控制好姿态,使其经常保持正确姿态,避免频繁纠偏。在硬岩地层中掘进时,如果不断地调整盾构姿态就会使滚刀受力不均匀,在某个方向上过大的推力有可能导致局部滚刀变形损坏。

④要选择合理的掘进参数,包括掘进总推力、刀盘转速、扭矩、推进速度、切削量等。推力是影响刀具磨损的最直接参数。其大小直接决定了刀具所承受的荷载。推力过大,虽然短期内掘进速度很快,但过大的荷载会使滚刀轴承受挤压产生变形,继而影响滚刀的自转,最终造成滚刀刀圈的偏磨或断裂。一般在中风化岩层〈8〉、微风化岩层〈9〉中最大总推力不应超过10000kN。均匀、较小的总推力可以避免造成管片裂缝。

刀盘转速也是影响刀具磨损的另一个主要因素,过大的转速在硬岩地层中会造成盾构振动颠簸,加剧刀具的磨损。

⑤在硬岩中掘进,若条件许可,尽可能选用敞开模式掘进。在硬岩中掘进,应采取连续掘进,及时、足量注浆,并保证注浆的质量,防止隧道管片上浮。

5.8.2 大石—汉溪区间选择辅助工法使盾构通过硬岩段

1)工程概况

广州地铁3号线大石—汉溪区间,隧道通过范围内的主要地层为中风化混合岩〈8Z-2〉、微风化混合岩〈9Z-2〉,属Ⅴ、Ⅵ类围岩,岩石抗压强度为62.5~113MPa,为硬岩段。其地质剖面如图5-90所示。

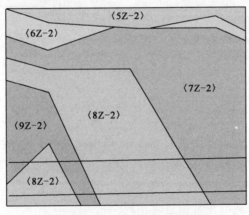

图5-90 大石—汉溪区间地质剖面图

隧道平面为曲线,曲线半径为1800m,纵断面为上坡,坡度为0.4%。根据该段地层的地质特征,如果采用盾构法通过,可能会出现刀盘、刀具磨损严重、工期严重滞后等风险。经充分研究,决定在盾构到达前,先采用矿山法开挖,然后盾构步进,拼装管片通过该段地层。

2)隧道开挖

根据该区间的地质特征,隧道采用人工光面爆破法开挖,超前小导管、锚杆加钢筋网加喷射混凝土等支护措施。其支护参数如表5-23所示。

支 护 参 数   表5-23

围岩级别	喷射混凝土C20	锚杆 规格	锚杆 间距	钢筋网
Ⅴ	厚120mm	$\phi 22, L=2.5$m,拱部设置	1.2m×1.2m	$\phi 6.5$@200mm×200mm,拱部局部设置
Ⅵ	厚80mm	无	—	无

采用矿山法通过硬岩段,必须在盾构通过前将隧道挖通,完成导台、接收台施工并达到设计要求,否则会影响进度。隧道的开挖断面要满足盾构安全平稳通过。本工程考虑围岩的类型、施工误差,将开挖断面设计为外放约200mm,即开挖直径为6560～6640mm,并设置盾构导台,如图5-91及图5-92所示。在施工暗挖段,除了注意施工安全外,还要特别控制好隧道的中心线、隧道的超挖、隧道欠挖、导台的标高、导台的弧度、导台的中心线等。在贯通前,应检查隧道的欠挖、导台的标高,如果不符合设计要求,要立即进行处理,否则会影响盾构的步进。右线施工时,由于导台的标高及弧度不符合要求,造成返工而影响了工期。左线吸取右线的经验及早对导台的标高进行了测量,及时调整了导台的标高,使左线顺利通过暗挖段。

图5-91 大石—汉溪区间矿山法隧道盾构导台

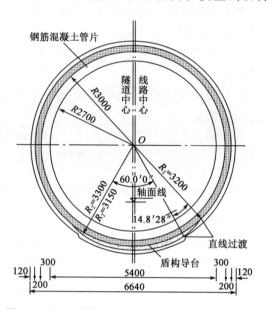

图5-92 矿山法隧道初期支护结构示意图(尺寸单位:mm)

3)盾构过暗挖段

盾构过暗挖段拼装管片的主要工序为:盾构步进、拼装管片、管片背衬回填(喷射豆砾石)、管片背填注浆。

①盾构步进。盾构推上导台后要步进安装管片,盾构在导台上步进时,每步进1.5m安装1环管片,在步进过程中要在盾构前方提供反力,以确保管片安装质量的要求,增强管片防水效果。提供的反力约3000kN,在步进过程中盾构姿态的控制,主要依赖导台的施工质量。

②拼装管片。管片拼装工艺与正常掘进时相同。

③管片背衬回填(喷射豆砾石)。管片拼装完成后,要及时进行管片与地层间的背衬回填工作。背衬回填时,首先每隔4.5m在盾构的切口四周用袋装砂石料围成一个围堰,防止注浆液、豆砾石从刀盘前方流出。然后用混凝土喷射机自刀盘前方向盾构后方吹入粒径为5～10mm的豆砾石骨料;每步进1.5m(即一环),再一次用混凝土喷射机向管片背后吹入豆砾石,以确保管片背后充分密实。为了不影响施工进度,要将豆砾石准备充分。管片背衬回填是在刀盘前方,将直径50mm的导管从盾壳外插入到盾构中体或者后体进行。在背衬回填时盾构停止步进。由于隧道开挖的不规整,每环管片回填的豆砾石量不完全相等。

④管片背填注浆。注浆浆液采用水泥砂浆,水泥、膨润土、粉煤灰、砂、水的配合比为120∶60∶381∶779∶460。注浆在每环管片豆砾石骨料回填后进行,通过盾构自身的同步注浆系统采用手控方式进行注浆。当注浆压力达到设定值(0.1～0.2MPa)或注浆量达到小碎石理论孔隙率的80%以上时,即可暂停注浆。由于在管片背填注浆时,盾构前方是敞开的,管片注浆效果不理想,必须对管片进行补充注浆。管片安装10环后,间隔6m在管片吊装口开口检查注浆效果,若注浆效果不好,则进行补充注浆。补充注浆浆液采用水泥浆,通过普通注浆机,采用人工操作方式进行即可。当注浆压力达到设定值时,即可认为

达到了质量要求。

盾构通过左线、右线暗挖段后,对管片的姿态、渗水、碎裂、错台进行了检查,管片垂直偏差、水平偏差基本控制在±50mm以内。

5.8.3 广州地铁3号线天河客运站—华师区间盾构过球状风化体

1) 球状风化体的特点

广州地铁3号线天河客运站—华师区间某段球状风化体在剖面位置上与隧道的关系参见图5-93。球状风化体(孤石)的形象概念如图5-94所示。

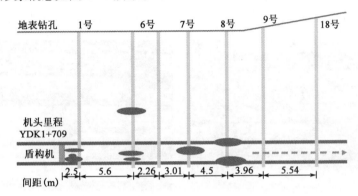

图5-93 天河客运站—华师区间球状风化体在剖面的位置

注:掘进过程中扔觉有岩石响

盾构掘进过程中碰到的难题如下:

①掘进非常困难并频繁卡刀盘。

②盾构姿态难以控制。

③刀具磨损非常严重,刀座、刀盘变形严重。

④更换刀具困难,特别是当隧道周边围岩不稳定,且通过建(构)筑物下或地面埋深太大时,地面不具备加固条件的情况下问题更严重。

⑤掘进振动大,对保护地面建筑物不利。

2) 施工中采取的针对性措施

①加密补充地质勘探,掌握球状风化体的分布情况。

广州地铁3号线天河客运站—华师区间华农兽药厂段隧道顶部埋深约30m,根据钻孔揭露情况,查明共有10个钻孔(2号、3号、4号、6号、8号、9号、11号、12号、13号、14号)在洞身范围内有中风化或微风化花岗岩球状风化体(孤石)分布,体量由几十厘米至几米不等。其中,2号、6号、8号、11号、12号钻孔的岩芯如图5-95~图5-99所示。

图5-94 球状风化体

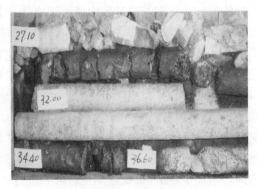

图5-95 2号钻孔岩芯图

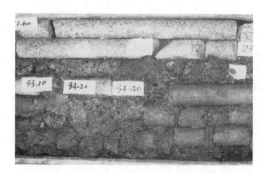
图 5-96 6 号钻孔岩芯

图 5-97 8 号钻孔岩芯图

图 5-98 11 号钻孔岩芯

图 5-99 12 号钻孔岩芯

2号钻孔：在洞身范围内从上至下分布有厚2.40m的微风化花岗岩球状风化体,孔深32.00～34.40m。

6号钻孔：在洞身范围内从上至下分布有厚0.60m的中风化花岗岩球状风化体,孔深32.50～33.10m；厚0.20m的中风化花岗岩球状风化体,孔深34.0～34.2m。

8号钻孔：在洞身范围内从上至下分布有厚2.69m的微风化花岗岩球状风化体,孔深30.21～32.9m。

11号钻孔：在洞身范围内从上至下分布有厚4.11m的微风化花岗岩球状风化体、厚4.00m的中风化花岗岩球状风化体和厚1.19m的微风化花岗岩球状风化体。

12号钻孔：在洞身范围内从上至下分布有厚1.20m的微风化花岗岩球状风化体,孔深31.3～32.5m。

花岗岩球状风化体主要有两个特征：一是出现在全风化、强风化花岗岩或残积土层中的孤石,其空间分布具有较大的随机性,很难找到其分布规律性；二是洞身范围内的孤石岩质坚硬,根据五山地区的勘察经验,微风化花岗岩的饱和单轴抗压强度大部分为40～80MPa,可挖性分级为Ⅵ级中风化花岗岩的可挖性分级为Ⅴ级。

②加强科学判断。

有经验的工作人员在掘进过程中通过观察盾构掘进的异常情况以及掘进参数的异常变化（如推力、扭矩突然增大,盾构有异响等）,来判断是否碰上了球状风化岩体。

根据天河客运站—华师区间过花岗岩球状风化体群的经验,总推力控制为$(1.3～1.4)\times10^4$kN,刀盘扭矩控制为$(1.2～1.5)\times10^6$N·m,转速控制为1.0～1.5r/min,掘进速度控制为4～8mm/min比较合理。

③勤检查、勤更换刀具。

在花岗岩球状风化体群这种地层中施工,刀具（包括刀盘）的磨损和破损较严重,其主要原因是工作面的地质环境变化非常频繁。因此,应对刀盘刀具勤检查和勤更换。

在花岗岩地层中施工,每掘进一环后都要进行一次刀具检查。但在实际施工过程中做到这一点是很困难的。其最主要的问题是能否开仓检查刀具。开仓检查刀具一定要对工作面的稳定性做出判断,如果地下水非常丰富且地层不稳定时,是不能贸然打开密封土仓的。

本工程的施工经验如下:在中风化和微风化花岗岩地层中,若地层稳定,则掘进每环或几环之后就开仓检查刀具。不能在常压条件下开仓时,则要通过地层加固后才可开仓。通常是在地面进行加固,如果地面没有加固条件,则设法利用盾构本身的超前注浆系统对工作面进行加固。采用压气作业,在压缩空气条件下实施刀具的检查或换刀。

④花岗岩球状风化体的处理。

在洞内采用静爆法破除花岗岩球状风化体,效果不理想,仅在钻孔周边形成微小裂缝。后来又用火药定向爆破,初见成效。但存在的问题是:临空面不足,效果欠佳;前期洞内加固工作面厚度有限,一经振动便不稳定,需再次进行洞内加固,存在安全隐患;经爆破振动,将球状风化体松动并滑落到刀盘前,卡住刀盘,致使刀盘无法转动,需进行二次爆破,危险性大;硬岩局部突出,刀盘一转,新换滚刀刀圈即被崩断。

5.8.4 广州地铁 3 号线珠江新城—客村区间盾构过砂层

1)工程概况

广州地铁 3 号线珠江新城—客村区间有约 300m 的砂层地段,其中有一部分是通过在建的建筑物基坑下面。隧道穿过的该建筑物基坑长约 145m,基坑开挖深度为 7~8m,基坑底部距隧道顶部 7~8m,基坑周围是已入住的居民楼,最近的居民楼距基坑约 10m。隧道上覆淤泥质土层〈2-1〉和淤泥质粉细砂层〈2-2〉,如图 5-100 所示。在盾构施工到达前,基坑附近的多幢建筑物和建筑物的地面已经出现严重的下沉和开裂,最大沉降量为 30~40cm。

2)盾构过砂层的技术措施

盾构通过砂层地段时,关键是做好附近建筑物和建筑物基坑保护。具体做法是:在隧道和建筑物之间建立一道止水墙,分隔隧道与附近建筑物的地下水联系,如图 5-101 所示。

对建筑基坑制订较详细的加固措施,其重点是防止盾构通过时基坑内发生坍塌,特别是要防止基坑周边围护结构的坍塌,以防波及基坑附近的建筑物,但由于基坑内的加固施工场地经过多次协调仍然无法解决,只好通过制订详细的盾构施工方案,防止盾构通过时发生坍塌。其具体措施如下:

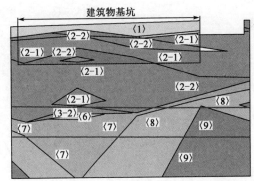

图 5-100 建筑物基坑相对隧道纵断面位置示意图
〈1〉-人工填土层;〈2-1〉-淤泥质土层;〈2-2〉-淤泥质粉细砂层;〈3-2〉-中粗砂层;〈6〉-红层全风化带;〈7〉-红层强风化带;〈8〉-红层中风化带;〈9〉-红层微风化带

①做好盾构的维修和保养。通过砂层前对盾构进行全面检查和维修保养,确保盾构能够快速通过砂层地段。特别是对盾尾刷要进行检查,保持盾尾刷有效,防止砂土、泥水从盾尾冒出。

②采用土压平衡模式掘进。盾构通过砂层地段时,由于砂土具有渗水性大、受到振动容易发生液化的特点,需要采用土压平衡模式掘进,以确保密封土仓压力而稳定开挖面,控制地表沉降,防止地层出现塌陷。盾构在砂层中通过时,控制密封土仓压力的方法主要有两种:一是在保持推进速度不变的情况下,调节螺旋输送机的转速或闸门开度(螺旋输送机转速减小或闸门开度减小均能达到增大密封土仓压力的效果),控制出土量建立和保持密封仓压力;二是在保持螺旋输送机的转速或闸门开度不变的情况下,加大盾构推进油缸的总推力,提高推进速度,增大密封土仓压力。

③尽量快速通过。掘进速度加快能够及早为管片背后注浆创造条件,有利于隧道稳定和控制地表沉降。在条件允许的情况下,应该尽量提高掘进速度,避免刀盘转动对地层扰动时间过长而造成上部砂层液化。

④注意土体改良。尽量使用聚合物添加剂、膨润土来改良渣土,使水土混合,以增加止水效果,避免流砂的发生。

⑤加强注浆控制。由于砂土的渗透性较好,实际注浆量应大于理论计算量,以保证注浆质量。必要

时,调整砂浆的配合比,增加水泥用量,缩短砂浆的初凝时间,加快管片周围土体的固结,避免地面沉降超限。

根据实际情况,为弥补同步注浆的不足,可以考虑采用管片背后二次注浆作为补充。二次注浆可采用双液浆,根据地质情况调整水泥浆的初凝时间,注浆压力控制在 0.4~0.5MPa 之间,最大不超过 0.5MPa,以免造成管片外周围压力过大,对管片造成破坏。必须保证管片背后空隙充填密实。

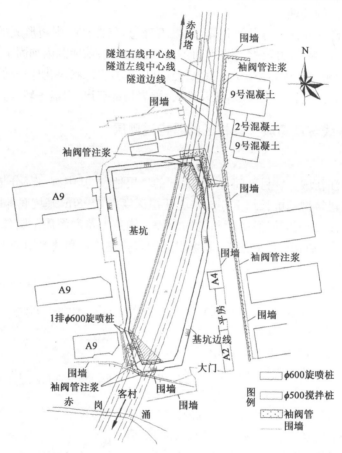

图 5-101 珠江新城—客村区间砂层地段砂层加固示意图

⑥控制好盾构的姿态。根据地质勘察资料的显示,该段隧道断面地层上部为砂层,下部为中风化岩层〈8〉和微风化岩层〈9〉,属于典型的上软下硬地层。掘进时要特别注意对盾构姿态的控制防止盾构上偏。为防止盾构上偏,掘进时宜使盾构适当保持下俯姿态(即倾角为负)。

⑦加强对出土量的计量。及时掌握开挖面的地质情况和出土量,防止超挖而造成地表塌陷。

⑧加强监测工作,及时反馈监测信息。加强该段的地表沉降和建筑物沉降的监测。根据地表沉降和建筑物沉降的监测数据,结合地质情况,及时调整密封土仓压力、推进油缸推力等施工参数,做到信息化施工。由于前期砂层段上建筑物开发商进行建筑物基坑施工时,基坑附近居住小区的建筑物和地表出现较大的裂缝和沉降,而且盾构隧道施工通过该处时该基坑的桩基础还在施工。因此,需要加强对建筑物、地表和建筑物基坑边坡的监测。其监测项目有:地表沉降监测、建筑物沉降及倾斜监测、深层土体移动检测和地下水位监测等。盾构通过时的监测频率为 2 次/d,发现异常情况时应加大监测频率和监测范围,及时掌握情况。监测报告要对监测数据的变化趋势进行分析,设定监测警戒值,以便发现问题并及时调整监测频率。

由于砂层地段的透水性强,所以尽量避免排水,以免引起地表沉降超限。当遇到地下水很大时,可加入适当压力的压缩空气,以排出密封土仓内的水。

⑨对附近建筑物的原始状况做好记录,在盾构通过前委托有资质的单位对附近有关建筑物进行鉴定备案。

⑩准备必要的应急措施。盾构过砂层施工是盾构工程施工的重点、难点之一,为降低过砂层的风险,

除了做好必要的施工准备外,还需要对可能发生的意外进行分析,制订详细的应急方案,在组织、技术和物资准备等方面做好准备,提高出现险情时的反应速度。

5.8.5 广州地铁 3 号线大石—汉溪区间盾构过断层

1)工程概况

广州地铁 3 号线大石—汉溪区间中的 YDK16+340～YDK16+540 隧道,地处礼村断裂带影响范围内。主断裂带宽为 50～60m,见图 5-102,断裂带主要为硅化角砾岩,岩体破碎,岩石强度高(最高达 156MPa),富水性强,渗透系数为 16.81m/d。该段隧道为直线段,坡度为 0.5%。

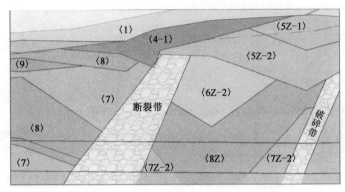

图 5-102 大石—汉溪区间礼村断裂带地质剖面图

〈1〉-人工填土层;〈4-1〉-冲洪积粉质黏土层;〈7〉-红层强风化带;〈8〉-红层中风化带;〈9〉-红层微风化带;〈5Z-1〉、〈5Z-2〉-变质岩残积层;〈6Z-2〉-变质岩全风化带;〈7Z-2〉-变质岩强风化带;〈8Z〉-变质岩中风化带

2)右线过断层带的技术措施

右线在掘进 399 环(里程 YDK16+490.24)时,渣土中开始出现少量的硅化角砾岩岩块;在掘进 401～406 环时渣土中基本为硅化角砾岩块,个别直径达 200mm,在掘进 411 环时,渣土中发现一把周边刮刀和三颗断裂的连接螺栓。在右线掘进 406～411 环时选择的参数为:总推力 10000～20000kN;扭矩 5000～8000kN·m;刀盘转速 1.7r/min;掘进速度 10～20mm/min。过断层时采取了以下技术措施:

①由于硅化角砾岩的不规则及强度比较高,刀盘在转动过程中,对岩石的冲击而产生连接螺栓松动,致使螺栓受拉断裂。从掘进情况及渣土中含大量硅化角砾岩的情况分析,刀具磨损较严重,不宜继续掘进,决定开仓检查刀具。

②因地层含水量大及含断层,地层不稳定,必须进行加固处理。

③结合隧道埋深(20m)、地表环境、地层条件、盾构条件,决定采用袖阀管和注双液浆的方法进行加固(加固范围见图 5-103)。经加固处理及检查注浆效果后,决定开仓处理刀具。从开仓结果看,注浆加固效果比较理想,地层稳定,可以进仓处理刀具。经过检查,共有 14 把滚刀偏磨,2 把切刀断螺栓。

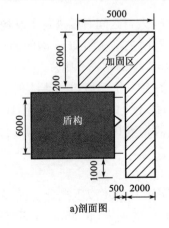
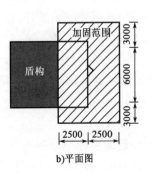

图 5-103 注浆加固示意图(尺寸单位:mm)

④由于本次注浆液为双液浆,加固处理时间比较长,水泥浆的凝结作用对盾构有较大的影响,结果浆液将盾壳"包裹"凝固住,造成盾构在30000kN的推力下也不能前进。经过对盾壳的振动及铰接油缸的处理,才使盾构脱困。

⑤盾构施工通过礼村断裂带后,从474环开始,刀盘扭矩波动较大,推力也逐渐增大,而掘进速度逐渐缓慢,喷涌严重。在掘进到487环时,推力增至15730kN,掘进速度只有9mm/min,刀盘扭矩波动较大,刀盘转动时偶有异响。在掘进到489环时,推力达19000kN,速度只有0～1mm/min,刀盘转动声音尖利,且有较固定频率,渣土中含大量微风化岩块。初步判断,刀具损坏比较严重,决定再次开仓检查。根据地质资料显示,此处地层为断裂带影响范围,地层涌水量大,正常开仓有较大困难,经过带压进仓检查后,确定工作面地层为微风化变质岩层〈9Z-2〉和强风化变质岩层〈7Z-2〉。

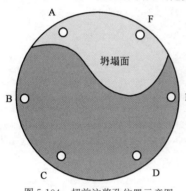

图 5-104 超前注浆孔位置示意图

根据实际地层情况、涌水量、隧道埋深(39m)及地表情况,初步决定在隧道内利用盾构预留的超前注浆孔进行注双液浆的办法封堵地层涌水,然后开仓检查更换刀具。

超前注浆孔位如图 5-104 所示。在实施过程中,首先施工E孔(E孔地层为微风化混合岩),钻进到 10.12m 时涌出大量水(涌水量为 70m^3/h),无法继续钻进,而螺旋输送机内水量变小。接着改钻B孔,B孔钻进到 14m 时有大量水涌出,B孔地层为微风化岩层,B孔涌水后E孔无涌水,螺旋输送机内水量也很小。根据B孔、E孔的岩芯及涌水量的变化,只要B孔保证连续抽水,工作面地层能保持稳定,可以不需要进行注浆处理,直接开仓更换刀具。开仓结果显示地层的确较稳定,涌水量很小,可以满足检查刀具的需要。经检查,刀具磨损严重。

3)左线过断层带的技术措施

后掘进的左线在总结右线过断裂带的经验与教训后,采取了一系列措施,左线快速、顺利地通过了礼村断裂带。

①在盾构到达断裂带前,对刀具进行检查及更换,以最合理可靠的刀具组合通过断裂带,在YZK16+416～YZK16+540段检查刀具并更换刀具。

②在掘进过程中控制掘进参数。

③在掘进过程中调整泡沫剂用量。右线平均每环泡沫剂用量为26L,左线调整为45L。

④在计划更换刀具的地段,对地层进行超前加固,然后开仓检查刀具。左线在YZK16+540段进行地层加固,盾构到达后开仓检查及更换刀具。

5.8.6 广州地铁3号线沥滘—大石区间盾构整体吊装过站

1)工程概况

2004年8月22日至9月9日,广州地铁3号线沥滘—大石区间右线进行了盾构整体吊装过站作业。此次吊装,将长为8.6m、直径为6.3m、重量300余吨的盾构主机从约20m深的到达井一次性整体吊出(图 5-105),然后运至700m以外的始发井,再整体放入18m深的始发井中。

盾构主机体积庞大,前重后轻,重心高,三维运动复杂,易发生偏移,并且盾构中间较为薄弱,易变形。盾构吊装出井后,装在600t的大型平板车上,依次穿越淤泥土上的软弱临时道路,爬坡经过交通主干道,最后到达700m以外的始发井并再次下井。盾构整体吊装运输比原计划将盾构分件拆装的方式大大缩短了工期。

2)吊装机具

由1台带有微处理器的主控柜控制的4台 LSD200B-300/200t 液压提升装置,单台提升装置的额定起重量为2000kN。配专用工具及 4×16 根直径为 15.5mm 的钢索,长25m。LSD液压提升系统由预应力锚固千斤顶发展而来。该系统采用钢绞线承重、提升千斤顶集群、计算机控制、液压同步整体提升的原理,集机械、电控、液压、计算机程控等多学科技术于一体,结合现代施工工艺,实现了超大、超重、超高构件的大跨度、高空整体提升与平移。该系统已成功应用于上海东方明珠电视塔钢天线提升安装、北京西客站主站房钢门楼整体提升、上海大剧院钢屋顶提升、上海外高桥电厂烟囱提升等工程。其主要性能指标为:可实现平稳提升与下放;单台提升千斤顶提升力可为 1000kN、2000kN,行程为 300mm;提升速度可根据工程的需要进行无级调节,最高可达 20m/h;在提升过程中,能控制提升构件的运动姿态、应力分布以及各提升吊点的同步性,提升同步精度误差不超过±10mm。

8 台 100t 的小坦克(提升架支腿下部的滑轮系统),用于牵引吊装架和盾构在轨道梁上移动,保证整个提升架吊起盾构后可以平稳平移。

1 套专用吊装架,其承载能力为 4000kN,自重达 2800kN,外形尺寸(长×宽×高)为 8000mm×14000mm×19055mm。

3)运输机具

牵引拖头为 1 台 TR88M8CK-D90 型 NICOLAS 拖头,在爬坡段增加 1 台 BENZ 拖头在后部顶推。单台拖头的额定拖载质量为 600t,功率为 560kW。

1 台 12×3 轴线 400t 工况液压全挂车(图 5-106),规格为 19.370mm×5420mm×(1070±210)mm。

图 5-105 盾构主机起吊在半空中

图 5-106 盾构主机在液压平板车上

液压全挂车轮子轴数可以按照构件大小进行组合以减小轮压,本次共采用 12×12=144 个轮子,不同轴的轮子由液压系统控制转向,保证了整个挂车的灵活性。

4)加固措施

(1)混凝土结构加固

由于整体提升架尺寸已定型,车站结构的竖向体系与提升架不吻合,必须在车站增加临时竖向支撑(图 5-107),经过检算,本标段在整体提升架轨道梁两端加了两个直径为 800mm 的钢管进行支撑,见图 5-108。

图 5-107 车站结构间竖向钢支撑

图 5-108 直径为 800mm 的钢管支撑

(2)盾构主体加固

盾构主机为外径 6260mm 的筒体,且由铰接分为前后两段,前段装有电动机、刀盘、支撑架等主要设备,而后体基本为空筒体,盾构为前重后轻。为了保证整体性和防止变形,在盾构铰接部按120°等分圆加了3个型钢支撑(图5-109),在盾构后筒体(即盾尾)内部用型钢做了"井"字支撑架(图5-110)。

图5-109　铰接处H型钢加固

图5-110　盾尾内的井字支撑加固

5) 吊装过程控制

在整体提升过程中严格控制盾构和提升架的稳定性。4个液压千斤顶同步差和钢缆行程差容易造成盾构倾斜。在吊装过程中技术人员严密监测每一环节,当盾构吊离地面10cm时,技术人员对盾构的平衡性及相关部件的安全状况进行彻底检查,在保证4个主吊钢缆绳万无一失后继续往上吊,盾构以5m/h的速度缓缓向上移动,于8月22日上午吊出地面。吊装设备架本身高16m,重1300kN,加上盾构的重量,共约4300kN,水平位移速度控制为5m/h,移动时专人负责控制轨道梁与各支撑间的变化,以保证安全。

整体吊装运输共用了19d,其关键时间为提升架的安装与拆卸,而提升和下井各用2d,运输只用一个晚上。吊装完成后对盾构进行了尺寸复核,没有发现变形。

5.8.7　广州地铁3号线大石—汉溪区间盾构尾刷的更换

1) 工艺流程

在掘进过程中更换盾尾刷不是一种常规的做法,只有在盾尾漏浆严重、地层含水量少或在地表可以对地层进行加固,并且管片安装的行程必须满足一定的条件时才可以更换。在广州地铁3号线大石—汉溪区间,根据地层条件,成功地对盾尾第一道尾刷进行了更换,更换尾刷的工艺流程如图5-111所示。

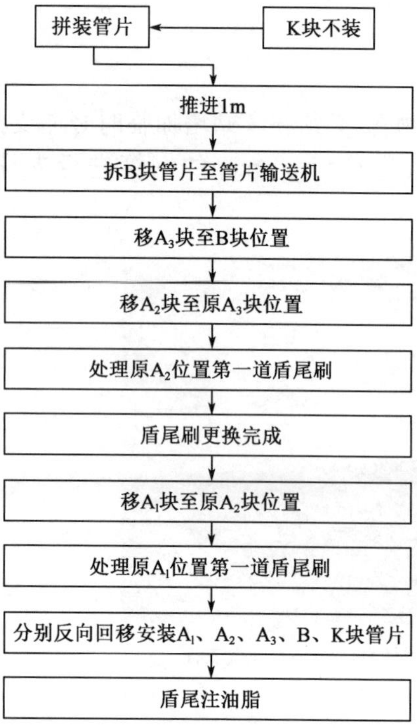

2) 盾尾刷更换技术

(1) 当前环的管片拼装和推进

①选择一个能够自稳或者加固后能稳定的且地下水较少的地层,进行更换盾尾刷。安装当前环管片(即最前面第一环管片时),先不安装K块管片,同时把抵住K块管片的1号推进油缸电磁阀关闭,使掘进时1号油缸不动作。

②当掘进到油缸行程为1m时,停止掘进。这时第一环管片已经过了第一道盾尾刷,达到处理第一环盾尾刷需要的位置。

③先把倒数第二环管片与第三环管片的螺栓复紧一遍,并在管片安装模式下手动把每个油缸都抵紧管片,再开始拆除第一环管片。

(2) 拆除B块管片及移动其他管片

①先把B块管片的吊装螺栓装上,用管片安装机把B块管片抓紧,接着把B块管片与A_3块管片及第二环管片的连接螺栓拆除,再把抵着B块管片的油缸收回。用管片安装机把B块管片拆

图5-111　盾尾刷更换工艺流程

除并放置到管片输送机上。

②把 A_3 块管片的吊装螺栓装上,用管片安装机把 A_3 块管片抓紧,接着把 A_3 块管片与 A_2 块管片及第二环管片的连接螺栓拆除,再把抵着 A_3 块管片的油缸收回。用管片安装机把 A_3 块管片往回移动超过第一道尾刷的高度(防止碰伤盾尾刷),再把 A_3 块管片向 B 块位置移动,移动到 B 块的位置后再把 A_3 块管片顶起,伸出油缸把管片顶紧(油缸压力为 13MPa),接着用管片螺栓把 A_3 块管片上紧,再把管片安装机松开。

③按上述步骤把 A_2 块管片旋转到 A_3 块管片边上,用油缸抵紧并上紧连接螺栓。松开管片安装机,并把管片安装机抓取头旋转到 A_3 块下部并抓住 A_3 块管片。

④安装紧固好 A_2 块管片后,关闭推进泵,然后开始处理 A_2 块管片移开后露出的第一道盾尾刷。

(3)更换盾尾刷

①先把盾尾刷上及盾尾密封空腔的油脂、砂浆等清除干净,再开始割除盾尾刷。露出的盾尾刷割除后并打磨疤痕,然后焊接新的盾尾刷。焊完后,在新的盾尾刷上涂抹盾尾油脂。

②把露出的盾尾刷处理完成后,再按上述步骤把 A_1 块管片旋转到 A_2 块管片边上,用油缸抵紧并上紧连接螺栓。松开管片安装机,并把管片安装机抓取头旋转到 A_3 块下部并托住 A_3 块管片。

③按上述步骤把 A_1 块管片移开后露出的第一道盾尾刷更换成新的盾尾刷(图 5-112)。

(4)管片复原

①盾尾下部的尾刷处理完后,开始按相反的步骤把 A_1、A_2、A_3 块管片装回原位,再把 B 块管片从管片输送机上安装到位,接着把 K 块管片也安装到位。

图 5-112 已更换的新盾尾刷

②所有管片安装完成,且管片螺栓上紧后,开始对盾尾进行注油脂,注油脂量要达到填满沟槽为止。油脂注完后,就可以开始掘进。

3)盾尾刷更换注意事项

①为控制盾尾刷更换时的漏水、冒泥现象,需通过倒数第二、第三环注浆孔(吊装孔),向管片背后注入双液浆。注浆以注浆压力控制为主,注浆量控制为辅。注浆压力不得超过 0.5MPa。在注浆过程中需密切关注管片变形情况,一旦发现管片出现错台、破损等情况必须立即停止注浆。根据实际情况选择其余位置继续注浆或停止本环注浆。

②在管片拆除时,人员不得位于管片下方。移动位置的管片必须保证螺栓连接牢固,油缸有效支撑稳妥。

③为保证盾尾刷更换施工安全,注浆结束后必须等强 36h 以上。

④在盾尾刷更换时,要保证焊接质量,确保牢固。

⑤在盾尾刷更换时,必须高度注意施工安全。若施工过程中出现严重的涌水、冒泥现象,必须立即停止施工并进行相应的处理,必要时需立即安装管片、恢复掘进。

⑥在施工过程中,要加强对设备的保护,避免对盾构设备造成损坏。

5.8.8 滚刀磨损分析及刀盘损坏实例

1)滚刀磨损规律

滚刀因磨耗引起刀刃缺损或脱落时必须进行更换,滚刀的磨损量受施工法、土质、滑动距离、刀具形状、刀具材质、推进速度、刀盘转速等因素影响,磨损量通常用下式进行预测。

$$\delta = K\pi DN\frac{L}{V} \tag{5-11}$$

式中：δ——刀具磨损量，mm；

　　　K——磨损系数，mm/km；

　　　D——刀具距盾构中心的直径，m；

　　　N——刀盘转速，r/min；

　　　L——推进距离，km；

　　　V——推进速度，m/min。

盾构在向前推进时，推进油缸必须提供足够大的推力才能保证盾构前移。推进油缸的推力通过刀盘作用到地层，刀盘旋转时刀具正对地层的部分与地层之间将产生很大的摩擦力，磨料磨损是刀具正对地层部分的主要磨损形式。

刀盘通过旋转完成对地层的切削，刀盘旋转时中心区域和边缘位置的线速度有很大的差异。例如，刀盘旋转一圈，安装在距刀盘中心点3m位置的刀具是安装在距中心点1m位置的刀具所通过路程的3倍，从理论上讲在相同的工况下，距中心1m位置上的刀具的寿命应是3m位置上的3倍。在砂岩、泥岩等地层掘进时，靠近刀盘外侧的刀具刃部要承受较大的冲击力，冲击磨损是导致刀刃磨损的主要原因，因此盾构的边刀总是磨损得最快。

为了解决刀盘中心区域与外侧刀具使用寿命差异很大的问题，在刀盘设计中宜增加刀盘外侧的刀具布置数量。

2）滚刀失效的主要形式

(1)正常磨损

刀具进行破岩时，破岩效率与滚刀的刃口宽度有关，随着刀圈磨损量的增加，刃口的宽度增加，当达到一定范围时会影响掘进速度，甚至不能再掘进。

滚刀的正常磨损是指刀圈刃口宽度超过规定值的均匀磨损。此类磨损使用测量仪进行测量。正常磨损(图5-113)是刀具失效的主要形式。

(2)刀圈断裂

掘进过程中，由于地层突然变硬或刀盘某些部件脱落或其他铁件卡在刀刃与地层之间，会导致刀圈局部过载而使刀圈应力集中发生断裂，同时刀圈与刀体配合过盈量未达到要求也会造成刀圈断裂(图5-114)。

图5-113　滚刀的正常磨损　　　　　　　图5-114　刀圈断裂

(3)平刀圈

平刀圈也称弦磨，是由于土体太软，滚刀不能转动，或是因为刀具的轴承损坏而引起。因刀具轴承损坏，滚刀不能在隧道开挖面上滚动，使刀圈呈现单侧磨损。掘进过程中出现平刀圈如果没及时发现，不但会加速这把刀的磨损，并且会造成相邻滚刀过载失效，从而迅速向外扩展，直到整个刀盘上的刀具全部失效。弦磨有三种情况，详见图5-115。

(4)刀具漏油

油脂因密封损坏而从滚刀中泄漏出来。造成刀具漏油的原因主要是地质条件发生急剧变化或换刀不合理造成刀具过载,或是因刀具轴承及浮动密封的寿命已达极限。

a) 单边弦磨

b) 多重弦磨

c) 严重弦磨

图 5-115 弦磨的三种状况

(5) 刀圈剥落

刀圈表面掉落整块的碎片,而整个刀圈没有断裂,称为"刀圈剥落",也称"刀圈碎裂",见图 5-116。刀圈剥落是由于刀圈表面产生疲劳裂纹,逐步扩展导致微观断裂,因磨损而剥落。如果剥落块较小,一般不影响刀具的正常运转。

(6) 挡圈断裂或脱落

挡圈(图 5-117)用于避免刀圈沿轴线方向的平行位移。如果挡圈断裂或脱落会引起刀圈位移。

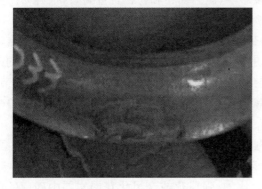

图 5-116 刀圈剥落

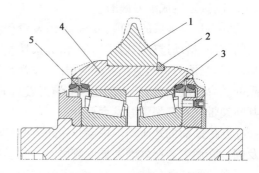

图 5-117 滚刀
1-刀圈;2-挡圈;3-轴承;4-刀体;5-密封

335

3)滚刀失效的原因分析

引起滚刀损坏的原因很多,并且相互关联,错综复杂,概括起来有 5 类:地质因素、滚刀结构因素、刀盘选型因素、施工过程中的参数控制因素和工程设计因素。

(1)地质因素

不同类别的岩层,由于其岩性、结构及变质程度存在着巨大差别,构成了盾构施工环境的本质差异。组成岩石的矿物种类、颗粒大小和形状、岩石的结构和构造形式、裂隙发育程度等,构成了岩石的强度、硬度和研磨性等重要岩土力学指标。其中,与滚刀磨损有重要关系的因素如下:

①岩石的强度。岩石的强度是指岩石在各种外力(拉伸、压缩、变形或剪切等)作用下抵抗破碎的能力。坚固岩石和塑性岩石(如泥岩或黏土岩)的强度主要取决于岩石的内连接力和内摩擦力,土层的强度主要取决于内摩擦力。岩石的内连接力主要是矿物颗粒之间的相互作用力(岩浆岩、变质岩类),或者是矿物颗粒间及其与胶结物之间的胶结力(沉积岩类),或者是胶结物与胶结物之间的连接力。一般颗粒之间相互的作用力(如岩浆岩类)大于胶结物之间的连接力(如沉积岩),而胶结物之间的连接力又大于颗粒与胶结物之间的胶结力,当为硅铁质胶结物时,这一规律并不明显,甚至出现逆序。构成岩石的矿物成分、胶结物质、结构、孔隙度、层理等自然因素和岩石在外力作用下产生变形的形式因素,是影响岩石强度最基本的"元素"。岩石强度与滚刀的磨损速度呈正比关系。

②岩石的硬度。岩石的硬度是指岩石抵抗其他物体(诸如切削刀具)压入的阻力。岩石的硬度在本质上取决于组成岩石的矿物的硬度及结构、构造的强度。影响岩石硬度的因素与强度因素相似,但层理对硬度的影响与强度相反。垂直层理方向的硬度值最小,而平行层理方向的硬度值最大,一般岩石,其平行层理的硬度为垂直层理硬度的 1.1~1.8 倍,所以在垂直层理方向上,岩石比较容易破碎。岩石硬度与滚刀的磨损速度呈正比关系。

③滚刀的研磨性。当用滚刀切削岩土时,在摩擦过程中岩土磨损滚刀的能力称为滚刀的研磨性。根据理论分析,可看做脆性体的滚刀,其摩擦功(A)和摩擦力(f)的关系为:

$$A = fs \tag{5-12}$$

$$f = \mu P F s \tag{5-13}$$

式中:μ——动摩擦系数;

P——岩石的局部抗压强度;

F——岩石的接触面积;

s——滚刀路程。

滚刀在岩土表面上的正压应力与岩石的局部抗压强度成正比。岩石破碎时,首先是在矿物颗粒交界面处产生破碎,多数情况下颗粒本身不破碎。因此,岩石上的矿物与破碎下来的矿物颗粒都在磨损刀具,并且矿物颗粒的硬度越大,磨损作用愈大。一般而言,滚刀的研磨性随岩石中石英的含量增大而增大。

黏粒和粉粒含量多少,虽然不会对滚刀损坏造成直接影响,但当黏粒和粉粒含量高时,很容易产生泥饼,从而间接地造成滚刀偏磨。

④断裂带及地层的层理、节理、裂隙发育程度。断裂带是区域地质构造的结果,其特征是相邻岩体有较大的错动,错动过程中形成的角砾,分选性差,棱角分明,若为硅铁质胶结,那么将形成极其坚硬的硅铁质角砾岩,当滚刀突然遇到这种岩层时,非常容易出现崩角、严重磨损等情况。地层层理的密集度、节理、裂隙的发育程度及其方向,也是影响滚刀破岩的重要因素之一。目前,大多以岩石质量指标(RQD)来反映其断裂带、节理、裂隙等发育程度。

⑤开挖断面的地质均匀程度。实践表明,当盾构由硬岩过渡到软岩掘进或由软岩过渡到硬岩掘进,以及同一断面内岩层软硬差异度较大时,在其界面上很容易发生滚刀损坏。

还有一种特殊的情况,即开挖断面内存在大块孤石。比如,强风化或全风化花岗岩层中残留的微风化新鲜坚硬的花岗岩球状风化体,极易使刀盘受到瞬间荷载冲击,对刀盘和刀具造成破坏性影响。

(2) 滚刀结构因素

滚刀的磨损不仅跟开挖的地层和盾构施工技术、施工环境有关，更取决于本身的结构功能和对岩土的适应性或破岩性能。

①滚刀各部件的质量。滚刀由刀圈、轮毂(也称刀体)、挡圈、轴及轴承密封等构成，如图 5-117 所示。以上各部件的质量，均会对滚刀损坏效果产生影响。如轮毂材质差，长时间工作后，会使轮毂磨损，影响正常转动；轴承密封效果差，在满仓掘进，且土压较高的状态下，水、土进入轴承，造成密封失效，刀具无法转动或被彻底卡死；刀圈质量及其与轮毂的接合质量差，会造成刀圈崩裂、崩角。

②滚刀装配的扭矩。滚刀装配扭矩即保证滚刀刀圈转动的最小扭矩。装配扭矩过大，会造成滚刀无法正常转动而造成偏磨；装配扭矩过小，滚刀轴承密封质量难以保证，易导致滚刀轴承密封损坏。

③滚刀刀圈的形式。滚刀刀圈往往有带齿和不带齿两种形式。带齿滚刀是在刀圈上镶嵌合金而成。不带齿滚刀刃角有钝形和尖形两种。

在相同岩层中，不带齿滚刀和带齿滚刀磨损形态有较大差异。在非常坚硬的岩层中，带齿滚刀往往容易崩齿，磨损更快；而在相对偏软的岩层中，带齿滚刀切削效果更强，且不易发生偏磨。

研究表明，在相同条件下，破碎岩石量随刀尖圆角半径的增大而下降，下降的速率与岩石性质相关，软岩速率大，硬岩速率小。

刃角形式对于破岩能力没有大的影响，不同制造厂家的设计大同小异，小松盾构刀具，采用尖角的刀圈材质是普通钢，因其韧性好而不容易发生崩角，而采用钝角的材质是特殊钢，坚硬但脆性相对较大。不论刃角形状如何，刀圈磨损后的形状基本是相同的，一般在硬岩中刀圈磨成的刃角角度很小，而在软岩中磨成的刃角角度大，在靠近刀盘边缘部分的滚刀，因其并非垂直，破岩时有一个倾斜角，容易造成刃角的偏磨。

④滚刀的直径。雷德的模型试验结果表明，在相同条件下，滚刀随直径增大，破碎量逐渐减少，但施工实践证明，对于切削易崩解、易软化的全风化、强风化、中风化泥岩及粉质泥岩，直径为 5~8m 的盾构在其他条件相同的情况下，17in 的滚刀较 14in 的滚刀破岩能力更有效。因此，滚刀直径还需因地制宜进行选择。

⑤滚刀刀刃的数量。通常，滚刀依据刀刃的数量分为单刃滚刀和多刃滚刀。两种滚刀破岩机理大同小异，多刃滚刀强化了同步剪切的功能；单刃滚刀破岩则有一个时间差，其作用是前一把滚刀为后一把滚刀提供临空面和强度损失体，使随后的滚刀发挥更大的破碎作用。在软岩中掘进，多刃滚刀效果较好；在硬岩地层中掘进，单刃滚刀效果较好。

⑥滚刀设计的最大压力。当盾构有效推力过大，分配在单把滚刀上的压力已经大于其设计最大压力时，就会造成轮毂等损坏，密封失效，滚刀无法转动。

(3) 刀盘选型因素

①刀盘的形式。刀盘是滚刀的载体，刀盘强度、刚度、刀盘开口率及均匀性都与滚刀磨损密切相关。刀盘刚度过弱，会造成掘进过程中刀盘变形凹陷，使整盘滚刀不是作用在一个平面上，降低了滚刀整体的破岩能力。如果刀盘开口均匀性不好，切削下来的颗粒、块体不能顺畅地进入密封土仓，意味着有一段时间内这些颗粒夹于刀盘面板和开挖面之间。这些颗粒和块体随着刀盘的转动呈动态地研磨着刀具，刀圈侧壁越磨越薄。如果切削下来的是黏结性很强的黏土，那么开口率小的部位，很有可能形成泥饼，箍死滚刀，使滚刀偏磨。几种典型的复合式刀盘如图 5-118 所示。如图 5-92c)所示刀盘，因中心部位开口率太小，很易结泥饼，从而容易造成滚刀偏磨和刀盘磨损。

②刀具的组合。全硬岩地层盾构以布置滚刀为主，一般不布置切刀系列刀具，但针对复合地层的开挖，则既需要布置滚刀系列刀具，又需要布置切刀系列刀具。两大系列切削岩体或土体的作用不一样，因此存在相互影响的问题，其表现形式有以下 3 种：

a. 以切刀为主，滚刀为辅，滚刀高度超过切刀。滚刀数量很少(如广州地铁 1 号线)，在开挖切削强风化、全风化残积土时，基本起不到作用，结果是滚刀先被严重磨损或偏磨。

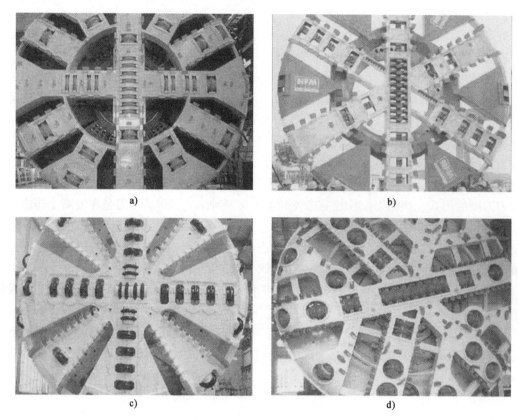

图 5-118 几种典型的复合式刀盘

b. 以切刀为主,滚刀为辅,滚刀高度低于切刀。其设计理念是当切刀碰到硬岩土层损坏时,滚刀再发生作用;在软岩地层和软土层开挖过程中滚刀可得到保护。

c. 以滚刀为主,切刀为辅,滚刀高度超过切刀。当滚刀和切刀的高度差小于 2.5cm 时,这种组合能适应岩石变形模量小、脆性大、可不建立土压掘进的工况。但遇到软岩地层或全风化、强风地层,滚刀的贯入度超过 2.5cm 时,一方面造成切刀的大量损坏,另一方面也造成滚刀的严重磨损。

刀间距对滚刀破岩效果也会产生影响,刀间距过疏,不宜达到破岩效果,滚刀磨损速度加快;刀间距过密,在软岩中容易出现结泥饼现象,使滚刀偏磨。

③滚刀的位置。滚刀安装位置距离刀盘中心的距离越远,线速度越大。相同掘进长度内滚刀走过的轨迹越长,越容易发生磨损,即刀具的均匀磨损量与滚刀距刀盘中心的距离成正比。边缘滚刀应比中心滚刀的均匀磨损量要大得多,但从实际施工中来看,在相同掘进长度内,中心滚刀的最大磨损量经常与边缘滚刀的接近有关,这大多由于中心滚刀处线速度小、难以滚动、易形成弦偏磨所致。

(4)施工过程中的参数控制因素

施工技术控制涉及滚刀磨损的具体因素有有效推力、掘进速度、泥土压力、密封土仓内温度、开挖面动摩擦系数的变化及刀具管理等。

①有效推力。要使滚刀转动,必须有足够的有效推力作用于滚刀上,使滚刀与岩层间产生足够的摩擦力,克服其装配扭矩而转动,达到破岩作用。如果有效推力不足,往往会造成滚刀贯入度过小,且不能转动的情况,造成滚刀弦偏磨。

②贯入度。贯入度是掘进速度与刀盘转速的比值。当贯入度大时,单位距离内滚刀接触磨蚀矿物(如石英等)的时间缩短,另外,仓内的渣土中磨蚀矿物接触滚刀的时间也相应缩短,因此掘进速度越快,排土越快,滚刀磨损量也会相应降低。但硬岩中贯入度过大,会造成滚刀和切刀同时破岩的情况,不仅对切刀造成致命性损害,滚刀破岩能力受切刀影响,也会有所下降。

③切削环境。切削环境不同,滚刀磨损量不同。滚刀的切削环境诸如有无建立土压、开挖面是否表面干燥或湿润、密封土仓的温度以及注入密封土仓或开挖面的泥浆及添加剂的性能都归属为环境因素,

与滚刀磨损密切相关。

密封土仓内泥土压力越高,面板前与开挖面之间的渣土越密实,一方面在总推力不变的情况下,有效推力会明显降低;另一方面密实的渣土和磨蚀矿物与滚刀接触时间大大增加,加快了滚刀的均匀磨损。

滚刀切削岩土时,会产生大量的机械热能,热量大部分随着排渣带走;一部分被盾构金属构件包括滚刀所吸收,使金属构件温度升高;一部分被围岩的水和岩土所吸收。高土压时,大部分热量随着刀盘的转动,主要储积在刀盘面板和开挖面之间,如果围岩吸热性能差,那么面板和开挖面之间会形成一个高热区。掘进速度低时,大量的热量同样无法消散,也形成高热区。

切削环境对摩擦系数影响很大,其影响程度甚至会超过自然因素。比如,仓内充满泥浆时,摩擦系数减小;仓内注入SPD活性溶液或乳状溶液时,因存在润滑作用而摩擦系数变得更小。空仓干燥环境与建立土压后的潮湿环境、泥浆环境、添加剂环境,其开挖面的动摩擦系数有很大的差异。为了减少刀盘扭矩、降低仓内温度、防止仓内结泥饼、喷涌或保持开挖面稳定,一般常向密封土仓内注入水、泥浆、泡沫、聚合物、合成高分子树脂等添加剂。这些液体的注入,使动摩擦系数大大减少,有的地层减少50%以上,致使同等有效推力的情况下滚刀可能无法顺利转动,继而发生偏磨。

④刀盘管理。基于经济考虑和其他原因,同一刀盘有时会布置不同厂家生产的不同材质(即使直径、结构、功能相同)的滚刀,或者没有对掘进中的刀盘、滚刀勤检查、勤更换,结果发生"骨牌效应"式的滚刀损坏,起先只有一把滚刀磨损较严重,没有更换,结果导致陆续不断磨损直至全部损坏。开挖面不平整,常见于滚刀更换后或开挖面和盾构刀盘面不平行时,若刀盘转速快、掘进速度过快,导致刀盘转动时,瞬间会产生一个非常大的冲击荷载,造成滚刀刀圈崩裂或崩角。

(5)工程设计因素

滚刀的磨损量,无论是均匀的,还是非均匀的磨损,都较理论计算和模型试验严重很多,工程设计因素对滚刀的磨损也起了很大作用。从大的方面来说,线路设计决定了开挖面的地质条件。小曲线半径段,滚刀的轨迹较直线地段处在不断地变化过程中,过多过快的变化很容易造成滚刀崩裂,并且侧向受力过大,将加速滚刀刃角偏磨;上软下硬地段,滚刀在随刀盘转动过程中,受力状态在三维空间上不断变化,也将加快滚刀磨损。

4)广州地铁3号线珠江新城—客村区间刀盘修复

(1)地质情况

2004年11月26日,广州地铁3号线珠江新城—客村区间右线盾构刀盘在掘进过程中,出现了严重损坏而无法推进。刀盘的里程为YDK5+875(赤岗塔—客村区间右线192环)。隧道断面中下部为微风化砂砾岩层⟨9⟩,石英含量较高,上部为中风化岩层⟨8⟩;隧道上部除覆有1m左右的强风化岩层⟨7⟩外,就是淤泥质土层⟨2-1⟩和淤泥质粉细砂层⟨2-2⟩。

(2)事故情况

当盾构推进到图5-119所在的在建建筑物基坑维护结构附近时,发现推进速度逐渐减慢,推测是由于刀具磨损所致,但上覆砂层无法直接开仓换刀。为了安全起见,经研究后决定继续推进至有利的换刀地层后再换刀。最后推至193环时,推进速度只有0~3mm/min,20h只推进了1.4m,估计是开挖断面下坚硬的砂砾岩使刀具严重磨损所致。基坑的围护结构为搅拌桩加锚杆拉索加固。

在盾构从基坑内穿过时曾发生冒浆、冒泡和局部下陷等问题。出于保护基坑边坡和利于盾构推进考虑,盾构穿过前原计划对基坑内的砂层进行加固,但因为地层加固场地协调十分困难而作罢。

(3)刀盘磨损情况

隧道顶部是富水的淤泥质砂层,开挖面稳定性很差,而中下部却是坚硬的砂砾岩层,刀盘刚好在建筑基坑边的围护结构下,建筑基坑的围护桩恰好成为换刀作业的地层加固体。停机打开密封土仓检查发现,中心刀位置原装置的轻型齿刀及另外1把中心滚刀已经脱落,刀具脱落和磨损造成刀盘中心部位的三联体刀箱及相应的刀盘中心部位严重磨损,刀盘中间部位被环状磨去约10cm,旁边另1个中心刀刀箱亦被磨损。

(4)刀盘修复过程

由于隧道上覆砂层,换刀和修复刀盘作业时间长会使工程风险增加,进行仓内作业对作业人员和基坑边坡均存在一定的危险性。经过开仓探查,此时刀盘刚好停在基坑围护结构的下部,也是不幸之中的万幸,因而有条件进入密封土仓内和刀盘前进行刀盘修复作业。在刀盘前方的岩体开挖出作业空间,三连体刀箱(图5-120)已被磨坏需要更换,因其体积太大无法送到刀盘前方,只好将其一分为二,待进入刀盘前方后再予以组合成三连体;即使如此,也需要将盾构前仓壁板人仓处上、下各割去一块(图5-121)才能将三连体刀箱(图5-122)部件顺利运入。刀盘修复工作用了18d,完成后恢复正常掘进。

图5-119 基坑内盾构所停位置

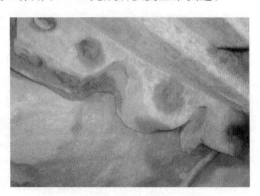
图5-120 三连体刀箱磨坏,刀具脱落

图5-121 人仓压力壁板割去一块

图5-122 完好的三连体刀箱

(5)事故教训

①当发现掘进速度变小、推力增大、渣土温度高等迹象时,表明刀具已经严重磨损,不能贸然继续掘进。必须停下来对刀具进行检查,以免强行掘进造成刀盘被磨坏。

②在石英含量高的砂砾岩中掘进时,要充分估计刀具的磨损情况,及时开仓检查或更换刀具。本工程在此种砂砾岩中掘进时,使用的是意大利Palmieri SPA公司的17in滚刀,一般掘进50m左右就要更换刀具。

③盾构通过砂层地段需要保持较高的密封土仓压力,采用土压平衡模式掘进通过;为防止刀盘渣土硬结形成泥饼,应提高刀盘中心部位的开口率,因而在刀盘全断面均配置滚刀的情况下,在刀盘的中心部位使用了两把开口率较大的轻型齿刀(轻型齿刀比标准齿刀外形尺寸较为纤小)。本实例中因为过于片面地考虑砂层的影响而忽略了隧道断面下部的地层为砾岩,石英含量高,岩层相对较硬的特点,并且中心部位刀具布置不均衡,在软硬相间的岩层界面上掘进时反复经受冲击而容易脱落,当掘进速度变慢时碍于刀盘上方是砂层而不能够及时开仓检查,这样在坚硬的砾岩中施工,刀盘在短时间内即被严重磨损。

5.8.9 广州地铁2号线海珠广场—江南西区间盾构过江

1)地质情况

广州地铁2号线海珠广场—江南西区间,江底地形平缓,水深为8～12m,江底由两种地层组成。上覆第四系全新世软土,江中段隧道上方以砂层和砂砾层为主,下伏白垩系地层,以中～微风化的粉砂质泥岩为主,单轴抗压强度最大值为15MPa。隧道上面最小覆盖层约6m,距第四系砂层最近处不足2m。该工程地质条件的特点如下:

①缺失残积层(隔水层),江水与基岩裂隙水容易沟通,盾构推进时工作面与江水连通。
②隧道断面上软下硬特征明显,盾构姿态控制困难。
③由于白垩系粉砂质泥岩的"软化系数"和"弹性模量"很小,因此在有水的环境中易软化、变形。
④围岩裂隙发育。

2)施工中出现的主要问题

在施工过程中,从螺旋输送机中排出了皮鞋、自行车、菜篮子等杂物。说明隧道工作面与江底已完全连通,但并没有发生较大事故,施工出现的主要问题如下:

①江底塌方,隧道与江水连通。
②刀盘和密封土仓结泥饼。
③螺旋输送机喷涌。
④盾尾密封失效。

3)过江风险分析

通过分析可以发现,过江段地层与陆地地层并没有本质上的不同,在江下施工时出现的问题与在陆地施工时出现的问题也没有很大的区别,唯一的差异在于当在水下施工时,隧道上方始终"悬挂"着一个巨大的水源。

盾构过江的风险来源于隧道上方的水源,其风险主要表现为:盾尾密封失效;铰接密封失效;螺旋输送机密封失效;水压力超过轴承最大密封压力,造成轴承密封失效。

若要避免盾构过江风险,要把绝大部分精力投入到对盾构的维修和保养方面,要保证过江时盾构在完全正常和安全状态下运行。此外,也要制定相应的施工措施,比如:盾构正确的掘进姿态;开仓或换刀时必要的保障和地层加固措施;正确地控制各种施工参数,如出土量、注浆量、泡沫量、油脂量等;要准备充足的抢险材料和物资;在铰接密封之前的盾壳上预设径向注浆孔。当机头前方塌方时,可以通过这些孔注入化学浆液或者水泥浆,力保铰接密封和盾尾密封的完好。

5.8.10 广州地铁3号线珠江新城—客村区间盾构过江

1)过江风险分析

广州地铁3号线珠江新城—客村区间盾构过江的施工长度为642m(在江中间穿越246m的海心沙岛),要在珠江底下2次穿过,江面宽度分别为78m和318m。存在的施工风险如下:

①盾构设备陈旧。本工程所使用的盾构为旧盾构,刀盘、主轴承等盾构关键部件因使用日久而损坏的风险较其他盾构高,并且在盾构过江前的检查中已发现刀盘出现裂纹、刀盘驱动电机减速器的轴承损坏和齿轮磨损等一系列问题和故障。应防止盾构在江底出现故障。

②盾构壳体密封部件漏水。该密封部件主要是指盾体铰接密封和盾尾密封失效,如在江底损坏而造成严重漏水,将直接影响盾构的安全。在过江前的掘进中这两个部位已经多次发生漏水、漏泥现象,必须引起足够的警惕。

③喷涌、江底塌方及江水浸入隧道。过江段的地下水基本上是"岩层裂隙水"且与珠江水连通,补给较迅速,受江水涨落影响较大;岩层层面起伏较大,层面容易形成涌水通道;江水深6～8m,洞顶埋深最小为7m,且洞顶上覆盖不同厚度的强风化岩层〈7〉、硬塑或稍密状残积层〈5-2〉和淤泥质细砂层〈2-2〉。盾构施工中控制不好会引起螺旋输送机出土口大量喷涌,甚至会引起江底塌方、江水灌入隧道等严重事故。

④江底换刀。盾构过江的施工长度为642m,若换刀时遇到地下水较大,则无法正常进入密封土仓换刀作业,将不得已采用风险较大的气压换刀方法。

2)盾构穿越浅覆土层

盾构穿越珠江面临的问题除了岩层裂隙水丰富外,隧道洞顶覆盖的岩层较薄也是施工时要考虑的主要因素。根据地质勘探资料,隧道洞顶最小埋深约为7m,从下到上依次是:强风化岩层〈7〉约1m,硬塑或稍密状残积层〈5-2〉约3.4m,淤泥质细砂层〈2-2〉约2.6m。盾构穿越珠江隧道上部覆盖层薄会产生以下施工难点:

①盾构施工时头上悬河,岩层裂隙使丰富的地下水得到及时补充,在压力作用下造成盾构施工时螺旋输送机出土口喷涌。

②在施工时易造成江底塌陷,严重时甚至造成江水与隧道贯通,而在水下又无法使用常规的监测手段进行精确监测,江底塌陷后难以处理。

③盾构的姿态较难控制。

针对具体的地质情况,过江时采取的施工措施如下:

①选择合理的掘进模式。选择半敞开加气压模式,气压控制在0.07~0.1MPa;或选择欠土模式,气压控制在0.05~0.065MPa;或根据具体地质情况,两种模式结合灵活使用。

②选择适宜的掘进参数。总推力控制在10000~12000kN之间,刀盘转速为1.8r/min,刀具贯入度不超过15mm/r。

③加强管片背后注浆管理。同步注浆压力、注浆量、浆液配合比等均根据江底下的地质情况和地下水的情况进行调整,采用的注浆量为6~6.5m³/环,同步注浆水泥、砂、粉煤灰、膨润土、水的配合比为:160∶779∶341∶56∶446。

④注意渣土改良。采用泡沫剂改良渣土,泡沫剂的用量为40~50L/环,泡沫剂的比例为2%~3%。

⑤加强江底监测。采用GPS跟踪定位,用声纳量测法对江底河床的变动情况进行监测,监测频率为1次/d,若发现异常变化则提高监测频率,必要时24h不间断进行监测。同时监测计量出土量,使出渣量与掘进速度相对应。实际出渣量控制在72m³/环左右。

3)螺旋输送机的喷涌

因为过江段地下水丰富,对所使用的土压平衡式盾构来说最常发生的施工困难是螺旋输送机出土口喷涌。目前,对螺旋输送机的喷涌尚没有特别有效地防止或处理措施,但在施工中通过调整掘进模式和施工参数、改良渣土以及其他辅助措施可以收到一定的效果。

①掘进模式的选择。根据地质情况可以选用半敞开式加气压掘进施工和土压平衡式掘进施工。在地质条件和外部条件允许的情况下,半敞开式加气压掘进施工可以减少刀盘扭矩,提高掘进速度。加气的压力可根据地质情况、隧道埋深和地下水压综合决定。本工程在过江时使用的最高气压是0.25MPa,密封土仓压力一般控制在0.06~0.08MPa之间。

②采取放水减压措施。一般在地层较好的情况下,可先将刀盘停止转动,同时打开螺旋输送机放水,观察水量变化,待水压减小后再恢复掘进;或者将盾构后部隧道部分管片上的吊装孔打开放水,降低密封土仓中的水压力,防止掘进过程中螺旋输送机出土口喷出大量泥浆。

5.8.11 广州地铁3号线大塘—沥滘区间盾构过淋砂涌

1)地质条件

淋砂涌为珠江水系之一,系一通航河道。该河道水面涨潮时水面宽约130m,覆土最浅处仅6.4m。根据地质勘查资料显示,在隧道里程为ZCK8+856.00的土层依次为淤泥质土层〈2-1〉,厚3.8m;冲洪积砂层〈2-2〉,厚2.2m;中细砂层〈3-2〉,厚度大于5.9m;岩石全风化带〈6〉,厚2.9m;红层强风化带〈7〉,厚6.4m;红层中风化带〈8〉,厚2.1m;红层微风化带〈9〉,厚3.6m。隧道穿越淋砂涌地质剖面如图5-123所示。

该区隧道拱顶主要为饱水中细砂层及全风化层,$N=135$击;边墙主要为饱水中细砂层、可塑状粉质黏土层,全风化、强风化泥岩,$N=1~93$击;隧底主要为全风化、强风化、中风化砂岩和泥岩,天然抗压强度小于10.0MPa。

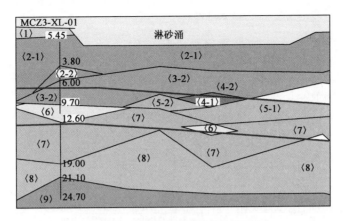

图 5-123 盾构穿越淋砂涌地质剖面图

〈1〉-人工填土层;〈2-1〉-淤泥质土层;〈2-2〉-淤泥质细砂层;〈3-2〉-陆相冲洪积砂层;〈4-1〉-冲洪积土层;〈4-2〉-河湖相淤泥质土层;〈5-1〉-可塑或稍密状残积层;〈5-2〉-硬塑或中密状残积层;〈6〉-红层全风化带;〈7〉-红层强风化带;〈8〉-红层中风化带;〈9〉-红层微风化带

2)采取的施工措施

2003年6月23日,第1台盾构率先在广州地铁3号线大塘—沥滘区间左线始发。7月9日,在拼装第18环后进入本标段第1险段——淋砂涌。该区段土层的稳定性差,敏感性强,在盾构掘进时由于刀盘的扰动,使地表及河床出现较大的沉降,尤其是当盾构通过砂层地段时极易发生喷涌。淋砂涌受潮汐影响,水位变化大,赋存于砂层的地下水与珠江水系存在着很强的水力联系,盾构在掘进过程中如果一旦发生喷涌将会导致河底土体坍塌、河水倒灌。针对以上技术难点,采取的施工措施如下:

①采取土压平衡模式掘进,保持密封土仓压力平衡,防止工作面的坍塌涌水,密封土仓压力保证在0.12MPa左右,并随时根据地面监测结果进行修正。

②在工作面保压掘进的情况下,在土仓内辅以压缩空气,以保证平衡工作面的土压。

③在砂层中掘进时添加泡沫以减少渗漏,加强工作面的密封性。

④盾构在穿越淋砂涌区段砂层时,严密监视和分析渣土成分的变化。

⑤严格实施同步注浆,保证注浆效果,及时对盾尾密封刷充填足够的油脂,以保证盾尾的密封性。

⑥根据螺旋输送机出土的情况进一步确定泡沫的比例。

⑦加强监测及信息反馈的及时性,并根据反馈信息对盾构掘进参数及同步注浆量进行必要的调整。

⑧在始发端头及淋砂涌河堤外进行补充地质勘探,进一步查明地质情况。

尽管采取了以上施工措施,但在2003年7月8日16时,当左线盾构推进至淋砂涌北岸边时,发现监测断面C8845部分测点的沉降值和沉降速度超过警戒值。

在7月9日凌晨,当盾构掘进到淋砂涌时,在C8845部分监测点当日沉降速率急剧增加,C8845-3(−40.81mm)、C8845-4(−57.19mm)、C8845-5(−62.23mm)、C8845-6(−54.85mm)、C8845-7(−32.75mm)等监测点出现较大沉降,并对附近的地面造成严重开裂,河岸施工围墙倾斜断裂,材料库砖墙出现较大的贯通性裂缝,河面像开锅的水一样翻浆冒泡。

7月10日上午,针对工地围墙倾斜开裂、地面串浆、水面冒泡等现象,立即采取的应急措施如下:

①沿C8845监测断面布孔进行了地面注浆并对隧道内第15环5522环管片吊装孔进行了补注浆,以控制地表的进一步沉降。

②向河内抛掷大量的沙袋,以填充河底被击穿的空隙。

③控制盾构掘进参数并严密监控出土情况,如发现涌水、涌砂,立即关闭螺旋输送机闸门停止掘进,并立即采取抢险措施。

④确保盾构以土压平衡模式推进,维持合理的土仓压力以及合适的注浆压力,以保证盾构平稳、连续、顺利地掘进。

⑤在淋砂涌中补设监测点,加密监测频率并及时反馈,根据沉降信息的反馈及时采取措施。

上述措施防止了事故的进一步发展,从而确保了盾构的顺利掘进,成功地穿越了宽度为130m的淋砂涌,掘进轴线控制及管片控制质量都比较理想。

5.8.12 东莞地铁 R2 线 2307 标刀盘变形与主轴损伤

1)工程概况

东莞市快速轨道交通 R2 线 2307 标段位于东莞市南城区,标段工程全长 2496.808m,由一站一区间(西平站、西平站—蛤地站区间)组成。该标段工程示意图如图 5-124 所示。

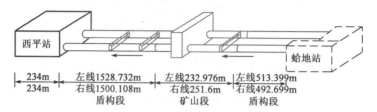

图 5-124 标段工程范围图

根据地质详勘报告分析,西—蛤区间隧道洞身主要穿越⟨6-6⟩砂质黏性土层、⟨10-1⟩全风化混合片麻岩层、⟨10-2⟩强风化混合片麻岩层、部分穿越⟨6-5⟩可塑状砂质黏性土,局部基岩突起为⟨10-4⟩微风化混合片麻岩层,侵入洞身范围相对较少。

2)刀盘变形情况介绍

2013 年 9 月,中铁 22 号盾构机在中间风井经过刀盘改造、整机检修后,重新始发。2013 年 9 月 12 日晚上,盾构机刀盘刚进入洞门密封时,推进油缸行程为 1200mm,推力为 7000kN。继续推进到油缸行程为 1700mm 时,刀盘全部进入帘布橡胶密封内,盾构最大推力达到 13000kN,尝试转动刀盘,发现刀盘不能转动,并出现 2 次刀盘电机扭矩限制器脱扣现象,经检查发现刀盘被洞门二衬墙预留钢筋(ϕ12 螺纹钢)卡住。9 月 13 日,白班进仓处理钢筋时,发现刀盘与前盾切口环之间的间隙不均匀(具体间隙情况如图 5-125 所示),有偏斜现象,局部刀盘圈梁已经侵入到土仓内。处理完钢筋后,再次转动刀盘,刀盘能够转动。

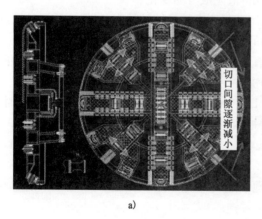
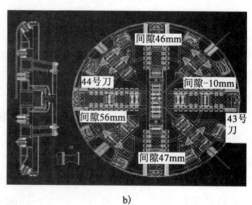

图 5-125 刀盘偏斜情况实测示意图

9 月 14 日,全面检查测量刀盘焊缝及变形情况后发现:

①刀盘倾斜:从 30 号刀、32～43 号刀的间隙成逐渐减小趋势,刀盘变形情况如图 5-126 所示。43 号边滚刀所在位置的刀盘圈梁侵入土仓内 10mm,44 号刀位置刀盘圈梁与前盾间隙为 56mm,41 号刀位置刀盘圈梁与前盾间隙为 46mm,42 号刀位置,刀盘圈梁与前盾间隙为 47mm。

②焊缝开裂:23 号、22 号、27 号、28 号刀箱焊缝开裂,23 号刀处牛腿焊缝处出现明显裂纹,23 号刀箱变形,23 号刀位置环筋板焊缝开裂,刀箱焊缝开裂如图 5-127 所示。

3)刀盘变形原因分析

①违规操作,违规指挥:

图 5-126 刀盘变形情况照片　　　　　　　图 5-127 刀箱焊缝裂缝照片

a. 没有按照施工组织设计要求对掌子面进行检查清理和验证，也没有取芯进行强度验证，掌子面有孤石和影响刀盘旋转的钢筋没有检查和处理，操作司机没有进行确认是否适合掘进，盲目进行推进，属于违规操作。

b. 在以上所有与始发有关的工作没有彻底解决前，盲目决定开始掘进，属于违规指挥。

c. 领导违规指挥，操作人员违规操作，这是出事故的必然因素。

d. 按照 9 月 17 日专家会提出的处理方案，需要将盾构机刀盘后退至始发洞门前刀槽处。

当盾构机完成后退工作后，发现掌子面左下角位置存在孤石，最大的孤石直径约为 1m，如图 5-128 所示。

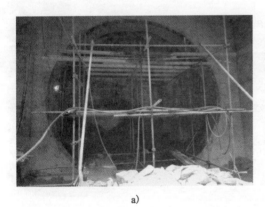 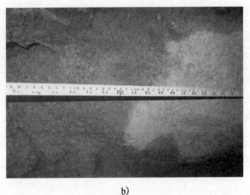

a)　　　　　　　　　　　　　　　　b)

图 5-128 掌子面孤石情况

②对异常情况缺乏敏感：再次始发后，发现盾构机推力异常增加时，有关人员没有敏感性，不知不觉，没有停机分析，盲目继续推进，直到转不动刀盘时才意识到问题的严重性，失去了处理问题的最佳时机。

盾构在进入风井前是空推，空推段盾构正常推力为 3000～4000kN。当在风井中再次始发，油缸行程 1200mm 时，盾构机刀盘刚进入洞门密封，盾构机推力增加到 7000kN，此时刀盘位于帘布橡胶板位置，不具备转刀盘条件；继续推进至油缸行程 1700mm 时，刀盘完全通过洞门密封，推力从 7000kN 增加到 13000kN，持续时间约为 6min，推力均衡增加，约每分钟增加 1000kN，此时具备转动刀盘条件，转动刀盘时发现刀盘卡死。

③刀盘承受的偏载力已经远超材料的允许值：根据 9 月 17 日及 10 月 8 日两次专家会的分析，空推段正常推力应为 3000～4000kN。当推进油缸行程达 1700mm 时，推力从 7000kN 增加到 13000kN，此时土仓为空仓，即刀盘受力为 9000kN；根据掌子面左下角存在较大的孤石的情况，以及推力持续 6min 增加的情况，刀盘的左下角边缘顶在孤石上，承受全部推力，其他部分则悬空，没有承受推力，刀盘承受了较大的偏载力。专业人员对中铁 22 号盾构刀盘做了模拟偏载分析，如图 5-129～图 5-131 所示；中铁 22 号刀盘加载的边界条件为：对刀盘的 43 号、38 号、37 号三把刀加偏载，推力分别为 9000kN、8000kN、7000kN、6000kN、5000kN、4000kN，计算结果如表 5-24 所示。

刀盘模拟偏载分析表　　　　　　　　　　表 5-24

推力(kN)	9000	8000	7000	6000	5000	4000
最大等效应力(MPa)	1079	959	839	719	599	479
最大位移(mm)	29	26	22	19	16	13

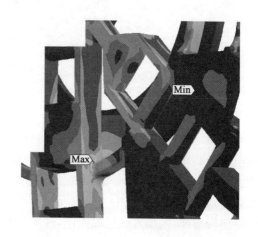

图 5-129　900t 偏载条件下刀盘正面分析结果示意图　　图 5-130　9000kN 偏载条件下刀盘局部分析结果示意图

刀盘材料是 Q345B，其屈服强度为 295MPa，抗拉强度为 470~630MPa。模拟结果表明：

a. 当偏载超过 4000kN 时，刀盘牛腿与刀梁处就已开始出现微观裂纹。

b. 当偏载为 6000kN 时，刀盘综合最大等效应力为 719MPa，牛腿与刀梁连接处已超过 470MPa。

c. 当偏载力达到 9000kN 时，刀盘综合最大等效应力达到 1079MPa，远远超过 470~630MPa。

根据断裂疲劳学理论，当出现微观裂纹时，材料的实际强度为原强度的 1/5，即裂纹出现快速延展，牛腿与刀梁出现宏观裂纹。

4) 主轴承损伤情况判断分析

图 5-131　9000kN 偏载条件下刀盘分析结果示意图

由于刀盘变形，在重庆地区没有进行过主轴承检测，在东莞已经掘进过一个区间，根据专家建议，为谨慎起见，决定对主轴承的状况进行检查和分析判断，并采取相应的措施。

① 经轴承厂家复核，刀盘最外圈三把刀位置承受 9000kN 偏载力的情况下，静载荷 (静态负载扭矩) 为 23380kN·m，在主轴承设计安全范围内，而且没有旋转，说明这样的偏载不会造成主轴承损坏。

② 主轴承厂家经过检测，判断主轴承属于严重磨损或者轻度剥落，是否可以使用，则需要拆检再进行判断。为了确保在主轴承安全的情况下进行刀盘修复，2013 年 9 月 22 日，邀请了 SKF 工程师用 SKF CMXA 70-M-K-SL/CMSW7300 检测仪器，在刀盘空载、转速 4.5r/min 工况下，对中铁 22 号机刀盘主轴承进行了振动数据采集，检测分析主轴承状态，其结果如表 5-25 所示。

中铁 22 号盾构主轴承振动测试表　　　　　　　　　　表 5-25

测量位置	加速度包络值 gE_1	加速度包络值 gE_2	加速度包络值 gE_3
轴承径向	0.053/0.040	0.098/0.030	1.049/0.3524
刀盘推向	0.469/0.40	0.165/0.256	0.369/0.146
设备状态及建议	主轴承存在故障，从分析情况看，轴承润滑状态差，属于较严重磨损或者轻度剥离，建议拆检轴承，如果轴承在公差范围内，则清洗干净，换润滑油后使用，如果超差，则需要维修		
备注	振动值是同方向上下两个测量位置的振动值		

③综合分析,决定更换主轴承。根据 SKF 工程师出具的检测结果,主轴承受损伤,但损伤程度难以判断,应该是滚道、滚柱或保持架有轻微剥落,但也不能排除主轴承严重损坏的情况。

为了验证 SKF 工程师出具的检测结果,项目上继续进行了以下工作:9 月 26 日,清洗主轴承,添加新齿轮油,刀盘转速为 2~3r/min,每转动 4h,取油样一次,共取三次油样进行光谱分析和铁谱分析;光谱分析及铁谱分析结果显示系统磨损情况基本正常,油中有个别铜合金异常磨损颗粒。

通过对油液检测结果进行对比,虽无主轴承损伤继续恶化的情况,但由于刀盘为空载短时间运转,在没有按照厂家要求进行拆检的情况下,既不能判断轴承是否在公差范围内,也不能排除在施工过程中出现主轴承损伤继续恶化的情况。

综合考虑工期较紧的实际情况,决定对主轴承进行更换。

5) 刀盘的处理措施

为了处理刀盘,必须先把盾构后退到指定的合适位置。利用安装的盾构后退油缸和一定长度和数量的钢墩子,使盾构机后退 5.5m,以使刀盘退出中板位置满足盾构刀盘吊装条件。刀盘后退情况如图 5-132 所示。

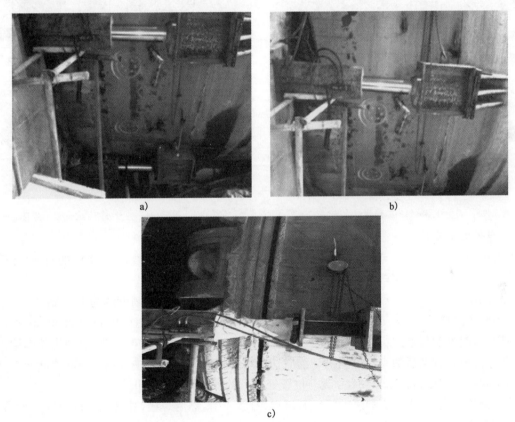

图 5-132 刀盘后退情况

刀盘退到指定位置后,清理盾构机两边杂物和盾构凹槽处物料以及积水,拆除折叶板,采用静态炸药破碎处理掌子面孤石,对掌子面进行喷浆支护。

(1) 刀盘外圈梁轴向的变形测量

①测量方法:在盾体切口环的顶部选择一个点,作为测量的基准;刀盘大约旋转 30°测量一次,共测量 12 次。

②测量结果:测量值－理论值＝外圈梁轴向的变形量,当测量值大于理论值时,表示大圈圆环与切口环之间的间隙加大,反之,则间隙减小。测量结果如图 5-133 所示。

根据图中刀盘外圈梁轴向变形测量的结果,刀盘外圈梁在 43 号刀位置处变形最大,变形量约为 60mm。

(2) 刀盘外圈梁径向的变形测量

①测量方法：在盾体切口环的顶部选择一个点，作为测量基准；刀盘大约旋转30°测量一次，共测量12次。

②测量结果：测量值－理论值＝外圈梁径向的变形量，测量值大于理论值，表示在测量点处，外圈梁内圆环的半径方向变小，反之，则间隙增大。测量结果如图5-134所示（备注：在工厂加工制造过程中，外圈梁内径的公差一般控制在±5mm）。图中刀盘外圈梁径向变形测量的结果显示，刀盘外圈梁在43号、38号、34号刀位置处的变形量较大，变形量已经超出了外圈梁与切口环之间的间隙。

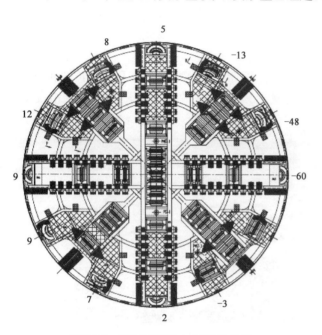

图5-133 刀盘外圈梁轴向变形测量结果

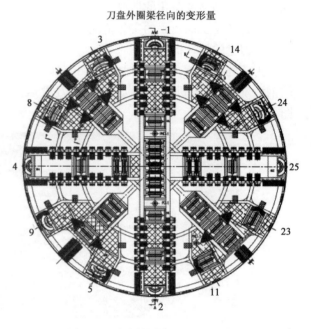

图5-134 刀盘外圈梁径向变形测量结果

(3) 刀盘外圈梁修复

①先处理刀盘两道环筋与90°刀梁连接处的焊缝，在刀盘90°刀梁处的翼板的背面割开高度约125mm的缝隙，割缝距刀盘中心的距离约1838mm。

②在外圈梁与刀盘90°刀梁中心线夹角约17°的位置处割缝，割缝的高度约为200mm。

③用100t的油缸顶在90°刀梁的翼板上，油缸顶在翼板的位置距刀盘的中心约2850mm处。慢慢升高油缸的压力，时刻观察油缸行程的变化以及刀盘外圈梁的变化，防止校正超差，直到将外圈梁校正到理论位置，即保证校正过之后的刀盘外圈梁与前盾切口环之间的间隙控制在30~40mm之间。

④利用同样的方法，将34号、38号滚刀位置处变形的外圈梁进行校正。

⑤外圈梁校正之后，将刨除焊缝的钢板开破口，打磨光滑，然后焊接，焊接之后局部进行加强，修复情况如图5-135、图5-136所示。

图5-135 割缝位置

图5-136 油缸校正变形部位

(4)刀盘外圈梁检验

通过滚刀模板来检验滚刀的高度是否都在一个平面上。

①在前盾的最顶部前盾的中心线上,将基座焊接到前盾切口环处,要保证滚刀模板过前盾的中心线。

②以 20 号滚刀的高度为基准,初定位滚刀模板的轴向位置,然后测量所有正滚刀刀箱到滚刀模板的轴向高度,取中间值来精确定位滚刀模板的轴向位置。

③滚刀模板定位之后,测量边滚刀距工装模板的高度,高度方向上的误差控制在±3mm 之内,超差的滚刀需要移动滚刀刀箱的位置,将误差控制在±3mm 之内。

④最后需要测量 44 号滚刀的开挖直径,并使其控制在 $\phi 6280(5\sim 8mm)$ 范围内。

⑤经过测量,刮刀、边刮刀在高度方向上的公差超出设计公差,但不影响正常使用,所以刮刀、边刮刀不做调整。

(5)焊缝检查

检查刀盘所有焊缝,将有裂纹的焊缝刨除,然后补焊。焊缝要求是:采用窄焊道,薄焊层,多层多道的焊接方式,尽量减少焊接变形。刀盘修复情况如图 5-137 所示。

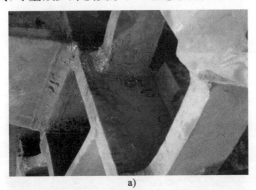
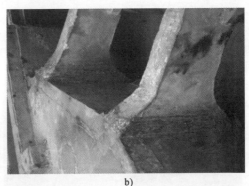

图 5-137 刀盘筋板修复情况

(6)滚刀刀箱的修复

①在刨除变形滚刀刀箱的过程中,需要掌握好刨除的速度,防止刨除过程中滚刀刀箱变形。

②滚刀刀箱刨除之后,将原来的焊缝用砂轮机打磨光滑,利用滚刀模板重新定位焊接滚刀刀箱。

③23 号滚刀刀箱局部有裂纹,将滚刀刀箱刨除后,进行补焊(要注意控制焊接变形),然后再定位焊接。

6)主驱动和主轴承拆解与处理情况

(1)拆除刀盘、前盾、主驱动和主轴承

步骤分析:

①拆除主驱动电机,如图 5-138 所示。

②拆除减速机,如图 5-139 所示。

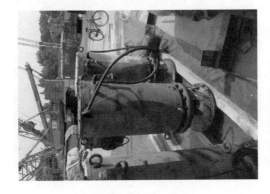

图 5-138 拆除电机　　　　　　图 5-139 拆除减速机

③拆除主驱动与前盾的连接螺栓,将主驱动整体与前盾分离(分离时注意密封保护),如图5-140、图5-141所示。

图5-140 吊装主驱动

图5-141 拆除连接螺栓

④主驱动翻身后平放,如图5-142所示。
⑤拆除驱动环与主轴承连接螺栓,拆除驱动环,如图5-143所示。
⑥拆除主轴承,如图5-144所示。

图5-142 主驱动翻身

图5-143 驱动环与主轴承分离

(2)主轴承拆检情况

主轴承拆检后发现,第一道主轴承外密封及其相应跑道位置有略微磨痕,其余主轴承内、外密封及相应跑道良好,HBW油脂注入量不足,部分油脂注入孔有堵塞现象,EP2油脂润滑良好。拆检情况如图5-145~图5-148所示。

图5-144 主轴承与驱动箱分离

图5-145 外密封跑道图

图 5-146　内密封腔体

图 5-147　外密封油脂腔

(3)减速机和驱动箱拆解情况

在拆卸主驱动减速机的过程中,发现 6 号减速机立轴轴端轴承碎裂,立轴有明显划痕,小齿轮齿面有明显压痕。除 1 号减速机输入端无漏油外,其余 5 台减速机输入端均有漏油现象。拆检情况见图 5-149～图 5-154 所示。

图 5-148　内密封跑道

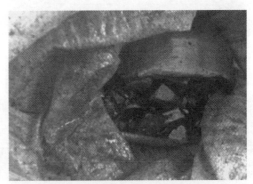

图 5-149　减速机情况之一

图 5-150　减速机情况之二

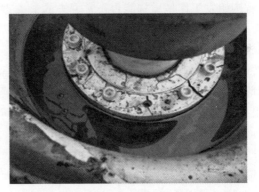

图 5-151　减速机情况之三

图 5-152　减速机情况之四

图 5-153　驱动箱轴承座损坏之一

图 5-154 驱动箱轴承座损坏之二

(4) 大齿圈拆解情况

大齿圈有明显生锈现象,齿面压痕明显,但大齿圈与主轴承盖板的两道密封良好,初步判定滚珠保持架内应该没有进入大颗粒铁屑,拆检情况如图 5-155 所示。

(5) 处理情况

①对内外密封跑道与密封进行清洗,更换内、外密封,内外密封跑道不进行调整。

②委外修复驱动箱 6 号减速机轴承座,修复后情况如图 5-156 所示。

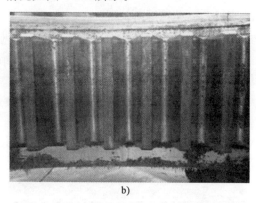

a)　　　　　　　　b)

图 5-155 主轴承齿面情况

③委外拆检 6 号减速机,确定 6 号减速机无损伤;6 号减速机小齿轮立轴委外修复,更换所有减速机高速端油封。

7) 经验教训总结

①盾构始发工作是盾构能否正常掘进的最关键环节,很多事故都是由于始发工作没有做好造成的,本次事故再次以巨大的经济代价和工期代价进行了证明,教训极其深刻。针对东莞地区可能存在孤石的实际情况,如果没有探明,应该首先探明地质情况,如果发现存在孤石,必须处理,确保没有任何问题后,再始发。

②严格控制盾构机的推力,避免推力过大造成刀盘受偏载力超过设计规定;当盾构推力开始增大

图 5-156 轴承座修复后情况

时,应立即停机进仓检查情况,把推力增大的因素排除后,再推进,严格禁止盲目增加推力。

③盾构始发前要按照技术交底的要求对掌子面钢筋等情况进行验收清理,对掌子面情况验证取芯,发现问题立即解决,直到掌子面情况满足始发要求。

④建立领导始发值班制度,当发现异常情况时,应先停机,再分析原因,异常情况处理完后再掘进。

5.8.13 南昌地铁溪湖东站—艾溪湖西站刀盘刀具异常磨损

1) 问题现象和描述

本标段艾溪湖东站—艾溪湖西站区间全长约 1711m,场地范围内土体自上而下依次为①1 杂填土、③1 粉质黏土、③3 中砂、④4-j 粉质黏土、⑧5-j 圆砾、⑤5 砾砂、⑤3-1 强风化粉砂质泥岩、⑤3-2 中风化粉砂质泥岩、⑤3-3 微风化粉砂质泥岩。区间隧道主要穿越的地层是砾砂、圆砾层,局部含有中砂及粗砂,成分以石英、云母、长石等为主。

2013年4月14日和2013年5月11日，中铁38号、39号在艾溪湖东站—艾溪湖西站区间左、右线分别贯通，两台盾构的刀盘、刀具都出现了异常磨损现象。中铁38号刀盘、刀具异常磨损如图5-157～图5-161所示。

图5-157　中铁38号刀盘整体磨损情况

图5-158　外圈梁表面的磨痕

图5-159　刀头、母体均磨损

图5-160　保径刀刀头磨损

中铁39号刀盘、刀具异常磨损，如图5-162～图5-166所示。

图5-161　先行撕裂刀刀头全部磨完、切刀刀头磨损

图5-162　中铁39号刀盘整体磨损情况

图5-163　外圈梁变形、与小面板间的连接断裂

图5-164　保径刀全部磨完

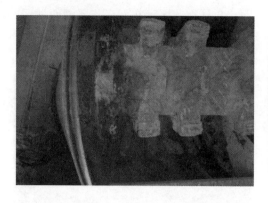

图 5-165　边刮刀全部磨完　　　　图 5-166　先行撕裂刀刀头全部磨完、切刀刀头磨损

2）刀盘刀具磨损原因分析

①区间隧道主要穿越的地层是砾砂、圆砾层,局部含有中砂及粗砂等,主要成分是石英、云母、长石等,石英含量高,是刀盘刀具磨损的主要原因。

②不重视渣土改良,渣土改良效果差。

③保径刀设计不合理,设计联络阶段没有认真把关。刀盘外圈梁上保径刀太少,仅有 6 把,在这种地层中,当推进过程中遇见大量石头堆积在刀盘底部时,很容易损坏保径刀、边刮刀,最终直接作用于刀盘外圈梁,致使其变形、磨损严重。

④先行刀和切刀的高差设计不合理,推进速度过大。该刀盘的先行刀刀高比切刀高出 30～40mm,如果推进速度为 50～60mm/min 时,则会造成刀盘贯入度较大,先行刀磨损加剧,过早失去对切刀的保护作用,使先行刀不能充分发挥作用,当先行刀磨损后直接作用于切刀,最后导致刀盘整体磨损。

3）处理措施

(1) 外圈梁修复

中铁 38 号的外圈梁,磨损较轻,采取补焊后表面堆焊耐磨复合钢板的方法进行处理,如图 5-167 所示。中铁 39 号的外圈梁磨损严重,采用更换外圈梁并在其表面焊接耐磨复合钢板的方法进行处理,如图 5-168 所示。

图 5-167　中铁 38 号外圈梁修复　　　　图 5-168　中铁 39 号外圈梁修复

(2) 保径刀的修复

原来 6 把都已磨损,更换新的,再增加 6 把,如图 5-169 和图 5-170 所示。

(3) 边刮刀

原来 12 把均已磨完,更换新的,加强母体保护,见图 5-171。

(4) 先行撕裂刀

原来 60 把基本磨完,全部更换,将刀头形状右贝壳形改为矩形以提高其耐磨性,如图 5-172 和图 5-173 所示。

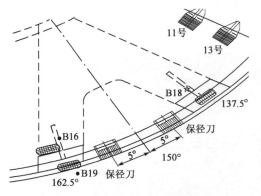

图 5-169 保径刀的修复设计图

图 5-170 保径刀的焊接图

图 5-171 新边刮刀

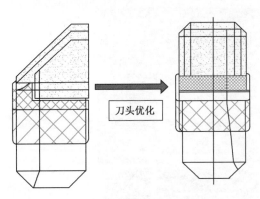

图 5-172 新先行撕裂刀设计图

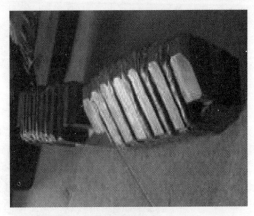

图 5-173 新先行撕裂刀实物图

(5) 切刀

根据磨损检测结果，同时考虑刀盘整体切削性能，68 把全部换新，如图 5-174 所示。

4) 经验教训与总结评价

① 在前期设计联络阶段，必须要求针对复杂的砂层，对刀盘外圈梁前端面的保护要专门设计。

② 在石英含量高的地层，必须确保设计有足够的保径刀数量。

③ 推进过程中一定要注意刀盘贯入度，避免先行刀的保护作用被减弱。

④ 注意掘进中的渣土改良，用足用够泡沫和膨润土。

图 5-174 焊接新切刀

附录：施工视频

土压平衡盾构施工视频详见视频 5-3～视频 5-6。

视频 5-3　土压平衡盾构施工三维动画

视频 5-4　大直径土压平衡盾构施工

视频 5-5　内外刀盘式土压平衡盾构工作原理

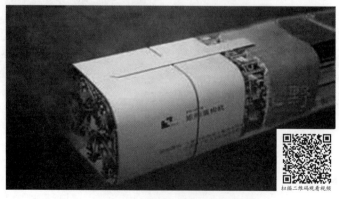

视频 5-6　大截面土压平衡矩形盾构

第6章

TBM 发展概要

> **本章重点**：TBM 是 1846 年由意大利人 Maus 发明的；1952 年，罗宾斯公司研制出了世界上第一台现代意义上的 TBM。本章重点介绍 TBM 的概念、TBM 的分类、TBM 起源及国外发展、国内 TBM 发展概况、国内使用 TBM 的情况简介、TBM 施工的优点、TBM 施工的缺点、TBM 的施组特点、制约 TBM 施工性能的典型因素、出渣运输与进料设备的选择。

6.1 TBM 的概念

隧道掘进机包含盾构和 TBM 两种。一般来说，在欧洲，盾构也称为 TBM；但在日本和我国，习惯上将用于软土地层的隧道掘进机称为盾构，将用于岩石地层的隧道掘进机称为 TBM。其实，TBM 就是隧道掘进机的英文"Tunnel Boring Machine"的缩写，但通常定义中的 TBM 是指全断面岩石隧道掘进机，是以岩石地层为掘进对象，它与盾构的主要区别就是不具备泥水压、土压等维护掌子面稳定的功能。而盾构施工主要由稳定开挖面、掘进及排土、管片衬砌及壁后注浆三大要素组成。其中开挖面的稳定方法是盾构工作原理的主要方面，也是盾构区别于 TBM 的主要方面。

现代的 TBM 采用了机械、电气和液压领域的高科技成果，运用计算机控制、闭路电视监视、工厂化作业，是集掘进、支护、出渣、运输于一体的成套设备。TBM 施工，无论是在隧道的一次成型、施工进度、施工安全、施工环境、工程质量等方面，还是在人力资源的配置方面都比传统的钻爆法施工有了质的飞跃。

6.2 TBM 的分类

目前，TBM 主要分为以下三种类型，并分别适应于不同的地质。

①开敞式 TBM。常用于硬岩；在开敞式 TBM 上，配置了钢拱架安装器和喷锚等辅助设备，以适应地质的变化；当采取有效支护手段后，也可应用于软岩隧道。

②双护盾 TBM。对地质具有广泛的适应性，既能适应软岩，也能适应硬岩或软硬岩交互地层。

③单护盾 TBM。常用于软岩；单护盾 TBM 推进时，要利用管片作为支撑，其作业原理类似于盾构；与双护盾 TBM 相比，掘进与安装管片不能同时进行，施工速度较慢。单护盾 TBM 与盾构的区别有两点：一是单护盾 TBM 采用皮带机出渣，而盾构则采用螺旋输送机出渣或采用泥浆泵以通过管道出渣；二是单护盾 TBM 不具备平衡掌子面的功能，而盾构则采用土仓压力或泥水压力平衡开挖面的水土压力。

6.3 TBM 的发展与应用

6.3.1 TBM 起源及国外发展概况

世界上第一台 TBM 是在 1846 年由比利时工程师毛瑟（Maus）发明的。

19世纪中叶,西方的文明陶醉于铁路的修建。然而,人类的梦想一次又一次被大山阻隔。理想的方法是勇往直前,开凿隧道。但这意味着巨大的支出。隧道工程的工作面之小,大部分时间浪费在工序衔接上,时间就是金钱,隧道工程费时费力的表现确实让人心寒。解决方法是明显的:建造一台大机器。加大机器动力,把工业革命带入地下。

先驱者是一个叫亨利·约瑟·毛瑟(Maus)的比利时工程师。他在1845年得到撒丁国王的许可,修建一条连接法国和意大利的铁路。毛瑟在国际采矿业具有显赫名声和超强自信。他对爬越山口的方案不以为然,坚持要走直线,尤其是在著名的Cenis山(塞尼山)附近,要以隧道穿越Frejus山(弗雷瑞斯)。

图6-1 最早的钻爆法开挖隧道的工序示意图

这是一个巨大的挑战。毛瑟的方案需要开凿12km长的隧道,这在当时的技术条件下几乎是不可能的。当时隧道开凿的工序如下(图6-1):在掌子面钻孔,装填炸药,点火,跑到角落里躲起来等着起爆,然后迅速带着支撑木跑回新开洞面,希望在洞顶塌方之前把支撑木架好,然后用铁锹把破碎的岩石运出。

问题是,在长隧道密闭空间中起爆会产生大量有毒气体,后续工作进行之前必须通风换气。对于当年的通风技术来说,需要很长的时间才能完成换气。毛瑟当然知道这点:他计划设计制造世界上第一台隧道掘进机。

毛瑟的"片山机(Mountain-slicer)"于1846年在都灵附近的一个军工厂组装成形。庞大而复杂,体积超过一节火车头。他有一百多个钻头。整个机器俨然就是凸轮、拉杆、活塞和弹簧的丛林。不论实用与否,它确实是沉思的产物。机器建成后,来自各地的参观者络绎不绝,视其为历史的纪念碑。当年,人们更多的将其视为一件艺术品而非机械。

参观者们满腹狐疑。掘进机需要巨大的推进力。这些能量是在隧道外产生并通过复杂的机械连接到工作面。隧道越深,连接就越长,而传输过程中的能量损失也就越大。看起来"片山机"(图6-2)早晚会因为动力不足而僵死洞中。自信的毛瑟相信车到山前必有路,但持怀疑态度的人也没有被说服。1848年欧洲的政治动荡多少削弱了弥漫的乐观气氛,毛瑟的资助被中断了。

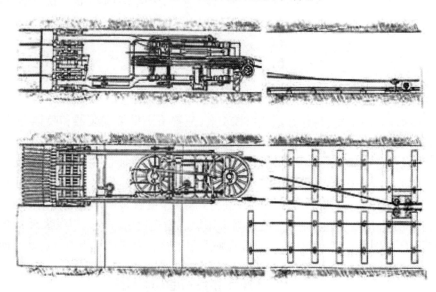

图6-2 毛瑟的"片山机"

10年之后,有赖于大为改进的隧道通风技术,一条隧道紧邻毛瑟路线,采用钻爆法技术得以修建(塞尼山隧道,建于1857—1871年,约14km长)。毛瑟的"片山机"虽然没有经过实践检验,但却是公认的世界上第一台TBM。

第6章 TBM发展概要

1851年,波士顿南部的理查德穆恩公司,由美国人查理士·威尔逊开发了一台蒸汽机驱动的TBM。这台重75t的巨大机器,用于马萨诸塞州西北胡塞克(Hoosac)隧道的花岗岩地层开挖。然而,仅仅开挖了10ft(1ft=0.3048m),机器就不动了。

1856年,美国最著名的工程师之一赫尔曼·豪普特宣布,他将以另一台掘进机拯救胡塞克项目。他对此充满信心,甚至自掏腰包资助该计划。然而,他的机器开挖了不到1ft就寿终正寝,豪普特也在郁闷中破产了。

在以后的30年,设计试制的各式各样的TBM共13台,均有所进步,但都不能算成功。比较成功的是1881年波蒙特开发的压缩空气式TBM,应用于英吉利海峡隧道直径为2.1m的勘探导洞,共掘进了3mile(1mile=1609.344m)多。

1881—1926年间,一些国家又先后设计制造了21台掘进机之后,因受当时技术条件的限制,掘进机的开发处于停滞状态。1930年前后,人们已经要放弃了。隧道掘进技术的专家芭芭拉·斯塔克悲观地预言:"未来20年,岩石机械的专利会极其有限,甚至没有。也不会再建造类似机械。"

1930年,詹姆士·罗宾斯(Robbins)从当时的密西根采矿学校毕业,当时他对TBM的历史一无所知,后来的15年他四处漂泊,在加利福尼亚的坚硬岩石中开矿,在阿拉斯加淘金。二战以后,詹姆士·罗宾斯在伊利诺伊成为一个采矿咨询工程师。

1952年,詹姆士·罗宾斯和一名叫F.K.Mittry的隧道承包商见了面。当时,Mittry刚在南达科州皮尔中标了一个输水隧道工程项目。

皮尔附近的基岩充满裂缝和断层,地质学家甚至特意标明为皮尔页岩。

皮尔页岩的脆弱使得爆破施工极其困难,Mittry投标时义无反顾,他知道需要大量时间和精力解决皮尔页岩的开挖问题,但那是中标以后的事。现在他中标了,于是开始访问咨询工程师。

Robbins给他出了一个主意。当时非爆破挖掘技术在采矿业中的应用尚处于起步阶段。基本思路是将一批金属齿或者镐,切入采煤工作面,然后旋转,在工作面上形成一个切口。而悬挂于金属尖齿之间的旋转轮则将表面的松散煤层带下。

当然,隧道的使用环境与煤矿挖掘截然不同。隧道的精度要求远高于煤矿挖掘,而且断面尺寸也大为不同。但Mittry慧眼独具,一举选定Robbins的方案并委托其制造一台机器。

1953年机器研制成功,这是世界上第一台现代意义上的软岩掘进机,其直径为7.85m。

与以前不同的是,掘进机的表现令人惊奇。大转盘将岩石像花生壳那样搅碎,隧道以每天160ft的速度推进。这是一个惊人的数字,几乎十倍于同时代的钻爆法施工。Robbins虽然没有建造世界上第一台TBM,但他制造了第一台能在软岩中高效工作的TBM,突破了百年来未能突破的禁地。

皮尔项目的成功掀起了一阵风潮,但这些机器,除了对软岩行之有效之外,对于硬岩均以失败告终。Robbins看到,TBM的未来虽然荆棘密布,但是发展前景广阔,于是他创办了世界上第一家专门研究制造TBM的公司——S. Robbins & Associates公司(后来的Robbins公司)。

1955年,Robbins又为某坝的工程建设,连续制造了3台直径2.44m的掘进机,这3台掘进机均不能认为是成功的,在对页岩、石灰岩的互层岩体及硬石灰岩的岩体掘进中,很快暴露出一些弱点。最头疼的问题是碳化钨钻头经常会碰到硬岩而脱落,结果不得不停机进行维修。如此反复,浪费了大量时间,更不用说钻头本身价格昂贵。

Robbins绞尽脑汁思索化解之道。1956年的某一天他忽发奇想,决定去掉所有的钻头。乍一看似乎不合理。因为理论上,钻头主要负责切入岩石,而碟片则负责收集碎石。但他的直觉是对的,没有钻头后,那些稍经改造的碟片(被Robbins称为破碎轮,即盘形滚刀)更能独立高效地完成作业,并能有效破碎多伦多项目单轴抗压强度140MPa的岩石。

同年,Robbins制造的直径3.28m中硬岩掘进机,成功地通过了工业性试验,盘形滚刀的应用是全断面硬岩掘进机的重要标志,是硬岩掘进机发展中的一个重要转折点。这一时期,Robbins又为国外某一大坝的输水隧道制造了1台直径为9m的全断面掘进机。

到1960年,掘进机的发展进入新的阶段,Robbins公司为塔斯玛尼亚隧道工程制造1台直径4.89m的掘进机。在结构设计上第一次把支撑和推进机构组合为一个全浮动的系统,采用了球铰式结构,通过支撑靴板压紧并固定在洞壁上,以此获取推进时掘进机的反力。这是第一台创纪录(6天中掘进了229m)的Robbins掘进机。

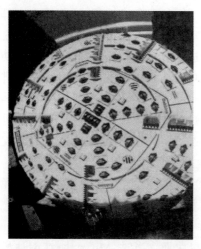

图6-3 Robbins公司直径14.4m的TBM

Robbins公司是发展双护盾掘进机的先驱。截至2001年,Robbins公司已制造了383台开敞式掘进机、35台双护盾掘进机、15台单护盾掘进机。2006年8月,Robbins公司又制造出了目前世界上最大直径的14.4m硬岩掘进机(图6-3),用于加拿大尼加拉隧道工程。

德国维尔特公司于1967年开始制造掘进机,其生产的第1台掘进机的直径为2.14m,用于奥地利263m长的Ginzling隧道。

1982年1月维尔特公司为南美金矿制造了1台直径为3.4m的掘进机,应用较成功,其自制的滚刀也有较高的承载力。1983年,维尔特公司开始制造双护盾掘进机。

1994年,维尔特公司为瑞士长19.062km的弗莱娜(Vereina)隧道制造了1台直径7.64m的开敞式掘进机;为秦岭隧道制造了2台直径8.8m的开敞式掘进机。

1999年,维尔特公司为西班牙制造了1台直径12.5m的开敞式掘进机。

截至2001年,维尔特公司已制造了112台开敞式掘进机、10台双护盾掘进机、8台扩孔式掘进机。

目前,在世界范围内的掘进机生产商有30余家,已生产掘进机约700多台,最具实力的是美国罗宾斯公司、德国维尔特公司、德国海瑞克公司等。国外硬岩掘进机技术已经相当成熟,结构上不断完善,有开敞式、单护盾、双护盾等不同类型,以适应不同的地质条件。在国外,使用掘进机施工隧洞已很普遍,尤其是3km以上的长隧洞,业主在招标书中明确规定要求投标商必须采用掘进机施工。

6.3.2 国内TBM发展概况

国内全断面TBM的研究开发始于1964年。由上海勘测设计院机械设计室、北京水电学院机电系分别进行方案设计。1965年,TBM的研制列入国家重点科研项目,当时的水电部抽调技术力量,以上海勘测设计院机械设计室为主,集中在上海水工机械厂进行现场设计,1966年制造出了1台直径3.5m的全断面TBM,先后在云南下关的西洱河水电站引水隧道进行工业性试验,开挖地质为花岗片麻岩及石灰岩,抗压强度为100～240MPa。最高月进尺为48.5m。

1969年,广州市机电工业局制造了1台直径4m的TBM,在花岗岩及石灰岩中施工掘进,岩石的抗压强度为30～240MPa,掘进长度245m,最高月进尺为20m。

1970年,萍乡矿务局机修厂制造了1台直径2.6m的TBM,应用于萍乡青山矿的巷道掘进施工,掘进长度622m,掘进开挖的岩石类型为石灰岩和灰砂岩,抗压强度20～120MPa,最高月进尺252.6m。西安煤矿机械厂也试制了1台直径3.5m的TBM,由铜川矿务局作工业性试验,掘进长度669m,开挖的岩石类型为石灰岩,抗压强度56～160MPa,最高月进尺179m。

1971年试制的TBM直径分别为2.5m、5.5m、3.8m和5.9m。制造单位分别为广州市机电工业局、铁道兵、抚顺矿务局以及上海水工机械厂,使用单位分别为贵州省铁路二局、京西煤矿、抚顺老虎台矿及北京落坡岭水电部第二工程局。掘进的岩石类型为白云质石灰岩、矽质石灰岩、花岗片麻岩和石灰岩,最高月进尺123m。

此后,由上海水工厂制造直径5.8m的SJ-58型TBM,曾于1977年4月—1978年4月在云南西洱河水电站的水工隧道中进行工业性试验,共掘进了247.3m。1981年,SJ-58型TBM经过优化设计后,于同年11日25日投入引滦入唐工程古人庄隧道施工,共掘进2747.2m,穿越的岩层系白云质矽质灰岩,最高日进尺 19.85m,最高月进尺 201.5m,该工程于 1983 年 3 月 15 日贯通,是中国第一条用国产 TBM 施工的中型断面隧道。

6.3.3 国内使用 TBM 的情况简介

TBM 最早应用于我国的水利水电工程。我国从 20 世纪 60 年代开始进行 TBM 的研制和工业性试验,1981 年在云南西洱河一级电站引水隧道使用了上海水工厂制造的 TBM,直径为 5.8m,共掘进 2747.2m,最高日进尺 19.85m,最高月进尺 201.5m。

1985—1992 年,天生桥二级水电站引水隧洞工程使用了美国罗宾斯公司制造的开敞式 TBM,直径为 10.8m,由于选型与地质不适应,且设备故障率较高,进度较低,平均月进尺仅 65m。1991—1992 年,引大入秦工程 30A 号和 38 号输水隧洞,总长约 17km,相继采用了美国罗宾斯公司制造的直径 5.53m 双护盾 TBM 施工,TBM 应用较成功,平均月进尺 980m,最高月进尺 1400m。随后,在引黄入晋工程中相继使用了 5 台罗宾斯、1 台法国法马通公司制造的双护盾 TBM,开挖了总长为 122km 的隧道,创造了日掘进 113m、月掘进 1637m 的纪录;其中,总干 6 号、7 号、8 号隧洞采用 1 台美国罗宾斯双护盾 TBM 施工,开挖直径为 6.125m;南干 4 号、5 号、6 号、7 号隧洞采用 4 台双护盾 TBM 施工,其中 3 台为罗宾斯、1 台为法国法马通公司制造,直径为 4.82~4.94m。目前在建的工程还有辽宁大伙房水库引水工程,引水隧道全长 85.308km,采用 TBM 法和钻爆法施工,使用了 3 台直径为 8.03m 的开敞式 TBM;正在施工的新疆大坂输水隧洞工程线路总长约 31.887km,引水隧洞全长 30.68km,采用 TBM 法与钻爆法相结合的施工方案,采用 1 台德国海瑞克公司制造的直径为 6.755m 的双护盾 TBM 施工,TBM 总掘进长度约为 19.7km;正在施工的青海引大济湟调水总干渠工程由中铁隧道集团引进 1 台德国维尔特公司制造的直径为 5.93m 的双护盾 TBM 施工,引水隧洞全长 24km,TBM 总掘进长度约为 19.94km。

在铁路隧道施工中使用 TBM 是从西安安康铁路秦岭Ⅰ线隧道开始的,目前为止,仅有三个工程使用了开敞式 TBM,具体如下:

1)秦岭Ⅰ线隧道

秦岭Ⅰ线隧道全长 18.456km,采用 TBM 法和钻爆法施工,由铁道部 1996 年引进两台直径为 8.8m 的开敞式 TBM,秦岭北口 TBM 掘进长度为 5.244km,秦岭南口 TBM 掘进长度为 5.621km。TBM 施工中,1998 年平均月进度为 252.36m;1999 年平均月进度为 290.64m,最高月进度为 528.48m。

2)桃花铺 1 号隧道

西安—南京铁路桃花铺 1 号隧道全长约 7.234km,TBM 掘进长度为 6.2km,由中铁十八局采用直径为 8.8m 的开敞式 TBM 施工(该 TBM 曾施工秦岭Ⅰ线隧道出口段),最高月进尺为 551.82m。

3)磨沟岭隧道

西安—南京铁路磨沟岭隧道全长 6.114km,软岩占隧道总长的 70.5%,于 2002 年 11 月完工。该隧道由中铁隧道集团采用直径为 8.8m 的开敞式 TBM 施工(该 TBM 曾施工秦岭Ⅰ线隧道进段),TBM 掘进长度为 4.653km,最高月进尺为 573.9m。通过施工,成功掌握了开敞式 TBM 在软弱地层中的掘进技术。

6.4　TBM 施工的特点

6.4.1　TBM 施工的优点

1)快速

TBM 是一种集机、电、液压、传感、信息技术于一体的隧道施工成套设备,可以实现连续掘进,能同时完成破岩、出渣、支护等作业,实现了工厂化施工,掘进速度较快,效率较高。

2)优质

TBM 采用滚刀进行破岩,避免了爆破作业,成洞周围岩层不会受爆破振动而破坏,洞壁完整光滑,超挖量少。

3) 高效

TBM施工速度快,缩短了工期,较大地提高了经济效益和社会效益;同时由于超挖量小,节省了大量衬砌费用。TBM施工用人少,降低了劳动强度,降低了材料消耗。

4) 安全

用TBM施工,改善了作业人员的洞内劳动条件,减轻了体力劳动量,避免了爆破施工可能造成的人员伤亡,事故大大减少。

5) 环保

TBM施工不用炸药爆破,施工现场环境污染小;TBM施工减少了长大隧道的辅助导坑数量,保护了生态环境,有利于环境保护。

6) 自动化、信息化程度高

TBM采用了计算机控制、传感器、激光导向、测量、超前地质探测、通信技术,是集机、光、电、气、液、传感、信息技术于一体的隧道施工成套设备,具有自动化程度高的优点。TBM具有施工数据采集功能、TBM姿态管理功能、施工数据管理功能、施工数据实时远传功能,可实现信息化施工。

6.4.2 TBM施工的缺点

TBM的地质针对性较强,不同的地质条件、不同的隧道断面,需要设计成满足不同施工要求的TBM,需要配置适应不同要求的辅助设备。

1) 地质适应性较差

TBM对隧道的地层最为敏感,不同类型的TBM适用的地层也不同。一般的软岩、硬岩、断层破碎带,可采用不同类型的TBM辅以必要的预加固和支护设备进行掘进;但对于大型的岩溶暗河发育的隧道、高地应力隧道、软岩大变形隧道、可能发生较大规模突水涌泥的隧道等特殊不良地质隧道,则不适合采用TBM施工。在这些情况下,采用钻爆法更能发挥其机动灵活的优越性。

一般情况下,以Ⅱ、Ⅲ级围岩为主的隧道,较适合采用敞开式TBM施工;以Ⅲ、Ⅳ级围岩为主的隧道,较适合采用双护盾TBM施工;对于Ⅴ级围岩为主和地下水位较高的城市浅埋隧道或越江隧道,则较适合采用盾构法施工。

2) 不适宜中短距离隧道的施工

由于TBM体积庞大,运输移动较困难,施工准备和辅助施工的配套系统较复杂,加工制造工期长,对于短隧道和中长隧道很难发挥其优越性。国外的实践表明,当隧道长度与直径之比大于600时,采用TBM施工是比较经济的。对于一般的单线铁路隧道,开挖直径通常为9~10m,按此计算,大于6km的隧道就可以考虑采用TBM施工。发达国家的隧道施工,一般优先考虑TBM法,只有在TBM法不适宜时才考虑采用钻爆法。我国则相反,根据我国的国情,我国是一个劳动力过剩的国家,钻爆法施工一直是我国的强项,采用钻爆法已成功修建了5000多公里的铁路隧道,且钻爆法施工的进度仍在逐年加快。在我国,一般认为,小于10km的隧道难以发挥TBM的优越性,而钻爆法则具有相对经济的优势;对于10~20km的特长隧道,可以对TBM法和钻爆法施工进行经济技术比较,选择适宜的施工方法;对于大于20km的特长隧道,宜优先采用TBM法施工。另外,对于穿越江河、城市建筑物密集或地下水位较高的隧道,考虑到施工安全和沉降控制等因素,不论隧道长短,宜优先考虑采用盾构法施工。

3) 断面适应性较差

断面直径过小时,后配套系统不易布置,施工较困难;而断面过大时,又会带来电能不足、运输困难、造价昂贵等种种问题。一般地,较适宜采用TBM施工的隧道断面直径在3~12m;对直径在12~15m的隧道,应根据围岩情况和掘进长度、外界条件等因素综合比较;对于直径大于15m的隧道,则不宜采用TBM施工。另一方面,变断面隧道也不能采用TBM施工。

4) 运输困难,对施工场地有特殊要求

TBM属大型专用设备,全套设备重达几千吨,最大部件重量达上百吨,拼装长度最长达200m。同时洞外配套设施多,主要有混凝土搅拌系统、管片预制厂、修理车间、配件库、材料库、供水、供电、供风系统,运渣和翻渣系统,装卸调运系统,进场场区道路,TBM组装场地等。这些对隧道的施工场地和运输方案等都提出了很高的要求。有些隧道虽然长度和地质条件较适合 TBM 施工,但运输道路难以满足要求,或者现场不具备布置 TBM 施工场地的条件。

5)设备购置及使用成本大

TBM 施工需要高负荷的电力保证、需要高素质的技术人员和管理队伍、前期购买设备的费用较高,这些都直接影响到 TBM 施工的适用性。

6.4.3　TBM 的施组特点

TBM 的施工组织设计应充分考虑到 TBM 设备的采购周期较长(制造周期为 11~12 个月)的特点,按工期要求,有计划地合理组织好 TBM 及后配套设备的采购工作。

应充分考虑到 TBM 对地质的适应性,根据隧道的围岩条件选用适应地质条件的 TBM,合理组织好 TBM 及后配套设备的选型,并组织好 TBM 设备的监造工作。

应充分考虑到使用 TBM 的特殊性,作好施工现场的准备工作,包括用电线路的架设,通往施工现场的道路、桥梁的修筑和加固,临时工程的施工工作,组织好 TBM 大件的运输、安装、调试、掘进准备工作,并作好技术培训和材料、机具需要量计划;这些与 TBM 的购置同步进行。

应充分考虑到 TBM 施工的特点和 TBM 通过特殊地质地段的设计方案、工程措施以及场地及水电情况对 TBM 的特殊要求。

6.5　制约 TBM 施工性能的典型因素

用 TBM 进行隧道施工是一个几乎完全工业化的过程。与传统的硬岩钻爆法和软弱围岩分步、部分断面开挖法相比,TBM 法隧道施工具有许多优点。但是,TBM 法并不是一项简单的、无风险的技术。为了保证 TBM 法施工技术的成功实施,仅从合格的 TBM 制造厂家引进 TBM 是不够的;相反,在工程的所有阶段,从早期的地质工程勘察和可行性研究到最终的设计与施工,在业主、监理工程师、设计单位、TBM 制造厂家和施工单位之间建立连续的协作关系极为重要。

TBM 法是一种投资大、作业方式不灵活、但潜在施工速度很快的隧道开挖、支护方法。如果在没有预警的情况下遇到不良地质情况,那么对 TBM 法隧道的工期和其他方面的实际效益要比钻爆法隧道大得多。不良地质情况可以是造成隧道不稳定的质量很差的岩体,也可以是造成贯入率低下的质量很好的岩体(如强度很高的整块岩体)。然而,岩体质量对 TBM 性能的影响并没有一个绝对值;事实上岩体质量对 TBM 性能的影响与所采用的 TBM 及隧道直径有关。

由于隧道开挖期间可能遇到的岩体、土体及环境条件变化较大,因此,TBM 的类型和特点具有很大差异。TBM 用于在岩层中开挖隧道,通常适应于在稳定性良好、中~厚埋深、中~高强度的岩层中掘进长大隧道,所面临的基本问题是如何破岩。在任何地质条件下都能够进行隧道掘进的 TBM 是不存在的,因此一项隧道工程成败与否取决于以下两项因素:所采用 TBM 的类型,所选用 TBM 的设计及其特殊施工性能。

仅从合格的 TBM 制造厂家订购一台特定类型的 TBM 是远远不够的;重点在于 TBM 设计、制造、施工等所有相关各方之间的持续合作。因为至今尚没有任何类型 TBM 设计与施工的"认可标准",且 TBM 的设计、制造是一个持续的技术创新过程。每项隧道工程都具有自身的特点,每家专业施工单位都有自身的核心技术,制造的每台 TBM 都可认为是与其他 TBM 不同的样机。

总体来讲,最可靠的 TBM 是最简单的 TBM,因为简单的 TBM 可能出现故障的部件最少。在良好地层条件下 TBM 的施工性能良好,但在许多情况下 TBM 的实际进度低于预期进度,当然也低于 TBM 制造厂家所声称的进度。其原因是除了未预见事件(如 TBM 部件出现故障)外,通常是低估或忽视了工程地质、水文地质以及岩石力学等方面的问题。

一方面,在设计阶段存在许多不可避免的不确定因素,如地质、岩土以及水文地质方面的不确定因素,TBM 的不同类型以及不同的施工工艺等。因此,有必要根据对某一隧道工程现场的地质情况与岩土情况的理解以及对这些情况预报的精确程度决定是否需要对施工方法的选择和 TBM 选型进行优化。另一方面,由于存在大量相关的地质、技术、环境、经济及金融方面的不确定因素,对隧道施工进行全方位优化是相当复杂的。

隧道施工的根本问题通常是由隧道开挖通过地层的物理与岩土性质的不均匀性决定的;对于全断面、机械化开挖,由于开挖方式很不灵活,开挖物料强度的不均匀性更为重要。以适当方式事先掌握施工现场的地质条件和岩土条件对地下工程的施工是极为重要的。目前,用在前期勘察上的资金太少。事实已经证明,用在前期勘察上的资金会因施工费用降低与工期缩短而得到很大补偿。从 TBM 法导洞或主洞实施的超前勘探并不能代替充分的前期勘察。

限制 TBM 性能的相对较为重要或较常见的不良地质情况包括可钻掘性极限、开挖面的稳定性、断层和挤压/膨胀地层。同时,由于存在黏性土、造成 TBM 下沉的软弱地层、地下水和瓦斯大量涌入、岩爆、高温岩层、高温水和溶洞等,TBM 开挖还可能遇到其他不良地质情况。

6.5.1 可钻掘性极限

如果 TBM 不能以充足的贯入度贯入岩层掌子面或开挖刀具的磨损超过可接受的极限,则认为这种岩层是不可钻掘的。不应以绝对方式来确定岩层的可钻掘性,而应从工程造价、工期等方面对 TBM 法和钻爆法进行对比,从而以相对方式确定岩层的可钻掘性。表示 TBM 开挖岩层能力的主要指标是该 TBM 在最大推力作用下的贯入度。

贯入度也称切深,是刀盘每转动一周刀具切入岩石的深度。贯入度指标与岩石特性有关。如:岩石类别、单轴抗压强度、裂隙发育、耐磨度、孔隙率等。确定贯入度极限(如果贯入率在此极限以下,则认为岩层是不可钻掘的)是不可能的。贯入度极限还受开挖岩层的耐磨性、隧道直径及岩层厚度的影响。如果岩石的耐磨性较高、贯入度较低,就会造成刀具更换频繁,这样除增加因更换刀具而占用的时间外,还会增加每开挖一立方岩石的成本。如果贯入度小于 2mm/r,就可认为 TBM 在岩石的可钻掘性方面存在问题;如果贯入度大于 3mm/r,那么 TBM 的开挖效率就会较高。

施工中常常发生这样的事情:为了保持足够的贯入度,而最大限度地向前推进刀盘,如果 TBM 任何一部分的设计与制造不能在这种最大推力作用下工作,那么 TBM 将异常振动,刀盘和撑靴结构将逐渐出现裂缝,主轴承也容易损坏。由于在隧道内修理、更换刀盘或主轴承并不容易,因此这些事故对 TBM 施工造成的损失是很严重的。同样,向前推进刀盘的推力如果过大,主轴承和向 TBM 刀盘传送动力的齿轮箱有可能受损,这样造成的后果将更为严重。

6.5.2 开挖面不稳定

如果拟开挖岩体破碎或风化严重,导致开挖面发生重大不稳定现象,大的岩块和粉碎石块从开挖面塌落,且这种不稳定现象一直持续不停,直至达到新的平衡,从而造成大的超挖,那么可能会影响 TBM 的正常工作,即使是护盾式 TBM,在这种情况下,TBM 掘进可能由于以下两项基本原因而受阻:

①由于塌落、积聚的石块作用于刀盘或卡住了刀盘,造成刀盘不能旋转。

②因开挖面不稳定造成超挖严重,在 TBM 前方形成空洞,需要在空洞扩大、最终发展到不可控制之前停止 TBM 掘进,进行空洞处理。

施工中,对形成的空洞常用树脂和泡沫进行注浆回填,以形成一种人造固体,钻孔和注浆通常通过设在刀盘上的专用孔进行。通过开挖一条旁通隧道(最好在隧道顶部),以便把被石块卡住的刀盘解脱出来,对开挖面进行稳定加固;还可以采用传统开挖方法开挖一段隧道,或采用注浆或管棚超前支护对围岩进行加固。

根据最近的施工经验,为了预防类似上述事故的发生,TBM 的设计有必要使刀盘突出盾壳的长度尽可能短,从而使盾壳本身对隧道的支撑尽可能接近开挖面。另外,在这些影响 TBM 掘进的不利条件下,如果在 TBM 起动和开挖过程中能够产生较高等级的刀盘扭矩及能够调整刀盘的转速,都必将对 TBM 的正常掘进大有帮助。

另外,刀盘设计应取消可调节的刮刀。在对 TBM 进行了这些改进之后,虽然不能完全消除影响 TBM 正常掘进的因素,但可以把这些因素尽量减少。

6.5.3 开挖洞壁不稳定

开挖洞壁不稳定是影响开敞式硬岩 TBM 正常掘进的因素之一。如果开挖洞壁不稳定发生在紧靠刀盘支撑之后的位置,就会造成安设支护及撑靴定位困难。开挖洞壁不稳定对施工进度及对克服这种不稳定所采用方法的影响差异很大,它取决于以下因素:

①开挖洞壁不稳定现象的规模及类型。
②所用 TBM 的类型(单撑靴或双撑靴)。
③TBM 的设计、施工特征。
④隧道直径。
⑤TBM 具有的安设隧道支护的装置及所采用支护的类型。

对于开挖洞壁不稳定现象,护盾式 TBM,无论是单护盾式,还是双护盾式,不像开敞式 TBM 那么敏感,这是因为护盾式 TBM 可以在护盾的保护下安装预制混凝土管片,通过向管片施加推力,护盾式 TBM 可以向前掘进,无论开挖洞壁是否稳定。

开挖洞壁不稳定时,开敞式 TBM 的日进度可降至 1~2m,甚至无进度。开敞式 TBM 在开挖洞壁不稳定时,可采取以下措施:

①对开挖洞壁采取稳定加固施工措施,在紧接刀盘支撑位置之后安设钢拱架、木撑板和喷混凝土。
②在 TBM 前方用传统方法开挖,通常采用顶部导坑法。
③采取钻孔、注浆或在 TBM 上方安设伞形拱架等措施,对开挖面前方的地层进行预处理。

6.5.4 断层带

TBM 掘进中穿越大的断层带时,如果刀盘被卡住,一般情况下常会影响 TBM 的正常掘进,这样即使不会对工期造成大的拖延,也常常会导致 TBM 掘进速度下降。尽管断层带沿隧道长度呈局部分布,但由于在开挖期间预报不足,或事先对困难估计不足或了解不够,仍可能造成意外事故。

在断层带,如果地层完全风化且存在高压地下水,那么开挖掌子面有可能像流体一样活动,且有可能像河水一样淹没隧道。

如果开敞式 TBM 遇到超前钻探未发现的上述断层带,那么 TBM 将会因地层滑塌而严重受阻,甚至被滑塌石块淹埋,造成后退困难的灾难性局面。另外,遇到断层带时,对地层进行简单、快速的注浆处理,注入的水泥浆液也有可能会造成 TBM 刀盘被卡。

护盾式 TBM,无论是单护盾 TBM 还是双护盾 TBM,遇到这种断层带,尽管不可能再继续开挖,但其结果不会像开敞式 TBM 那样严重。由于护盾式 TBM 掘进的隧道已施作了管片衬砌,从而形成盾壳的自然延伸体,这样至少可以从盾壳内对断层带进行处理,同时还可以防止隧道完全被水淹没。

6.5.5 挤压地层

无论何时,如果在 4~8h 之内,在距开挖面较短距离(几米距离)处发生严重的隧道收敛现象,无论其原因如何,TBM 必将陷入困境。对设计和施工人员来说,挤压地层是影响 TBM 正常掘进的因素之一。目前,还没有由于隧道收敛问题造成 TBM 长时间受困的例子。

护盾式 TBM 对隧道快速收敛十分敏感,有可能被收敛的地层卡住。对于开敞式 TBM,任何时候在短时间内发生严重的隧道收敛,如果收敛与隧道稳定相关,那么施作的隧道支护和 TBM 撑靴的支撑可能会出现严重问题,从而影响隧道的掘进速度。

为了克服上述问题,对大多数 TBM 来说可以适当超挖,把盾壳与开挖轮廓面之间的间隙从通常的 6~8cm 调整到 14~20cm。然而,开敞式 TBM 在收敛严重的不稳定地层中掘进的主要问题在于施作钢支撑、钢筋网和喷混凝土等支护困难重重,且刚施作的支护不能立即有效抵制地层变形与挤压的趋势。

对于护盾式 TBM,可以提高其纵向千斤顶的最大推力,直至 TBM 在较高地层压力(2~5MPa)作用下可以向前推进,但是隧道的管片衬砌要足够坚固,可以给 TBM 推进千斤顶提供必要的反作用力,否则隧道衬砌本身将垮塌。

采取这些方法、措施之后,再加上超挖,护盾式 TBM 几乎可以在任何条件(包括所谓的特殊条件)下进行隧道掘进。但是,如果由于机械故障等原因,TBM 被迫在挤压地层区段停滞相当长一段时间,那么 TBM 被困住的可能性相当大。

双护盾式 TBM 的脱困作业相对较为容易,可以在距开挖面 4~5m 处通过 TBM 伸缩区的开口进行。然而,单护盾式 TBM 的脱困作业必须从 TBM 的盾尾处开始,需在距开挖面 8~9m 处拆去一环或两环管片。

6.6 出渣运输与进料设备的选择

TBM 施工中,掘进效率的高低在很大程度上取决于出渣运输和运料是否及时到位。运出对象主要是 TBM 开挖所产生的大量石渣,运进对象为隧道支护、隧道延伸所需的材料和刀具等维修器材。

出渣运输与进料设备的选型,首先要考虑与 TBM 的掘进速度相匹配,其次需从技术经济角度分析,选用技术上可靠、经济上合理的方案。设备的具体规格、数量由开挖洞径、掘进循环进尺、隧道长度和坡度等因素决定。

出渣运输与进料设备主要分为有轨出渣及进料与连续皮带输送机出渣和轻轨进料两种类型。

6.6.1 有轨出渣及进料

根据隧道掘进长度、开挖断面、隧道坡度、每个掘进循环进尺、岩石的松散系数,计算每列出渣车的矿车斗容和辆数。

机车选型要满足不仅可以牵行 1 列重载矿车,还可带动所需辆数的材料车和载人车,同时考虑坡度,最终确定机车台数和规格。

根据掘进长度、列车平均运行速度确定所需出渣列车的列数。首先确定每列出渣列车所含矿车、机车的数量和规格,要求 1 个掘进循环出渣量由 1 列出渣列车 1 次运走。根据掘进长度、列车平均运行速度,按掘进机连续出渣的要求,确定所需出渣列车的列数。

掘进初期,距离较短,需要渣车列数较少,随着掘进距离的加长,逐渐增加出渣列车数。为尽量提高掘进机掘进效率,施工中至少需 4 列编组列车;掘进循环中 1 列车在出渣皮带机料斗处装渣,1 列车在双轨一侧待机,1 列车在出洞轨道一侧待进,1 列车在洞外卸渣。每列列车应包含机车、矿车、材料车等。

6.6.2 皮带输送机出渣和轻轨进料

采用连续皮带输送机出渣时,隧道内的轨道仅承担隧道支护材料、掘进机维修人员和器材等运输,可采用轻型钢轨。

皮带机随掘进机移动,从掘进机一直连接到洞门口出渣。皮带输送机主要由储带仓、主驱动装置、辅助驱动装置、被动轮、胶带、托辊六部分组成。皮带输送机结构简单、运输效率高、便于维护管理,可减少洞内运输车辆,减少空气污染,有利于形成快速连续出渣系统。

使用皮带输送机连续出渣的关键是皮带输送可随掘进机每次步进得到延长,且输送机能转向。皮带输送机尾部安装在后配套上。当后配套前进时,胶带逐段从储带仓中被拉出,使皮带输送机不间断地完成石渣输送。随着掘进机每次掘进完成一个循环行程步进时,后配套系统被向前拉动一个行程,此时皮带输送机也随之延伸,为此需要在皮带输送机尾部的前方,将皮带机架、托辊、槽形托辊进行安装,为胶带运输提供条件。为了满足掘进机在一定距离内不断向前延伸而不用随时延长胶带,设置了一个储带装置。由后配套皮带机运来的石渣卸到出渣皮带输送机上。当储存仓中的胶带用尽时,出渣皮带输送机需停止工作,进行接长胶带的硫化处理工作。连续出渣皮带机主驱动装置由电机、减速器、驱动轮组成,采用变频调速电机。驱动轮与胶带的传动为摩擦传动。当水平输送距离增加时,要增加另一套结构相同的辅助驱动装置,由两套驱动装置对胶带进行驱动,为协调主、辅驱动装置的运行和在启动时能够自动调整皮带的张拉,连续皮带输送机由 PLC 进行控制,此控制系统与掘进机的控制相匹配,以保证由掘进机控制启动和停止的次序。为了保持胶带的对中性,连续皮带输送机具有液压驱动的纠偏能力,在液压缸的作用下,连续出渣皮带输送机尾部可以在隧道断面的 X 轴和 Y 轴两个方向移动,并可沿 Z 轴旋转,这些运动跟随着皮带的摆动,受安装在皮带机尾部的操作控制台控制。

第 7 章

开 敞 式 TBM

> **本章重点**：主要介绍开敞式 TBM 的结构特点、基本配置、工作原理及适用范围；重点介绍天生桥水电站引水隧道工程、瑞士弗莱娜(Vereina)铁路隧道、秦岭Ⅰ线铁路隧道、磨沟岭铁路隧道、大伙房引水隧洞、西秦岭隧道、中天山隧道、重庆轨道交通 6 号线等使用开敞式 TBM 的施工实例。

7.1 结 构 特 点

德国海瑞克开敞式 TBM 的结构特点详见视频 7-1。

视频 7-1 德国海瑞克开敞式 TBM

本节以西安安康铁路秦岭Ⅰ线隧道使用的德国维尔特公司制造的直径 8.8m 的 TB 880E 型 TBM 为例，介绍开敞式 TBM 的结构原理。TB 880E 型开敞式 TBM 的主要结构见图 7-1。

开敞式 TBM 由 TBM 主机和 TBM 后配套系统组成，其主要特点是使用内外凯氏(Kelly)机架。

TBM 主机主要由刀盘、刀盘护盾、刀盘主轴承与刀盘驱动器、辅助液压驱动、主轴承密封与润滑、内部凯氏、外部凯氏与支撑靴、推进油缸、后支撑、液压系统、电气系统、操作室、变压器、行走装置等组成。外凯氏机架上装有 X 型支撑靴；内凯氏机架的前面安装主轴承与刀盘驱动，后面安装后支撑。刀盘与刀盘驱动由可浮动的仰拱护盾、可伸缩的顶部护盾、两侧的防尘护盾所包围并支撑着。刀盘驱动安装于前后支撑靴之间，以便在刀盘护盾的后面提供尽量大的空间来安装锚杆钻机和钢拱架安装器。刀盘是中空的，其上装有盘形滚刀、刮刀和铲斗，将石渣送到置于内凯氏机架中的皮带输送机上。

后配套系统装有主机的供给设备与装运系统，由若干个平台拖车和一个设备桥组成。在后配套系统上，装有液压动力系统、配电盘、变压器、总断电开关、电缆卷筒、除尘器、通风系统、操作室、皮带输送系统、混凝土喷射系统、注浆系统、供水系统等。在拖车上还安装有钢拱架安装器、仰拱块吊装机、超前探测钻机、锚杆钻机、风管箱、辅助风机、除尘器、通风冷却系统、通信系统、数据处理系统、导向系统、瓦斯监测仪、注浆系统、混凝土喷射系统、高压电缆卷筒、应急发电机、空压机、水系统、电视监视系统等辅助设备。

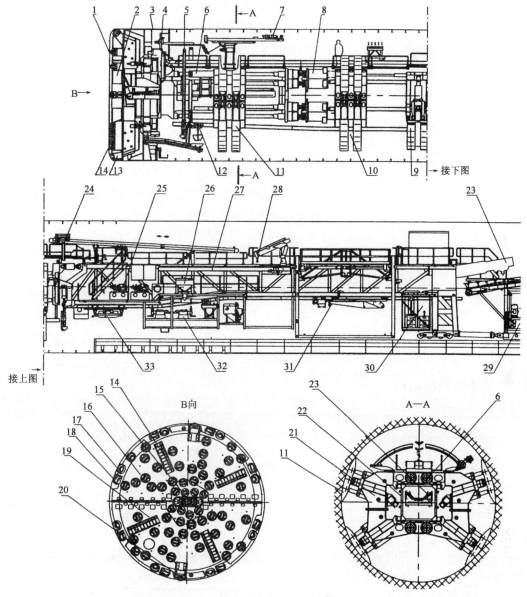

图 7-1 开敞式 TBM

1-盘形滚刀；2-刀盘；3-刀盘护盾；4-钢拱架安装器；5-锚杆钻机；6-推进油缸；7-超前探测钻机；8-刀盘驱动；9-后支撑；10-X型后支撑；11-X型前支撑；12-刀具吊机；13-铲斗；14-刮刀；15-中心刀；16-正滚刀；17-边刀；18-铲斗；19-刀盘；20-扩孔刀；21-前外凯机架；22-内凯机架；23-皮带机；24-运输小车；25-水泵；26-除尘器；27-皮带桥；28-吊机1；29-平板车；30-操作室；31-吊机2；32-注浆机；33-仰拱吊机

7.2 基本配置

本节以西安安康铁路秦岭Ⅰ线隧道使用的维尔特公司制造的直径8.8m的TB 880E型TBM为例，介绍开敞式TBM的基本配置。

7.2.1 刀盘

刀盘结构见图7-2。刀盘为焊接的钢结构构件，由两半圆通过螺栓连接成一体，便于分成两块运输，也便于在隧道内吊运。刀盘上的滚刀为背装式，刀座为凹式，这种结构的刀盘安装刀具方便，并且刀盘与掌子面的距离保持最小，能有效地防止在断层破碎地质条件下刀盘被卡住。

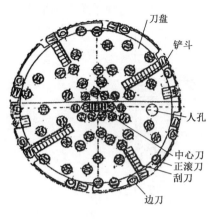

图 7-2 刀盘

沿着刀盘圆周安装的刮刀和铲斗将切削石渣从底部输送到顶部,然后沿着渣槽落到输送机的渣斗上。开敞式铲斗与刮刀向刀盘中心延伸一定距离,使得大量的石渣在落到底部之前进入到刀盘里面,减少了石渣的二次挤压和铲斗与刮刀的额外磨损,刮刀是用螺栓连接的可更换的耐磨刀片。

刀盘支撑在主轴承上,用液压膨胀螺栓与轴承的旋转件相连。刀盘支撑在刚性定位的内凯氏机架与液压预载的仰拱护盾上,在岩层变化时,刀盘不会下落和摆动,从而保持刀盘的轴线位置不变,确保滚刀在各自的切缝中,减少作业时的振动和滚刀的磨损。刀盘配备有一套喷水系统,用以对掌子面的灰尘进行初步控制,也用以使滚刀冷却。通过内凯氏机架上的人孔可以进入刀盘的内部,通过刀盘上的人孔可以进入掌子面。

7.2.2 刀盘护盾

刀盘护盾见图 7-3。刀盘护盾由液压预载的抑拱护盾和三个可伸缩的拱形护盾组成。刀盘护盾从刮刀至隔板遮盖着刀盘,提供钢拱架安装时的安全防护,防止大块岩石堵塞刀盘;并在掘进时或掘进终了换步时,支撑住掘进机的前部。三个可伸缩的拱形护盾均可用螺栓安装格栅式护盾,在护盾托住顶部时,可安装锚杆。护盾通过油缸连接带动隔板,护盾随刀盘浮动。护盾上的预载油缸承受刀盘及驱动装置的重量,保持护盾与隧道仰拱相接触,并将石渣向前推动进行清理。

7.2.3 主轴承与刀盘驱动

主轴承是一个双轴向、径向式三维滚柱轴承,轴向预加荷载,内圈旋转。主轴承的组成见图 7-4。

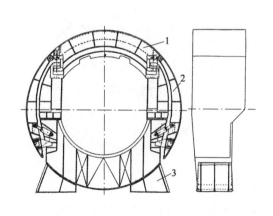

图 7-3 开敞式 TBM 刀盘护盾示意图
1-顶部护盾;2-侧护盾;3-临时支撑

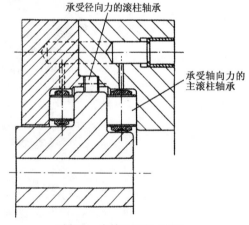

图 7-4 主轴承组成示意图

刀盘驱动见图 7-5。轴承内圈上的内齿圈是轴承的组成部分,刀盘用液压膨胀螺栓与内齿圈相连接。刀盘由 8 套相同的刀盘驱动装置共同经由内齿圈驱动。驱动小齿轮由两个轴承支撑,小齿轮的传动轴 2 通过齿形联轴节 3 与双级水冷行星减速器 8 相连,然后通过摩擦式离合器 6 与驱动电动机 7 相连。正常作业时,刀盘由双速水冷电动机 7 驱动,电动机装于两外凯氏机架之间,双速可逆式电动机允许刀盘在不稳定的软弱围岩地质条件下半速驱动,在不利的条件下为了刀盘脱困允许电机反转。微动时由液压马达 4 驱动,用以使刀盘旋转到换刀位置以便更换滚刀或进行维修保养作业。

7.2.4 主轴承密封与润滑

主轴承密封由 3 个唇式密封构成,此密封又用迷宫式密封保护。迷宫式密封由自动润滑脂系统进行清洗净化,见图 7-6。主轴承齿圈和驱动小齿轮为强制式机械润滑。装备有润滑泵、滤清器、电子监测系统。润滑脂润滑系统、机油润滑系统与刀盘驱动系统相互连锁,当润滑系统失效时,刀盘自动停止转动。行星减速器注入部分润滑油,为飞溅式润滑。

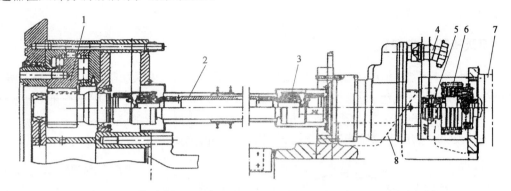

图 7-5　TBM 刀盘驱动示意图

1-内齿圈；2-传动轴；3-齿形联轴节；4-液压马达；5-齿形联轴节；6-摩擦式离合器；7-双速水冷驱动电动机；8-双级水冷行星减速器

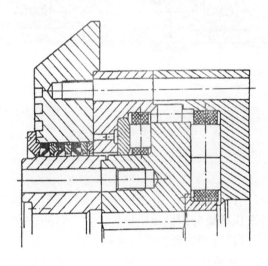

图 7-6　主轴承密封

7.2.5　内凯氏机架

内凯氏机架见图 7-7。内凯氏机架是一个箱形截面焊接结构,其上有淬火硬化的滑道,以供外凯氏机架的轴承座在其上滑行。

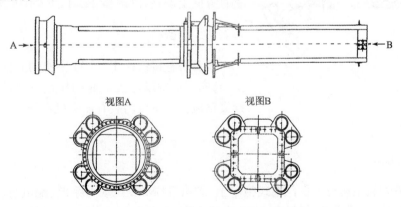

图 7-7　开敞式 TBM 内凯氏机架

前后外凯氏机架由推进油缸使之滑动。内凯氏机架为刀盘导向,将掘进机作业时的推进力和力矩传递给外凯氏机架。内凯氏机架连接刀盘轴承、驱动装置与后支撑,内凯氏的尾部与后支撑相连,内凯氏的前部连接着主轴承座。内凯氏机架前端设有一人孔,可由此通道进入刀盘,内凯氏机架内有足够的空间,用以安置皮带机。

7.2.6 外凯氏机架与支撑靴

外凯氏机架与支撑靴见图 7-8。外凯氏机架连同支撑靴一起沿内凯氏机架纵向滑动,支撑靴由 32 个液压油缸操纵,支撑靴分为两组,每组由 8 个支撑靴组成,在外凯氏机架上呈"X"形分布,前后外凯氏机架上各有一组支撑靴。16 个支撑靴将外凯氏机架牢牢地固定在掘进后的隧道内壁上,以承受刀盘扭矩和掘进机推进的反力。前后支撑靴能够独立移动以适应不同的钢拱架间距。

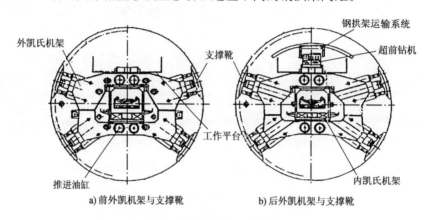

图 7-8 外凯氏机架与支撑靴

7.2.7 推进油缸

作用在刀盘上的推进力,经由内凯氏机架、外凯氏机架传到围岩。外凯氏机架是两个独立的总成,各有其独立的推进油缸。前后外凯氏机架分别设 4 个推进油缸,后外凯氏机架的推进油缸将力传到内凯氏机架,前外凯氏机架则将推进力直接传到刀盘驱动装置的壳体上。掘进循环结束时,内凯氏的后支撑伸出支撑到隧道底部上,外凯氏的支撑靴缩回,推进油缸推动外凯氏向前移动,为下一循环的掘进准备。

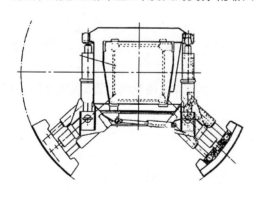

图 7-9 后支撑

7.2.8 后支撑

后支撑(图 7-9)装在内凯氏机架上,位于后外凯氏机架的后面,后支撑通过液压油缸控制伸缩,还可用液压油缸作横向调整。后支撑缩回时,内凯氏机架的位置能够在水平和垂直方向上调整,以调整 TBM 的隧道中线。

7.2.9 设备桥

设备桥直接铰接于 TBM 主机的后面,支撑在平台拖车上,它向上搭桥以加大下面的作业空间,以便安装仰拱块和铺设钢轨。设备桥内装有皮带机系统和通风系统、仰拱块吊机、材料提升系统。

7.2.10 后配套拖车

后配套拖车在钢轨上拖行。在门架式拖车上,装有 TBM 液压动力系统、配电盘、变压器、总断电开关、电缆卷筒、除尘器、通风系统、操纵台、皮带输送系统、混凝土喷射系统、注浆系统、供水系统及其他辅助设备。

7.2.11 导向系统

导向系统由装在 TBM 上的两个激光靶和装在隧道洞壁上的激光器组成,激光靶装于刀盘护盾背后,由 1 台工业电视监视器进行监视,监视器将 TBM 相对于激光束的位置传送到操作室的显示器上。当机械换步时,操作人员根据这些信息对 TBM 的支撑系统进行调整。

7.2.12 数据处理系统

数据处理系统监视和记录以下数据:日期与时间、掘进长度、推进速度、每一循环的行程长度与持续时间、驱动电机的电流、驱动电机的接合次数、推进油缸压力、支撑油缸压力。上述数据可用来监测与存储,并在任何时候都能打印进行检索。随着 TBM 的推进被记录,存储的数据可制成不同的表格或制成柱状图、饼状图。

发生故障时,警告灯会提醒操作人员从不同的屏幕上查找故障种类与原因。

7.2.13 除尘系统

除尘系统装于后配套拖车的前端,吸尘管与内凯氏机架及刀盘护盾相连,在刀盘与掌子面之间形成负压,使得 TBM 前约 40% 的新鲜空气进入刀盘与掌子面之间,防止含有粉尘的空气逸入隧道。除尘器的轴流风机吸入的含尘空气穿过一有若干喷水嘴的空间,湿尘吹向除尘器的集水叶片后,灰尘高度分离并流向装有循环水泵的集尘箱沉淀。

7.2.14 锚杆钻机

在刀盘护盾后面的内凯氏机架旁边及后支撑靴后面的内凯氏机架旁边安装有锚杆钻机。锚杆钻机在机器掘进时能进行锚杆的安装。

7.2.15 超前探测钻机

超前探测钻机用于在 TBM 前面打探测孔,打探测孔时,TBM 必须停止掘进。超前钻机装于外凯氏机架上、前后支撑靴之间,钻孔时,移动至 TBM 护盾的外边,以微小的仰角在 TBM 前方钻孔。锥形引导能适应整个刀盘护盾导向和稳定钻杆。超前钻机的动力由锚杆钻机的动力站之一提供。

7.2.16 钢拱架安装器

钢拱架安装器可在 TBM 掘进过程中进行作业,在刀盘后面进行钢拱架的预组装和安装。钢拱架安装器由以下部分组成:刀盘护盾后面的预组装槽、液压驱动的牵引链、内凯氏机架上纵向移动的平台、钢拱架提升与伸展用的液压油缸。钢拱架安装器由装在刀盘护盾后面的控制台直接操作,由 TBM 的液压系统提供动力。

7.2.17 仰拱块吊机

仰拱块吊机沿皮带桥下的双轨移动,它吊起仰拱块运向安装位置。仰拱块吊机可以沿水平、垂直方向移动。移动方式是链传动。

7.2.18 注浆系统

注浆系统装于 TBM 后配套上,注浆系统把拌和砂浆用于仰拱块的注浆、混凝土黏结、岩石的压力注浆及断层的稳固。

7.2.19 混凝土喷射系统

混凝土喷射系统,装于 TBM 后配套上,由湿式喷射机、液体计量泵、混凝土喷射机械手组成。

7.3 工作原理

7.3.1 滚刀破岩机理

滚刀破岩机理如图 7-10 所示。TBM 的破岩刀具均采用盘形滚刀(简称滚刀)。安装在刀盘上的滚刀在推进油缸推力作用下将刀刃压入岩面,随着刀盘的旋转,滚刀绕刀盘中心轴公转,并绕自身轴线自转。开敞式 TBM 采用单刃滚刀破岩,在刀盘强大的推力、扭矩作用下,滚刀在掌子面中心切缝上滚动,当推力超过岩石的强度时,滚刀下的岩石直接破碎,滚刀贯入岩石,掌子面被滚刀挤压碎裂而形成隧道同心圆沟槽。随着沟槽深度的增加,岩体表面裂纹加深扩大,当超过岩石剪切和拉伸强度时,相邻同心圆沟槽间的岩石成片剥落,形成石渣。

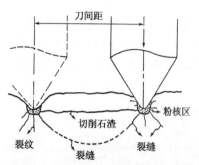

图 7-10 滚刀破岩机理

7.3.2 掘进工况工作原理

开敞式 TBM 的掘进循环由掘进作业和换步作业交替组成。在掘进作业时,TBM 刀盘进行的是沿隧道轴线作直线运动和绕轴线作单方向回转运动的复合螺旋运动,被破碎的岩石由刀盘的铲斗落入皮带输送机向机后输出。

开敞式 TBM 在洞壁岩石能自稳并能经受水平支撑的巨大支撑力的条件下使用,掘进时,伸出水平支撑,撑紧洞壁,收起前支撑和后支撑,起动皮带机,然后刀盘回转,开始掘进;掘进一个循环后,进行换步作业。其作业循环如图 7-11 所示。

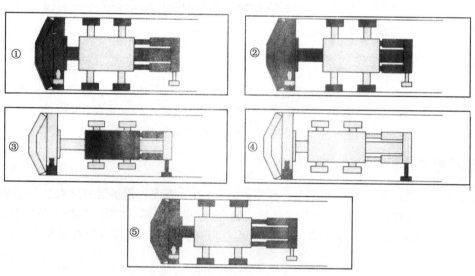

图 7-11 开敞式 TBM 掘进工况工作原理

①撑靴撑紧在洞壁上,前支撑和后支撑缩回,开始掘进。
②刀盘向前掘进一个循环后,掘进停止。
③前支撑和后支撑伸出,撑紧在洞壁上,撑靴缩回,外凯氏机架向前滑移一个行程长度。
④利用前、后支撑进行方向调整。
⑤前后外凯氏机架撑靴重新撑紧在洞壁上,前支撑和后支撑缩回,开始新的掘进循环。

7.4 适用范围

开敞式 TBM,也称支撑式 TBM 或撑靴式 TBM,主要适用于岩石整体较完整、有较好自稳性的中硬岩地层。

在开敞式TBM上,配置了钢拱架安装器和喷锚等辅助设备,以适应地质的变化;当采取有效支护手段后,开敞式TBM也可应用于软岩隧道。开敞式TBM只需要有顶护盾就可以进行安全施工,如遇有局部不稳定的围岩,由TBM所附带的辅助设备通过打锚杆、加钢丝网、喷混凝土、架圈梁等方法加固,以保持洞壁稳定;当遇到局部地段特软围岩及破碎带,可由所附带的超前钻及注浆设备,预先固结前方上部周边一圈岩石,待围岩强度达到能自稳后,再进行安全掘进。采用开敞式TBM施工,掘进过程可直接观测到洞壁岩性变化,便于地质图描绘。采用开敞式TBM施工时,永久性的衬砌待全线贯通后集中进行。

开敞式TBM支撑机构撑紧洞壁以承受向前推进的反作用力及反扭矩;刀盘旋转,推进液压缸推压刀盘,盘形滚刀切入岩石,在岩石面上作同心圆轨迹滚动破岩,岩渣靠自重掉入洞底,由铲斗铲起岩渣,靠岩渣自重经溜槽落入皮带机出渣,连续掘进成洞。

开敞式TBM主要用在岩石整体性较好、有一定自稳性的围岩的隧洞,特别是在硬岩、中硬岩掘进中,强大的支撑系统为刀盘提供了足够的推力。使用开敞式TBM施工,可以直接观测到被开挖的岩面,从而能方便地对已开挖的隧道进行地质描述。由于开挖和支护分开进行,使开敞式TBM刀盘附近有足够的空间来安装一些临时、初期支护的设备,如圈梁安装器、锚杆钻机、超前钻机、喷射混凝土设备等。如遇有局部不稳定的围岩,可以在TBM刀盘后进行临时支护,如打锚杆、喷混凝土、加钢筋网、圈梁,以保持洞壁稳定;或钻超前孔并进行注浆以固结前方围岩,然后再掘进。因此,开敞式TBM运用及时有效的支护措施,能够胜任软弱围岩和不确定地质隧道的掘进功能。

在实际应用中,TBM常会遇到复杂地质情况,如断层、破碎带、局部软岩或者溶洞等,仅采用这些临时支护可能难以稳定围岩。在较软的破碎岩层中由于洞壁围岩的抗压强度低于TBM支撑板的最小接地比压,以致TBM无法支撑而不得不停止掘进。

7.5 施 工 实 例

7.5.1 天生桥水电站引水隧道工程

1)概述

1985年、1988年,在广西隆林天生桥二级水电站的引水隧道工程中,先后引进了两台美国罗宾斯公司ϕ10.8m开敞式TBM,这是中国第一条采用大断面TBM施工的隧道,该机为当时世界上最大的全断面硬岩TBM。由于地质原因,且设备故障率较高,进度较低,开工初期平均月进尺150m,最高月进尺242m。但后来,由于遇到了为数众多的溶洞、断层带和岩爆,砸坏或砸掉滚刀和刀座,斗唇磨损严重,TBM工况每况愈下,检修时间延长,加上管理不到位,月平均进尺明显降低,后期月平均进尺仅60m左右。在天生桥水电站隧道工程施工中,虽然TBM的优越性未得到充分发挥,但机器本身的优点和对地质的针对性却得到证明。TBM在该工程中应用和探索过程所取得的经验是很宝贵的。

2)TBM方案选择缘由

天生桥二级水电站为一引水电站,设计水头176m,装机容量1320MW,引水隧道共三条,每条平均长9555m;内径8.7~9.8m。从进口至亚岔沟附近8105m洞段穿过灰岩地层,多属Ⅱ~Ⅲ类围岩,埋深300~760m;亚岔沟以下至调压井1450m洞段穿过砂页岩地层,属Ⅲ~Ⅳ类围岩,埋深150~300m。三条隧道轴线相互平行,灰岩段间距为40m,砂页岩段为50m,隧道平均坡降0.331‰。

在初设阶段,隧道开挖方案始终是影响隧道设计的重大因素,决定着隧道轴线选择及隧道直径的最终确定。

1976年初设报告中隧道选用钻爆法开挖,隧道轴线布置为沿河弯的大折线方案,内径9m,每条隧道长11.2km,设置6条支隧道,以便于"长隧道短打"。1982年工程复工后引进TBM作为隧道开挖方案的比较方案,经国内专家的咨询和设计的反复比较,历时近两年,最后确定了以TBM开挖为主、钻爆法开挖为辅的开挖方案,布置施工支隧道3条。1号、2号主隧道分别由亚岔沟附近的2号支隧道各进1台

TBM往上游分别掘进6400m；1号、3号施工支隧道，钻爆法掘进剩余的3155m隧道段长。

当时，选择TBM方案主要考虑其具有以下两大优越性：

(1) 掘进速度快

这一优点可以充分发挥本工程河弯地形截弯取直布置隧道线的特点，每条隧道长可缩短1645m，从而使隧道长减少为9555m。尽管它不能像钻爆法那样多开工作面实行长隧道短打，而是担负了较长的独头掘进隧道段的施工，但因其掘进速度快，从而仍能保证工期，并且节约了临建工程量。TBM开挖成本较钻爆法约高一倍，但因其掘进速度快，抵消了这一不利因素。

(2) 对围岩扰动小，开挖质量高

一方面减少了超挖量(超挖在5cm以内)及相应的混凝土超填量；另一方面可优化衬砌结构，初设方案按1/3混凝土衬砌、2/3锚喷混凝土衬砌考虑。1984年费用概算计算，TBM直线方案较钻爆法折线方案节约投资约1.45亿元。

3) TBM施工工艺

本工程引进的是美国罗宾斯公司制造的ϕ10.8m开敞式TBM，是当时世界上最大的全断面硬岩TBM，两台TBM的出厂编号分别为353-196及353-197 TBM，曾在芝加哥污水处理工程中运用。

TBM施工工艺如下：

TBM主机长16.6m，在主机后11m连接桥之后由16节平台拖车、4节斜坡拖车共同组成轨道式后配套拖车组(1号机后配套拖车长110m，2号机后配套拖车长145m)，后配套拖车下部轮子置于隧道开挖轨道上并随TBM主机往前跟进。后配套拖车的平台上设置龙门架，从而使拖车分为上下两层。下层平台作装渣、调车之用，铺双轨，轨距1066mm，平台尾部斜坡道上轨道与洞中铺设轨道相接，斜坡坡度不大于5%，以便出渣车及运输车上下平台。上层平台布置转渣皮带机、变压设备及风管等，也是工作人员进入机器各部分的主要通道。

TBM刀盘上装有69把盘形滚刀，切削下来的岩块由刀盘上的12只铲斗铲起倾入料槽转运至42″宽皮带机，再转入后配套拖车平台架上的转料皮带末端漏斗，卸入后配套拖车下层平台上的矿车运出，每辆矿车容积19.6m³，每列车由6~81辆出渣矿车组成，由日本富士重工产35t柴油机车牵引出隧道，在支洞口设有翻渣机，矿车进入翻渣机(可同时卸两辆)翻转180°石渣卸入渣坑，用装载机装入20t自卸汽车运出。

TBM的推进行程为1.8m，推力为13800kN，作用于洞侧壁的水平支撑力每边32560kN，刀盘驱动功率1790kW，机器总重734t，最大重件(内刀盘支撑)88.5t，电压等级480V，周波60Hz。

4) TBM组装

设计组装方案是在罗宾斯专用小车上组装，然后牵引进入洞内牵引段，在脱车槽内脱下小车，装上刀盘即可开始掘进，时间3个月。

后由于从美国随主机买入16只海尔蒙(Hilman)滚柱，使组装方法有所不同。海尔蒙滚柱是一种安装重大机械设备、短距离移动极其灵便的工具，适用于TBM组装。1号TBM在隧道外组装，2号TBM在隧道内组装。

(1) 1号TBM组装

1号TBM在2号支隧道口外进行组装。组装前先用钻爆法开挖2号支隧道24m长，支隧道断面衬砌后较TBM开挖直径大10cm，距工作面4m范围内为全圆形，之后在底板上设一长0.6m、深0.6m、宽5m的脱柱槽，再往后，隧道断面渐变为城门洞型，隧道底板随之变为宽8.6~10.9m的平底，居中浇宽3m、厚0.5m的底板混凝土并延伸至隧道外30m，在混凝土底板中纵向预埋两根32号工字钢，间距2.28m，作为海尔蒙滚柱组行走的轨道。另在底板混凝土纵向中轴线上按1.5m间距预埋深30cm、ϕ10cm钢管，作为推进油缸固定孔，在此底板上的海尔蒙滚柱组上安装TBM，由一台日本日立公司KH-700型150t履带吊和一台75t轮胎吊起吊，完毕后由TBM上一只随进随固定于底板固定孔中的220t推力的推进油缸推进隧道内，在脱柱槽处脱下海尔蒙滚柱组。组装时间56d，于1985年3月18日开始掘进2号支隧道。

(2)2号TBM组装

由于1号TBM在2号支隧道施工中,多次遇岩爆、溶洞和破碎带,经过临时支护后,部分隧道直径已小于10.8m标准直径,个别地段单点向内缩小已达五十多厘米,使2号TBM主机已无法整体通过。

通过方案论证,最后采取隧道内组装方式。利用支隧道与2号主隧道交岔段形成的自然空间,首先挖出长12m、宽25.5m、高16.3m的安装洞室,并沿2号主隧道向上游用钻爆法以直径11.2m向前开挖187m的TBM就位段。然后在安装洞室和就位段用20号工字钢及20mm厚钢板等预埋原地转向装置及TBM推进装置。在拆卸支隧道内的轨道并进行隧道内清理后,将已在隧道外组装好的部分主机(尚有10大件未装)用7d时间使其沿支隧道自行进入安装洞室,用6台100t的电动液压千斤顶分别把机头和机尾顶起来,在前后支撑上共安装10个海尔蒙滚柱,移至原地转向装置。由于安装洞室地质条件不好,采用事先进隧道的40t履带吊安装左、右侧支承,顶护盾座,双侧和中间护盾,及4块外刀盘10大件,最大部件重29t。主机装好后,通过原地转向装置转至2号主隧道就位段的预埋轨道上,采用1号TBM在隧道口的推进方式,将2号TBM推至2号主隧道工作面前就位。

因受地质条件限制,宽度已达25.5m的交岔口轨道转弯半径只有65m,远远小于整个移动式出渣平台所需的500m转弯半径的要求,因此采用卷扬机分节将平台车拖过交岔口至2号主隧道就位段,再同TBM整体连接组装。2号TBM从隧道口推进至投入运行,历时85d,于1988年7月3日投入运转。

5)TBM拆除

TBM的拆除方式有三种:一种是TBM掘通山体,在隧道外的出口拆除;一种是整机从掘进原路自行退出隧道外,在进口拆除;一种是在隧道内拆除。本工程隧道进口至2号支隧道间是由TBM和钻爆法相向掘进,在山体内贯通交汇,TBM掘进的部分隧道因支护已使隧道断面缩小,且TBM后面隧道衬砌混凝土已尾随进行从而使通道堵塞,因此选择隧道内拆除方案。

拆除场设于靠近TBM掘进终点的钻爆法开挖段内,施工单位比较了150Ⅰ履带吊方案及桥吊方案,因履带吊方案拆除场开挖断面大(高23m,宽17m),且操作不便而被舍去。施工采用桥吊方案,拆除场尺寸为长×宽×高=31.5m×12.2m×19.4m。起吊最重件为刀盘支撑(88.5t),拆除后装入平板拖车。1号TBM拆除场上游附近的7号连通隧道(断面尺寸:宽×高=8m×6.5m,转弯半径9~17m)进入2号主隧道,再往上游由2号支隧道口运出,历时22d,于1992年2月23日完成。而2号TBM则在拆除后直接由2号主隧道往上游转1号支隧道运出。

6)TBM施工实施效果

1号TBM包括2号支隧道在内共掘进4.6km,其中1号主隧道3.3km,历时77个月,平均月进尺为60m;2号TBM掘进2号主隧道3.1km,历时48个月,平均月进尺为65m。两台TBM的平均月进尺均仅在60~65m,离初设TBM方案设计平均月进尺200~250m差距较大,施工中只完成了设计规定的掘进长度的一半左右。TBM的优越性由于恶劣地质的影响而尚未充分发挥出来。

本工程引进的两台全断面大直径硬岩TBM,共掘进了7.7km长隧道,这在当时属中国TBM施工中规模最大的,为以后TBM的推广积累了非常丰富的施工经验,是一种有益的探索和尝试。

施工实践证明,较高的掘进速度和对围岩很小的扰动是采用TBM的两个主要优点。从总体上说,该工程TBM的掘进速度是较低的,但最高月进尺达到242m(1986年2月),因此高的掘进速度是可以实现的。另外,隧道质量是相当高的,超挖均在5cm以内,光洁度高。但也同时证明,TBM对地质特别敏感,难于应付恶劣地质。例如1985年7月23日在2号支隧道0+619桩号,出现一与隧道线基本正交的跨度7.4m的溶洞,溶洞与水平约成30°夹角向右上方延伸约200m,内有黏土充填,滑动土体约10000m³,处理了174d才通过。处理困难的原因是TBM堵塞了溶洞处与外界的通道,只有打旁通道才能进溶洞处进行处理。

7)TBM优越性未发挥的原因分析

(1)地质因素

在天生桥二级水电站的引水隧道施工中,遇到了未能预见的、异常发育的卡斯特溶洞和岩爆,使

TBM 开挖常陷于困境,不能充分发挥 TBM 的机械效能。

1985 年 7 月 23 日—1986 年 1 月 11 日,处理 2 号支隧道 0+619 溶洞暗河道,1 号机停机 174d,近 6 个月,完成管柱桩 4 根,长 7.3~18.5m,浇注混凝土 150m³,清黄泥 5450m³,架设钢支撑 50t。

1986 年 2 月 21 日—1986 年 4 月 9 日,2 号支隧道 0+935~0+980 段发生岩爆,清渣 421m³,架设钢支撑 35.1t,喷混凝土 161m³,打设锚杆 624 根,造成 1 号机停机 48d。

1986 年 4 月 12 日—1986 年 7 月 10 日,2 号支隧道 0+984.3~1+002 段大溶洞,清黄泥 2503m³,架设钢支撑 49 t,喷混凝土 512m³,打设锚杆 406 根,造成 1 号机停机 90d。

1 号 TBM 施工的 2 号支隧道,Ⅱ、Ⅲ类围岩占 89.3%,Ⅴ类围岩仅占 1.3%,不良地质隧道段主要有溶洞、破碎带、岩爆和漏水。TBM 掘进段除 2 号支隧道 0+619 溶洞充填蠕滑体难以处理外,其余所遇见溶洞基本充填的是密实黏土,影响了工期。隧道内岩爆频繁,发生的随机性防不胜防,TBM 开挖对围岩扰动小,围岩周圈应力不能随开挖得到充分释放,故岩爆对施工的影响较之钻爆法更大。据 1985 年 3 月—1989 年 9 月统计,仅岩爆处理占工期的 24%。另外,涌水也对工期造成了不利影响。据统计,1 号机在历时 77 个月的施工中,因受溶洞、岩爆等地质影响而直接停机的时间占日历天数的 28.85%,特别是 1985—1987 年三年中,TBM 遇到了严重的不良地质,停机年平均占时为 44.58%,1985 年则高达 56.83%。地质因素无疑是制约 TBM 开挖速度的一个重要因素。

(2)TBM 的匹配条件

从总体上看,尽管后三年因地质原因导致直接停机占时比前三年少,但遇到岩爆地段较多,岩爆落石砸坏滚刀或引起刀座变位,造成滚刀工作状况恶化,换刀频繁,占时增加。

由于刀具对地质不是很适应,刀具耗量大,平均耗刀量 0.32 把/m。因 TBM 要求刀具质量高,国内刀具不过关,需进口,有时供货不及时而影响工期。1988 年后的正常停机占时大幅度增加,严重影响了 TBM 的作业效率。据统计,1 号 TBM 正常停机占时率在 1985 年为 10.49%,1986 年为 11.08%,1987 年为 19.34%,1988 年为 43.36%,1989 年高达 54.11%,1990 年为 33.86%。

引进的 TBM,电源频率与供电频率不配套(机器为美国制周波 60Hz),功率不能充分发挥。

因引进的是二手机,设备陈旧,电气故障在每年均占较大比重,机械故障波动起伏大,液压故障和润滑故障在施工中呈上升趋势。特别是后三年故障率较高,1988 年仅主机的故障占时率就高达 27.11%。

(3)TBM 组装及拆除耗费工时

1 号 TBM 隧道外组装 56d,拆除时从拆卸洞室的开挖至机器拆除运出隧道外共花了 6.6 个月。2 号 TBM 隧道内组装洞室施工工期 8 个月,TBM 从隧道口推进至投入运行,历时 85d,影响了 1 号 TBM 施工 70d。

(4)管理水平和技术水平薄弱

TBM 机械化程度高,对管理水平和技术水平要求很高。施工单位由于首次使用 TBM,管理水平和技术水平是薄弱环节。

由于地质灾害给隧道施工造成很大困难,应进一步加强地质勘察,加强对灾害的防治并做好地质预报工作,选用与地质条件相应的辅助施工方法,及时加固围岩,做好钢拱架支护、超前锚杆、超前管棚支护等工作。

7.5.2 瑞士弗莱娜(Vereina)铁路隧道

1)工程概况

瑞士弗莱娜(Vereina)隧道是一座穿越阿尔卑斯山脉的铁路隧道,全长 19062m。弗莱娜隧道的北口是一座长 2.16km 的楚格瓦尔德(Zugwald)隧道,出于地质条件、线路要求和工期等方面的考虑,将这两座隧道划分成 6 个标段进行招标施工。其中楚格瓦尔德隧道的洞口覆盖层的施工采用水平帷幕注浆法,该法的特点是在开挖之前,沿隧道的上半部周边钻凿一系列的水平孔,随后向孔内注射高压水泥浆,隧道在此形成的保护掩体下进行开挖施工。中部基岩部分(沉积岩)则采用 TBM 法进行施工。弗莱娜隧道施工是先用钻爆法从北端入口和南端出口同时相向开挖，北端在完成双线部分的开挖后，改用 TBM 法掘进，南端仍用钻爆法开挖。

两座隧道的施工进度安排非常紧凑合理。先用水平注浆法完成 Zugwald 隧道的洞口段施工，然后用 TBM 将 Zugwald 隧道贯通，贯通后将 TBM 及后配套整体移到 3km 外的弗莱娜隧道北端，TBM 由北向南掘进，与此同时，在弗莱娜隧道的南端，采用钻爆法相向施工。

两座隧道于 1991 年同时开工，Zugwald 隧道于 1995 年竣工，弗莱娜隧道于 1997 年 3 月 26 日贯通，于 1999 年竣工，比原计划提前了 5 个月。弗莱娜隧道从北钻爆开挖 2133m，采用 TBM 掘进 9451m；从南钻爆开挖 7478m。弗莱娜隧道工程总造价为 3.4 亿瑞士法郎。两座隧道采用 TBM 法施工时，使用德国维尔特公司制造的 TB 770/850E 型开敞式 TBM。

Zugwald 隧道使用 TBM 掘进 1650m，岩层多为白云岩和泥页岩的沉积岩，此处，还有多处由鹅卵石、角砾岩等冰川冲积物组成的不良地带。TBM 在 Zugwald 隧道施工时，最高日进尺为 25m。

弗莱娜隧道施工中遇到的岩层既包括局部分布的松软岩层和中等硬度的沉积岩，又包括非常坚硬的主要由片麻岩、闪长岩组成的火成岩，此外，还穿越多处由阿尔卑斯山造山运动而形成的断层破碎带。掘进到火成岩时，TBM 的掘进速度为每月 600m，最高日进度为 42.7m。弗莱娜隧道于 1995 年 5 月 12 日使用 TBM 施工，于 1997 年 3 月 26 日贯通。两座隧道的纵剖面和设计施工进度见图 7-12。

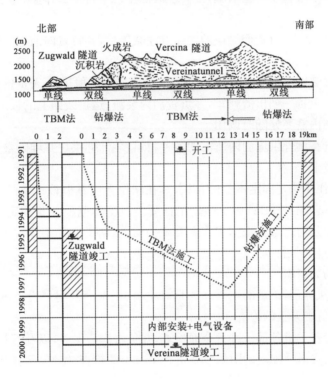

图 7-12　隧道纵剖面及设计施工进度图

2）施工组织管理

弗莱娜隧道由安伯格（Amberg）工程咨询公司设计并承包施工，其组织管理机构十分精简，管理机构模式见图 7-13。

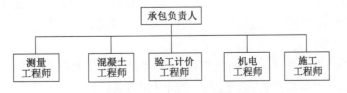

图 7-13　弗莱娜（Vereina）隧道施工组织管理机构

图7-13所示中的人员为常设机构的管理人员,其中机电工程师与施工工程师每天24h值班,保证随时掌握TBM施工现场的情况。其管理程序为:维修保养班出现的机电问题,直接由施工现场通知机电工程师负责安排解决;掘进班出现的问题,由施工现场通知施工工程师负责落实解决。所有常设机构的管理人员对承包负责人负责,承包负责人负责全面工作,并负责各部门的协调工作。

(1) 掘进班劳动力组织

弗莱娜隧道施工时,每天有2个掘进班作业,每个掘进班由21人组成,人员配置如下:

工班长1人:负责本班人员的工作安排,巡视及协调班组人员的工作情况,并及时上报地质情况。

TBM司机1人:负责操作TBM,负责填写掘进报告,在掘进中随时接收各作业点的信息,处理一些小型故障,判断地质情况的变化。

机械工1人:负责TBM施工中的焊接工作、供排水、风管及水管的延伸工作,负责处理各类机械故障,并负责对TBM各部位的检查和巡视。

电工1人:负责洞内各处照明、洞内供电设备的维护、电缆的延伸,并负责对控制室内的各种仪表、显示仪器进行维修,且对PLC方面的故障进行维修,能快速找出电气故障点。

锚喷支护7人:在刀盘后面主机平台上部作业5人,负责钻锚杆孔、锚固锚杆、挂网,必要时安装钢拱架或初喷混凝土,并及时上报地质变化情况;在刀盘后面主机平台下部作业2人,负责刀盘后面底部清渣及连接下部钢架。

仰拱安装及轨道铺设3人:负责仰拱块的安装及注浆工作,并负责向前拖动伸缩轨,搬运并铺设轨道及吊运仰拱块。

喷混凝土2人:负责装卸混凝土料罐,1人负责操作混凝土喷射机,1人负责操作混凝土机械手。

内燃司机3人:每人负责一列出渣列车,并负责洞内装渣、运输线路上的扳道、洞外操作弃渣机卸渣。

洞内机动1人:于洞内需要处随时调用。

材料供应1人:负责在洞外供应洞内所需的各种材料,装卸仰拱块并堆码整齐,将洞内所需的材料装车,并调车至预定的轨线上。

以上人员配置的工作岗位是固定不变的,以求其在岗位上能掌握该设备的性能,从而成为一个对该作业极其熟练的操作人员,满足TBM施工生产的需要。但工作范围并非固定不变,也不是各司其责而对其他工作一概不理,而是由工班长根据工作需要统一协调,协助其他工作岗位共同完成掘进循环的各项工作,做到对人员的最佳利用。

(2) 维修保养班劳动力组织

每天配备一个维修保养班,该班的主要任务是对主机、后配套及附属设备的检查维修和保养,对机、电、液进行全面检查,并负责刀具的检查和更换。

主机检查6人:负责对主机各部位进行全面检查,并负责润滑保养,以及刀具的检查和更换。

后配套检查4人:负责对后配套的附属设备进行全方位的检查、维修、保养,液压系统的检查维修,各运动件的润滑等。

电工1人:负责对电气部分进行全面的检查维修,并参与主机、后配套的检查,负责电缆、通信线的延伸。

内燃机司机1人:负责开车运送钢轨和保养所必需的材料,并负责风、水管路的延伸。

维修保养班的工作时间很紧,必须按时、按质、按量地完成TBM的各项检查保养及维修任务,以确保掘进班的正常掘进工作。要求上述人员密切配合,同时负责填写维修保养记录。维修工作结束后,要回到洞外车间工作,对洞外配套设施进行维修,并作一些TBM的准备工作。

(3) 刀具班劳动力组织

刀具的维修工作由3名熟练工人专门负责:1名刀具班长负责每把刀具的建档,并做好配件供应;1人专门负责拆卸、清洗;1人负责安装、试验;3人要同时在刀具维修记录上签字。对每把刀具均建立了一个档案,做到每把刀具均能最充分的利用,从管理上对刀具的消耗费用加以控制。

(4)掘进中的材料供应和配件准备

掘进班上班之前,维修班必须为其储存好钢轨及必需的支护材料。洞外准备好掘进中所需的各类材料,并要求储备一些易损件。

掘进机上要储备好各类刀具,其中包括一把边刀、一把中心刀和四把正滚刀,如果掘进中更换了一把刀具,必须马上从洞外运进一把新刀,以备随时更换。

(5)洞内施工测量

对于TBM施工的隧道,因其掘进速度快,要求每天对掘进机的施工方向进行控制,因此每天要有足够的时间用于测量工作,一般安排在维修保养时间内进行,以减少相互干扰;为避免测量误差,采用两套独立的测量系统,即自动测量系统和手动测量系统。两种方法互为校正、检验,以确保测量工作的准确性。

(6)石渣处理

弗莱娜隧道采用的处理方式是充分利用洞内石渣以控制成本,减少弃渣场地以利于环境保护。由洞内运出的石渣,自翻渣机卸车后马上进行筛分,对不小于16mm的石渣进行加工,作为隧道道渣或混凝土骨料;对小于16mm的石渣作为弃渣处理,倒运至弃渣场地。

(7)现场通信系统

弗莱娜隧道有三套通信系统:一是公用电话网,接至各办公室;二是内部电话网,沟通洞外各场地;三是无线电话系统,主要用于洞内和运输。洞内每2km设有一个中继站,保证整个施工现场通信联成一片,使工地各区域均能取得联系。内燃机车调度采用无线通信系统,由调度统一指挥。

3)TBM主要技术特征

弗莱娜隧道采用德国维尔特(Wirth)公司制造的TB 770/850E型ϕ7.64m开敞式TBM施工,开敞式TBM由主机和后配套系统组成,见图7-14。

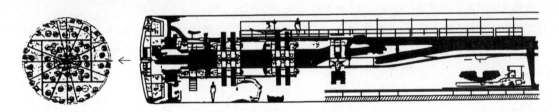

图7-14 弗莱娜(Vereina)隧道采用的开敞式TBM示意图

TBM的刀盘最大开挖直径为7.89m,最大扭距为5970kN·m,推力16500kN,大刀盘上装有57把盘形滚刀,盘形滚刀的直径为490mm,整机质量为750t。一次推进的最大长度为1800mm。TBM主机功率为3200kW,后配套系统功率为960kW,主机加后配套系统的总功率为4160kW。后配套系统是罗瓦(Rowa)公司制造的。

TBM施工通风采用压入式软管通风,风管直径为2.5m,洞口设主风机,洞内3km处设增压风机,风机为德国制造的Kofman风机。

TBM的主要技术特征如下:

①TBM所提供的轴向推力很大,每个盘形滚刀有约300kN的推力,使其有足够的切削力破碎极其坚硬的岩石。

②TBM是开敞式的,且刀盘及其护盾短,有利于及时支护。与洞周边围岩的接触面积较小,减少了刀盘"卡死"的危险。

③TBM的刀盘周边,安装了1对可外伸5cm的扩孔滚刀。既能在围岩变形过大的情况下,通过扩大断面获得所需的断面尺寸;又能在掘进1个循环后如发现方向或高程有偏移时进行纠偏。

④TBM提供的最大扭矩达5970kN·m,正常工作扭矩为3980kN·m,能保证在扭矩基本恒定的条件下自动无级调速(0~7.5r/min)。如果刀盘被围岩卡住,可以以最大扭矩使其松脱退出。

⑤TBM设计成开敞式结构,配备有适应不同地质条件的支护设备,这些设备包括:超前钻机和预注浆设备各1台;钢拱架安装器1台;锚杆钻机2台;混凝土喷射泵和自动喷混凝土设备1台。另外,TBM还配备有起吊、运输和铺设预制混凝土仰拱块的设备。

⑥前后支撑之间的距离可以调节,便于钢拱架排的间距能随地质条件的不同而改变。

⑦配备的湿喷射混凝土系统,具有很高的喷射效率,可达 $12m^3/h$,喷射混凝土的强度可达 50MPa。配备的输送带的卸渣能力高达 $560m^3/h$。

⑧TBM的掘进和支护可平行作业,能最大限度地减少停机时间,提高机械利用率和掘进效率。

4) TBM施工技术

弗莱娜隧道从北钻爆开挖2133m,采用TBM掘进9451m。该隧道中TBM施工成功的关键在于,设计阶段充分考虑了TBM施工中可能遇到的地质情况、岩石特征和需要采取的相应措施,并将有关的措施融汇到了TBM的选型、主要技术参数的确定和设计中去。在TBM施工中掘进的岩层有局部分布的松软地层和中等硬度的沉积岩,也有非常坚硬的火成岩,它主要由片麻岩、花岗岩和闪长岩组成。TBM要穿过多处由阿尔卑斯山造山运动形成的构造破碎带,这些破碎带地段的隧道埋深高达1200m。

选用的TBM既能切削坚硬岩石,又具备顺利通过破碎带和应对由于高地压引起隧道大变形的能力。TBM施工的成败,就机械设备本身而言,既取决于TBM的选型和设计是否合理,又取决于TBM与后配套系统的结合是否合理。就施工管理而言,取决于施工管理者对地质情况是否充分了解、对TBM施工和保养技术是否熟练掌握。过去多年,人们的注意力主要集中在开发和完善TBM的性能上,对其主机与后配套系统的相互配合的重要性认识不足,以致TBM的效率经常不能得到充分发挥。对TBM需要配备高效供给和输送系统的认识,最近几年才得到足够的重视。在弗莱娜隧道TBM施工中,充分兼顾了地质因素、隧道支护方式、材料和出渣运输方式、通风方式、测量方式和施工安全等方面的要求。具体归纳如下:

(1) 地质因素

TBM穿过的围岩有86%为非常坚硬的火成岩(平均抗压强度为100~250MPa);10%为中等坚硬的沉积岩及片麻岩;4%为非常松软的破碎区和不良地质带。弗莱娜隧道埋深达1200m,需要考虑隧道变形大的因素。

(2) 支护方式

TBM施工所采用的支护方式为锚杆、钢拱架和喷混凝土,其用量与岩石类别有关,详见表7-1。

岩石类别与支护方式及相对掌子面位置　　　　表7-1

岩石类别	比例(%)	从TBM护盾至TBM后支撑点(约15m处)的第一支护区	从后配套系统起点至距掌子面45m处的第二支护区	第三支护区
Ⅰ~Ⅲ	86	仅在拱部架设钢拱,侧面安装2~4根玻纤药包锚杆,底部铺设混凝土基础预制件	仅在拱部喷6~10cm混凝土	
Ⅳ~Ⅴ	10	全圆架设柔性钢拱和钢筋网,钢拱间距1.6m,全圆安装4~6根玻纤注浆锚杆,间距1.6m,底部铺设混凝土基础预制件	全圆喷10~13cm混凝土	根据岩石和变形情况进行补强
Ⅵ~Ⅶ	4	全圆架设柔性钢拱和钢筋网,钢拱间距0.8m,全圆安装3~4根玻纤注浆锚杆,间距0.8m,底部铺设混凝土基础预制件	全圆喷25~27cm混凝土	

(3) 运输方式

TBM施工中的材料和弃渣运输采用双轨运输方式,轨距为2900mm,轨道固定在紧跟TBM铺设的预制混凝土仰拱块上。

(4) 通风方式

TBM施工通风及除尘设备的规格必须满足施工对风量的要求,并能达到空气中粉尘允许含量的卫生标准要求。通风设备的选择还必须考虑岩石温度、柴油机车废气排量、风管布置位置等因素的影响。

(5)测量方式

控制TBM的掘进方向使用激光导向技术,TBM掘进曲线与隧道理论曲线的相对位置通过计算机屏幕及时显示出来。TBM施工需要考虑测量因素,保留导向激光仪布置位置和测量所需要的空间,以满足跟踪测量TBM的实际位置和轨迹,以及能将有关测量数据、与设计位置的偏差值随时显示在微机屏幕上的要求。

(6)施工安全

TBM施工需考虑安全措施,必须配备瓦斯检测及报警、自动断电、灭火和救护等设施。

5)隧道断面和衬砌设计

弗莱娜隧道TBM施工段的隧道断面图见图7-15。TBM施工段的隧道直径为7.64m,该直径是在综合考虑了铁路车辆限界、最大支护厚度、预计的隧道变形量和施工及测量误差的基础上得出的。弗莱娜隧道衬砌按单层喷混凝土支护的原理设计,设计的最大衬砌厚度为35cm。在困难地带允许的隧道变形和施工误差之和为23cm。与复合衬砌相比,单层喷混凝土支护的优点是使用灵活。在满足衬砌质量要求的前提下,能减少隧道开挖量和衬砌材料用量,从而能降低施工成本。成功地应用这种支护原理的关键是要求使用高质量的衬砌材料,其中喷混凝土的配合比和喷射质量以及锚杆支护材料的选材尤其重要。作为初期支护的喷混凝土,要求具有很高的抗压强度(大于30MPa),并具有很好的防水、防冻和抗酸性能;作为二次支护的混凝土,除了要求高的防水、防冻和抗酸性能外,其抗压强度要达到40MPa以上。为此,在弗莱娜隧道工程中采用了湿式喷混凝土技术。与干法喷混凝土技术相比,湿式喷混凝土技术还具有效率高($12m^3/h$)、回弹量小(小于10%)和劳保条件好(含粉尘量低)的优点。

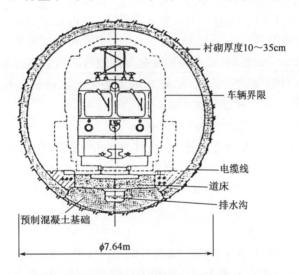

图7-15 弗莱娜隧道TBM施工段的隧道断面图

按单一喷混凝土支护原理设计的隧道衬砌,还要求使用的锚杆材料具有永久的承载能力和抗腐蚀性能。为此,在弗莱娜隧道中普遍使用了玻璃纤维加强的树脂药包型或注浆型塑料锚杆。与砂浆锚杆相比,这种锚杆具有重量轻、安装方便、抗腐蚀、弯曲变形能力强,且切割锚杆时不损坏刀具等优点。

为了提高隧道基础的强度和稳定性,弗莱娜隧道还采用了1.6m的预留中央排水沟的混凝土预制件作为隧道的道床,预制件之间的接缝通过注浆加以密封。与现浇混凝土道床相比,预制混凝土道床的强度大,铺设效率高。

单层喷混凝土支护应用的成功与否还取决于能否解决好隧道的防、排水问题,弗莱娜隧道防水问题主要是通过提高材料自身的防水性能(结构防水)和其他的引排、堵水措施来解决的。对于涌水量不大和水量分散的情况,防止隧道拱部和边墙渗水,主要通过提高喷混凝土材料的防水性能来达到。为此对所有结构材料(喷混凝土、灌注混凝土、预制混凝土)的防水性能提出了专门的要求。局部集中渗水,且水量较大时,在出水点设置柔性排水软管,将其引排到隧道底部的边沟里。断层及其他破碎带的防排水,除上述引、排水措施外,还增加一道注浆堵水的措施。

6) 地质超前预报和工程质量管理

由于掘进机施工法对岩性变化的适应性差,在岩体初始应力大、岩石不稳定的情况下,存在掘进机由于变形过大或发生冒落被卡死的危险。为了避免这种现象的发生,在弗莱娜隧道工程中系统地应用了安伯格测量技术公司研制的地震法测量系统 TSP 来预报隧道施工掌子面前方的地质情况。

TSP 地质超前预报系统的原理是基于对地震波信号的发射和接收来完成的。具体操作是先在隧道掘进面后方一定距离内布置一定数量的钻孔,然后在钻孔中进行微型爆破,产生声波信号。爆破引发的地震波在岩体中以波的形式向四周传播,其中一部分向隧道前方传播。当地震波在隧道前方遇到岩性变化界面时,将会有一部分波从界面处反射回来,通过接收和分析接收到的反射波信号,能够求出反射信号的空间位置,以及与隧道的相对位置,进而确定反射界面距隧道掘进掌子面的距离和与隧道轴线的交角。

与钻探法相比,这种测量方法具有预报距离远(大于150m),不影响隧道掘进,能提供岩性变化界面的三维信息以及岩石强度变化(弹性模量和泊松比)等优点。

TSP 地质超前预报测量方法在弗莱娜隧道工程中的系统应用已为该工程的安全和高效施工带来了巨大的经济效益。其经济效益主要表现在能大大减少施工中的盲目性、减少事故发生率和停工时间、指导隧道衬砌、方便材料的调配和管理。

地质超前预报测量只是弗莱娜隧道工程实行全面质量管理的一个内容。为了保证工程质量,在弗莱娜工程中系统地引入了全面质量管理和成本管理的机制。质量管理包括每隔一定距离检查喷混凝土及其他混凝土构件的质量,如预制混凝土道床的强度、防水性能、防冻性能和抗酸性能;检查所选用的混凝土骨料的颗粒分布;使用激光断面仪检查隧道的开挖质量(超挖和欠挖);应用地球物理方法预报隧道掌子面前方的地质情况以指导隧道施工;有计划地布置量测点,及时记录、跟踪监测隧道的变形;定期检查地层水的酸碱性能;自动测量隧道中有害气体的浓度。成本管理包括全面记录各种支护材料的实际用量,地层涌水量的变化和对施工的影响,岩石类别变化和因地质原因引起的超挖,测量掘进机每转一圈的进尺,并以此作为评判岩石可钻性的标准等。通过采取上述全面质量管理和成本管理体制,能够随时了解每单位长度隧道的实际成本以及所达到的工程质量。

7) TBM 在隧道施工中的应用情况

在弗莱娜隧道使用 TBM 完成的施工地段中,通过由冰川冲积物组成的松软地层时的平均日进尺为2.5m,通过白云岩等沉积岩层时的平均日进尺为12m,最大日进尺为25m。从以上给定的日平均掘进进尺来看,弗莱娜隧道所选用的 TBM 及其后配套系统在技术性能上是可行的。评价 TBM 及其后配套系统的技术性能可从以下五个方面考虑:

(1) 对岩石的切削能力及掘进效率

弗莱娜隧道所选用的 TBM 主要是按切削硬岩的要求设计的。切削中等硬度的沉积岩,每把滚刀需要的轴向推力约为 10~12t,安装在刀盘上的全部滚刀所需的轴向推力,约占 TBM 能提供的最大推力的 30%。滚刀在掘进中的磨耗率与地质情况密切相关,该隧道平均掘进 550m^3(紧方)换 1 把刀。评价 TBM 的纯掘进效率一般以其每转 1 周的进深作为标准。从 TBM 在穿过中等硬度的沉积岩时的使用效果来看,其掘进效率是理想的。得出的经验是 TBM 切割松软岩层,特别是当松软地层中夹杂有大量类似鹅卵石的冰川或河床冲积物时,效率较差。刀盘在切割时经常被卵石卡住,不但不能破碎这些卵石,而且刀盘和料斗还因撞击受到损伤。清除这些卵石经常需要停机,从而使 TBM 的掘进效率大受影响。

(2) TBM 配备的锚杆和钢拱架支护设备的可靠性

TBM 施工法与常规钻爆法的重要差别是,TBM 施工的破岩、支护和出渣三道工序能平行作业。因受 TBM 空间的限制,隧道衬砌施工方式也与常规钻爆法有所不同,紧跟掘进面所能实施的支护形式,通常为每隔一定间距架设 1 榀钢拱架和安装 2 根锚杆,以加固和稳定围岩。这种支护方式能有效地防止 TBM 通过中等稳定围岩时的顶板塌落,确保人员和设备的安全;而且对 TBM 的掘进效率没有任何影响。对于不稳定的松软地层,TBM 的掘进效率则深受支护效率的影响,所采取的支护形式主要包括:对掘进掌子面前方岩层的预注浆、紧随 TBM 护盾架设全圆形钢拱和安装系统锚杆。此外,为了防止顶板失稳冒落,还需紧跟锚杆支护、人工喷混凝土。弗莱娜隧道使用的TBM配备了上述对付不良地质的支护设备,其配备的锚杆和钢拱架,是能满足该隧道施工需要的,施工实践证明该套支护设备是可靠的。与其他方法相比,穿过软弱地层所达到的掘进进尺(平均进尺2.5m/d)也是较好的。

(3)出渣在TBM及其后配套系统中的输送

TBM施工中的出渣运输采用单一的皮带输送机运输方式。首先由TBM的刀盘将切割下来的石渣通过其主机配备的皮带输送机转送到后配套系统的皮带输送机上,然后再进一步转送到后续的皮带机和洞口处的料仓里。有的隧道工程不采用后续皮带机和洞口处的料仓,而由后配套系统的皮带输送机,通过漏斗将弃渣运送到由大型矿车组成的运渣列车上运走。目前的经验表明,弃渣在TBM的主机和后配套系统中的输送是成功的;在后续皮带输送机上的输送,由于隧道曲线半径小的原因还存在问题,主要表现在皮带输送机在不同的工作状态下(满载、宽载、弃渣干潮不匀),侧向调节困难。

(4)对TBM掘进方向的控制

为了控制TBM的掘进方向,使用了激光导向技术。这套导向系统能将TBM掘进轴线与隧道的理论轴线的相对位置通过计算机屏幕及时显示出来,所采用的测量技术被证明是非常有效的。弗莱娜隧道贯通时的水平和垂直方向的偏差很小,就很好地说明了这一点。

(5)自动喷射混凝土设备作业的可靠程度

用于湿式喷射混凝土支护的设备为Cifa公司生产的喷射泵和混凝土自动喷射设备。最初200m的掘进中混凝土喷射质量较差,经过调整喷射泵的效率、输送管道的直径,以及控制添加剂的掺入量后,混凝土的喷射质量大为改善,设备作业趋于正常。

以上从破岩、支护和运输的角度,对弗莱娜隧道使用的TBM及其后配套系统进行了评价。可以说,TBM及其后配套系统的设计是成功的。需要注意的是,在隧道曲线半径较小和隧道长度较大的情况下,采用TBM之后的后续皮带机和洞口料仓的弃渣运输方式存在许多问题,应以避免。从其他采用TBM施工的特长隧道了解到,不采用后续皮带机和洞口料仓,而由后配套系统的皮带输送机,通过漏斗将弃渣漏到大型矿车里,由10辆容积为15~16m³大型矿车组成的运渣列车将其运出洞外,再由翻车机将组成运渣列车的矿车,逐辆翻转倒渣到弃渣场或转运到弃渣场。这种出渣运输方式在特长隧道施工中取得满意的效果。

弗莱娜隧道建设,采用了TBM法施工,也采用了钻爆法施工。TBM法施工穿过了非常坚硬的火成岩、中等坚硬的岩层,也穿过了软弱地层及构造破碎带。采用TBM施工的隧道一般是长隧道或特长隧道,而长隧道难免要穿过不同地质条件和不同特性的岩层,因此,TBM具有掘进不同地质条件和不同特性的岩层的能力是TBM制造和施工技术发展的方向。从上述情况可见,为弗莱娜隧道提供的TBM已全面地考虑了不同地质条件的施工要求。在破岩方面,TBM能提供足够的轴向推力和扭矩,并能自动无级调速。在支护方面,TBM配备有超前钻探及注浆设备、锚杆钻机和钢拱架安装器,以及湿喷混凝土设备。此外,为保证TBM效率的充分发挥,其后配套系统的设计也受到高度重视。从TBM穿过沉积岩和软弱地层达到最高日进度为25m来看,其主机、后配套系统的设计和施工是成功的。

为了避免TBM施工中突然遭遇软弱断层或其他不良地质带,在弗莱娜隧道中系统地应用了TSP超前地质预报测量技术,使施工的盲目性、事故发生率及非正常停机时间大为减少,使该工程减少了投资,缩短了工期。

7.5.3 秦岭Ⅰ线铁路隧道

1)工程概况

秦岭特长隧道位于西(西安)康(安康)铁路线上,全长18.456km。秦岭隧道进出口高差约155m,横穿秦岭东西向构造带,历经多期构造运动、变质作用、岩浆活动和混合岩化作用,地质构造和地层岩性复杂。岩性以混合花岗岩、混合片麻岩等坚硬岩石为主,干抗压强度78~325MPa。经多种施工方案论证比较后,决定秦岭Ⅰ线隧道采用TBM法和钻爆法施工,进出口各采用1台开敞式TBM掘进,喷锚支护、复合式衬砌,全圆穿行式模板台车进行二次模注混凝土衬砌的施工方案。隧道设计为圆形断面,开挖直径8.8m,成洞直径7.7m,秦岭隧道横断面见图7-16。

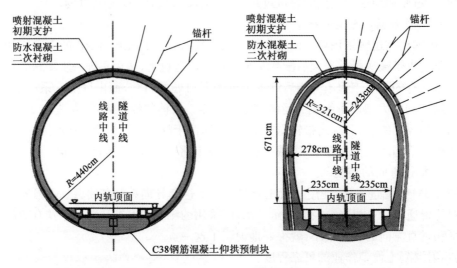

图7-16　秦岭隧道横断面图

秦岭隧道从进口到出口,其工程地质情况基本可分为4段(图7-17)。主要有两种岩性:一种岩性以混合片麻岩为主,夹有片麻岩和片岩残留体,干抗压强度为78～325MPa,大部分岩体受构造影响不大,岩性整体性好,很少有节理、裂隙;另一种岩性以混合花岗岩为主,干抗压强度117～192MPa。隧道跨越断层累计宽近1000m,节理发育。

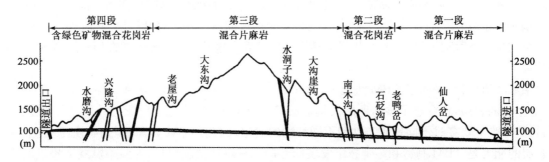

图7-17　秦岭隧道地质纵断面示意图

根据《铁路隧道设计规范》(TB 10003—2005),TBM施工段Ⅵ类以上围岩占90%,10%区段伴有许多挤压软弱结构面和节理密集带。另外,岩爆、涌水、地热、围岩失稳等可能出现在施工中。Ⅴ、Ⅵ类围岩节理较发育～不发育,岩体呈大块状砌体结构～巨块状态体结构,可掘性非常差,每循环1.8m,纯掘进时间为3～5h;断层不利结构面、岩爆等不良地质又造成开挖后的围岩失稳,为确保机器及人员的安全,需经常停机加强支护,故掘进机利用率偏低。

秦岭北口由中铁隧道集团施工,TBM掘进长度为5.244km,于1998年元月19日早8:00开工,于1999年8月29日早7:32与南口贯通。TBM施工中,1998年平均月进尺为252.36m,1999年平均月进尺为290.64m,最高月进尺为528.48m;秦岭南口由中铁十八局集团施工,TBM掘进长度为5.621km。

2) TBM技术参数及特性

秦岭Ⅰ线隧道引进了两台德国维尔特公司制造的TB 880E型开敞式TBM,见图7-18,其主要技术参数见表7-2。TB 880E型TBM由主机、连接桥、后配套系统组成,集掘进、支护、出渣、通风、排水、降温、照明等功能于一体。TBM施工与钻爆法施工相比在作业序列上有着很大的不同。TBM施工是作为工厂化的施工系统来运行的,它有三个基本的特点:协调性、连续性和密集性,这三点决定了其施工组织的原则。

图 7-18　德国维尔特公司制造的 TB 880E 型开敞式 TBM

TB 880E 型开敞式 TBM 主要技术参数表　　　　　表 7-2

系统名称	参数名称	技术参数
TBM 主机	掘进直径	8.8m
	外形尺寸	22m×8.8m×8.8m
	掘进速度	（饱和抗压强度 260MPa）1.0m/h
	刀盘功率	3440kW
	刀盘转速	2.7r/min、5.4r/min
	最大推进力	21000kN
	扭矩	5500kN·m
	机器行程	1800mm
	支撑系统最大支撑力	60000kN
	支撑接地压力	1.4～2.8MPa
	刀具数量	6 把单刃中心刀,58 把单刃滚刀
	刀间距	约 75mm
	刀具承载力	25t/把
	变压器容量	4000kV·A
	输送机输送能力	780m³/h
后配套系统	后配套拖车轨距	2980mm
	运输列车轨距	900mm
	后配套长度	210m
	曲线最小半径	500m
	皮带输送能力	770m³/h
	装渣溜槽移动距离	80m
TBM 辅助设备	仰拱块吊机起升能力	13t
	探测钻机工作范围角	顶部范围 80°～90°
	探测钻机仰角	0°～10°
	探测钻机钻孔直径	ϕ64mm,30m 深
	锚杆钻机钻孔直径	ϕ38mm,3.5m 深
	作业范围	TBM 前端的顶部 0～150°；TBM 后端的拱以下
	锚杆钻机数量	TBM 前端 2 台,后端 2 台
TBM 后配套设备	连续搅拌机	6m³/h
	搅拌器	160L
	注浆泵	160L/min

续上表

系统名称	参数名称	技术参数
TBM后配套设备	注浆压力	0.1~5MPa
	注浆泵柱塞直径	φ120mm
	涡轮拌合机	5.5m³/h
	注浆杆钻孔直径	54~120mm
	注浆管	φ50mm
	湿式喷射机	3~14m³/h
	喷射系统风量消耗	10m³/h
	喷射系统风压	0.6MPa
	机械手系统数量	2只
	机械手系统水平移动	5m
	机械手系统圆弧移动	±150°
	机械手系统水平伸缩	2m
	应急发电机功率	200kV·A/160kW
	输出电力	380V/3相/50Hz
	空压机风量	20m³/min
	空压机风压	0.85MPa
	空压机动力	132kW

(1) 协调性

TBM作为工厂化的施工系统,其各个工作单元都是紧密相关的,而且是非常有序的。任何不协调的工作环节都将对TBM施工效率产生很大的影响。量化工作单元能力匹配和作业组织,以及各工序作业时间的有序排列,是协调性要求的主要内容。

(2) 连续性

TBM施工的各个单项作业都是连续平行循环交替进行的,而不像钻爆法施工,各个单项作业在工序上是间断循环进行的。这是TBM连续破岩的机理所决定的。在掘进机施工中,任何一道工序和单项作业的故障,都可能导致整个机械施工系统的生产停顿。因此,工序间的连续运作的时间性要求,是施工组织连续性要求的主要内容。

(3) 密集性

作为工厂化系统连续掘进施工的破岩方式,要求掘进机生产设备根据掘进、支护、排运三项基础工作集中所有的隧道施工的功能。因此,TBM施工单项作业的密集性是其重要的特点之一。

从以上三个特点可看出,TBM的生产系统不仅对硬件配置及方式提出了严格要求,也对施工组织管理上的软件配置提出了更高要求。施工单位在硬件上对掘进弃渣外运、支护、能源保证上做了大量研究;在软件上对各环节进行了各种管理,取得了很大效果和成绩。

3) TBM施工组织作业决策系统分析

隧道施工的基本目标是以合适的费用获得最好的进度、工期和施工质量。为达到此目标,首先必须研究TBM各个施工作业工序及它们之间的关系。

TBM设备的推进过程也就是施工的掘进过程。"掘进—排运—运输"、"运输—支护—掘进"两个过程是采用开敞式TBM施工的基本作业。掘进施工作业的保障系统包括直接和间接两大部分,由物料的组织与运输和TBM的维护保养构成。

TBM施工相对于钻爆法来说是将掘进的过程集成化了,其基础是掘进机对其过程进行了高度综合,并通过掘进机产品的性能和质量得以保证。人更多的是直接同机器打交道,间接的同岩石打交道。从方式上讲,由于掘进机的自动化程度高,掘进机的施工与钻爆法相比具有完全不同的概念。对工序的组织和管理,在时序上更加严格紧凑。由于破岩机理的不同,TBM的掘进与运渣是同步的。开敞式TBM只有在支护的时候,人们才会像钻爆法一样同岩石去打交道。

隧道施工的基本过程和关系可用图7-19表示。从图中可以看出隧道施工是以掘进、支护、排运三项工作为基础进行的,并有供电系统、风系统、水系统支持。环保系统是在满足施工所必须的前提下所要求的基本环境;监控系统是用来保证自动化施工的。

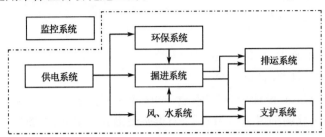

图 7-19　TBM 施工关系及过程

(1) 掘进与弃渣排运作业系统

TBM 掘进是刀盘推进—旋转—切削的过程。切削下来的岩石通过刀盘上的铲斗和刮板进入刀盘的空腔内,再由此通过皮带机倒运出去,这一工作过程是掘进机的核心作业过程,它决定着工程施工的掘进速度,以及与之相应的各个配套工序工作的衔接。由此,提出 TBM 系统的纯掘进速度、单掘进行程的掘进时间,并提出物料运输组织的基本要求。

(2) 隧道支护及施工安全系统

在隧道的施工过程中,必然会遇到各种地层稳定的问题需要解决。围岩的稳定与否不仅会危及人身和设备的安全,亦关系到工程的成败;同时也包括设备使用对人体及生命的影响、施工环境对设备等安全使用的影响等等。

支护方式是根据工程水文地质状况来决定的。其支护结构、参数与措施等也是根据地质情况决定的。支护除应满足工程质量要求、对相应的设备及人工作业要求外,还应根据掘进的速度和时间顺序进行规划设计。这对于避免和减少工作干扰及等待支护时间,提高纯掘进时间的比率和工程速度都是非常重要的。隧道掘进支护作业过程如图 7-20 所示。

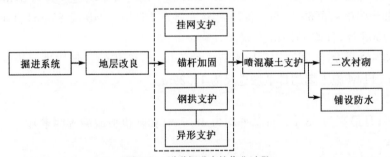

图 7-20　隧道掘进支护作业过程

注:异形支护为①弧形槽钢;②ϕ22 钢筋加工的单层简易格栅;③插板压浆回填加固。

(3) 运输系统

运输主要是弃渣转载与仰拱块材料的运输。材料部分主要包括工程用材及设备维护用材。运输系统是隧道施工的重要系统,是掘进工作过程与洞外工作相联系的纽带,是不可轻视的一个重要环节。

(4) 能源供应与劳动环境系统

电力是掘进机的重要能源,因此,供电质量的好坏与配电系统的优劣直接关系到掘进机系统能否正常运转。必须根据用电设备的配电标准,以及掘进系统的各种工况要求进行配电设置。

风、水、电等是进行隧道施工需消耗的基本能源,采用 TBM 施工亦如此。因此,保证风、水、电的供应,是正常有效施工的基本条件。

在隧道施工的过程中,会伴随有粉尘、有害气体、噪声及潮湿等,对人体、设备及周边环境造成危害。因此,劳动环境的保护,对于防止设备的故障及对人身的伤害,从环境卫生健康方面和遵守劳动法规方面都是必需的。

TBM工厂化施工的管理,表现在对宏观大系统的作业序列协调组织和对微观单项作业的时间、质量等的控制。系统作业及工序管理包括对硬件系统的监控、生产系统的施工组织、保障系统运作组织、异常状态下故障处理等等。TBM施工与传统钻爆法不同的是,它的工效由机器的工作时间来决定,而钻爆法是由全工序的循环时间来决定的。

4)秦岭北口TBM掘进主要技术指标

(1)工期及完成里程

①开工日期:1998年1月19日早8:00。

②贯通日期:1999年8月29日早7:32。

③完成总掘进长度5244m(设计分界长度,含1997年12月18日—1998年1月18日TBM调试掘进71m)。其中TBM通过软弱围岩709.4m,Ⅴ、Ⅵ类坚硬围岩1819m,过断层24条。

(2)最高掘进记录

①日记录40.6m(1999年8月18日),里程DK70+010~DK70+050.6。

②月记录528.48m(1999年7月26日—1999年8月25日),里程DK69+669.2~DK70+197.68。

(3)掘进平均指标

①月指标。

按日历统计总掘进时间(从1998年1月19日开始试掘进计),1998年为11.4个月,1999年为7.9个月,总计19.3个月。1998年掘进2878.92m,平均月进尺为252.36m;1999年掘进2296.08m,平均月进尺为290.64m。

若扣除因维尔特公司设计、制造质量原因造成停机2023h,合计84.3d,折合2.81个月(一个月按30d计),则1998年停机0.94个月,扣除后掘进时间为10.46个月,平均月进尺为275m;1999年停机1.87个月,扣除后掘进时间为6.03个月,平均月进尺为380.78m。总平均月进尺为313.71m。

②日平均进尺。

按日历施工天数计,1998年TBM施工347d,1999年TBM施工240d,共计587d。1998年的日平均进尺为8.291m;1999年的日平均进尺为9.57m;TBM施工期的日平均进尺为8.81m。

F4断层(DK69+010~DK69+390)通过后至贯通点DK70+245段855m(自1999年7月9日—1999年8月29日)50d计,日均17.1m。

若扣除因维尔特公司设计、制造质量原因造成的停机,1998年的日平均进尺为9.02m;1999年的日平均进尺为12.5m;TBM施工期的日平均进尺为10.29m。

③机时利用率。

日最高为75%;月最高为58.31%;总平均为38.7%(扣除机械故障等因素)。

④设备完好率。

1998年平均为78.82%,1999年平均为53.77%。两年总平均为65.74%。

⑤掘进速度。

1998年为1.2m/h;1999年为1.38m/h。两年总平均为1.3m/h。

(4)刀具消耗

刀具消耗统计详见表7-3。表中数据已包含初装刀71把。

秦岭北口TBM刀具消耗统计　　表7-3

名　称	单　位	数　量	合　计
中心刀	总成	个	49	98
	三联体	个	12	
	刀圈	个	37	
正滚刀	总成	个	430	1852
	三联体	个	36	
	刀圈	个	1386	

续上表

名　称	单　位	数　量	合　计
边刀　总成	个	60	
三联体	个	10	214
刀圈	个	144	

(5) TBM 掘进期间配件、刀具、电力消耗统计

秦岭北口 TBM 配件、刀具、电力消耗统计见表 7-4。

秦岭北口 TBM 配件、刀具、电力消耗统计　　　　　　　　表 7-4

项　目	数　量	平均每米掘进消耗	备　注
随机进口刀具	364234039 日元	69457.29 日元/m	单价为德国离岸价,日元计
随机进口配件	262783814 日元	50111.33 日元/m	单价为德国离岸价,日元计
国内采购配件	9726634 元	1854.84 元/m	人民币计
总耗电量	12239200kW·h	2338kW·h/m	含仰拱生产、洞外通风等耗电量
总掘进	长度 5244m		

5) TBM 的进场运输

TBM 是大型隧道施工设备,结构复杂,其组装后的总重量达 3000 余吨,总长度 256m。TBM 的进场运输,考虑到国内铁路运输与公路运输的通过能力,采用了由德国发送时到达口岸一个是上海港,一个是连云港。

(1) 进场运输介绍

秦岭隧道使用的 TBM 是由德国维尔特公司生产的,但后配套设备及后配辅助设备中的一部分由铁道部宝鸡工程机械厂生产。因此,这部分设备加工制造完毕后,由宝鸡工程机械厂用汽车直接运往施工现场,计有 7 号~18 号平台车(含上部构件)12 节,20m³ 出渣矿车 26 台,其余设备/构件由德国运往国内港口,凡是能通过铁路运输的,货物到港后由上海港或连云港转换成铁路运抵西安,再改由汽车运达施工现场。

凡铁路运输属超限(超高、超宽、超重、超长)的货物到连云港后改由汽车运达施工现场。为了搞好 TBM 的大件运输,满足国内铁路、公路运输条件,在 TBM 购货合同签订之初,铁道部相关单位组成的 TBM 设计联络小组针对 TBM 构件的外形尺寸与重量曾多次与维尔特公司磋商,改变设计,以利于大件运输,如设备桥原设计为总长 26m 的钢桁架结构,后更改为由三段组合而成,最长的一段仅为 10.3m,这大大提高了运输通过能力,最后确定 11 件到达连云港后直接运抵施工现场(表 7-5)。其他设备或部件分别由上海港或连云港转为铁路运输,到西安车站,再转由汽车运输到施工现场。

秦岭北口 TBM 由江苏省连云港直接运抵现场的大件　　　　　　　　表 7-5

序号	大件名称	数　量(件)	尺寸(长×宽×高)(mm×mm×mm)	质　量(t/件)
1	刀盘	2	8550×4400×2300	65
2	主轴承箱	1	5700×5400×2200	86.6
3	备用主轴承	1	5600×5350×1400	36.6
4	前内凯	1	8600×3110×3250	64.5
5	后内凯	1	10070×3970×3630	65
6	外凯(下)	2	8000×2400×3450	60
7	外凯(上)	2	8220×2400×3350	62
8	刀盘护盾	1	7100×4100×2200	32.2
9	合计	11		658.8

(2) TBM 进场设备的运输组织工作

为使 TBM 进场设备的运输安全到达目的地。1997 年初,铁道部西康铁路总指挥部成立了 TBM 运输协调小组,负责/协调 TBM 整个运输工作,并多次召集会议,阶段性的布置工作。同时将到港/中转、

转运、报关等工作委托铁道部物资总公司承办,减少了中转环节。

中铁隧道集团西康铁路指挥部也指定专人负责此项工作,并在铁道部西康总指协调组的指导下开展此项工作。期间参与了大件运输投标书的拟定、大件运输合同的签订。

根据部西康总指的 TBM 的大件运输招标书的内容和参与投标单位的综合实力,企业的信誉、资质和对招标书的响应程度等,最后 TBM 大件运输确定由北京大件运输公司为中标单位,承担 TBM 大件由连云港至施工现场的汽车运输任务。TBM 大件自 1997 年 8 月 17 日由连云港启运,至 1997 年 9 月 1 日下午 2 点安全运抵施工现场。在整个运输过程中,承运单位做到了安全、优质,承运设备完好无损。TBM 运输自连云港启运后,每天与施工现场保持密切的联系,运输车队抵达西安后,工地派员和车辆前去接应。

为了认真做好 TBM 的接收工作,工地组成了 TBM 商检小组,负责对到达工地的 TBM 设备、备件、配件等进行商检工作,工地商检小组成员配合外方工地代表,商检局人员共同认真负责地逐一开箱检查,并将商检中发现的问题,如短缺、损坏、规格不符等逐一记录在案,并请外方工地代表确认。

(3) TBM 进场设备运输安全事项

为了确保 TBM 完好无损、优质安全地运抵工地现场,部西康总指及 TBM 大件运输协调小组在 TBM 大件运输的招标书中多次提到工作质量的要求是将 TBM 大型部件安全无损地、保质保量地按期运抵秦岭隧道进出口工地,并在运输合同中加以确认。在整个运输操作过程中,承运方也是本着这一宗旨去执行的。为了把 TBM 大件运输安全的宗旨落实好,承运方在投标前和中标后多次踏勘运输线路,对沿途桥、涵、路况、排障等有阻于安全运输的,同沿途省、市公路、交警等部门协商,并努力寻求沿途交警部门支持和帮助,事先拟定多套处置方案。对桥涵加固、路面排障,提前做好准备,使 TBM 大件在通过沿途省、市地区时,及时得到了帮助和支持。当地交警主动配合,为通行路段疏通道路,保驾护航。由于运输安全宗旨落到实处,防范措施得当,托运方与承运方密切配合,共同执行完好无损、按期运抵工地的宗旨。

大件到达施工现场后,根据 TBM 组装顺序要求,合理安排卸车顺序和存放放置,选调了 75t×2+15t 门吊制造厂技术最优秀的操作手承担 TBM 大件的卸车,整个卸车在部西康总指的指导下,自 9 月 1 日下午 5 点多至 9 月 2 日上午 8 点 30 分全部安全卸车,至此整个 TBM 大件运输装卸工作圆满完成。

6) 前期配套工程

(1) 组装场地、临时存放场地、预备洞室、步进洞室

步进洞室的长短与大小取决于 TBM 的刀盘直径及刀盘前面到 TBM 前外凯的距离。TB 880E 型 TBM 的步进洞室长度不小于 10m。

临时存放场地尽可能建在组装场地的附近,场地的面积至少能存放 50%~70%的 TBM 零部件。

预备洞室的尺寸主要取决于 TBM 的外形尺寸和洞口的自然地貌。其长度为:

$$L_{预备洞}=0 \sim (TBM_{总长} - L_{组装场地} - L_{步进洞室})$$

组装场地的长度至少等于 TBM 主机长度加连接桥长度加第一节拖车长度加拖拉油缸长度加主轴承存放长度加刀盘存放长度加机动长度,宽度至少能满足 TBM 组装和大件进出,秦岭 I 线北口的组装场地约 90m 长。如图 7-21 所示,预备洞室、步进洞室、组装场地的关系如下:

$$TBM_{总长} = L_{组装场地} + L_{预备洞室} + L_{步进洞室}$$

$$L_{组装场地} \geqslant TBM_{主机长} + L_{连接桥} + L_{拖拉油缸} + L_{第一节拖车} + L_{主轴承} + L_{刀盘} + L_{机动}$$

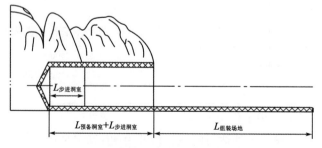

图 7-21 组装场地与预备洞室及步进洞室的关系

机动长度一般为10m。

(2) 仰拱块预制工厂、混凝土搅拌站

仰拱块预制工厂建在运输轨线必经之地，用支线与运输正线相通。预制工厂的脱模场地根据TBM施工需要设置，根据仰拱块强度硬化周期来衡量TBM的施工需要，满足TBM的最快施工速度。

混凝土搅拌站的生产能力由预制工厂的规模和TBM的施工速度而定，同时兼顾TBM后期衬砌施工的需要。混凝土搅拌站有足够的砂石料存放场地。混凝土搅拌站不仅能满足仰拱块预制工厂的需要，而且满足TBM施工初期支护和仰拱块注浆的需要。

(3) 刀具存放仓库、材料及配件库

刀具是TBM施工必备的消耗件，需要量大且维修频繁，刀具存放仓库及维修场地由TBM刀盘上的刀具种类、数量及刀具周转量决定，刀具周转量是刀盘上刀具数量的2～3倍。

TBM施工速度快，所需材料量大，配件种类和数量较多，必须有适宜的场地才能满足施工需要，材料及配件库必须存储足够的数量且离运输轨线较近。材料的仓储量不小于6个月使用量，配件的全储量不小于1/10。

(4) 运输轨线及翻渣机的安装

运输轨线的长度根据TBM施工的最基本需要和隧道洞口的自然地貌决定：

$$L_{运输轨线} \geqslant L_{组装场地} + L_{弃渣机} + L_{1台机车} + L_{10节渣车}$$

翻渣机是TBM掘进施工中最后一道工序的卸渣设备，安装场地应尽可能靠近洞口，以利于缩短卸渣时间。图7-22为秦岭北口采用的ROWA型翻渣机。

翻渣机工作时是将两辆分别满载20m³石渣的矿车同时夹紧后翻转180°而达到卸渣的目的。翻渣过程中，翻渣机的基座基础要承受冲击力，应满足以下要求：

① 静荷载 $P_1 \geqslant 1260$kN。

② 动荷载 $P_2 \geqslant 1600$kN。

③ 侧向压力 $F \geqslant 120$kN。

图7-22 翻渣机

④ 安装后翻渣机的机座平面水平度为0～1mm。

⑤ 安装后翻渣机的机座之间对角线长度为14.856mm±2mm。

翻渣机安装(图7-23)程序如下：

① 安放机座底板4块，安装机座2件，用经纬仪、钢尺进行机座位置的测量并用调整垫块进行调整，直到符合要求。

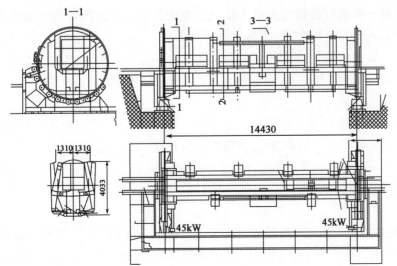

图7-23 翻渣机安装图(尺寸单位：mm)

②地脚螺栓锚固。需要快速凝固时,可在锚固混凝土中加入速凝剂。

③安装翻转滚动体滚轮支架(共 2 组 4 件)。

④安装连接梁。

⑤地面组装翻转体。

⑥用吊车将翻转体吊装到滚动轮支架上;安装翻转驱动链条;安装矿车进出翻渣机的钢轨,钢轨接头间隙最好在 5~10mm 范围内;安装翻渣机控制室。

7) TBM 组装

TBM 主机部件因体积庞大,质量大(最重单件约 86t,组装后的刀盘 130t),且对场地的平整度要求高,因此 TBM 主机组装场地利用Ⅰ线洞口平坦场地,北口(进口端场地面积 20m×110m,其中洞口 75m 长)作为主机部分大件卸车存放及组装场地,混凝土硬化厚度 30cm;场地内安装 1 台 2×75t+15t、跨度 20m 的门吊,作为卸车和组装之用。在线路左侧桥头附近预留 50t 汽车位置,配合门吊组装。

后配套系统的组装在石砭峪便桥上利用 50t 汽车吊进行组装,对部分大件利用汽车吊不能吊装的,在 TBM 主机组装好后步进的过程中,利用洞口门吊进行组装,并在整个后配套组装场地长度范围内铺设满足后配套平台拖车走行的轨道。

根据 TBM 组装及调试要求,隧道进口段设 250m 预备隧道和 10m 出发隧道,提前用钻爆法施工。TBM 单件质量达 86t,为保证组装场地的承载能力,采用 300 号混凝土铺底,厚 30cm,顶面为平坡。平整度要求 1mm。

组装设备主要有:2×75t+15t 龙门吊车 1 台,6t 叉车 1 台,5t、40t 平板拖车各 1 辆,25t、40t 汽车吊各 1 辆。

TBM 主机组装的基本顺序如下:步进机构定位→将推进油缸与前后外凯相连→前后外机架下部(带有推进油缸)与步进机构连接→传动轴安装前后联轴器,并安装前后定位护套→在前外机架下部套装带防护罩的传动轴,并初步固定在外机架上→安装前后内机架于前后外机架上,并将前后内机架连接→在前内机架两侧安装锚杆钻机轨道→安装前后外机架上部(带有推进油缸)→在前外机架上部套装带防护罩的传动轴,并初步固定在外机架上→套放钢拱架安装器→刀盘下护盾就位→安装带有步进机构的后支撑于后内机架后部→安装内机架尾部→吊装主轴承→安装上护盾支撑架→将集料斗安装在驱动组件内→吊装刀盘→安装刀盘护盾侧翼及顶部→将传动轴和推进油缸安装于正确位置→安装传动机构→安装钢拱架安装器及驱动装置→安装主机皮带机→安装主机工作平台和其他工作平台→安装其他辅助设备及附件。

设备桥的组装程序如下:设备桥地面连接→在设备桥上安装两侧及上部辅助框架→在延伸的轨道上安装设备桥后部支撑→吊装设备桥与主机连接→安装设备桥上的辅助设备→安装设备桥上的工作平台→安装主控室→各系统与主机连接→安装设备桥皮带机。

后配套拖车的组装程序如下:各节拖车组装及拖车上相应的辅助设备安装→各拖车连接→安装料车拖拉系统→安装皮带→安装电气系统、液压系统→和主机连接进行调试。

8) 施工管理

设 2 个掘进班,1 个保养班,1 个运输班。分工明确,保养班分主机组和后配套组;掘进班分支护组、仰拱铺设、注浆、轨道延伸组等。TBM 掘进循环主要由开挖、出渣、运输、支护、仰拱块安装、TBM 换步、激光定位、通风除尘、风水电管路及轨道延伸等工序组成。施工中建立统一的调度指挥系统,协调洞内外各工序的关系,保证施工的连续性。

(1) 开挖

TBM 掘进每循环进尺 1.8m,平均循环时间 80~90min。受围岩类别、节理发育程度等影响,循环时间最短 35min,最长 5h。开挖管理作为施工管理的重要环节,其核心是掘进参数的选择和掘进方向的控制。要求盾构操作司机根据地质条件的变化,选择合理的推力和扭矩,提高掘进效率。

(2)出渣运输

隧道采用有轨运输方式。运输轨道为四轨双线,轨距900mm,选用43kg/m标准钢轨直接铺设在仰拱预制块上。后配套尾部设有加利福尼亚道岔,供车辆错车。根据循环渣量(约180m³),渣车编组数量10节,每节容量20m³,采用35t进口柴油机车牵引运输。

出渣与掘进同时进行,出渣流程为:岩渣经铲斗→主机皮带输送机(长22.5m,宽1.2m)→设备桥皮带输送机(长26m,宽1.2m)→后配套系统皮带输送机(长160m,宽1.2m)→双向溜渣槽(移动距离80m,装渣时渣车不必移动)→渣车→洞外翻渣机翻渣→汽车倒运至弃渣场。

在配置足够的运输车辆后,运输管理的重点放在运输车辆、翻渣机的保养及运输轨道的养护上。

(3)支护

支护作业与掘进施工一般同步进行。TBM配备了足够的支护设备,但在通过断层破碎带、软弱涌水段等特殊地质地段时,在开始施工中因缺乏足够的经验,致使停机等待时间过长,停机等待时间将延长循环时间,制约TBM掘进速度的发挥。在随后的施工中基本无影响。支护作业的关键是根据不同的地质条件,制订合理的技术措施,逐步建立起适合TBM施工的支护体系。

(4)仰拱块安装及轨道延伸

仰拱块由洞外运至TBM设备桥下仰拱吊机处,利用该吊机起吊,激光定位,每块安装需7~8min。仰拱块安装后,通过仰拱块上的注浆孔在0.3~0.4MPa压力下将C18细石混凝土注入仰拱块与围岩的间隙中,每5~7块进行一次,以保证基底的密实。每安装7块仰拱块需延伸一次运输轨道。施工中必须加强同洞外行车调度的联系,保证仰拱块及注浆料的及时供应。

(5)施工测量

TBM掘进方向由ZED-260激光导向系统控制。导向系统每100m左右前移一次,仰拱激光每80m前移一次。此项工作在停机保养时进行,不占循环时间。施工中将TBM主机位置与仰拱激光建立联系,相互校核,减少测量误差,控制了掘进偏差和仰拱块安装偏差。

(6)通风除尘

TBM通风由主风管供给,通过后配套尾部的二次通风机经过接力风机送到TBM各个工作区域。除尘通过刀盘喷水和除尘装置来实现,净化后的空气作为清洁空气吹回隧道。

掘进期间,通风、除尘系统一直处于工作状态。施工中注意检查风管有无漏风现象,检查并更换除尘风机的过滤网罩,创造良好舒适的工作环境。

(7)风、水、电管路延伸

风管储存筒内存有风管100m,自带φ100mm水管50m,10kV高压电缆400m,均盘在卷筒上。施工中随后配套系统的前移,风、水、电管路自动向前延伸。

9)断层破碎带施工技术

开敞式TBM在通过断层破碎带时,按图7-24所示步骤进行施工,并根据断层破碎带的具体情况采取不同的措施。

图7-24 通过断层破碎带的步骤

掘进前进行超前地质预报,以确定破碎带边缘、长度、破碎程度以及含水情况等。根据破碎带的不同情况采取不同的处理措施。对于轻微破碎地段,对TBM不会造成影响时,可不进行处理;对于一般的破碎地段,采用先掘进再处理的办法;对于严重破碎地段掘进机无法施工时,停止掘进,用TBM所配的钻孔注浆设备进行超前加固,然后打超前钻孔检查,证明可行时再向前掘进并进行处理。如破碎段长,且破碎严重,一般加固仍无法使TBM顺利通过时,可用钻爆法开挖成洞,TBM随后跟进通过。

掘进时合理选用TBM掘进参数。在不同的地质条件下,TBM所需要的推力、掘进速度、刀盘转速、刀盘扭矩和撑靴支撑力等掘进参数是不同的。在 TBM 通过断层破碎带时,可适当减少 TBM 的掘进速度、刀盘转速等掘进参数,这样能有效地减小对围岩的扰动,从而减小或避免发生坍方。同时,要根据掘进中部分掘进参数的相对变化,了解前方围岩的变化情况。如通过推进压力的大小可推知围岩强度情况,通过刀盘扭矩的大小可推知围岩的完整性情况,从而及时调整 TBM 的掘进参数或采用其他措施,使 TBM 快速、安全通过。

掘进后加强支护。对于一般破碎地段,可采用喷混凝土或喷纤维混凝土、局部加锚杆、喷纤维混凝土的支护措施。对于严重破碎地段,可采用架设钢拱架、挂网、喷射混凝土或纤维混凝土的支护措施。

(1)超前预报与预测

由于地质勘探的局限性,掘进机在隧洞掘进中往往会遇到一些地质图上没有反映出来的不良情况。为了进一步探明掘进机前方断层破碎带的确切情况,积极开展工程地质超前预报工作,以便详细掌握断层破碎带的情况,从而采取合理的措施。常用的方法有:

①利用 TBM 上配备的超前钻机。

②利用超前预报系统。

③利用平导地质情况推断。

④利用露出的岩石、出渣的情况以及掘进时的异常情况进行判断等。

在秦岭隧道施工中,通过 TBM 自带的超前钻机(超前探测 20~30m)和 TSP 超前地质探测仪进行了超前地质预报,并通过Ⅱ线平导以及露出的岩石、出渣的情况和掘进时的异常情况对前方地质情况进行了综合判断,较好地探明了前方破碎带的情况,为 TBM 顺利通过奠定了基础。

(2)预加固

根据前方的地质情况判断是否适合 TBM 掘进,若适合,则继续向前掘进;反之,则需对前方不良地质地段进行加固,或采用其他方法通过。如与其他方案在工期、经济性等方面进行比较后认为预加固方案可行,则利用 TBM 直接向前方断层破碎带等不良地质地段进行加固处理。

利用 TBM 所配备的超前钻机,结合 TBM 自身配备的注浆设备,对隧道前方断层破碎带的围岩进行超前预注浆和超前管棚注浆加固。在钻孔前,为防止掌子面出现围岩坍塌和漏浆,利用 TBM 自身配备的喷射系统在刀盘开挖后喷射一层混凝土,但严禁刀盘后退以防塌落卡死刀盘。在进行注浆前,先用水冲洗钻孔,注浆时,为防止串浆和漏注,先从两侧的钻孔向拱顶对称注浆。注浆参数根据围岩的工程地质和水文地质(如围岩孔隙率、裂隙率、渗透系数、涌水量、水压等)并结合试验来选择确定。

(3)对坍塌的处理

根据坍塌规模的大小采取不同的坍塌处理措施。

①小规模坍塌。

作业面顶部和面部发生若干坍塌或小范围的剥离,但不扩大;刀盘护盾与岩壁间有小块石头掉下,拱部或侧壁发生小坍塌,但没有继续发展扩大的迹象。掘进正常,推力、扭矩变化不大,机械(尤其主机区域)没有异常的振动和声响,渣均匀集中,偶尔混有大块岩渣。采用如下的支护措施:撑靴以上部位挂钢筋网、打系统锚杆,视情况架立钢拱架。

②中等规模坍塌。

作业面剥落严重,拱顶严重坍塌或局部剥落,但刀具还可运转;撑靴部位坍落严重,垫衬、倒换困难;护盾与岩壁间落下大量石块。掘进时机械振动较大,有异常的噪声,推力有减弱的倾向,扭矩增大,并有上下变动的倾向,皮带输送机上大块增多,伴有少量细渣,渣堆忽多忽少,不均匀。采用如下支护措施:利用手喷混凝土系统向坍塌处喷射混凝土,及时封闭围岩,减少岩石暴露时间。安装全圆钢拱架,拱架安装前先在撑靴以上部位挂钢筋网。打注浆锚管,以提高撑靴的承载能力。

③大规模坍塌。

拱顶及洞壁发生大面积坍塌且发展很快,以至于常规施工方法无法控制;从护盾边缘观察拱顶坍塌很深,大量石块从护盾与岩壁之间落下,坍塌向后部区域扩大;撑靴撑着的洞壁部位大量坍落,从而不能取得反力,无法换步。掘进时机械振动特别大,在主控室即能听到掌子面发出的巨大声响。推进时,扭矩变得很大,刀具旋转困难或不能旋转;岩渣大量产生,发生堵塞,严重时刀盘被石块卡住,无法旋转,渣中以大块为主,几乎没有细渣。采用如下支护措施:TBM停止掘进,采取辅助对策,从TBM后方打探孔,在坍塌部位注浆;除去坍塌处的土渣,并用细石混凝土等充填并架立钢拱架支护。

秦岭隧道在通过F11、F12较大断层时,采取了以下施工措施:停止掘进,利用超前钻机预注浆加固处理岩层;但钻机未试用成功,只有立钢拱架支护。由于坍塌厉害,拱架严重变形,部分拱架侵入衬砌净空超过5cm。主机通过后先清完钢筋网上虚渣,剪开钢筋网,在坍塌处纵向加设工字钢支撑;环向布设钢筋网,并利用岩石间隙纵横穿插φ22钢筋,与钢筋网焊接,形成钢筋骨架。在原钢拱架上立模注浆,在坍塌处形成一封闭钢筋混凝土拱。待混凝土凝固后,割断拱架,凿除侵入界限的混凝土,重新安装钢拱架。

另外,断层破碎带的喷射混凝土非常重要。手喷混凝土时必须做好相关设备的防护工作,避免混凝土回弹料污染主机设备。喷射混凝土必须从填充岩面空洞、裂缝开始,在钢拱架地段,钢架与围岩之间空隙必须用喷射混凝土填充密实。

(4) TBM在软弱破碎地层撑靴处的围岩加固技术

TBM掘进时,支撑靴支撑着设备的重量并将推力和刀盘扭矩的反力传递给边墙岩壁,当边墙岩壁强度足以承受支撑靴压力时,TBM方可正常掘进。因此,对小范围的边墙坍方,通过锁死部分支撑靴,减小对围岩的支撑压力,同时相应地减小TBM推力、推进速度,在TBM不停机的情况下通过坍方地段;如果边墙相对软弱,则在支撑靴处加垫枕木增大接地面积,然后通过。当隧道边墙发生较大的坍方或边墙围岩强度不足以承受撑靴压力,而以上措施又不能奏效时,则先停机,在撑靴处打数根注浆锚管,注浆后提高地层承载力;也可在采用喷锚网加钢拱加灌注混凝土的联合支护方式进行处理后再掘进。

(5) 软弱地带下沉处理

根据前方地质情况,如判断可能发生下沉并且施工中简单处理仍可能发生严重下沉时,可预注浆加固处理,达到一定的强度后再掘进通过。如在掘进中发生TBM下沉,则将TBM后退到断层软弱区外,后退前应对开挖面及开挖段进行初期支护,以防塌落。然后装上枕木垛,用千斤顶对TBM进行姿态校正,之后再浇注混凝土置换。为使混凝土能承受撑靴的压力,混凝土必须浇注至起拱线。

(6) 断层破碎带涌水的处理

TBM掘进时,突发涌水会给施工带来严重影响,甚至危及人员及财产安全。处理方案应坚持的原则为"预测先行,预防为主,防微杜渐,确保安全"。

掘进前:打超前钻孔,可结合破碎带探孔,探测钻孔出水量、水压;确定涌水点里程。打超前放水孔进行放水,放水过程中,时刻观察水压及水量变化,如水压减小,在做好排水系统的条件下,TBM继续掘进。如排水孔水压及水量不减,开挖后会造成工作面及侧壁坍塌或排水设施跟不上,必须采用注浆堵水。

掘进后:将工作面的涌水或注浆后的剩余水量及时排离工作面。对侧壁的漏水采用挡遮、引排措施,保证喷混凝土质量。喷混凝土后,由于水压升高,有可能使一次支护破坏,则采用引排方法或壁后注浆法封堵。当水压过高,水量过大时,采用围岩注浆,将水填堵在围岩内部。

秦岭隧道Ⅰ线工程出口段,对于断层破碎带的涌水采取了以下处理措施:

①围岩内只有微量渗水或局部滴水,一般采用无水地段处理办法。

②在股状、线状出水段,加密透水管,铺设无纺布和防水板,要求防水板粘贴紧密无缝隙,不允许射钉打穿防水板;采用抗渗透强度等级较高的防水混凝土,尽量减少施工缝,施工缝、沉降缝采用防水接头。考虑到岩石松软且发现拱顶有下沉现象,为避免围岩侵入衬砌界限,局部架设全圆钢拱架,间距1.8m。

③对于较大股状涌水的集中出水段,间隔达1.5~2.0m深排水孔,插入橡胶管;通过软式透水管将水引到隧道底部的仰拱块中心水沟内排出或将水截住,开挖一导洞,通过Ⅱ线平导排水。软式透水管设置间距应加密,顶部铺设防水板,切实做好防排水工作。同时采用防水混凝土。喷射混凝土时,适当增加水泥用量;喷射手要掌握好速凝剂的掺量,并由远及近逐渐向有水地段喷射。

(7) 区域性断层的处理

对于大的区域性断层破碎带，为使 TBM 快速、安全通过这些地段，确保工期，一般可以先进行预处理，然后 TBM 掘进通过或直接步进通过。预处理的主要技术措施是对围岩进行帷幕注浆，以达到加固围岩和堵水的目的。

10) 掘进作业程序

① 启动设备前发出警报，以引起各作业区的人员注意。

② 启动高压水泵及刀盘喷水泵站。

③ 依次启动第 6、7、3、4、1、5、8、2 号液压泵站。

④ 启动所有通风、除尘、制冷系统。

⑤ 根据地质情况选择刀盘的高/低速，选择电机的软启动，由软启动器控制电机的启动间隔时间。

⑥ 启动 8 台主电机，启动间隔时间为 1min，当还有 2 台主电机未启动时，同时启动 3、2、1 号皮带输送机。

⑦ 电机运转正常后，启动刀盘旋转。

⑧ 开始掘进：选择手动控制，调整掘进速度至 20%，待掘进参数相对稳定，并实际掘进 5cm 后，开始以 10 个百分点递增，提高掘进速度；当推进油压到 25MPa 并基本稳定时，以 5 个百分点递增，提高掘进速度，直到推进油压达额定值 26.5MPa。

⑨ 掘进完一个循环 1.8m 后，后退刀盘 2～3cm，待刀盘空转 10～20s 后，停止刀盘旋转，顺序停止电机及皮带机，进行换步作业。

11) 换步程序

① 刀盘后退 2～3cm。

② 刀盘空转 10～20s 后，停止刀盘旋转，停止电机及皮带机。

③ 撑出底护盾（亦称护盾下支撑），使油缸压力升至 18MPa。

④ 松开护盾夹紧油缸，此时底护盾压力下降，应继续升压至 14～16MPa。

⑤ 撑出后支撑，并使后支撑压力升至 15MPa 左右。

⑥ 放松前外凯和后外凯。

⑦ 向前移动外凯，并确保到位。

⑧ 根据导向系统对 TBM 上、下、左、右的偏差进行调整。调整时，因激光检测较慢，待数据显示稳定后，再进行操作，每次调整不得超过 3cm。

⑨ 撑紧前外凯和后外凯至 27MPa 左右。

⑩ 将所有护盾支撑收回。

⑪ 撑出底护盾至前外凯，撑靴压力升高 0.2～0.4MPa，将其余护盾撑出至贴近洞壁。

⑫ 将夹紧油缸夹紧。

⑬ 拖后配套，并向前移动后支撑。

⑭ 拖后配套同时，启动皮带机，并顺次启动主电机。

⑮ 启动刀盘旋转，此时底护盾油缸压力约为 12MPa，可升至 14MPa 左右。

⑯ 开始掘进。

12) 扩孔作业程序

扩孔作业是在需要换边刀时进行，每次只需使用一把扩孔刀，TB 880E 型 TBM 的扩孔直径为 8.9m，扩孔程序如下：

① 后退刀盘 1m。

② 检查并确认扩孔操作阀动作正常。

③ 检查并确认扩孔油缸和扩孔刀的伸缩自如。

④ 选择电机高速转动刀盘，并不断外伸扩孔刀，让扩孔刀慢慢接触洞壁。

⑤扩孔速度开始时控制在10%,掘进5cm后,可调速至10%～20%之间,最高不超过25%。

⑥扩孔长度一般在60～80cm,在扩孔作业过程中,要不断向扩孔油缸内补油,保持伸出压力在20MPa。

⑦扩孔完成后,回收扩孔油缸,停机,后退刀盘20cm,进行边刀或刮刀的更换。

13) 掘进模式的选择

开敞式TBM有三种掘进模式,即自动控制推力模式、自动控制扭矩模式和手动控制模式。作业时应根据岩石状况选择掘进模式。

①在均质硬岩条件下掘进时,选择自动控制推力模式。选择此种掘进模式的判断依据是:掘进时,推进力先达到最大值,而扭矩未达到额定值,则围岩可判断为硬岩状态。作业时,设备既不会过载,又能保证有较高的掘进速度。

②在节理发育围岩下掘进时,设备推力不会太大,而刀盘扭矩却很高,应选择自动控制扭矩模式。选择此种掘进模式的判断依据是:掘进时,扭矩先达到额定值而推进力未达到额定值或同时达到额定值,皮带输送机上无大块渣料输出,围岩可判断为均质软岩状态。

③如果不能判断围岩状态,或围岩硬度变化不均质,节理发育,存在破碎带、断层时,必须选择手动控制模式。

14) 不同地质状况下掘进参数的选择

(1) 节理发育的硬岩地质状况下的作业

围岩本身的干抗压强度较大,不易破碎,若掘进速度太低,将造成刀具刀圈的大量磨损;若掘进速度太高,会造成刀具的超负荷,产生漏油或弦磨现象。

①选择电机高速(5.4r/min)。

②开始掘进时掘进速度选择15%,掘进5cm后方可提速。

③正常情况下,掘进速度一般不大于35%。

④扭矩在30%左右时,掘进速度不大于25%,相应贯入度为1.7mm。

⑤扭矩在35%左右时,掘进速度不大于30%,相应贯入度为2.2mm。

⑥扭矩在40%左右时,掘进速度不大于35%,相应贯入度为2.9mm。

(2) 节理发育的软岩地质状况下的作业

掘进时推力较小,应选择自动控制扭矩模式,密切观察扭矩变化,调整最佳掘进参数。

①8台主电机都在使用,掘进速度可调整在80%左右,但必须保证扭矩值不大于80%,且变化范围不大于10%,相应贯入度为10mm。

②主电机没有全部投入使用,扭矩的选择至少一台电机降5%。例如:6台电机掘进时,扭矩不大于70%。

(3) 节理发育且硬度变化较大的地质状况下的作业

选择手动控制模式,并密切观察推力和扭矩的变化。

①操作参数选择:推进力不大于17000kN,扭矩不大于55%且扭矩变化范围不超过10%,相应贯入度为6mm左右。

②此类围岩下掘进,推力和扭矩在不停地变化,不能选择固定的参数,应密切观察,随时调整掘进参数。若振动突然加剧,扭矩变化很大,渣料有不规则的多棱体出现时,可将刀盘转速换成低速(2.7r/min),待振动减少并恢复正常后,再将刀盘转换到高速掘进。

③当扭矩和推力大幅度变化时,应尽量降低掘进速度,控制在30%左右。

(4) 节理较发育、裂隙较多,或存在破碎带、断层等地质状况下的作业

此种围岩掘进,应以扭矩控制模式为主选择和调整掘进参数,但同时应密切观察扭矩变化、电流变化及推进力值和岩石状况。

①操作参数选择:电机选用高速时,推进速度小于50%,扭矩变化范围小于10%;电机选用低速时,

推进速度开始为20%,等岩石变化稳定后,推进速度可上调超过45%,扭矩变化范围小于10%。

②掘进过程中,密切观察皮带机的出渣情况。当皮带机出现直径30cm左右的多棱体岩块时,且多棱体的比例大约在20%~30%时,应降低掘进速度,控制贯入度不超过7mm。当皮带机上出现大量多棱体,并连续不断向外输出时,应停止推进,更换电机转速为2.7r/min,低速掘进,并控制贯入度不超过10mm。当岩石状况变化大,掘进时,刀具可能局部要受轴向荷载,影响刀具的寿命,所以必须严格控制扭矩变化范围不超过10%,应以低的推进速度稳步的渡过断层。一般情况,推进速度不大于55%,贯入度不超过7mm。

15) TBM拆卸

秦岭隧道施工由2台TBM从隧道两端向中部掘进,最后TBM在洞内进行拆卸。根据TBM部分大件,如刀盘、主轴承、内凯、外凯等在洞内拆卸时必须占用的空间尺寸,同时又要满足拆卸吊机安装及作业过程的空间/安全尺寸,尽量减少TBM拆卸洞的建造费用,最终确定拆卸洞工作尺寸为长55m、宽12.8m、高18.16m。

(1) 桥吊技术参数

TBM拆卸用桥吊由水电部杭州大力机械技术工程公司制造。其主要技术参数见表7-6。TBM从1999年9月12日开始拆卸,9月27日将130t刀盘安全拆下放平,10月13日TBM所有辅助设备、附件等被全部运出洞外。

桥 吊 技 术 参 数　　　　　表7-6

项　　目	参　　数
型号	Q75t+75t/12.8m 桥式起重机
外形尺寸(长×宽×高)	13500mm×6400mm×2100mm
整机形式	双梁、双小车、桥式
运动方式	大、小车起升机构均能独立动作,必要时双小车能同步运行,双起升机械能同步升降
钩最小间距	<2m
起升高度	1.2m
轨距	12.8m
工作速度:起升机构	4m/min,涡流调速 0.8m/min
小车运行	13m/min;变频无级调速
大车运行	12m/min
供电电源	三相交流 380V,50Hz
整机供电方式	悬挂电缆
操作方式	地面有线控制
最大轮压	32t
整机质量	74t
最大单件长度、质量	不超过6m,不超过20t

(2) 吊装设备的洞内安装要点

拆卸TBM的桥吊从已开挖的秦岭隧道Ⅱ线运进拆卸洞中,为便于桥吊的安装和运输,要求构件长度不大于6m,单件质量不重于20t。桥吊的实际起重小车单件为13t,外形尺寸4.5m×3.2m×2m,数量2件,很难用轨行车辆运入洞中,必须采用汽车分两次运入拆卸洞。为便于拆卸吊机的安装和构件在洞内卸车,应先在拆卸洞室的顶部和地面安装锚点和地锚。锚杆为$\phi22$的螺纹钢,锚杆要求尽量与岩石垂直,每组锚杆的相互间误差不能大于2mm。每根锚杆施工完后应进行拉拔试验,每根锚杆抗拔力不少于50kN。安装预先加工好的15t/5t吊耳板。

(3) 运输设备的选用

TBM主机部分的拆卸完全依靠75t×2的桥吊进行,运输设备主要利用TBM上配套的平台车和牵引机车,拆机中往洞外牵引平台车时,以4~5节平台车为1组,事先把有碍于通行的平台车上的附属物拆移位置,或拆下放在平台车上。TBM上的其他辅助设备、主机附件及设备在事先拆下后,放于平台车上随车运出洞外。平台车往洞外运输时,通常为双机车牵引。在运输设备桥时,因该设备在工作状态下是一端有一行走轮,另一端无支撑点(与主机相连),为此,工地加工了2组运输架作为支撑点,在运输架下方安装2组$20m^3$矿车的轮对,运输架由25×250的H钢、厚30mm钢板拼焊而成。

7.5.4 磨沟岭铁路隧道

西安—南京铁路磨沟岭隧道(图7-25)全长6.114km,围岩主要为大理岩类、云母类、片岩,由于隧道受区域性F_2大断裂带的构造挤压、揉皱影响严重,岩体破碎,隐性节理和节理发育,挤压结构面与隧道小角度相交,长大节理密集带及挤压破碎带发育,围岩软弱破碎,稳定性差,软岩占隧道总长的70.5%。该隧道由中铁隧道集团采用德国维尔特ϕ8.8m开敞式TBM(曾用于秦岭Ⅰ线隧道)施工,于2000年3月10日开工,2002年12月31日竣工。TBM掘进长度为4.653km,最高月进尺为573.9m。通过施工,成功掌握了开敞式TBM在软弱地层中的掘进技术。

1)地质条件

(1)地理位置

磨沟岭隧道地处秦岭中低山区,自西向东穿越武关河与清油河的分水岭——磨沟岭。隧道进口在毛坪乡西磨沟村312国道左侧土坡上,出口在清油河乡清油中学北侧。

(2)工程范围

磨沟岭隧道自IDK226+494进洞,于清油河乡清油中学北侧IDK232+606出洞。除进口段538m位于$R=1000m$的曲线外,余均位于直线上;洞身纵坡为1936m长的0.35‰~1.05‰上坡和4176m长0.4‰下坡的人字坡,基本东倾。隧道的最大埋深为313m。

图7-25 采用开敞式TBM施工的磨沟岭隧道

(3)地形地貌

磨沟岭隧道所处地形起伏较大,沟梁相间,相对高差约为100~300m,线路以长隧道穿越磨沟岭。最大高程为824m,岭西各冲沟水流通过地表径流汇入武关河,岭东各冲沟水流通过剌沟汇入清油河。

(4)气候条件

隧道所处地区最冷月平均气温为16℃,土壤最大冻结深度0.5m。

(5)地层岩性

隧道处基岩大多裸露,为泥盆系中统石英片岩及大理岩夹云母石英片岩,进出口沟床及斜坡上有第四系冲积、坡积层,地层及特性特征如下:

第四系全新统坡积砂黏土(Q_4dl_2):主要分布于出口端,厚约5~20m,棕红色,土质尚均,以黏粒为主,黏性好,土中含有少量碎石,硬塑,Ⅱ级普通土,Ⅱ类围岩,$\sigma_0=120kPa$。

第四系全新统坡积砂黏土(Q_4dl_2):主要分布于出口端清油河一级阶地上,厚约2~5m,褐黄色,土质较均,以黏粒为主,含砂量高,夹有漂石、圆砾,硬塑,Ⅱ级普通土,$\sigma_0=150kPa$。

第四系全新统坡积砂黏土(Q_4dl_7):分布于出口端,厚约5~8m,淡黄色,碎石成分主要为大理石、片岩,呈尖棱状,粒状组成ϕ20~60mm约占45%,ϕ60~120mm约占10%,直径大于120mm约占10%,土质充填,松散~中密,潮湿,Ⅱ级普通土,Ⅱ类围岩,$\sigma_0=500kPa$。

第四系全新统洪积漂石土(Q_4dl_8):分布于出口端橡子沟中,厚约7m,灰~灰黄色,漂石成分以大理石、石英片岩为主,呈圆棱~浑圆状,粒径组成ϕ20~200mm约占20%,直径大于200mm约占60%,最大粒径约2500mm,砂土质充填,中密,潮湿~饱和,$\sigma_0=700kPa$。

第四系上更新统冲积卵石土（Q_3dl_7）：分布于出口端砂黏土下部，厚约3~10m，灰色，卵石磨圆较好，成分以大理石、石英片岩为主，粒径组成为ϕ20~40mm的约占20%，ϕ40~60mm的约占15%，ϕ60~80mm约占15%，ϕ80~100mm约占10%，直径大于100mm约占5%，砂土质充填，潮湿，中密，Ⅱ级普通土，$\sigma_0=600$kPa。

泥盆系中统石英片岩（$Q_{2c}dSc_7$）：分布于隧道洞身DK226+494~DK231+410，灰黄、褐黄色，变晶结构，片状构造，矿物结构以石英、云母为主，石英含量占55%~69%，长石含量小于5%，云母含量占22%~35%，片理及节理较发育~发育，风化严重~颇重。风化层厚约2~5m，最大约10m，Ⅳ级软石，$\sigma_0=500$kPa，完整岩石电阻率$\rho=800$~1500Ωm，地震波速$V_p=4380$m/s，Ⅴ级次坚石，Ⅳ~Ⅴ类围岩，$\sigma_0=1000$kPa。

泥盆系中统大理岩夹石英片岩（$Q_{2c}dSc_7$）：分布于隧道洞身DK231+410~DK232+602处。大理岩：灰白色、白色，变晶结构，块状构造，矿物成分以方解石为主，云母、石英少量。方解石含量约84%~89%，石英含量2%~7%，云母含量2%~4%，岩体节理、层理较发育，岩体风化严重~颇重，风化层厚约1~2m，最大约10m，Ⅳ级软石，$\sigma_0=500$kPa；完整岩石为Ⅴ级次坚石，Ⅳ类围岩，$\sigma_0=1000$kPa。由于大理岩多位于出口端，局部夹有石英片岩，变晶结构，片状构造，层厚约1~2m，岩体受线路左侧F_2断层影响，岩体相对较破碎，电阻率$\rho=200$~900Ωm，地震波速$V_p=3820$m/s。地表调查中，大理岩中局部有溶蚀痕迹，沿层理、节理或与石英片岩接触带有溶隙或小的溶洞存在。

碎裂岩（$T\gamma$）：主要出露于磨沟岭断层及F_2断层带内，以碎裂大理岩为主，灰色，碎裂结构明显，岩石破碎，局部夹糜棱岩。岩石挤压裂隙发育，裂隙层结合强度低，手扳易碎。Ⅳ级软石，$\sigma_0=600$kPa，Ⅲ类围岩。根据物探资料地震波速$V_p=3000$~4000m/s，电阻率$\rho_s=200$~300Ωm。

(6) 地质构造

褶皱：根据区域资料，隧道工点位于礼泉—柞水华力西期褶皱带内，为一复式向斜的北翼；根据野外调查及分析认为，该隧道无大的褶皱构造，片岩地层内揉曲发育，片理产状较紊乱，变化大，仅在隧道进口地段显示出一相对较明显的背斜形态；背斜西安侧产状为NW向倾北，核部位于南阳坡台（DK228+000）附近，该处岩体风化严重，产状不稳定，地层为中泥盆统石英片岩。

断层（F_2）：隧道左侧分布有丹凤—商南大断层（F_2），该断层为一区域性断层，为秦岭构造带中划分北秦岭及南秦岭两个构造单元的主干断层，断层以北为中元古界秦岭群地层，以南为中泥盆统池沟组地层。该断层在卫星摄像图上呈明显线形影像，构造形迹十分明显，在航片上F_2断层带表现为一低洼凹槽地貌，宽200~400m，局部可达800m。工点北侧窑场沟为一断层谷，断层产状在本段为N60°~80°W/60°~69°N，断层物质以碎裂石英片岩、碎裂大理石、糜棱岩为主，夹有断层泥及角砾，主断层赋水。F_2断层自加里东期以来，历经了多次拉张和挤压，具有多期活动性；新生代以来，F_2断层显张性正断层性质，其活动特征是将断带内已固结的糜棱岩、碎裂岩等进行切错、破坏及改造。本隧道虽避开了F_2断层带，但出口端约1.5km长的段落距该断层边界约130m，物探测试附近岩体波速较低，为3820m/s左右，故F_2断层对该隧道，尤其是出口端洞身仍有一定影响。另外，洞身部位还可能遇到一些与F_2相配套的NE、NW向小断裂，但这些小断裂在地表由于出露宽度有限，加之植被覆盖的因素影响，表现很不明显。

层理及片理特征：由于F_2断层在线路左侧通过，故受构造影响，岩体中层理、片理产状不稳定，尤其是片岩地层中的揉曲现象很发育，整个隧道：

IDK226+498~DK231+250段产状主要为N50°~75°W/60°~80°S。

IDK231+250~DK232+606段产状主要为N60°~80°W/65°~85°S，云母石英片岩，节理发育，大理岩一般层厚大于50cm，夹有薄层云母石英片岩。

节理特征：通过对隧道洞身各观测点进行统计，发现如下节理特征。片岩中节理主要有：

J_1：N28°~80°W/51°~86°S，$d=0.05$~0.6m，$l>0.4$m 微张。

J_2：N10°~73°E/39°~80°S，$d=0.05$~0.6m，$l>0.1$m 微张。

J_3：N40°~84°W/30°~66°N，$d=0.1$~0.5m，$l=0.05$~3m 微张。

大理岩夹石英片岩中节理主要有：

J_1：N45°～65°W/35°～90°S，d＝0.1～0.5m，l＞0.4m 微张。

J_2：N50°～80°W/42°～90°S，d＝0.05～0.5m，l＞0.1m 微张。

J_3：N20°～60°E/50°～90°S，d＝0.1～0.5m，l＝0.1～1m 微张。

通过对隧道洞身的节理密度统计，洞身节理JV(平均值)＝8条/m³，基岩较完整。

(7)水文地质

通过地面调查及水文地质计算结果，隧道可分为两个水文地质分区：

①基岩裂隙弱富水区。

IDK226＋494～DK231＋400段，长4.906km，埋深约40～310m，岩性单一，为云母石英片岩，预测隧道单位涌水量200.8m³/d，最大涌水量1988.9m³/d。

②基岩裂隙中等富水区。

IDK231＋400～DK232＋606段，长1.206km，埋深在40～120m之间，岩性主要为大理岩夹云母石英片岩及碎裂大理岩，预测隧道单位涌水量495.2m³/d，最大涌水量1190.4m³/d。

隧道最大总涌水量3179.3m³/d。

地下水无侵蚀性。

2)设计概况

(1)预备隧道(IDK232＋437～DK232＋606，169m)

根据TBM组装调试要求，需设置预备隧道并采用钻爆法提前施作，结合洞口地质条件，出口端169m为预备隧道。预备隧道断面形式采用圆形斜墙式断面，初期支护以锚喷网为主，拱墙设锚杆及钢筋网，锚杆长3m，@1.0m×1.0m，钢筋网采用8，@25cm×25cm，并辅以3榀/2m型钢钢架，二次衬砌为模筑混凝土。断面开挖后进行初期支护，待TBM通过后及时施作二次衬砌。按国防要求，IDK232＋535～DK232＋606段二次衬砌采用50cm厚的全封闭钢筋混凝土结构，IDK232＋437～DK232＋535段二次衬砌采用50cm厚素混凝土结构。

(2)出发隧道(IDK232＋427～DK232＋437，10m)

隧道出口设10m的出发隧道，以满足TBM开始掘进的要求。出发隧道采用钻爆法施工，衬砌后的断面形式为内轮廓8.9m的圆形断面，衬砌为厚45cm的模筑混凝土衬砌，施工支护为锚喷支护，最大跨以上设锚杆，1～2.5m，@1.2m×1.2m。为确保TBM由预备隧道进入出发隧道，出发隧道底部应高出预备隧道底板15cm。

(3)TBM施工隧道(IDK226＋725～DK232＋427，5702m)

根据弹性整体道床、中心水沟及各种管沟、设备的布置，确定隧道直线段基本内轮廓为直径700cm的圆形断面。由于曲线地段外轨超高使得圆形衬砌直线基本内轮廓不能满足正常限界要求，因此，依据曲线地段工程地质和水文地质条件，采用喷混凝土厚度最大8cm，而加强锚喷网、钢架支护，接触网(水平悬挂)采用悬挂点必须加密的方式，减少弛度，达到满足曲线建筑限界要求。

TBM施工隧道为8.8m的圆形断面，采用复合式衬砌，初期支护以锚喷网为主，在TBM施工隧道的断面设计中，考虑了10cm的施工误差，包括TBM施工和测量误差5cm，模筑衬砌施工误差5cm。

3)总体施工方案

TBM施工由隧道出口采用1台开敞式TBM单口掘进，其中出口端IDK232＋437～DK232＋606段169m采用钻爆法施工，为预备洞室；IDK232＋427～DK232＋437段Ⅲ类围岩10m采用钻爆法施工，为TBM出发隧道；进口IDK226＋494～DK226＋665段采用钻爆法施工，马蹄形断面；IDK226＋665～DK226＋725段采用明挖施工，为TBM拆卸场地；IDK226＋725～DK232＋427段5702m拟采用TBM施工，结合地层条件及洞口地形条件，确定TBM施工完后在太阳坡沟(IDK226＋665～DK226＋725)拆卸。

4)施工准备

施工准备工作主要如下：洞外场地布置、仰拱预制厂的建设、临时电力的设计与施工、翻车台的设计与施工、TBM的进场运输、TBM部（构）件的停放和组装场地布置、TBM的组装和调试、TBM预备洞和出发洞的施工、TBM组装吊装运送设备的配置。

5）洞口钻爆法施工段

TBM预备洞和出发洞采用钻爆法施工，预备洞为单心马蹄形断面，出发洞设计断面为圆形，直径8.9m，其支撑反力要求大于2.4MPa。预备洞和出发洞的长度是根据洞外的场地条件及实际施工地质情况决定，因TBM总长256m，要使其形成生产能力，必须满足TBM拼装、掘进进料、出渣等要求，故要求进料岔线到TBM后配套斜坡轨间必须有相应的安全距离。同时，因TB 880E型掘进机为开敞式硬岩TBM，要使其达到掘进能力，对地质条件的要求也非常苛刻，实际的围岩情况对预备洞的长度和出发洞的确定起着关键性作用，要求必须避开洞口软弱围岩段及断层地段。因此TBM预备洞和出发洞的确定主要受以上两方面因素的制约和影响。

受洞口场地的限制，磨沟岭隧道洞外轨线正线与生产区装料岔线的里程交叉接合点约为DK232+750，至洞口里程DK232+608约142m，理论上预备洞和出发洞总长度达到119m（256m－142m＋安全距离5m）即可满足，但因为预备洞施工时，TBM要同步组装，故洞口还应预留施工必需的距离范围以减少冲突，此距离至少应为20m。故总长度应为139m。场地布置与设计上预备洞长71m，出发洞10m，共81m，有很大冲突。且实际施工中达设计出发洞的截止里程（DK232+525）时，地质情况表明，为断层破碎带，节理发育，且有裂隙水，不适合于TBM掘进，故根据实际地质水文情况，施工中逐步将预备洞截止里程延长到地质条件较好段DK232+437，出发洞至DK232+427。

磨沟岭隧道预备洞、出发洞施工，根据地质条件大致可分为以下几个阶段：

(1) 砂黏土段（DK232+570～DK232+608）

采用三步微台阶环向开挖预留核心土的方法，短进尺、弱爆破、强支护，同时配合超前锚杆加固，环向间距0.3m，长3m。短进尺每循环0.5m，立Ⅰ16钢拱架，并立即模筑混凝土进洞。

当上台阶进洞8m后发现洞门的上仰坡喷混凝土开裂严重，拱顶地表下沉量大，洞壁收敛速度快，情况非常危急，立即停止开挖，采取了以下加固措施：洞顶进行灌注浆和喷混凝土；洞内全断面补喷混凝土10cm加厚层；加大量测频率；开挖半径由5.25m加大至5.35m，将预留变形量留足；将原计划模注混凝土变为喷混凝土，厚度不变。

加固后继续开挖，发现收敛仍加剧，开挖中下台阶时，发现地质情况异于设计，洞顶砂黏土山体也有整体下滑的趋势，情况危急，立即停止了开挖，及时集中对洞口段进行加固处理。采取措施为：加设横撑及竖向支撑，封闭掌子面；接出明洞6m，做拱顶山体挡墙；拱部和边墙进行压浆处理，整体加固；及时施作钢筋混凝土仰拱，早日形成环状封闭受力结构。

洞口加固后，再按设计进行三步台阶向前开挖。三步台阶法的施工程序如下：

①上台阶施工工序。

测量放线→设置超前管棚或超前锚杆（根据需要选择）→人工开挖上台阶→初喷混凝土5cm→立钢拱架→安设系统锚杆→焊接纵向连接筋和钢筋网→隐蔽检查→复喷混凝土至设计厚度→测量放线。

②中下台阶施工工序。

测量放线→机械开挖核心土→人工交错开挖台阶两侧壁土→初喷混凝土5cm→接长钢拱架→安设系统锚杆→焊纵向连接筋和钢筋网片→隐蔽检查→复喷混凝土→测量放线。

③仰拱施工工序。

测量放线→机械开挖底部部分土体→人工挖出仰拱至设计位置→安设仰拱格栅钢拱架→焊接连接筋→隐蔽检查→灌注仰拱混凝土→养生、拆模→测量放线。

(2) 土石过渡段（DK232+570～DK232+557）

上台阶开挖至DK232+570时，前方已出现碎裂大理岩及断层糜棱岩，节理发育，但人工开挖已很困难。为加快施工进度，采取弱爆破预留周边层的方法施工上台阶，具体工序如下：测量→设置超前导管并注浆→与已立好的钢拱架焊接→安设系统锚杆→焊接连接筋和钢筋网片→喷混凝土→钻孔→爆破→初喷混凝土→测量。

超前小导管为 $\phi 40$，长 3.5m，间距 30cm，分置于钢架两侧，外插角 $5°\sim10°$，两次重叠长度不小于 1m，注浆采用水泥水玻璃双液浆，配合比为水泥∶水∶水玻璃＝1∶1∶0.5，注浆终压 0.6MPa。

爆破设计：周边层厚度预留 $40\sim50$cm，采用短进尺、弱爆破、火雷管分次爆破，采用 $\phi32$、长 20cm 的乳胶炸药。

(3) 断面变化（DK232＋481～DK232＋557）

此段岩性以碎裂大理岩为主，夹石英云母片岩，节理裂隙发育，风化严重，节理面夹断层泥，局部地段有裂隙涌水，实测涌水量 $0.2\sim0.3$m^3/h，极易坍塌，故开挖半径仍为 518cm，采用三步微台阶法施工，原则仍为"短进尺、弱爆破、强支护、勤量测、早封闭"，方法同前，交错开挖。仰拱施工为 C20 混凝土结构，紧跟下台阶开挖，相距约 20m，半幅宽度开挖并灌注混凝土，长度为 10m，另半幅作为施工便道，待仰拱混凝土强度达到 70% 后可作为运输便道，再施工另半幅仰拱混凝土。

(4) 断面变化（DK232＋437～DK232＋481）

DK232＋440～DK232＋481 段开挖半径变为 505cm。DK232＋437～DK232＋440 段渐变至 475cm。开挖方法同上。

(5) 出发洞施工（DK232＋427～DK232＋437）

设计开挖断面为圆形，开挖半径 4.9m，模筑衬砌 45cm 厚，内轮廓半径为 445cm。考虑出洞的技术要求，只要承载能力以及断面平顺度等满足要求即可，再结合施工实际情况，决定采用喷混凝土衬砌：开挖半径 475cm，喷混凝土厚至 450cm。具体步骤如下：

开挖：采用上下微台阶法开挖，光面爆破，开挖后先初喷 5cm 混凝土，然后安装径向系统锚杆 0.8m×0.8m，梅花形布置，挂网，安设 $\phi22$ 全圆钢筋环，继续开挖至 DK232＋427，支护相同。

喷混凝土衬砌：再挂一层钢筋网，与第一层间距 20cm，之间用短钢筋焊接；加纵向连接筋，环向间距 1.0m，焊接牢固；安设检查环，测量准确定位，焊接好，间距 1.0m；分层喷混凝土至设计半径 450m。

出发洞围岩仍为碎裂大理岩夹云母石英片岩，节理较发育，开挖后未出现大体积掉块，岩面有渗水，围岩完整性较好。

出发洞施工完毕后，至 TBM 步进到出发洞，预计喷混凝土强度可达到 70% 以上，即强度可达 15MPa；而 TBM 掘进时撑靴对岩壁的接地比压只要求不小于 2.4MPa，喷混凝土强度已完全满足，且喷混凝土后平整度亦满足 TBM 掘进要求。

6）TBM 步进施工

(1) 洞口段填铺道砟、铺设轨道

为适应 TBM 步进需要，洞口拼装场地段需在拼装场上铺设宽 5.0m、厚 0.8m 的隧道弃渣路基，其上铺设一层厚 0.3m 的碎石道砟。共需弃渣 200m^3，道砟 70m^3，1.5m 长枕木 176 根，铁垫板 352 块，道钉 1060 枚，钢轨 16 根，钢轨连接夹板及其配套螺栓 16 套。

在步进的同时铺设路基及道砟、延伸轨道，所有材料从两侧供应。在施工时，为节省时间，弃渣、枕木、钢轨可提前分别存放在机器两侧。弃渣、摊铺用装载机进行，道砟用翻斗车倒运，装载机摊铺，人工配合。

轨道铺设按设计坡度进行，要求铺设顺直，轨距限差±4mm。

路基填筑密实，不发生大沉降，弃渣要求透水性良好，细颗粒土含量不超过 15%。

标高控制方法，在线路两侧打桩，抄平，两侧拉线绳定轨面标高。

(2) 拱块铺设及下部填充混凝土施工

每 100m 一个中线桩，并将边线放出，高程先画好轨面线或仰拱块顶面线，仰拱中线对中放好的点位，高程用线绳或水准仪控制精度，中线、高程偏差±5mm，错台小于 5mm，间隙小于 10mm，M20 砂浆，抹止水带，混凝土灌注采用泵送 C20 混凝土施工，辅以梭槽，立模用钢模，要求堵头及侧模坚固不跑模，混凝土灌注密实、没空洞。仰拱块铺设前应清底干净彻底，仰拱块安放正确，不发生下沉，如果安放仰拱块后发生错台等现象，应及时重铺。

7) TBM施工

本工程使用的德国维尔特 TB 880E 型 $\phi 8.8m$ 开敞式 TBM，曾用于秦岭Ⅰ线隧道北口段施工，其主要技术参数详见本章"7.5.2　秦岭Ⅰ线铁路隧道"表7-2。

(1) TBM掘进原理

TBM由主机和后配套两大部分组成，其主要结构详见本章"7.1　结构特点"图7-1。主机用于破碎岩石、集渣转载；后配套系统用于装渣、支护等。

掘进系统主要由带刀具的刀盘、刀盘驱动和推进系统组成。TBM主机利用其两外凯支撑、后支撑、刀盘护盾4个支点进行掘进过程中的支撑和换步作业。内凯采用箱形截面，前部连接于刀盘，中部连接驱动组件，后部连接后支撑。内凯内部有较大的空间，可方便地布置输送带(1号皮带机)、内凯上淬硬的导轨有X形撑靴的外凯轴承座在上面纵向滑动，内外凯氏通过推动油缸相连。内凯给刀盘导向传递推力和把机器扭矩传到外凯。外凯及撑靴有2组，撑靴呈X形，X形撑靴相对于水平布置，有利于提高整机的稳定性。

在掘进时，支撑靴把外凯牢固地锁定在开挖的隧道洞壁上，承受刀盘扭矩和推进力的压力。推进油缸以外凯支撑为支点，把推力施加给内凯和刀盘，推动刀盘破岩掘进。在推力的作用下，安装在刀盘上的盘形滚刀紧压岩面，随着刀盘的旋转，盘形滚刀绕刀盘中心轴公转，并绕自身轴线自转。单刃盘形滚刀在刀盘强大的推力、扭矩作用下，在掌子面同心切缝上滚动，当推力超过岩石的强度时，盘形刀下的岩石直接破碎，盘形刀贯入岩石，掌子面被盘形滚刀挤压碎裂而形成隧道同心圆沟槽。随着沟槽深度的增加，岩体表面裂纹加深扩大，当超过岩石剪切和拉伸强度时，相邻同心圆沟槽间的岩石成片剥落，崩落在隧底的岩渣由均布在刀盘上的8个边铲和4个中心铲斗与刮板铲起，并随旋转输送到刀盘顶部，沿着刀盘渣槽落到内凯皮带机上，由3号皮带机上的移动式溜渣槽卸至出渣列车上。

推进油缸伸长一个行程，刀盘和内凯等(除外凯以外的所有主机部分)相应向前移动一个行程，即完成一个掘进行程的1.8m。

掘进行程结束后，进行换步作业，并在换步过程中完成下一循环掘进方向的调整，先读并记录机器位置，操纵主机刀盘从掌子面后退约30mm，刀盘、皮带机相继停止运转，接着放下后支撑架与刀盘护盾支撑，缩回支撑靴油缸，松开支撑，再收缩推进油缸，使两外凯沿内凯滑轨向前移动一个行程后，依据上循环结束时的机器位置，以刀盘护盾为支点，操作后支撑处的伸缩油缸，使机器内凯尾部上、下、左、右摆动及沿机器轴线扭动，达到预定位置，从而完成掘进方向的调整作业，然后操作机器使2个外凯支撑再次撑紧隧道岩壁，收起后支撑及刀盘护盾，同时牵引后配套系统前移一个掘进行程(1.8m)，启动机器，进行下一个循环的掘进作业。

(2) TBM施工工艺

TBM是集隧道开挖、支护、装渣于一体的施工机械，在掘进的同时，完成出渣、初期支护、仰拱块安装、风水电及轨道敷设等工作。根据TB 880E型的设备配置，其掘进施工可分为开挖、出渣、支护、辅助作业四个部分。

①开挖作业。

利用TBM主机上外凯的两个X形支撑，紧压隧道岩壁，使主机架固定，然后在推进油缸和刀盘驱动装置作用下，滚刀压紧岩面，并随刀盘转动挤碎岩面；刀盘上的铲斗在不断旋转过程中，将岩渣铲起并卸入内凯内部的皮带机上运出。推进油缸伸长一个行程，既完成一个掘进循环1.8m。当掘进长完成1个循环长度1.8m时，TBM主机利用其2个外凯支撑和后支撑、刀盘护盾支撑4个支点，完成主机向前"爬行"1.8m之后再将后配套向前拖动1.8m，下个循环开始。

②出渣作业。

在掘进的同时，掌子面岩渣经铲斗卸入内凯的1号皮带机，由皮带机卸至主机后面的皮带桥输送机

(2号),再由皮带桥输送机送石渣到后配套拖车上的3号皮带机,由3号皮带机上的双向溜渣槽卸至运输列车上。运渣列车在洞外翻车台卸渣后,由汽车运至弃渣场。

双向溜渣槽移动距离80m,可满足静止列车的装渣需要。

③支护作业。

在主机进行掘进的同时,主机及后配套辅助设备完成一个掘进循环的初期支护作业及仰拱块的安装。

利用刀盘后面的环形安装器及支顶装置完成钢拱架的预组装和安装。4台凿岩机完成锚杆孔的施工。其中2台位于刀盘护盾后面,负责隧道顶部2×75°范围的锚杆钻孔。网片在洞外加工成型,洞内网片焊接固定于锚杆尾部,网片与钢拱架的连接采用焊接。喷射混凝土由位于后配套1台喷射混凝土机械手完成,喷射范围为隧道上部300°,机械手纵向移动距离5m。

仰拱块安装由皮带桥下的仰拱块吊机把仰拱块从仰拱块车上吊起,向前运到所需安装的位置。仰拱块下的空隙,用水泥砂浆通过注浆泵注塞密实。

④辅助作业。

轨道延伸:每安装7~10块仰拱块延伸1次轨道,利用材料吊机进行固定。

供水管路延伸:TBM最大用水量60m³/h,TBM自带50m软水管,每掘进50m延伸1次供水干管。

供电电缆延伸:TBM自带400m软电缆,每掘进400m延伸一次主供电电缆。

施工通风:TBM安装有1套完善的通风系统,通过1个风管箱与隧道通风系统相接,风管箱储存风管100m,每掘进100m换1次风管箱。

施工排水:TBM的施工废水由皮带桥下的一台抽水机抽到仰拱块中心水沟中,由中心水沟排到洞外。

(3)作业内容及设备配备

隧道施工各工序作业方式及设备配备见表7-7。

隧道施工各工序作业方式及设备配备　　　　　　　　表7-7

序号	施工内容	设备配备及作业方式
1	隧道开挖	TBM主机、刀盘旋转挤压切割破岩
2	出渣	刀盘刮板、铲斗集渣、三级皮带输送机卸渣,10×20m³渣车出渣,35t内燃机车牵引,洞外汽车倒运
3	支护	环形梁安装器进行钢拱架安装;锚杆钻机4台,后部完成系统锚杆钻机,喷射混凝土系统分刀盘护盾后人工手持喷嘴直接喷射和后配套平台上机械手电动遥喷射混凝土;钢筋网为人工敷设
4	不良地质预处理	超前地质钻机1台,可在隧道顶部80°范围内钻凿$\phi64$、长30m探测孔或$\phi102$、深20m超前预注浆孔,并配备一台双泥注浆泵进行预注浆
5	注浆作业	TBM配备一套干料上料系统及注浆系统,可对仰拱块下填塞及不良地质超前预注浆
6	仰拱预制块安装	1台13t单轨仰拱吊机,人工配合安装
7	材料供应	材料由编组列车中的材料车运输;材料车到达TBM卸料区后,由其配备的7台起吊设备将材料运到使用地点
8	轨道延伸	TBM钢轨储存架可存放12根钢轨,每掘进12m左右,由人工配合吊机完成轨道铺设
9	风管延伸	TBM设风管储存筒一个,内存风管100m,人工埋置挂钩风管随TBM前进自动延伸,每100m换一次风管箱
10	水管延伸	TBM设一个水管卷筒,带有$\phi100$、长50m软管,供水干管每50m延伸一次
11	电缆延伸	TBM电缆卷筒自带400m电缆,隧道电缆每400m延伸一次
12	附属洞室	配移动式电动空压机1台,人工手持风钻钻爆法开挖,人工配合皮带机装渣

(4)岩渣装运和材料运输

岩渣装车及洞内材料供应由后配套系统中的设备完成,出渣和洞内材料运输由编组列车完成。运输系统采用双线有轨运输,左线为出渣线,右线为进料线。

运输轨道采用43kg/m钢轨,轨距900mm。洞内每3km加一组单开道岔,便于车辆在非正常情况下或其他运输故障紧急时会车。

出渣列车把石渣由掌子面运到翻车台,由翻车机卸至转渣场,再用自卸汽车二次倒运至弃渣场。

掘进装渣:通过皮带输送机和移动式双向溜渣车,将石渣装入编组列车中。后配套 5 号～14 号拖车为装渣区,轨道为双线,可容纳 2 列平行停放的列车编组,通过皮带输运机将 1 个掘进行程的石渣装满,其中 1 列矿车运出,另 1 列等待下一个行程的出渣。

仰拱块底渣清理:人工清理至渣斗内,通过单轨吊斗卸到刀盘背后的皮带机上,由皮带机送到刀盘前面。

回弹料清理:人工收集到渣斗里,由渣斗系统从下部提升到 3 号皮带机上。

编组列车的构成:1 辆仰拱块车+1 辆钢拱架/钢轨车+1 辆喷混凝土罐车+10 辆渣车+1 辆人车+1 辆 35t 机车;1 辆仰拱块车+1 辆混凝土罐车+10 辆渣车+1 辆 35t 机车+1 辆人车。

列车编组可根据维修、注浆、钢轨供应等需要而改变。掘进时列车编组结构不变。材料如钢轨、拱架、支护材料及风管储存筒,可在维修期间供应。

岩渣和材料的运输采用 2 台机车配合 3 组编组列车进行。洞外配合 1 台机车和 1 组材料车组进行装料,在正常掘进期间,始终保持有 1 组列车等待装渣、1 组列车在运行、1 组列车卸渣的运行方式,列车在洞内按 25km/h 考虑,在栈桥上按 5km/h 考虑,洞外按 10km/h 考虑。

洞外调车作业:为减少洞外调车、装料作业时间,列车编组按 3 台机车、3 组矿车、4 组材料车(加 1 组备用材料车)进行运行编组作业,采用每趟列车进洞前由前 1 趟列车甩下的材料车预先调车、装料。材料车与渣车摘钩后,由洞外机车牵引至装料线,根据洞内材料供应的需要进行沿线装料,具体装料程序如下:

①材料车先由机车推至料棚内,装钢筋网片、水玻璃、锚杆等材料。

②牵引至预制块及成品料存放场,装仰拱预制块、钢轨、风管箱、水管、钢拱架、电缆等材料。

③沿装料线进入混凝土生产区,根据需要装入混凝土、干混合料及其他材料。

④通过渡线由机车将材料车推至进料线的料车停放处,由卸完渣后的矿车牵引入洞。

洞内调车作业:当矿车行至 TBM 后配套斜台交叉渡线前(16 号、17 号拖车处)停车,由吊机系统将风管箱、电缆等卸到相应位置后,再由机车将矿车推至装渣区等待装渣,料车摘钩,由链条牵引系统将料车拖至搅拌罐装卸处(4 号拖车处),第 3 节材料车与前 2 节材料车摘钩,喷射料等在此卸车;前 2 节料车继续被拖至设备桥下的卸载区,由材料吊机进行卸车;卸完后,再由链条牵引系统将材料车拖回,与渣车连钩出洞。

洞内材料装运及储存:通过后配套设备的 6 台吊机、2 台升降平台、2 台运输工具完成。

(5)初期支护施工

①初喷。

当围岩破碎、自稳能力差时,可利用刀盘后人工喷射混凝土系统,在掘进的同时,在刀盘护盾后直接喷射混凝土,初喷混凝土 3～5cm,封闭围岩。

②钢拱架及钢筋网片安装。

TBM 主机配有环形钢拱架安装器,可将 5 节钢拱片进行预组装。安装顺序为:用提升装置将第 1 节钢拱片从输送小车提出,放于存放环顶部,由液压油缸驱动提升装置水平、竖直移动,推第 1 节拱片并靠住存放器,再以螺栓固定,另 1 端则支在 1 个支架上,然后存放环旋转为第 2 节钢拱片留出空间,依此 2～4 节钢拱节从运输小车提出并放于存放环上,用钢板连接,然后存放环再旋转,每 1 片钢拱置于 2 个支架上,1 个有固定夹,第 5 节与第 4 节连接,其自由端滑入第 1 片自由端,用 G 形夹固定,然后存放环旋转 180°,以便使钢拱重叠部分处于隧道底。用外线装置使钢拱贴紧隧道壁,最后栓上紧固板。

钢拱架贴紧洞壁前,软弱破碎带需在钢拱背后安装钢筋网片,网片规格 1.5m×0.9m,网格 25cm×25cm。钢拱架纵向连接钢筋焊接,保证数量、质量,防止围岩失稳。

③锚杆施工。

锚杆安装可达 4.0m,人工装锚固药包和锚杆,钻机辅助顶进到位,人工挂网,用冲击钻打眼,短钢筋固定后与锚杆相连,网片架贴岩面,在岩面与拱架之间防止碎石掉落。

④喷射混凝土。

湿式喷射混凝土系统由电动遥控器操作,可打开或关闭喷射混凝土及添加剂,喷射混凝土是在混凝土工厂生产后由 $6m^3$ 搅拌罐车运到隧道内,除刀盘护盾后手动喷射装置外,后配套 2 号拖车桥平台上的机械手喷射装置,可完成仰拱以上 300°、长度 5m 范围内的喷混凝土作业。

⑤仰拱块安装。

仰拱块为钢筋混凝土结构,其底部分普通型和带槽型两种,铺设时仰拱块运至仰拱吊机下时,人工旋转 90°后,向前运到仰拱块安放区,用仰拱块吊机吊起,按设计中线、水平就位,然后进行止水带粘贴及砂浆保护。当铺设 4~5 块仰拱块时,用细石混凝土灌注仰拱块下 5cm 间隙。混凝土灌注由喷浆机械通过注浆管完成。注混凝土前清渣彻底,冲洗干净,并用沙袋封墙,防止泥浆流入,注浆时要使仰拱块两侧拱出岩面为宜,施工时杜绝除尘风机污水流入刚注浆的地方。另外要控制仰拱块注浆块数,不允许出现仰拱块注浆半满状态。

8)软弱围岩施工要点

(1)建立适应 TBM 施工的支护体系

当地质条件较差时,要求支护的强度增加,难度相应加大,消耗材料增加,影响掘进的时间增多,按设计文件要求作好掘进中的地质预报,提前提出支护方案。

在Ⅲ类或虽属Ⅳ类但节理很发育地段,TBM 施工要求的支护量大,支护花费时间长,为此要注意以下几点:

①提高锚杆作业效率。

由于受到循环掘进时间的限制,应加快安装速度、提高固结效果,快速达到锚固要求,缩短掘进时间,加快隧道开挖速度。

②正确作好临时支护。

在较差地段,局部危石常使 TBM 无法正常掘进,必要时,采取棚架式支护。

③及时喷射混凝土。

一般情况下要尽量少用刀盘附近的手动喷射混凝土设备,目的是减少对主机的污染,缩短 TBM 停机等待时间。但通过软弱地质、岩爆严重地段,特别是开挖面呈破碎状时,由于掘进速度减慢,使开挖面与 2 号平台机械手施作喷射混凝土的时间延长,不得不进行手动喷射混凝土,目的是尽快封闭开挖岩面,减少暴露时间。虽然临时喷射混凝土只有 20~30mm 厚,但它在很短的时间内与岩石形成结合紧密的复合体,从而防止岩石在正常松动过程中发生松动、释压和弯曲,其效果是把较低强度的岩石转化成稳定的岩石,达到了阻止岩石内部的化学变化和岩石的风化。由于采用手工喷射混凝土而使泵送距离加大,对湿喷料要求严格,要作好相应准备工作。

(2)合理选择掘进参数

地质条件是影响掘进速度的关键,地质条件因素中除了岩石抗压强度外,还必须考虑岩石的抗剪强度、石英含量和节理的发育程度。TBM 的切削原理是刀具和掌子面的接触处,在刀具的荷载下岩石被破碎,从这个区域开始,向周边开始挤裂,岩石沿着这些裂缝在刀具之间被挤压成碎块。

TBM 掘进时呈整体结构时,所切削下来的岩石都是通过 TBM 机械能力来完成的,如果岩石抗压强度低、贯入度高、推力不大而平稳,则相对掘进速度高;如果岩石抗压强度高、推力相当大、贯入度小,则相应掘进速度也小。在这些均质岩石中掘进,选择合适的掘进参数后,可以不需要随时调整,采用小推力为限定值的自动操作系统。刀具也是呈规律性的正常磨损。

TBM 掘进在软弱地质节理发育地段要特别注意正确选择掘进参数。在裂隙发育岩体中掘进,贯入度增大,这主要是因为有一部分刀具和掌子面没有紧密接触而增加了刀具的推力(由于贯入度是随推力的增加而增加的)。一般正常情况下,刀具应具备一定的过载能力,但受当前刀具质量问题的影响,使刀具的损坏增加了很多;此外,有时刀盘的切削面垂直于软弱面掘进,而软弱面切削阻力又较小,在原定的推力下增加了贯入度,刀具磨损小,损坏概率不大;再一个原因是刀盘切削中心处于裂隙很发育的岩体或沿剥落面抗剪强度低的岩体中掘进时,切块沿节理或剥落面被切削,此时 TBM 有剧烈振动的现象,扭矩波动幅度大,使刀具承受较高的侧向荷载,轴承发紧,产生热量,由此造成刀具的损坏,此时应当减少推力。

当在掘进中发现贯入度和扭矩增加时,预示着地质条件的变化,适时降低推力,对贯入度要有所控制,这样才能保持均衡的生产效率,减少刀具的耗损。

7.5.5 大伙房引水隧洞

1)工程概况

大伙房水库输水工程位于辽宁省东部山区的本溪市桓仁县和抚顺市新宾县两个县级行政区域内,是将浑江上桓仁水库的发电尾水,经输水隧洞自流引水至大伙房水库,通过该水库反调节后,向辽宁中部地区提供工业与生活及环境用水。输水工程为一条长 85.308km、底坡为 1:2380 的输水隧洞,埋深大多在 100～300m 之间,并沿主洞线布置了 14 条施工支洞,隧洞前 24.58km 采用钻爆法施工,后 60.73km 中除有 2km 采用钻爆法施工外,其余段采用 3 台开敞式 TBM 施工。每台 TBM 掘进长度控制在 18～20km 之间,TBM 的开挖直径为 ϕ8m,各类围岩一次支护均采用锚喷支护,Ⅳ、Ⅴ类围岩在一次支护的基础上采用现浇混凝土衬砌作为永久支护。

大伙房输水隧洞的长度是世界最长引水隧洞之一,同时采用 3 台开敞式 TBM 施工,在 TBM 施工段修建的组装、拆卸洞室共用,体现出建设管理的协调性;出渣形式选用连续皮带机方式,在我国长大隧洞施工中尚属首次应用,也将为隧洞施工设备的配套技术提供经验。设计中在 TBM 施工段中部位置设永久支洞,目的是在 TBM 掘进了 10km 左右时,为 TBM 进行检查、维修提供条件,同时为电力供电、皮带机出渣、通风提供更近的通道,降低设备配置规格、降低能源消耗和成本。

掘进机 1 段长度为 19645.95m,其中扩大洞室段长度为 430m,采用钻爆法施工,掘进机实际施工长度为 19215.95m;掘进机 2 段长度为 22404.25m,其中 2000m 为掘进机通过段,采用钻爆法预先施工,扩大洞室段长度为 590m,采用钻爆法施工,掘进机实际施工长度为 19814.25m;掘进机 3 段长度为 18677.49m,扩大洞室段长度为 190m,掘进机实际施工长度为 18487.49m。

2)地质概况

隧洞穿越的太古代、元古代、中生代等地层,多为中硬岩,微风化～新鲜,整体强度一般较高,围岩稳定性总体较好,主要有:混合岩、混合花岗岩、白云石大理岩、大理岩夹变砾岩、浅砾岩、石英砂岩、砂岩、页岩、火山角砾岩、安山岩、凝灰岩、正长斑岩等。岩石抗压强度一般为 30～80MPa,个别石英岩地段可能达到 130MPa。

这些隧洞洞段都处于潮湿的大陆性季风带,温度变化幅度很大。每年在 7、8 月气温最高可达 36℃,而在 12 月和 1 月气温最低可达到 -34℃;隧洞地下水位较浅,隧洞均在地下水位以下,但岩层多数富水性较小,地下水以浅循环为主,外水压力一般不大,一般裂隙岩体,在施工开挖过程中多为渗水至滴水状,在低洼沟谷、断层通过地段及向斜的核部等富水性与透水性较大,局部地段可能会有涌水问题,有一定外水压力;地应力上,最大水平主应力的方向比较稳定,应力场分布较为均匀,地应力测值属中等水平;TBM 施工的大部分段落不易发生岩爆。

各段地质概况见表 7-8。

大伙房引水隧洞 TBM 施工各标段围岩类别及段长　　　　表 7-8

TBM 标段	长度(m)	各段围岩类别及段长(m)				
		Ⅱ	Ⅲa	Ⅲb	Ⅳ	Ⅴ
1 标段	19645.95	7965	7702.17	3338.78	580	60
2 标段	22404.25	8700	4157.83	6913.28	608.14	25
3 标段	18677.49	1800	2940	11788.58	2098.91	50

(1) 掘进机 1 标段

主要岩石是正长斑岩（28%）、混合花岗岩（14%）、混合岩（48%）、安山岩（10%），饱和单轴抗压强度为 42～55MPa。石英含量：混合花岗岩为 30%，混合岩为 10%～25%，安山岩为 20%，正长斑岩为 30%。该洞段的岩性是比较单一的，岩石的完整性和稳定性较好，具有较高的岩石强度；节理从不发育到比较发育，平均节理间距 3～9cm，最大节理间距为 20cm。此段内有 6 个断层，所有这些断层是受挤压的扭曲断层，单个断层的宽度一般不超过 5m，最大宽度约 10m。

(2) 掘进机 2 标段

主要岩石是凝灰质砂岩（3%）、凝灰岩（9%）、安山岩（6%）和混合岩（82%）。饱和单轴抗压强度为 31～88MPa，岩石强度变化很大。石英含量：在安山岩为 20%，在其他类型的岩石为 10% 以下。中间约 6km 洞段，是火山沉积地层，岩石条件复杂，节理相当发育，节理间距约为 3～8cm。总的来说，岩石完整性从差到较好。水流很小，最大埋深是 450m，岩石应力为中等水平，没有岩爆的可能性。掘进机可能遇到 KF1 断层，但宽度不到 5m。

(3) 掘进机 3 标段

主要岩石是凝灰质砂岩（40%）、凝灰岩（11%）、混合岩（33%）、砂岩与砾岩（10%）、凝灰岩～泥岩（6%）。石英含量在 10% 以下。饱和单轴抗压强度为 30～64MPa，岩性和岩石硬度变化较大。岩石完整性一般来说较好，节理相当发育，平均间距为 3～8cm。埋深在 52～600m 范围，共有 5 个断层，宽度最大约 15m，最小约 5m。

3) TBM 掘进工期

表 7-9 为大伙房引水隧洞 TBM 掘进工期表。

大伙房引水隧洞 TBM 掘进工期表　　表 7-9

TBM 标段划分	TBM 纯掘进长度（m）	掘进工期（月）
掘进机 1	19215.9	49.3
掘进机 2	19814.2	50.7
掘进机 3	18487.5	50.0

4) 一标段及三标段 TBM 简介

TBM 一标段和三标段各采用 1 台美国罗宾斯公司制造的 MB 260 型开敞式 TBM。其主要技术参数见表 7-10。

罗宾斯 MB 260 型开敞式 TBM 主要技术参数　　表 7-10

序号	项　目	参　数	序号	项　目	参　数
1	刀盘直径（新刀）(mm)	8030	12	主机皮带机输送能力(m^3/h)	1104
2	主轴承直径(mm)	5200	13	皮带输送机宽度(mm)	1067
3	滚刀数量（把）	54	14	皮带速度(m/min)	122
4	滚刀直径(in)	19	15	变压器(kV·A)	5000
5	单刀承载能力(kN)	311	16	高压侧电压(kV)	10
6	额定推力(kN)	16794	17	二次侧电压(V)	690
7	最大推力（压力 28.9MPa 时）(kN)	19000	18	液压系统功率(kW)	200
8	刀盘驱动功率(kW)	10×315=3150	19	液压系统额定压力(MPa)	34.5
9	刀盘转速(r/min)	0～6.9	20	除尘能力(m^3/min)	850
10	刀盘扭矩(kN·m)	4340	21	应急发电机(kW)	160
11	推进油缸行程(m)	1.87			

罗宾斯 MB 260 型开敞式 TBM 刀盘由 10 台 315kW 变频电动机驱动,转速可在 0~6.9r/min 的范围内调整,以适应变化的地质条件;主轴承采用三轴式轴承,刀盘上安装有 54 把 19in 滚刀;刀盘后部平台设置圈梁安装机、超前钻机、锚杆钻机、钢网安装机和混凝土喷射装置;此外,控制、数据记录、监测系统、激光导向、供变压系统、通信、排水、除尘以及液压系统、电器系统具备与掘进能力相匹配的功能。

设备桥连接主机和后配套,设备桥上装设混凝土喷射机械手,后配套上由 1 列门架台车和 1 条连续皮带输送机出渣系统组成,在其他后配套台车上安装液压动力站、变压器、变频装置以及通风设备、清水泵及水箱、空压机、混凝土泵、砂浆泵、高压电缆卷筒、应急发电机、消防灭火、工业电视监视、后配套通信、作业人员休息场所和管片运输系统等。

5)二标段 TBM 简介

TBM 二标段位于新宾县疙疤寨—台宝之间。包括从疙疤寨—台宝段的主隧洞和 13 号、14 号、15 号支洞及临建工程。在桩号 66+661.42m 处设置 15 号支洞,为 TBM 进洞支洞;为解决隧洞长距离的出渣、通风等问题,在桩号 50+821.96m、59+400m 处分别设置了 13 号、14 号两个施工支洞;TBM 拆卸将在 TBM 一标段的 12 号支洞与主洞交叉处进行,TBM 拆成散件后从 12 号支洞运出洞外。TBM 施工段开挖断面为圆形,开挖洞径 8.0m。其中Ⅱ类围岩采用锚喷支护作为后期支护,并设 C25 现浇混凝土仰拱,断面内净空为 7.84m;Ⅲa、Ⅲb 类围岩采用 C25 混凝土全圆衬砌作为后期支护,断面内净空为 7.2m;Ⅳ、Ⅴ类围岩采用 C25 钢筋混凝土全圆衬砌作为后期支护,断面内净空为 7.1m。

TBM 二标段由中铁隧道集团使用 1 台德国维尔特公司制造的 TB 803E 型开敞式 TBM(图 7-26)施工。TB 803E 型 TBM 分为主机和后配套两部分,全长约 168m,重约 2000t。其中主机长约 22m,主要有刀盘部分、支撑部分、驱动部分和锚杆钻机、超前钻机、材料转运吊机、钢拱架安装器、清渣系统、激光导向系统设备。后配套上主要为喷浆机械手、输送泵、空压机、除尘风机、通风机、配电柜、变频柜、变压器、发电机、皮带机、通信、瓦斯监测、水系统等。全机装机容量为 4950kV·A,刀盘功率 3360kW(280kW×12),采用 $YJV_{22} 150mm^2 \times 3$,10kV 高压电缆供电,次级电压为 690V 和 400V。掘进指标每行程为 1.8m,刀盘转速 0~7.4r/min 无级调速,液压系统最大压力 31MPa,最大推进力 21000kN,脱困扭矩 7150kN·m;

图 7-26 大伙房引水隧洞二标 TBM 步进

额定转速 6r/min 时,推力 14250kN,扭矩 5083kN·m,掘进速度可达平均 50mm/min。

TB 803E 型 TBM 刀盘开挖直径为 8030mm,由 1 个中心块和 4 个边块组成,面板上共布置有 59 把 17in 滚刀,平均刀间距 75mm,其中中心刀 1 组 6 把、正滚刀 50 把、边刀 3 把,刀具最大承载力为 25t,设置扩孔刀 1 把,所有刀具均为背装式。

支撑系统成前后双 X 形支撑布置,凯氏机架型为掘进提供稳定和准确的导向,掘进过程中不需调整机器方位,以最大程度地减小刀具的磨损。支撑系统 2200mm×400mm 的撑靴可使 TBM 易于通过断层带钢拱架安装段,最大支撑力可达 60MN,工作压力达 34MPa,接地比压小于 4.25MPa,支撑系统设计紧凑,为 TBM 顶部和下面提供较大作业空间。

驱动部分轴承组件非常紧凑,这样可以在刀盘后面离掌子面尽可能近的地方进行支护工作。刀盘旋转采用可靠的无级变频电驱动,在刀盘后沿大齿圈径向布置共 12 台 280kW 变频电机,具有可在通常条件下提供机器最大掘进速度以及有力的低速大扭矩、遇到恶劣地质条件时平稳反转运行等优点。

皮带机出渣系统分为 TBM、正洞、支洞三部分。TBM 部分有主机、后配套两条皮带。主机皮带为 25m×1000mm,带速 0~2.5m/s,输送能力 780m^3/h;后配套皮带为 120m×800mm,带速 0~2.2m/s,输送能力 530m^3/h;正洞与支洞皮带均宽 800mm,带速 0~4.25m/s,输送能力 755t/h,正洞与支洞皮带机均采用变频电机驱动,正洞皮带储存机构一次储存 600m 皮带,可掘进 300m。

6) 二标段施工管理

由于大伙房输水项目工期紧,进度要求高,目前在现场管理上采取以掘进为主、维修保养穿插进行的工作制度。2个掘进班每班12个小时,保养班固定在每天早上8:00进洞,下午16:00下班,在掘进的空闲时间中进行常规例行保养,如润滑、调整、紧固、清洁等工作,如果遇到硫化皮带、批量换刀等长时间停机则进行更换易损件等耗时较长的维修工作,总之以保证纯掘进时间、提高机时利用率为原则。此种管理模式需要维修保养人员具有较高技术水平和丰富实践经验,利用有限的维保时间达到充分的维修保养目标,如果维保工作效率不高容易造成机况恶化,机器完好率和机时利用率都不能达到理想。

在人员编制上,正常围岩情况下,掘进班人员定员15人,主要负责掘进过程中打锚杆、清渣、喷浆、掘进中刀具检查更换、风水管延伸、轨道延伸、照明线延伸等工作;保养班人员定员30人左右,主要负责TBM上各系统的维保、批量换刀、刀具修理、机车运输、皮带维护等工作。在正常工作情况下,一般每掘进300m硫化延续皮带一次,风管延伸三次,高压电缆每400m延伸一次,换刀周期根据刀具测量的磨损量得出,在现场管理上尽量将这些不可避免的停机时间集中在一起来进行,以减少停机时间。

从掘进开挖费用组成上来看,主要由人工费、材料费、机械使用费和间接费四个方面组成,其中人工费、间接费基本上为比较固定的支出,材料费和机械使用费则有主材、辅材、周转料以及配件油料、电费等,随着每月掘进进度不同而变化。

7.5.6 西秦岭隧道

1) 工程概况

新建兰渝铁路西秦岭隧道全长28.236km,在隧道出口DIK415+588～DIK421+239段(第一掘进阶段)及DIK403+590～DIK411+388段(第二掘进阶段)采用ϕ10.2m的TBM施工,隧道断面面积为82m^2,洞口段2113m预备洞和两个掘进段之间4715m的预备洞采用钻爆法施工。工程平面如图7-27所示。

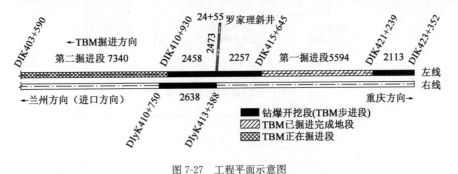

图7-27 工程平面示意图

2) TBM同步衬砌

(1) 同步衬砌难点

① 衬砌台车行走操作过程将穿过正在施工中的连续皮带机、通风管、施工电缆、通信电缆,而这些设施的拆移将影响前方TBM的掘进。

② 供前方掘进所需的仰供预制块、钢支撑、喷混凝土料、运输车辆如何通过衬砌台车及前方防水板作业台架、钢筋作业台架。

③ 如何在施工中采取有效的管理制度,能将台车走行与TBM掘进施工的干扰降到最低程度。

(2) 施工总体方案

因第二掘进段在罗家理斜井出渣,对第一掘进段衬砌影响不大,在第一掘进段后期(3km左右)开始进行同步衬砌,考虑TBM及后配套长度、掌子面初喷及后配套复喷的供风机械放置距离、横通道施工等因素,同步衬砌台车在TBM掘进面后2km左右,同步衬砌台车长16.5m。

因掘进速度快于一个台车混凝土同步衬砌速度,在衬砌每滞后一定距离后增加一个衬砌台车。

为保证在衬砌的同时不影响双线运输,衬砌台车及台架的行走轨道固定在两侧的矮边墙上,风管通过台车及台架时滑行通过;通信、电力线路拆移至衬砌台车内侧地面;皮带输送机采用在台车、台架上用轴承滑道托换,不影响皮带机运转;25m前工作台架进行防水板系统、钢筋绑扎作业;台车采用16.5m整体式液压钢模台车,混凝土由洞外90拌合站集中生产,轨行式混凝土运输车运输,混凝土输送泵泵送入模,插入式振捣器捣固密实,混凝土到达强度后拆模养护。

(3)二次衬砌施工流程

二次衬砌采用整体自行式模板台车,台车长度16.5m,台车前后各布置1个台架。前工作台架用于钢筋绑扎、挂防水板、无纺布、拆风管、拆皮带机支架;后工作台架用于混凝土面修补、挂风管、皮带机支架安装。

若遇Ⅴ级围岩段需进行钢筋混凝土衬砌时,利用前工作台架绑扎钢筋。具体施工工艺流程见图7-28。

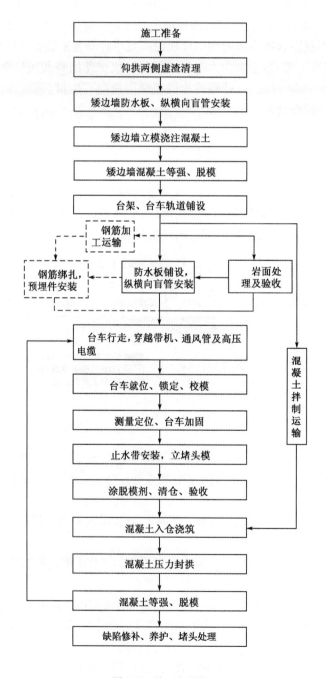

图7-28 施工流程图

(4)施工方法

①矮边墙施作。

衬砌施工前,先施作矮边墙。矮边墙距隧道中心线2.2m,高56cm,矮边墙顶高程即为运营水沟底标高,矮边墙结构示意图详见图7-29。

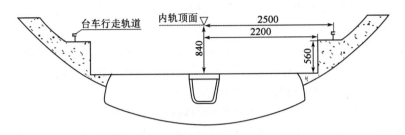

图7-29 矮边墙结构示意图(尺寸单位:mm)

主要工序为:清理仰拱两侧的虚渣→铺设防水板→纵向盲管与仰拱块泄水孔相连→仰拱块两侧用混凝土填平→矮边墙立模→浇筑矮边墙混凝土。

仰拱两侧的虚渣采用人工清理,清理完成后开始安装矮边墙防水板、纵横向盲管,防水板、盲管要预留搭接长度,衬砌时与拱部防水板焊接在一起。防水板、盲管完成后浇筑填充混凝土,混凝土面与仰拱表面平齐。填充混凝土达到强度后,由测量组定出矮边墙准确位置后,立模浇筑混凝土,矮边墙模板采用定型模板,一次性浇筑,混凝土接缝预埋背贴式塑料止水带和中埋式钢边止水带。

②轨道铺设。

矮边墙混凝土达到强度后,在矮边墙基础上铺设台车行走轨道,轨距5m。工作台架、模板台车及修补台架的轨道铺设全部设置在矮边墙基础上,保证隧道内双线运输,浇注混凝土时混凝土输送泵停放在一侧的轨道上,另一侧轨道用于隧道内运输,在台车前后各100m位置处设活动道岔,保证隧道内运输列车错车。

③作业台架穿移行走。

每台台车前后各布置一个工作架,工作台架长25m。台架与台车之间安装伸缩支架,伸缩支架长度25m,整个台车及托架长度为120m左右。

台车定位后,前工作台架挂防水板、拆风管,安装完成一组后,前工作台架向前行走一组模板的长度,边行走边拆除边墙上的皮带机支架,前工作台行走伸缩支架伸长。模板台车脱模后,向前行走一组模板的长度,前伸缩支架缩短,后伸缩支架伸长,模板台车定位后,后工作台架向前移动,边行走边安装皮带机支架、风管。通过伸缩支架的伸缩,拆除、安装皮带机支架将不会影响模板台车的正常工作。

工作架上布置有轴承滑道,以托换皮带输送机原边墙的支撑架,可使在工作架前移时拆下的皮带输送机原边墙的支撑架不受影响的继续使用。拆下的原支撑架要运到后方,在已衬砌地段边墙再安装。如图7-30所示。

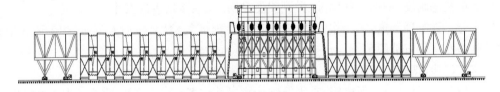

图7-30 台架、台车及托架的整体图

④通风管摘移。

前工作台架向前行走时,拆除固定在拱顶的通风管,通过台车、台架时风管滑行通过,通过台车后的台架重新悬挂风管。

⑤通信、电力线路拆移。

采用人工利用TBM掘进检修时间将原边墙上的通信、电力线路拆移至台车、台架内侧的地面上,用防水防电的绝缘管包裹。

⑥防水系统施工。

防水板、横纵向盲管通过前台架进行挂设。

⑦钢筋制作。

根据设计要求,在Ⅴ级围岩采用C35现浇钢筋混凝土衬砌,钢筋的绑扎采用前作业台架进行,在隧道防水板铺设完成后进行。

⑧台车穿移就位。

a. 台车脱模达到走行条件后,应首先校正台车走行轨道,看其是否顺直,若台车走行轨道偏差过大则连续皮带将会在台车段跑偏严重,衬砌台车实物照片详见图7-31。

b. 台车走行前,先缓慢移动,将台车前端的轴承滑轨托换装置托住正在运行的皮带机,观测是否有间隙,进行微调,然后将就近的正洞皮带机的三角形支架及托辊进行拆除,并倒运至台车尾部,为安装衬砌段皮带机支架作准备。

c. 进行台车走行,并观察皮带机在台车支架托辊上的跑偏情况,若跑偏较严重,则通过轻微调整托皮带滚筒的左右位置进行调偏。与此同时,进行已衬砌段皮带机支架的安装,皮带机支架及托辊的安装与TBM掘进时的安装方法一致。

d. 混凝土生产及浇注、拆模、养护。

混凝土由洞外90拌合站集中生产,洞内输送泵浇注混凝土,混凝土拆模后洒水养护。

图7-31 衬砌台车

⑨台车净空尺寸要求。

当穿越模板台车布置双线时,考虑机车的尺寸,要有足够的空间穿越模板台车,如图7-31所示可设计模板台车的净空尺寸为:高度3.08m,宽度4.4m,机车(包括仰拱块运输车、人车、混凝土罐车等)最高尺寸为2.75m(含钢轨的高度),宽度为1.8m,中心水沟的距离0.4m,两列机车边轨距为2.9m,能够保证两列机车同时穿越模板台车。

(5)质量保证措施

①配备有经验的技术人员、质检人员、管理人员和操作人员;配备足够的施工机械设备,施工设备的规格、数量和性能满足施工生产需要。

②确保特殊工艺、特殊工种作业人员持证上岗。

③建立质量评定制度,定期对施工质量进行评定,及时反馈工程质量信息,把评定结果作为制订项目施工计划的依据之一。

④建立质量奖惩制度,明确奖惩标准,做到奖惩分明,杜绝质量事故发生。

⑤严格执行工程监理制度,实行作业队自检、项目经理部复检,合格后及时通知监理检查签认,隐蔽工程必须经监理签认后方能隐蔽。

⑥严管施工纪律,把好工序质量关,工序不合格不能进行下道工序的施工。

⑦坚持测量三级复核制,确保中线、水平及结构物尺寸位置正确。各测量桩点要认真保护。

⑧所有进场材料必须具有出厂合格证、质量检验报告,经检验合格后方可使用。

(6)安全保证措施

①建立、健全安全生产责任制度,制定各项安全生产规章制度和操作规程,完善安全生产条件,加强安全生产监督管理,杜绝生产安全事故,做到切实保障生命和财产安全。

②加强对职工进行施工安全教育,编印安全保护手册并发给全体职工。工人上岗前应进行安全操作的考试和考核,合格者方准上岗。

③做好爆破器材的领取、运输、储存、保管等工作。

④电设备和电气线路的周围应留有足够的安全通道和工作空间。

3) TBM 配套连续皮带机洞外出渣技术

(1) TBM 施工出渣方法

洞内采用连续皮带出渣系统与 TBM 掘进配套,皮带宽 914mm,设计输送能力 600m³/h。洞内连续皮带运输与有轨矿车运输系统相比,具有以下明显优势:连续皮带为无时间间隔的连续运输,出渣效率较高;连续皮带能源采用电能,对环境无污染,施工环境良好;连续皮带日常极少发生故障,维护保养成本较低,日常管理难度较小。

在兰渝铁路西秦岭隧道 TBM 工程项目的 TBM 第一掘进段施工中,从洞外临时存渣场至弃渣场的平均汽车运距为 5.5km,运距较长,采用 TBM 连续皮带将渣土输送至洞口,通过洞口水平转载皮带输送至临时存渣场的分渣器,再利用自卸汽车转运至弃渣场。

在 TBM 第二掘进段施工中,掘进工作面离隧道出口 10.5km,为减少弃渣运输距离,利用位于第一和第二掘进段之间提前钻爆开挖的罗家理斜井作为隧洞出渣通道,洞内采用 TBM 连续皮带将渣土水平输送至斜井底与正洞三岔口处,后通过斜井内转载皮带将渣土转载至斜井洞口。斜井洞口至山上渣场的坡度较大,展线平均汽车运距为 3.5km,运距较长,在斜井洞口设置大坡度的上山转载皮带,将渣土直接转运至山上渣场,渣场内采用装载机进行短距离的倒运推渣。

(2) TBM 第一阶段掘进洞外出渣方法

TBM 第一阶段掘进长度为 5594m,洞内连续皮带输送长度为 2113~7707m,由于洞口场地狭窄,临时存渣场无法布置,故在洞口设置 130m 的水平转载皮带转至临时存渣场,并通过在皮带末端头设置分渣器,利用分渣器实现对运输车辆的自动装渣。洞口水平转载皮带带宽 1000mm,驱动功率 90kW,输送能力为 1100t/h。分渣器设置 3 个装车口和 1 个溢流口,溢流口的作用是在装车口无车装渣或渣土过剩时,将渣土临时卸在一侧,利用装载机或挖掘机重新装车外运。分渣器的布置形式如图 7-32 所示。

图 7-32 洞外分渣器布置示意图

从分渣器至弃渣场平均运距为 5.5km,运输道路为泥结碎石路面,自卸汽车往返一趟时间为 60min 左右。设备配置如表 7-11 所示。

TBM 第一阶段掘进洞外出渣设备配置表　　　　表 7-11

序号	设备名称	规格	数量	备注
1	分渣器		1	临时存渣场装渣
2	自卸汽车	18m	21	弃渣外运
3	装载机	ZLC50	1	临时存渣场装渣
4	挖掘机		1	临时存渣场装渣

TBM 第一阶段掘进从 2010 年 6 月 25 日开始至 2011 年 5 月 28 日结束,历时 11 个月 3 天,月平均掘进指标 508m,最高月进尺 841.8m,最高日进尺 42.69m;渣土松散系数为 1.4,最大日弃渣量为 4900m³,

日均弃渣量1944m³。每日上午8:00—12:00为设备强制保养时间,TBM停止掘进;12:00—次日8:00为正常掘进时间。受地质条件和设备状态的综合影响,掘进速度一般在0~4m/h之间起伏变化,从而导致了分渣器的不均衡卸渣,最终造成了外运出渣量在0~460m³/h之间大幅变化。通过分析,存在如下问题:

①掘进速度的大幅变化导致了对出渣车辆需求量的剧烈变化。在TBM保养和掘进较慢的时段,大量出渣车辆闲置,在掘进较快的时段,即使全部车辆投入运行,也无法满足分渣器的卸渣需求。

②要满足TBM掘进峰值速度的出渣配置非常困难。当TBM掘进达到峰值速度时,分渣器的卸渣能力较连续皮带运渣能力低,导致部分渣土无法及时通过分渣器自动卸入自卸汽车外运,只能通过分渣器溢流口卸在临时存渣场,但临时存渣场容量有限,无法满足大量存渣。

通过设置分渣器的现场实践,大约有70%渣土可用分渣器自动装车,30%渣土溢流采用装载机装车。经统计,设置分渣器出渣成本指标如表7-12所示。

设置分渣器出渣成本指标　　　　　表7-12

项　目	单价	数量(m³)	金额(元)	备　注
装渣费用	7(元/m³)	137612	963286.8	
汽车运输费用	14.5(元/m³)	458708	6651266	平均运距5.5km
分渣器制造安装	900000(元/台)	1	900000	
合计		458708	8514552.8	
洞外出渣单位成本(元/m³)			18.6	

工程前期,因临时存渣场场地填筑未成型,未设置分渣器,全部利用装载机装渣,实现全天连续出渣。通过实践发现,如果临时存渣场较大,TBM掘进出渣外运所需外运车辆的数量减少,能减少4~5辆车,汽车运输费用单价能降到11.5元/m³,不设分渣器出渣成本指标如表7-13所示。

不设分渣器出渣成本指标　　　　　表7-13

项　目	单价(元/m³)	数量(m³)	金额(元)	备　注
装渣费用	7	458708	3210956	
汽车运渣费用	11.5	458708	5275142	5.5km平均运距
合计			8486098	
洞外出渣单位成本(元/m³)			18.5	

综上分析,通过设置分渣器,大部分渣土采用分渣器自动装渣,减少了移动机械装渣的工作量;并通过设置溢流口,当分渣器卸渣能力不足时进行临时溢渣,以满足总体出渣能力的需要。

分渣器的投入为固定成本,装渣及汽车运渣费用为可变成本,分渣器设置与否出成本盈亏出渣方量平衡点决定。成本盈亏出渣方量平衡点分析如图7-33所示。

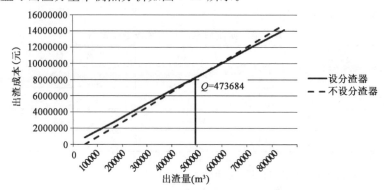

图7-33　成本盈亏出渣方量平衡点分析图

通过盈亏平衡分析,TBM第一阶段掘进,出渣量473684m³为成本盈亏出渣方量平衡点。出渣量大于473684m³时,设置分渣器具有明显经济优势;小于473684m³时,设置分渣器不具备明显的经济优势。如果洞外临时存渣场受地形限制较为狭小时,安装分渣器能有效解决因临时存渣场容量较小制约正常掘进的问题。兰渝铁路西秦岭项目设置分渣器主要是解决临时存渣场的场地狭小问题,实现快速装渣,减少存渣,以满足TBM快速掘进的出渣需要。

(3)TBM第二阶段掘进洞外出渣方法

TBM第二阶段掘进长度为7420m,洞内连续皮带长度为2478~9898m,在罗家理斜井井底通过2455m斜井皮带转载至斜井口,罗家理斜井井口场地狭窄,山高谷深,渣场位于斜井上方的沟谷中,渣场沟口距离斜井口直线距离约300m,中间被一座高约60m的山脊隔断,修建便道非常困难,需要展线3.5km左右才能满足汽车运输要求,很多位置的坡度还要达到7%左右。综合考虑,在斜井口直接安装上山装载皮带,最大仰角21°,水平距离277.5m,高差59.15m,带速2.5m/s,带宽1000mm,200kW变频头部驱动,出渣能力500t/h。通过上山转载皮带直接将出洞渣土接力转载至山上渣场内,在渣场内设置延伸皮带,并配置1台装载机、1台挖掘机和3~4台自卸汽车倒卸渣。洞外上山转载皮带布置如图7-34所示。

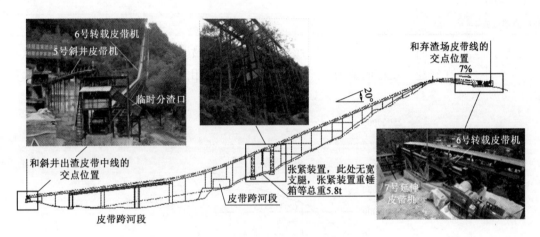

图7-34 洞外上山转载皮带布置示意图

自卸汽车在渣场的最大倒运距离在1.8km以内,综合坡度为6%~8%。设备配置如表7-14所示。

第二阶段洞外出渣设备配置表　　表7-14

序号	设备名称	规格	数量	备注
1	上山转载皮带	200kW	1	自洞口向渣场转载渣土
2	延伸皮带	90kW	1	渣场内延伸输送渣土
3	自卸汽车	18m³	4	渣土倒运
4	装载机	ZLC50	1	渣场装渣
5	挖掘机		1	渣场装渣

第二阶段掘进从2011年8月28日开始,截至2012年5月31日累计掘进4000m,累计9个月3天,平均月进尺444m,最高月进尺569m,最高日进尺33.48m。仍然执行第一阶段TBM设备的强制保养制度,出渣速度大幅变化。

通过工程实践,设置上山转载皮带和延伸皮带,把洞口至渣场的平均汽车运距3.5km,减小至弃渣场内倒运平均汽车运距在0.9km左右,对运输车辆的数量需求大幅降低。

通过设置上山转载皮带,在渣场内采用移动机械短距离倒渣,其出渣成本指标如表7-15所示。

如果第二阶段在弃渣场内设置分渣器,同样会大幅提高对运输车辆数量的需求,同时渣场的延伸皮带在弃渣过程中受分渣器的限制不能随弃渣的堆积进行适当的前移,技术上可操作性差,因此该方案不设置分渣器。

设置上山转载皮带出渣成本指标表　　　　表 7-15

项　目	单　价	数量(m³)	金额(元)	备　注
装渣费用	7(元/m³)	608440	4259080	
汽车倒运费	4.3(元/m³)	608440	2616292	配置 4 台车
皮带安装费用	3206000(元)	1	3206000	考虑 30% 的残值
电费	0.75(元/°)	1879200	1409400	每天运行 15h,工期 18 个月
合计			11490772	
单位出渣成本(元/m³)			18.89	

如果不采用上山转载皮带,直接在洞口采用汽车外运至渣场,其出渣成本指标如表 7-16 所示。

不设置上山转载皮带出渣成本指标表　　　　表 7-16

项　目	单　价	数量(m³)	金额(元)	备　注
装渣费用	7(元/m³)	608440	4259080	
汽车运输费用	14.5(元/m³)	608440	8822380	坡度较大
合计			13081460	
洞外出渣单位成本(元/m³)			21.5	

设置上山转载皮带和直接汽车外运两种方案对比,设置上山转载皮带存在皮带机一次投入的固定费用,直接汽车外运存在修建长便道的费用,在不考虑便道修建费用的情况下,成本盈亏出渣方量平衡点分析如图 7-35 所示。

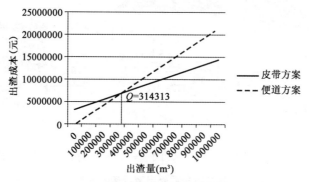

图 7-35　出渣方量成本盈亏平衡点分析图

通过盈亏平衡分析,TBM 第二阶段掘进,出渣量 314313m³ 为成本盈亏出渣方量平衡点。出渣量大于 314313m³ 时,设置上山转载皮带具有明显经济优势;小于 314313m³ 时,不宜设置上山转载皮带。如果上山转载皮带不能直接到达渣场,还需要远运 4~5km,宜选择洞口上山转载皮带+临时存渣场设置分渣器+自卸汽车外运的方案。

(4)小结

在隧道地质条件较好、TBM 有长时间连续快速掘进的条件下,针对大流量出渣,洞内采用连续皮带出渣可促进 TBM 快速掘进的功效得以充分发挥,但如果洞外配套装运渣系统能力不足则会极大地限制 TBM 的快速掘进生产能力,而且不同的洞外配套装运渣方案会产生极大的经济效果差异。实际施工中必须根据现场的交通条件、地形条件、运输距离等情况,从运输方式(皮带或汽车)、临时存渣场容量、装渣方式(机械装载或分渣器)、弃渣量等方面进行综合考虑,通过出渣成本盈亏平衡分析,选择可行适用、合理经济的洞外装运渣方法。

4)TBM 主轴承密封损坏故障与处理

(1)问题现象与描述

2011 年 10 月—2012 年 3 月期间,主驱动润滑系统经常出问题,具体表现为:

①轮润滑压力、主轴承润滑压力、小齿轮前端轴承润滑压力、小齿轮后端轴承润滑压力、润滑回油压

力和润滑回油过滤压力都经常出现偏高现象,表现为对应的滤芯显红即PLC报警,有时甚至在刚更换完新的润滑油不久后即如此。

②调节小齿轮润滑油压力、主轴承润滑油压力、小齿轮前端轴承润滑油压力和小齿轮后端轴承润滑油压力的溢流阀经常失灵,在清洗完溢流阀阀芯后就恢复正常。

③磁滤芯里发现过泥沙,此外从驱动小齿轮备用窗口检查大齿圈时也发现过泥沙,如图7-36所示。

(2)原因分析

主驱动润滑系统经常出问题的主要原因是:

如图7-37所示,很可能是内密封磨损了,掌子面灰尘杂物从内密封处进入到大齿圈腔室。

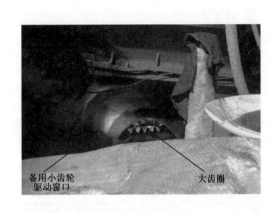

图7-36 拆解过程

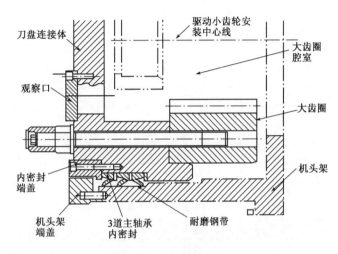

图7-37 主轴承密封图纸

大齿圈腔室里进入灰尘等脏物后,使流经大齿圈腔室的润滑油受污染,污染后的润滑油回油箱后再进入润滑工作系统,润滑油中的脏物颗粒会堵塞阀芯和滤芯,从而出现故障。

2012年2月18日,拆内密封端盖和机头架端盖后,取出内密封发现有磨损,密封腔内有泥沙,与内密封接触的耐磨合金钢带也被磨损了,证明之前的分析是正确的。

由于耐磨合金钢带需从美国发货,大约需要一个月时间,在用机油清洗完内密封腔后,暂时把原来的内密封装上,继续掘进,待耐磨合金钢带回来后再装新的内密封及耐磨合金钢带。

2012年3月25日至3月27日,用三天时间完成新的内密封及耐磨合金钢带的更换安装。

(3)主轴承内密封及耐磨带更换准备工作及步骤

根据现场观测,可将渣斗前部第一段割除,将耐磨带通过即可,具体更换方案如下:

①确保在良好的地质条件下停机,将刀盘推至掌子面上防止其旋转,并确保刀盘制动正常。

②清理主机皮带和刀盘及渣斗的渣土,用清水冲洗干净。

③在渣斗顶部焊接两个吊耳,用两个3t的手拉葫芦吊住渣斗前部,将渣斗前部吊起,做好防护,两侧同时割除渣斗。

④拆除内密封及耐磨带:在周边焊接盘条,拆除原来的密封、挡圈、耐磨带。清理内密封的污浊灰尘。在内密封四周用毛刷刷少许润滑油。

⑤在主轴承内侧焊接 $\phi 12 \times 110$ mm 的盘条,每隔300mm焊接一根,将耐磨带悬挂在上面,上下左右四处开始均匀加热。检测加热温度达到150～200℃时,开始安装新耐磨带,在推之前所有人员必须佩戴电焊手套,四周同时用力推,若部分未到位,可使用木条用铁锤冲击,将其固定到位。

⑥耐磨带冷却后安装新密封,确定内密封正反面第一道和第二、三道方向相反,将压圈螺栓紧固,每个螺栓拧紧扭矩为180N·m。

⑦焊接渣斗将割除的渣斗用葫芦吊至原来的位置,用150工字钢焊接定位撑,保证两块渣斗焊接时准确定位。

⑧收回刀盘内所有工具,更换主轴承内润滑油。

(4)工具及人员配置

工具配置见表7-17。

工 具 配 置 表　　　　　　　　　　　　　　　表7-17

序号	名称	规格型号	单位	数量	备注
1	电焊手套		双	8	
2	一字螺丝刀	350mm	个	2	
3	螺纹胶		瓶	2	
4	玻璃胶		瓶	2	
5	烤枪		把	4	
6	锄子	250mm	把	2	
7	棉布		袋	1	
8	木条	300mm×40mm×20mm	根	4	
9	内六角	$\phi 12$	把	2	
10	扭矩扳手	350或500	把	1	
11	盘条	$\phi 12 \times 110$mm	根	40	
12	电焊机		台	2	
13	氧气		瓶	6	
14	乙炔		瓶	6	
15	烤枪		把	4	
16	煤气		瓶	4	配4套管子
17	板刷		把	2	
18	手拉葫芦	3T	个	2	

人员配置见表7-18。

人 员 配 置 表　　　　　　　　　　　　　　　表7-18

序号	名称	姓名	单位	数量	备注
1	电焊工		人	4	
2	协作人员		人	8	
3	值班技术干部		人	2	
4	TBM操作司机		人	2	
5	现场负责人		人	2	
合计				18	每班9人

(5)更换过程中注意事项

①耐磨带加热时要移动烤枪,使耐磨带受热均匀。加热时特别注意周围环境,防止相互干扰引燃其他设备,并在现场配备灭火器6个。

②为避免焊接电流对主轴承的影响,要求焊接搭铁线必须在渣斗上。为保障焊接质量,要求焊接位置需加热后方可进行焊接。

7.5.7 中天山隧道

中天山隧道是南疆铁路吐库二线控制性工程,隧道全长22.467km,隧道最大埋深1728m,存在高地应力、突泥、岩爆和隧道涌水等不良地质,地质条件十分复杂,隧道采用开敞式TBM及钻爆法施工。

1)TBM主轴承大齿圈修复技术

(1)问题现象和描述

中天山隧道TB 880E型TBM在施工过程中发现6号小齿轮有漏油现象,后又出现了主轴承异响。停机拆检,发现6号、7号小齿轮前后两端轴承已经散架,滚柱已经脱落,小部分粉碎。有部分滚柱掉入了小齿轮与大齿圈之间,导致小齿轮、大齿圈出现了异常损坏,部分齿损坏严重。

①损坏严重的齿圈见图 7-38～图 7-42。

图 7-38　严重损坏的齿圈(1)

图 7-39　严重损坏的齿圈(2)

图 7-40　严重损坏的齿圈(3)

图 7-41　严重损坏的齿圈(4)

②损坏较轻的部分齿见图 7-43～图 7-45。

图 7-42　严重损坏的齿圈(5)

图 7-43　损坏较轻的齿(1)

图 7-44　损坏较轻的齿(2)

图 7-45　损坏较轻的齿(3)

(2)大齿圈齿的材质分析及各种技术参数

①维尔特公司给出的大齿圈的材质为42CrMo$_4$。

经查,该材质强度、淬透性高,韧性好,淬火时变形小,高温时有高的蠕变强度和持久强度。用于制造强度更高和调质截面更大的锻件,如机车牵引用的大齿轮、增压器传动齿轮、后轴、受荷载极大的连杆及弹簧夹等,化学成分如下:

    碳 C:0.38~0.45。
    硅 Si:0.17~0.37。
    锰 Mn:0.50~0.80。
    硫 S:允许残余含量≤0.035。
    磷 P:允许残余含量≤0.035。
    铬 Cr:0.90~1.20。
    镍 Ni:允许残余含量≤0.030。
    铜 Cu:允许残余含量≤0.030。
    钼 Mo:0.15~0.25。

②洛阳轴承厂和燕山大学都对 TB 880E 主轴承的材质进行了分析,证明其金属元素的含量和42CrMo$_4$ 吻合。

③大齿圈的齿表面硬度为 HRC45~HRC50,小齿轮齿的表面硬度为 HRC61~HRC62,损坏齿的芯部硬度为 HRC30~HRC31。

④大齿圈的齿数为174,小齿轮的齿数为14,由大齿圈的尺寸计算出齿的模数为22。

(3)修复大齿圈的难点

①大齿圈损坏齿修复工艺(堆焊法、激光熔敷或者镶齿等)的选取,经过分析论证,从现场修复条件来分析,只能采用堆焊法。

②42CrMo$_4$ 是中碳调质高强钢,可焊性较差,容易在焊层金属中引起热裂纹。

③大齿圈修复后的精度如何保证,受现场条件限制,只能用人工打磨来实现,需要加工和大齿圈齿轮廓一样的模具。

④大齿圈修复过程中作业空间受限,尽量从传动轴端的两个圆孔作业;如无法作业,则必须在结构件上割孔进行作业。

⑤作业人员必须趴着作业,头伸入所开的孔,肩膀挤在孔的中间,作业一会就必须换人进行作业。

⑥大齿圈两端有密封,焊接温度不能过高,必须对密封进行保护。

⑦损坏的齿裂纹较深,打磨工作量大,一边打磨一边探伤,比较费时。

⑧焊接一层后,需进行打磨后探伤,工作量较大。

(4)修复大齿圈工艺的选择分析及实验

①郑州精工表面科技有限公司到现场对 2 号、5 号小齿轮崩掉处进行了试焊接修复,采用了两种方法。

a. 直流焊机堆焊修复:

采用的焊条型号为堆212,铬钼型堆焊电焊条,分别对三个齿崩掉处进行了焊接:第一个齿连续快速焊接,焊完后,进行打磨,发现焊接有裂纹;第二个齿每焊一道,进行清理焊渣,敲击消除应力,发现也有裂纹;第三个齿进行消除应力焊接,表面硬度达到 HRC50。

b. 仿激光焊机进行堆焊修复:

仿激光焊机焊接表面发热量较少,焊接没有裂纹,但表面硬度为 HRC28~HRC29,和小齿轮芯部的硬度 HRC30、HRC31 差不多。

WS 系列仿激光焊机(图 7-46)功能介绍:

电弧放电:蓄积于电容器里的直流电以 10^{-2}~10^{-1}s 的周期,以 10^{-4}~10^{-3}s 的超短时放电熔融。

电极的加热与熔化：电极材料与焊材的接触部位，温度可达到 2800℃ 冶金熔合；焊材经过等离子化，以冶金方式熔合到工件表面扩散层形成向工件表面向下层扩散、渗透，实现高强度附着。

两大特征：

特征 1：低热输入，通过脉冲超短时放电，实现了前所未有的低热输入堆焊层。

特征 2：高强度附着，由于形成了强固的扩散层，加工后不会发生剥落，实现了具有高强度附着力的堆焊层。

图 7-46　WS 系列仿激光焊机

WS 系列仿激光焊机功能设置：脉冲点焊；连续脉冲焊。

a）极高的焊补精度。

由于焊机输出电流、时间都得到精确控制，电流（2～200A）、时间（1～500ms）范围内可任意调节，2A 小电流也可以稳定运行，因此即使 0.1mm、0.2mm 的焊丝也可得到完美的焊接，达到激光焊机的焊补精度。

b）极小的焊补冲击。

由于专利技术的采用，焊机的起弧电流、时间都比通用的氩焊降低数倍，克服了焊补过程中对工作的冲击，即使是对没有加工余量的工作的加工也可进行修补。

c）极小的热影响。

由于焊补电流、时间得到精确的控制，因而输入的能量可得到精确的控制，确保输入的能量仅够用于焊丝与工件之间的熔合。不会有过多的能量作用于工件，达到理想的修补效果。

d）极高的结合度。

该机焊接时，焊材与工件达到冶金熔合。焊后的结合度极高。可适用各种加工方式，不会出现其他类冷焊机焊后结合度不牢固、脱落等现象。

e）适用于不同部位的焊补。

适用的焊补包括：平面部位的凹陷、孔、洞的焊补；细缝、沟槽；棱角、棱线、尖峰部位；沙眼及普通氩弧焊后周边的凹陷；补焊放电加工、渗氮及软氮化处理后的模具。

适用范围：不锈钢制造、模具行业、铸造行业、各种工件零配件修理及各种精密焊接。

② 唐山鑫川公司对小齿轮进行试焊接修复，采用的方法为直流焊机堆焊修复，采用的焊条为两种他们自行研制的焊条。从试焊的效果来看，表面有一定的鸡爪纹等缺陷，表面硬度为 HRC32～HRC35。

③ 郑州精工采用仿激光焊接方式可以达到没有裂纹、硬度较高的效果。焊材为德国进口的 Thyssen 品牌的三种焊丝，打底采用 TIG-SKD888，结合好、抗拉力强，过渡层采用 TIG-SKD61，表面层采用 TIG-SKD61，硬度较高，相当于淬火层。经试焊后，没有裂纹，表面硬度能达到 HRC50 左右。

(5) 大齿圈的修复方案

① 准备修复用的材料：氩气、直流焊机、仿激光焊机、角磨机、砂轮机、通风机、棉布、毛巾、探伤剂等。

② 选择齿轮修复的专业厂家：根据小齿轮损坏齿的现场试焊接修复，择优选择郑州精工为此次主轴承整修的专业厂家，实行三班倒，激光焊工至少保证三名，有专业打磨修齿和轴承座修复人员。

③ 工区成立技术、后勤保障、生产协调三个组，并安排值班工程师跟班值班。

④ 小齿轮修复及安装四个驱动刀盘的小齿轮：

a. 安装 2 号、8 号小齿轮，更换新的轴承、密封（8 号弧形损坏需更换），再安装对应的联轴器、传动轴、变速箱和主电机。

b. 清理刀盘积渣，防止刀盘被卡。

c. 先修复4号、5号小齿轮，倒进去安装，更换新的轴承、密封，再安装对应的传动轴、变速箱和主电机。

d. 再修复1号、2号、3号、7号、8号小齿轮的齿，进行裂纹探伤处理。将6号、7号小齿轮的轴堆焊，再委外加工。

e. 拆除刀盘固定物。

f. 试转刀盘，如还转不动则排查原因。

g. 点动刀盘的过程中仔细清理里面的大铁块。

⑤大齿圈的修复：

a. 在1号、7号小齿轮孔处按修复齿轮厂家的要求搭作业台架。1号为齿形打磨修复的作业孔，7号为齿的焊接修复作业孔。

b. 在1号、7号小齿轮箱内部安装修复作业的照明灯。修复厂家按完好齿的齿形加工好模具。

c. 将大齿圈损坏严重的齿转到7号小齿轮孔处。

d. 准备湿的棉布或毛巾放在作业部位的下面，防止铁屑掉入主轴承内部。

e. 将损坏的齿进行打磨，打磨出来的面必须圆滑过渡，不能有直角。

f. 用氧气乙炔扫除表面油污。

g. 用丙酮清洗齿的修复面。

h. 齿的修复焊接采用激光焊的方式，三种焊材进行焊接处理，用专用的打底层激光焊条进行打底，再进行齿芯部的焊接，最后才进行表面较硬层的焊接。

i. 焊好后的齿进行齿打磨整形。

j. 将修复的齿打好清晰的标识，并做好记录。

⑥修复后的安装及试运转：

a. 组织人员对主轴承内部铁屑清理情况进行检查，对修复质量进行彻底的检验。

b. 恢复1号、3号、6号主驱动。将7号小齿轮孔封好。

c. 加齿轮油进行清洗。

d. 加注齿轮油。

e. 进行试运转，观察是否有异常状况。

f. 恢复掘进状态。

⑦大齿圈修复后的状况监控措施：

a. 及时观察传动轴漏油情况，如有漏油情况发生及时将小齿轮拉出来，检查小齿轮轴承情况。

b. 及时观察离合器损坏情况，如一周之内连续两次更换离合器，则应检查这个离合器对应的小齿轮轴承。

c. 加大主电机和变速箱的振动监测频率，一有异常，及时反映情况，并进行分析。

d. 齿轮油润滑油路畅通情况一周内检查1~2次。

e. 对于损坏严重的大齿圈齿，按照修复后做好的记号，定期进行这几个齿的探伤检查。

f. 定出两个责任人进行主轴承大齿圈状态监控，保养班和设物部各定一个人，但将监控的各个项目做一个检查表，由这两个人进行填写。

g. 4~5个月主动更换一次小齿轮轴承。

(6) 大齿圈修复的实施过程

①对没有备用件的负变位小齿轮轴3号、4号、5号进行了恢复。将6号磨损的光轴进行了堆焊，委外进行加工修复，齿轮修复情况见图7-47。

②焊接作业部位进行开孔，修复情况见图7-48、图7-49。

③对损坏严重的齿进行打磨、探伤，见图7-50。

④对打磨后的齿进行了堆焊、打磨、探伤，见图7-51。

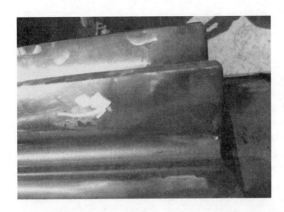

图 7-47 齿轮修复情况

图 7-48 大齿圈焊接作业部位进行开孔

图 7-49 71号小齿轮上方的开孔图

图 7-50 对齿轮打磨探伤图

图 7-51 对齿轮修复图

⑤对损坏严重的7个齿堆焊粗磨后,进行精磨。

⑥还有162个齿有少量的损伤,进行了裂纹去除。齿的啮合长度达到原齿长(280mm)的80%就可以正常使用,不需要进行焊接修复。

(7)大齿圈修复后的验收及状况检查

进行了齿的啮合检查,对有压痕的部分进行打磨,使齿有大部分能啮合。TB 880E 主轴承验收记录见表 7-19。

修复后,在掘进30m的时候,对修复的齿进行了探伤,未发现裂纹,修理质量较好,以后使用正常。

(8)经验总结和教训

目前国内对齿轮的修复虽有一定的经验,但对于隧道掘进机这种大型设备主要部位的齿轮修复还是第一次实施;且主驱动的结构复杂,洞内维修受空间和位置的限制,维修难度极大;修复后还要承受大扭矩、大推力的工作工况,维修风险极高。但如果更换新主轴承,只有通过打迂回导洞到掌子面刀盘前方方能更换,至少要半年时间,工期风险极大。

TB 880E 主轴承验收记录　　　　　表 7-19

检验内容	1. 大齿圈修复情况； 2. 小齿轮修复情况； 3. 主轴承内杂质清理情况； 4.6 号轴承座修复
检验结果	1. 大齿圈共修复 169 个齿，其中较为严重的断齿 7 个，其余 162 个为端头细小裂纹，经过处理，已经全部修复完毕；经探伤检测，无裂纹，检测硬度为 HRC49～HRC52，符合预期标准，合格； 2. 上部小齿轮四个（3 号、4 号、5 号、6 号），有断齿，已经全部修复完毕；经探伤，无裂纹，合格； 3. 主轴承内因小齿轮轴承损坏，落入滚道，破碎，经过多次的清理以及清洗，隔仓内使用摄像头观测，目前看不到铁屑等杂质； 4.6 号轴承座有轻微变形，现在经涂抹胶填充后，已经恢复使用
维修人员	郑州精工表面科技有限公司有关人员

从目前掘进过程中进行检查的情况来看，经堆焊修复的 7 个齿没有裂纹和变形的产生，修复质量较好，设备状况得到恢复，为中天山隧道施工任务能顺利完成打下了良好的基础。

2）TBM 主轴承和刀盘整修

（1）问题现象和描述

图 7-52　刀盘面板磨穿

从 2010 年 11 月开始，TBM 主轴承和刀盘陆续出现故障，不修复就难以再继续进行掘进。

2010 年 11 月 30 日，在地质条件允许情况下，项目上决定停机对 TBM 主轴承和刀盘进行整修，并于 12 月 28 日整修完成。

（2）整修的原因

① 刀盘和刀具磨损严重，出现大量裂纹。

a. 刀盘正面面板磨损严重，部分被磨穿，以前补焊的钢板脱落、变形，已经发现两个 400mm×400mm 的孔洞。其他上次补焊的 150mm×150mm 的小块钢板已有 1/3 磨损脱落。刀盘面板磨穿见图 7-52。

b. 刀孔裂纹总长约为 6610mm，分布图如图 7-53 所示。

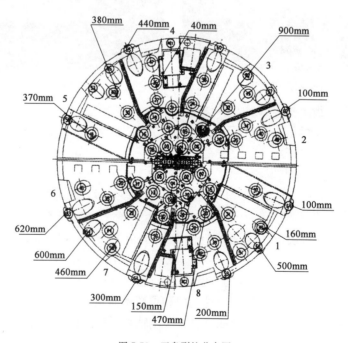

图 7-53　刀盘裂纹分布图

具体的裂纹长度为:1号横向100mm、10号纵向150mm、12号横向180mm、14号横向900mm、15号横向350mm纵向120mm、16号纵向140mm、17号横向270mm、25号装刀孔磨穿直径40mm和20mm两个孔、36号横向40mm、37号横向60mm、41号横向370mm、42号纵向70mm、43号横向380mm、49号横向60mm纵向100mm、50号横向460mm、54号横向300mm+300mm、56号横向500mm、59号横向200mm、61号横向200mm纵向100mm、62号横向100mm、63号纵向130mm+50mm横向110mm+290mm+40mm、64号横向100mm、65号横向440mm、中心刀架子320mm。

c.隔仓内裂纹大部分为以前没有焊接过的新裂纹,70%在隔仓的底部。总长约为:7160mm。

1号仓隔板裂纹700mm、2号刮板座损坏严重。

2号仓隔板裂纹400mm。

3号仓57号刀旁边隔板裂纹400mm隔板底部700mm,60号刀旁边隔板裂纹600mm隔板底部900mm。

4号仓隔板裂纹300mm,底部隔板裂纹700mm、4号刮板座裂纹100mm,隔板顶部断裂。

5号仓底部隔板裂纹800mm。

6号仓46号刀旁边隔板裂纹280mm,63号刀旁边隔板裂纹300mm底部隔板裂纹120mm、4号刮板座裂纹200mm。

7号仓54号刀旁边隔板裂纹500mm,61号刀旁边隔板裂纹160mm、4号刮板座70mm。

8号仓底部隔板裂纹300mm。

d.八块(1号、2号、3号)刮板座磨损严重,见图7-54,大部分基本报废不能继续使用。

e.渣斗左侧弧形板局部被磨穿,需重新加焊钢板。

f.部分正滚刀刀座磨损,磨损严重的主要集中在50~65号刀座。

g.高刀位刀桶磨损严重,见图7-55。

图7-54 刀盘刮板磨损

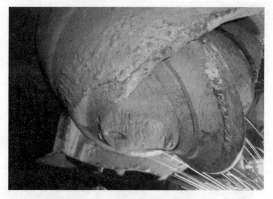

图7-55 刀盘高刀位刀桶磨损

②主轴承工作状况极差。

主轴承自2010年6月整修后,效果不理想,齿轮油机械杂质和水分经常超标,九月以后一周左右就得更换一次齿轮油。在十一月时,齿轮油漏油现象相当严重,有时一天就漏一桶齿轮油,由于地质条件不允许,一直没有进行整修。

a.换油时从油箱底部及观察孔掏出部分铁铜屑。

主轴承齿轮油里有滚珠掉下来的铁块,保持架掉下来的铜屑,滚道也开始有较大的铁块剥落,情况比较严重。

b.出脂情况。

外密封出脂情况较好,内密封改用F4油道来加注HBW油脂,但目前F3油道注不进油脂,HBW油脂进入了主轴承齿轮油里,说明原来的支撑环上的耐磨钢带已移位。

内密封的迷宫环内侧压板大部分固定螺栓M16×35-10.9损坏,导致间隙较大。目前采用更换部分螺栓和焊接的方式固定迷宫环。

主轴承与刀盘联结面检查发现间隙较大，紧固刀盘螺栓时发现螺栓孔存在水和粉尘，说明防尘圈有可能松动或损坏，主驱动结构图见图 7-56。

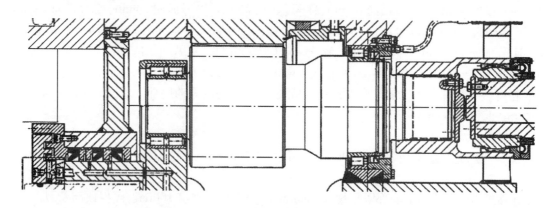

图 7-56　主驱动结构图

③主轴承存在的主要问题：

a. 刀盘法兰面与主轴承结合不紧密，存在较大的变形，从而导致刀盘螺栓经常松动，掘进过程会对主轴承造成冲击，加速主轴承的损坏。

b. 主轴承间隙较大。在 2009 年 1 月的唇形密封更换期间，WIRTH 外方技术人员在现场测绘，发现小齿轮轴承滚珠有磨损痕迹，且大齿圈下沉 2～3mm。

c. 主轴承滚珠和滚道损坏，滚珠掉块，滚道软带肯定已经损坏，经反复碾压后，滚道损坏会越来越严重。

d. 内密封支撑环的耐磨钢带已损坏，导致唇形密封损坏，起不到密封的作用，粉尘、HBW 油脂和水不断地进入主轴承齿轮油。

e. 图号 24 的螺栓松动及断裂，导致迷宫压板与隔板的间隙较大，粉尘和水会进入系统。

f. 刀盘法兰盘与主轴承连接面间隙大，导致粉尘和水可能通过防尘圈位置进入齿轮油润滑系统。

(3) 主轴承整修过程

①刀盘固定及与主机分离。

刀盘退后 1.5m，刀盘前面六个点加焊双排的 120 工字钢抵住掌子面，刀盘下部加钢板垫好，上部打锚杆固定，见图 7-57。

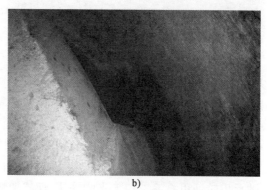

a)　　　　　　　　　　　　　　　b)

图 7-57　刀盘固定

松刀盘连接螺栓、渣斗螺栓，将渣斗固定在刀盘上，用 50t 千斤顶辅助脱离主机与刀盘，主机退后 1.2m。

②主轴承拆检情况。

外圈出脂情况较好，防尘密封效果较好，但刀盘与主轴承联结面结合不紧密，连接面有铁锈，刀盘连接螺栓孔里有水和粉尘，齿轮油有明显漏出现象。内密封状况非常差，内迷宫进入了大量的粉尘，没有油脂积存在里面，迷宫压板磨损非常严重。

内密封支撑环的耐磨钢带已经脱落，断成了很多截，造成内密封唇形密封损坏严重。

拆除防尘密封压板后，内密封支撑环基面磨损严重，耐磨钢带拆除后还有很深的凹槽。

4号主轴承小齿轮轴承损坏。

③主轴承修复。

用可塑钢修补剂内密封支撑环基面，等强，打磨，收缩后再补涂可塑钢修补剂。

磨好后，由于注胶孔在支撑环内圈，将支撑环吊出。

清洁后，涂黏结剂，用专用夹具、两台打包机固定耐磨钢带，打包机打紧并用橡胶锤敲紧，等强，焊接接头，注胶，加堵头，装支撑环。

外密封拆检情况良好，又将原唇形密封装上，将内密封唇形密封安装到位。

因内密封的迷宫压板损坏严重，内密封的迷宫内压板的固定螺栓孔变形，增加了一些螺栓孔，将原来的M16变成了M18的螺栓。

对内密封的迷宫压板进行了修复，但由于变形量没控制好，装完密封后安装不上去，后又继续进行校正，比原计划多出两天的时间才安装上去。

④主轴承整修期间，进行刀盘面板焊接工作。

主要是在面板上加焊40mm厚的钢板，由于刀盘未与主轴承连接，为避免刀盘连接法兰变形，没有进行隔仓焊修工作。由于两个工作面干涉及排烟困难等的原因，也没有开展滚刀基座的修复。主轴承整修完成后刀盘面板加焊钢板，加固工作基本完成，见图7-58。

（4）刀盘的整修

①拆除主轴承作业台架，对接刀盘，拆除固定刀盘的装置和刀盘作业台架，装新边刀，往前掘进1m。

②刀盘退后打炮眼放三个洞室，以便于刀盘刮板座以及高刀号刀桶等的整修，打眼放炮清渣时间较长。

③再将刀盘抵住掌子面，利用新边刀掘出来的岩壁进行刮板座定位。

④定好位后，刀盘退后，进行刮板座、刀桶、刀桶护圈和滚刀座的整修，见图7-59。

图7-58　刀盘面板焊接工作

图7-59　刀桶护圈和滚刀座的整修

（5）整修达到的效果及经验教训

①主轴承密封整修的效果比较理想。

更换了新的内密封唇形密封，支撑环耐磨钢带恢复了中天山进场时的初始状态。

迷宫环进行了焊接修复，控制间隙较小，出脂效果较好。防尘密封压板没有松动，进入粉尘的可能性比较小。

②主轴承主推滚道的状况不理想，从观察口用内窥镜检查，淬火层剥落现象严重。

③刀盘整修的时间较长，但给TBM顺利掘进创造了条件。

a. 对刀盘进行了焊接修复，使刀盘的结构强度得到了恢复。

b. 对刀盘的刮板座进行了修复，使高刀位刀具的损坏频率大为降低。

c. 对刀盘的刀桶、滚刀座和刀桶护圈进行了恢复,使刀具不会异常损坏。

d. 对刀盘喷水进行了恢复,使刀盘前部的温度不会升太快。

e. 对刀盘的隔仓和渣斗进行修复,使刀盘强度得到保证,也使石渣不会溅入1号皮带滚筒处,导致一号皮带异常损坏。

④对内密封迷宫的修复难度估计不足,导致耽误的时间较长。

⑤主轴承与刀盘同时整修,好多工序有干涉,排烟效果较差,导致工序安排方面未达到理想状况。

⑥对刀盘状况的严重性把握不足,如滚刀基座与刀桶的修复困难程度考虑不周,这也是导致这次整修时间过长的影响因素。

⑦将高刀位的刀具全部换下来当过渡刀,拆刀装刀的时间较长,这也是影响施工效率的因素之一。

7.5.8 重庆轨道交通6号线

1)工程概况

重庆轨道交通6号线经过的地层主要为砂岩、泥岩、砂岩夹泥岩及灰岩地层等,岩质较硬,在国内城市轨道交通隧道施工中首次采用TBM施工。

重庆轨道交通6号线一期TBM试验段为五里店—山羊沟水库敞开段,途经红土地、黄泥塝、红旗河沟、花卉园、大龙山、冉家坝、光电园共七个车站,起讫里程为CK17+438～K29+128(图7-60),全长12.122km。试验段隧道采用两台开敞式TBM施工,各施工一条隧道,每台TBM施工累计长度8.261km。

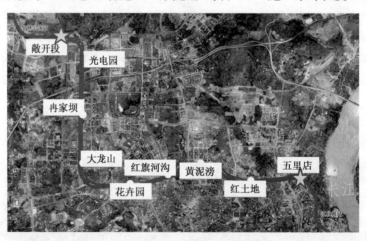

图7-60 工程地理位置图

本标段地质主要为Ⅳ级围岩,占99.4%。隧道主要穿越砂岩和泥质砂岩两种岩性地质,砂岩4.6%,其中砂质泥岩和泥岩占88%,砂质泥质和泥岩岩石饱和抗压强度为12.6～17.2MPa,砂岩饱和抗压强度为29.9～36.7MPa,岩性为遇水软化、结泥,泥质砂岩的岩性对TBM的掘进速度影响很大。

2)TBM快速掘进影响因素分析

(1)掌子面含泥量大,刀盘结泥

开敞式TBM在泥岩、砂质泥岩和泥质砂岩段掘进过程中,受刀盘喷水、地下水影响,泥岩软化,糊刀盘、堵塞刀孔、溜渣斗、内凯,造成掘进扭矩增大,出渣困难、1号(内凯)皮带机无法正常启动,单机电流超限。迫不得已停机清渣,其中最长一次停机36h清理刀盘(图7-61、图7-62)。

(2)围岩完整性差,易掉块

泥岩及泥质砂岩地段围岩多较破碎,整体性不好,易掉块。TBM在黄红区间掘进时塌腔最深达4m,遇掉块不得不停机支护并清理渣块,严重影响了掘进进度(图7-63、图7-64)。

3)开敞式TBM在泥岩中掘进的保证措施

TBM在泥岩段掘进,由于围岩岩性的特殊性,若按照正常掘进的参数来进行控制,将给掘进带来困难,在掘进过程中主要需要解决防止泥岩遇水软化结泥、掘进参数控制及洞内施工环境控制三个方面的问题。解决好这三个问题,就能有效保证 TBM 连续快速通过泥岩段,达到高效快速生产的目的。

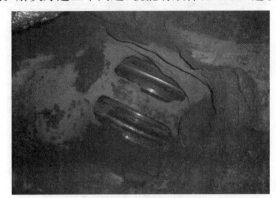

图 7-61　刀孔被堵塞严重

图 7-62　清理严重阻塞的刀孔

图 7-63　塌腔掉块严重

图 7-64　停机加强支护处理

(1) 防止泥岩遇水软化结泥

① 出现的主要问题。

本段围岩构成主要为泥岩、砂质泥岩、泥质砂岩,呈紫红色,天然抗压强度 20~26MPa,属软岩~较软岩,岩体较完整。本段围岩在刀盘切削后,小颗粒较多,遇水易泥化,在刀盘正常喷水的情况下,刀盘易被结泥渣土糊住,导致出渣困难,TBM 掘进受到影响(图 7-65、图 7-66)。

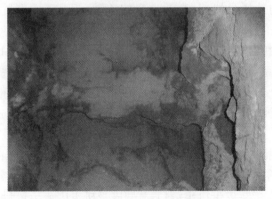

图 7-65　刀盘结泥

图 7-66　结泥堵塞刀孔

② 解决措施。

在泥岩地质条件下,既要保证 TBM 刀盘不被泥饼糊住,又要达到降尘效果,为此在掘进时关闭刀盘喷水,在 1 号皮带机与 2 号皮带机交界处加设喷水装置,掘进时开启此装置,可将水喷成水雾(图 7-67),起到了有效的降尘作用,刀具及出渣口被堵的现象大大减少,大大增加了在泥岩条件下的 TBM 掘进效率;另外刀盘喷水关闭,尽可能使掌子面处于干燥状态,这样就大大减少了清理刀盘的频率,为 TBM 的正常掘进争取了更多的有效时间。刀盘不喷水出渣效果如图 7-68 所示。

图 7-67　雾化除尘　　　　　　　　　图 7-68　刀盘不喷水出渣效果

控制刀盘喷水量是防止泥岩遇水泥化的关键。在围岩干燥、无地下水影响时，刀盘喷水量按照能够保证刀具安全的原则来控制，实际操作中基本上控制在正常掘进喷水量的 1/2；在围岩存在地下水影响时，根据地下水量的大小和渣土的湿润度来控制，实际操作中控制在正常喷水量的 1/4，甚至可以不喷水。

刀盘少喷或不喷水时，出渣基本呈颗粒状，无水影响时不会结泥，保证了刀盘和皮带机运输的正常工作；但是在局部地下水量过大时，渣土结泥不可避免，通过与 TBM 厂家的沟通，在 TBM 设备上增加一套刀盘喷泡沫系统，以达到除尘、防止刀盘结泥的效果，效果良好。

(2) 掘进参数控制

掘进参数的选择主要根据出渣情况确定刀盘转速，在无大块石渣出现，掘进过程中无塌落时，一般选择高速掘进。若有大块石渣出现并伴有围岩塌落，一般选择低速掘进。这样做，一方面是减少刀盘对周围岩体的扰动，另一方面是控制皮带机的出渣量，避免因出渣过快，石块过大，造成皮带机故障。

重庆轨道交通 6 号线工程围岩较均匀，各类围岩抗压强度值在 15～40MPa 范围内，大部分砂岩、泥质砂岩、砂质泥岩的强度均在 20～30MPa，岩体抗压强度小，易破碎，易掘进。TBM 转速可分为高速模式(5.44～11.97r/min)和低速模式(0～5.44r/min)两种。

① 地层稳定软岩(稳定泥岩、砂质泥岩地层)采用较低转速、小推力、大贯入度。
② 地层软硬不均(砂岩、泥岩交界地层，坍塌、掉块、渗水)采用较低转速、较大推力、较大贯入度。

该工程采用开敞式 TBM 施工，各项掘进参数的选择是快速、高效生产的关键。TBM 推进过程中，要依据超前地质预报结果，根据不同地质、埋深判断围岩的稳定性、可掘性，及时调整掘进参数。

在泥岩段掘进过程中，由于岩性较软，围岩切削相对容易，TBM 可以快速掘进通过，但受到 TBM 出渣设备能力的限制。TBM 掘进速度过快，超出出渣系统的能力，渣土堵塞皮带机，清理渣土将耗费大量人力、物力及时间；而 TBM 掘进速度太慢，虽然出渣系统能够正常运转，但 TBM 的掘进能力没有得到充分释放，TBM 的经济性和先进性大打折扣。因此在泥岩段掘进过程中，如何选择合理的掘进参数成为实现 TBM 价值的关键。

TBM 在一般硬岩段掘进的主要参数如下：刀盘推力 8000kN，刀盘转速 10r/min，贯入度 3mm，每掘进一个循环耗时 50～90min(视围岩的坚硬程度)。在推进至泥岩段与硬岩段交界处时，刀盘推力突然下降，贯入度增大，随之皮带机大量出渣，在极短时间内堵塞皮带机出渣口，1 号皮带机也因渣土过量停转，清理出渣口渣土及皮带机上存渣耗费 36h，极大影响正常掘进进度。在设计上 TBM 皮带机出渣能力最大可以达到 1.8m³/min，由此反算 TBM 理论最快掘进速度：

$$1.8m^3/min \div (3.18m \times 3.18m \times \pi \text{ 要不要考虑松散系数}) = 0.057m/min$$

在泥岩段可以按照 TBM 最大掘进能力的 90% 进行控制(考虑 10% 的安全系数)：

$$0.057m/min \times 90\% = 0.051m/min$$

所以在泥岩段 TBM 的最大掘进速度按照 0.05m/min 控制，此时 TBM 掘进的各项参数如下：推力 5000～6000kN，刀盘转速 7r/min，贯入度约 7mm，约 30min 可以掘进一个循环，并且出渣系统保持正常运转。

在例行的刀盘检查中,经过检测,TBM刀具磨损正常,并没有因为掘进速度过快造成旋磨、偏磨等问题,所以上述掘进参数在施工中是合理可行的。如不考虑初期支护工序影响,此时TBM的掘进速度将十分可观,完全能够满足甚至超出施工进度要求,TBM的经济性和先进性得到充分发挥。

综上所述,TBM掘进参数选择的原则主要需考虑出渣系统能力的大小和刀具安全两个方面。

(3)洞内施工环境控制

TBM正常作业过程中,刀盘喷水基本可以消除由于刀具挤压围岩产生的扬尘,但是在泥岩段施工中,刀盘喷水不能按照常规来控制,喷水量偏少,扬尘增大,洞内空气质量差,能见度低,对作业人员的健康和各种精密电子设备的寿命都带来不利影响,同时严重影响TBM掘进测量的精度(TBM采用PPS自动测量系统),开挖方向不易把握,容易造成质量事故。针对这些情况,主要采取了以下方式进行控制:

①1号皮带机出口增加减尘装置。

1号皮带机是将刀盘渣土输送到TBM后配套出渣皮带的连接皮带,此处扬尘是最严重的,同时1号皮带机出口靠近刀盘上的测量棱镜,扬尘直接影响测量精度,所以此处是减尘的关键部位,主要采取以下措施:一方面在1号皮带机末端,增设喷雾装置降尘(图7-69)。另一方面,在1号皮带机出口处覆盖帆布降尘(图7-70)。取得了很好的效果。

图7-69　1号皮带机出口喷水降尘

图7-70　1号皮带机出口覆盖降尘

②改造通风设备减尘。

在1号皮带机出口增加减尘装置的同时,对TBM通风设备进行了改造,将风筒向主机方向延伸5m,使通风孔正对主机操作平台,增加了二次通风出口(图7-71);在喷浆桥架下加装了二次风机(图7-72),通过TBM通风设备,使主机上部施工平台环境质量大大改善,温度降低,空气质量提高,改善了作业环境,有利于工人更好的施工。

图7-71　TBM二次通风出口改移

4）小结

TBM在泥岩段掘进过程中主要需要解决防止泥岩遇水软化结泥、掘进参数控制及洞内施工环境控制三个方面的问题。解决好这三个问题，就能有效保证TBM连续快速通过泥岩段，达到高效快速生产的目的。通过对TBM加设喷水装置，调节刀盘喷水时机，控制刀盘喷水量，解决了泥岩遇水泥化、糊刀盘的难题，大大减小了清理刀盘的频率，为TBM的正常掘进争取了更多的有效时间；通过对TBM掘进参数进行优化，达到了泥岩段TBM最大掘进速度，达到了TBM在泥岩地质条件下快速掘进的目的；通过在TBM皮带机出口处增加减尘装置，对通风设备进行改造，增加了二次通风出口，使隧道内环境质量大大改善，温度降低，空气质量提高，改善了作业环境，有利于工人更好的施工，提高施工速度。

图7-72　喷浆桥架下加装二次风机

第 8 章

双护盾 TBM

本章重点：主要介绍双护盾 TBM 的结构特点、基本配置、适用范围；重点介绍引大入秦引水隧洞、引黄入晋工程、台湾雪山隧道、南非莱索托高原引水工程、新疆大坂输水隧洞工程、青海引大济湟引水隧洞、引红济石工程等使用双护盾 TBM 的施工实例。

8.1 结 构 特 点

德国海瑞克双护盾 TBM 的结构特点详见视频 8-1。

视频 8-1 德国海瑞克双护盾 TBM

双护盾 TBM（图 8-1）又称伸缩护盾式 TBM，装备有两节盾构壳体，具有防止开挖面坍塌、曲线开挖，且能套筒式伸缩而并进作业的功能。双护盾 TBM 按照硬岩掘进机配上一个软岩盾构功能进行设计，既可用于硬岩，又可用于软岩，其地质适应性非常广泛，尤其能安全地穿过断层破碎地带。

双护盾 TBM 按照隧道管片拼装作业与开挖掘进作业并进而连续开挖的概念进行设计。按快速施工的设计要求，掘进机的管片安装机具有管片储运和管片拼装双作业功能。

双护盾 TBM 与开敞式 TBM 不同的是双护盾 TBM 具有全圆的护盾，与单护盾 TBM 不同的是双护盾 TBM 在地质良好时可以掘进与安装管片同时进行，且在任何循环模式下都是在开敞状态下掘进。伸缩护盾形式是双护盾 TBM 独有的结构特点，是实现软硬岩作业转换的关键。

双护盾 TBM 具有两种掘进模式，即双护盾掘进模式和单护盾掘进模式。双护盾掘进模式适用于稳定性好的地层及围岩有小规模剥落而较稳定性的地层，此种洞壁岩石能自稳并能经受水平支撑的巨大支撑力，掘进时，伸出水平支撑，撑紧洞壁，由支撑靴提供掘进反力。单护盾掘进模式则适应于不稳定及不良地质地段，由管片提供掘进反力。

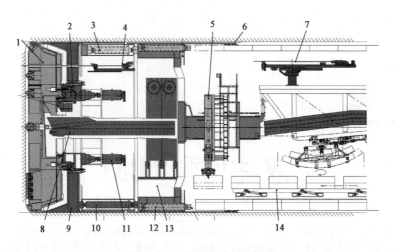

图 8-1 双护盾 TBM 结构示意图

1-刀盘；2-主轴承；3-主推进油缸；4-多功能钻机；5-管片安装机；6-盾尾密封；7-超前钻机；8-皮带机；9-前盾；10-伸缩油缸；11-刀盘驱动；12-辅助推进油缸；13-支承盾；14-管片输送机

8.1.1 双护盾掘进模式

在围岩稳定性较好的硬岩地层中掘进时，撑靴紧撑洞壁为主推进油缸提供反力，使 TBM 向前推进，刀盘的反扭矩由两个位于支撑盾的反扭矩油缸提供，掘进与安装管片同步进行。此时 TBM 作业循环为：掘进与安装管片→撑靴收回换步→再支撑→再掘进与安装管片，具体见图 8-2。

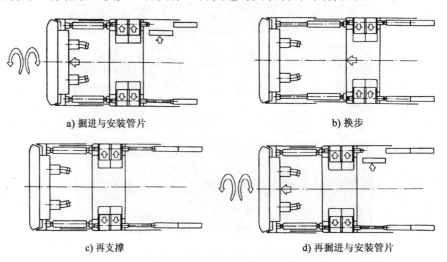

a) 掘进与安装管片　　　　　　　　b) 换步

c) 再支撑　　　　　　　　d) 再掘进与安装管片

图 8-2 双护盾掘进模式（硬岩模式）

8.1.2 单护盾掘进模式

在软弱围岩地层中掘进时，洞壁岩石不能为水平支撑提供足够的支撑力，支撑系统与主推进系统不再使用，伸缩护盾处于收缩位置。刀盘掘进时的反力由盾壳与围岩的摩擦力提供，刀盘的推力由辅助推进油缸支撑在管片上提供，TBM 掘进与安装管片不能同步。此时 TBM 作业循环为：掘进→辅助油缸回收→安装管片→再掘进，具体见图 8-3。

8.1.3 双护盾 TBM 施工特点

1）双护盾 TBM 施工的优点

（1）安全、高效、快速

双护盾 TBM 配置有前后护盾，在前后护盾之间设计有伸缩盾，后护盾配置支撑靴。在地质条件良好时,通过支撑靴支撑洞壁来提供推进反力,掘进和安装管片同时进行,具有较快的进度。如在引黄入晋工程使用双护盾 TBM 施工时,最高月进尺达 1637m。双护盾 TBM 施工,人员及设备在护盾的保护下进行工作,安全性也较开敞式 TBM 好;双护盾 TBM 施工使隧道掘进、衬砌、出渣、运输作业完全在护盾的保护下连续一次完成,实现了安全、高效、快速施工。

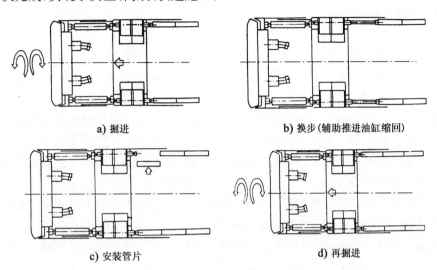

图 8-3 单护盾掘进模式(软岩模式)

(2)对不良地质具有较强的适应性

对富水地段,采用红外探测为主、超前地质钻探为辅的综合超前地质预报方法进行涌水预报。对涌水可实施堵、排结合的防水技术,TBM 主机区域配置潜水泵,将水抽至位于 TBM 后配套台车上的污水箱内,同时 TBM 配置有超前钻机,可以利用超前钻机钻孔,利用注浆设备进行超前地层加固堵水。

对断层破碎带,双护盾 TBM 能采用单护盾模式掘进。同时可对断层破碎带进行超前地质预报,利用红外探水仪和 TBM 配置的超前钻机探水。利用 TBM 配置的超前钻机和注浆设备对地层进行超前加固,同时刀盘面板预留注浆孔的设计能满足对掌子面加固的需要。

对深埋隧道,因地质构造复杂,在深埋条件下,不可避免地会引起围岩应力的强烈集中和围岩的应力型破坏。双护盾 TBM 掘进时,因掌子面较圆顺,对岩体的损伤可以降低到很低的程度,保护了围岩的原始状态,不易发生应力集中。

对岩爆地段,由于 TBM 刀盘设有喷水装置,在预测的地应力高、易发生岩爆地段,利用 TBM 配置的超前钻机钻孔,在钻孔中注水湿化岩石,喷水对掌子面岩石能起到软化的作用,提前将应力释放。同时,通过管片安装、豆砾石回填和水泥浆灌注,使 TBM 能快速支护并通过岩爆地段。

对岩溶地段,先停机,然后通过机头上的人孔对岩溶情况进行观察,首先对底部进行豆砾石或混凝土回填并使其密实,当填至开挖直径高程时,边前进边安装管片,在两边管片上开凿人孔对两侧及顶拱进行填筑注浆或填筑混凝土,使岩溶部分都用混凝土填密实,并且和安装的管片结合成整体。为了预防因岩溶造成 TMB 机头下沉,双护盾 TBM 配有超前钻探设备,而对于一些小溶洞的处理,可在 TBM 通过后,向管片与围岩间回填豆砾石后,再通过注浆固结即可。对规模较大的溶洞,因管片接缝不易闭合,应采用钢板将安装的管片进行纵向连接。

对膨胀岩及软岩塑性变形地段,由于双护盾 TBM 刀盘的偏心布置及刀盘设置的超挖刀,能增大 TBM 开挖直径,为 TBM 在围岩变形量小的情况下快速通过围岩变形地段预留了变形量。在围岩变形量大时,可利用 TBM 配置的超前钻机和注浆设备加固地层。同时双护盾 TBM 的高强度结构设计和足够的推力储备及扭矩储备能保证 TBM 不易被变形的围岩卡住。

对塌方地段,由于双护盾 TBM 采用了封闭式的刀盘设计,能有效地支撑掌子面,防止围岩发生大面积坍塌。TBM 撑靴压力能根据地质条件调整,以免支撑力过大而破坏洞壁岩石。同时,双护盾 TBM 的高强度结构设计和足够的推力储备及扭矩储备能保证 TBM 不易被坍塌的围岩卡住。

对瓦斯地层，双护盾 TBM 配置有地质预报仪和超前钻机，能根据需要对可能的瓦斯聚集煤层采用超前钻探检验其浓度，并对聚集的瓦斯采取打孔卸压的方法卸压并稀释。TBM 配置有瓦斯监测系统，监测器采集的数据与 TBM 数据采集系统相连，并输入 PLC 控制系统。当瓦斯浓度达到一级警报临界值时，瓦斯警报器发出警报；当瓦斯浓度达到二级警报临界值时，TBM 自动停止工作，并启动防爆应急设备，通过通风机对瓦斯气体进行稀释。

(3) 实现了工厂化作业

双护盾 TBM 施工，由刀盘开挖地层，在护盾的保护下完成隧道掘进、出渣、管片拼装等作业而形成隧道，豆砾石的喷灌、注浆、通风、供电等辅助作业也实施了平行作业，充分利用了洞内空间。双护盾 TBM 施工具有机械化程度高，施工工序连续的特点。隧道衬砌采用管片衬砌技术，管片采用工厂化预制生产，运到现场进行装配施工，预制钢筋混凝土管片具有质量好、精度高的特点。与传统的现浇混凝土隧道衬砌方法相比，施工进度快，施工周期短，无须支模、绑筋、浇筑、养护、拆模等工艺；避免了湿作业，施工现场噪声小，减少了环境污染。隧道衬砌的装配式施工，不仅实现了隧道施工的工厂化，且更方便隧道运营后的更换与维修。

(4) 自动化、信息化程度高

双护盾 TBM 采用了计算机控制、遥控、传感器、激光导向、测量、超前地质探测、通信技术，是集机、光、电、气、液、传感、信息技术于一体的隧道施工成套设备，具有自动化程度高、对周围地层影响小、有利于环境保护的优点。施工中用人少，且降低了劳动强度、降低了材料消耗。双护盾 TBM 具有施工数据采集功能，TBM 姿态管理功能，施工数据管理功能，施工数据实时远传功能，实现了信息化施工。

2) 双护盾 TBM 施工的缺点

①双护盾 TBM 价格较贵。同直径的双护盾 TBM 的造价一般比开敞式 TBM 高 20%，双护盾 TBM 设备一次性投入较大。目前，直径 6m 左右的 TBM 出厂价约为 1000 万美元，直径 9m 左右的 TBM 出厂价约为 1600 万美元。

②开挖中遇到不稳定或稳定性差的围岩时，会发生局部围岩松动塌落，需采用超前钻探提前了解前方地层情况并采取预防措施。

③在深埋软岩隧洞施工时，高地应力可能引起软岩塑性变形，易卡住护盾，施工前需准确勘探地质，并先行释放地应力，施工成本较高。

④对深埋软岩隧洞，地应力较大，由于 TBM 掘进的表面比较光滑，因此地应力不容易释放，与钻爆法相比，更容易诱发岩爆。

⑤在通过膨胀岩时，由于膨胀岩的膨胀、收缩、崩解、软化等一系列不良的工程特性，在进行管片的结构设计时，应充分考虑围岩膨胀力对管片可能施加的荷载，确保衬砌结构安全。应注意管片的止水防渗，防止膨胀岩因含水量损失而发生崩解或软化而造成 TBM 下沉事故。

⑥在断层破碎带，因松散岩层对 TBM 护盾的压力较大，易发生卡机事故；在岩溶地段，易发生 TBM 机头下沉事故；施工中应采取相应对策。

⑦由于隧道管片接缝多，在不良地质洞段其不漏水性和运行安全性，还是个较薄弱的环节。

⑧由于护盾将围岩隔绝，只能从护盾侧面的观察窗了解围岩情况，不能系统地进行施工地质描述，也难以进行收敛变形量测。

⑨双护盾 TBM 掘进时产生岩粉，易沉积在隧道底部约 120°范围内，且岩粉被主机自重压得十分密实，水泥注浆难以灌入岩粉层，易形成强度低于注浆后豆砾石层的一个弱层。

⑩双护盾 TBM 属岩石隧道掘进机，不适宜在软土地层施工。通过软土段时，土体易黏结在刀具上，不能顺利从出渣漏斗排出。

8.2 基 本 配 置

双护盾 TBM 由 TBM 主机、连接桥、后配套拖车 3 大部分组成。主机主要由装有刀盘的前盾、装有支撑装置的后盾、连接前后盾的伸缩部分及安装管片的盾尾组成。

1)刀盘

刀盘只是在顺时针旋转时才切削岩石,反转是在遇到破碎带或不稳定的岩层,刀盘挤住时使自身脱困之用。刀盘设计液压式刀具磨损自动检测系统,使刀具磨损量能监控,以保证刀盘不因刀具超量磨损、损坏而遭到严重磨损或损坏。刀盘设600mm人孔1个,人员可以通过人孔进入掌子面,排除刀盘前方的障碍物。刀盘结构见图8-4。

在刀盘上装有背装式盘形滚刀,可从刀盘背后更换刀具。滚刀座为凹式,是刀盘的组成部分,滚刀刀圈只有一部分突出于刀盘之外,采用这种形式的刀具,可防止在断层破碎地带大块岩石堵塞刀盘。平头刀盘使作业面稳定,浅的石渣铲斗与刮刀使护盾的切削边与隧道作业面间的间距缩小。

铲斗的开口处装有斗齿,以挖掘在各种断层带可能遇到的地层。旋转的刀盘后面装有一双层强劲橡胶片,与不转的石渣漏斗的后侧形成封闭切削室,刀盘封闭的端面有长的径向石渣斗,使大部分的石渣在落到仰拱上之前,进入了刀盘。石渣铲斗与刮刀只能一个方向挖掘,

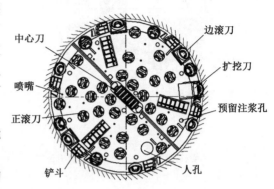

图8-4 刀盘

这可增大刀盘的挖渣效率,并降低铲斗与刮刀的磨损。周边铲斗开口不大,以防止大块岩石堵塞刀盘。

作业时,掌子面给刀盘的反力,经刀盘的周边与渣槽传到主轴承后,与推进液压油缸的推力相平衡。

刀盘设计有扩挖滚刀与刮刀,可在护盾外扩挖200mm。扩挖刀由液压控制伸出,用机械方法锁定,扩挖系统如图8-5所示。扩挖刀的液压油由刀盘中心的旋转接头供应。为便于更换滚刀,有一套固定装置。硬岩时,用扩挖刀扩挖出一个空间,用以更换定位滚刀,其余的正滚刀、中心刀更换时,可将前盾、刀盘、驱动装置向后退。

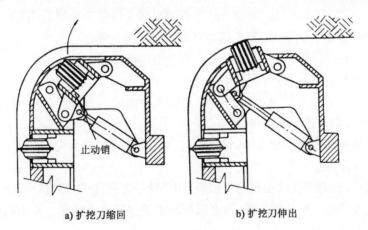

a) 扩挖刀缩回　　　b) 扩挖刀伸出

图8-5 扩挖系统原理图

刀盘的渣槽将切削下来的石渣,经石渣漏斗送到置于TBM中心部分的皮带输送机上。石渣漏斗置于石渣槽上。

必要时,在出渣漏斗上方设计有液压操控的滑动闸门,一旦出现涌水,它可朝皮带机方向关闭出渣漏斗,从而避免水流入隧道。

刀盘上装有一套抑制粉尘的喷水系统,水经刀盘中心的旋转接头,供到刀盘上装着的若干喷嘴上。

双护盾TBM一般采用偏心刀盘设计以适应断层或挤压地层,采用刀盘提升装置以适应膨胀岩。一般地,在双护盾TBM的设计中,可以考虑刀盘在盾壳轴线上有20mm偏移,以便于实现在隧道上部超挖,但底拱不宜有多余的超挖,以防设备低头。考虑到如果有膨胀岩石的存在,需要更进一步扩大开挖直径,可以配置一个刀盘提升装置(图8-6)来达到这一目的,具体步骤为:

①为了提升刀盘及主轴承和主驱动,首先连接2个和辅助液压动力单元相连的提升油缸。

②用2个液压扭力扳手松动连接齿轮箱和盾体的连接螺栓,然后用手松动螺母。

③使用提升油缸将刀盘提升(一般为35mm)。刀盘及主轴上移时,是沿预先设置好的凹槽垂直向下平移。

④分两次上紧所有的连接螺栓,释放油缸压力。

2)刀盘驱动

双护盾TBM一般采用变频驱动或液压驱动。

刀盘变频驱动系统具有以下特点:

①具有低速大扭矩。

②脱困扭矩高于最大扭矩。

③足够高的速度与扭矩,以便获得最大的掘进速度。

④刀盘转速为全程可变的,刀盘驱动系统的设计有最大的安全富余度。

刀盘转速可以根据不同的地质条件和PLC控制系统支持的驱动模式而相应改变。其基本原理是限制最大推力,控制掘进速率。

①如果推力达到最大值,掘进速率会自动减小。

②如果推力下降了一定数值,PLC就会发出增大掘进速率的信号。

③当司机经过核查认为掌子面地质条件均匀、允许增速,司机便可按下按钮增加掘进速率。

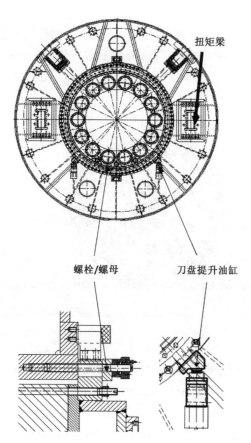

图8-6 刀盘提升系统

④如果扭矩和掘进速率变化很大,PLC将会自动改变刀盘转速。

⑤如果地质条件变好,司机可再次将运行模式改为全速模式。

刀盘液压驱动系统具有以下特点:

①液压传动的优点在于刀盘转速可以调到由地质条件确定的最为经济的状态,得到最佳的贯入速度。在断层地带,刀盘可低转速大扭矩作业。

②驱动齿圈的小齿轮用两个轴承支承,它与1水冷(或油冷)行星齿轮减速箱、1过载剪切轴、1变量液压泵组成了驱动装置总成。

③液压油路为闭式,装有清洗放油阀与补油泵,用以使油路再注满以清洁冷却的油液,并使油路保持需要的油压。此闭式油路有一单独的油箱,没有液压缸油路接到这个油箱。排出的油经滤清并再回到油箱。补油油路本身亦有滤清器。

④变量泵与变量马达使得刀盘的驱动以两种模式运行。正常作业时,液压马达在部分排量下运行;当需要大扭矩时,液压马达在其最大排量下运行。

⑤当地层状态不良时,液压驱动的刀盘可反转并有高的脱困力矩。

与开敞式TBM一样,主轴承是一个双排轴向—径向式三维滚柱轴承,轴向预加荷载,内齿圈向刀盘传递力矩。

当在曲线上或在断层地带不稳定的围岩条件下掘进时,必须考虑大的倾覆力矩。主轴承设计时是按照最大推进力,特别是按最大倾覆力矩考虑的。

大直径轴承不仅适合于大的力矩,也提供大的中心空间与很宽敞的通向刀盘的通道。

主轴承密封用以保护主轴承与驱动装置不进泥沙、石渣与水。密封的布置包括一个内密封与一个外密封,各由3层密封圈组成。密封为唇式,两个面对外侧的密封形成的凹槽中,不断压入润滑脂以进行清洁。这套润滑脂注入系统与主驱动联锁,当润滑系统失效时,刀盘自动停止转动。

密封与"脏污"的外侧之间,用一迷宫密封以便再增加一次保护。与密封接触的密封座表面经淬硬和研磨处理,使密封经久耐用。

主轴承和驱动装置用强制式机油循环系统进行润滑。此系统与主驱动联锁,并先于主驱动启动。它有任何故障,驱动系统停止转动。主轴承的润滑油与齿轮传动的润滑油是分开的,以防止齿轮传动生成的磨粒进入主轴承。所有的油流入驱动部件油槽底部,再经一滤清器滤清以后泵回。装有若干传感器以监测供油油路的压力、油液的流量、滤清器污染程度与油温。

3)护盾

护盾由4个主要部分组成,即前盾、后盾(支撑盾)、连接前后盾的伸缩部分和盾尾。

(1)前盾

前盾包含刀盘与刀盘驱动装置,并支承着刀盘与刀盘驱动装置。前盾由主推进液压油缸(即伸缩液压油缸)与后盾相接。主推进液压油缸分成上下左右4组进行控制,对前盾进行方向控制。前盾相对于后盾的位置,由4个线性传感器测量,并在操作室中显示读出。

刀盘的后仓板(密封隔板)将切削室与护盾隔开。仓板上有一排水孔,通向一水泵的底壳。当水涌入,输送带上的闸门关闭,可用此水泵将水从切削室中排出。

在前盾顶部1/4的地方有2个液压操纵的稳定器,在硬岩中掘进时用来稳定前盾,并在后盾向前拉时起帮助作用。

换步过程借助尾盾的推进油缸推压管片,同时伸缩油缸向前拔拉支撑护盾。由于推进油缸推压着已衬砌的管片,因此支撑护盾将总是被推向前,而不会将前盾向后拉。

前盾结构如图8-7所示。

(2)伸缩盾

伸缩部分连接着前盾和后盾,其功能是使TBM的掘进与管片的安装能同时进行。

主推进液压缸连接着前后盾,既传递推力,又传递拉力。这一性能在遇到不稳定的地质条件、而覆盖层负荷又大时,可用以防止护盾向下倾斜。

刀盘扭矩通过2个重型扭矩梁传递到支撑靴上,这个装置有效地防止盾体扭转。2个力矩装置将刀盘的扭矩从前盾传给后盾。前后护盾间的滚动的调整用力矩液压缸实现,不需伸缩液压油缸来纠正滚动。

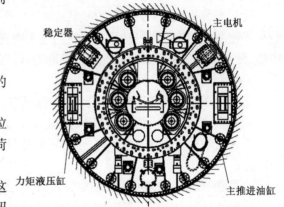

图8-7 前盾结构

伸缩部分两个壳体之间的间隙可以检查、可以清洁。为了检查设有若干个窗口。当伸缩部分在收缩位置,内壳体与前端的一个密封相接触,可将水或膨润土泵入两壳体之间的间隙,以清除石渣。有一刮刀装在外壳体顶部的120°范围内,以保持两壳体间的清洁。

当需要处理盾壳外的障碍物或需要到刀盘前方时,可以利用铰接油缸使伸缩内盾和支撑盾脱开,并露出与围岩接触的工作面。

(3)后盾

后盾也称支撑盾,后盾内设有副推进液压油缸和支撑装置。后盾承受前盾的全部推进反力,也可将前盾回拉。后盾尺寸宽大,对围岩的压力不大,这在软弱围岩掘进时,特别重要。

副推进液压缸也分成4组,以利TBM转向,当在软弱围岩中掘进时,不用支撑伸缩盾。副推进液压缸在相应的4组内,连到一共同的推力靴上。推力靴面上覆盖聚氨酯靴面,以保护隧道的衬砌管片。

后盾总推力相当大,用于施加需要的力于刀盘,并用于克服全部护盾的摩擦阻力。

副推进液压缸有一共用的液压动力站。4组液压缸的每一组均由供油量控制,由TBM操作者监控。

正常掘进时，即用支撑靴提供反力来推进前盾与刀盘，主推进液压缸可由共用的油流操作。每一液压缸装有测量装置或线性传感器，使操作者能监控其位置。这种正常掘进是在围岩状态良好，能给支撑靴提供足够的推力反力与刀盘切削反力矩的情况下采用。这时，掘进与安装管片同时进行。在主推进液压缸推进一行程（一步）的同时，后护盾后面安装一环管片。此后，缩回支撑靴，用主副推进液压缸一拉一推，将后盾前移以实现换步，再支撑好。然后，再进行掘进与安装管片。

当双护盾TBM像一台简单盾构作业运转时，也就是说，伸缩部分（伸缩盾）保持在收缩位置，支撑也不用，刀盘的力矩由护盾与洞壁间的摩擦力提供反力矩，刀盘的推力则由副推进液压缸支承在管片上实现。遇软弱围岩，掘进与安装管片不能同时进行。

作业时刀盘的反力矩，除盾壳摩擦力提供外，另一方式则是由护盾的副推进液压缸的斜置，来补偿刀盘作业时的反力力矩，即每一推力靴上的两液压缸保持其活塞杆端在一可调的固定装置上。此固定装置能用液压调整，使副推进液压缸斜置，从而产生圆周方向的分力以承受刀盘的力矩。

（4）盾尾

盾尾装在后盾上。其上装有由弹簧钢片罩盖的钢丝刷盾尾密封，置于上面的270°的圆面上，从里面向外翻，以防止（作为混凝土骨料的）碎石进入尾部。

4）管片安装机

管片安装机装在安装机桥上，可在淬硬的滑道上前后纵向移动。安装机桥又用做将后配套接到TBM上。管片安装机为单体回转式，其移动可以精确地进行控制，以保证管片安装位置的准确性。管片安装机控制分有线控制和无线控制两种，施工中主要采用无线遥控器安装管片，有线控制器作为无线遥控器出现故障时的临时使用。

管片安装机在两个方向都可旋转220°，其支撑和驱动装置由1个单座球轴承、内齿圈、2个小齿圈、行星齿轮减速箱与液压马达组成。驱动为无级变速，能产生足够的扭矩以安装管片。安装机具有6个自由度，管片安装机具有紧急状况的自锁能力，确保施工中的安全。

5）皮带输送系统

皮带输送系统由TBM输送带、第二输送带、后配套输送带、石渣排放输送带组成。在输送带转载的地方装有喷水嘴以减少粉尘。TBM输送带在刀盘内靠近其中心线，装在前盾内随前盾一起移动，并能用液压装置使输送带后缩以便保养。TBM输送带为液压驱动、无级调速并可反转，承载滚轴与惰轮均为软质滚轮。

6）豆砾石填充系统

后配套台车上布置豆砾石回填系统，通过压缩空气将豆砾石吹入在管片上预置的开口进行豆砾石充填。豆砾石泵具有遥控操作功能，可以遥控操作。

7）水泥浆搅拌及注入系统

水泥浆现场搅拌及注入系统设置在后配套台车上，利用水泥袋处理装置将水泥倒入搅拌机中，砂浆泵将搅拌好的水泥浆液通过注入口注入管片背后的空隙中。

8）超前探测钻机

超前钻探和超前地质加固是TBM必备的辅助施工手段，TBM配置超前钻机用于地质超前探测和不良地质的处理。当钻探孔时，钻机固定安装在管片拼装机后面的支座上；当钻注浆孔时，钻机能安装在管片拼装机上，沿着护盾圆周的预留孔实现360°钻孔作业。超前钻机由独立的液压装置操作。

9）多功能钻机

TBM配置1台多功能钻机，可以通过穿过前盾壳体和刀盘、具有足够大直径的一个导管来实现钻取岩芯和钻孔进行地层加固的功能。在前盾内围绕刀盘驱动装置布置一个环形支架为多功能钻机提供穿刀盘的钻孔作业位置，依靠驱动系统使钻机的推进梁能沿着环形支架移动，并固定在选定的位置上。当钻机工作时，TBM必须停机。

10）除尘系统

TBM除尘系统安装在连接桥上,为干式除尘系统。其吸入风管位于前盾,将主机皮带机进料口区域的空气抽走形成负压,使部分新鲜空气流向TBM前端,同时防止含粉尘的空气逸入隧洞内。

除尘器出口设置增压风机使空气流向TBM后配套区域。定期使用压缩空气对除尘器过滤袋进行清洁,粉尘被排渣器的喷头喷湿后,由排渣器收集,然后排到后配套皮带机上。

11)数据采集处理系统

数据采集处理系统可采集、处理、储存、显示、评估与TBM有关的数据。所有测量数据都通过被时钟脉冲控制的测量传感器进行连续的采集和显示。所有必须记录的测量值都以图形的形式显示在PDV的监测器上。屏幕上的内容均按功能分页显示,主要包括以下内容:

①掘进的相关参数:主推进油缸与辅助推进油缸推进力、刀盘扭矩、超挖装置超挖量等参数显示与记录。

②油脂、豆砾石回填、注浆的注入量及注入速度显示与记录。

③各关键部位、液压系统、主轴承润滑系统的温度显示与记录。

④错误信息显示与记录。

操作员可在这些屏幕页之间切换并从中获取需要的数据。通过数据采集处理系统收集到的信息,可以实现对TBM状态的实时信息化管理。通过互联网、电话拨号网以及数据采集系统的计算机可以将当前的TBM掘进状态数据传送至业主、监理、设计及施工等相关部门,为整个工程的信息化管理提供重要信息来源。

12)连接桥

连接桥(图8-8)位于TBM主机后面,连接主机与后配套拖车。连接桥下留有足够的空间用于管片吊机运输管片和储存、铺设铁轨,连接桥上安有皮带输送机、新鲜空气的通风管道、管片吊机运行的轨道,在其上部的工作平台上放有主机液压系统动力站。连接桥的长度满足延伸轨道1次的要求。

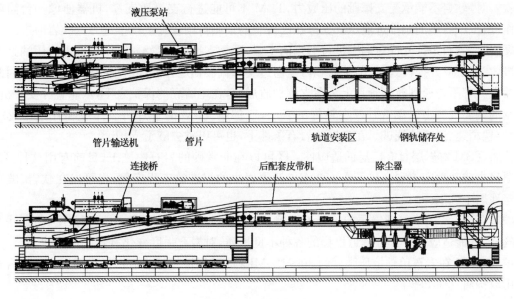

图8-8 连接桥示意图

13)后配套拖车

后配套拖车采用开架式结构,在铺设的专用轨道上行走,在后配套拖车上布置有皮带输送机、集尘器、通风管、集中油脂润滑系统、豆砾石回填系统、水泥浆搅拌注入系统、电气控制柜、液压动力装置、变压器、空压机、水系统以及电缆卷筒、水管卷筒等TBM配套设备。TBM向前推进时,由后盾牵引着连接桥和这些后配套门架拖车在钢轨上向前行走。

14)导向系统

导向系统主要由激光发生器、激光靶、倾斜仪、终端、计算机、输出显示器、打印机、光学经纬仪、反光靶、反光棱镜等组成。导向系统对 TBM 在掘进中的各种姿态、TBM 掘进的方向和位置关系进行精确的测量和显示。操作人员可以根据导向系统提供的信息，快速、实时地对 TBM 的掘进方向及姿态进行调整，减小掘进偏差。

导向系统和隧道掘进软件连续不断地提供 TBM 的三维坐标和定向的、连续的动态信息。导向系统附带的通信装置能够接收数据，由隧道掘进软件计算 TBM 的方位和坐标，并以图表和数字表格的形式准确地显示 TBM 的位置。

15）注浆系统

注浆系统由装拌合器的容器、装拌合叶片的罐子、灰浆泵、液压动力装置、软管与截流阀、喷管组成。先用装在管片安装机上的凿岩机将注浆孔打好，然后用注浆设备向孔内注浆。

16）二次通风系统

TBM 配置风管从 1 号台车延伸直至整个后配套系统，用来排除撑靴区域及液压泵区域的热空气。隧道外的新鲜空气经过轴流风机输送到 TBM 后配套区域，通过二次通风机和风管可以保证清洁空气不断供应给整个 TBM 掘进系统。

8.3 适 用 范 围

双护盾 TBM 是在 20 世纪 70 年代在开敞式 TBM、单护盾 TBM 及盾构的基础上发展起来的，双护盾 TBM 装备有两节护盾壳体，具有防止开挖面坍塌的功能，常用于复合岩层的隧道掘进。双护盾 TBM 具有两种掘进模式，即双护盾掘进模式和单护盾掘进模式，分别适用于围岩稳定性好的地层、有小规模剥落的稳定性较好的地层和不良地质地段。当岩石软硬兼有，又有断层及破碎带，此时双护盾 TBM 能充分发挥其优势。

遇软岩时，软岩不能承受支撑靴的压应力，TBM 不可能进行支撑盾支撑，机器便像一台简单的盾构那样工作，由位于盾尾的副推进液压缸支撑在已拼装的预制衬砌管片上以推进刀盘破岩前进。

遇硬岩时，岩石条件允许对洞壁进行适当的支撑，则靠支撑靴撑紧洞壁，由主推进液压油缸推进刀盘破岩前进，在双护盾开挖模式时，前护盾和刀盘通过支撑靴被锁定在岩面的后护盾向前推进，因此推进力和扭矩的反力都不传递到衬砌管片上。在支撑护盾后面，在尾盾壳的保护之下，依靠管片安装机的帮助，安装预制的钢筋混凝土衬砌管片。在较好的岩层，双护盾 TBM 的管片拼装作业和开挖作业能同步进行，进而实现高速、连续的掘进。在良好的岩石条件下，也可以省去隧道支护。

双护盾 TBM 对岩层具有广泛的适应性。既可以在非常硬的岩石中施工，目前有用这种 TBM 在南非金矿项目中成功地实施和完成了 450MPa 超硬岩中的掘进的工程实例；也可以在软岩、破碎带地层等不稳定地层中施工。

双护盾 TBM 常用于复杂岩层的长隧道开挖，一般适应于中～厚埋深、中～高强度、稳定性基本良好地质的隧道，并能适应占一部分隧道里程的各种不良地质，对岩石强度变化有较好适应性。

双护盾 TBM 在岩石单轴抗压强度为 30～120MPa 时可掘性较好，以Ⅲ、Ⅳ级围岩为主的岩石隧道较适合采用双护盾 TBM 施工。

8.4 施 工 实 例

8.4.1 引大入秦引水隧洞

1）引大入秦工程及 30A 隧洞概况

甘肃引大入秦工程位于兰州市以北永登县境内，公路 312 国道、兰新铁路穿过工程区，兰州中川机场位于灌区中，交通十分方便，有利于工程建设。

引大入秦工程是将大通河水引入兰州北面秦王川的一项大型跨流域调水灌溉工程,总干渠全长86.9km,其中隧洞33座,共长75.11km。其他建筑物有倒虹吸两座,渡槽9座以及渠系建筑物和明渠等工程。设计引水流量32m³/s,加大流量36m³/s。总灌溉面积86万亩;东一干渠长49.56km,设计流量14m³/s,灌溉面积31万亩;东二干渠长54.12km,设计流量18m³/s,加大流量21.5m³/s,灌溉面积50万亩。其余灌区在总干渠沿线。总干渠、东一干渠、东二干渠共长190.58km,仅隧洞就有71座,总长110km。另有支渠45条,长675km,加上200多座干、支渠上的闸、跌水、桥、涵等各类建筑物以及5.73万公顷灌溉面积的田间配套工程,全部工程设计土石方、混凝土、砌石等总工程量2740万m³。工程特点是跨流域调水,自流灌溉,地质条件复杂,施工难度大,技术要求高。东一干渠、总干渠和东二干渠已先后于1993年、1994年10月和1995年10月建成并通水,运行状况良好,正在发挥效益,1995年已灌溉14万亩农田,目前已可灌溉50余万亩农田。在众多的隧洞群中,根据不同的地质特性、隧洞长度和外部施工条件,分别选用了钻爆法和TBM法。其中以30A隧洞和38号隧洞采用的双护盾TBM效果最为显著。30A隧洞位于甘肃省永登县水磨沟至大沙沟间,也称水磨沟隧洞,洞线长11.649km,设计流量32m³/s,加大流量36m³/s。由于地形复杂,地表沟谷交错,单洞长达10km以上,施工时的通风、运输、工期问题都难以解决。故在初设中曾考虑绕线方案,采取短隧洞多工作面开挖。即从水磨沟倒虹吸出口至大沙沟渡槽进口,渠线绕道而行,全长14.962km。其中隧洞7座,即30号至36号洞,共长11600m。隧洞间用渡槽和明渠连接,渡槽4座,长518m;明渠长2844m。在开工前,专家们反复论证,提出将水磨沟至大沙沟的渠线由绕道改为直线穿越,采用TBM施工。线路全长缩短12012m,其中隧洞一座(即30A),长11.649km;渡槽一座,长70m;明渠长293m。全部洞渠线比初设方案缩短2950m(图8-9)。

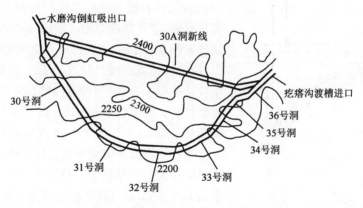

图 8-9　30A 隧洞改线方案示意图

30A和38号隧洞通过国际竞争性招标由意大利CMC公司和中国华水公司联营体中标承建,采用美国罗宾斯公司制造的TBM-188-227型双护盾TBM开挖、预制钢筋混凝土管片衬砌法施工。30A隧洞于1990年12月开工,1992年元月贯通,仅用了13.5个月。平均单工作面月成洞进尺860m,最高月成洞进尺1300m,创造了当时第一流的施工速度,取得了良好的施工效益,实现了长隧洞施工无伤亡的安全文明生产。

38号隧洞长5.4km,围岩为中硬砂岩,有很少量地下水。其中TBM施工洞段长4947.6m,从1992年4月初进洞,8月中旬完成,仅用4.5个月,平均月成洞进尺1100m,最高月成洞进尺1400m,最高日成洞进尺75.2m,创造了当时我国最高纪录和世界先进纪录。

2)30A隧洞的地质条件及工程特点

30A隧洞是一条软、硬岩性不均的长洞,有以下工程特点。

①地质复杂。地层自进口至出口依次为前震旦系结晶灰岩、板岩夹千枚岩,该段长1680m,干密度2.59~2.84g/cm³,岩石单轴抗压强度26~133.7MPa,软化系数0.77~0.97;第三系含漂石砾岩,砂砾岩,泥质粉砂岩及砂岩,长9790m,干密度2.01~2.48g/cm³,断裂构造不发育,岩石单轴抗压强度(天然状态)为2.79~15.29MPa,岩质较软,遇水软化崩解,软化系数小于0.35,内摩擦角φ值为35.2°~43.3°,

黎聚力 C 值 0.18～0.21MPa，崩解时间为 0.77～1.48h，是 30A 隧洞穿过的主要地层；出口为长约 150m 的第四系黄土状土，干密度 1.31～1.44g/cm³，φ 值 22°～32°，C 值 0.01～0.04MPa，遇水软化崩解。前震旦系地层受构造影响较重，岩石较破碎，分布有较大的断层破碎带 23 条，沿该地层有地下水出露，其中以接触带的断层破碎带涌水量较大，掘进中沿隧洞曾出现最大涌水量约 150L/s 的情况，其余均为基岩裂隙水渗出，其水质对普通水泥混凝土无侵蚀性。此外，隧洞侧壁还穿过 3 处石灰岩岩层特有的溶洞，容积共约 77m³。

②30A 隧洞长达 11649m，施工时洞内通风，运输均较困难。

③沿洞轴线的地表是高山沟谷，没有开挖斜井或竖井实现分段施工的地形条件。

④隧洞进口位置处在陡峭的硬岩半山坡上，难以布置洞口平台及施工场地设施，且有地下水。据此，只能采取从出口向进口方向单向掘进的施工部署。

3）30A 隧洞工程设计

（1）断面结构选型

30A 隧洞原设计为马蹄形断面，硬岩段隧洞采用钻爆法开挖，除进口 90m 为钢筋混凝土加强段外，其余洞段为锚喷衬砌，底板均为现浇混凝土。软岩段及出口段为第四系地层，采用悬臂式掘进机开挖，锚喷支护和现浇混凝土复合式衬砌或钢筋混凝土衬砌。同时也拟定了圆形断面的替代方案，采用钻爆法开挖。在招标过程中，意大利 CMC 公司和中国华水公司联营体提出用替代方案（圆形断面），采用全断面双护盾 TBM 开挖。全断面双护盾 TBM 在世界其他国家已有成功的应用，但在国内尚无使用先例。经过反复比选，论证分析，最终选定了施工安全，掘进速度快，开挖和衬砌同时一次成洞且投资较省的双护盾 TBM，TBM 的开挖直径为 5.53m。进出口加强段、软岩段及第四系地层隧洞均采用预制钢筋混凝土管片衬砌，管片厚度 30cm，宽度 160cm，弧线长度 400cm，每块质量约 5t（图 8-10）。每环 4 块预制管片按梅花形布置，即纵、横向均错缝布置。管片为 C25 级钢筋混凝土，施工时采用设计强度 σ 为 380MPa 的 25MnSi 钢筋，按含钢量分为轻、重型管片。轻型管片 67.5kg/m³，用于 Ⅲ、Ⅳ 类围岩衬砌；重型管片 77.2kg/m³，用于 Ⅴ 类围岩和有地下水出露洞段。管片接缝处用沥青聚氨酯密封条压入管片接头预留的凹槽中，以保证注浆的密封状态。管片外周边与开挖面之间的间隙平均为 6.5cm，在 TBM 护盾后部立即用直径小于 10mm 的豆砾石进行回填，然后再用纯水泥浆进行低压注浆。硬岩段隧洞除进口端 90m 长加强段和灰岩与第三系地层接触带因地下水丰富及有溶洞存在的灰岩段采用上述预制钢筋混凝土重型管片衬砌外，其余灰岩无水段落为轻型管片衬砌，即 30A 隧洞全部洞长均用预制钢筋混凝土管片衬砌。

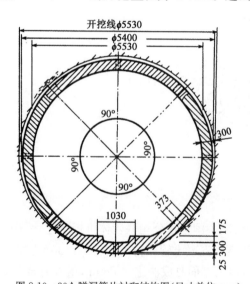

图 8-10　30A 隧洞管片衬砌结构图（尺寸单位：mm）

（2）断面结构初步设计与复核

①30A 和 38 号隧洞预制钢筋混凝土管片由意大利 CMC 华水联营体委托瑞士龙巴底（Lombardi）公司进行设计，于 1988 年 6 月提出"引大入秦灌溉工程国际二标隧洞稳定分析和衬砌初拟尺寸技术报告"。该报告根据招标文件"参考资料"中提供的 30A 和 38 号隧洞岩样的试验数据、围岩破碎程度和是否出现黏土质成分，以及龙巴底公司对同类围岩研究积累的经验，选定了 3 种围岩类型的地质力学参数（表 8-1），用特性曲线法计算了不同覆盖层厚度下上述 3 种围岩类型隧洞在短期荷载和长期荷载条件下衬砌受到的围岩压力（表 8-2）。根据衬砌结构承受的围岩压力，在不考虑地下水影响的情况下，假设拱脚处的水平围岩压力是拱顶垂直围岩压力的 0.8 倍，并按 2 种主要围岩类型较差的 1 种，即围岩类型 2 的拱顶围岩压力 53×10⁻²MPa，计算出水平围岩压力为 42.4×10⁻²MPa，通过内力计算，初步拟定衬砌管片厚度 30cm，混凝土含钢量为 70kg/m³（采用钢筋设计强度 σ 为 440MPa，为瑞士标准 $FeB_{44}K$）。

围岩地质力学参数   表 8-1

编号	围岩类别	弹塑性	密度 γ (kg/m³)	短期荷载				长期荷载			
				内摩擦角 φ (°)	黏聚力 C (MPa)	变形模量 E (10^4 MPa)	ΔV (‰)	内摩擦角 φ (°)	黏聚力 C (MPa)	变形模量 E (10^4 MPa)	ΔV (‰)
1	砾岩/砂岩夹黏土岩	弹性	2.4	25	0.1	0.1	0.5	25	0.05	0.1	1
		弹性	2.4	30	0.2	0.3	0.5	30	0.1	0.3	1
2	破碎的砾岩/砂岩	弹性	2.4	30	0.1	0.3	0.5	30	0.05	0.3	1
		弹性	2.4	35	0.2	0.5	0.5	35	0.1	0.5	1
3	中等破碎的砾岩/砂岩	弹性	2.4	35	0.1	0.5	0.5	35	0.05	0.5	1
		弹性	2.4	40	0.2	0.7	0.5	40	0.1	0.7	1

作用于衬砌受到的围岩压力   表 8-2

围岩类型	覆盖层厚度(m)	短期荷载稳定压力(10^{-2}MPa)	长期荷载稳定压力(10^{-2}MPa)
1	350	59.5	70.0
2	350	41.5	53.0
2	200	20.8	31.0
3	350	22.0	31.0

②针对龙巴底公司提出的"引大入秦灌溉工程国际二标隧洞稳定分析和衬砌初拟尺寸技术报告",由引大工程设计单位甘肃省水电设计院进行了复核,认为:隧洞衬砌设计到目前为止尚无完善的理论和方法,任何一种理论都有它的局限性,一般是靠理论分析和工程类比的方法初步确定衬砌尺寸和参数,并通过施工过程不断揭露的地质情况,及时地调整设计参数。该报告采用弹塑性变形特性曲线法分析围岩与衬砌的相互作用力(即作用于衬砌上的稳定围岩压力),考虑了在短期和长期荷载的作用下,围岩的不同地质力学参数;考虑了围岩的弹性和塑性区的不同变形特性;考虑了隧洞覆盖层厚度对围岩压力的影响等等,有其自己的特点。但是这种计算方法和其他计算方法一样,都以能准确地模拟复杂的隧洞工程实际情况为目标。如对于出现夹层的黏土岩类,应个别对待,进行局部加固处理,不应按均质弹塑性体对待。此外在选取基本计算参数——围岩地质力学参数、初始变形量等时的任意性也较大,如该报告对围岩开挖后至衬砌结构开始受力这一段,围岩的收敛变形量取为1cm,此时距掌子面(TBM刀盘位置)为15~20m,按TBM掘进速度计算,距开挖后的时间不过8h左右,此1cm的收敛变形量,占围岩类型1开挖之后围岩总收敛变形量10.3cm的9.7%;占围岩类型2开挖后围岩总收敛变形量2.4cm的41.7%;占围岩类型3开挖后围岩总收敛变形量1cm的100%,而此1cm收敛变形量的取值变化对作用于衬砌上的围岩压力大小影响很大,因而其理论计算成果也只能作为确定或调整衬砌设计参数的参考意见。另外,该报告将围岩分为3类,与30A和38号隧洞的实际工程地质条件相比,略显粗糙。不过其计算的3类围岩在长期荷载条件下的围岩压力分别为0.7MPa、0.53MPa和0.31MPa,换算成荷载(塌落拱)高度分别为29m、22m及13m。若按普氏松散体理论,塌落拱高度 $H=B/2F$,反算上述3类围岩的牢固系数 F 分别为0.09、0.125和0.21,仅相当于淤泥或流砂的牢固系数。

若按太沙基理论,荷载拱高度 $H=A(B+H)$,反算上述3类围岩的系数 A 分别为2.6、2.0和1.2,相当于沙、土或完全破碎的岩石。因此,可以认为该报告的围岩压力数值相当保守。报告的3种围岩分类能包括30A和38号隧洞所有可能出现的围岩类型。限于所获资料,分析研究没有计入地下水的影响。但表8-1选取的围岩地质力学参数较岩块试验数据有较大的折减,且采用的圆环状衬砌结构承受外压的能力很大,故可用。由于受TBM开挖直径和管片预制设备的限制,管片的厚度30cm是不易改变的,只有靠管片的不同配筋量来适应不同地层的要求。平均含钢量70kg/m³ 的预制管片衬砌,经核算可用于覆盖厚度350m、围岩类型2洞段,即围岩压力0.53MPa的洞段。30A隧洞第三系地层埋深超过200m的洞段长约3000m,只占预制管片衬砌段的30%,因此估算平均含钢量70kg/m³ 是合适的。

(3) 断面结构施工图设计与复核

① 1989年5月龙巴底公司又提出了"引大入秦灌溉工程国际二标30A和38号隧洞的预制管片衬砌技术报告",该报告采用了另一种方法进行衬砌内力计算,并依据含筋量的不同将管片分为"轻型"和"重型"两种。此次计算考虑了如下因素:

a. 根据TBM对管片的总推力24000kN,核算管片的纵向平均压应力为5MPa,考虑到应力集中的情况,如当TBM调整方向时,最大压应力可达8~10MPa。此外,管片的短边(即构成一环的4条缝纵向结合处)在进行水泥注浆前,只有通过两管片之间减小了的接触面来传递轴向力,可以假定这个接触面在最窄处只有管片厚度的1/3,则在短期荷载条件下,将在管片中产生横向牵引力$T=120~220$kN。因此,管片的长边(环向缝)需配制足够的钢筋承受TBM传来的推力,而短边(纵向缝)需配制钢筋箍来承受短期荷载作用下在管片中产生的横向牵引力,应特别注意管片边沿的强度和刚度。

b. 当衬砌与围岩始终保持连续而均匀的接触,且衬砌只承受均匀的环向围岩压力时,最大应力为0.7MPa,衬砌受到的轴向压强为1.9MPa,30cm厚的混凝土衬砌环中产生的平均压应力$\sigma=6.3$MPa,混凝土衬砌能承受此荷载。

c. 当围岩变形为各向异性时,作用于衬砌上的围岩压力在垂直和水平方向上有差异,但出现这种荷载条件的可能性较小。

d. 其他可能在开挖中遇到的集中荷载。

通过考虑上述诸多方面的因素后,计算确定了轻、重型管片的内力取值见表8-3,"轻型"管片承受的内力按"重型"管片的60%计。

单位长度管片上的弯矩、轴力　　　　　表8-3

管片类型	荷载情形1		荷载情形2
	轴力N(kN)	弯矩M(kN·m)	弯矩M(kN·m)
重型管片	1200	90	35
轻型管片	700	55	20

根据内力计算,龙巴底公司先后3次于1989年2月、1989年7月和1990年6月提交了其绘制的预制管片配筋图。历次配筋简要情况如表8-4和表8-5所示。

预制管片配筋　　　　　表8-4

项目		第一次	第二次	第三次
图号		SELI 5050 5052	SELI 5050 5052	SELI 5050/A 5052/A
钢筋型号		$FeB_{44}K$	$FeB_{44}K$	$FeB_{44}K$
重型管片	内层配筋率(%)	0.213	0.229	0.286
	外层配筋率(%)	0.147	0.164	0.207
	含钢量(kg/m³)	56.0	63.0	77.2
轻型管片	内、外层配筋率(%)	0.126	0.143	0.192
	含钢量(kg/m³)	46.4	53.3	67.5

隧洞围岩压力计算成果对比　　　　　表8-5

围岩类型	埋深(m)	本报告		龙巴底公司报告	
		短期荷载稳定压力(10^{-2}MPa)	长期荷载稳定压力(10^{-2}MPa)	短期荷载稳定压力(10^{-2}MPa)	长期荷载稳定压力(10^{-2}MPa)
1	350	62.0	78.5	59.5	70.0
2	350	38.5	53.0	41.5	53.0
2	200	22.5	37.5	20.8	31.0
3	350	22.0	33.3	22.0	31.0

②对龙巴底公司1989年5月提交的"引大入秦灌溉工程国际二标30A和38号隧洞的预制管片衬砌技术报告"和2次管片配筋图,甘肃省水电设计院进行了第2次复核,意见如下:

a. 最终施工用的第3次 SELI 5050、5052/A 图纸中受力钢筋配筋率为0.192%~0.207%,满足我国《水工钢筋混凝土结构设计规范》(SL191—2008)关于最小配筋率 $U=0.15\%$ 的规定。

b. 按我国规范《水工钢筋混凝土结构设计规范》(SL191—2008)、《混凝土结构设计规范》(GB 50010—2010)核算,该施工图重型及轻型管片的配筋均能满足安全承受上述报告中提出的不同荷载条件的强度要求。

4)管片衬砌结构研究

经慎重考虑,为了对意大利 CMC 公司提交设计的管片式衬砌结构在30A和38号隧洞的具体条件下的适用性作进一步研究,供施工建设参考,以及为我国水电部门今后独立自主地进行圆形输水隧洞管片衬砌的设计提供设计理论、计算方法及相应计算程序的借鉴性意见,甘肃省引大入秦工程建设指挥部、甘肃省水电设计院和兰州铁道学院共同向甘肃省科委申请了"引大入秦输水隧洞管片式衬砌结构研究"的科研项目,首先获得了3种不同计算方法及复核结果。

①"圆形隧洞管片式衬砌的荷载结构法"。该法基于荷载结构的一般原则,建立了平面圆形曲梁的基本方程,并求得平面圆形曲梁的位移及内力的解析解。并以《水工隧洞设计规范》(SL279—2002)中的荷载图式为依据,Ⅳ类围岩垂直压力 $q_v=0.0717$ MPa,水平侧压力系数 $\alpha_q=0.1\sim0.2$;Ⅴ类围岩垂直压力 $q_v=0.1433$ MPa,侧压力系数 $\alpha_q=0.3\sim0.35$,弹性抗力系数 $k=100000$ kN。以此计算衬砌结构的位移和内力,并按钢筋混凝土压弯构件强度公式计算了衬砌结构的混凝土应力和钢筋应力。预制管片为250号混凝土,龙巴底公司采用混凝土的材料特性为弯曲抗压设计强度 $R_w=18$ MPa,钢筋类型为瑞士 $FeB_{44}K$,其设计强度 $R_g=440$ MPa,据此核算结果表明管片混凝土压应力和钢筋拉应力均小于材料的设计强度(个别情况下钢筋不满足)。但是,当采用国产材料(250号混凝土的设计强度 $[\sigma_h]=14$ MPa,钢筋设计强度 $[\sigma_g]=240$ MPa)时,混凝土压应力满足要求,而钢筋拉应力在Ⅴ类围岩中均超过设计强度,在Ⅳ类围岩中也部分不满足要求。

②"特性曲线法原理及其在30A隧洞设计中的应用"。特性曲线(即收敛—约束法)是以理论为基础,经验为参考,现场实测为主的隧洞设计方法。此研究报告采用的计算方法与龙巴底公司的主要不同点是:龙巴底公司用半岩核理论反映开挖过程的三维效应,而研究报告用施工面的释放位移来反映这种效应;围岩塑性区发展到一定程度时,洞顶将承受一定的松动压力,但从龙巴底公司的特性曲线看,没有包括松动压力,研究报告考虑了此种松动压力。从研究报告与龙巴底公司计算成果的比较可见,除围岩类型2、覆盖层350m的计算结果相同外,研究报告计算成果比龙巴底公司计算成果高出0%~19%,尚在合理范围内。

③"管片式衬砌圆形隧洞弹塑性有限元分析"。该方法取隧洞轴线1m长,按平面应变问题进行线弹性有限元分析及衬砌与围岩共同工作情况下的弹塑性有限元分析。衬砌支护前围岩释放荷载70%,衬砌支护后承受围岩释放荷载的30%,按弹塑性分析结果,衬砌变形后呈椭圆形,洞顶围岩下沉43.3126mm,洞顶衬砌位移2.3439mm,洞腰向外水平位移0.6472mm。衬砌最大应力均发生在洞底截面,混凝土最大压应力13.1MPa,钢筋最大拉应力182.6MPa,均小于材料设计强度。

根据上述3种不同计算方法和另外3种计算方法的复核结果,可以认为:

①30A、38号隧洞采用的混凝土预制管片衬砌对Ⅱ、Ⅲ类围岩以及一般第三系地层,可保证洞室稳定。对有地下水的第三系地层(主要是砂岩/夹黏土层)、断层破碎带以及黄土洞段,根据计算结果,建议把管片环向配筋量从 CMC 公司原设计的 57 kg/m³ 增加至 80 kg/m³(取250号混凝土设计强度 $[\sigma_h]=14$ MPa,钢筋设计强度 $[\sigma_g]=240$ MPa),即能够满足隧洞长期安全运行的要求。施工时由于采用25MnSi钢筋,设计强度 $[\sigma_g]=380$ MPa,据此,CMC 公司将最初设计的轻型和重型管片含筋量从 43 kg/m³、57 kg/m³ 修改为 67.5 kg/m³ 和 77.2 kg/m³。

②圆形拼装式管片衬砌是一种有条件的稳定结构(几何不变体系)。计算表明,当围岩弹性抗力系数

小于 50000kN/m³ 时,环向管片在接头处可能发生相对滑动。因此,在围岩遇水崩解的恶劣地质条件下,衬砌有丧失稳定的严重危险。为此,对洞口黄土围岩段采取了特殊的防渗处理措施。

另外 3 种分析计算,其结果与上述复核结果基本一致。

5) TBM 技术参数及特点

30A 隧洞采用 1 台美国罗宾斯公司制造的双护盾 TBM 进行单工作面掘进施工。隧洞为圆形断面,开挖直径 5530mm(新刀时,开挖直径为 5540mm),隧洞内径 4800mm,每环采用 4 块预制钢筋混凝土管片衬砌,管片与隧洞间的空隙回填碎砾石和灌注砂浆。

双护盾 TBM 于 1990 年 7 月运抵 30A 隧洞进口,11 月底组装完毕,然后进入已开挖好的长 18m 的预备洞,12 月 5 日开始试掘进,当月掘进 125m,1991 年 3 月开始,连续突破 1000m,最高日进度 65.6m。30A 隧洞于 1992 年 1 月 20 日全线贯通。

(1) 结构特点

30A 隧洞使用的双护盾 TBM,盾壳由 40mm 厚钢板焊接而成,外径为 5530mm,前后护盾最大伸缩行程为 910mm,最大伸出时双护盾总长为 13610mm。

前盾装有刀盘、主轴承及刀盘驱动装置。刀盘采用 6 台 160kW 的电动机驱动,每台电机通过液力离合器与 1 台减速器相连,共同带动大齿圈使刀盘旋转。刀盘装有 37 把滚刀,滚刀直径为 394mm,刀盘顺时针旋转进行切削。前盾内装有 4 套径向千斤顶,通过此千斤顶操纵 2 套侧向支撑靴伸出护盾外面支撑地层,总支撑力为 3000kN。

管片安装机位于后护盾内,为环形盘式结构,全液压传动,采用电气遥控操作。在后护盾内,沿圆周轴向安装 8 个推进千斤顶。与前盾一样,后护盾内也装有 2 套侧向支撑靴,总支撑力为 12900kN。

在前后两节护盾之间,装有 12 台液压千斤顶,用以推动前盾前进。12 台推进千斤顶分成 6 组,每 2 台为一组,球型铰接,呈人字形布置,以保证前后盾不会产生相对旋转位移并精确控制前盾的前进方向。

后配套拖车长约 130m,由后盾牵引前进,后配套拖车的两侧安装有液压油泵、液压油箱、管线及控制阀、变压器、电气控制柜及电缆卷筒、注浆机等,顶部安装皮带机、吊机、碎石喷射机,TBM 操纵室位于车架正前端。

(2) 工作原理

双护盾 TBM 掘进时,首先将后盾的侧向支撑伸出撑在地层上,使后盾固定,刀盘旋转进行掘进,同时操纵前盾推进千斤顶,推动前盾前进。刀盘旋转时,刀盘周边的铲斗将渣土铲起,铲斗内的渣土旋转到顶部时,渣土通过渣槽卸到中心皮带输送机上,通过皮带输送机将渣土卸入矿车,渣土由矿车成列运出洞外。前盾向前掘进的同时,后盾进行管片安装。

刀盘推进 800mm 后,前盾停止推进,将前盾的侧向支撑伸出,前盾固定于隧道,收回后盾侧向支撑,操纵后盾千斤顶推动后盾前进 800mm,然后将后盾侧向支撑伸出,固定后盾,收回前盾侧向支撑。开始进行下半环的掘进。每掘进半环换步一次。

当围岩强度小于 3MPa 时,不采用侧向支撑,TBM 通过后盾千斤顶支撑在管片上进行推进,此时掘进与安装管片不能同时进行。

(3) 技术参数

TBM 型号	TBM-188-227
主机总质量	331t
TBM 总长	145.5m
最小曲率半径	300m
刀盘直径(新刀)	5540mm
护盾外径	5530mm
前盾长度	5400mm
后盾长度	7300mm

前盾千斤顶	12台×650kN×910mm(总推力7800kN)
后盾千斤顶	8台×1950kN×2950mm(总推力15600kN)
刀盘扭矩	1610kN·m/3210kN·m
刀盘转速	5.72r/min/2.875r/min
刀盘驱动功率	160kW×6(960kW)
滚刀	37把
滚刀直径	394mm
供电系统	1350kV·A(一次10kV/二次660V)
刀盘驱动液压系统	17.5MPa
推进油缸液压系统	34.5MPa
管片安装机	环形转盘式纵向平移行程1000mm
皮带输送机能力	$6m^3/min$

6)工程施工

(1)隧道掘进

30A隧洞为圆形断面，开挖直径5.53m，衬砌内径4.8m，纵坡1/1000。采用双护盾TBM开挖，预制钢筋混凝土管片衬砌，在管片后喷填豆砾石并注入纯水泥浆固结。其掘进作业循环主要由开挖、通风、防尘除尘、出渣运输、预制管片运输及安装、豆砾石充填及注浆、测量导向、风水电管路及轨道延伸、机械维修保养等工序组成。掘进时，由TBM刀盘上37把15.5in的盘形滚刀通过挤压和旋转来完成破岩工作，挖出的岩渣由周边铲斗不断铲起，通过漏斗和溜槽卸到长24m的皮带输送机上再装入出渣矿车中。

根据地质条件的不同，施工中采用两种掘进模式，地质较硬时，用侧向支撑在隧道洞壁上提供推力的反力，由前盾推进千斤顶提供推力，掘进与安装管片同步进行，前盾刀盘每掘进800mm的同时，后盾管片安装机安装2块管片，然后进行换步再支撑，开始下一个800mm循环。当地质较软或遇到断层时，用后盾推进千斤顶支撑在管片上提供推力，由管片承受反力，不使用侧向支撑，此时双护盾处于收缩位置，相当于一台盾构，掘进与安装管片不能同时进行，每掘进800mm，停止掘进，安装2块管片，然后再掘进，再安装管片。

(2)管片衬砌

30A隧洞衬砌采用六边形预制钢筋混凝土管片，每环为4片，拼装成马赛克图式，每推进800mm，"上—下"或"左—右"式对称安装2块管片，每推进1600mm，安装一整环管片，管片拼装顺序为"上—下"2片式、"左—右"2片式交替进行。管片之间无螺栓连接，每块管片的端面有凸出圆弧和弯曲凹槽榫头相配，形成铰接式连接，管片四周有曲线止水密封槽，槽内预先装入用沥青浸泡的橡胶密封条。管片外径5400mm、内径4800mm、厚300mm、宽1600mm。

每块管片的中央预制有两个直径120mm的安装起吊孔，此孔同时也作注浆孔用，管片安装时，由管片安装机举重钳上两只夹持千斤顶同时插入孔中，将管片夹紧，然后安装到位。管片与隧道地层间的缝隙及时进行回填，回填分两步进行，先使用碎石喷射机喷入粒径为5~10mm的碎石，喷射压力为0.25~0.30MPa，然后压注1:1水泥浆，注浆压力为0.2MPa。

(3)管片制作

30A隧洞根据地质条件的不同，采用"重型"和"轻型"两种管片，两种管片的外形和尺寸完全一样，其区别是钢筋的用量，分别为$77.2kg/m^3$和$67.5kg/m^3$，采用C25混凝土。

管片预制厂设在离隧道出口约300m处，设有钢筋制作、混凝土拌和、管片成型、管片蒸汽养护及临时存放车间。使用甘肃永登水泥厂普通525号水泥，水泥、砂、碎石的配合比为1:1.25:4.28，碎石的最大粒径为40mm。

管片的生产工艺流程为：水泥、砂石料、水、外加剂经配料台计量后，用强制搅拌机搅拌约3min，经皮带机输送到接溜筒，注入管片模具中，钢制模具内预先放置钢筋骨架，用高频振捣器边浇注边振捣，直至管片成型,则浇筑的管片随同带滚轮的模具一起推入预温室约25min,预温室的温度控制在40~50℃,然后送入蒸汽养护室(80~85℃)养护2h,养护后脱模,脱模后自然降温15min,进行管片编号。然后在室内放置12h运至室外,露天存放72h后即可使用。

(4)出渣运输

出渣与掘进同时进行,出渣运输为有轨式,轨距为1000mm,钢轨固定在已衬砌的底拱上,每一列车为7节,共装渣77m³,正好是掘进一环的渣量。出渣列车开走后,刀盘和皮带机停止运转,等待下一列车进来,此时可利用此间隔时间进行TBM换步。

(5)隧道通风

TBM除尘系统是由防尘护盾来控制,防尘护盾装在靠近TBM输送带的石渣槽周围,将工作面掘进产生的粉尘与隧道空间严密隔绝,含尘空气通过防尘护盾净化器将粉尘分离出来以后,清洁的空气再回流入隧道。

隧道通风采用压入式强制通风,在距洞门外25m处,安装4台串联的轴流风机,直径1220mm,功率4×35kW,送风能力为24m³/s。风管为意大利产塑料尼龙软管,风管直径1400mm,每节风管长100m,节间用钢圈接口,风管悬挂于拱顶。TBM后配套尾部,装有一台通风机,进行二次通风,将新鲜空气压送到TBM各部位。

(6)施工供电

TBM用电为660V、50Hz,照明用电为220V。采用10kV电缆进洞,洞内变压。电缆每盘长250m,电缆盘装在后续列车上,随着列车不断延伸。

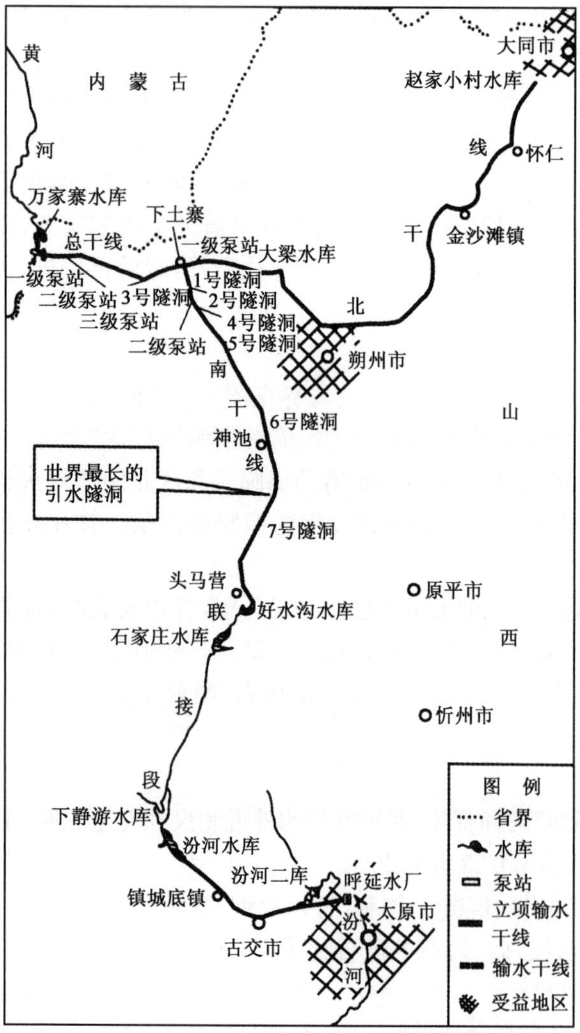

(7)供水

洞口附近设有供水泵站和水池,用3in钢管送入洞内,水压不小于0.3MPa,主要供机械冷却、防尘、回填注浆等用水,用水量不大。

(8)激光导向

隧洞的施工测量是将洞外平面控制和高程控制网引入洞内之后,设一台ZED隧洞导向系统的激光导向仪,这是一种以计算机控制的激光束和测斜仪。激光束在掘进机头部左面的荧光屏上显示光点并传输到控制室,为操作人员提供刀盘和前盾的平面方位,随时可使隧洞开挖中轴线控制精度达到毫米级。

(9)循环作业

TBM施工实行24h 3班制,2个班连续进行掘进作业,1个班进行机械维修保养。每掘进2×0.8m完成安装1环管片衬砌,运出1列车岩渣。

8.4.2 引黄入晋工程

1)工程概况

山西省万家寨引黄工程是从根本上解决山西水资源紧缺问题,促进山西工农业生产发展,提高人民生活水平,维系国家能源重化工基地发展的生命工程,由万家寨水利枢纽、总干、南干、连接段、北干等部分组成,见图8-11。

枢纽工程是在山西省偏关县万家寨村西黄河上修建一座90m高的混凝土重力坝,库容8.96亿m³,

图8-11 引黄入晋工程

坝后建一调峰电站，装机容量 1.08×10^6 kW，年发电量 2.75×10^9 kW·h。

引黄工程从万家寨水利枢纽库区取水，年引水总量 12 亿 m^3。由万家寨向东至偏关县下土寨村为总干线，全长 44.35km，引水流量 $48m^3/s$；由下土寨村分水往南过偏关河穿越管涔山到宁武县头马营村为南干线，全长 102.4km，引水流量 $25.8m^3/s$，每年可向太原供水 6.4 亿 m^3；由下土寨村往东过朔州、神头折北到大同赵家小村水库为北干线，全长 166.88km，引水流量 $22.2m^3/s$，每年可向朔州、大同地区供水 5.6 亿 m^3；从宁武县头马营村南干隧洞出口到太原市接水口呼延村水厂为联接段，全长 138.60km，包括 81.20km 的天然河道和 57.40km 的输水管线。

引黄工程分两期完成。一期工程建设总干线、南干线、连接段和安装部分机组，集中解决太原地区用水，一期工程概算 112.97 亿元，其中利用世界银行贷款 4 亿美元，其余建设资金来源于水资源补偿费；二期工程建设北干线和安装南干泵站剩余机组。工程实行国际招投标制。工程建成后，基本满足 2020 年前或更长一段时期山西省太原、大同、朔州等地区工业及城市生活的用水需要。

工程业主为山西省万家寨引黄工程总公司，承建单位有国内承包商 40 余家和国际承包商 3 家，工程监理是山西省黄河水利工程咨询有限公司。引黄工程系世界银行贷款项目。世界银行要求实行环境监理，由华北水利水电学院所属河南科华工程咨询有限公司承担。

2）TBM 使用概况

在引黄入晋工程中相继使用了 5 台美国罗宾斯公司、1 台法国 NFM 公司制造的双护盾 TBM（图 8-12、图 8-13），开挖了总长为 125.25km 的隧道，引黄工程把双护盾 TBM 掘进技术与六边蜂窝形管片衬砌加豆砾石回填注浆技术相结合，创造了日掘进 113m、月掘进 1637m 的纪录；其中，总干 6 号、7 号、8 号隧洞采用 1 台美国罗宾斯双护盾 TBM 施工，开挖直径为 6.125m，掘进长度为 21.42km；南干 4 号、5 号、6 号、7 号隧洞采用 4 台双护盾 TBM 施工，其中 3 台为罗宾斯、1 台为法国 NFM 公司制造，直径为 4.82～4.94m，掘进长度为 90.31km；连接段 7 号隧洞采用 1 台罗宾斯双护盾 TBM 施工，直径为 4.819m，掘进长度为 13.52km。

图 8-12 美国罗宾斯双护盾 TBM

图 8-13 法国 NFM 公司双护盾 TBM

NFM 公司制造的 ϕ4.94m 双护盾 TBM（图 8-14）的主要技术参数见表 8-6。

3）TBM 施工

总干 6 号、7 号、8 号隧洞穿过的地质大部分为石灰岩地层；局部夹有 N2 红土层；隧洞的进出口部位均覆盖着 Q2、Q3 黄土；地下水不发育；未遇较大地质构造。采用 1 台美国罗宾斯双护盾 TBM 施工。承包商为意大利 CMC 公司。开挖直径为 6.125m，成洞直径为 5.46m；管片厚 25cm，宽 1.6m，4 片组成 1 环。管片分 A、B、C 共 3 种型号，管片混凝土设计强度等级为 C30。回填豆砾石粒径为 5～10mm，注浆压力为 0.2MPa。总干 6 号、7 号、8 号隧洞从 1994 年 7 月开始掘进，于 1997 年 9 月贯通，掘进

图 8-14 NFM 公司 ϕ4.94m 双护盾 TBM

长度为21.42km，历时38个月。

NFMφ4.94m 双护盾 TBM 主要技术参数　　　　　　表 8-6

项　目	单　位	技术参数	项　目	单　位	技术参数
刀盘直径	m	4.94	刀盘脱困扭矩	kN·m	3900
主机＋后配套总长	m	245	推进油缸行程	m	0.70
前盾外径	m	4.94	辅助推进油缸行程	m	2.30
后盾外径	m	4.854	总支撑力	kN	30000
滚刀数(φ432mm,17in)	把	33	主推进系统功率	kW	37
主推进油缸推力	kN	8×2000=16000	辅助推进系统功率	kW	110
副推进油缸推力	kN	14×1850=25900	支撑系统功率	kW	110
刀盘驱动功率	kW	6×250=1500	高压电压	kV	15
刀盘转速	r/min	0～9	低压电压	V	690/400/50Hz
刀盘最大扭矩	kN·m	2600(4.5r/min)	变压器功率	kV·A	1×2000;1×800
转速最大时刀盘扭矩	kN·m	1300(9r/min)	皮带机输送能力	t/h	488

　　南干 4 号、5 号、6 号、7 号隧洞穿过的地质主要为灰岩(前 57km)和砂岩、泥页岩互层(后 33km)；6 号隧洞有溶洞、地下水和局部软弱层；7 号隧洞有地下水、煤层、膨胀岩和摩天岭大断层(其影响带约长 300m)。采用 4 台双护盾 TBM 施工。3 台为美国罗宾斯双护盾 TBM，1 台为法国 NFM 公司双护盾 TBM。其中 7 号隧洞 TBM 施工 41km。承包商为意大利的 Impregilo 公司和意大利 CMC 公司以及中国水电第 43 工程局组成的万龙联营体。开挖直径为 4.82～4.94m，成洞直径 4.20～4.30m。管片厚度分别为 22cm 和 25m 两种型号；管片宽 1.4m；4 片组成 1 环。管片分 A、B、C、D、E 共 5 种型号；混凝土强度等级为 C55。南干 4 号、5 号、6 号、7 号隧洞从 1997 年 9 月总监理工程师发布开工令，至 2001 年 4 月贯通，掘进长度为 90.31km，历时 44 个月。

　　连接段 7 号隧洞采用 1 台罗宾斯双护盾 TBM 施工，开挖直径为 4.819m，成洞直径为 4.14m，掘进长度为 13.52km，由意大利 CMC 公司中标承建。隧洞地质为白云质灰岩和泥灰岩，地下水位低于洞线。管片厚度为 25cm，宽 1.2m，4 片组成 1 环。管片分为 A、B、C 共 3 种型号。混凝土强度等级为 C45。创造了最高日进尺 113m 和最高月进尺 1637m 的记录。2000 年 12 月 2 日 TBM 开始掘进，2001 年 9 月 27 日贯通，历时 10 个月。

　　双护盾 TBM 包括主机和后配套系统。主机由前护盾、后护盾和连接前后护盾的伸缩节组成。前护盾支承着刀盘、刀盘驱动马达和变速箱。后护盾内有主支撑系统和辅助推进系统。前护盾与后护盾之间的伸缩节由水平推进液压缸连接。后配套系统由 1 列配有各种设备的后续拖车组成。

　　后护盾通过支撑靴牢牢地固定在洞壁上，伸缩节内的推进液压缸作用在后护盾上，为刀盘提供推进力，同时刀盘驱动马达驱动刀盘旋转，刀盘上不同位置的滚刀随着刀盘的旋转形成掌子面开挖轨迹；当一个开挖行程，即推进缸的预置行程完成后，前护盾中的稳定器伸出，支撑到洞壁上，而后护盾支撑靴则缩回原位，推进缸作用于前护盾上，开始缩回原位，随着推进缸的回位，后护盾及与后护盾相连接的所有后配套系统向前移动 1 个行程，即完成 1 个掘进行程。

　　(1)开挖出渣

　　刀盘周边分布有铲斗和进渣口，开挖石渣因重力下落，周边铲斗随刀盘旋转从隧洞下部铲起石渣，待旋转到隧洞上部后，石渣又因重力下落到集渣漏斗中，再通过溜渣槽卸到出渣皮带上，由出渣皮带卸到出渣列车上，装完 1 个开挖循环的石渣后列车驶出洞外。

　　(2)管片安装与豆砾石回填注浆

　　双护盾 TBM 的特点是开挖、衬砌一次完成，边开挖、边衬砌。后护盾尾部安装有管片安装机，具有 6 个自由度，保证管片精确就位。

　　管片安装与 TBM 掘进互不干扰，可同时进行。管片安装好后，其外侧与围岩间的间隙，采用先回填豆砾石(粒径为 5～10mm)再用水泥浆灌注,使其成为预压骨料混凝土,既保证了施工期间管片的稳定又能使管片和围岩接触紧密,形成整体,共同承受外力的作用。豆砾石由专门罐车运入洞内,由泵通过软管及管片上的预留孔泵入,回填程序为先填底拱片,再填两侧边拱片,最后填顶拱片。注浆操作在距离后配套尾部约 150～200m 处进行,注浆压力为 0.2MPa 左右。

引黄工程连接段国际 V 标 7 号隧洞 TBM 后护盾底部是开敞的,底拱管片可直接坐落在围岩上。为了保证底拱管片与围岩之间有一定的间隙,底拱管片设计有 4 个正方形支腿,高 3.5cm,边长 33cm,底拱管片支腿既保证了管片安装后的稳定,又使底拱管片与围岩之间能回填豆砾石和水泥注浆,形成整体。

(3) 掘进导向

在前护盾上安装有激光靶,在距激光靶 100～250m 处安装有激光机,测量人员通过施工导线确定激光机的位置和激光靶位置。激光机发射的激光打到激光靶上,测得当前 TBM 的有关方向参数,并传送到 TBM 操作室的计算机上,计算机通过此参数与测量人员预置的目标方位进行比较,随时向 TBM 操作人员提供 TBM 掘进方向修正参数。根据掘进的速度和进尺,测量人员可每天或每隔一天进行一次施工导线测量并移动一次激光机。

(4) 隧洞风、水、电、轨道的延伸

在后配套尾部安装有风筒箱、水软管卷筒和电缆卷筒,分别可储存约 250m 风管、150m 软水管和 250m 电缆,随后配套向前延伸。轨道延伸是在后护盾与后配套之间的连接处进行。

此外,在 TBM 上安装有瓦斯探测器对可能存在的瓦斯进行监测,发出警告声,并能自动中止 TBM 的工作。

(5) 隧洞施工质量控制

隧洞注浆 7d 后,每 100m 取 5 孔进行压水试验,孔径 38mm,孔深至豆砾石结石混凝土层的一半,稳定压力为 0.2MPa。在压力稳定的情况下每 10min 读数一次。当吃浆量小于 0.1L 时,该孔前后 10m 的隧洞为合格。另一方面隧洞注浆 28d 后取芯试验,每 100m 取芯 3 个,直径为 50～75mm。芯样抗压强度达到 20N/mm^2 时,该孔前后 15m 的隧洞为合格。

(6) 隧洞止水措施

首先是豆砾石回填注浆,其次是膨胀止水条,第三是燕尾槽勾缝砂浆。止水条材料为氯丁橡胶,其技术指标为:硬度 45±5,遇水膨胀 100%～200%,抗拉强度大于 3.5MPa,最大伸长率大于 500%。勾缝砂浆采用邯郸 525 号水泥和 0～1.25mm 细砂,掺入 4%～5%上海麦斯特生产的膨胀剂拌和而成。勾缝前接缝表面涂刷上海麦斯特生产的乳胶黏结液。止水条预留槽和燕尾槽位于管片与管片接触面迎水侧 1/3 范围内(68mm)。预留槽宽 22.5mm,深 8.5mm;燕尾槽宽 35mm。止水条预留槽与燕尾槽间距 8mm。

(7) 管片制作

混凝土预制管片做成六边形(图 8-15),每环为 4 片。根据不同洞径,管片厚度分别为 22cm 和 25cm;管片宽度分别为 1.2m、1.4m 和 1.6m。又根据围岩类别分别设计为 A、B、C 三种型号和 A、B、C、D、E 五种型号。混凝土管片在预制厂进行加工生产。管片模具边长与对角线误差不得超过±1mm。根据掘进速度及工期要求,确定预制厂的生产规模及作业班次。管片厂采用蒸汽养护快速生产工艺流程,包括钢筋加工、混凝土浇筑和养护。混凝土入仓后通过液压振动台及人工插入振捣联合作业振捣,浇注好一片后推入预热窑,经过 0.5h 和 45℃的预热后马上转入高温窑进行蒸养,温度为 80℃,养护时间为 2～3h。出窑脱模后,吊运到厂房内部进行室内覆盖养护约 48h,然后再转移到露天存放。在预冷期间对每个管片进行外观检查,如发现有蜂窝、麻面、

图 8-15 六边形管片

掉边角等质量问题,则马上进行修补,对不能修补或修补后仍有损强度或其他质量问题的,则运到废品处

放置或作他用。

4）TBM掘进中遇到的问题

(1) 溶洞

该工程在TBM掘进到总干6号洞时曾经遇到两处较大的溶洞,其体积约为30~50m³。施工中采用了以下方法处理：先停机,然后通过机头上的人孔对溶洞的情况进行观察,再根据对溶洞的检查情况,首先对底部进行豆砾石或混凝土回填并使其密实,当底部全部填到隧洞开挖直径的高程时,则开动TBM,边前进、边安装管片,在两边管片上开凿人孔对两侧及顶拱溶洞的其他部位进行填筑骨料注浆或填筑混凝土,使溶洞部分都用混凝土填密实,并且和安装的管片结合成整体,起到完整围岩的作用。

为了预防因岩溶造成机头下沉的事故,用于岩溶发育地段施工的TBM配有超前钻探设备。超前钻探的深度应大于每日的掘进长度,以确保TBM掘进的安全。时间可安排在每日TBM检修时进行。

对于一些小溶洞的处理,可在TBM掘进通过后,向衬砌管片与围岩间回填豆砾石后,再通过注浆固结即可。南干6号洞也遇到溶洞,同样进行了处理。

连接段7号洞对规模较大溶洞,因缺少来自围岩的足够支撑力及管片的接缝不容易闭合等,采用钢板将安装的管片连接在一起,并尽可能多地将溶洞中充满豆砾石。

(2) 断层破碎带

摩天岭大断层是南干7号洞内一区域性大断层,其影响带大约为300m长,为构造角砾岩。1999年5月28日,TBM开挖至摩天岭断层影响带,发生卡机事故,不得不停止掘进。

卡机事故发生后,首先是打超前钻,进行超前化学注浆、水泥注浆；接着打上导洞,对TBM前、上方进行化学注浆和水泥注浆,再对前方塌方体进行了水泥注浆。8月8日,上导洞前方发现一大空洞,再用水泥回填注浆。在对塌方体进行固结注浆的同时,将TBM刀盘附近的松散岩体进行开挖,确保了TBM在8月31日启动成功。

因松散岩层对TBM后护盾压力过大,造成后护盾变形,管片安装护盾的一半连接螺栓折断。采取了加焊钢板的措施,使TBM在边掘进边处理中稳步通过。

经过100多天的昼夜奋战,TBM于9月7日顺利通过大断层。

连接段7号隧道围岩主要是白云质灰岩和泥灰岩。TBM施工出现卡机事故地段为一平缓背斜的近核部,张性断裂发育,沿白云质灰岩与泥灰岩间发育了溶洞及层间剪切带,因构造作用而引起层间错动,导致岩石破碎。该段隧洞埋深300m,地应力高,最大主应力10MPa,超过泥灰岩单轴抗压强度(R_c<5MPa)。TBM开挖产生较大应力集中,致使层间剪切作用快速发生,变形速率达3~4cm/h。2001年6月18日午夜TBM被卡在洞中。

处理方法：打开伸缩护盾上的两个地质观测窗口；在前、后护盾的两侧中部各割开一个500mm×500mm的窗口；通过这6个侧窗,用风镐向机头上、下、前、后进行扩挖,使护盾外壁和围岩尽快脱离接触,防止机器被压坏。扩挖深度400~500mm;边扩挖边用100mm的槽钢和70mm×70mm的角钢对围岩进行支护；在围岩变形区内,用20mm厚的钢板及膨胀螺丝对相邻管片进行连接加固。经过处理,9d后TBM重新开始掘进；随后不停机,迅速通过该地段,改装重型管片,以加大管片承载能力,并立即对空腔内回填豆砾石,然后做进一步的补充注浆,以确保成洞质量。

(3) 膨胀岩

由于膨胀岩的膨胀、收缩、崩解、软化等一系列不良的工程特性,TBM在通过南干7号洞2.5km长的中、强膨胀岩地层时采取以下措施：

①加强衬砌支护：7号隧洞强膨胀性岩的饱和极限膨胀压力可达到3.0MPa以上,因此在管片的结构设计时,充分考虑围岩膨胀力对管片可能施加的荷载,确保衬砌结构安全。

②做好止水防渗：施工时,特别注意衬砌管片接缝宽度的控制和止水条安装的质量。膨胀岩的含水量损失越小越好,防止围岩崩解、软化而使TBM下沉等事故的发生。

③增大开挖断面:为了预留一定的围岩膨胀变形量,施工时增大边缘滚刀的外凸量或在 TBM 刀盘边缘加焊铲齿,以实现扩挖的目的。扩挖量的大小应根据 TBM 通过岩层的工程性质及围岩和隧洞的稳定性监测数据来调整。

(4) 土层

掘进中总干 6 号洞遇到较长一段 N2 红土层,而且含水量较大,形成塑性从而造成黏刀现象,使切削下来的黏泥不能较顺利地从出渣漏斗排出。只好采用人工从出渣漏斗一点一点往外掏的办法将其排除,进度非常缓慢。

土层中还遇到机头下沉,这在总干 7 号洞的 Q2、Q3 黄土层内出现过,其中有一处最大值达 30~50cm,使洞底在此处形成低洼段。这主要是由于 TBM 操作者没有提前将机头上抬,使其逐步爬坡以抵消其下沉。其原因是没有对此类地层承载能力能否满足 TBM 机头这样大的压力估计不足。

(5) 管片错台

错台是管片安装中普遍存在的一个问题,总干 6 号、7 号、8 号和南干 4 号、5 号、6 号、7 号隧洞衬砌的每一圆环都是由 4 片管片组成,块与块间、环与环间都应严格按照设计要求组装。但由于管片和围岩有间隙,要求安装管片时一是精心对缝,二是要立即回填豆砾石和注浆,将管片和围岩间空隙填死,使管片稳固和不产生变位。合同要求接缝平整度不超过 5mm,实际有些竟达到 20~30mm。产生错台的原因主要可归纳为几个方面,一是由于地质原因 TBM 开挖精度超差,二是管片自身的精度不够,还有就是管片安装人员操作不熟练或不认真。错台表面用砂浆掺膨胀剂进行勾缝。在连接段 7 号洞 TBM 施工中,承包商与业主、设计单位、监理单位合作,对管片设计、管片安装、回填豆砾石与注浆等方面进行了改进,使接缝达到 90%以上合格(错台小于 5mm)。

5) 施工经验

山西省万家寨引黄工程引水隧洞先后使用了 6 台双护盾 TBM 进行施工,是到目前为止国内应用 TBM 台数最多的工程。经验与教训可归纳为以下几方面:

①长隧道采用双护盾 TBM 并配合六边蜂窝形预制管片进行施工,发挥了这套技术快速、安全、掘进和衬砌同时完成的优点。

通过业主、设计、施工和监理诸方面的合作,总结经验,吸取教训,从总干 6 号、7 号、8 号隧洞施工质量不能令人满意,到连接段 7 号隧洞施工质量达到以下令人满意的指标:

a. 开挖误差控制到水平方向±150mm,垂直方向(即竖向)±50mm。

b. 管片安装错台 90%控制在 5mm 范围内,管片接缝基本合格。

c. 豆砾石回填和水泥注浆基本达到满填满灌,一次完成。

d. 管片接缝勾缝平滑、均匀、无微细裂缝,黏结紧密。

e. 管片生产、安装无明显破损或其他质量缺陷。

f. 创造了 TBM 最高日进尺 113m 和最高月进尺 1637m 的国内施工记录。

②长隧洞采用 TBM 施工,当前方地质可能引起 TBM 掘进受阻或失控时,应进行地质超前预测预报,必要时应停机对前方地质做预先处理,否则不良地质将不仅会拖延工程进度,而且会使工程陷于被动。

③长隧洞采用 TBM 施工而成洞直径不大时(如本项工程南干隧洞)时,要十分重视洞内轻轨车辆交通安全,避免人员伤亡。万家寨引黄工程南干 TBM 施工的洞内交通事故死亡 5 人,伤 2 人。

④采用双护盾 TBM 进行隧洞施工时,必须对管片安装人员实行先培训后上岗的制度,或聘用具有管片安装经验的操作人员,否则初期管片安装质量和进度不能得到保证。

⑤双护盾 TBM 掘进时产生的岩粉,沉积在隧洞底部 120°范围内,并且岩粉被主机自重压得十分密实,水泥注浆难以灌入岩粉层,形成强度低于注浆后豆砾石层的一个弱层。

⑥由于万家寨引黄工程所用的 6 台 TBM 全部是双护盾式,只能在护盾底部或侧面观察小窗口了解围岩情况,使得地质填图工作十分困难,这是双护盾 TBM 的缺点。

8.4.3 台湾雪山隧道

1) 工程概况

台北—宜兰高速公路把台北市区与东部沿海的宜兰(1ian)县连接起来,这样这两座城市之间的运行时间将大大缩短,从而促进、加速东部沿海地区的经济发展。这条高速公路从台北市的南康(Nankang)出发,向东南方向经过兰阳(Lanyang)平原,穿过西亭(Shiting)和坪林(Pinglin)两镇,全长31km。这条高速公路从坪林以东穿越了台湾的中部山脉。这条线路需修建5座隧道,总长20.1km,其中最长的隧道为台湾雪山隧道,长12.9km。台湾雪山隧道的建设是该项工程成败的关键,台湾雪山隧道是东南亚地区最长的公路隧道,在世界公路隧道中,长度居第三位。整个工程的建设将需要8年时间才能完成。隧道施工从东向西进行。

该项工程的业主,台湾地区国立高速公路工程局(TANEEB)与RET-SER工程代理处签订了上述隧道及其附属结构的施工合同。该项工程由中技工程咨询公司(Sinotech Engineering Consultants, Inc)进行管理。承包商又与法国的Spie Batignolles公司签订了东线主隧道施工和西线主隧道技术援助的分包合同,而Spie Batignolles公司又与德国维尔特公司签订了提供2台TBM的合同,用于这2座隧道的施工。

台湾雪山主隧道设计为双车道公路隧道。这2座主隧道与位于其间的1座服务隧道相连。隧道沿线有3对通风竖井。服务隧道的直径为4.8m。

服务隧道的用途如下:
① 探测隧道沿线的地质情况。
② 对不良地层进行预先处理。
③ 在主隧道施工期间及之后用作辅助隧道。

为避开一条断层带,主隧道约有800m采用传统方法开挖。主隧道的TBM在洞口进行组装,然后沿铺好的仰拱推进到掌子面。此时导洞应提前开挖到位,并且在前进中的TBM的前方对断层带进行处理。

2) 地质概况

根据招标文件,台湾雪山隧道的岩层地质主要由强度不同的粉砂岩、砂岩、页岩、泥板岩、泥岩和石英岩组成。TBM的设计最大抗压强度为300MPa。隧道的覆盖层厚度一般为300~700m。隧道必须穿过宽度达50m的断层带。这些断层带含有黏土、块状的和局部风化的岩石、淤泥和水。这样的地质情况为任何类型TBM的施工都提出了疑问。

台湾雪山隧道的一次衬砌设计为预制混凝土管片衬砌。在TBM后架设洞底拱架,铺设防水薄膜,然后用现场浇注混凝土的办法完成二次衬砌。图8-16所示为隧道的典型横断面图。

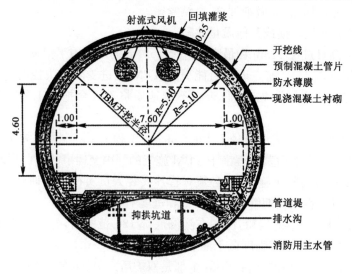

图8-16 隧道典型横断面图(单位:m)

3) TBM 技术参数及特点

(1) 技术参数及结构特点

台湾雪山隧道采用 2 台全断面双护盾 TBM(图 8-17),开挖直径为 11.74m,其主要技术参数见表 8-7。

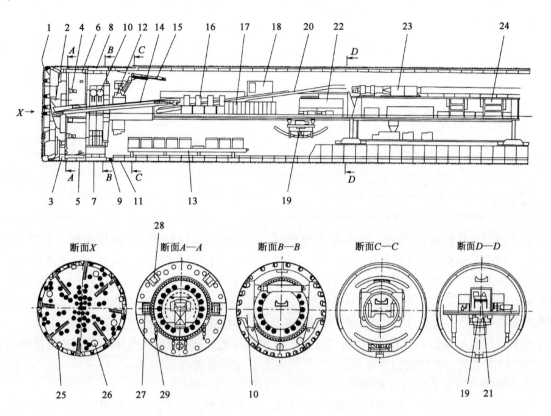

图 8-17 用于坪林主隧道施工的 ϕ11.74m 双护盾 TBM

1-刀盘;2-带闸门的渣斗;3-前护盾;4-刀盘护盾;5-伸缩护盾;6-伸缩护盾油缸;7-后护盾;8-中盾;9-止推环;10-撑靴;11-尾盾;12-管片安装机;13-管片储存台;14-输送机;15-探测钻机;16-液压电源箱;17-开关柜;18-操作站;19-管片起重机;20-桥式输送机;21-管片起重机;22-液压电源箱;23-除尘器;24-变压器;25-扩挖刀;26-人孔;27-扭矩梁;28-稳定器;29-刀盘油缸

ϕ11.74m 双护盾 TBM 主要技术参数　　　　表 8-7

系统名称	项　目	单　位	技术参数
刀盘	刀盘直径	m	11.74
	盘形滚刀(ϕ432mm)	把	77
	铲刀	把	92
	扩挖刀	把	3
	驱动方式	—	液压马达
	驱动功率	kW	4000
	转速	r/min	0~4
	扭矩(4r/min)	kN·m	7200
	脱困扭矩(0.95r/min)	kN·m	30000
推进系统	主推进油缸最大推力	kN	50600(18 只油缸)
	主推进油缸行程	mm	1850
	辅助推进油缸最大推力	kN	78700(28 只油缸)
	辅助推进油缸行程	mm	2000

续上表

系统名称	项　　目	单　　位	技术参数
支撑系统	支撑靴	块	4
	支撑力	kN	65000
管片安装机	工作荷载	kN	1100
	旋转范围	°	±220
皮带输送机	带宽	mm	1400
	带速	m/s	0～2(液压驱动)
电气系统	高压	kV	22.8
	低压	V	690/440
	变压器	kV·A	3×3150(690V);1×1250(440V)
	应急发电机功率	kW	240
	总装机功率	kW	5540
主机＋后配套	总重量	t	1800

在围岩情况允许撑靴适当地支撑在隧道壁上时，双护盾 TBM 就可以做到开挖和安装管片同时进行。TBM 开挖时，前护盾(包括刀盘)向前推压，后护盾用撑靴锁定在围岩上，这样推力和扭矩都不会传递到隧道衬砌层上。在撑靴护盾的后方，在盾尾的保护下，由管片安装机安装钢筋混凝土预制管片。只有在撑靴重新支撑时，环形管片安装与 TBM 隧道掘进才相互依赖。尾护盾的管片油缸把 TBM 的撑靴护盾向前推离已安装好的环形管片，这样就形成一个圆筒形断面。与此同时，把尾部配套系统也向前推进。

在围岩情况良好地段，可以不进行隧道支护。在围岩不稳定地段，如果 TBM 不能获得足够的撑力，那么 TBM 的施工运行就像盾构一样，安装管片与掘进不能同时进行。

为了能够顺利通过不良岩压和挤压岩层，TBM 设计具有下列特点：

①当 TBM 通过可能发生挤压的岩层时，为了获得一定的超挖，TBM 通过扩挖刀具以增大开挖直径。

②采用偏心刀盘设计，刀盘在盾壳轴线上有一个偏移量，刀盘的中心可以根据前护盾而进行垂直调整。

③刀盘护盾尽量靠近隧道掌子面。

④刀盘液压驱动，可以逆转，具有很高的脱困扭矩。

⑤为了使 TBM 能够顺利通过混杂岩层和硬岩岩层，TBM 装配有盘形滚刀和十字镐，且可以在刀盘的保护下更换这些刀具。

⑥刀盘刮刀和铲斗的开口可以部分封闭，以限制石渣溢落。

⑦边缘铲斗的开口可以封闭。

⑧渣斗可以用一个液压驱动门进行封闭，防止水/渣进入护盾。

⑨在整个掘进行程中，扭矩支撑梁可以通过伸缩护盾把扭矩的反作用力传递给支撑护盾。

⑩在尾护盾后方，安装多功能钻孔系统，供二次探测和注浆钻孔用。

(2)护盾装置

护盾长约 11m，主要由 4 部分组成：前护盾、后护盾(也称撑靴护盾或支撑护盾)，伸缩盾及盾尾。

前护盾支承着 TBM 的驱动装置和刀盘。前护盾通过伸缩油缸和后护盾相连。伸缩油缸布置为 4 组，这样能够使前护盾和刀盘转向任意需要的方向。如果发生涌水，输送机门关闭，布置在护盾底部的水泵就可以把涌水从刀盘中排出。

护盾装置的伸缩部分把前护盾和后护盾连接起来。其作用和目的是保证开挖和安装预制混凝土管片同时进行。伸缩部分的设计允许掘进矫正曲线半径为 200m。伸缩部分的千斤顶把前护盾和后护盾连接起来，并且能够传递推力、拉力。这一设计特点能够防止遇到高埋深荷载岩层不稳定时前护盾向下倾斜。

2 个带有液压缸驱动的导向垫的扭矩支撑梁把刀盘扭矩从前护盾传递到后护盾。前护盾和后护盾之间的滚动调整可以通过扭矩反作用缸进行。

位于前护盾上部的 2 个液压驱动稳定器在掘进循环中起稳定护盾的作用,并且可用于固定前护盾,且可帮助后护盾向前拉进。

伸缩部分两层外壳之间的空隙可以进行检查、清理。为便于检查,设置有数个窗口。内、外层之间的密封装置便于用水或膨润土对内外层之间的空隙进行清理。安装在外层顶部呈 12°角的刮刀有助于保持这一空隙清洁干净。

后撑靴护盾覆罩着推进千斤顶和撑靴装置。撑靴布置的几何形状能够使撑靴的支撑力作用于洞壁和洞底。这样护盾就有 3 点紧紧固定在隧道上。撑靴护盾承受前护盾的全部顶推力,并且可以使前护盾后退。撑靴衬垫按大小排列,这样其表面压力不超过 4MPa。

推进千斤顶的作用是当撑靴解锁时重新给撑靴定位,或者是当 TBM 单护盾作业时向前推进护盾。推进千斤顶布置在不同的压力区,其目的是当 TBM 在不良围岩地段掘进,且不使用撑靴和伸缩护盾时便于操作 TBM。当 TBM 以简单的盾构型式进行作业时,其刀盘扭矩必须用护盾推进千斤顶进行增补。推进千斤顶与 1 个公用止推环相连接。这个止推环可以在液压缸的作用下旋转,这样使所有的千斤顶偏斜,从而可以形成 1 个作用于刀盘扭矩的切线力。该设备的另一个特点是:有 3 个推进千斤顶(拱顶 1 个,上部象限各 1 个)装配有单个的千斤顶脚垫,这样当止推环后退时可以托住 3 块顶部管片。

完备的尾部外壳可以使 1.5m 宽的混凝土衬砌管片,包括嵌缝能够顺利安装。由于管片后部由豆砾石回填,因此在尾部内、外两侧的顶部以 270°角布置由重叠很窄的弹簧钢构件组成的尾部密封,以防止砾石进入尾部,防止砾石流动到护盾外壳周围。当管片离开尾部,进行砂浆回填时,附属在尾部底部的拖曳杆起支撑管片的作用。

(3)刀盘驱动和主轴承

刀盘(图 8-18)的设计和制造考虑预期要遇到的不良岩层状况。基于此原因,刀盘设计为一个巨大的焊接钢结构,刀盘上装有 77 把用于硬岩开挖的盘形滚刀,装有 8 个带有突齿的挖渣斗,用于软弱岩层开挖。这些突齿在盘形滚刀的后部切割开挖。盘形滚刀和突齿的检查、更换可以从刀盘内部进行。滚刀座为凹式,是刀盘的组成部分,滚刀刀圈只有一部分突出于刀盘之外,采用这种形式的刀具,可防止在断层破碎地带大块岩石堵塞刀盘。刀盘平滑的轮廓面可以对掌子面起稳定作用。挖渣斗和铲刀很浅,这样可以最大限度地减小护盾切割边缘和隧道掌子面之间的距离。

格构栅可以插入刀盘面孔以限制流入渣块的大小。周边挖渣斗的开口通过液压驱动的渣斗关闭门来打开、关闭(图 8-19)。岩渣的清理是通过安装在刀盘周边的 8 个刮刀和渣斗以及前部径向安装的渣孔进行的,刀盘内部的导向板通过渣石漏斗把岩渣传送给位于 TBM 中心的输送机。渣石漏斗位于渣筒的顶部。为了避免在断层带掘进时涌水进入护盾,TBM 装配有一个液压操作门来关闭渣石漏斗。

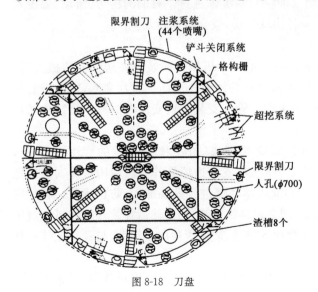

图 8-18 刀盘

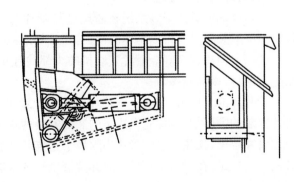

图 8-19 挖渣斗关闭装置

采用新刀具,标准情况下刀盘可以在护盾上方超挖55mm。刀盘设置有3个可以延伸的割刀/刮刀装置,这样可以增大开挖直径200mm。割刀装置采用液压伸出,采用机械方法锁定进行外伸开挖作业。该装置也装备有额外的刮刀,确保进行超挖时岩渣能有效地清理出去。为了确定护盾上方整个超挖的位置,刀盘的中心(包括主轴承和驱动)可以在垂直方向上进行调整。同心超挖完成后,刀盘装置移动到护盾上方100mm处的偏心位置,接着重新进行超挖作业。这样,刀盘就可以与仰拱齐平进行超挖作业,且顶部超挖可达255mm。刀盘超挖作业如图8-20所示。

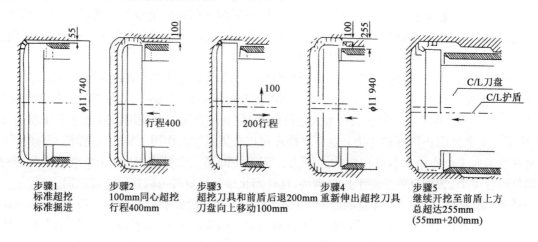

步骤1　标准超挖　标准掘进
步骤2　100mm同心超挖　行程400mm
步骤3　超挖刀具和前盾后退200mm　刀盘向上移动100mm
步骤4　重新伸出超挖刀具
步骤5　继续开挖至前盾上方总超达255mm (55mm+200mm)

图8-20　刀盘超挖作业顺序(尺寸单位:mm)

刀盘液压驱动装置可以使刀盘的转速控制不断变化,也可以进行定位和双向起动。制造的刀盘仅可用于单方向开挖。一共有18个驱动装置,驱动装置包括可变容量液压马达、行星齿轮箱和小齿轮,通过安装在大轴承内的内环齿轮向刀盘提供动力。

该驱动装置的优点是其刀盘转速可以以最为经济的方式进行调整,以适应地质情况。这样刀盘可以调整到最大可能的转速,从而在坚硬、稳定岩层可以达到最佳贯入率。在土质、破碎岩层等断层区域,刀盘可以低速运转,获得最大可能的扭矩。油泵、马达的容量可以变化,这样刀盘驱动可以以两种方式运转。一般情况下,马达处于部分容量工作状态;当需要高扭矩时,马达处于最高容量工作状态。

主轴承设计为三维双轴径向滚柱轴承。设计时考虑在通过岩层不稳定地段的曲线段和断层带时将要遇到的最大推力荷载和倾覆等情况。设有2套主驱动密封装置,1套设在轴承的内直径侧,另1套设在轴承的外直径侧。这2套密封装置可以保护主轴承和齿轮驱动装置不受污物的侵害。为进一步加强保护措施,在密封装置面向污物的一侧安装迷宫密封。用润滑油对唇形密封进行清洗,防止污物进入。对主轴承的润滑通过一个带有泵和过滤器的喷溅和制动油综合系统来进行。对油的压力、流动、温度及污染程度进行监测。润滑系统和驱动系统相互联锁,一旦出现失误,就会自动断开。

(4) 管片的安装与运送

液压驱动的管片安装系统在盾尾进行管片的安装。管片由一个机械夹紧装置夹送到安装机头部。该机械夹紧装置具有可以延伸的销栓,而这些销栓可以插入管片的注浆孔从而把管片夹起,管片安装机可在任一方向旋转220°。管片安装机的头部共有6级自由度。管片安装装置安设在撑靴护盾结构的悬梁上,并且可以纵向移动。

管片环的宽度为1.5m。管片环由5块管片和1块嵌缝块K组成(图8-21)。最重的管片约为11t,管片安装的顺序如下:首先在盾尾的底部安装两块仰拱管片,然后安装边墙管片。然后用管片安装机把拱顶管片定位、托住。边墙管片用附属于止推环装置上的液压驱动臂进行安装加固,防止倾覆。管片安装的下一步是:在附属于止推环底部的液压缸的帮助下,把2块仰拱管片分开,然后在管片安装机的液压起重机的帮助下,把嵌缝块嵌入这一空隙。在分开仰拱管片的时候,边墙管片向上移动,与管片安装机托着的拱顶管片相紧接。

这样,管片就可以形成一个圆环,并且把盾尾上部的空隙减至最小。在TBM重新复位、开始下一个循环期间及之后,要对管片环进行注浆和豆砾石回填加固。管片安装机的行程较长,能够使安装机脱离盾尾时还能托住拱顶管片,直至管片环回填后完全稳定。

衬砌管片由管片安装机的机械抓夹装置从管片储存台抓起。安装机的机械抓夹装置可以沿安装机的支撑结构做轴向移动。管片安装机的行程较长,能够使安装机托住拱顶管片,并且能够使安装机从安装的最后1环管片脱开。管片由有轨运输系统从洞口运到二级后配套系统的前端。

1号起重机把管片从卸车区运送到一级后配套系统,并且把管片储存到一级后配套系统拖车的底部甲板上。2号起重机把管片从底部甲板抓起、运送到管片储存台。2号起重机可以在一级后配套系统长度范围内移动而进入掘进机区域,从而可以把管片运送到掘进机的尾部,且不干扰管片储存台储存的管片。

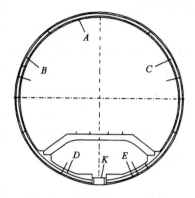

图 8-21　管片环及隧道底部拱架

管片储存台位于TBM后的仰拱上,它可以把管片、嵌缝块输送到安装机可抓夹的范围之内。管片储存台可容纳9块管片。管片储存台通过一个走梁装置自动沿仰拱管片推进,这样在盾尾后仰拱处需要额外进口时,管片储存台可以后退。

(5) 探测与注浆钻孔

在管片安装机的后面安设一个 Montabert HC.80 型多功能钻孔系统。利用这个钻孔系统,可以在刀盘的前方开钻一般的探测钻孔。对于TBM上方的探测孔的钻探,其钻孔台固定在管片安装机之后的一级后配套桥上。探测可以通过撑靴护盾顶部的导向管进行。在管片安装机上很容易安设同样的钻孔台,并且可以沿护盾的整个周边摆动。这样在不太稳定岩层地段,就可以在24个位置钻设注浆钻孔,从而在TBM的前方及周围形成一个扇形保护层,必要时,钻孔台也可用于安装顶部锚杆。

钻孔由位于一级后配套系统的电源箱提供液压动力。该设备仅用于二次注浆。注浆泵设计为双活塞型。注浆泵用于仰拱衬砌管片回填及注浆孔高压注浆。注浆所需要的干混合料及仰拱管片回填所需要的砂浆装在容器内运进隧道,然后利用1号管片起重机运送给一级后配套系统。

(6) 输送机系统

开挖下来的岩渣量很大,因此,需要一个高效的输送机系统。刀盘把岩渣装到TBM输送机上,然后通过二级输送机传送到一级后配套系统的尾部。然后再通过下一级输送机(该输送机跨过洞底拱架和轨道铺设区)把岩渣传送给梭式输送机,然后再装到轨行式出渣车上。出渣车可以停在3条轨道线上。边侧的轨道线一般情况下用来装渣,中间的轨道线也可用来装渣。

TBM输送机的皮带宽1400mm,基本上位于渣圈内刀盘的中心。输送机和前护盾相连,并且同前护盾一起移动。输送机液压驱动,可无级调速。必要时,输送机的方向可以逆转,以便把施工材料运送入护盾。输送机可以液压退回进行维修作业。

为出渣列车装渣的梭式输送机可以沿整列渣车的长度移动,这就要求输送机仅可一端卸渣。装渣时,出渣列车静止不动。梭式输送机尾部的短跨度装渣输送机的方向可以逆转,可为外侧轨道上的渣车装渣。如果需要为位于中间轨道上的渣车装渣,将撤回短跨度输送机,利用渣槽把岩渣直接装入出渣列车。

(7) 数据采集

控制台位于一级后配套系统上部的一个隔音室里。控制台包含有操作、控制TBM所需的电力和液压元件。所有的操作数据都可在控制室显示出来。同时,更为重要的参数,如刀盘的扭矩、转速、掘进速度和推力,伸缩护盾和推进千斤顶的延伸以及监测和获得的信息都可以传送到地面。在TBM作业的同时,这些数据都可以在屏幕上显示出来,并且可以用数字记录系统记录下来。施工管理部门可以把记录的这些数据打印出来,作业方可作保存或分析之用。如果出现故障,警戒灯就会警告操作员,并显示故障的类型和位置。

TBM上装有甲烷监测仪,用来监测甲烷的浓度,甲烷浓度读数能在操作室显示。当甲烷浓度达到允许值的较低限值时,警戒灯就会显亮;当达到较高限值时,声觉警戒就会发出响声。此时,操作员就应该停机。

(8) 后配套系统

台湾雪山隧道TBM的后配套系统主要由两部分组成,一级台架式后配套系统和二级轨行式后配套系统。前者为TBM提供主要的电源箱和其他设备,后者用于施工材料和岩渣的运送作业。一级台架式后配套系统在隧道底部拱架支撑壁上运行;二级后配套系统在洞内铺设的双线轨道上运行。

一级后配套系统与管片安装机的支撑结构相连,并且由撑靴护盾拖拉前进。一级后配套系统与管片安装机的连接能够使护盾的任何偏转都能通过液压缸进行矫正,以便使工作台在隧道中处于正确方位。所有的液压电源箱、开关装置、变压器、除尘器、带泵的探测和注浆钻机、骨料容器等都安装在一级后配套系统上。管片储存台位于一级后配套系统的底层。

一级后配套系统和二级后配套系统用桥架连接。该连接桥跨隧道底部拱架和轨道铺设区。撑靴护盾向前推进后,连接桥和二级后配套系统由2个液压缸向前推进。TBM的行程相当于管片的宽度1.5m。连接桥的上部结构内装配有渣石输送机、管片起重机,下层装配有用于隧道底部拱架安装和轨道铺设的起重机。

台湾雪山隧道的出渣量和材料运输量很大,这就要求必须有一个有效的后配套系统。这只有采用1个有轨后配套系统才能够实现。通过这个三轨道线后配套系统,管片、隧道底拱架、回填材料和注浆材料可以运送到工作面。这样就会给起重机更多的时间用于卸料作业。一般情况下,出渣列车的装渣作业仅在外侧轨道上进行。输送机的设计也可用于中间轨道渣车的装渣作业。

典型的运输列车由2节运料车、6节渣车、1节机车和1节人车组成。2节运料车用于运送管片,或有1节集装箱运送豆砾石和砂浆。

运输车通过一个道岔从双线轨道进入后配套系统。道岔调车系统使运输车进入三轨道线后配套系统中的一条轨道上。

供电电缆卷筒、数据传送和电话线卷筒、供水、排水软管卷筒等布设在后配套系统的尾部。

4) 开挖面不稳定问题的处理

台湾雪山公路隧道在处理掌子面不稳定问题方面是一个很有意义、很有教育作用的实例。该隧道用3台双护盾TBM施工,其中1台罗宾斯公司制造的直径为4.8m的双护盾TBM用于平导掘进,2台直径为11.74m的德国维尔特TBM用于主隧道掘进。对于主洞,预计TBM掘进的平均月进度为360m,而采用钻爆法施工的平均月进度为50m。长12.9km的台湾雪山隧道,采用TBM法施工的工期为4年半,比采用钻爆法预计的15年工期短得多。

在台湾雪山隧道开挖中遇到的主要问题与隧道东口最初2~3km极为复杂的地质状况有关。然而不幸的是,在设计阶段没有对这一极为复杂的地质状况进行充分评估。这一复杂地质状况可总结如下:

①岩体由极硬的砂岩(石英体,单轴抗压强度达350MPa,石英含量达98%)组成,为有薄黏土夹层的层状构造体。由于存在黏土夹层,该岩体有时为松散岩层,有时为挤压地层。

②岩体中的孤立带、断层带和破碎带(地下水库)有大量地下水突然涌入。

③ϕ4.8m的小直径TBM是专门用来在良好岩体中开挖平导的,并且预计施工进度很高;但是这台TBM在不良地质条件下遇到了严重问题(在1km多的隧道掘进中,掌子面坍塌多达10次,造成TBM受阻)。

④由于岩体的强度和耐磨性很高,已经证明在平导掘进中钻勘探孔和预防排水孔很困难,且耗时费钱;同样,为了改善岩体性质,以便以后大直径TBM进行正洞开挖,需沿平导断面圆周钻注浆孔也很困难,且耗时费钱。

⑤以预测的不良地质情况为基础,2台ϕ11.74m的大直径TBM是以当时最先进的技术制造的;但

是，这2台TBM却是在极为不利的岩层中掘进，且这种极为不利的岩层不能像当初预计的那样从平导内进行注浆改良。

由于上述因素，施工中出现以下问题：

①由于岩石的耐磨性极高，对整个刀盘的磨损很快，因此，不能给刀盘施加足够的推力，从而造成掌子面不稳定，且难以控制。

②隧道拱顶和边墙不稳定，从而造成对混凝土衬砌和隧道开挖断面之间的环形间隙进行的日常注浆难以实施。

③由于盾壳与围岩之间可能的相互作用（如岩块对盾壳造成的摩擦），盾壳常被卡住；且由于不能对较薄的混凝土衬砌施加足够高的轴向推力，因此盾壳脱困困难。

因此，为了克服沿隧道方向的不良地质情况，拟采用向掌子面前方进行系统的、持续的预处理的方案，但由于该方案预计费用较高、需用时间较长而被排除在外。最后决定采用钻爆法穿过这一石英岩层区，然后回过头来在地质情况良好的地段再使用2台大直径TBM进行开挖。

5）TBM施工分析

对于这座长12.9km的雪山隧道，原来设想会以较快的速度掘进，因为TBM技术具备这一优点。当时预计TBM每月的平均掘进速度可达到360m左右，而采用钻爆法在此隧道中每月平均掘进仅50m左右。12.9km长的雪山隧道采用TBM掘进大约需要4.5年时间，而采用钻爆法施工，则预计需要长达15年的时间。

施工时只掌握了极少的地质资料，风化岩层和茂密的植被使得探测钻孔和勘测非常困难。沿12.9km长的隧道定线施做的69个岩芯钻孔（计2271m）的大部分和其他辅助调查都是在东线洞口段范围内进行的，而且只有很少的岩芯钻孔穿过了大于720m的埋深，到达了隧道高程，水平钻探6孔（计1560m）。主洞（东线）于1993年7月23日开工，先在洞口以钻爆法开挖732m，1996年5月采用TBM施工，东线TBM共掘进3925m、处理和故障停机5次计374 d。

(1)施工过程分析

两条主洞采用直径11.74m双护盾TBM施工，一条与主隧道平行、相对主隧道中间下方的平行导洞采用直径4.8m双护盾式TBM施工。3台TBM均由头城往坪林方向（1.255‰上坡）施工。

①主洞（东线）。

主洞（东线）于1993年7月23日开工，先在洞口以钻爆法开挖732m，1996年5月采用TBM施工，东线TBM共掘进3925m，处理和故障停机5次计374天。1997年7月10日TBM在掘进中，掌子面发生顶拱及侧壁岩体连续坍塌80m，深度达3.5m以上，且涌水量增加，TBM无法掘进。于是暂停TBM开挖，改在顶部进行导坑钻爆方式先行支撑补强及处理前方地质工作，而后用TBM来挖掘下半断面并安装管片衬砌。采用这种"混合"方法完成了近1935m长度隧道后，才恢复TBM全断面开挖。

TBM在东线施工中，由于盾壳周围围岩变形，盾壳常被卡住，当加大推力使护盾前移时，管片的强度又不能提供足够的反力；刀盘没有足够的推力顶住掌子面，造成掌子面的坍塌无法控制；拱顶和边墙的变形使管片和隧道开挖间隙的注浆无法实现充填的目标；超前支护也受干扰。

②主洞（西线）。

主洞（西线）于1993年7月23日开工，先在洞口以钻爆法开挖881m，1996年8月采用TBM施工，西线TBM施工期间共掘进456m。处理和故障停机总计10次计961 d。TBM于1997年12月在开挖到456m，通过上新断层带的剪裂带交错区时，位于隧道截面左上方，未被探测到的地下蓄水突然爆出，冲毁无螺栓连接的管片衬砌，此时TBM刀盘后方约30m处也出现750L/S、水压达1.8MPa的涌水，涌水及岩渣造成已安装的管片断裂，其上方有约7000m³岩块等掩埋了TBM主机和它后面90m长的后配套系统。

西线TBM的遭遇使它无法恢复，修复TBM的总代价比买一台新的TBM还要贵，因此这台TBM于1999年底拆除。主洞西线改为钻爆法施工，于2003年4月贯通。

③导洞。

导洞位于主隧道两个行车孔洞之间的较低位置(图 8-22)。开挖导洞的目的不仅仅是为了探测基岩的结构状况,也是为了超前排出山体涌水以降低山体地下水位和水压。此外,也可在必要的时候由导洞处理两台主洞 TBM 前方的岩层。导洞工程完成之后即可作为避难洞和排水洞使用。1991 年 11 月,采购了 1 台直径 4.8m 的双护盾 TBM 掘进,计划长 12.9km 的导洞工程于 1995 年 3 月结束。

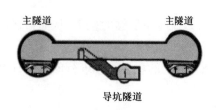

图 8-22 导洞位置示意图

导洞自 1991 年 7 月开工,先以钻爆法开挖 525m,于 1992 年 12 月 22 日采用 TBM 掘进,到 2003 年 10 月 20 日全线贯通时,共掘进 5169m,TBM 受困停机的总天数达 1228 d。其中前后 8 次受困,平均耗时 1.8 个月进行处理,第 9 次用了 10 个月时间、第 10 次用了 7.5 个月、第 11 次用了 4.3 个月、第 12 次用了 2.5 个月、第 13 次用了 2.4 个月,此外更换大齿圈用了 2.8 个月。

导洞 TBM 掘进过程中,因掌子面崩塌卡住刀盘 10 次。每次崩塌发生后,都需要从机尾处另行挖掘迂回导洞,绕行至 TBM 机头前,挖掘的同时还需要注浆止水,然后将机头位置坍塌的渣料清除,并检查和修复 TBM 受损部件。

导洞 TBM 受困的主要原因是页岩受地质构造作用后,剪裂带多呈破碎且部分含"剪磨泥",TBM 一旦开挖至此地质软弱带时,开挖面围岩容易崩塌,大量土石渣料挤入刀盘及盾体内,造成 TBM 刀盘受阻且渣料输送系统来不及处理而受困。在遭遇涌水地点,属于页岩中的较透水的破碎带,其汇集的水量较大,当开挖此软弱带时,开挖面先发生坍塌,水也随即由松动的破碎带中涌出。

(2)TBM 施工失败原因分析

①地质资料与实际有较大出入。

雪山隧道在沿 12.9km 长的隧道线上,仅施做了 69 个岩芯钻孔(累计钻深 2271m),这些钻孔大部分和其他辅助调查都是在东线洞口段范围内进行的,而且只有很少的岩芯钻孔穿过了覆盖层到达隧道高程(隧道一般埋深小于 300m,最大埋深 720m)。由于勘察周期短,勘察投入小,因此最终提供的地质勘察资料与实际有较大出入,严重的断裂和剪切带以及极大的地下涌水给施工带来了灾难。

②辅助导坑未起到保驾护航的功能和作用。

雪山隧道设立导坑隧道的目的不仅是为了探测基岩的结构状况,也是为了超前排出山体涌水以降低山体地下水位和水压。此外,也可在必要的时候由导洞处理两台主洞 TBM 前方的岩层。导洞工程完成之后即可作为避难洞和排水洞使用。

实际上由于导洞施工的严重滞后,未通过导洞进行过地质探测、排水、加固等措施,导洞没有起到保驾护航的作用。

③TBM 设计欠考虑地质适应性。

主洞双护盾 TBM 在多方面进行了改进。

a.安装了扩孔刀,可在挤压地层中扩大掘进直径。

b.刀盘可相对于护盾抬升,以扩大护盾上方的间隙。

c.刀盘可顺时针和逆时针两个方向转动,转速可变化,以获得最大起动力矩。

d.刀盘上进渣孔口可部分关闭,以控制岩渣进入。

e.关闭运渣槽以阻止水和稀泥进入盾壳内。

f.在盾尾后面安装超前钻机,以便进行支护。

④导坑隧道选用双护盾 TBM 是错误的。

a.使用双护盾 TBM 很难探测到围岩的岩性。

b.使用双护盾对围岩的支护较为困难,同时无法对正洞软弱围岩进行处理。

c.双护盾通过断层、软弱破碎地带时自身能力不强,掘进速度不高,起不到超前的作用。

d. 导坑隧道应选开敞式 TBM。开敞式 TBM 在观测围岩,超前探测,通过断层、软弱破碎带以及地应力较大围岩,排水,对主洞的支持,自身掘进速度快等方面都具有较强优势。

⑤缺乏应对软弱围岩的经验。

围岩开挖过程中,初始稳定被破坏,开挖方式、开挖进度、支护手段和类型都影响着围岩的重新稳定。人为扰动因素,也可能是造成 TBM 灾害的原因和主体。

雪山隧道 TBM 施工现场的一个明显问题是缺少经验丰富的施工技术人员。法国斯卑巴蒂诺尔公司撤走之后,台湾工程人员必须独自应对 TBM 施工。受聘的俄罗斯 TBM 操作人员更习惯于接受指令,而不能发挥主观能动性。

8.4.4 南非莱索托高原引水工程

1)工程概况

莱索托高原水利工程是将多雨的莱索托高地流向西南的河水向北引流到南非约翰内斯堡和比勒陀利亚周围干旱的工业区。引水隧洞总长度超过 200km,75% 的隧洞以及水库都在莱索托境内修建。

一期工程分为 IA 期和 IB 期。

IA 隧洞工程总长 82km。修建的拱坝将载留流向西南的马得巴马措(Malilamato)河水,通过引水隧洞和输水隧洞将水向北引流至南非的自然河流系统。从卡泽水库进水口到莫拉水电站地下厂房的引水隧洞总长约 45km,地质主要由莱索托地层玄武岩组成;输水隧洞南段约 15km,地质主要为克莱伦斯地层块状砂岩;输水隧洞北段 22km,地质条件较复杂,地质主要由软弱泥岩、砂岩、黏土岩及粒玄岩岩脉组成。

IA 隧洞工程分别使用不同制造商如阿特拉斯·科普科(Atlas Copco)、罗宾斯(Robbins)和维尔特制造的 TBM 进行开挖。共采用 5 台全断面掘进机进行开挖,分别如下:

①Atlas Copco JARVA MK-15 型掘进机 1 台。

②Robbins 167-266 及 Robbins 167-267 各 1 台,共 2 台。

③Robbins 186-206 1 台。

④德国 Wirth 公司制造的掘进机 1 台。

其中前 4 台是敞开式 TBM,适用于较简单的地质条件,均配备有瑞典 Atlas copco1238 型超前钻探设备,可在掘进的同时,进行超前钻探;最后 1 台为双护盾 TBM,适用于较复杂的地质条件。5 台 TBM 施工区段见表 8-8。

莱索托高原引水工程一期隧洞掘进简况　　　　表 8-8

工程区段	掘进工程	掘进长度(km)	掘进机型号	承 包 商
引水隧洞区段 (ϕ5.03m)	卡泽(Katze)进水口以北	10.7	Atlas Copco JARVA MK-15	LHPC 联营体
	赫劳泽(Hlotse)平洞以前	17.4	Robbins 167-267	
	莫拉(Muela)平洞以前	17.5	Robbins 167-266	
输水隧洞南段 (ϕ5.03m)	赫拉拉(Holoio)至莫拉进水口	2.1	Robbins 186-206	
	高延(Ngoajane)至赫拉拉	5.2		
	高延至 5 号通风竖井	5.7		
输水隧洞北段 (ϕ5.39m)	凯勒顿(Caledon)洞段	8.15	Wirth	HMC 联营体
	阿什(Ash)洞段	11.0		

位于南非境内最北段名为北输水隧洞,总长 22km,是一期 IA 引水工程中地质条件最复杂的,其中约 3km 采用钻爆法修建,其他施工段,即 8.15km 长的凯勒顿隧洞和 11km 长的阿什(Ash)隧洞由 1 台直径 5.39m 德国维尔特公司制造的双护盾 TBM 施工。这是世界上首次采用预制混凝土管片作衬砌的加压输水隧洞。

IB 隧洞工程的马黑尔引水隧洞,总长 32km,沿隧洞线主要分布为莱索托地层玄武熔岩,经过耐久性研究，这种岩层遇气、遇水均易分崩离析，采用2台双护盾TBM施工，分别从隧洞两端向中间开挖，1台是维尔特 ϕ5.39m 双护盾TBM，在IA隧洞工程输水隧洞北段开挖完毕后，继续用于本工程，另1台采用NFM/Mitsubishi-Bortecϕ4.88m 双护盾TBM，该机是1984年制造的，曾在西班牙、厄瓜多尔等地使用，完成过20km的开挖。

本节重点介绍地质条件较复杂的输水隧洞北段TBM施工情况。

2) 地质概况

输水隧洞北段的地质情况使之在整个工程中难度最大。隧洞分别穿过砂岩、黏土岩和泥岩等沉积层，岩层很破碎，自身呈强收敛性，特别是岩脉中断层岩石里有大量地下水。岩脉呈垂直状，稍倾斜，为闪长岩岩浆沉积岩。断层最大达20m，岩石严重破碎、部分块状并广泛风化。很硬的闪长岩岩区，抗压强度达300MPa；软砂岩地段由于含有较大的尖缘石英颗粒，研磨性很高。

3) 施工概况

11km长的阿什隧洞，于1992年6月底开始掘进，至1993年11月12日贯通。8.15km长的凯勒顿隧洞，于1994年3月12日开始掘进，至1995年3月3日贯通。

施工人员约200人，掘进为12h二班制，最高班进尺为36.4m，最高日进尺为70m，最高周进尺为306.6m，最高月进尺为1076.6m。

在隧洞掘进的早期阶段，具有强研磨性的砂岩刀具消耗是：每掘进120m，边刀的磨损量约为15mm。在较弱的低研磨性的泥岩中，边刀寿命在1.5～2km之间。

在特殊地质地段，采用超前钻机钻探是否有甲烷存在，岩脉的位置和宽度以及掌子面前方的其他地质特征，必要时进行注浆以止住大量地下水的涌入。在进行连续的岩石钻探时，每个超前孔深115m，直径65mm，使用48节2.4m的钻杆，超前孔重叠长度最少为10m，平均每次钻探约4.5h。进行超前钻探作业时，TBM停止开挖，由此产生的停机约占正常作业中TBM停机时间的5%～10%。

管片宽度为1.4m，管片拼装为5+1形式，管片最重2.5t，管片厚240mm。管片的侧边密封靠管片安装机旋转驱动使张紧力达到35kN/m，环形密封则通过管片油缸预张紧并保持恒力直到管片用螺栓连接起来。管片脱离盾尾后，每环需回填注浆约3.2m³。为处理地质预测中高覆盖岩石可能的收敛性，设计径向超挖量为145mm，但施工中并未遇到高收敛性。

隧洞最大埋深350m地段，掌子面和顶部有岩石剥落，表明有应力存在。大部分掉下来的岩石留在TBM护盾外面，空隙被环形注浆回填。在弱岩区，通过在距掌子面后约200m的TBM后配套上的注浆站向隧洞顶部进行二次防护注浆，以及当TBM开挖完成后进行的加固注浆来进一步稳固围岩。

4) TBM技术参数及特点

德国维尔特 ϕ5.39m 双护盾TBM(图8-23)由护盾组件、刀盘、刀盘驱动和主轴承、管片安装机和管片操作装置、超前钻机、出渣系统、控制室及后配套拖车等组成。

护盾长约12m，盾尾板在圆周方向闭合，在末端用橡胶垫来密封管片，用多层弹簧钢垫来密封已开挖的洞壁。

考虑到预期的困难地质条件，刀盘进行了特殊设计和制造，其上装有用于硬岩的42把单刃滚刀，刀盘前部有4个径向槽，装有24把刮刀(也称铲刀)，在较软的地层中使用，刮刀高度低于滚刀25mm。扩挖刀能将开挖直径增加40mm。刀盘以及主轴承和驱动装置还可相对前护盾进行轴向和径向调节，在 X 和 Y 方向的径向调节可按计划向洞壁一侧进行扩挖，以改进护盾系统的可操作性，轴向位移主要用来监控前护盾前移时施加在刀盘和刀具上的推力。

图8-23 莱索托引水隧道用 ϕ5.39m 双护盾TBM

超前钻机安装在管片安装桥后面的工作平台上，可在刀盘前方打超前孔。此外,钻机还可以和管片安装机一起在直径范围内摆动,于17个位置通过护盾钻注浆孔,以便在不稳定岩石中形成封闭的保护层。特制的长5m的套管沿5.5°的超前钻探角布置,连接护盾内超前钻探口和洞壁。

管片安装机可沿安装桥轴向移动,其移动距离足够安装机在一端安装封闭楔块,而在另一端又能拆除倒数第二环管片。

每块底板管片用螺栓和2根轨道枕木连接在一起,以便将钢轨从钢轨存送架上拉出并进行铺设,总长约300m的38节平台拖车就在这些轨道中运行。平台拖车上布置了双线轨道,以便在1列矿车装渣时,第2列矿车可并排运行。装渣区安装了液压平台拖车拉动装置,操作员可根据装渣量自由移动矿车。在长约230m的3号曲线皮带输送机终端,有1个较短的可摆动装渣斗,以便将岩渣分装到停放在后配套左侧或右侧轨道上的那组空矿车里。

在TBM后面距洞口约4km的地点安装了加利福尼亚道岔,以便使车辆在隧洞内错车通过。TBM后配套拖车上使用双线轨道系统,使用了3列矿车,每列有8节10m³可回转倾翻倒渣矿车,由25t柴油机车牵引。

TBM主要技术参数见表8-9。

ϕ5.39m 双护盾 TBM 主要技术参数　　　　　　　表8-9

系统名称	项　　目	单　　位	技 术 参 数
刀盘	开挖直径	m	5.39
	驱动功率	kW	1500
	驱动方式	—	液压
	转速	r/min	0～8.6
	扭矩(4.0r/min)	kN·m	2700
	扭矩(8.6r/min)	kN·m	1250
	脱困扭矩	kN·m	4500
	滚刀(ϕ416mm)	把	42
	刮刀	把	24
	扩孔刀	把	2
	扩孔范围	mm	+20
	刀盘水平位移	mm	300
	X、Y方向径向位移	mm	±30
推进系统	主推进油缸推力	kN	2500×12=30000
	主推进油缸行程	mm	1530
	铰接油缸推力	kN	2500×4=10000
	铰接油缸行程	mm	110
	辅助推进油缸推力	kN	1250×20=25000
	辅助推进油缸行程	mm	1900
撑靴	支撑力	kN	9500×4=38000
管片安装机	工作载荷	kg	3000
	摆动范围	(°)	±210
皮带输送机	皮带宽度	mm	800
	皮带速度(液压)	m/s	0～2.4
电气系统	主电压	kV	11
	工作电压	V	380
	变压器	kV·A	3×1000=3000
	装机功率	kW	1800

8.4.5 新疆大坂输水隧洞工程

1）工程概况

八十一大坂隧洞工程为南岸干渠工程中部控制性工程，位于新疆伊犁哈萨克自治州巩留县和察布查尔县境内，始于巩留县城西南，终于察布查尔县城东北（图8-24）。大坂输水隧洞工程线路总长31887.577m，包括隧洞1条，长30680.296m；隧洞进、出口埋涵各1座，长52m；隧洞进、出口明渠各1条，长1155.281m，设计引水流量为65m³/s，加大引水流量74m³/s。输水隧洞进口距伊宁市约71km、中部距伊宁市约82km、出口距伊宁市约86km。隧洞为无压引水隧洞，采用TBM法与钻爆法相结合的施工方案。TBM施工段分两段掘进，使用1台TBM自隧洞出口向上游掘进，第一段长度9638.423m，第二段长度10076m，TBM总掘进长度为19714m。采用六边形预制钢筋混凝土管片衬砌，衬砌后内径为6.0m，管片宽1.6m，管片厚度28cm，每块管片重量约5.6t。管片在洞内拼装后四片组成一环，管片与围岩之间的空隙用豆砾石充填并进行水泥注浆。出渣采用轨道列车出渣方式，轨距900mm，石渣运到洞外的转渣场。2005年，通过国际招标引进1台德国海瑞克公司制造的φ6.755m双护盾TBM。

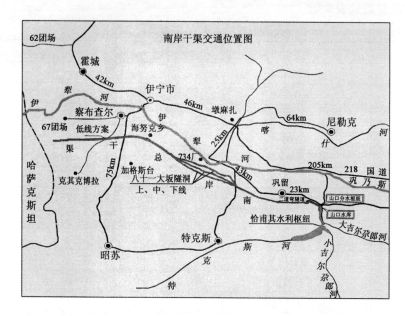

图8-24 新疆大坂输水隧洞工程位置

2）地质概况

输水洞沿线为断褶隆起而成的低山丘陵区，海拔高程870～1100m，总体地势南高北低，沟脊相间，切割深度10～150m不等。隧洞穿越的地层有第四系中～下更新统冲洪积层、下更新统（Q_1fgl）冰水沉积层，侏罗系中～下统（J_{1-2}）炭质粉砂岩、砂岩、泥岩，Ⅱ～Ⅲ类和Ⅲ～Ⅳ类围岩占隧洞总长的64.9%，土洞段占27.6%，大部分洞段位于地下水位以下，多为不富水基岩裂隙潜水和第四系松散层孔隙潜水。

以砂砾石层为主地段，粒径主要在5～40mm之间，含量为50%～60%，结构较为密实，其中下部多呈泥钙质弱胶结，有一定自稳能力；由炭质粉砂岩、砂岩、砾岩及泥岩组成地段，其单轴抗压强度一般为20～40MPa，最高65MPa；由凝灰质砂岩和安山岩以及少量正长岩、花岗岩组成地段，其岩石强度较高，凝灰质砂岩单轴抗压强度一般为60～90MPa，火成岩类岩体单轴抗压强度一般为110～140MPa，石英含量为15%～40%（表8-10）。

3）施工方案

初步施工组织确定：TBM施工进尺为910m/月，TBM步进并安装管片每天进尺为160m；钻爆法施工段10966m，共有3条支洞，支洞总长718.6m，隧洞进口段2000.527m；支01洞长320.7m，控制洞长3000m；支02洞长215.1m，控制洞长4000.4m，钻爆法施工一次支护，TBM步进通过并进行管片安装，同时此支洞为检修支洞,永久保留;支03洞长182.8m,控制洞长1165m,钻爆法施工一次支护,隧洞出口段长800.3m,进口50m进行衬砌,其余为TBM通过并进行管片安装(图8-25)。

大坂输水隧洞TBM施工段各类岩石比例　　　　　　　　　　　　　　　表8-10

岩石类型	长度(m)	比例(%)	岩石抗压强度
二叠系P_1:凝灰质砂岩,安山岩和流纹岩(弱风化)	2805	14	凝灰质砂岩60~90MPa;安山岩和流纹岩110~140MPa
保罗系J_{1-2}:厚层炭质粉砂岩、砂岩和砾岩(弱风化)	7211	36	炭质沉积最大65MPa,平均20~40MPa;砂岩60~90MPa
侏罗系J_2:砂岩、碳素泥岩混合岩(砂砾),含煤岩层(弱风化~强风化)	7653	40	砂岩:60~90MPa;炭质岩硬度:最大65MPa,平均20~40MPa
含土岩层Q_1:冰水沉积砂砾层,砂砾。主要为沉淀在砂/黏土层中的凝灰岩和花岗岩(5~40mm)	2045	10	小于10MPa

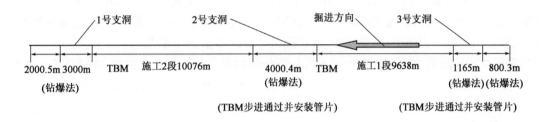

图8-25　新疆大坂输水隧洞施工平面示意图

4) TBM技术参数

TBM主要技术参数见表8-11。

ϕ6.755m双护盾TBM主要技术参数　　　　　　　　　　　　　　　　　表8-11

序号	项目	参数	序号	项目	参数
1	开挖直径(mm)	6755	21	支撑靴数量(个)	2
2	刀盘最大扭矩(kN·m)	4496	22	支撑靴接地比压(N/mm²)	3
3	刀盘额定扭矩(kN·m)	2998	23	支撑油缸行程(mm)	500
4	刀盘脱困扭矩(kN·m)	5413	24	支撑油缸最大支撑力(kN)	36989
5	刀盘驱动功率(kW)	6×350=2100	25	变压器总容量(kV·A)	3500
6	刀盘转速(r/min)	0~8.03	26	主机皮带机输送能力(t/h)	700
7	滚刀(把)	42	27	应急发电机(kW)	150
8	单刀最大承载力(kN)	267	28	湿式除尘器(m³/min)	300
9	稳定器最大支撑力(kN)	2×1500=3000	29	二次通风机(kW)	60
10	主推进油缸数量(个)	10	30	管片安装机型式	机械式
11	主推进油缸行程(mm)	1700	31	管片机安装头摆动范围(°)	±200
12	主推进油缸总推力(kN)	28149	32	管片安装机功率(kW)	75
13	反扭矩油缸数量(个)	2	33	管片机纵移行程(mm)	2400
14	反扭矩油缸力(kN)	1700	34	管片注浆泵能力(m³/h)	2.4
15	伸缩油缸数量(个)	8	35	管片注浆泵压力(MPa)	2.5
16	伸缩油缸行程(mm)	950	36	辅助注浆螺旋泵能力(m³/h)	2
17	伸缩油缸总推力(kN)	12736	37	螺旋泵注浆能力(m³/h)	8
18	辅助推进油缸数量(个)	20	38	豆砾石泵(m³/h)	12.5
19	辅助推进油缸行程(mm)	2600	39	豆砾石罐(m³)	2×12.5
20	辅助油缸总推力(kN)	37160	40	后配套长度(m)	110

8.4.6 青海引大济湟引水隧洞

1) 工程概况

引大济湟工程是青海省内一项引大通河水穿越大坂山补给水资源紧缺的湟水河长距离调水工程,由石头峡水利枢纽、调水总干渠、黑泉水库、湟水北干渠、湟水南岸提灌工程组成。引水隧洞是调水总干渠的重要组成部分,位于青海门源、大通县境内,隧洞出口在大通县境内、宝库河牛场至孔家梁之间的纳拉,距西宁市91km,出口为宝库河盆地,高程在2941m左右,隧洞中段为大坂山及其两侧的中高山,高程一般在3300~4200m,属构造侵蚀高山区,相对高差达千米,隧洞在磨扇沟左岸宽缓平台部位设通风竖井,地面高程约3282m。引水隧洞最大埋深达1028m,平均埋深约480m,埋深大于600m的隧洞长约10km。

引水隧洞全长24165.83m,沿线分布下元古界至第三系地层,有变质岩、火成岩、沉积岩,岩性复杂。全隧Ⅱ类围岩7017.4m,占隧洞总长的33.2%,Ⅲ类围岩4923m,占隧洞总长的23.3%,Ⅳ类围岩3841.52m,占隧洞总长的18.2%,Ⅴ类围岩5383.08m,占隧洞总长的25.4%。采用TBM施工段长19940m,其中TBM段Ⅱ类长6587.65m、Ⅲ类长4152.75m、Ⅳ类长3841.52m、Ⅴ类长5358.08m。调水总干渠工程具有长距离隧洞施工通风、长距离隧洞施工运输、断层破碎带施工、高压富水地层施工、煤系瓦斯地层施工、高地应力施工、环境保护、工程测量与补勘等重点和难点。

引水隧洞由中铁隧道集团引进1台德国维尔特公司制造的 $\phi 5.93m$ 双护盾TBM施工。采用预制混凝土管片衬砌,外径5.7m,内径5m,管片厚35cm,环宽1.5m,每环6片(含封顶块),单片最大重量约4.5t。

2) TBM技术参数

TBM主要技术参数见表8-12。

$\phi 5.93m$ 双护盾TBM主要技术参数 表8-12

序号	项目	参数	序号	项目	参数
1	开挖直径(mm)	5930	18	撑靴支撑力(kN)	45000
2	最大扭矩(3.9r/min)(kN·m)	4000	19	撑靴最大对地压力(MPa)	4
3	额定扭矩(7.4r/min)(kN·m)	2000	20	皮带宽度(mm)	800
4	刀盘脱困扭矩(kN·m)	5200	21	主机皮带机输送能力(m³/h)	600
5	刀盘驱动功率(kW)	6×286=1716	22	皮带速度(m/s)	0~2.5
6	刀盘转速(变频)(r/min)	0~7.8	23	皮带输送机(kW)	55
7	滚刀(把)	50	24	勘探钻机(kW)	55
8	单刀最大承载力(kN)	250	25	管片回填砂浆(kW)	15
9	主推进油缸行程(mm)	1800	26	除尘器(干式)(kW)	53
10	主推进油缸总推力(kN)	25000	27	二次通风机(kW)	45
11	辅助推进油缸行程(mm)	2350	28	空压机(kW)	220
12	辅助油缸总推力(kN)	34000	29	供水系统(kW)	65
13	掘进机总重量(t)	约450	30	污水泵(kW)	16
14	后配套重量(t)	约260	31	豆砾石泵(kW)	30
15	主机长度(m)	12.5	32	总装机功率(kW)	2810
16	TBM总长(m)	160	33	变压器总容量(kV·A)	3200
17	伸缩油缸数量(个)	14	34	初级电压/二级电压	20kV/690V

3) TBM卡盾处理

(1) 问题现象和描述

2008年4月进入大坂山南缘断裂带(F5、F4、F19断层组)以来,TBM经历10次大的、长时间的卡机(表8-13),工程无法正常进行。

TBM 卡机统计表　　　　　　　　　　　　　　　　　　表 8-13

卡机次数	时　间	卡机桩号	卡机原因
第一次卡机	2008 年 4 月 3 日	K17+140.416	围岩收敛
第二次卡机	2008 年 4 月 30 日	K17+135.284	坍塌+收敛
第三次卡机	2008 年 6 月 29 日	K17+133.868	坍塌
第四次卡机	2008 年 9 月 3 日	K17+117.984	TBM 姿态失控+收敛
第五次卡机	2008 年 11 月 3 日	K17+102.586	坍塌+收敛
第六次卡机	2008 年 12 月 24 日	K17+086.993	坍塌+收敛
第七次卡机	2009 年 9 月 18 日	K16+905	坍塌
第八次卡机	2009 年 10 月 18 日	K16+981	坍塌+收敛
第九次卡机	2009 年 12 月 25 日	K16+876	坍塌+收敛
第十次卡机	2010 年 7 月 23 日	K16+775	掌子面失稳+收敛

(2) TBM 十次被困及脱困施工情况

① TBM 第一次被困及脱困施工。

a. TBM 被困经过。2008 年 4 月 2 日 19:50，TBM 掘进至里程 K17+144.153 时，推力 4169KN，刀盘转速 3.6r/min，贯入度 14.6mm/r，TBM 掘进正常；2008 年 4 月 3 日 0:17，TBM 掘进至 K17+140.416 时，推力由 5500kN 突然增加至 9000kN，同时 TBM 司机发现贯入度也突降为 0 mm/r，立即采取退回刀盘重掘的措施，但 TBM 无法向后移动。随后采取了单护盾掘进模式推进，但采用单护盾模式推进时，刀盘贯入度仍为 0mm/r，判断 TBM 前盾被卡。此过程 TBM 掘进 3.737m，历时 4 小时 27 分钟。TBM 刀盘至前盾尾部长度为 4m，按最不利情况考虑，受困最严重位置到刀盘距离为 4m。

b. TBM 被困原因分析。该段围岩虽然外观较完整，但是围岩局部有夹层泥存在，且是微裂隙发育，为压密结构，具膨胀性。该段隧洞埋深大，受高地应力影响，开挖后围岩收敛变形速度较快。开挖洞直径为 593cm，刀盘提升 20cm，TBM 前盾直径为 586cm，盾壳顶部与洞室间距为 12cm，即 4.5h 收敛变形量达到 12cm 以上，即 27mm/h。

所以本次卡机是因围岩收敛变形速度过快造成 TBM 主机被卡。

c. TBM 脱困施工。本次脱困施工的总体思路为：将盾壳大跨以上周边岩体清除，并采用钢筋网片+木板+方木+工字钢临时支撑形成一个高 1.2m 的空间，以释放盾壳压力，帮助 TBM 脱困。开挖采用风镐配合弱爆破，在盾壳外开挖出一个高 1.2m 的环形洞室，在开挖过程中及时采用锚杆、网片及钢架、木支撑联合支护，人工出渣，严格按既定方案和循环进尺施工。

钻孔采用冲击钻，钻头直径 24mm，孔深 40cm，每循环钻孔 4 个，每孔装药 0.5 根，火雷管起爆毫秒雷管，雷管引爆乳化炸药，较完整部分每循环钻孔 8 个，采用 1 段和 5 段毫秒雷管分段爆破，每次采用一发火雷管起爆毫秒雷管。出渣采用人工搬运到观察窗口并通过 1 号、2 号皮带机倒运到矿车内，通过矿车运至洞外。

d. 脱困施工方案总结。采取人工开挖+临时支撑的方案脱困，可以有效地释放因围岩坍塌、收敛所产生的对盾壳的压力，能够实现 TBM 脱困，使 TBM 满足掘进条件。但是，对 TBM 下步掘进施工没有预防作用，并且临时支撑是以 TBM 盾体作为支撑，TBM 掘进后所有支护结构将被破坏。

2008 年 4 月 30 日 TBM 脱困后实现掘进，掘进至 K17+135.284 再次被卡。本次脱困历时 27d，TBM 进尺仅为 5.132m，效率非常低。同时，人工开挖+临时支撑的方法安全隐患非常大。

根据当时情况分析，地质条件并没有好转，掌子面围岩存在塌方、快速收敛、地下水伴随涌泥等地质灾害，同时，TBM 的运转情况不稳定，不能保证连续、快速通过。

所以，该方案对本工程目前现状施工而言弊端较多。

②TBM第二次被困及脱困施工。

a. TBM被困过程。2008年4月30日TBM第一次脱困后实现掘进。TBM掘进时采用单护盾模式,TBM掘进至K17+135.280掘进停止更换渣车,后恢复掘进时,发现此时刀盘被卡无法启动,采用双护盾模式掘进退刀盘后,仍然无法转动刀盘,表现为刀盘手动模式启动刀盘电机离合器跳的现象,检查发现刀盘前面全部是岩渣,卡机先是刀盘无法启动,然后是整个前盾伸缩盾围岩发生坍塌导致本段盾壳被卡,尾盾亦因围岩快速收敛被困。

b. TBM被困原因分析。根据TBM被困后5月10日进行的专家会上形成的结论,此次塌方发生在F5断层内,埋深大,地应力高,围岩整体性差,且处于岩性发生变化的边界带。TBM在该段内采用单护盾模式掘进过程中掌子面处围岩失稳,发生坍塌,造成刀盘被卡,伸缩盾段原脱困形成的支护结构在高地应力作用下失效,围岩坍塌,最终导致TBM被卡。

c. TBM脱困施工。TBM被卡后项目部决定先处理刀盘被卡的刮渣孔,试图将刀盘前面的渣放出一部分以便启动刀盘,于是进行刀盘处掏渣。从刀盘右上角取出一把正滚刀,配合刀盘右侧刮渣口开口同时进行掏渣,截止到2008年5月6日下午,共出渣虚方450方,通过对出渣情况的了解及出渣口塌体的观察,塌方体仍压住刀盘及盾壳,采用放渣的方式无法帮助TBM脱困。

根据专家会讨论形成的意见,决定从尾盾倒数第二环管片拱顶部开口进入盾壳外,自后向前对收敛围岩及塌方体进行人工开挖,帮助TBM脱困。进盾壳外后,采用人工开挖大跨以上围岩。

TBM脱困施工时,由于刀盘及前盾处的塌方,破坏了隔水层,形成施工段与含水层的通道,开挖施工进入塌体之前,工作面出现了线状淋水,给施工造成了较大障碍,开挖施工进行塌方段后,塌体经水浸泡后变成流质泥状结构,开挖过程中发生多次涌泥事故,给施工安全及施工进度造成了极大影响,在本段施工中,项目部采用密插小导管,缩短开挖进尺进行强支护的方法进行施工,本次脱困掌子面在开挖至K17+131.28处。

d. 脱困施工方案总结。采取人工开挖+钢架支撑+锚喷支护的方案脱困,可以有效地释放因围岩坍塌、收敛所产生的对盾壳的压力,同时能解决刀盘被困以及控制掌子面进一步坍塌的问题,能够实现TBM脱困,使TBM满足掘进条件。但是,对TBM下步掘进施工仍没有预防作用,不能确保TBM安全掘进。2008年6月29日TBM脱困后实现掘进,掘进至K17+133.868再次被卡。本次脱困历时60天,TBM进尺仅为1.416m,效率非常低。

与第一次脱困方法相比,这次脱困的目的及效果相差不大,施工安全性有所改善,但是断面选择及支护结构对TBM掘进时的抗扰动能力较差。就目前情况,地质条件并没有好转,掌子面围岩存在塌方、快速收敛、地下水伴随涌泥等地质灾害,同时,TBM的运转情况不稳定,不能保证连续、快速通过。所以,该方案对本工程目前现状施工而言弊端较多。

③TBM第三次被困及脱困施工。

a. TBM被困经过。2008年6月27日上午按照批复的方案进行钢拱架托换,对个别的地方先用长方木支撑到盾壳,经过监控拱顶下沉量5mm,拱架支撑因为弹性变形最大2cm,14榀位置收敛4mm,拱架底部割除高度5cm,TBM于5时30分开始试转刀盘推进。

刀盘推进中利用了双护盾的模式,撑靴局部支撑,利用支撑盾、后盾提供支撑反力推进,采用的双护盾掘进模式成功,前盾脱困。前盾顺利推进600mm(此段为原刀盘脱困挖槽),TBM顺利脱困,正常往前掘进。当刀盘掘进至K16+133.868时,掌子面右侧在TBM扰动下坍塌,但由于前面围岩尽管在人工开挖时能自稳,但在TBM掘进模式下却从掌子面开始出现了连续的坍塌,最终在8时30分左右塌方体和拱部原来的塌腔连通,塌腔高度不详,刀盘前面和13榀拱架前面塌方体将刀盘盾壳埋住,由于19~22榀拱架支护壳上面坍空,拱架失效掉在刀盘前面,且和原来塌腔连通,刀盘不能继续前进,遂决定停止掘进。设备再次被困。

b. TBM被困原因。本次TBM被困的直接原因为刀盘处围岩、掌子面围岩稳定性极差,前盾位于原塌方体范围,在掘进时掌子面发生坍塌,刀盘前支护拱架处围岩松动,围岩压力及拱脚失稳双重作用导致支护结构破坏失稳,支护失稳后与原塌方体发生联系,导致更大面积坍塌,失稳的支护结构与塌方岩体共同压在刀盘上,导致刀盘被卡,TBM 被困。

c. TBM 脱困施工。脱困开挖施工前先对既有未破坏支护结构采用施作护拱进行补强,加固范围为原支护拱架 1~14 榀。1~9 榀拱架,加固方法采用方木径向支撑,每榀拱架设 3 个支撑点,中心 1 个两侧对称各 1 个,支撑完毕后对拱架进行补喷浆。7~14 榀内插护拱,并在护拱拱脚处施作 120cmC20 混凝土条形基础。

原支护加固完成后,采用常规开挖的方法对塌方体及刀盘前方进行开挖,刀盘面往后盾壳段开挖面底板为盾壳底往上 50cm,刀盘前采用全断面开挖,开挖超前刀盘 7.5m,并施作 50cm 厚喷混凝土仰拱,TBM 步进通过。在非塌方段的开挖施工中,由于围岩为压密结构,且母岩硬度高,人工开挖存在较大困难,进行了局部爆破。

刀盘前 7.5m 全断面开挖完成(开挖至 K17+126.368),并完成仰拱施工后,根据掌子面超前探孔结果,前方围岩为不稳定~极不稳定状态。为了防止 TBM 向前掘进时塌方继续扩大导致后部支护失效再次卡机,TBM 推进前必须对前方围岩采用长管棚注浆进行超前预加固,管棚长度 8m,外插角 10°~15°。

d. 脱困施工方案总结。单从使 TBM 恢复掘进条件的方法来讲,与第二次脱困方法基本相同,只是对原支护结构作了补强措施。不同是本次采取了超前全断面开挖+超前预加固,对 TBM 下步掘进施工起到了预防作用。但是,由于超前开挖+超前预加固总长度只有 15.5m,对于刀盘前方 15.5m 以后(即 K17+118.368 向前)的 TBM 掘进仍没有预防措施。2008 年 9 月 3 日,TBM 掘进至 K17+117.984 时,TBM 因姿态失控与围岩收敛变形被抱死,导致 TBM 被困。

本次脱困历时 64d,TBM 进尺为 15.884m,效率仍很低。效率低的原因主要是:全断面开挖工程量较大,完全靠人工开挖、出渣,同时辅助工序也因空间限制而大大降低了效率。

④TBM 第四次被困及脱困施工。

a. TBM 被困经过。2008 年 9 月 3 日,第三次 TBM 脱困施工完成,刀盘前开挖完成 7.5m 后,TBM 开始往前步进,在步进过程中,由于底部仰拱经水浸泡后已丧失承载力,同时盾壳周边围岩已清理,撑靴不能有效作用,无法将刀盘抬起,TBM 在掘进中向右下方向栽头,TBM 掘进进入围岩后,由于 TBM 偏向趋势过大,仍无法有效将刀盘抬起及往左回调,TBM 掘进至 K17+117.984 时,TBM 姿态已严重偏离设计位置(刀盘面水平方向偏右 600mm,竖直方向偏下 770mm),TBM 姿态偏差导致管片安装困难,且安装质量差,在这种情况下,TBM 无法继续掘进,同时围岩发生收敛,造成 TBM 被困。

b. TBM 被困原因分析。本次 TBM 被困的直接原因是围岩在高地应力情况下发生快速收敛,导致 TBM 盾壳被围岩抱死,设备被困;间接原因是 TBM 在全断面开挖段步进时由于底部承载力不够使得姿态失控,导致掘进方向偏差过大,管片安装极为困难,被迫停机。

c. TBM 脱困施工。由于 TBM 在步进及掘进过程中姿态失控,严重向右下偏转,造成后续管片安装时左上盾尾间隙过小,管片安装错台严重超标,加之管片外侧为原人工开挖空腔,管片安装后横向约束不及时,造成安装管片腰部外鼓,管片拱顶部纵向接缝拉开。经研究决定下一步施工将对 TBM 采用单护盾模式掘进以利调向,为保证单护盾掘进时管片油缸推力不将现有管片结构破坏,决定先行将管片进行加固,管片采用 U160 槽钢及螺栓加强管片间连接,以增加管片成环的结构强度。加固方式为管片内外侧对称增加槽钢压板,通过注浆孔采用拉杆连接。压板纵横布置,重点加固 B,C,D 块之间的连接。

本段 TBM 掘进洞轴与设计发生较大偏差,且掘进趋势偏向过大,无法采用常规方法进行 TBM 姿态回调,经参建各方讨论决定将 TBM 往后退,并在刀盘前方浇筑钢筋混凝土导向台,进行 TBM 调向。

TBM 脱困施工仍采用开挖盾壳段收敛围岩,释放盾壳压力的方法帮助 TBM 脱困,本次脱困施工自 K17+128.586 将原支护断面扩挖,并按相同断面开挖至 K17+116.586,将刀盘前段开挖至全断面后,掌子面再浇筑混凝土反力墙,采用方木块作为反力架,进行 TBM 后退操作。TBM 后退 8m,并拆除管片 6 环,刀盘至掌子面段现浇 C25 钢筋混凝土仰拱,并设置导向轨及施作始发环、导向台等后,TBM 往前步进。

TBM 步进前对 TBM 及已安装管片实际测量,得到以下数据:最末环管片(4508 环)较设计高程高 354mm;盾尾上翘,较设计高程高 660mm;刀盘位置下沉,较设计高程低 90mm,导向台刀盘位置较设计高程低 90mm。结合现场实际情况,经计算,如果按现有管片高程及盾壳水平、竖向姿态进行施工,竖直方向将出现管片安装后后配套无法通过的现象,为保障 TBM 步进及掘进的顺利进行,经过对现场实际情况的测量,项目部采取将末尾后四环管片向下凿除 15cm(将此四环轨线向下移 15cm,以引导 TBM 通过时姿态各下移 15cm),并将本四环管片下部 TBM 可以接触部分混凝土进行拉通凿除处理。TBM 步进时头四环管片采用盾壳外安装,并将管片下缘上表面与已安装管片下凿 15cm 后平齐,以保证轨线平顺。

TBM 步进后安装的第 4513、4514、4515、4516、4517、4518 环管片 C 片采用钢管片代替,而且此六环管片采用 D 块居中通缝拼装,以保证环管片 C 片始终位于右上角位置。通过将 TBM 整体降低及用钢管片增大 TBM 与管片的间距,采取上述措施后,TBM 后配套部分顺利通过本 TBM 姿态调整段。TBM 姿态调整说明如图 8-26 所示。

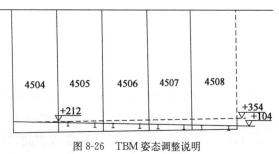

图 8-26 TBM 姿态调整说明

⑤TBM 第五次被困及脱困施工。

a. TBM 被困情况。TBM 完成方向调整,并将未尾盾后部分超高管片底部处理后,TBM 于 2008 年 11 月 2 日开始掘进,始发里程为 K17+116.586,掘进 13.998m 至 K17+102.588 后,发现 TBM 无法进行换步,通过伸缩盾观察孔及刀盘观察,发现拱顶部围岩存在较严重的坍塌现象,腰部围岩紧贴盾壳,确定 TBM 被困。

b. TBM 被困原因分析。停机前(2008 年 11 月 4 日凌晨 3:00)之前掘进还很正常,参数为:刀盘转速 1.3r/min、扭矩 740kN·m、贯入度 20.2mm/r、推力 4732kN,紧接着出现无法换步的现象,说明由于地质破碎,开挖到安装管片这段时间内盾壳顶部发生快速的收敛变形及塌方,导致盾壳被塌体抱死,TBM 被困。

TBM 被困时掘进里程为 K17+102.588,TBM 已全部进入围岩,通过刀盘、观察口及通过钢管片进入管片外观察,发现拱顶部围岩存在较严重坍塌现象,腰部围岩在高地应力情况下收敛,紧贴盾壳,分析 TBM 本次卡机为盾壳拱顶部塌体及周边围岩收敛挤压盾壳共同作用导致的结果。

c. TBM 脱困施工。本次脱困总体方案为:采用从尾盾往前对盾壳上部塌体进行开挖及支护以释放盾壳(开挖范围为大跨下 50cm 以上拱圈)压力,帮助 TBM 脱困。在塌腔外露段,先将塌腔壁支护稳定,然后立拱喷混凝土支护通过;在塌体堆积体较厚部位,采用不清除塌体,从塌体内部通过的方式。开挖及支护工作完成后,在形成的开挖段掌子面打设超前大管棚后,方进行 TBM 掘进。脱困方案示意图如图 8-27 所示。

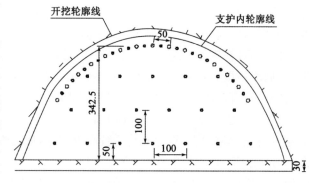

图 8-27 脱困方案示意图(尺寸单位:cm)

TBM 被困后,由于围岩破碎,塌腔在持续扩大,塌腔最高处目测超过 10m。在塌体开挖过程中,因塌腔过高,频繁出现滑渣及二次坍塌现象,且下滑渣体数次将前小管棚破坏,施工极为困难,实际施工中采用类似 CRD 工法开挖(即单节拱架开挖超前,并每榀每节均进行喷混凝土支护,喷混凝土支护层厚 20cm)及右侧小导洞超前开挖至刀盘,扩挖后反向开挖塌体的施工方案。

刀盘前半断面开挖到 K17+096.471 后,根据业主、设计及相关规范要求,项目部于 12 月 12 日开始超前大管片注浆加固前方围岩的施工。在掌子面喷 40cm 厚的 C25 混凝土封装掌子面后,K17+092~K17+097 段采用孔口管注浆,孔深 5m,纵横间距 1m,梅花状布置,K17+082~K17+097 段施作 φ60 超前长管棚加固注浆,L=15m,间距 50cm,拱部布置。首行利用孔口管进行帷幕注浆,帷幕注浆完成后,利用超前长管棚进行超前预注浆加固。

d. 脱困施工方案总结。考虑到第三次脱困采取了超前全断面开挖＋超前预加固,对TBM下步掘进施工所起的作用,本次脱困施工采取半断面开挖＋超前预加固,超前预加固长度增至15m。但是,由于前方围岩在未扰动的情况下均为压密性结构,注浆量太小,大管棚13孔共计注浆1324L,平均每孔注浆101.8L,单位孔最大注浆量250L(出现窜浆现象),最小注浆量20L(窜浆后管孔已有浆液)。大管棚注浆最高注浆结束压力为7MPa,最低注浆结束压力2MPa(青海引大济湟超前固结注浆施工报告)。

2008年12月23日,TBM掘进至K17＋086.993时,TBM因前方围岩收敛变形及后部管棚整体坍塌被抱死,导致TBM被困。

本次脱困历时50d,TBM进尺为15.593m,效率仍很低。效率低的原因主要是:完全靠人工开挖、出渣,同时辅助工序也因空间限制而大大降低了效率。

⑥TBM第六次被困及脱困施工。

a. TBM被困经过。2008年12月23日TBM开始掘进,此时一边进行掘进一边进行设备的最后调试,掘进3.754m后,设备各系统调试完毕,且均处于正常工作状态,12月25日凌晨3时40分,TBM掘进开挖掌子面,此后TBM一直进行正常掘进,出渣量亦无异常,至12月25日12时09分,TBM掘进14.388m后,发现TBM出现前盾无法推进的情况,此时采用双护盾模式向前推进,结果导致后盾后退5cm,确定TBM前盾被卡,此时刀盘桩号K17＋086.993。

b. TBM被困原因分析。TBM被困后,通过对刀盘及前盾围岩的观察,发现前盾处围岩发生整体收敛,将前盾抱死,导致TBM被困。TBM被卡时刀盘与掌子面间有0.8m空腔,刀盘周边围岩完整,边刀切削周边围岩痕迹仍在,前盾与围岩之间无空隙。尾盾拱顶处4根超前管棚由于坍塌直接落在尾盾上,其他管棚与周边围岩一起作用在尾盾上,围岩与尾盾贴死。判断本次卡机是围岩收敛与坍塌共同的结果。

c. TBM脱困施工。本次脱困总体方案为从既有钢管片开口位置(进洞方向左侧)进入盾壳外侧,自后往刀盘方向开挖并支护,开挖从原刀盘里程(K17＋101.381)开始,需将原刀盘前六榀拱架支护段重新扩挖,并开挖至K17＋086.993。开挖断面为拱顶净空120cm,大跨净空80cm的城门洞型,支护参数采用钢支撑＋锚杆＋超前小导管＋钢筋网片＋喷混凝土。

d. 半断面开挖试验段施工。第六次脱困施工完成后,根据业主文件精神,要求项目部对半断面施工与绕洞全断面钻爆施工两种方案进行比选,对此,依照设计下发的开挖断面及支护参数,项目部在绕洞钻爆施工前进行了试验段施工。本段上导坑完成开挖至K17＋059.7,共完成开挖27.293m,耗时37d,至2月22日绕洞钻爆施工开始,TBM完成半断面掘进22.353m,在半断面掘进中,TBM姿态控制困难。

在半断面施工中,由于TBM半断面掘进姿态控制困难、进度缓慢,加之上导坑开挖时发现围岩发生变化,拱脚处围岩变得更为破碎,在TBM半断面掘进中有掉拱的危险,且上导坑开挖爆破时距离TBM主机过近,冲击波对TBM有不利影响,鉴于以上原因,项目部决定不采用半断面施工方案。

e. 绕洞全断面钻爆施工。绕行导洞全断面钻爆施工(以下简称外爆施工)自2009年2月22日开始至9月14日结束,其间除完成了绕、正洞全断面钻爆施工(绕洞58.84m,正洞144.39m),正洞仰拱混凝土浇筑(145.39m)等主体工程外,还完成了盾壳两侧向下开挖使TBM脱困,正洞边墙浆砌片石回填,正洞始发环施工,绕洞进出口封堵等附属施工,耗时234d,共计完成绕洞开挖58.84m,正洞开挖144.39m,正洞仰拱衬砌145.6m,TBM步进144.64m,管片安装96环。

a)绕洞施工。绕洞进口开口里程K17＋093.96,出口开口里程K17＋045.47,绕洞与正洞进出口交角约40°,绕正洞轴线距离15m(图8-28)。

b)绕洞进出锁口施工。绕洞进口于2009年2月22日开始开口施工,采用拆除四环管片并进行绕道进口开口施工,管片拆除时采用先拆除中间两环,进洞并将洞口锁口支护稳定后,再拆除开口两侧管片。绕洞出口进入正洞未采用挑顶施工,而是将绕洞出口面开挖至正洞边墙位置后停止开挖,锁口处理。绕道进出口锁口段均采用I20钢架扇形布置加强。

c)绕洞洞身施工。绕洞采用城门洞形断面,根据地质情况,采用上下断面短台阶开挖,台阶长度2～3m,

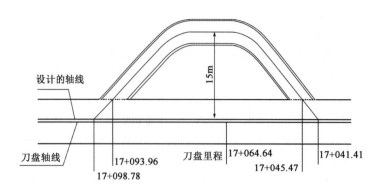

图 8-28 工程示意图

前段采用人工手持风镐开挖,绕洞进洞 20m 后,采用爆破开挖。由于断面空间限制,绕洞开挖期间采用小挖机配合矿车出渣,出渣工效低,施工进度较慢。

d)绕洞二次衬砌。绕洞二次衬砌采用 30cm 厚 C35 钢筋混凝土,布筋参数为 φ22 主筋,纵向间距 25cm,间隔双筋加强,φ18 分布纵筋,间距 30cm,φ8 勾筋,梅花形间隔布置。二次衬砌底板绕洞通长浇筑,拱墙衬砌根据初支后变形情况,布置情况在绕洞进出口处,分别为 K0+0~K0+26 及 K0+50.114~K0+59.114。

e)正洞施工。正洞施工自 2009 年 4 月 5 日开始,至 8 月 21 日全部结束,其中共计完成开挖初支 144.39m,完成仰拱浇筑 145.6m,导向轨(双轨布置)安装 144.6m。

f)正洞开挖。绕洞施工完成后,开始进入正洞开挖。正洞开挖分为两种断面形式,K17+064.39~K17+035 由于与绕洞相互影响,采用鹅蛋形断面,K17+035~K16+920 采用马蹄形断面,以减小开挖断面,降低安装管片后背后回填量。为避免绕洞进入正洞挑顶施工的风险,在绕洞出口里程以前,正洞自刀盘前上断面开挖,上断面通过绕洞出口与正洞交点里程后,自绕洞开挖正洞下断面,交叉口处下断面开挖完成后,分两个掌子面同时施工,往隧洞进口方向采用短台阶法进行开挖初支,台阶长度 3~7m。正洞开挖采用挖机配合扒渣机出渣,但由于设备不配套,导致出渣工效不高,每循环施工出渣时间过长,影响施工进度。

f. 施工方案总结。本次钻爆施工总体上是成功的,通过全断面开挖,TBM 顺利步进通过不良地质段,并通过仰拱导向完成了对 TBM 姿态的调整。但在进度方面,没有达到预期指标,分析原因,主要有以下几个方面:

a)绕道进口开口及正洞上断面刀盘至绕洞出口段,施工采有全人工开挖及出渣,施工进度慢。

b)绕洞出口与正洞交叉口施工需加强支护,采用弱爆破,多工序,且受施工安全方面的影响,耗时较多。

c)绕道初支后变形严重,护拱加固、二次衬砌干扰正常工序。

d)正洞地质条件差,多次发生局部坍塌,造成反复施工处理。

e)由于开挖断面空间限制,加之洞内通风及 TBM 设备影响,导致施工配置设备的可选择余地小,施工工效低。

⑦TBM 第七次被困及脱困施工。

a. TBM 被困经过。TBM 完成钻爆段步进,并进行系统整修完成后,2009 年 9 月 17 日上午 8:30 恢复 TBM 掘进,掘进采用单护盾模式进行。至 2009 年 9 月 18 日凌晨共掘进 7 环,掌子面里程 K16+909,该段掘进过程中仅出现小范围的掉块,围岩收敛不大,未发生掘进压力突然增大现象。项目部为确保一次通过第二次 TSP 探测的 K16+900~K16+887 段次级断层带,停止掘进进行设备维保。2009 年 9 月 18 日中午,恢复 TBM 掘进,当 TBM 掘进至 K16+907 时,出渣量突然增大,K16+906.6~K16+906.1 段出渣量达 144m³,远远超出正常出渣量 21m³,此时进入观察窗观察,后盾及伸缩盾周边围岩除有小块掉落以外,变形量不大。但前盾顶部已与围岩接触,两侧与围岩间仍有空间。为防止前盾被卡,我部于

2009年9月18日22：00继续掘进，发现刀盘被卡，采用手动正反转刀盘，此时出渣量依然较大，在没有进尺及启动状态的情况下出渣32m³，经多次努力仍无法正常启动刀盘，从1号皮带机进入刀盘观察，刀盘顶部完全被大块塌体压住，刀盘与掌子面之间被塌体填满。根据出渣量及超前地质预报结果，继续掘进将会使塌方区进一步扩大，为防止塌方体压住盾壳造成盾壳被卡，项目部决定放弃TBM自行脱困转而进行人工脱困。

b. TBM被困原因分析。本次卡机直接原因是刀盘至前盾部分围岩失稳坍塌，首先造成刀盘被困，然后整个前盾被塌方体压死。TBM脱困施工开挖揭露围岩显示，前盾处围岩与伸缩盾尾部围岩岩性有明显变化，岩体由灰白色石英闪长岩变为浅绿色辉绿岩，刀盘及前盾正处于两种不同围岩的接触带，该处围岩稳定性极差，在刀盘扰动下发生坍塌，在高地应力收敛的综合作用下，导致前盾被困。

c. TBM脱困施工。本次脱困施工分为两个阶段。

阶段一：为两侧小导洞快速开挖至刀盘面。

TBM被困后，项目部立即组织人员及设备进行TBM脱困，由于本次被困前期为刀盘处围岩发生坍塌所致，借鉴新疆双护盾脱困经验，项目部决定在盾壳两侧开挖小导坑至刀盘处，采用化灌固结塌体，将刀盘处塌方体清理后，TBM实现快速脱困。小导坑开挖由盾壳护盾左右两侧观察口进入，人工手持风镐开挖，小导坑采用方木＋木板＋钢筋网片（网格10cm×10cm），在小导坑施工过程中，塌腔在不断扩大，塌方体及收敛岩体将整个前盾压死，且化灌胶结体为柔性材料，强度不足以抵御高地应力，小导洞开挖快速脱困未能实现。

阶段二：前盾及伸缩盾大跨以上常规开挖。

小导洞方案失败后，根据小导洞脱困失败原因，及当时现场实际情况：前盾部分围岩坍塌，伸缩盾围岩快速收敛已紧压盾壳，支撑盾及后盾段围岩开挖面与盾壳仍有一定间隙。借鉴新疆双护盾脱困经验，项目部立即进行TBM脱困方案的调整，决定采用盾壳大跨以上全断面开挖，并采用钢支撑＋钢筋网片（10cm×10cm）＋超前小导管＋方木支撑联合支护体系。本段扩大开挖在两侧小导坑的基础上进行，采用人工手持风镐开挖，由于本段围岩在小导洞开挖时经过一次扰动，使得开挖段拱部存在一条连接的松弛通道，在二次扩大开挖时，围岩局部坍塌现象较严重，固本段开挖施工风险高，难度大，在本段施工过程中，发生有一起破碎岩体滑塌伤人事故。本段脱困施工完成后，根据地质纵剖面图及TSP超前地质预报成果，项目部决定再次采用上导坑人工开挖，TBM下断面掘进的方式通过剩余不良地质段。

⑧TBM第八次被困及脱困施工。

a. TBM被困过程简述。2009年10月18日早07：00许，上导坑开挖至K16+891.826后TBM开始进行下断面掘进，TBM启动时由于单护盾模式未能提供足够的推力启动掘进，故改为双护盾模式启动，由于双护盾模式撑靴打开时支撑盾两侧受力不平衡，导致TBM掘进水平趋势向右倾斜，当掘进70cm后，刀盘姿态右偏，导致PPS2号棱镜被挡，无法自动导向。TBM继续掘进时随即进行向左调向，掘进一环后，刀盘未能成功回调，18日下午，测量组进洞搬站，但在现有条件下无法实现搬站恢复PPS导向系统，于是进行人工的单棱镜测量，确定距刀盘面3.1m位置的1号棱镜右偏20cm。此后，TBM掘进过程中一直进行人工导向测量，且TBM掘进中一直进行往左调向，直至10月19日TBM再次被困，TBM未能实现掘进姿态左调。

b. TBM被困原因分析。

a）TBM掘进姿态失控及被困原因分析。

原因一：TBM起动时撑靴受力不平衡。TBM脱困后启动掘进时，由于单护盾模式下推力不够，在采用双护盾模式启动的情况下，支撑盾两边撑靴受力不平衡，导致启动时TBM水平方向趋于发生向右的突变。

原因二：TBM上断面掘进受力情况。由于TBM掘进时上导坑自半圆以上已挖空，TBM掘进时刀盘顺时针转动，受到围岩逆时针的反作用时，反作用力的水平方向分力均为向右，固TBM在掘进时一直受到向右的水平力影响，这也是TBM姿态难以向左回调的一个因素。

b）TBM被困原因。本次TBM被困的直接原因为尾盾被失稳的支护体系及围岩抱死。尾盾上方均为塌方体，同时本段围岩岩性发生变化，有散水发育，在方木支撑体系由于 TBM 掘进而失去作用后，支护体系在塌方体自重及两侧地应力作用下快速失稳，压住尾盾，导致 TBM 被困。

c. TBM 脱困施工。本次 TBM 脱困分为两个阶段。

阶段一：一次支护置换。

根据 TBM 被困原因及现场实际情况，阶段一的 TBM 脱困施工从 3 个方面入手进行施工。

上导坑变形侵限支护置换，由于本洞段地应力高，支护后断面收敛变形情况严重，TBM 被困后剩余上导坑段既有支护结构持续收敛，最终侵限，项目部对该段支护进行置换。本段采用人工开挖变形段，支护参数为 I20A 型钢支撑＋ϕ22 纵向连接钢筋＋ϕ42 超前小导管＋ϕ8 钢筋网片(网格 10cm×10cm)＋ϕ22 锁脚锚杆＋C25 喷混凝土联合支护，本段置换施工共开挖 4.2m，置换拱架 7 榀。

前盾及伸缩盾段失稳支护置换，由于 TBM 掘进姿态失控右偏，导致原上导坑段右侧支护在 TBM 掘进时被部分破坏，在高地应力作用下，支护体系迅速失稳变形，紧贴盾壳右侧。本段采用人工开挖，支护参数为 I20A 型钢支撑＋ϕ22 纵向连接钢筋＋ϕ42 超前小导管＋ϕ8 钢筋网片(网格 10cm×10cm)＋C25 喷混凝土联合支护，一次支护置换本段共完成开挖 5.4m，完成置换拱架 10 榀。

支撑盾及尾盾右侧开挖，尾盾被压是本次 TBM 被困的直接原因，项目部从护盾右侧观察口进入盾壳外侧向尾盾方向进行支护置换。本段采用人工手持风镐开挖，支护参数为 I16 型钢支撑＋ϕ22 纵向连接钢筋＋ϕ42 超前小导管＋ϕ8 钢筋网片(网格 10cm×10cm)联合支护，由于空间狭小，且地下水发育，未进行喷混凝土。本段开挖时，由于盾壳顶部发生二次坍塌，地下水通道扩大，本段开挖时较之前地下水大为增多，开挖时必须身着雨衣才能进行作业，由于右侧拱腰至拱顶部均为塌方体，松散岩体被水浸泡后软化，开挖时呈流塑状涌出，每循环开挖时均采用超前小导管密插，由于空间狭小，施工困难极大。本段支护置换共开挖 4.5m，置换完成拱架 10 榀。

阶段二：二次支护置换。

第一阶段的支护置换脱困施工至 11 月 3 日，刀盘前拱架置换完成 7 榀(I20 型钢)，前盾完成拱架置换 6 榀(I20 型钢)，支撑盾及尾盾完成右侧开挖并安装拱架 9 榀(I16 型钢)，上导坑开挖支护至 K16＋887.9(上导坑开挖完成后，右侧拱腰处拱架很快出现指向掌子面的折向)。11 月 4 日，刀盘前及盾壳段置换的支护结构收敛速率突然增大，拱顶部钢架出现扭曲迹象，至 11 月 7 日，刀盘前及盾壳段置换后新安装拱架右侧拱腰部已再次变形侵限紧贴盾壳(原预留通过净空 60cm)，拱顶部钢架严重扭曲、局部折断开口，盾壳处支撑方木变形折断，TBM 未能按原计划完成脱困。

根据本次 TBM 脱困失败分析，原有的支护强度未能达到抵御高地应力的要求，且上导坑及盾壳段未进行置换的支护结构在高地应力作用下持续收敛变形，支撑盾及尾盾右侧置换拱架也再次变形失稳，对此，项目部重新制订开挖及支护参数：开挖断面扩至拱顶 100cm，大跨 120cm(与刀盘的参照间距)；支护参数加强，拱架间距 50cm，采用工字钢作为钢架纵向连接体系，加强钢架的纵向抗弯折能力。加强初支背后及塌腔注浆工作，限制围岩松弛范围。

第二阶段支护置换施工上导坑段全部完成，共完成开挖 7.4m，完成置换拱架 14 榀。上导坑变形支护置换完成后，根据 TSP 超前地质预报成果，项目部决定继续人工往前开挖，暂计划开挖至 K16＋880。

⑨TBM 第九次被困及脱困施工。

a. TBM 被困过程简述。2009 年 12 月 20 日进行 TBM 半断面掘进(刀盘里程 K16＋895.3)，2009 年 12 月 22 日停止掘进(刀盘里程 K16＋884.8)，处理受地应力损坏的盾壳及刀盘。2009 年 12 月 24 日中午恢复 TBM 掘进，进入全断面后，由于处在 F4 断层内，围岩为碎裂结构，随着刀盘往前掘进，拱顶部持续发生坍塌。至 12 月 25 日早上，TBM 全断面掘进 5.4m 时，掘进推力逐渐加大但没有贯入度，最后项目将掘进推力提高至 11000KN，但 TBM 仍无法往前掘进。人工掏开护盾观察口，从观察口往刀盘方向观察发现前盾及刀盘处塌腔高度最高处超过 5m，且有大量岩体落在盾壳用刀盘上，最终 TBM 全盾被困。

b. TBM 被困原因分析。掘进洞段处于 F4 断层内，围岩为碎裂结构，岩块间夹有红色物质，局部夹泥饼状充填物,随着刀盘扰动,岩体不能自稳,导致塌方。塌方后隧洞顶部地应力释放,水平地应力持续作用,在与顶部塌方体自重的共同作用下,前盾两侧被挤死,TBM被卡。

c.TBM脱困施工。本次TBM脱困施工分为两个部分,分别为前盾脱困,支撑盾至后盾变形部分的支护置换。

a)前盾脱困施工。前盾脱困施工从中间相两边进行,在原塌腔拱部防护下按设计断面安装拱顶拱架后,采用方木临时支撑在盾壳上,然后分左右开挖拱脚,并及时进行支护。

b)支撑盾至尾盾支护变形置换施工。本次拱架置换施工开挖断面与前盾段脱困开挖断面一致,置换顺序为自原上导坑最末榀拱架往尾盾方向进行。置换时自进口方向右侧向左侧将拱架逐榀分段剥除,剥除时如果围岩面松弛掉快,可初喷混凝土稳固岩面,也可根据现场情况布设超前小导管稳固,进行既有支护的剥除。

拱架安装位置原则上采用既有拱架间内插,如拱架间距过大,可适当减小拱架间距,增加拱架榀数,具体支护参数与前盾脱困施工一致。

⑩TBM第十次被困及脱困施工。

第九次脱困后,各参建方结合之前9次TBM卡机及脱困施工的经验,决定该段不良地质段施工采取上半断面开挖+下半断面TBM掘进,从TBM通过本段不良地质上来讲,具有避免卡机的功效,所以目前仍在采用该法施工。但是,半断面施工也存在风险和困难,2010年5月2日掌子面变为糜棱岩夹断层泥后,多次发生碎石泥流、变形等事故。

2010年7月23日,在上半断面人工开挖施工过程中,发生掌子面失稳,支护前整个掌子面向后退10cm之多,同时后部已支护完成的结构也由于极高的应力相继发生变形,7月23日夜业主、监理单位、设计单位及项目部在现场决定暂时封堵掌子面,处理后部支护结构变形。处理拱架变形经历了3次拱架置换,最后一次采取相对加大开挖断面尺寸,采用I22双层拱架+三层网片+50cm厚喷混凝土+5m自进式锚杆等支护措施,最终仍然无法抵抗该段极为特殊不良地质的破坏,施工不得不中止。

(3)TBM历次被困及脱困施工经验总结

①高地应力软岩隧洞和断层破碎带较长的洞段,必须采取措施提前处理。

高地应力软岩隧洞有地应力大、收敛快的特点,TBM卡机概率极高,卡机后处理困难,危险性大,在此地质条件下尽量不采用双护盾TBM施工。

在有可能的情况下,尽量采用竖井、斜井等方式提前处理不良地质段,TBM步进通过,尤其是断层破碎带较长的洞段,必须采取措施提前处理。

②化学注浆措施防止卡机效果不佳。

TBM通过较短的断层破碎带时,双护盾TBM防卡方面仍要以保证TBM的使用状态和TBM掘进姿态、TBM顺利通过的角度来确定主要防卡措施。在本项目中,高地应力软岩变形洞段采用化学注浆措施防止卡机效果不佳,该化学注浆材料为塑性体,不能承担塌方体的自重,同时在高地应力下被挤压变形得很快,不能有效地防止卡机事故发生。

③出现初支变形时尽量采取护拱等措施进行加强初支,尽量避免利用盾壳+方木支撑,防止TBM主机部分受损。

④在高地应力软岩变形地层内采用小导洞、小断面开挖的脱困方式是不可行的,脱困施工只能采用大断面开挖,并加强支护,以预留足够的变形量以及当初支变形较大时有足够的空间增加护拱支护。

⑤绕洞+全断面钻爆施工+TBM步进为首选脱困方案。

综合历次脱困施工工艺,将TBM脱困施工分为以下几类:

a.针对TBM受困部位开挖释放压力,使TBM迅速脱困后全断面掘进。

b.全断面人工超前开挖施工。

c.半断面人工开挖+超前大管棚注浆预加固+TBM全断面掘进。

d.绕洞+全断面钻爆施工+TBM步进。

e. 两侧小导洞快速开挖释放压力。

f. 上半断面开挖＋下半断面 TBM 掘进。

实践证明，针对本工程的地质不可预见性、复杂性、特殊性，上述 6 种施工方案中措施 d 和措施 f 是可行的方案。从施工进度、施工质量控制及施工安全等角度分析，绕洞＋全断面钻爆施工＋TBM 步进为首选方案。

8.4.7 引红济石工程

1）工程概况

引红济石工程是陕西省内一项跨流域调水工程，引汉江北岸褒河支流红岩河水通过穿越秦岭的隧洞自流入渭河南岸支流石头河，引水隧洞全长 19.8km，总投资 10.68 亿元。工程设计最大引水流量 13.5m³/s，设计年调水量 9210 万 m³，其中向渭河生态补水 4696 万 m³，计划总工期 66 个月。隧洞进口段（上游段）Ⅰ、Ⅱ、Ⅲ标段采用钻爆法施工，由中铁隧道股份有限公司承建的引红济石Ⅳ标段，采用双护盾 TBM 从出口向上游方向独头掘进约 11km 至标段分界处。引红济石工程，地质条件复杂多变，有大小断层 18 个，富水冰碛层长达 1300m，工程的最大风险是岩体塌陷和突泥涌水，岩石结构松散，易崩解、坍塌、突泥、涌水等地质灾害频发。在掘进过程中，因断层破碎带、围岩软硬不均、涌水量大引起的坍塌和收敛变形造成 TBM 主机多次被卡无法掘进，2008 年 10 月 8 日开始始发掘进，中途对 TBM 曾进行了改造，施工中，先后 50 多次处理卡机脱困。起初在围岩较好的情况下，曾创造了月进尺 435m、日进尺 29.7m 的成绩。该工程使用的双护盾 TBM 是在云南上公隧道掘进了 7km 隧洞，曾因突泥、涌水造成卡机，难以破解而被拆下来的旧设备。虽然是美国罗宾斯公司生产，但因设计生产的年限较早，20 世纪 80 年代的设计，90 年代的产品，缺乏智能设计，刀盘扭矩小，遇到突泥、涌水时，刀盘易被卡住。

引水隧洞自太白县关山进口至五里坡东出口，由西向东穿越侵蚀中山和太白山间盆地两大地貌单元。洞室埋深 150～300m，最大 420m，均位于基岩中，基岩有秦岭群上亚群片麻岩，中亚群大理岩，下亚群片麻岩及燕山期花岗岩，均属硬质岩。其中大理岩段长约 3.45km，片麻岩段长约 6.63km，花岗岩段长约 1km，基岩面高程 1623～1750m，高出洞顶 160～300m，围岩弱～微风化，岩体较完整，Ⅴ类围岩 1047.2m 占总长的 9.44％，Ⅳ类围岩 559.8m 占 5.05％，Ⅲ～Ⅳ类 6657m 占 60.03％，Ⅲ类 2825m 占 25.48％。

引水洞线位于太白—桃川向斜南翼，NEE 和 NE 组压扭性断层较发育。洞室分布的大理岩及断层破碎带（15 条）地段地下水较丰富，对围岩稳定和施工有一定影响；尤其是隧洞受 F1 和 F21 分支断裂的影响，岩体破碎，成洞条件差，特别与 F1 小角度穿越段岩体更为破碎。引水隧洞本标段范围内共布有 7 个钻孔，除出口段石头河 ZK8 钻孔外，其中 6 个孔（1 个孔为第四系潜水承压水）均有承压水分布，承压水分布为基岩裂隙承压水和大理岩溶隙承压水两类，主要含水层为破碎岩体。基岩深部承压水含水层分布不均匀，连续性差，属远源高山弱补给型承压水，与上部潜水的水力联系较差，含水层分布空间主要受岩层层面和断裂产状控制，但区域较大规模断裂带可能与上部潜水含水层连通，水量较丰。

引红济石Ⅳ标 11095m 由双护盾 TBM 施工，里程 K19＋795～K8＋700。施工揭露地层岩性与设计图基本相符，岩层分界线的位置与设计相差都在 50m 范围内，掘进段围岩穿过角闪片岩为主，角闪片岩夹片麻岩、斜长片岩、云母石英片岩、绿泥石片岩、片麻岩等。岩石以中硬岩为主，取岩芯试验单轴饱和抗压强度在 45MPa 以内，破碎围岩段无法有效取出岩芯。因双护盾施工暴露的围岩非常有限，岩层走向与洞轴线夹角观察统计不系统，且因洞内设备磁场干扰，地质罗盘仪不能有效指北，岩层走向不能精确测量，目测岩层走向与隧洞交角都在 40°以内，几次卡盾脱困施工时的岩层走向与隧洞交角目测在 20°以内，有的几近与洞轴线平行。围岩节理裂隙非常发育，TBM 推进力小，掘进中未出现刀具切削后特有的均匀薄片状渣体。可观察范围内结构状态多表现为微张、平直粗糙、泥质和岩屑充填均有。地下水丰富，Ⅲ类围岩段呈渗流～滴水状，Ⅳ、Ⅴ类围岩段呈线流、涌水状态，对围岩的稳定性有巨大影响。根据洞口设矩形堰测量，目前全隧 3992m 累计出水量达到 200m³/h。

2) TBM 脱困技术

该工程最大的一个地质特点表现为硬质岩中夹软质岩，相变大，变化频率快，软硬不均岩层相间距离短，在互层及软弱围岩段围岩变形量大，卡机现象频发，TBM 方向不易控制。

(1) 卡机实况

①卡刀盘。2009 年 6 月 28 日，当 TBM 掘进至 K16+814 里程时，掌子面围岩破碎不能自稳引起坍塌，大量破碎的石块、石渣夹泥水涌入刀盘，皮带机出渣量剧增，刀盘扭矩和电机电流急剧上升，最终导致刀盘无法转动及皮带机无法运转。

②卡前盾。2009 年 4 月 12 日，由于围岩大变形，围岩应力作用在盾壳上产生的摩擦力大于主推进油缸的最大推力，主推进系统压力上升至 34.5MPa 最大推进压力时，TBM 仍无法前进，前盾被卡住，最严重时将前盾与外伸缩盾的连接螺栓拉断。此种情况分别在 2009 年 5 月 3 日、9 月 22 日和 10 月 17 日多次出现。

③卡支撑盾。在不良地质段，围岩变形量大挤压支撑盾，TBM 换步时辅推油缸压力持续增大最后达到最大极限值 70MPa 时仍不能克服围岩作用在支撑盾上的摩擦力，支撑盾不能前移、无法实现换步。这种现象在施工过程中时常发生，分别于 2009 年 2 月 1 日、15 日、3 月 1 日、5 月 19 日、5 月 26 日及 6 月 2 日多次发生支撑盾被卡。

④卡尾盾。围岩在地应力作用下持续收敛变形，挤压尾盾向内收缩，尾盾与管片之间已经没有间隙，甚至管片的楔形块都不能安装到位，在围岩收敛速度比较快的时候，围岩和管片的共同挤压作用将尾盾死死地夹住，造成支撑盾换步时辅助推进油缸压力达到极限被卡死，严重时将尾盾与支撑盾的连接螺栓拉断，尾盾与支撑盾脱开。这种现象分别于 2009 年 5 月 19 日、9 月 22 日及 10 月 17 日多次发生。

(2) 卡机原因

①地质原因。

本工程洞线穿越地层地质构造复杂，硬质岩中夹软质岩，岩性变化频率非常快，TBM 进入未探明的张性断裂带，其岩体被多次构造运动切割揉皱后极为破碎，富含基岩裂隙水，掘进开挖后，围岩初始应力场在开挖界面失去平衡，应力重分布后，破碎的岩体强度和变形能力都远远低于围岩二次应力场，在开挖后很短时间内隧洞掌子面不能自稳，出现坍塌现象，加之断裂带丰富的地下水起"催化剂"作用，坍腔发展越来越大，坍塌渣体在刀盘上方越积越多，刀盘扭矩持续增大，刀盘内碎渣太多，是造成刀盘被卡死的主要原因。

该工程区域经多次的地质构造运动影响，构造应力大，最大主应力方向与隧洞走向几近垂直，且双护盾 TBM 的特点是掘进后不能进行喷锚支护。隧洞开挖应力重分布后，围岩的变形量在掘进后的几天内与时间增长近似于线性关系，其收敛值大于隧洞开挖轮廓与盾壳的间隙，盾壳相当于一次支护结构约束了这种变形，围岩二次应力分布的残余应力作用在盾壳上形成摩擦力，增加了掘进的阻力，当残余应力产生的摩擦力增大到主推进系统或辅助推进系统无法克服的时候，造成前盾或支撑盾卡死。

尾盾是距离刀盘最远的部分（距刀盘 12.5m），与其对应的围岩开挖后暴露的时间更长，围岩收敛对尾盾的挤压机理与支撑盾类似，围岩作用在尾盾上的残余应力较支撑盾更大，尾盾的弹性变形消除了尾盾与管片之间的间隙，管片开始隔着尾盾抵抗围岩的收敛变形，在围岩和管片共同挤压作用下，尾盾没有脱离管片的部分被夹住难以抽出，不仅增加了支撑盾的换步阻力，也造成尾盾被卡。

②前期勘探不到位。

双护盾 TBM 主要应用在我国引黄入晋、引大入秦、新疆伊犁河引水工程、引大济湟等水利工程项目中，在以上项目的掘进过程中均出现多次卡机事故。实践证明，双护盾 TBM 对软弱围岩和断层破碎带非常敏感，引红济石双护盾 TBM 在掘进过程中揭露出的实际地质状况与设计地质出入太大是造成 TBM 频繁卡机的主要原因。

采用双护盾 TBM 施工，当围岩坍塌比较严重时，坍塌的岩体侵入外伸缩盾和支撑盾之间的内伸缩盾"凹槽"内，撑靴缩回换步时，坍塌的岩体跟随撑靴嵌入支撑盾，换步时支撑盾的前端面和撑靴孔对这些岩体存在一个剪切作用，双护盾 TBM 这种特有的结构设计进一步加大了换步阻力，是造成支撑盾卡机的原因之一。且尾盾长达 3.5m,这种结构尺寸加大了尾盾与管片的搭接长度,围岩收敛速度较快时,尾盾被围岩和管片的挤压面积太大,加大了换步时的摩擦阻力,从而加大了卡机的概率。

(3) 脱困措施

①超高压换步。罗宾斯双护盾 TBM 配备有最高压力可达 70MPa 的超高压泵站,且辅助推进油缸承受 70MPa 以上压力。当支撑盾和尾盾发生卡机时,可首先考虑采用超高压泵站和辅助推进油缸进行超高压换步脱困,这种措施一般适用于支撑盾和尾盾轻微被卡的情况。

②人工扩挖。在出现前盾被卡或超高压仍然不能推动支撑盾和尾盾的情况下,可以通过人工扩挖的方式掏空盾壳周围,释放围岩作用在盾壳上的压力。具体方法如下:以伸缩盾 3 个观察窗和尾盾顶部临时割开的方孔为通道,采用风镐和撬棍向支撑盾、前盾和尾盾方向将围岩挤压的区域人工扩挖,用方木、木板和扒钉搭建临时支撑,扩挖尺寸 60~80cm,将盾壳半圆以上部位全部掏空。

③化学注浆加固。由于引红济石工程地质条件普遍较差,隧洞围岩破碎、地下水极为丰富,当 TBM 刀盘被卡时,必须采用固结注浆的方法将刀盘外坍塌的松散岩石固结起来并达到一定的强度后,施工人员才可以安全进入刀盘前方处理坍塌的岩石。传统固结注浆使用的纯水泥浆液或水泥水玻璃混合浆液等常规注浆材料因固结反应时间长、刀盘内作业空间狭小,造成掌子面不能有效封闭导致浆液注入后易被地下水稀释或冲出、浆液早期强度低等缺点。为了提高固结强度、节约处理坍塌的时间,施工中采用了聚氨酯类(PUR)和硅酸盐改性聚氨酯类(Silicate Modified PUR)等化学注浆材料。该材料由 A、B 两组分组成,施用配比为固定体积比 1∶1,产品包装为 1 份 A 料配 1 份 B 料,不用现场称量配料。注浆结束 1h 后,人员即可进入刀盘清理坍塌的松散岩石,注浆结束 2d 内,刀盘可成功脱困,浆液在顶部将松散的岩石固结成厚度 2m 左右的拱圈,可以抵抗推进的扰动力。前盾、伸缩盾或尾盾被卡且围岩又异常破碎无法扩挖时,亦可采取化学注浆的方法先固结然后再进行扩挖脱困,以保证施工人员的安全。

(4) 预防卡机措施

①扩大刀盘开挖直径。引红济石双护盾 TBM 刀盘设计刀具 25 把,在围岩单轴饱和抗压强度较低收敛速度较快时,可以将刀盘的 21~25 号刀具依次用垫块垫高 3mm、6mm、9mm、12mm、15mm,使 25 号边刀外伸 15mm,其他 4 把刀具垫高是为了保证相邻刀具之间平滑过渡,这样刀盘的开挖直径加大 30mm,可以给围岩提供更大的收敛空间,减少盾壳被卡的概率。

②降低盾壳和围岩之间摩擦阻力。在外伸缩盾和支撑盾前端盾壳上半圆钻若干个注脂孔,连接 1 套气动油脂泵和分配阀系统,向盾壳和围岩之间注入廉价油脂或其他润滑材料,以降低盾壳和围岩之间的摩擦系数,从而降低推进和换步时的摩擦阻力。

③采用单护盾掘进模式掘进。在软弱围岩破碎带宜采用单护盾模式掘进,以减少撑靴挤压对围岩的扰动,减少尾盾的清渣量,提高管片安装速度,有利于 TBM 快速通过软弱围岩。

④其他辅助措施。

a. 支撑盾前扩挖。围岩比较完整但收敛比较大,辅助推进油缸换步压力升高到 40MPa 以上后,将内伸缩盾缩回到外伸缩盾内,用风镐将支撑盾前方围岩扩挖 5~10cm,如图 8-29 所示,边扩挖边换步,保证换步后支撑盾上方预留一定的收敛空间不被卡住。

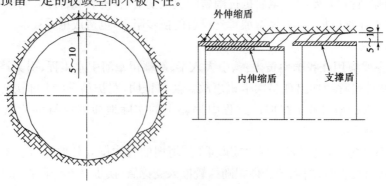

图 8-29 支撑盾前扩挖示意图(尺寸单位:cm)

b. 缩短尾盾及加强润滑。尾盾原设计长度 3.45m，与管片的搭接长度过长，极易被管片和围岩夹住，增加换步阻力，严重时拉断尾盾与支撑盾的连接螺栓。根据现场实际情况，在尾盾扩挖脱困时将尾盾割去 600mm，同时在安装管片时在尾盾内侧涂抹油脂。

c. 加强地质准确性。通过地表勘探和洞内超前地质预报，尽可能准确地预测前方地质情况，提前在刀盘内进行超前化学注浆固结前方的围岩。

(5) 小结

隧道施工的根本问题通常是由隧道开挖通过地层的物理与岩土性质的不均匀性决定的。对于全断面、机械化的 TBM 开挖，由于这种方式很不灵活，所以开挖物料强度的不均匀性更为重要。以适当方式事先掌握工程的地质条件和岩土条件对 TBM 施工是极为重要的。到目前为止，用在前期勘察上的资金太少。事实上已经证明用在前期勘察上的资金会因施工费用降低与工期缩短得到很大补偿。双护盾式 TBM 常用于复杂地层的长隧道开挖，一般适应于中厚埋深、中高强度、稳定性基本良好地质的隧道，因护盾式 TBM 对隧道快速收敛十分敏感，常常会被收敛的地层卡住。而开敞式 TBM 掘进过程可直接观测到洞壁岩性变化，且在开敞式 TBM 上，可通过配置钢拱架安装器和喷锚等辅助设备以适应地质的变化；当所掌握的水文、地质资料不很充分时，选用开敞式 TBM，更能充分发挥出运用新方法理论及时进行支护的优势。

建设和设计单位应认真将施工前期的地质勘测设计工作做得更加准确、细致，并认真评估双护盾 TBM 对工程地质的适应性，以确保 TBM 施工的顺利。同时，为使双护盾 TBM 在不良地质掘进中更加灵活，避免或减少卡机事故的发生，建议设备制造商在设计时应尽可能缩短主机长度，在盾壳上设计润滑剂注入系统，并配置适用的超前地质预报和超前钻探设备。

3) TBM 改造技术

(1) 改造背景

本工程双护盾 TBM 于 2008 年 10 月 8 日完成工地组装调试，顺利始发步进，11 月 21 日，完成出口钻爆段 466.5m 步进任务，正式破岩掘进。

2011 年 3 月 23 日，建设单位在剩余工程施工方案未定时，出于防止 TBM 在即将通过的 F27 断层被埋、保护设备的目的向项目部下发了暂停施工通知。停工期间，建设单位组织了专家咨询会后决定将剩余工程 5.1km(K15+300~K10+200) 隧洞施工合同任务分割给意大利 SELI 公司与中铁十七局联合体施工，并由其进行设备改造。

(2) 设备改造情况介绍

意大利 SELI 公司对设备进行了如下的改造：

加大刀盘的开挖直径；

加大前护盾外径；

缩小支撑盾的长度；

减小撑靴油缸直径并增大行程；

消除伸缩内盾和支撑护盾之间的内错台；

重新设计制造盾尾；

主驱动改为变频方式；

增加超前钻机系统等。

①刀盘改造。原刀盘开挖直径 3.655m，改造后的刀盘在保留原设计的基础上，将 18~25 号滚刀刀箱外移，改造示意图如图 8-30 所示。

改造后使刀盘开挖直径从原有的 3.655m 增加到 3.755m，并在刀盘表面焊接 HARDOX500 型耐磨材料，增加了刀盘的耐磨能力，同时调整铲斗和斗齿的布置，提高其收集底部细渣的能力。

刀座外移参数见表 8-14，刀盘改造后刀具轨线断面如图 8-31 所示。

②前护盾改造。前护盾原设计直径为 3.58m，通过在原盾体的基础上加焊一层 40mm 钢板，增大其

外径,从原有的 3.58m 增加到 3.68m。焊接底部时分两层焊接,一层 40mm,另一层为 22mm 耐磨弧形钢板。焊接钢板时向刀盘方向延伸 150mm,可有效保护刀盘,减小进渣量。前护盾改造示意图如图 8-32、图 8-33 所示。

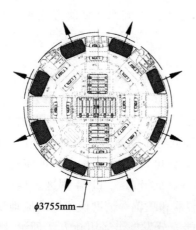

图 8-30 刀盘改造刀箱外移示意图

刀箱外移参数表　　表 8-14

序 号	刀座编号	刀座外移量(mm)
1	18#	10
2	19#	16
3	20#	23
4	21#	31
5	22#	38
6	23#	45
7	24#	51
8	25#	53

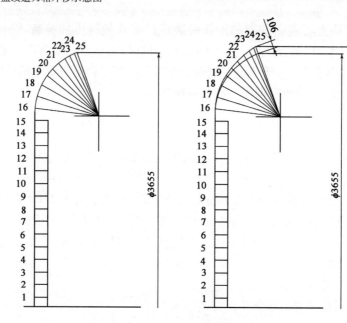

图 8-31 刀盘刀具轨线断面示意图(尺寸单位:mm)

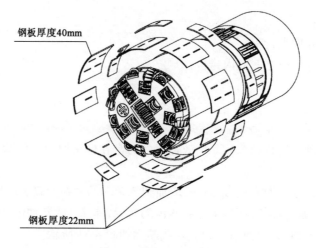

图 8-32 前护盾改造示意图

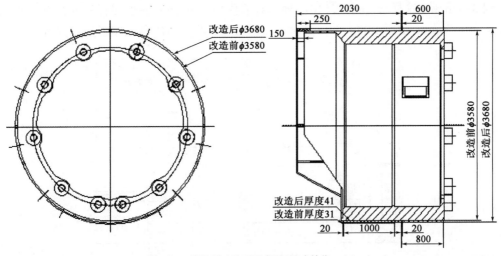

图 8-33 前护盾改造后示意图(尺寸单位:mm)

③支撑护盾改造。支撑盾原设计直径为 3580mm,长度为 3450mm。经改造后支撑盾长度减少到 2400mm,直径和原设计不变;跟随支撑盾设计的改造,其撑靴油缸由原设计的 $\phi330/230$mm 更改成 $\phi280/240$mm,行程由原设计的 254mm 更改成 354mm。经过支撑护盾的改造,缩短了 TBM 的总体长度,腔内部进出空间尺寸变得更大,且周围留有 18 个用于超前钻和超前注浆的孔。支撑护盾改造示意图如图 8-34、图 8-35 所示。

④伸缩护盾改造。伸缩护盾连接前护盾和支撑护盾,经过改造后伸缩护盾的内盾直径和支撑护盾相同,伸缩护盾的外盾直径和前护盾相同,消除了原设计伸缩内盾和支撑护盾之间的内错台。改造后的伸缩内盾不再进行开口设计,TBM 掘进施工过程中不再进行清渣处理,但伸缩外盾与伸缩内盾之间只有 10mm 的间隙,TBM 掘进过程中方向调整量不宜较大。改造后的伸缩盾如图 8-36 所示。

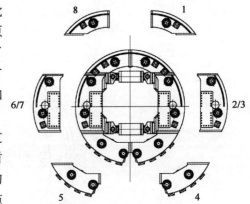

图 8-34 支撑护盾改造示意图

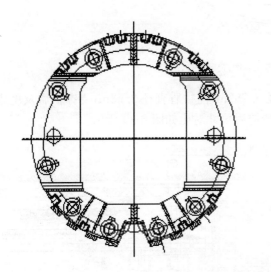
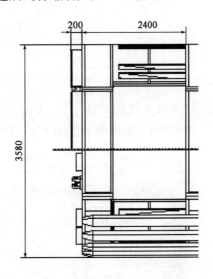

图 8-35 支撑护盾改造示意图(尺寸单位:mm)

⑤尾盾重新制造。原设计尾盾长度为 3450mm,底部 120°开口设计,设备改造中更换原有的尾盾,制作新尾盾,新尾盾长度为 2500mm,底部 70°开口设计,并且分别在尾盾尾部内外侧安装弹簧板密封和弹簧钢片,可以防止回填材料流入隧洞和 TBM 前方。TBM 尾盾改造后,尾盾直径并没有改变,但开挖直

径却扩大到 3755mm。这样管片衬砌环中心轴相对下移 50mm,同时在顶部管片的衬砌环与尾盾之间的间隙也就扩大了 50mm,由原来的 34mm 扩大到了 84mm。改造后的尾盾如图 8-37 所示。

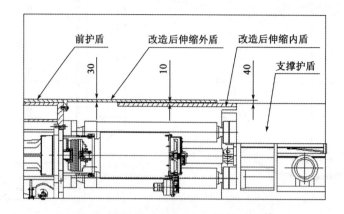

图 8-36 伸缩盾改造后示意图(尺寸单位:mm)

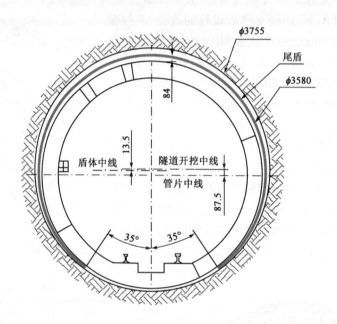

图 8-37 改造后尾盾示意图(尺寸单位:mm)

改造后 TBM 主机总长 10.33m,刀盘开挖直径 3.755m,前护盾直径 3.68m,支撑护盾及尾盾直径为 3.58m,其主机部分结构改造后如图 8-38 所示,改造前后尺寸对比如图 8-39 所示。

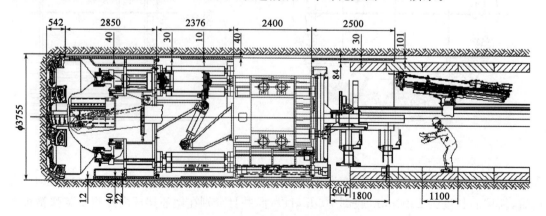

图 8-38 主机改造后示意图(尺寸单位:mm)

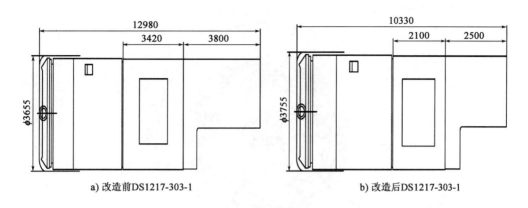

a) 改造前DS1217-303-1　　　　b) 改造后DS1217-303-1

图 8-39　改造前后外形尺寸对比图(尺寸单位:mm)

⑥主驱动系统改造。刀盘驱动方式原设计为非变频驱动,共配置 5 台 260kW/130kW 的双速电机,刀盘只有 11.4r/min 和 4.7r/min 两种转速,额定扭矩 1089kN·m,脱困扭矩 4118kN·m,不能很好地适应不同的围岩情况。

改造后的刀盘驱动系统在保留原驱动方式的基础上再增加一套变频驱动系统,此系统可以在刀盘转速范围内实现无级变速,可以通过降低 TBM 刀盘转速来应对较差的地质条件或通过断层,改造后在变频器驱动模式下正常工作扭矩为 1089kN·m,最大扭矩为 2150kN·m,其主驱动扭矩曲线如图 8-40 所示。在必要时,由变频驱动方式切换到现在的离合器方式,刀盘脱困后再切换到变频驱动方式,脱困扭矩保持在 4118kN·m 不变。

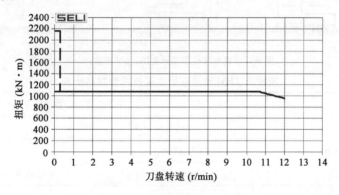

图 8-40　主驱动扭矩曲线图

每一台电机由与其对应的变频器供电,每一系统均为独立系统。如果有任何电机或变频器有故障,其余电机还可正常运行,不影响 TBM 继续运行。

⑦增加超前钻机系统。此次设备改造,在尾盾后方增设了一套超前钻机(型号:ATLAS COPCO 1238ME),能实现 TBM 超前钻探功能,对不良地质段进行超前处理,这对在不良地质段中 TBM 施工非常重要,支撑护盾盾体环向共布置 18 个超前导孔,布置如图 8-41 所示。

超前钻探系统固定在皮带桥上,超前钻机能实现 360°旋转,通过支撑护盾预留的超前导孔以外插角 7°向 TBM 刀盘前方打孔,打孔深度能达到 30m,实现不良地质段超前钻探和围岩加固的功能。超前钻机布置如图 8-42 所示。

⑧其他方面的检修情况。在 2011 年 8 月至 2012 年 5 月的设备改造中,在 TBM 设备原设计基础上对管片安装机、主机皮带机、后配套皮带机、液压系统、电气系统、注脂及润滑系统、豆砾石填充系统、吊机及材料运输系统、空气压缩系统、供排水系统、二次通风系统、消防系统、通信系统、注浆系统进行了维护和检修。

(3)双护盾 TBM 改造前后技术参数对比双护盾 TBM 改造前后技术参数对比如表 8-15 所示。

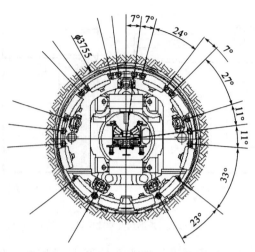

图 8-41　支撑护盾超前导孔布置图

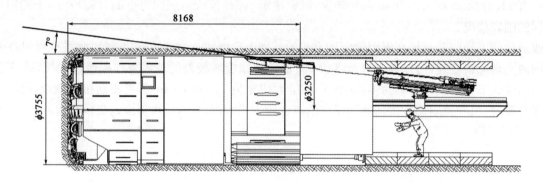

图 8-42　超前钻机布置示意图(尺寸单位:mm)

双护盾 TBM 改造前后主要技术参数对比表　　　　表 8-15

	设备部件	技术参数	
		改造前	改造后
1	开挖直径(m)	ϕ3.655	ϕ3.755
2	刀盘驱动	双速电机(5×260/130kW)	变频调速&双速电机(5×260/130kW)
3	刀盘转速(r/min)	11.4/5.7	0~11.4&11.4
4	脱困扭矩(kN·m)	4118	2117/4118
5	辅助推进油缸行程(m)	2.4	1.8
6	前护盾外径(m)	3.58	3.68
7	支撑护盾长度(mm)	3450	2400
8	撑靴油缸(mm)	ϕ330/230	ϕ280/240
9	撑靴油缸行程(mm)	254	354
10	伸缩护盾	伸缩内盾和支撑护盾之间有内错台	消除
11	盾尾长度	3450mm,底部120°开口设计	2500mm,底部70°开口设计
12	超前钻机系统	无	增加一套超前钻机系统

(4)SELI 设备改造后使用情况说明

经过意大利 SELI 公司改造后的 TBM 设备停机静止放置半年,未曾进行过保养维护,并且各系统遗留问题较多。

项目"静态移交"接手后,首先针对满足 3 月 21 日达到试掘进条件要求,进行了一系列的检查调试,过程中集中处理了如下问题：

刀盘螺栓连接问题、盾体连接问题、尾盾缺口补焊问题、后配套拖车立柱的加固、液压系统管路连接检查、液压系统压力及流量检测、清洗液压油箱齿轮油箱并更换油品、控制系统联机空载调试、后配套附属设备检修等遗留问题。

①试掘进过程中发现并处理的问题。TBM开始试掘进后，采取在试掘进过程中发现问题，解决问题的办法不断解决完善了各系统所出现的问题。

a. 液压系统问题。

a)试掘进过程中TBM高程姿态控制较困难，始终呈低头姿态无法有效调节，经检查发现主推液压系统的1号、10号主推油缸的平衡阀失效，通过更换平衡阀，重新设定背压压力，解决了此问题。

b)掘进过程中主推油缸、辅推油缸压力表指示不正常，时有时无，无法有效评估液压系统工作状况。通过实际压力检测、管路清理，发现了各测压管中存在大量油脂，导致管路堵塞所致。经过清洗、疏通，并更换了部分工作不可靠的控制阀组等措施，问题得以解决。

c)液压系统管路接头出现大量的渗油现象，导致液压油消耗量过大，平均每天需添加一桶液压油。采取了停机4d批量更换了液压管路接头、漏油管路的措施，并对各系统液压管路重新布置并做好标识。

d)管片安装机自由度不足，安装管片效率较低，操作不可靠。采取重新定做缺失油缸、底座等部件，恢复了原设计功能，实现6个自由度工作。

e)液压泵老化严重，主推泵在运行过程中损坏，对损坏的主推泵现场解体检修恢复一台，尚可暂时使用；7号泵站柱塞泵及叶片泵损坏，已更换。

f)1号皮带机和回油泵共用一液压源，在使用过程中进行改造，对回油泵单独设置一独立驱动系统，将两者分开单独控制，互不干扰。

g)离合器系统已严重老化，试掘进过程中出现离合器液压系统故障导致离合器推进油缸密封、控制阀组、旋转接头等配件严重损坏，无法正常使用，项目临时采用将离合器油缸推进装置加长，使离合器直接啮合，直至将密封、控制阀组、旋转接头等购置到场后才恢复原设计。

b. 电气控制系统问题。

a)原主机控制系统的信号传输采用的是多芯控制电缆方式传输，在换步过程中经常发生控制电缆被挤断，导致主机控制系统故障频繁，且由于线路较长空间狭小导致故障的排查极为困难，严重影响施工效率。针对此问题，自行采用了PLC分布式总线控制方式，用单根通讯总线的方式替代原多芯控制电缆，从根本上解决了此问题。

b)变频器驱动系统主电机存在较严重的不同步现象。通过将原来的模拟量给定信号改为总线模式的数字量信号，解决了不同步问题。同时，更换了主控室原人机界面，并增加了一套变频器监控人机界面，可实时查看变频器的相关参数。

c)增加了多点位通信系统，有整机喊话扩音器、楼宇对讲机系统、视频监控、行车对讲机等功能。

c. 后配套附属设备问题。

a)检修了豆砾石喷射系统、注浆系统，并恢复了3台空压机。

b)受地下涌水量大的影响，TBM设备排水困难，为此在TBM设备上增设排水系统，现共布置6路排水管路，架设2台5.5kW、2台20kW、2台37kW共6台水泵强制排水。

d. 超前钻机的改造情况。

SELI配置的超前钻机为阿特拉斯1238型，通过几次不良地质洞段的钻探效果而言，最大钻孔深度10m，远达不到施工要求。

经过专家组现场指导，建议使用阿特拉斯1840型钻机，经过系统改造，还缺少钻杆及其连接套组件等配件未到场。

②试掘进过程暴露出TBM的缺陷。

a. 主驱动扭矩问题。

a)虽然恢复了变频驱动,但不能达到预期要求,在掌子面坍塌的情况下,不能实现刀盘低转速大扭矩工况要求,且依据目前的刀盘驱动系统硬件配置,无法从技术上进一步提升变频器驱动系统的性能,刀盘驱动扭矩无法从根本上解决。变频器驱动系统扭矩不足的根本原因在于主驱动电机为普通三相异步电动机,与变频器的控制方式无法实现可靠匹配;变频器的控制方式只能采用简单的"频率控制方式",不符合"低转速大扭矩"控制要求。

b)受地下涌水影响,项目接手后运转过程中2号主驱动电机损坏,项目组织更换后使用一段时间后再行损坏,损坏根本原因为2号、3号主驱动电机长期浸泡在水中,且电机本身绝缘等级为IP55,防水性能较低。在使用4台主驱动电机或者3台主驱动电机旋转刀盘的工况下刀盘扭矩值较设计值大打折扣,遇到不良地质洞段破碎围岩坍塌量大,无法旋转刀盘,造成卡机现象。

b. 皮带机问题。皮带机的输送能力不足,在超量出渣情况下,皮带机经常被"压死",再启动过程中延误了刀盘的最佳启动时间,导致刀盘被流动状态的渣土困住,无法启动。

分析其原因在于:

a)轻度超量出渣情况下,输送皮带宽度较小,与驱动滚筒之间的摩擦力不足,导致"打滑"现象。

b)大量超量出渣的情况下,皮带机被大量渣土"压死",速度逐渐变慢,驱动滚筒与皮带之间未出现打滑,直接导致皮带停止。

c. TBM左右姿态控制问题。自2013年开始掘进以来,TBM水平姿态一直呈整体向右偏移趋势,方向调整极为困难。项目多次组织讨论,检查了调向控制系统未发现问题所在,也尝试了多种方法,即使采用只用右侧油缸以调向模式推进的方式,效果仍然不明显,目前尚未找出根本原因。

d. 主轴承密封问题。SELI在TBM改造过程中更换了新的主轴承密封,其密封型号、质量及安装工艺均不得而知,且SELI安装的油脂润滑系统只是用一个简单的杆式气动油脂泵,无专用的油脂分配阀、流量和压力监控装置,无法正常使用。项目部接手后,为尽快满足掘进要求,将密封的封尘方式还原为原设计的齿轮油润滑方式。

自TBM试掘进开始,通过对齿轮油的检测化验发现水分含量严重超标,经过多次更换齿轮油,掘进一段时间抽样检测仍然存在水分含量超标问题。检查系统管路均未发现问题,目前尚没有有效的解决办法。

分析原因,由于掌子面存在大量的涌水,导致主轴承下半部出油通道一直浸没在水中,从其出油通道进水可能性较大。

e. 洞口新鲜风机问题。原配置的新鲜风机为GIA4×25kW变频风机,其中一台已被SELI拆除,电机、扇叶已无法修复,目前只有3台在全速运行,变频器已全部损坏,无法满足后续施工通风要求。

(5)小结

①双护盾TBM虽然有安全、优质高效等特点,但对地质条件具有较苛刻的要求,在施工前期,尤其是地质勘察方面一定要详细、客观,对施工方法的制订起到关键作用。

②可通过设备改造来增强TBM的适应能力,并在施工过程中尽量采取超前地质预报,了解掌子面前面地质情况,采取合理的超前处理措施。

③硬岩占绝大部分、工期压力大,需要实现同步衬砌的隧道工程采用双护盾TBM施工可有效发挥其优势,但工程造价相对较高。

④双护盾TBM使用受到很多条件的限制,在软弱破碎围岩施工中极易受困,需谨慎使用。

第 9 章

单 护 盾 TBM

本章重点：简要介绍单护盾 TBM 的结构特点与适用范围；重点介绍甘肃引洮供水工程使用单护盾 TBM 施工的工程实例。

9.1 结构特点

单护盾 TBM 与开敞式 TBM 的区别是前者在刀盘后面带有一个护盾，在护盾的保护下有管片安装设备。刀盘也是开敞式的，刀盘上的盘形滚刀是适用于开挖较硬围岩的刀具。盘形滚刀在掌子面上滚动留下刻痕，将大块岩石切割成岩石碎片，切割下来的岩石碎片落入刀盘外侧的铲斗中。随着刀盘的转动，这些岩石碎片通过刀盘上的漏斗进入 TBM 的运输系统运出洞外。

单护盾 TBM 的推力是由液压推进油缸作用于护盾内安装的管片反力提供的。掘进时，液压推进油缸的后部顶在已经衬砌好的钢筋混凝土管片上，推进油缸伸出，推动刀盘前进。这一过程结束后，TBM 停止前进，推进油缸回缩归位，新的混凝土管片在盾尾进行组装，开始进入下一循环。

9.2 适用范围

单护盾 TBM 适用于开挖地层以软弱围岩为主，岩体抗压强度低的隧道。

9.3 引洮供水工程施工实例

9.3.1 工程概况

甘肃省引洮供水工程是以黄河重要支流洮河为水源，解决甘肃省中部地区干旱缺水问题的大型跨流域调水工程。引洮供水一期工程供水范围主要涉及甘肃省兰州、定西、白银三市辖属的榆中、渭源、临洮、安定、陇西、会宁 6 个县（区），主要建设内容包括总干渠 109.73km。干渠 4 条总长 148.40km，配水支管及支（分支）渠 26 条总长约 210.34km。

引洮供水工程总干渠自洮河中游九甸峡水利枢纽库区右岸取水，供水区位于定西及其以东地区，需穿越洮河、渭河、祖厉河等黄河一级支流流域，全线数次穿越流域分水岭。为缩短线路长度及利于分水，总干渠总体上以西东走向布置于供水区中部地带，南北两侧布置干渠等各级渠系，构成覆盖全供水区的输水渠网。

一期工程总干渠渠线总长达 109.73km。其中隧洞工程 18 座，长达 94.43km，占总干渠总长的 86.1%，单洞最长为 9 号隧洞 18.26km；渡槽 9 座，长 1.53km；暗渠 11 座，长 2.96km；明渠长 10.81km。总干渠落差 69.19m，平均纵坡 1/1586。一期工程共布置有 4 条干渠，重点对线路最长、工程相对艰巨的一干渠进行了南、北两条线路比选，并选择了地质条件好、投资省的北线方案。其他3条干渠供水区明确，线路短，工程布置相对简单。4条干渠总长148.40km。其中隧洞20座，全长43.19km，占渠线总长的29.1%；渡槽56座，全长6.13km；暗渠13座，全长2.66km；倒虹吸19座，全长3.76km；陡坡6座，全长1.15km；跌水78座，全长0.96km；明渠全长90.55km。占渠线总长的61.0%。

9.3.2 工程地质条件

引洮供水工程总干渠7号及9号隧洞为总干渠中较长的2条隧洞，长度分别为17.24km和18.25km，总长度35.49km，占一期工程总干渠渠线总长度的32%，具有长度大、工程地质条件复杂、造价高、施工难度大、工期长等技术特点。

引洮供水工程总干渠7号及9号隧洞分别穿越洮河—渭河及渭河—祖厉河分水岭。

7号隧洞洞身出露白垩系与上第三系2套地层。围岩以极软岩为主，Ⅳ类围岩段长2.50km，占14.5%，岩性主要为白垩系砂岩、泥质粉细砂岩、砂质泥岩，属软岩；Ⅴ类围岩段长14.74km，占85.5%，岩性主要为上第三系泥质粉细砂岩、砂质泥岩、含砾砂岩，属极软岩。

9号隧洞洞身出露前震旦系、上第三系和下第三系3套地层，岩性复杂多变，分别由硬岩、软岩和极软岩构成。Ⅱ类围岩段长4.1km，占22.5%，岩性主要由前震旦系大理岩构成为硬岩；Ⅲ类围岩段长4.0km，占21.9%，岩性主要由前震旦系花岗片麻岩、大理岩、片岩构成，属硬岩—中硬岩；Ⅳ类围岩段长3.6km，占19.7%，岩性主要由下第三系含漂石的砾岩组成，属软岩；Ⅴ类围岩段长6.55km，占35.9%，主要由上下第三系岩层构成，岩性为砂岩、泥质粉砂岩、砂砾岩、粉砂质泥岩、含砾砂岩，属极软岩，围岩中地下水活动微弱，岩体单轴饱和抗压强度第三系地层小于12MPa，白垩系地层为45～60MPa，前震旦系地层大于80MPa。

9.3.3 工程设计

隧洞设计纵坡1/1500，输水流量设计32m³/s，加大36m³/s，属于中断面、中跨度规模的长隧洞，为2级水工隧洞。

TBM方案隧洞净内径为4.96m，预制钢筋混凝土衬砌管片混凝土标号采用C30，厚度280mm，开挖洞径为5.75m，衬砌管片环向等分4片，组成一环，每片均为不等边的菱形六边形，环向、纵向错缝拼接，形成镶嵌蜂窝状稳定结构，纵向宽度1.60m，底拱作为轨道床。管片与围岩之间的孔隙，以粒径30～50mm的豆砾石充填，并采用水泥砂浆或水泥浆进行低压回填注浆处理，以达到稳定结构，改善管片整体受力状态作用。依据围岩类别的不同，对断层破碎带及岩体不良洞段，采用在管片中加大含筋率的重型管片，一般地段可采用轻型管片，分为不同含筋率的轻、重、特重型预制C30钢筋混凝土管片3种类型。

隧洞进出口为TBM机械设备组装、进洞出发、停掘出洞的洞室段，也是洞身结构的加强段，依据TBM技术要求，确定隧洞进出口加强段长度均为50m，采用钻爆法开挖，一次喷锚加强支护，待TBM进洞或出洞之后，拆除TBM开进过程中所铺设的底拱管片轨道床，然后二次整体现浇C20钢筋混凝土衬砌，TBM均从隧洞出口逆坡向上游进口方向施工。

7号隧洞洞身围岩岩性较为均一，除进出口加强段外，其余洞身段全部采用单护盾TBM开挖，重型管片衬砌。

9号隧洞洞身围岩岩性复杂，洞身围岩岩性自进口至出口呈现"软→硬→软→硬→软"的交替分布状态，TBM设备按照适应硬岩—中软岩岩体类别选型，采用双护盾TBM以达到适应软硬不均岩体的开挖施工特性，以TBM施工为主，钻爆法辅助的混合式施工技术方案。9号隧洞进出口段2563m、Ⅴ类软岩，TBM施工困难，提前采用钻爆法开挖，一次喷锚加强支护，TBM开进的过程中安装重型管片衬砌；中部4064m洞段采用TBM所配套的超前注浆设备对洞身周边围岩进行超前预注浆加固，以增加岩体强度和稳定性，然后TBM再开挖掘进施工，并同时安装重型管片完成衬砌；其余Ⅱ～Ⅳ类硬岩—软岩洞段，TBM按照设计正常开挖掘进，Ⅱ～Ⅲ类围岩区采用轻型管片，Ⅳ类围岩区采用重型管片。

钻爆法方案Ⅳ～Ⅴ类软岩—极软岩洞段采用三心圆拱曲墙弧底类马蹄形断面，净断面 4.85m×5.05m（宽×高，下同）；Ⅱ～Ⅲ类硬岩—中硬岩洞段采用平拱直墙平底板型断面，净断面 4.45m×4.82m。Ⅱ类硬岩洞段按照顶拱永久喷锚支护，侧墙一次实施简单的喷锚支护处理，二次现浇混凝土减糙护面，底板现浇混凝土减糙抗冲；Ⅲ～Ⅴ类围岩洞段一次喷锚支护，二次整体现浇钢筋混凝土衬砌，单层抗裂或双层受力配筋。

9.3.4 7号隧洞TBM施工

1）管片错台控制技术

引洮供水一期工程7号隧洞设计断面为圆形，设计开挖直径5.75m，采用法国NFM/北方重工联合设计制造的φ5.75m单护盾TBM施工，管片内径4.96m，管片厚度280mm。管片背后上部270°范围进行豆砾石（5～10mm）回填注浆，要求结石时强度为C15，下部90°为回填M15水泥砂浆。

本工程管片设计为六边形，纵向为凹凸面球窝自锁结构，设计外径5520mm，内径4960mm，环片厚度为280mm，环片宽度为1600mm，每环管片分4块（1块底管片，2块侧管片，1块顶管片），单块最大质量约5.2t。管片拼装如图9-1所示。

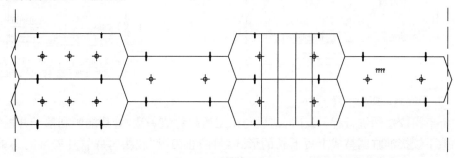

图9-1 管片拼装示意图

(1)单护盾TBM施工简介

单护盾TBM施工工序主要有掘进除渣、管片安装、接缝和工作孔封闭和管片背部空隙填充等，如图图9-2所示。

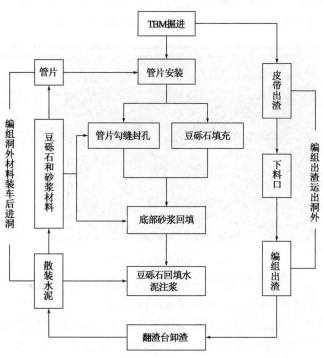

图9-2 TBM掘进施工工序示意图

单护盾 TBM 类似于盾构,掘进与管片安装工序二者不能同步进行,本工程中每掘进 800mm,进行一次管片安装,然后再继续掘进施工,在保证管片安装质量的前提下,其安装速度直接影响着 TBM 施工进度。

单护盾 TBM 掘进施工初期,管片安装过程中时常出现错台较大的不良现象,直接影响着后续 TBM 配套工序的正常施工,导致管片衬砌防水能力下降,隧洞运营将存在一定的安全隐患。

(2)管片安装错台原因分析

①掘进时 TBM 尾盾存在"上翘"的姿态。为保证刀盘不出现"栽头"现象,TBM 掘进过程中,需将盾体内上下两组铰接油缸调整成上短下长的形式,尾盾会出现"上翘"姿态,使底管片安装时不能完全落至基岩岩面上,待其拖出盾尾后存在下沉,导致与侧管片接缝处存在较大错台,铰接油缸工作状态如图 9-3 和图 9-4 所示。

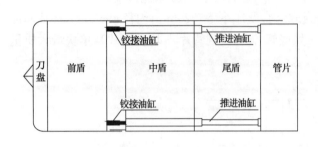

图 9-3　TBM 铰接油缸无行程差图示 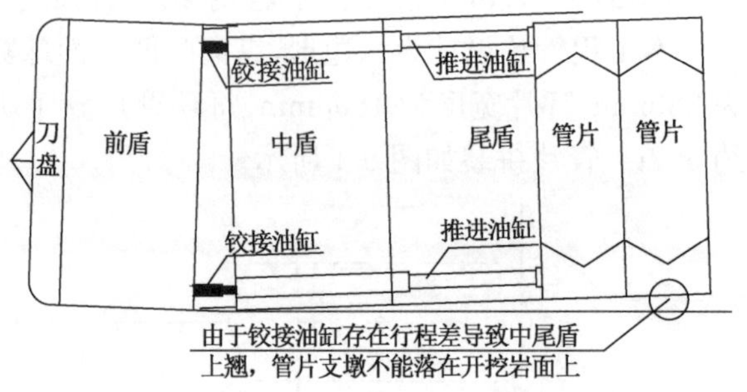　　　　　图 9-4　TBM 铰接油缸存在行程差图示

图 9-3 中上下组铰接油缸行程一致时,前盾与中尾盾趋势值一致,管片能顺利落于开挖岩面上。

图 9-4 中上下铰接油缸调整成上短下长的形式,可防止刀盘"栽头",底管片安装时不能落在基岩岩面上,导致其拖出盾尾后存在下沉现象。

②TBM 掘进姿态与管片安装姿态未能同步调整。采用单护盾 TBM 掘进期间,其推进作用反力全部由盾体后方已安装管片提供,盾体内径大于管片外径,正常施工情况下,两者之间存在一定的间隙(盾尾间隙),可供管片安装调整姿态。TBM 掘进时,若出现操作司机若调向过快、过猛,或遇到软弱地层 TBM 姿态突然变化等现象时,将导致盾尾与单侧管片或局部区域"贴死",无盾尾间隙情况下,管片安装将难以顺利调整姿态,最终出现接缝错台。部分盾体轨迹如图 9-5 所示。

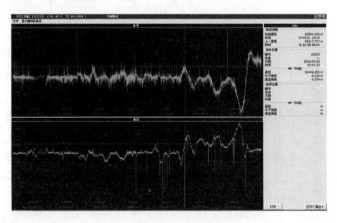

图 9-5　TBM 掘进盾体轨迹图示

③富水围岩段基岩承载力低。引洮供水一期工程总干渠 7 号隧洞地质环境复杂,岩性以软岩、极软岩为主,局部洞段有地下水活动,地下水具有多层承压性,地下水分布,水量受构造、地层岩性控制变化较大。当 TBM 掘进至富水围岩洞段时,因 TBM 采用下坡施工,渗漏水聚集至盾尾处,使该区域围岩持续软化,基岩承载力降低。当质量为 5t 左右的底管片安装并拖出盾尾后,底管片与侧管片间作用力小于其自重,而底管片底部围岩支持力下降,最终底管片出现下沉,与侧管片形成较大错台。

④管片拼装和连接方式在不良地质洞段适应性较差。该工程管片纵向结构形式为凹凸面球窝形结构,相邻两块管片安装采用定位销连接,自身两方面控制管片拼装质量。在不良地质洞段 TBM 掘进姿态难以良好控制的条件下,管片安装期间,定位销出现破损的概率很大,难以发挥其设计作用。仅靠凹凸面球窝自锁结构限制管片拼装质量,难以控制管片错台。

(3)管片安装错台控制措施

①对尾盾底部进行改造。针对管片难以落至开挖围岩上,对尾盾底部开口范围进行改造,将底部 146°范围内盾尾钢板割除,重新焊接较薄钢板并将角度往周围岩面张开,保证底管片支墩能顺利落于开挖岩面上,改造后减小了底管片与开挖岩面之间的间隙,降低了底管片下落幅度,如图 9-6、图 9-7 所示。

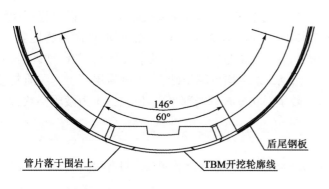

图 9-6 盾尾改造后管片落于围岩上图示

图 9-7 盾尾改造后实物图

②制订 TBM 姿态控制标准。针对操作司机调向过快、过猛的现象,或遇到软弱地层 TBM 姿态突然变化等现象,对司机的操作制订了调向原则,在作管片姿态(旋转、调整盾尾间隙)调整时,采取勤调、缓调的原则,并制订了 TBM 掘进姿态控制刚性执行标准(表 9-1)。

TBM 掘进姿态控制标准 表 9-1

序号	项 目	控制标准
1	水平方向姿态	预警偏向值:±100mm;趋势值:±0.5%
2	垂直方向姿态	预警偏向值:+20~+80mm;趋势值:0.2%~0.6%
3	调向值	每掘进 800mm 水平和高程调向值不大于±5mm,趋势值变化小于 0.1%
4	推进油缸行程差	单环掘进油缸行程差变化不能大于 15mm;累计油缸行程差不大于 30mm
5	铰接油缸行程差	铰接油缸上下两组行程差:正常掘进时不大于 15mm,需要调向时不大于 20mm;铰接油缸左右两组行程差:正常掘进尽量不使用,需要调向不大于 10mm
6	中盾与尾盾高程差	不大于 20mm
7	TBM 前盾滚动值	0~1.5%

③换填软化围岩,底部及时回填砂浆。对于软化的围岩,一方面采用一定比例的水泥砂子干拌料对松软围岩渣土换填,增大围岩承载力。必要情况下,在干拌料中加入适量的外加剂,如速凝剂或水玻璃,缩小砂浆的凝结时间。另一方面,待管片安装完成后,及时对管片底部 90°范围内进行 M15 砂浆的回填,填充底管片与围岩间的空隙;地质条件较差时,在 M15 砂浆中掺入适量的速凝剂。

④管片上增设限位装置。当 TBM 掘进至软弱围岩段时,底、顶侧管片下沉,侧管片后仰严重,为应对该段不良地质洞段,对管片增加了限位装置,在管片上部内弧面(迎水面)增设定位钢板,相互限制其后仰或下沉。待管片与围岩间空隙由豆砾石和水泥注浆填充完成并达到设计强度后,再对增设的限位钢板进行割除,避免对隧洞通水运行造成影响。

2)通过不良地质段施工技术

单护盾 TBM 在岩性单一的中硬岩地质条件下具有快速掘进且同步衬砌、一次成型等显著特点,但在高地应力、断层破碎及无自稳能力的软岩不良地质段,特别是在地基承载力较差的软弱含水疏松砂岩中掘进,极易出现刀盘及盾体被卡、栽头等问题,严重影响 TBM 的正常掘进。本节以甘肃省引洮供水一期工程总干渠 7 号隧洞单护盾 TBM 在不良地质段掘进发生的围岩收敛、变形、坍塌、涌水、流沙等地质灾害导致卡机的原因进行系统分析,重点介绍并提出了该工程 TBM 在不良地质段掘进时存在的部分问题及应对措施。

(1)不良地质岩性情况

隧洞围岩主要由上第三系(N_2L_3)泥质粉砂岩、粉(砂)质泥岩、砂砾岩、(含砾)砂岩、疏松砂岩等组成,岩性软弱,互层状分布,相变剧烈。岩层产状平缓,受构造影响轻微,断裂裂隙不发育,仅发育舒缓短轴褶皱,总体上富水性较差。地下水主要由大气降水补给,降雨稀少,且年内分布不均,地层渗透性弱,地下水水量一般较小(实测泉水最大流量小于 5L/min)。根据钻孔揭示、试验及水文地质调查,砂砾岩、砂岩孔隙率为 20% 左右,为含水透水层,钻孔一般有地下水,泉水均出露于砂岩、砂砾岩层部位。泥质粉砂岩和粉砂质泥岩为相对隔水层,地下水分布不均,一般呈层状分布且局部承压,所在山体为微弱层状含水山体。

(2)工程特点及难点

①隧洞穿越失陷性黄土软弱地层段,其中包括无自稳能力的含水疏松砂层,TBM 在此地层中施工,地质风险极大。

②部分洞段围岩强度极低,地基承载力较差,可能会导致 TBM 掘进过程中出现"栽头"事故。

③隧洞局部洞段有地下水活动,地下水具有多层承压性,地下水分布、水量受构造、地层岩性控制变化较大,将会对 TBM 的机械、电气、液压、传感等设备造成影响。

④本工程管片采用六边形凹凸面球窝自锁结构,无螺栓刚性连接,安装后易受外力作用产生旋转及错台等外观质量缺陷。

⑤管片环拼装结构易受围岩坍塌、收敛变形影响,不良地质段不均匀涌水流沙可能会产生偏压,导致管片结构失稳。

⑥本 TBM 隧洞为特长水工隧洞,且 TBM 独头掘进,通风、排水、通讯、调度及运输组织难度将非常大。

⑦本工程掘进设备为国内首台单护盾 TBM,之前国内应用的都是双护盾或开敞式 TBM,因此本工程施工中可参考借鉴的施工经验少,掘进不可预见性极大。

(3)不良地质段施工存在的主要问题及应对措施

掌子面围岩基本无自稳能力,围岩塌方严重,大块破碎岩石无法顺利出渣,导致 TBM 刀盘转动受阻,扭矩持续增大,当超过刀盘脱困扭矩后刀盘被卡将无法正常启动。

针对此类不良地质洞段,主要从加固围岩、降低刀盘旋转掘进扭矩等方面考虑解困 TBM,采取的应对措施主要有:

①注浆固结加固。为预防刀盘前方围岩出现大量塌方对 TBM 刀盘带来的严重影响,保证管片背部空隙填充质量,对 TBM 刀盘前方部分软弱围岩进行固结注浆,注浆材料拟选用瑞米杰夫莱 U 型和马力散 N 型等聚氨酯类化学注浆材料。

②减小刀具的启动扭矩,通过增强刀盘的耐磨性,达到降低非正常损坏频率的目标。使用耐磨性较好的刀圈,从而延长刀具使用寿命。

③加强 TBM 出渣系统的保养力度,保证刀盘和皮带机能够达到正常的脱困能力;另一方面,加大对渣土控制仓门的清理频率,防止出现大块岩石堵塞仓门,造成刀盘被卡的现象。

④选取合适的掘进参数,严格控制掘进扭矩、贯入度、转速及推力,保证出渣量与刀盘刮渣口及皮带机能力相配套,防止出渣过快,导致刀盘刮渣阻力增大、皮带出渣能力不足。

⑤当刀盘被卡无法正常启动时，可对TBM前盾进行延伸改造，将前盾钢板延伸至加高的扩挖刀处，将刀盘上部212°范围内遮盖一部分，从而减少刀盘转动扭矩达到脱困目的。

TBM因故停机时间过长，盾体背部围岩大量坍塌或明显收敛，使围岩压力作用于盾壳，TBM恢复推进时，可能出现TBM掘进的推力大幅度增大，导致提供反力的管片破损严重、旋转加剧，易导致盾体被抱死中断掘进。

针对该地层应主要从降低围岩作用在盾体上的压力等方式考虑解困TBM，采取的应对措施主要有：

①加强不良地质洞段超前地质预报工作。在项目地质勘察资料和物探成果的基础上，利用TBM配备的Beam地质预报系统、超前地质钻孔进行预报，日常施工中，分洞段向施工一线管理和技术人员进行地质交底。

②通过地勘资料分析，当TBM掘进至围岩收敛或坍塌洞段前，做好各项应急施工准备工作，同时全面做好TBM设备的保养和配件储备工作，尽量减少TBM非正常停机时间。

③在TBM因故长时间停机前，通过盾体上部预留的油脂孔，在盾体和围岩之间注入润滑材料，如膨润土、废油脂等，从而减小摩擦系数，降低摩擦阻力，避免TBM恢复施工后被困。

④根据围岩收敛变形速率适当增大刀盘扩挖半径，保证掘进开挖后盾体有足够的时间通过而不被围岩收敛变形抱死盾壳。

⑤在脱困过程中，将前盾铰接油缸与后配套拖拉油缸处于自由状态，集中主推油缸最大推力进行分部脱困。

⑥当出现盾体被围岩抱死被困中断掘进时，可通过TBM尾盾预留的观察窗，对紧贴在盾体上的上部围岩进行开挖、掏除并支护，从而释放作用在盾体上的部分围岩应力，同时在盾体与围岩间注入润滑材料，降低摩擦阻力，从而保证TBM能正常推进达到脱困目的。TBM脱困硐室施工如图9-8所示。

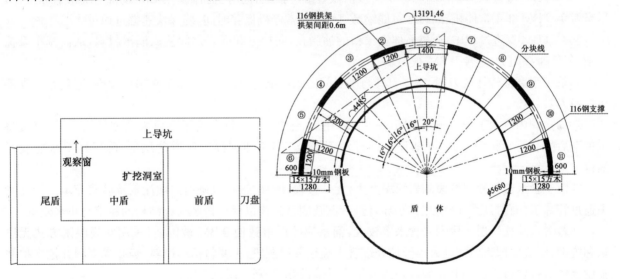

图9-8　TBM脱困硐室施工示意图

TBM掘进遭遇含水率较大的围岩时，隧洞底部围岩泥化严重，导致其承载力大幅度下降，使其难以满足TBM结构和管片衬砌的稳定需要，导致TBM掘进时出现刀盘低头、盾体下沉等不良现象，严重情况下，将出现TBM掘进状态难以控制、管片安装困难、管片尖角破损量大、管片错台大或管片收敛变形明显等严重后果。

针对该地层应主要从提高围岩承载力、控制姿态及管片加固等方面避免TBM被困，采取的应对措施主要有：

①通过对盾壳底部合适位置布设注浆孔，采用注水泥浆或双液浆方式进行加固底板，提高地层承载力，从而防止TBM刀盘低头及盾体下沉。但过程中要严格控制注浆量，防止浆液黏住盾壳，造成推进困难。

②考虑将底部主推油缸接入超高压油泵,增大顶底部推进油缸推力差,防止 TBM 刀盘及前盾低头下沉。

③控制掘进参数,保证盾体姿态,增大前置铰接油缸行程差,使盾体保持处于微弱抬头趋势,匀速掘进缓慢调整姿态。

④不良地质洞段下,为控制管片安装接缝错台和收敛变形,在管片上增设限位钢板或管片内套环向钢板环,控制或减小管片错台和收敛变形量。

⑤对管片错台导致止水条失效的情况,可采用 GBW 自粘型遇水膨胀止水条填塞管片接缝处,以保证管片衬砌防水能力。

TBM 掘进通过含水疏松砂层洞段时,围岩含水率较大,且坍塌严重基本无自稳能力,地层内的涌水、流沙对盾体内电气设备造成影响。

针对该地层应主要从设备防护、管片加固、泥沙积水抽排以及降低围岩作用在盾体上的压力等方面考虑解困 TBM,采取的应对措施主要有:

①密切关注渣土性状及掌子面情况。掘进过程中加强对渣土性状和掌子面围岩情况的关注频率,重点关注地下水的变化;在适当时候通过进入刀盘内观察掌子面情况,根据掌子面地质情况随时调整掘进参数。

②设备日保养期间,做好盾体内部分设备(如推进油缸、主电机、稳定器、观察窗、注脂孔、钻机孔、配电柜)的密封工作,防止遭遇不良地质洞段时,地下水对盾体内电气和液压设备的损害。

③在掘进过程中及管片安装前加强尾盾内(盾尾开口处)的泥沙清理工作,配备足够人员、工具等,保证管片能够快速安装。

④在 TBM 掘进到达含水疏松砂层洞段前做好应急预案,同时全面做好 TBM 设备的维修保养工作,尽量避免 TBM 非正常停机,同时尽可能缩减 TBM 正常停机保养时间,确保快速掘进通过。

⑤在 TBM 掘进过程中,通过盾体上预留的油脂孔,向护盾和围岩之间注入润滑材料,从而减小摩擦系数,降低摩擦阻力,避免 TBM 被困。

⑥采用耐磨性较好的刀圈,增强刀具与围岩间的耐磨能力,降低刀具非正常损坏频率,避免非正常停机更换刀具。

⑦加强洞内排水工作。施工期间,在 TBM 尾盾、主机室、后排套附近安设大功率排污水泵,直接将水抽至后配套污水箱内。此外,铺设一条排污管线至 TBM 加利福尼亚道岔尾部,确保地下水能及时抽排。

⑧由于含水疏松沙层洞段围岩坍塌严重,无法按设计要求进行豆砾石回填注浆及砂浆充填。因此考虑通过管片工作孔打设 $\phi 48$ 的花式小导管进行深孔固结注浆以保证拼装衬砌结构的稳定与止水效果。

⑨若含水疏松沙层洞段围岩含水率较大,涌水流沙严重致使 TBM 被困,且采用常规脱困方式无法顺利脱困,则应立即考虑实施人工开挖处理含水疏松砂层洞段,主要包括增设斜、竖井或绕洞开挖支护并施做整体滑行轨道床后,TBM 掘进到达该位置时推进并安装管片衬砌通过。

9.3.5 7号隧洞单护盾 TBM 改造

TBM 在掘进至某里程时,岩石为厚层状砂岩,粉粒结构,局部含钙质结核,强度约为 1MPa(具体表现为包含在粉细砂中的孤石),遇水极易软化、崩解,围岩自稳性差,开挖面塌方比较严重,出渣量较正常掘进时大了很多,地层中含有地下水,在临空面以喷泉的形式涌出,形成夹带砂子的涌砂现象,盾尾开口处较为严重,以致 TBM 的推力增大,TBM 被迫停机,先后多次致使刀盘被卡、盾体被困,从而导致施工中断,严重影响工程工期。

针对 7 号隧洞 TBM 施工过程中出现的严重地质问题,经专家论证,认为 TBM 不适应 7 号隧洞含水粉细疏松砂岩施工,将被困的 TBM 解体。由中铁工程装备集团有限公司对该单护盾 TBM 进行了地质适应性改造,采用了自主最新技术,重新设计制造了盾体和刀盘,运至隧洞进口组装并掘进。改造后的引洮单护盾 TBM 如图 9-9 所示。

经改造后的甘肃引洮单护盾 TBM 于 2011 年 8 月 17 日开始掘进,中铁隧道集团有限公司 2011 年 9 月份创月掘进 1515m 纪录,10 月份创 1718.6m 纪录,11 月份再创月进尺 1868m 的世界纪录。实现了刀盘的高效破岩和盾体的有效脱困,解决了国外单护盾 TBM 长期未解决的世界级施工难题。

1)TBM 改造背景

隧洞地质条件极其复杂,围岩相变剧烈。隧洞稳定性较差,岩性以软岩、极软岩为主,局部洞段地下水活动强烈,地下水具有多层结构,且具有承压性,地下水受构造、地层岩性控制,分布与富集变化较大。

TBM 首先从隧洞出口向隧洞进口施工,当 TBM 掘进 2800m 后,遭遇饱水疏松砂岩,出现突泥涌砂,导致 TBM 盾体内部被泥沙掩埋。机器恢复后盾体姿态严重下栽,盾体被泥沙包裹推力较大,安装的管片破损严重,导致 TBM 掘进受阻,无法继续施工。

当从隧洞出口向隧洞进口施工无法再进行时,决定将 TBM 以及后配套拆除至进口,从隧洞进口向隧洞出口方向施工。

由于 TBM 刀盘和盾体无法从隧洞拆除,进口施工的 TBM 采用了新的刀盘和盾体。

结合 TBM 在出口的施工和进口的地质情况,对新的刀盘和盾体设计做了改进。改进后的刀盘和盾体适应工程地质,使隧道施工连续稳产高产。

2)刀盘改造

(1)刀盘改为双向旋转

在掘进过程中,盾体会受到反作用力产生滚动。原刀盘在掘进过程中只能顺时针旋转,盾体一直为逆时针滚动。为了抑制盾体滚动,需调整推进油缸的角度。这样推进油缸就会产生一个圆周方向的力作用在管片上,直接导致管片滚动。

只有刀盘在掘进过程中采用双向旋转,才能妥善解决管片滚动问题。

新刀盘设计采用了双向刮渣口,如图 9-10 所示。

图 9-9 改造后的引洮单护盾 TBM

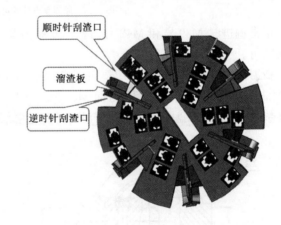

图 9-10 刀盘改造设计

改进后的 TBM 在掘进过程中可以双向旋转,这样便不需要调节推进油缸的角度,而是利用刀盘的双向旋转来调整盾体的滚动。

(2)边刀重新布置

原刀盘设计 42 把刀具,中心刀为 4 把双刃滚刀,正滚刀 31 把,边刀 3 把。原刀盘高刀位刀具布置如图 9-11 所示。

新的刀盘设计为 39 把刀具,中心刀为 4 把双刃滚刀,正滚刀 30 把,边刀 1 把。改造后的刀盘高刀位刀具布置如图 9-12 所示。

(3)边刀扩挖采用垫块模式

原刀盘 M39 号、M41 号和 M42 号刀座设计为可移动刀座(图 9-13)。刀座与刀盘采用螺栓连接。若需要扩挖时,拆除连接螺栓,把刀座移动到所需的开挖半径位置。

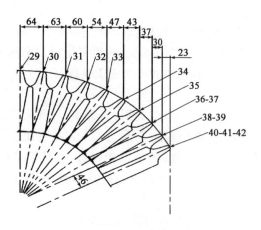
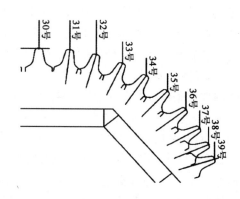

图9-11 原刀盘高刀位刀具布置(尺寸单位:mm)　　　图9-12 改造后的刀盘高刀位刀具布置

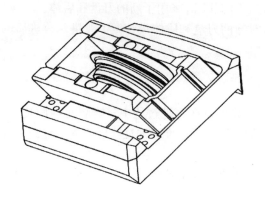
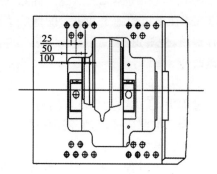

图9-13 原刀盘设计的可移动刀座(尺寸单位:mm)

正常掘进时M39号和M42号刀孔不安装刀具,用钢板将刀孔封住。若需要扩挖时,在此刀孔安装刀具即可。

新刀盘设计的扩挖形式采用垫块模式,如图9-14所示。扩挖半径可以加大15mm、25mm和50mm。每个加高间距需要加高5把刀具,即M35～M39号。针对不同的加高半径,M35～M39号都需加装不同高度垫块,以保证刀盘圆弧区域的平滑的开挖轮廓线,如图9-15所示。

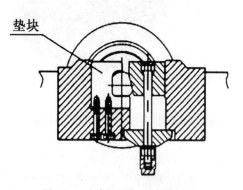
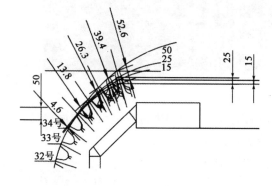

图9-14 改造后刀盘边刀加高形式　　　图9-15 改造后刀盘加高示意图(尺寸单位:mm)

原设计采用移动刀座的扩挖方式,操作比较烦琐,在单护盾刀盘不能后退的情况下,在刀盘内部移动刀座相当困难。刀座移动也不能保证圆弧区域的刀尖轮廓线平滑过渡。

新设计采用垫块方式,操作简单快捷,圆弧区域的刀具轨迹和刀间距能实现平滑过渡。

(4)刀盘结构优化

原刀盘按照硬岩标准设计,刀盘结构偏重,不适合在疏松的围岩使用。

新刀盘优化了刀盘的厚度(从法兰面到滚刀刀尖的长度)。原设计长度为1995mm,新刀盘减小到1818mm。

从前盾前沿到刀盘刀尖的距离也由原来的960mm减小到765mm。

由于刀盘结构的优化,刀盘在疏松的岩层中掘进,大大减少了围岩对刀盘产生的切削阻力。刀盘的质量从原来的80t减少到60t,大大缓解了由于盾体较长,刀盘和前盾的"栽头"现象。

(5)刀盘表面耐磨层优化

原刀盘表面的耐磨层采用10mm厚、Hardox400钢板,在砂岩中刀盘面板磨损较大,如图9-16所示。

新刀盘面板采用SA1750CR碳化铬复合板,以增加其耐磨性。SA1750CR碳化铬复合板,采用特殊的生产工艺及化学配方,其耐磨层主要化学成分为碳:4%~5%,铬:30%~40%,基板厚度为实际厚度,基板与耐磨层的稀释率为1mm左右,耐磨层至基板的硬度梯度为700HV左右,如图9-17所示。

图9-16 原hardox耐磨板

图9-17 复合钢板的磨损情况

3)盾体改造

(1)前盾改进设计

改进后,前盾上部比下部长400mm,如图9-18所示。改进后,加大了刀盘圆周方向刮渣口的进渣能力,提高了TBM的掘进速度。在高贯入度情况下,前盾喇叭口处的渣堆积量较少,减少了边刀弦磨。

(2)盾体周边开设注射孔

在盾体周边开设注射孔,在围岩出现坍塌或收敛时,利用注射孔向盾体外壁注废油或膨润土,以减少盾体和围岩的摩擦阻力。

(3)推进油缸布置优化

原推进油缸分上下左右四个工作区域,共计16根,每区4根油缸,如图9-19所示。新设计的推进油缸仍按照4区分布,底部区域增加一根推进油缸,共计17根推进油缸,见图9-20。

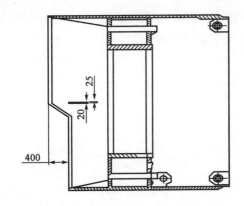

图9-18 前盾示意图(尺寸单位:mm)

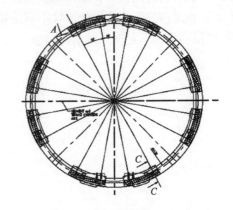

图9-19 原设计推进油缸分布图

增加的推进油缸的油路并联在底部一组的推进油缸,在油缸两个腔的进出油口处安装球阀,需要使用时将球阀打开即可。

增加的推进油缸在正常地质洞段掘进时不使用,在以下情况下使用:

在TBM遇到坍塌或围岩收敛时,需要增加推力时使用;调整TBM掘进姿态时,需要加大底部油缸与顶部油缸推力差时使用。

(4)改进盾尾结构形式

由于底部管片底部45°为支墩,由此尾盾设计为底部60°开口。

原盾尾底部120°区域为40mm钢板,上部240°为50mm钢板,如图9-21所示。

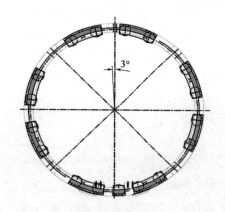

图9-20 改造后推进油缸分布图

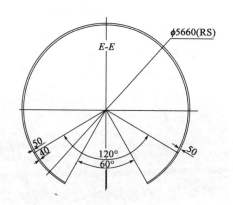

图9-21 原盾尾设计(尺寸单位:mm)

改造后的盾尾60°～90°区域为25mm钢板,90°～120°区域为40mm钢板,其余为50mm钢板,如图9-22所示。

改造后的盾尾加大了盾尾间隙,有效提高了管片安装质量。

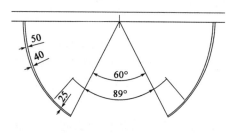

图9-22 改造后盾尾设计(尺寸单位:mm)

(5)前盾设置延伸护盾安装孔

在前盾前沿上部150°区域开设两排直径为33mm的孔。前盾延伸后可以有效减少围岩对刀盘产生的切削阻力,TBM则能在含水率较低的疏松砂层中顺利掘进。

4)小结

引洮单护盾TBM盾体和刀盘的改造克服了原设计的缺陷,也克服了单护盾TBM固有的问题。

改造后的TBM只能在围岩可以自稳、含水率小于15%的地质洞段掘进。在本工程中遇到突泥涌沙地质洞段仍不能有效通过,若要通过类似地质洞段,则需TBM具有盾构保压模式,即使用双模式TBM。由于本工程受管片设计和盾尾开口等多方面因素,无法实现TBM的双模式切换,因此在突泥涌沙地质洞段容易受阻。

由于本工程地质具有强度和研磨性不高的特点,刀盘能实现双向旋转出渣,不会导致刮板及刮板座过度、过快磨损而无法正常使用的情况出现,在这一点上有它的特殊性。

第10章

顶 管 机

本章重点：主要介绍顶管技术的发展历史、顶管原理、顶管理论、顶管机的分类及顶管机选型；重点介绍杭州市运河污染综合整治工程、上海市污水治理二期工程、嘉兴污水排海工程、郑州市下穿中州大道隧道工程的顶管施工实例。

10.1 顶管技术的发展历史

顶管施工法是继盾构施工法之后发展起来的一种地下管道施工方法，它不需要开挖面层，并且能够穿越公路、铁道、河川、地面建筑物、地下构筑物以及各种地下管线等。

顶管施工是由美国首先提出并采用的非开挖铺管技术，最早始于1896年美国北太平洋铁路铺设工程的施工中。

日本最早的一次顶管施工是在1948年，施工地点是在尼崎市的一条铁路下面，当时顶的是一根内径为600mm的铸铁管，顶距只有6m，主顶是手摇液压千斤顶。直到1957年前后，日本才采用液压油泵来驱动油缸作为主顶动力。在20世纪60～70年代，顶管施工技术得到了较大发展，奠定了现代顶管技术的基础，最重要的技术进步有3个方面：

①专门用于顶管施工的带橡胶密封环的混凝土管道出现。
②带有独立的千斤顶可以控制顶进方向的顶管掘进机研制成功。
③中继站的使用。

我国的顶管施工最早始于1953年的北京，当时以内径为1200mm的手掘式顶管机穿越了京包铁路，后来上海也在1956年开始顶管试验，最初采用的都是些手掘式顶管，设备比较简陋。在1964年前后，上海一些单位开始进行大口径机械式顶管的各种试验，当时，口径为2m的钢筋混凝土管的一次顶进距离可达120m，同时，也开创了我国使用中继站的先河。此后，又进行了多种口径、不同形式的机械顶管的试验，其中以土压式居多。由于当时的顶管机的设计还停留在比较原始的阶段，也没有一套完整的理论做指导，施工时又没有针对土壤的性质因地制宜，所以，当时的顶管机还不够完善。土压式当初分上部出土和下部出土两种，但都没有引入土压力这个概念。

1967年前后，上海已研制成功非进人式的小口径遥控土压式机械顶管机，口径有700～1050mm多种规格。这些顶管机全部采用全断面切削，并采用皮带输送机出土，同时采用了液压纠偏系统，并且纠偏油缸伸出的长度已用数字显示。

1978年前后，上海又开发成功适用于软黏土和淤泥质黏土的挤压法顶管，这种顶管要求覆土深度需大于管外径的2倍。采用挤压法顶管，比普通手掘式顶管效率提高1倍以上。

1984年前后，我国的北京、上海、南京等地先后开始引进国外先进的机械式顶管设备，从而使我国的顶管技术上了一个新台阶。尤其是上海市政公司引进了日本伊势机公司的直径800mm的Telemale顶管机，该顶管机具有机械平衡土压力和泥水平衡地下水压力的双重平衡和电视遥控功能。随之也引进了一些顶管理论、施工技术和管理经验，如土压平衡理论、泥水平衡理论、管接口形式和制管新技术。

1987年，上海基础工程公司采用三段双铰型气压水力顶管机将内径3000mm的钢管顶进了1120m。1988年，上海研制成功我国第一台φ2720mm多刀盘式土压平衡顶管掘进机，先后在虹漕路、浦建路等许多工地使用。1992年，上海研制成功国内第一台φ1440mm加泥式土压平衡顶管掘进机，用于广东省汕头市金砂东路的繁忙路段施工。

目前，顶管施工随着城市建设的发展已经越来越普及，应用的领域也越来越广。顶管施工最初主要用于下水道施工，近年来运用到自来水管、煤气管、动力电缆、通信电缆和发电厂循环水冷却系统等许多管道的施工中。

10.2　顶管原理及理论

顶管施工基本原理见图10-1。顶管施工法是先在工作井内设置支座和安装主千斤顶，所需铺设的管道紧跟在工具管后，在主千斤顶推力的作用下工具管向土层内掘进，掘出的泥土由土泵或螺旋输送机排出或以泥浆的形式通过泥浆泵经管道排出。推进一节管道后，主千斤顶缩回，吊装上另一节管道，继续顶进。如此往复，直至管道铺设完毕。管道铺设完毕后，工具管从接收井吊至地面。顶管施工是边顶进，边开挖地层，边将管段接长，直至到达接收井。当顶进距离过长、顶进时阻力过大，可在适当位置布置中继站（亦称中继间），借助中继间中设置的中继千斤顶加大顶推力。主千斤顶为管道顶进提供主动力，中继间提供附加动力，工作井内的导轨用作后继管道的导向装置，并兼作支承，位于最前面的工具管用于地层掘进，并使开挖面保持稳定。顶管施工法就是借助于主千斤顶及中继间千斤顶的推力，把工具管从工作井内穿过土层一直顶推到接收井内吊起，与此同时，也就把紧随工具管后的管道铺设在两井之间的一种非开挖的铺设地下管道的施工方法。

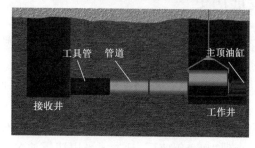

图10-1　顶管施工基本原理

随着顶管施工的普及和专业化，顶管理论也日臻完善。即使最简单的手掘式顶管施工，也需要从理论上来论证其开挖面是否稳定的问题。开挖面稳定包括两个方面的内容：第一是工具管前方开挖面上的土体是否稳定；第二是工具管前上方的覆土土层是否稳定。如果发现有不稳定的现象，就必须采用有效的辅助施工措施使其保持稳定。

目前，在顶管施工中有3种平衡理论：气压平衡、泥水平衡和土压平衡理论。

气压平衡又有全气压平衡和局部气压平衡之分。全气压平衡使用得最早，它是在所顶进的管道中及开挖面上都充满一定压力的空气，以空气的压力来平衡地下水的压力；而局部气压平衡则往往只有顶管机的土仓内充以一定压力的空气，以达到平衡地下水压力和疏干开挖面土体中地下水的作用。

泥水平衡理论就是以含有一定量黏土的且具有一定相对密度的泥浆水充满顶管机的泥水仓，并对它施加一定的压力，以平衡地下水压力和土压力的一种顶管施工理论。按照该理论，泥浆水在开挖面上能形成泥膜，以防止地下水的渗透，然后再加上一定的压力就可平衡地下水压力，同时，也可以平衡土压力。泥水平衡理论用于顶管施工始于20世纪50年代末期。

土压平衡理论就是以顶管机土仓内泥土的压力来平衡顶管机所处土层的土压力和地下水压力的顶管理论。

10.3　顶管机的分类

目前，市场上有很多不同类型的顶管机，其主要区别在于土压力及地下水压力的平衡方式以及工作面的掘进方式，据此可以将顶管机分为两种基本类型。

①开敞式顶管机:这种顶管机在工作面与后续管道之间没有压力密封区,其优点在于工作人员可方便地进入工作面。

②密闭式顶管机:也称封闭式顶管机,这种顶管机的开挖面与作业室之间设有压力隔板,根据顶管机所使用的平衡介质的不同,又分为气压平衡顶管机、泥水平衡顶管机和土压平衡顶管机。

10.4 泥水平衡顶管

与泥水盾构相似,泥水平衡顶管机是以压力泥水使开挖面保持稳定,并以泥浆的形式输送被开挖的土体的一类顶管机。这类顶管机的前端都装有一个可进行全断面切削地层的刀盘,内部装有用于进、排泥水的管道。在泥水顶管施工中,要使开挖面上保持稳定,就必须在泥水仓中充满一定压力的泥水,泥水在开挖面上形成一层不透水的泥膜,它可以阻止泥水向开挖面渗透。同时,该泥水本身又有一定的压力,可以用来平衡地下水压力和土压力。这就是泥水平衡顶管最基本的原理。

泥水平衡顶管机使开挖面上的土体保持平衡的方式有两种。

①对深覆土及渗透系数小的软地层,以单一的泥水压力与开挖面的土压力及地下水压力相抗衡。泥水压力过大和过小都不利于开挖面稳定,通常使泥水压力比开挖面地下水压力高出 0.01~0.02MPa 为宜。

②对浅覆土及地下水位高、渗透系数大的砂砾地层,由刀盘和泥水共同发挥作用,以与开挖面的土压和水压相抗衡。

泥水平衡顶管最适宜于用在开挖面难以稳定、滞水砂层、含水量高的松软黏土层及隧道上方有水体的场合。泥水平衡顶管施工具有以下优点:

①适用的土质范围比较广,在地下水压力很高以及变化范围较大的条件下,也能适用。

②在不稳定的地层中当开挖面受阻时,由于采用泥水加压,能使开挖面保持稳定,对所顶管子周围的土体扰动比较小。因此,采用泥水平衡式顶管施工引起的地面沉降也比较小。

③在水位以下的隧道,能够在正常大气压下施工,不会发生类似气压顶管那样的喷发危险。对于气压顶管无法施工的滞水砂层、含水量高的黏土层及高水压砾石层,泥水顶管都能施工,其适应范围较广。

④与其他类型顶管比较,泥水顶管施工时的总推力比较小,尤其是在黏土层施工时表现得更为突出。所以,它适宜长距离顶管。

⑤因用管路排泥,工作井内的作业环境比较好,作业也比较安全。由于它采用泥水管道输送弃土,不存在吊土、搬运土方等容易发生危险的作业。

⑥由于泥水输送弃土的作业是连续不断地进行的,所以它作业时的进度比较快。在黏土层中,由于其渗透系数极小,无论采用的是泥水还是清水,在较短的时间内,都不会产生不良状况,这时在顶进中应考虑以土压力作为基础。在较硬的黏土层中,土层相当稳定,这时,即使采用清水而不用泥水,也不会造成开挖面失稳现象。然而,在较软的黏土层中,泥水压力大于其主动土压力,从理论上讲是可以防止开挖面失稳的。但实际上,即使在静止土压力的范围内,顶进停止时间过长时,也会使开挖面失稳,从而导致地面下陷。这时,应把泥水压力适当提高些。

在渗透系数较小,如 $k \leqslant 1 \times 10^{-5}$ m/s 的砂土中,泥浆相对密度应当增加。这样,在开挖面上使泥膜在较短的时间内就能形成,从而泥水压力就能有效地控制住开挖面的失稳状态。在渗透系数适中,如 1×10^{-5} m/s$\leqslant k < 1 \times 10^{-4}$ m/s 的砂性土中,开挖面容易失稳,这就需要注意,必须保持泥水的稳定。即进入掘进机泥水仓的泥水中必须含有一定比例的黏土并保持足够的相对密度。为此,在泥水中除了加入一定黏土以外,再需加一定比例的膨润土及 CMC 作为增黏剂,以保持泥水性质的稳定,从而达到保持开挖面稳定的目的。

在砂砾层中施工时,泥水管理尤为重要,稍有不慎,就可能使开挖面失稳。由于这种土层中自身的黏土成分含量一般极少,所以在泥水的反复循环利用中就会不断地损失一些黏土,这就需要不断地向循用泥水中加入一些黏土,才能保持泥水的较高黏度和较大的相对密度,唯有这样,才可使开挖面不会产生失稳现象。

在泥水顶管的施工过程中,应注意以下几个问题:

①当掘进机停止工作时,一定要防止泥水从土层中或洞口及其他地方流失。不然,开挖面就会失稳,尤其是在出洞这一段时间内更应防止洞口止水圈漏水。

②在掘进过程中,应注意观察地下水压力的变化,并及时采取相应的措施和对策,只有这样,才能保持开挖面的稳定。

③在顶进过程中,随时要注意开挖面是否稳定,要经常检查泥水的浓度和相对密度是否正常,还要注意进排泥泵的流量及压力是否正常。应防止排泥泵的排量过小而造成排泥管的淤积和堵塞现象。

泥水顶管施工法的最大特点之一是该工法在稳定开挖面的同时,把顶管顶进、土体切削、土砂输送、分离砂土、处理砾石等各方面的作业情况作为一体进行综合管理。泥水顶管系统可分为以下5个系统。

①顶进系统(包括顶管机、中继间、主顶装置)。

②综合管理系统。

③泥水输送系统。

④泥水分离处理系统。

⑤砾石破碎处理系统。

与泥水盾构相似,泥水顶管机是在刀盘附近安装隔板,形成泥水压力室,将加压的泥水送入泥水压力室,以谋求开挖面稳定,同时将旋转刀盘切削下来的土砂以泥水形式用流体输送方式输送到地面。在地面调整槽中,将泥水调整到适合地层地质状态后由泥水输送泵加压经管路送到开挖面泥水压力室,泥水在稳定开挖面的同时,将刀盘切削下来的土砂做成浓泥浆,再由排泥泵经管路输送到地面。被输送到地面的泥水,根据土砂颗粒的直径,通过一级分离和二级分离设备将土泵分离,脱水后弃渣,分离后的水,经调整槽进行再次调整后,使其成为优质泥水,再次循环到开挖面,排出的土砂量由排泥量测定装置进行测定。

10.4.1 刀盘可伸缩式泥水顶管机

刀盘可伸缩式泥水顶管机分为大小口径两种:小口径机人无法进入,采用远距离遥控控制,称为TM型;大口径机人可以进入,人直接在管内操作,称为MEP型。图10-2为MEP型刀盘可伸缩顶管机的结构简图。TM型与MEP型的工作原理完全相同。

顶管机为二段一铰的钢结构圆筒,圆筒分为前壳体和后壳体两节。顶管机由前壳体、后壳体、滑动部分密封、纠偏装置及千斤顶、刀盘、刀架、泥水仓、刀盘驱动装置、止转装置、泥水管路、电气和液压系统等组成。

壳体是由钢板焊接而成,是泥水仓、刀盘驱动、纠偏装置的支承体,壳体承受来自机后的推力及纠偏油缸工作的推力,承受土层中土压力以及机器工作中的各种反力。后壳体与前壳体之间是铰接的,纠偏油缸就安装在前后壳体之间。为了防止纠偏油缸动作时产生的渗漏,在前后壳体之间安装有橡胶密封圈。

刀盘是一个直径比顶管机前壳体略小的具有一定刚度的圆盘。圆盘中装有切削刀和刀架,刀盘和切削刀架之间可以同步伸缩,也可以单独伸缩。而且,不论刀盘停在哪一个位置上,切削刀架都可以把刀盘的进泥口关闭。刀架上的切土刀呈八字形,无论刀盘正转还是反转,它都可以切土。刀盘的中心有一三角形的中心刀。刀盘的边缘有两把对称安装的边缘切削刀,该刀可在土中掘削成一个直径与顶管机外径相等或者比顶管机外径大一些的隧洞,便于推进。刀盘上还有一些螺旋形布置的先行刀,它的主要功能是进行辅助切削。

隔板将顶管机的泥水仓及工作仓分开。泥水仓和工作仓中只有进排泥管沟通,这样才能在泥水仓内建立起一定的压力。

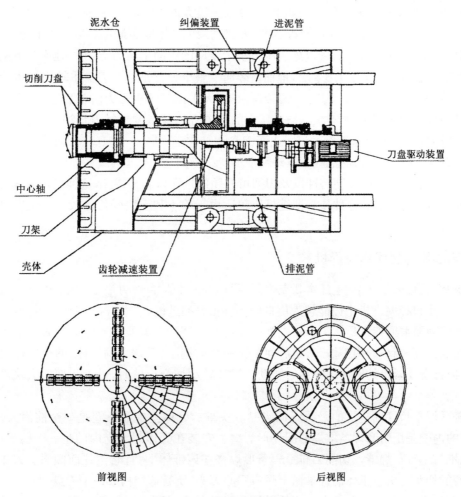

图 10-2　刀盘可伸缩式泥水顶管机

隔板除了承受泥水压力以外,其后部在工作仓内部分还安装有刀盘驱功装置。

刀盘驱动装置是由电动机、行星减速器、齿轮箱、主轴等部件构成。电动机与行星减速器连接成一体。行星减速器的输出轴上安装有一只小齿轮。行星减速器安装在齿轮箱上,小齿轮伸入齿轮箱内并与大齿轮啮合。行星减速器及电机可有 2～5 个。采用几个,则需视顶管掘进机外径的大小而定。小口径一般只用 2 个,安装在齿轮箱的左右;大一点的可用 3 个;再大的可用 4 个或 5 个。

刀盘加压装置是安装在主轴中的液压油缸,如图 10-3 所示。刀架伸缩油缸则安装在刀盘加压装置的上方。为了防止在推进速度过快、土压力过大时刀盘后缩到极限位置而使掘进机损坏,在刀盘到达极限之前,设有保险装置。在刀触及保险装置时能使主顶油缸停止推进,并发出报警声,直到刀盘离开该位置为止。

进排泥阀分别安装在进排泥管中,这两个阀同时由一只油缸控制。两阀只能同时打开、同时关闭,所以也称双连阀。两阀关闭以后,泥水仓与外界就隔离;两阀打开,泥水仓就与进排泥管接通。

如果是小口径机,人无法在里面操作,就通过控制电缆把要操作的开关全部引到机外的操作台上。为了观察机内各部分运转情况及各仪表的数值,就把它们集中在机内的仪表板上,再在仪表板的后方装一台摄像机,通过 75Ω 同轴电缆,把仪表板上所反映的各种情况显示在机外操作台的电视屏幕上。

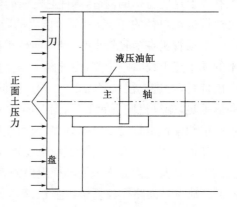

图 10-3　刀盘加压装置

TM 或 MEP 型掘进机的工作原理如下：刀盘前土压力过小时，刀盘就往前伸；刀盘前土压力过大时，刀盘就往后退。刀盘前伸时，应加快推进速度；刀盘后退时，应减慢推进速度。这样，就可以使刀盘前的土压力控制在设定的范围内。如果刀盘前压力小于土层的主动土压力 P_A 时，地面就下陷；反之，如果刀盘前压力大于土层的被动土压力 P_P 时，地面就隆起。整个刀盘是由和刀盘主轴为一体的一台油缸支承着，调定油缸的压力就可以设定土压力。当刀盘受到大于设定的土压力时就后退，反之则前伸。只要推进速度得当，刀盘就可以保持浮动状态。土压力的设置方法就是调定好刀盘油缸的最高工作压力，当油缸超过此压力 P 时，油通过溢流阀溢流。由于刀盘油缸在工作时，一直有一台油泵为之供油，所以，当油缸后腔的压力低于设定值时，油缸就会自动往前伸；反之，则会往后退。

由于具有刀盘可伸缩的浮动特性以及刀架可开闭的进泥口调节特性，这种顶管掘进机就可以实现用机械来平衡土压力的功能。这种顶管掘进机比较适用于软土和土层变化比较大的土层，地面沉降很小，一般在 5mm 以内。

10.4.2 偏心破碎型泥水顶管机

偏心破碎型泥水顶管机是日本伊势机专利产品，目前生产的最小口径为 250mm，最大口径为 1350mm，是中小口径掘进机中性能较为优良的一种顶管掘进机。

偏心破碎型泥水顶管机是靠头部外壳锥体和偏心安装的刀架及内锥体破碎砾石的顶管机。头部外壳设计为前端大、后端小的内锥体，刀架后面紧接一个前端小、后端大的锥体，两个锥体之间有一定的偏心空隙，刀架自身及紧接的锥体均作偏心转动。刀架转动切削土体时，进入头部的大块砾石在锥体做偏心转动时被破碎。

它与普通泥水顶管掘进机的最大不同点是其头部。壳体内的泥土仓是一个前面大、后面小的喇叭口，喇叭口的内壁是用耐磨焊条堆焊的圈环形焊缝。安装在壳体泥土仓内的是一个前面小、后面大的锥体，锥上也堆有一环环焊缝。切削刀排呈辐条形焊接在该锥体上，且略微往前倾斜。刀排的正面焊有坚固而且耐磨的切削刀头。锥体的外端面上焊有中心刀头，所有这些构成一个刀盘。

这样，在掘进机工作时，刀盘在一边旋转切削土砂的同时还一边做偏心运动把石块轧碎。被轧碎的石块只有比泥土仓内与泥水仓连接的间隙小才能进入掘进机的泥水仓，然后从排泥管中被排出。另外，由于刀盘运动过程中，泥土仓和泥水仓中的间隙也不断地由最小变到最大这样循环变化着，因此，它除了有轧碎小块石头的功能以外还始终保证进水泵的泥水能通过此间隙到达泥土仓中，从而保证了掘进机不仅在砂土中，即使在黏土中也能正常工作。

一般情况下，刀盘转速为 4~5r/min，每当刀盘旋转一圈时，偏心的轧碎动作达 20~23 次。由于本机有以上这些特殊的构造，因此它的破碎能力是所有具有破碎功能的掘进机中最大的，破碎的最大粒径可达掘进机口径的 40%~45%，破碎的卵石强度可达 200MPa。

本顶管机在口径较小时，其方向校正油缸有两种设置方式。第一种是分度圆 120°的 3 个点当中，水平的那个点上设置一个铰，另外两个点上分别设置油缸 A 和 B。纠偏过程的动作如下：当 A、B 油缸同时向前伸足，掘进机往左偏 1.2°；当两油缸同时向后缩足，掘进机往右偏 1.2°；当 A 油缸向前伸足而 B 油缸向后缩足，掘进机向下低 1.7°；当上述 A、B 油缸动作相反，掘进机则向上仰 1.7°。这种设置方法的油路比一般纠偏油缸设置要简单许多，因而使用的电气、液压元件也少，因此在有限的空间里可以起到节省空间的作用。第二种设计就是把原来设置铰的地方也安装上一台纠偏油缸，通过 3 台纠偏油缸来控制掘进机的方向。其优点是在采用同样规格的纠偏油缸的前提条件下，纠偏角度有所增大，上下达 2.0°，左右达 2.4°。缺点是油路比较复杂，电气、液压元件用量有所增加，但比起普通的四组缸来讲，它还是简化了许多。

本顶管机具有较大的破碎能力和较高的工作效率，具有以下特点：

① 适用范围广。几乎是全土质的顶管掘进机。可以在 N 值从 0~15 的黏土，N 值 1~50 的砂土以及 N 值 10~50 的砾石层等所有土质中使用，而且推进速度不会有太大的变化。

②破碎粒径大,可达口径的40%~50%。
③施工精度高,施工后的偏差极小。
④由于有偏心运动,进土间隙又比较小,即使采用普通的清水作为进水,也能保证开挖面的稳定。
⑤可以进行长距离顶进,也可用于曲率半径比较小的曲线顶进。
⑥施工速度快,每分钟进尺在100~160mm之间。
⑦结构紧凑、维修保养简单、操作方便。无论在工作井中安装还是在接收井中拆除都很方便。

10.4.3 中心齿破碎型泥水平衡顶管机

中心齿破碎型泥水平衡顶管机如图10-4所示,此机为主轴装有轧碎机的泥水平衡顶管机。刀盘的开口比较大,便于大块的卵石等能进入顶管机内。刀盘对称地开有两个进土口,其开口率约为15%~20%。左右安装切削刀,后方为泥水仓。刀盘由设在主轴左右两侧的电动机驱动。电动机是通过行星减速器带动小齿轮,然后再带动设在中心的大齿轮。大齿轮与主轴及轧辊连接成一体,主轴的左端安装有刀盘。这样,只要刀盘驱动电机转动,刀盘也就转动,同时轧辊也转动。

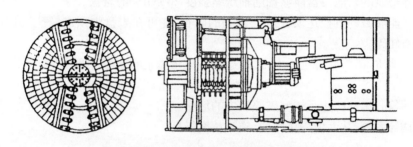

图10-4 中心齿破碎型泥水平衡顶管机

工作原理如下:刀盘切削下来的土和石块先进入第一泥水仓,为了防止石块和泥土的沉淀且黏结在泥水仓内,刀盘后设有两根搅拌棒,一根靠近壳体,一根靠近主轴。在第一泥水仓后设有上部的第二泥水仓和第三泥水仓。这两个泥水仓之间用轧碎机分开,但泥水是连通的。而第一泥水仓与第二泥水仓之间设有一扇可用油缸控制其开闭的门。在第三泥水仓中安装有进排泥管各一根。掘进机的壳体分为前后两节,用纠偏油缸连接,两壳体之间活动的部分安装有橡胶止水圈。

当土层中的泥和石块被刀盘切削到了第一泥水仓以后,随着主顶的徐徐推进,仓内的泥水压力会渐渐上升,当此压力升到一定量值时,泥水压力即与开挖面的土水压力保持平衡,使开挖面保持稳定。压力超过平衡压力时,设在泥水仓上部的门便自动打开,使切削下来的土和砾石通过门孔进入砾石破碎装置。破碎装置的轧辊有许多向外突出的齿,在轧辊外面下部的一大半处又包上一个里面有许多坚硬内齿的外壳,外壳上有许多可通过小石块和泥水的孔。这样,当轧辊无论是正转还是反转,都会把较大的石块轧碎。只有当轧碎的石块小于轧碎机外壳上的孔径时,它才能通过而到达第三泥水仓。最终,被轧小的石块通过排泥管排出。

由于该机的主轴除了具有切削土体、搅拌土体的功能以外,还具有轧碎功能,所以,它的驱动功率比普通泥水顶管机要大许多。它适用的口径为600~2400mm。不过,口径越小,能破碎的砾石的粒径也越小。通常,一台ϕ600mm的轧碎装置,能破碎粒径为100mm的砾石;而一台ϕ2400mm的装置,则能破碎粒径为500mm的砾石。

10.4.4 鳄式破碎型泥水平衡顶管机

鳄式破碎型泥水平衡顶管掘进机如图10-5所示,这是一种靠倾斜设置的齿板破碎砾石的泥水平衡式工具管,砾石在两块斜板之间被破碎。下面一块为固定板,朝上的一面有破碎齿;上面一块为活动板,朝下的一面有破碎齿,活动板可在油缸带动下做前后运动,破碎动力采用专门装置,与刀盘驱动无关,因此破碎能力大,不仅能破碎圆形砾石,而且能破碎方块状的石块。

10.4.5 偏压破碎岩盘泥水顶管机

偏压破碎岩盘泥水顶管机的刀盘结构见图10-6。偏压破碎岩盘机具有以下特性：

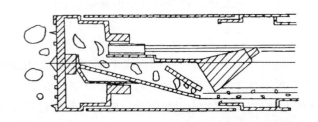

图 10-5 鳄式破碎型泥水平衡顶管掘进机

图 10-6 偏压破碎岩盘泥水顶管机

① 配备有破碎功能的切削刀盘能够掘削轴压缩强度 200MPa 的岩盘。

② 该切削刀盘能够破碎直径达顶管外径 30% 的砾石，并可在岩盘中顶进，置于切削刀盘后部的锥型偏心破碎机把砾石轧碎。

③ 在不稳定的地质，诸如砂砾土质中，可通过保持锥形偏心破碎机内被挖掘土砂的土压来保持地面的稳定。

④ 锥型转子的偏心运动防止了锥型破碎机内的堵塞。

⑤ 运用控制诱导系统，从而使操作简便，施工精度极高。

10.5 土压平衡顶管

土压平衡式顶管的基本原理与土压平衡盾构相同，是通过顶管机前方的刀盘切削土体并搅拌，刀盘切削下来的泥土充满泥土仓，形成被动土压力，使开挖面土体保持稳定。开挖时靠伸入泥土仓内的螺旋输送机进行排土作业。土压平衡顶管适用于淤泥质黏土、黏土、亚黏土、粉砂土和有地下水的地层，用于砂土时需进行砂土改良，添加一定量的黏土或膨润土，以提高其流塑性。

土压平衡顶管根据在整个开挖面上挖土装置的布置和工作情况，可分为全断面切削和局部断面切削两大类。如果按其对原土的改良与否，又可分为加泥式和不加泥式两种。加泥式土压平衡是指通过在刀盘上设置的加泥注入孔，将黏土或膨润土浆液注入被切削的渣土，使渣土有较好的流塑性，便于输送。加泥式土压平衡顶管对地层的适应性较强，不加泥式对地层的适应性受到一定的限制。根据土压力和地下水压力的平衡状态，顶管可分为全断面平衡式和局部平衡式两种。局部平衡式是指在整个开挖面上，仅局部范围内渣土压力与外部土水压力平衡，在整个开挖面上的渣土压力的分布是非均匀的。土压平衡式顶管机从刀盘上分类可分为单刀盘和多刀盘两种。单刀盘式顶管机的切削断面可达到100%，土仓内的土压力等于顶进面上的压力，反映出的土压力较多刀盘式顶管机准确。因此，地面变形量要小于多刀盘式顶管机。而且，当机头产生扭转滚动的情况下，可通过改变刀盘的旋转方向进行纠正扭转滚动，在纠正机头扭转滚动的控制方面要优于多刀盘式顶管机。

多刀盘式顶管机采用若干个独立的切削搅拌刀盘，整机的重量要小于单刀盘式顶管机，即使在极易液化的土层中施工，也不会因掘进机过重而产生向下偏差现象（俗称"低头"）。此种掘进机虽不是全断面切削搅拌，但它的数个切削搅拌刀盘和螺旋输送机也可达全断面的70%左右，可完全满足在中软土层中顶管施工的要求。

与泥水式顶管机相比，土压平衡式顶管切削的渣土无需经过泥水沉淀和分离就可直接运送，设备和工艺较简单，可节省一套地面泥水分离处理设备，设备投入费用较低，土压平衡顶管不需要丰富的水源，并可减少对周围环境的污染，适用于缺少水源、施工场地狭小的市区顶管。

土压平衡顶管机通过控制螺旋输送机的出土量以及顶进速度来控制顶进面被动土压力,顶进面被动土压力和前方土体静止土压力保持一致时,开挖面土压处于平衡状态,此时排土量约等于掘削土量,在土压平衡状态下顶进,可防止地面沉降和隆起。

10.5.1 单刀盘式土压平衡顶管机

单刀盘式土压平衡顶管机已形成了一个完整的系列,最小直径为800mm,最大直径可达14m,而且是顶管工法与盾构工法的通用型机。在国内,该机型最小的有外径1440mm、适用于1200mm口径混凝土管用的,最大的有外径3540mm、适用于3000mm口径混凝土管用的。图10-7为该机之一的外形图,图10-8是该机的结构示意图。单刀盘式土压平衡顶管机有两个显著的特点:一是该机刀盘呈辐条式,没有面板,其开口率达100%;二是该机刀盘的后面设有许多根搅拌棒。

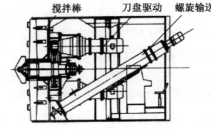

图 10-7 单刀盘式土压平衡顶管机外形　　　　图 10-8 单刀盘式土压平衡顶管机构造

普通的土压平衡掘进机都设有面板,以平衡开挖面上的土压力而使开挖面保持稳定,开口率在20%~60%不等,这是土压平衡掘进机的致命缺点。这种构思是从泥水平衡掘进机中发展而来的,在泥水平衡掘进机中已证明是可行和可靠的。但是,在土压平衡掘进机中,却不利于土压管理。通常,在土压平衡顶管中,所测得的掘进机的土压力,是指刀盘后面泥土仓内的土压力,而不是指刀盘前开挖面上的土压力。实际上,土仓内的土压力与开挖面上的土压力始终存在一个压力差 ΔP,很显然,这个 ΔP 与刀盘的开口率成反比,即开口率越小,ΔP 则越大。在开口率较小的情况下顶进时,由于螺旋转送机与推进速度之间不很协调,土仓内土出得比较快,其压力就显示得比较小,于是就提高推进速度。但是,这时由于土质条件的变化,刀盘的进土量较少,这样,刀盘前开挖面上的土压力就会增加,当这个压力超过掘进机所处土层的被动土压力 P_P 时,掘进机前面的地面就产生了隆起,这就是不能真正做到土压平衡的原因。单刀盘式土压平衡顶管机没有面板,开口率为100%,所以,它土仓内的土压力就是开挖面上的土压力,不存在 ΔP,这才是真正意义上的土压平衡。另外,刀盘切削下来的土被刀盘后面的搅拌棒在土仓中不断搅拌,就会把切削下来的"生"土,搅拌成"熟"土,而这种"熟"土具有较好的塑性和流动性,又具有较好的止水性。如果"生"土中缺少具有塑性和流动性及止水性所必需的黏土成分,如在砂砾层或卵石层中顶进时,可以通过设置在刀排前面和中心刀上的注浆孔,直接向开挖面上注入黏土浆液,然后把这些黏土浆液与砂砾或卵石进行充分搅拌,同样可使之具有较好的塑性、流动性和止水性。单刀盘式土压平衡顶管掘进机具有以下优点:

①适用的土质范围非常广,可适用于 N 值为0的淤泥,也可适用于 N 值为50的砂砾及卵石层,几乎是一种全土质的顶管掘进机,这是其他机型所无法比拟的。

②施工后地面沉降小。

③弃土的处理比较简单。

④可在覆土层厚度仅为管外径0.8倍的浅土层中施工。

⑤有完善的土体改良系统和良好的土体改良功能;开口率达100%,土压力管理更切合实际。

⑥自成系列,可顶管,也可盾构掘进。

10.5.2 多刀盘式土压平衡顶管机

多刀盘土压平衡顶管机的外形如图10-9所示,其构造如图10-10所示。

图 10-9 多刀盘土压平衡顶管机外形

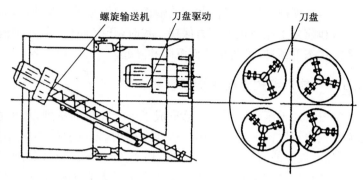
图 10-10 多刀盘土压平衡顶管机构造

多刀盘土压平衡顶管掘进机由前后两节组成，前面一节的端部装有 4 把独立的切削搅拌刀盘。4 个小刀盘的总面积约占横断面的 52.4%，每个小刀盘均由各自的摆线针轮减速电机驱动。

多刀盘土压平衡顶管机常用于软土层中的顶管，尤其适用于软黏土层的顶管。如果在泥土仓中注入些黏土，它也能用于砂层的顶管。采用本机进行顶管施工后，对地面及地下的建筑物、构造物、埋设物的影响较小，用它可以安全地穿越公路、铁路、河川、房屋以及各种地下公用管线。其最小覆土深度可以相当于管外径的一倍左右。无数的施工实例证明，用此机进行顶管施工作业，不仅安全、可靠，而且施工进度快、效率高。与单刀盘土压平衡掘进机相比，此机具有价格低廉、结构紧凑、操作容易、维修方便和质量轻等特点。

通常单刀盘土压平衡顶管掘进机的质量约为它所排开土体积质量的 0.5～0.7 倍，而多刀盘土压平衡掘进机的质量只有它所排开土体积质量的 0.35～0.40 倍。正因为这样，多刀盘土压平衡顶管掘进机即使在极容易液化的土中施工，也不会因掘进机过重而使方向失控，产生"低头"现象。

由于该机采用了 4 把切削搅拌刀盘对称布置，上下各两把刀盘，上面两把刀盘的转向相反，下面两把刀盘的转向也相反，由于左右两把刀盘按相反方向旋转，刀盘间的转矩得以平衡，从而不会像单刀盘那样在出洞的初始顶进中出现顺时针或逆时针方向的扭转滚动。本机虽然不是全断面切削搅拌，但它的 4 把切削搅拌刀盘和螺旋输送机叶片的搅拌面积也可达全断面 60% 左右，可完全满足其在软土层中顶管施工的要求。

4 把切削搅拌刀盘对称地安装在前壳体的隔板上，伸在泥土仓中。隔板把前壳体分为前后两仓；前仓为泥土仓，后仓为动力仓。螺旋输送机按一定的倾斜角度安装在隔板上（约 18°），螺杆是悬臂式，前端伸入到泥土仓中。螺旋输送机不可逆转，螺旋输送机壳体的前端安装有一只土压表，由它可测得螺旋输送机内的土压，土压表安装在一块平板上。螺旋输送机壳体后端的下部设有一个排土口，排土口的开度由油缸控制。

在隔板的中心开有人孔，通常是用盖板把它盖住。在盖板的中心，安装了一个测量用光靶。由于该光靶是从中心引出的，所以即使掘进机产生一定偏转以后，只需把光靶做上下移动，使光靶的水平线和测量仪器的水平线平行就可以进行准确的测量，而且不会因掘进机偏转而产生测量误差。光靶是用磁性千分表的表座固定的，所以移动时非常方便。光靶还可在一定范围内进行左右伸缩。

前后壳体之间有呈井字形布置的 4 组纠偏油缸。在后壳体插入前壳体的间隙里，有两道 V 形密封圈，它可保证在纠偏过程中不会产生渗漏现象。

后壳体的右边是电气操纵台，左边是电气柜和液压纠偏系统。操纵台上还有一只用数字显示角度的倾斜仪，它能显示出前壳体沿轴线方向在顶进过程中是处于水平状态还是处于上仰或下俯状态，从而可以判断出掘进机在顶进过程中的姿态。因此，应用本机施工，可获得较精确的方向，产生较小的偏差。

切削搅拌刀盘分别由 3 根放射状均布的刀排焊在轴套上组成。刀排的前方焊有刀座，刀座上镶焊着刀片。刀片是由硬质合金制成。轴套的前端还焊有三角形的中心刀。每当刀盘旋转一圈，所有刀片及中心刀就把土体在平面上切削一遍。

刀排的后方焊有结实的搅拌棒，可对切削下来的土体进行搅拌，使土体在经过搅拌后具有良好的塑性和流动性,又有较好的止水性。轴套用平键固定在主轴上。主轴上还安装有一组特殊形状的密封圈,以防止刀盘在工作过程中有泥水和土砂侵入减速器中。

主轴安装在主轴箱中,主轴箱固定在隔仓板上,行星减速器的输出轴插入并固定在主轴箱内,和主轴一起转动。行星减速器的输入轴和电机的输出轴之间,由钢球离合器连接。如果刀盘遇到障碍或因其他原因过载,钢球离合器即发生打滑,从而起到保护作用。而钢球离合器打滑力矩的大小可由加入的钢球的多少来进行调节。

在液压纠偏系统中,除了系统用溢流阀以外,均采用叠加阀,叠加阀不仅可控制4组油缸的各种动作,而且可以限制每台油缸的背压。所以,该纠偏系统的动作十分可靠,操纵又非常方便。为了保证掘进机在纠偏过程中所确定的纠偏油缸的行程不变,在每组油缸中都设有液压锁。

在电气系统中,设有逆相报警器,当电源相位反接时,立即发生报警,这样可以避免由于卸管子频繁接通电源可能产生逆相而发生的电气、机械故障。操纵台面板的左边,设有4只显示刀盘电机工作状态的电流表,其排列与4只刀盘一致,在操纵台上进行纠偏操作时,油缸能编组动作,即每相邻的一只油缸都可以编成一组。上下两组油缸编成组后可控制掘进机的高低,左右两组油缸编成组后可控制掘进机的左右方向,任何一只油缸都不能单独动作。这样,可以减少油缸的损坏现象。

机内有充足的照明,此外还在操纵台的背后设有220V、36V等电源插座,便于维修和临时照明用。另外还可接上应急灯,用于断电时作照明。

目前,该机最小的是用于1650mm口径的混凝土管,其外径为2030mm;该机最大的是用于3500mm口径的混凝土管,其外径为4200mm。除此之外,该机内的主要部件,还可以根据用户的要求,在一定范围内可扩大或缩小一档口径使用,一般只需更换壳体即可。如用于1800mm口径的多刀盘掘进机,最大可用到2400mm口径的混凝土管中。

10.5.3　土压平衡矩形顶管机

土压平衡矩形顶管机用于完成矩形断面的隧道施工,其结构断面的合理性可减少土地征用量和掘进面积,降低工程造价。土压平衡矩形顶管机可用于建造地铁车站、地铁及水底隧道旁通道等。本工法适用于在黏土、淤泥质黏土、粉质砂土及砂质粉土等地层中施工,特别适用于在不宜大开挖的错综复杂的各类地下管线下进行矩形断面的施工,可保证地面建筑物不受损害。土压平衡矩形顶管机具有以下特点:

①利用土压平衡矩形顶管机可对矩形断面进行全断面切削,保持土压平衡,对周围土体扰动小。
②在同等截面积下,矩形隧道比圆形隧道可更有效地利用空间,减少地下掘进土方。用于人行、车辆等的地下通道不需再进行地面铺平工序,不仅省时而且可降低工程造价的20%左右。
③不影响原有的各类地下管线,不影响道路交通、水运以及地面的各类建筑。
④施工时无噪声、无环境污染。
⑤通过可编逻辑程序控制器及各类传感器等随时监测施工状况,确定施工参数,使整个施工过程处于受控状态,从而有效控制矩形隧道顶进轴线、转角偏差及地面沉降。

10.6　微型顶管机

微型顶管机其管道口径很小,人无法进入管子里,必须靠远距离自动控制进行操作。微型顶管机的管道直径一般为150~600mm,最小的只有75mm。微型顶管机常用于在建筑物密集、交通繁忙的市区铺设电缆管道和市政管道。

10.6.1　压密式小口径顶管机

压密式小口径顶管机利用排挤土石法的原理,在不出土的情况下完成管道顶进,一般用于顶进直径小于300mm的钢筋混凝土管、塑料管、钢管等。压密式小口径顶管机由顶管工具头、推进千斤顶、倾斜机、倾角仪、深度指示仪、方向测量系统等组成。顶管施工时,顶管机前端的推进千斤顶顶推工具头,将顶管机前方的土体向顶管机周围径向挤压,位于顶管机后面的管道在工作井主顶千斤的作用下向前推进。压密式小口径顶管的主要设备如图10-11所示。压密式小口径顶管的施工程序如下。

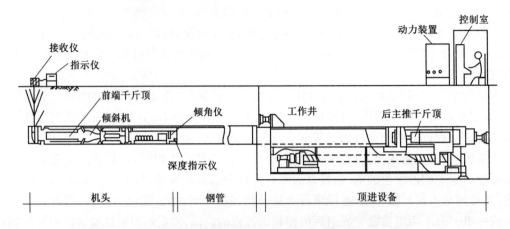

图10-11 压密式小口径顶管机及顶进设备

①开挖工作井和接收井。

②将压密式小口径顶管机吊入工作井内安装就位,利用4个撑脚调整水平位置,使顶管机的轴线与顶进中心线重合。

③在工作井内安装反力座和主顶千斤,同时在地面设置动力站和控制台。

④顶管机前端的推进千斤顶先行顶出,将顶管机工具头前面的土体向顶管机的四周挤压,然后,位于工作井内的主顶千斤向前顶进,顶管机前端的推进千斤则同时向后缩回,使管道向前推进,依次循环往复,直到将一节管道顶入地层中。

⑤接上下一节管道再顶,直到完成整段管道的顶进施工,将顶管机从接收井取出,拆除工作井内的反力座和主顶千斤。

压密式小口径顶管机工作时,顶管机前端的推进千斤和工作井内的主顶千斤相互配合,将顶进总阻力分成两部分,顶管机前端的推进千斤用于克服正面地层阻力,工作井内的主顶千斤用于克服管道与地层的摩擦阻力。在顶进距离过长时,可注入减摩剂,以减少管道与地层间的摩擦阻力。压密式小口径顶管施工没有超挖问题,不会引起地表沉陷;挤土量小,不会使地表隆起;无渣土运输和泥浆处理作业,节省费用;无泥浆排出,有利于环境保护;采用电磁量测系统,施工精度高。

10.6.2 螺旋式小口径顶管机

螺旋式小口径顶管采用的顶管机具为螺旋杆与扩孔器。顶管采用二程式方式施工,施工时,先将直径较小的螺旋杆和套从工作井顶至接收井,然后在工作井内将扩孔器与螺旋杆连接,接着顶进扩孔器,同时由螺旋杆将扩孔器前方的泥土输送到接收井内,运出地面。边顶进,边安装管道,边出土,直至完成整段管道的顶进。在二次顶进过程中,螺旋杆在接收井内逐节拆除,直到最后取出扩孔器。

螺旋式小口径顶管适用管径一般为150～350mm,顶进距离一般小于50m。适用土质范围较宽,N值小于20的黏土、粉砂土及N值小于30的砂质土均可采用。

螺旋式小口径顶管,施工时具有无振动、噪声小、操作简便、所需施工人员少的特点。施工精度较高,误差可控制在±2mm以内。

10.7 其他顶管机

10.7.1 超高压水力切割式顶管机

当在软土中顶进遇到大粒径的漂石不能开挖时,一般采用加固前方土体的方式令土体有足够的承载力才能继续顶进,更好的办法便是使用超高压水力辅助切割破碎式顶管机进行顶管。超高压水力辅助切割破碎式顶管机简称超高压水力切割式顶管机,其外形见图10-12。超高压水力切割式顶管机能产生250MPa高压水,可以破碎木桩、混凝土、砾石等任何障碍物。

10.7.2 土压泥水两用顶管机

土压泥水两用顶管机能根据地质的变化变更顶管模式。当需要顶管机为泥水式时,将螺旋输送机的圆锥阀处于全闭状态后,再使用送水管和排泥管即成为泥水顶管机;而当其为土压式时,关闭送水管和排泥管的同轴双联阀,并将旁通阀卸开之后即成为土压顶管机。

图 10-12　超高压水力切割式顶管机

10.8　顶管机选型

表 10-1 为顶管机对各种地质的适应性比较表。

顶管机的性能比较表　　　　　　　　　　表 10-1

地质条件	顶管机类型	敞开式	多刀盘土压平衡式	单刀盘土压平衡式	泥水平衡刀盘可伸缩式	泥水平衡偏心破碎型	岩盘掘进机
淤泥质黏土	掘进速度	慢	一般	较快	快	快	快
	耗电量	小	较大	一般	较大	较大	较大
	劳动力	较少	一般	一般	多	多	多
	环境影响	小	小	小	大	大	大
		适用	适用	适用	适用	适用	适用
砂型土	掘进速度	—	一般	较快	快	快	快
	耗电量	—	较大	一般	较大	较大	较大
	劳动力	—	一般	一般	多	多	多
	环境影响	—	小	小	大	大	大
		不适用	适用	适用	适用	适用	适用
黄土	掘进速度	慢	—	较快	快	—	快
	耗电量	小	—	一般	较大	—	较大
	劳动力	较少	—	一般	多	—	多
	环境影响	小	—	小	大	—	大
		适用	不适用	适用	适用	不适用	适用
强风化岩	掘进速度	慢	—	较快	—	较快	快
	耗电量	小	—	一般	—	较大	较大
	劳动力	较少	—	一般	—	多	多
	环境影响	小	—	小	—	大	大
		适用	不适用	适用	不适用	适用	适用
岩石	掘进速度	慢	—	—	—	—	快
	耗电量	小	—	—	—	—	大
	劳动力	大	—	—	—	—	多
	环境影响	小	—	—	—	—	小
		含水量小适用	不适用	不适用	不适用	不适用	适用

对于淤泥质黏土,由于其土质较软,切削容易,可以选用多刀盘土压平衡式顶管机及刀盘可伸缩式泥水平衡顶管机。

多刀盘土压平衡顶管机把通常的全断面切削刀盘改成4个独立的切削刀盘,适用于软黏土层的顶管。与单刀盘土压平衡顶管机相比,此机具有价格低廉、结构紧凑、操作容易、维修方便和质量轻等特点。另外,它排出的土可以是含水量很少的干土或含水量较多的泥浆。它与泥水式顶管施工相比,最大的特点是排出的土或泥浆一般都不需要再进行泥水分离处理。施工占地小,对周围环境污染也很少。它与手掘式及其他形式的顶管施工相比较,又具有适应土质范围广和不需要采用任何其他辅助施工手段的优点。如采用输土泵的方式出土,顶进效率也很高,平均24h可顶进15～20m。但是它的缺点也很明显,由于不是全断面切削,切削不到的部分只能通过挤压进入机头,因此迎面顶力较大,只适用于在软土地质情况下施工。

如需穿越建筑物、构造物、埋设物等对地面沉降要求很小的情况时可采用刀盘可伸缩式泥水平衡掘进机,使用此种掘进机地面隆沉极小,优秀的操作人员可使地面隆沉控制在10mm以内。由于采用了泥水作为运输介质,在顶进的过程中无须停顿出泥,因此它的顶速也很快,24h可顶进20～30m。缺点也很明显:由于进泥口开度限制,在含有直径大于6cm砾石的土层中无法施工。

对于易产生流沙现象的砂性土可根据其含水量及其标准贯入度选用不同类型的掘进机,当标准贯入度较小时可选用多刀盘土压平衡式掘进机,当标准贯入度较大时,除多刀盘土压平衡式掘进机以外的以上各种掘进机都适应此种土质。

对于地质为黄土的情况,可采用单刀盘土压平衡式掘进机和偏心破碎泥水式掘进机。对于地质为强风化岩的情况,可采用偏心破碎泥水式掘进机。

若顶进管道轴线附近可能存在大的石块、桩基础等不明障碍物,采用排障方便、成本低廉的敞开式掘进机。地下水位较高的话可采取井点降水等辅助施工方法。另外,对于含水量较少并且N值大于18的黄土和强风化岩,也可采用敞开式掘进机顶进。敞开式掘进机在类似于农田对地面沉降要求不严格的情况下也可采用。此种机型的缺点是顶速慢、遇到流沙土层难以控制出土量,因此沉降也大于以上几种顶管机。

网格水冲式掘进机具有土压式以及泥水式顶管机的优点,这种掘进机头在遇到障碍物时,工人可进入泥水仓排除障碍物,而且由于采用水力出泥,顶进速度也不受出泥速度的影响,因此当土质条件较好时是一种经济实用的掘进机。但这种掘进机也有它的局限性,首先要求土质比较软,土体的孔隙比要小,而且要求有足够的清水作为水源,泥浆处理以及用电量都很大,使用成本较高。当遇到沙土层时,由于沙土的透水系数很大,用于平衡正面土压力的气压很容易从沙土的间隙泄露,因此也就很难做到平衡,在沙土中顶进沉降很难控制。

中风化岩以及弱风化岩条件下如果地下水含量较高就只能采用岩盘顶管机了。该机型的刀头类似于牙轮钻,可以在岩石中顶进,但该机型造价高,而且它的应用目前在国内是一项空白。

10.9 施 工 实 例

10.9.1 杭州市运河污染综合整治工程

1)工程概况

杭州市运河污染综合整治工程位于杭州市人口稠密、商业繁华的文一路上,地下管线纵横交错,水、电、气、通信、下水管线多达数十种,根据设计勘察资料,文一路工程的土质既有砂土、砾石层,还有部分砂砾混合卵石土,N值较大。该工程使用小口径顶管机,顶管直径为600mm,顶距见表10-2。

杭州市运河污染综合整治工程文一路井位号及井位中心距　　　　表10-2

井位号	井位中心距(m)	井位号	井位中心距(m)
10号～11号	200	15号～16号	170

2)设备选型

本工程使用的主设备是日本ISEKI公司TCZ600型泥水平衡顶管机。本工程整套施工设备共有8大系统:即顶管机主机、进排泥系统、泥水处理系统、主顶系统、测量系统、吊运系统、供电系统、洞口止水圈及基井导轨等附属系统。

TCZ600型泥水平衡顶管机具有新设计的3大功能。

①顶管机主体可拆卸成4段,可以在较小的接收井中回收。分段的设备在工地即可组装投入运行。在投资上节省了接收井的费用。

②在机内旁通装置标准化,大大缩短安装时间并防止泥水管道的阻塞。

③使用新一代的激光反射型方向诱导装置(RSG),使操作简单而精确。

TCZ600型顶管机的主要参数如下:

①主机:直径600mm,全长2482mm,最大可回收长度928mm,质量1850kg。

②切削刀盘:驱动电机5.5kW,转矩11.76kN·m,转速3.7r/min,偏心次数86,土压490kPa,可破碎砾石最大直径210mm,最大轴压缩强度196MPa,破碎后最大粒径20mm。

③纠偏油缸:数量2个,推力17.6t,纠偏角度上下1.0°,左右1.8°。

④送排泥管径:50mm。

⑤电源:220V。

3) 顶管施工

选用的顶管机适用性极强,可在各种土质条件下使用,如黏质土、砂土、砾土、砂砾混合卵石土和软岩土。刀盘是带有锥型破碎的条幅刀盘,能破碎直径小于外径30%,轴强度196MPa的砾石。安装在轨道上的主顶油缸,一次顶进长度超过100m。使用先进的RSG系统,仅一人在地面遥控操作。设计合理的泥水分离装置,分离效果好、完全密封、现场清洁。

从进场到出场时间共用11d,而实际顶进时间为7d,平均每天顶进长度为30m。在整个施工过程中通过试验,采用合适的泥水平衡。在施工过程中,根据不同的土质条件来控制泥水,具体数值见表10-3。

不同土质条件下的泥水相对密度　　　　表10-3

土质名称	渗透系数(cm/s)	颗粒含量(%)	相对密度
黏土及粉土	$1\times10^{-9} \sim 1\times10^{-7}$	5~15	1.025~1.075
粉砂及细砂	$1\times10^{-7} \sim 1\times10^{-5}$	15~25	1.075~1.125
砂	$1\times10^{-5} \sim 1\times10^{-3}$	25~35	1.125~1.175
粗砂及砂砾	$1\times10^{-3} \sim 1\times10^{-1}$	35~45	1.175~1.225
砾石	1×10^{-1}以上	45以上	1.225以上

在黏土层中,由于其渗透系数极小,无论采用的是泥水还是清水,在较短的时间内,都不会产生不良状况,这时在顶进中考虑以土压力作为基础。在硬的黏土层中,土层很稳定,即使采用清水而不用泥水,也不会造成开挖面失稳现象。然而在较软的黏土层中,泥水压力大于其主动土压力,从理论上讲可防止开挖面失稳;但实际上,即使在静止土压力的范围内,顶进停止时间过长时,也会使开挖面失稳,从而导致地面下沉。这时应适当提高泥水压力。在施工中也曾发生意外事故使顶进停止时,就采用提高泥水压力来维持平衡的措施,实践证明很有效。

在渗透系数较小的砂土中,泥浆相对密度应适当提高,这样在开挖面上使泥膜在短时间内形成,从而泥水压力就能有效控制住开挖面失稳状态。

在渗透系数适中的砂土中,开挖面很容易失稳。这时施工操作应特别注意保持泥水稳定,即进入顶管机泥水仓的泥水中必须含有一定比例的黏土并保持足够的相对密度,除加入黏土外,还应按比例加入膨润土及CMC作为增黏剂来维持泥水性质稳定,达到保持开挖面稳定的目的。在砂砾层施工时,泥水管理极为重要,稍有不慎,就会使开挖面失稳。由于这种土质中黏土含量很低,所以在泥水的反复循环利用中就会不断损失一些黏土,只有在循环泥水中不断加入黏土,才能保持住泥水的较高黏度和较大的相对密度,也只有这样才能杜绝开挖面失稳现象。长距离顶管会有顶力增加、测量精度降低、供电衰减等不利因素,主要采用注浆减摩等技术来加以克服。

施工要点如下:

①当顶管机停止工作时,要防止泥水从土层或洞口及其他地方流失,否则开挖面会失稳,尤其在出洞时更应防止洞口止水圈漏水。

②在顶进过程中,密切注意地下水压力的变化随时调整,来保持开挖面稳定。

③在顶进过程中注意相关设备及系统的运行,如进出泥泵等辅助系统工作是否正常。

10.9.2 上海市污水治理二期工程

1)工程概况

上海市污水治理二期SSⅠ/1.1标黄浦江倒虹管工程,沿线共设两座竖井,即一座工作井和一座接收井。其中工作井位于浦东耀华支路,西靠黄浦江;接收井位于浦西龙华机场附近,西靠丰溪路,东临黄浦江,南北分别与石化公司及电力公司相邻。施工总平面与剖面图见图10-13。

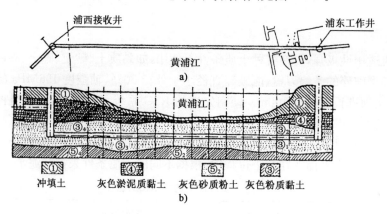

图10-13 施工总平面与剖面图

隧道部分为两条长度均为610m的平行顶管隧道,隧道坡度均为1.26‰,两条隧道中心间距为5m,隧道顶最大覆土厚度均为24.8m。顶管机将穿越约510m宽的黄浦江,江中段隧道顶最小覆土厚度均为7.5m。

圆形隧道结构全部采用F型预制钢筋混凝土管,外径2640mm,内径2200mm,每节长度为3m,相邻两节间由特制接头承插连接,接缝防水采用由氯丁橡胶制成的齿形橡胶圈,衬垫材料为多层胶合板。本工程范围内的土层及各地层物理力学指标见表10-4。

工 程 地 质 条 件   表10-4

层号	土 层 名 称	层度标高 (m)	含水率 w (%)	重度 (kN/m³)	孔隙比 e	黏聚力 C (kPa)	内摩擦角 φ (°)	地基承载力 (kPa)
①	冲填土	−5.47	33.8	17.8	1.03	—	—	—
③	灰色黏质粉土	−10.07	34.3	17.9	1.04	8.0	29	90
④	灰色淤泥质黏土	−10.67	47.7	17.2	1.37	—	—	65
⑤	灰色砂质粉土	−25.87	31.7	17.9	0.99	3.0	28	100

注:稳定水位:+3.08~+3.48。

2)顶管机选型

本顶管工程的地质为灰色砂质粉土,沿程含砂质透镜体,施工地点靠近水源,采用泥水平衡顶管机时有利于提高工程质量和缩短施工周期,降低综合成本。施工中采用了自制的刀盘可伸缩式φ2660mm泥水加压平衡顶管机,并从日本太平洋株式会社引进了全套泥水输送设备。顶管系统的主要技术参数如下:

(1)顶管机主机(工具管)

外径	2660mm
长度	4310～4370mm
轴向顶力	1200kN
工具管重量	3200kg
刀盘最大扭矩	277kN·m
刀盘额定扭矩	194kN·m
刀盘转速	1.516r/min
刀盘驱动电机功率	22kW×2
刀盘最大移动量	40mm
中心轴最大移动量	95mm
中心轴油缸最大压力	32MPa
中心轴最大平衡力	2050kN
中心轴最大平衡土压范围	0～368.8kPa
纠偏千斤顶数量	8台(最大工作压力32MPa)
纠偏千斤顶最大推力	900kN(单台)
纠偏行程	60mm
纠偏角度	±1.8°
顶进速度	0～50mm/min

(2)中继顶进装置

油缸数量	24台
额定推力	10000kN
最大推力	12000kN
顶进行程	0～300mm

(3)主顶进装置

电机功率	18.5kW
电机转速	970r/min
油泵工作压力	32MPa
油泵流量	25L/min
主顶油缸形式	双作用等推力
主顶油缸数量	6台
主顶油缸行程	3500mm
主顶油缸最大推力	11640kN
主顶油缸额定推力	10000kN
主顶油缸最大油压	31.5MPa

3)泥水输送

泥浆输送系统由一根6″排泥管、一根6″送泥管、排泥泵和送泥泵等组成。经处理后的泥水由调整槽通过P1泵或PH泵由地面送至井下,顶管内排出的泥水,经安装在地面和隧道内的接力泵送回至地面泥浆沉淀池,泥水输送系统流程见图10-14。泥水输送系统启动时,先开启VP阀,启动P1泵,开启V3、V5阀,再依次启动P2、P3、PE泵。系统启动数分钟后,当送排泥水和流量趋于稳定,送泥水压力和切口水压力基本相同时,才可操作到"顶进状态"。进入顶进状态时,开启机头阀,开启V1、V2阀,关闭V3阀。泥水输送系统可逐渐恢复到泥水平衡,调整送泥水压力和排泥流量,使推进过程中一直保持泥水平衡,若在推进过程中,切口水压值较设定值偏高,操作人员应采取措施,使之恢复正常。若切口水压继续增加,偏差达到限值,应立即切换到"旁路状态"。

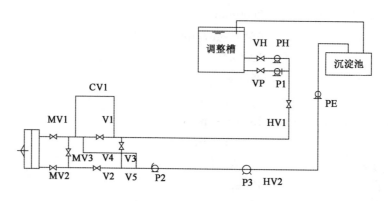

图 10-14 泥水输送系统流程图

如果切口水压的偏高原因是泥水管道堵塞引起的,就应操作至"逆洗状态",对堵塞管道进行清洗。逆洗是顶进过程中消除排泥管堵塞的方法。在逆洗过程中,由于土仓或顶管机的排泥管处于堵塞状态,因此逆洗时应提高排泥流量,但不能降低切口水压,整个逆洗过程应注意开挖面的稳定。管道畅通后,应先转换到"旁路状态",然后才转换至"顶进状态"。顶进结束后,应将"顶进状态"切换到"旁路状态",待泥水平衡后,再切换到"停止状态"。

4) 泥水处理

泥水处理系统主要由黏土溶解槽、调整槽、剩余槽、清水槽、泥水分离旋流器和沉淀池等组成,起处理泥水和制造新鲜泥水的作用。泥水处理采用一次沉淀的方法,沉淀后的泥水送入调整黏度和密度。黏度控制在 20~25s,密度控制在 1.12~1.2g/mm³。析水量是泥水管理中的一项综合指标,泥水的析水量应小于 5%,降低土颗粒和提高泥浆黏度是保证析水量合格的主要手段。本工程采用的指导配比见表 10-5 和表 10-6。

泥浆指导配比(天然泥土) 表 10-5

天然泥土	CMC	纯碱	水
400kg	2.2kg	11kg	770kg

泥浆指导配比(膨润土) 表 10-6

膨润土	CMC	纯碱	水
330kg	2.2kg	11kg	870kg

泥水监控是一个"使用→小调整→使用→大调整→使用"的无限循环过程,是一个动态变化过程。检验配比是否合理的标准是地面沉降量,沉降量得到控制后就要注意泥水指标的变化趋势,使之稳定在某一个区域内。

顶进过程引起的沉降变化分两个阶段。第一阶段是指开挖面达到测点之前的沉降或者隆起,主要是由于泥水压力过低或过高而引起;第二阶段是指顶管机切口达到测点至顶管机尾离开测点时间范围内引起的沉降或隆起,主要是由顶管机及管道移动时对地层的摩擦和剪切引起。此外,纠偏引起的单侧土附加应力也将影响此阶段的地面沉降。

5) 顶进管理

顶进管理系统由顶管机主机及泥水输送系统两部分组成。该系统能在电脑中反映出施工过程中的切口水压、送排泥流量、送排泥密度、主顶速度、主顶行程、刀盘油压和顶管的平面、高程、转角等一系列施工参数。

顶进过程中,主控制室操作人员通过此管理系统反映的各类施工参数及时作相应调整。顶进时注意以下几点:

① 主顶启动时,必须检查千斤顶是否靠足,开始顶进和结束顶进之前速度不宜过快。

② 在使用中继间做接力顶进时,必须确保后级中继间及主顶所用的千斤顶充分均匀受力,要避免顶

管机后退造成切口水压剧降,从而影响开挖面的稳定,待前级中继间顺利顶进到位后依次将后级中继间及主顶顶进到位。

③一节顶进时,顶进速度应尽量保持恒定,减少波动,保证切口水压稳定和送排泥管的畅通。顶进速度的快慢必须满足每节润滑泥浆注浆量的要求,保证润滑泥浆系统始终处于良好的工作状态。

本工程正常顶进条件下,顶进速度设定在 25～35mm/min,在正面遇到障碍物或地基加固土时,顶进速度应低于 10.5mm/min。

6) 洞门止水

(1) 封门形式

顶管机出洞采用井内外封门形式,如图 10-15 所示。在内封门外侧安装一只方形钢箱,使其包络内封门所有双榀[16 号,两侧焊接在内封门外缘双榀[16 号上,上部开口,以拔除榀[16 号,下部与底板中预埋件连接固定。方箱上设一预留孔。

在方形钢箱外侧安装一只圆形钢套,钢套与方形钢箱采用焊接方式连接。其内布置有 3 道盾尾钢刷,并在相应两道钢刷之间沿外圈各布置球阀。另外,在钢套后部安装两套钢环板,以安装止水帘布橡胶带。

止水橡胶带安装。顶管机壳体与洞口建筑空隙的止水密封,是保持泥水仓压力的先决条件,故必须在洞口设置密封性能良好的止水装置。其紧贴顶管机及管节外壳,在泥水压力作用下更能紧贴壳体,形成良好止水效果。

(2) 洞门内油脂压注和黏土填充

为了确保顶管机正常出洞,防止润滑泥浆液及切口泥水后窜至井内,利用圆形钢套上所预留的压注孔在 3 道钢刷之间压注油脂,并且在顶进过程中保持不间断地加注。

由于泥水平衡式顶管机必须具备正常的泥水压力后才能正常施工,所以洞门内一定要填充黏土,并具备一定的土压力。

7) 管节止退

在顶管出洞段拼装管节过程中,极易引起顶管机后退,导致刀盘正面的切口水压突降,从而造成开挖面土体坍塌、破坏泥水平衡。管节止退装置如图 10-16 所示。

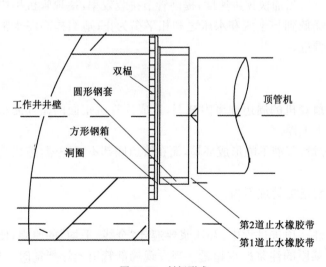

图 10-15 封门形式

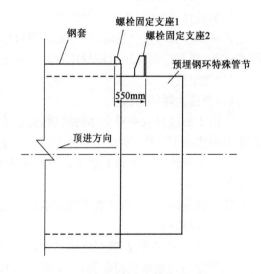

图 10-16 管节止退装置

①制作特殊管节:在管节内预埋钢环。

②止退装置安装:在钢套上焊接连接螺栓的固定支座 1,每节管节顶进结束后,在特殊管节的预埋钢环上对应焊接固定支座 2,然后用螺栓将钢套和特殊管节连接,从而避免在拼装过程中管节后退。

8) 管道减摩

长距离顶管时,为减少顶力,确保顶进顺利,其关键是在顶进过程中向管道外侧压注减摩润滑泥浆以形成高质量的泥浆套。本工程采用的减摩润滑泥浆配比($1m^3$)见表10-7。

润滑泥浆配比　　　　　表10-7

膨润土	水	纯碱	CMC
400kg	850kg	6kg	2.5kg

顶管全断面处于灰色砂质粉土层内,该土层土体流塑性大,注浆量为理论建筑空隙的5倍。单节管节注浆量 V 按下式计算。

$$V=[3\times3.14\times(2.66^2-2.64^2)/4]\times500\%=1.25m^3$$

注浆顺序为:地面搅拌→启动注浆泵→总管阀门打开→管节阀门打开→送浆(顶进开始)→管节阀门关闭(顶进停止)→总管阀门关闭→井内快速接头拆开→下管节→接2″总管。注浆时注意以下几点:

①合理布置注浆孔,使所注润滑泥浆在管道外壁形成比较均匀的泥浆套。同时严格控制注浆量,防止注浆不足或超量。注浆时采取"先注后顶、随顶随注、及时补浆"的原则,注浆泵出口处压力控制在0.3MPa左右。

②利用中继间接力顶进时,使泥浆迅速填满工具后管节周围出现的空隙,形成完整的泥浆套,由于在顶进中泥浆流失、渗透,在一号中继间以后的隧道沿线应经常进行补注浆,以保证整条顶管处在一个良好的泥浆套中。

③顶进中断时间较长时,管节和周围土体固结,在重新启动时会出现"楔紧"现象,因此,顶管施工宜采取24h连续施工。

9)穿越江中段措施

(1)防止江底冒浆措施

合理控制顶进速度,初始顶进时,顶进速度应缓慢增加,速度突变会导致泥水压力急剧上升。严格控制切口水压波动范围,切口水压控制在(0.2±0.01)MPa,若切口水压波动较大,则应立即转换到"旁路"状态,待切口水压恢复正常后方可继续顶进。严格控制润滑泥浆的注浆压力,在江中段,注浆压力宜控制在0.3MPa以下。

(2)江底冒浆对策

如果是轻微冒浆,在不降低开挖面切口水压下适当加快顶进速度,提高管节拼装效率,使顶管机尽快穿越冒浆区。当冒浆严重时,将开挖面切口水压降低到与土压和水压之和相平衡为止;适当提高泥水密度和黏度;将开挖面水压返回到正常状态下进行掘进。

10)管道抗浮

(1)管道上浮的原因

①由于掘进过程中对土体的扰动,使土体和顶管机的周边握裹力减弱,造成顶管机正面的循环泥水在压力的作用下后窜,导致顶管机在浮力的作用下上浮。

②由于压注润滑泥浆方法不当或局部注浆过量,浆液不能形成环箍,而在管道底部不断积聚,造成管道上浮。

③在顶进时,由于切口水压设定值过低或泥水指标管理不当。

(2)抗浮措施

加强润滑泥浆管理,确保注浆和顶进的同步性。顶进过程中,补压浆要遵守"全线、平均"的原则,使管节周围能均匀地形成泥浆套,尽量避免单节或某段的注浆严重超量。当发现局部管道上浮严重时,可在此段采用上注下放的补救措施。

10.9.3 嘉兴污水排海工程

1)工程概况

嘉兴污水处理排海顶管工程,正常排放管总长2060m,管道内径2000mm,从高位井向大堤外顶进,埋深9.30~21.81m,出洞口管内底标高为-20.23m,前1747.5m为下坡(-2.5‰)顶进,最后302.5m为平坡顶进,终点管内底标高为-24.60m。顶进施工采用F-B型钢承式钢筋混凝土管、楔形橡胶圈接口、多层胶合板衬垫。本工程一次顶进2060m,由于合理选择了工具管形式,成功地解决了轴线控制和减摩泥浆等技术难题,只用了144d就完成了全部顶进施工。

顶进轴线上方覆土为粉土层,淤泥质粉质黏土,局部夹少量薄层粉土、粉质黏土。

2)顶管机选型

正常排放管在出洞后的150~200m范围内是砂质粉土夹粉砂,然后穿过粉质黏土、淤泥质粉质黏土~淤泥质黏土。本工程采用刀盘可伸缩式泥水平衡顶管机。

3)主要技术措施

(1)减摩泥浆

顶进施工中,减摩泥浆的应用是减小顶进阻力的重要措施。顶进时,通过工具管及混凝土管节上预留的注浆孔,向管道外壁压入一定量的减摩泥浆,在管道外围形成一个泥浆套,减小管节外壁和土层间的摩阻力,从而减小顶进时的顶力。泥浆套形成的好坏,直接关系到减摩的效果。

为保证压浆的效果,在工具管尾部环向均匀地布置了4只压浆孔,顶进时及时进行压浆。工具管后面的3节混凝土管节上都有压浆孔,以后每隔2节设置1节有压浆孔的管节。混凝土管节上的压浆孔有4只,呈90°环向交叉布置。压浆总管用φ50mm白铁管,除工具管及随后的3节混凝土管节外,压浆总管上每隔6m装1只三通,再用压浆软管接至压浆孔处。

顶进时,工具管尾部的压浆要及时,确保形成完整有效的泥浆套。混凝土管节上的压浆孔供补压浆用,补压浆的次数及压浆量需根据施工时的具体情况而定。由于顶进距离长,一次压浆无法到位,需要接力输送,因此在管道内共设置5只压浆接力站,平均每隔300m左右设1站。压浆接力站的作用有两个,一是运输作用;二是承担至前面压浆接力站管道部分的补压浆。减摩泥浆的性能要稳定,施工期间要求泥浆不失水、不沉淀、不固结,既要有良好的流动性,又要有一定的稠度。顶进施工前要做泥浆配合比试验,找出适合于施工的最佳泥浆配合比。表10-8是本工程所采用的减摩泥浆的配合比,表10-9是减摩泥浆的控制参数。

减摩泥浆配合比(kg/m³)　　　　表10-8

泥浆原料	顶进时	穿越大堤时	泥浆原料	顶进时	穿越大堤时
膨润土	130	150	纯碱	4.5	6
水	870	850	CMC	4	5.4

减摩泥浆的控制参数　　　　表10-9

控制参数	顶进时	穿越大堤时	控制参数	顶进时	穿越大堤时
视黏度(MPa·s)	16	54	重度(N/cm³)	10.9	11.1
失水量(ml)	8	8.5	动切力(Pa)	11.7	30.6
泥饼(mm)	2	2	静切力(Pa)	19	53.1
pH值	8.5	8.5	胶体率(%)	100	100

拌制减摩泥浆要严格按操作规程进行,催化剂、化学添加剂等要搅拌均匀,使之均匀地化开,膨润土加入后要充分搅拌,使其充分水化。泥浆拌好后,应放置一定的时间才能使用。通过储浆池处的压浆泵将泥浆压至管道内的总管,然后经压浆孔压至管壁外。施工中,压浆泵、工具管尾部等处均装有压力表,便于观察,从而控制和调整压浆的压力。顶进施工中,减摩泥浆的用量主要取决于管道周围空隙的大小及周围土层的特性,由于泥浆的流失及地下水等的作用,泥浆的实际用量要比理论用量大得多,一般可达到理论值的4~5倍,但施工中还需根据土质情况、顶进状况及地面沉降的要求等作适当的调整。本工程的减摩泥浆运用比较成功,全长2060m的顶进最大顶力不超过8500kN。

除出洞阶段外,顶力曲线很平滑,顶力增加十分缓慢,最大值为8500kN。由于在出洞阶段无法建立完整的泥浆套,因而泥浆用量较少,但当泥浆套建立好以后,泥浆的用量就随着顶进距离的延长而增加,顶进结束时,泥浆的用量达到理论值的8倍。泥浆的用量之所以随着顶进距离的延长而有较大增加,主要是补压浆造成的,因为随着线路的增加,补压浆的量要大大超过工具管尾部的压浆量。

管道外壁和土体间的摩阻力的大小是衡量泥浆减摩效果的标准,在出洞阶段,由于泥浆套无法建立,因而侧向摩阻力比较大,随着泥浆套的建立,摩阻力急剧减小。顶至200m时,侧向摩阻力为2.1kN/m²;顶至600m时,侧向摩阻力为1.1kN/m²;顶至1500m时,侧向摩阻力为0.5kN/m²;顶至2000m时,侧向摩阻力为0.3kN/m²。上述值均远小于规范中的取值及利用经验公式计算的值,也远小于以往同类工程中的实际值。显然,侧向摩阻力随着顶进距离的增加而逐渐减小,这是和泥浆的用量随着顶进距离的延长而增加有直接关系的。

(2)中继间

正常排放管总长2060m,在出洞后的150~200m范围内,顶进断面主要为砂质粉土夹粉砂,随后的顶进主要在淤泥质粉质黏土和淤泥质黏土中进行。因土层变化较大,顶进阻力在各土层中不同,考虑到长距离顶管的特殊性并结合以往同类工程的施工经验,原施工组织设计中拟布置14只中继间进行接力顶进。

中继间采用二段一铰可伸缩的套筒承插式结构,偏转角α=±2°,端部结构形式与所选用的管节形式相同,外形几何尺寸与管节基本相同。在铰接处设置2道可径向调节密封间隙的密封装置,确保顶进时不漏浆,并在承插处设置可以压注润滑脂的油嘴,以减少顶进时密封圈的磨损。中继间的铰接处设置4只注浆孔,顶进时可以进行注浆,减小顶进阻力。顶进至194.1m时,根据顶进施工所获得的数据计算,管节外壁和周围土体的摩阻力为2~3kN/m²,是比较小的,根据计算结果,并结合以往的施工经验,对中继间的位置作了适当调整,以减少中继间的投入,并能确保顶进的顺利进行。

由于第1、第2号中继间已经放置,第3号中继间位置也已确定(因电缆等的长度已定),因而中继间布置从第4只开始调整。调整后,正常排放管共设置9只中继间,具体布置位置见表10-10。

中继间位置(第一次调整) 表10-10

中 继 间	位置(管节后)	间距(m)	累计距离(m)
1	10	30	30
2	42	96	126
3	85	129	255
4	165	240	495
5	250	255	750
6	330	240	990
7	415	255	1245
8	495	240	1485
9	580	255	1740
主顶		310	2050

注:表中间距及累计距离中未计中继间长度,其长度在第9号中继间后计入调整。

顶进至1102.3m时(中继间布置了5只),管节外壁和周围土体的摩阻力为0.5kN/m²左右,波动基本不超过0.1kN/m²。经计算并结合顶进施工的工艺要求,又对中继间的位置做出了调整(因第1至第5号中继间已经放置,因而中继间布置从第6开始调整)。调整后,正常排放管共设置8只中继间,具体布置位置见表10-11。

中继间位置(第二次调整)　　　　　　　表 10-11

中继间	位置(管节后)	间距(m)	累计距离(m)
1	10	30	30
2	42	96	126
3	85	129	255
4	165	240	495
5	250	255	750
6	372	366	1116
7	472	300	1416
8	557	255	1671
主顶		379	2050

注：表中间距及累计中未计中继间长度，其长度在第 8 号中继间后计入调整。

由于先后两次根据实际情况调整了原来的中继间布置，最终只设置了 8 只中继间，节约了大量的资金，也减少了后期处理工作。

中继间的布置是长距离顶进施工中的难点，布置多了会造成不必要的浪费，布置少了无法满足顶进需要。因此，长距离顶进时的中继间布置，在满足施工工艺的前提下，应充分考虑到施工时各种有利条件或不利条件的影响。

(3) 测量及轴线控制

在顶进过程中，经常对顶进轴线进行测量，检查顶进轴线是否和设计轴线相吻合。在正常情况下，每顶进 1 节混凝土管节测量 1 次，在出洞、纠偏、到达终点前，适当增加测量次数。施工时还要经常对测量控制点进行复测，以保证测量的精度。随着顶进距离的不断增长，轴线偏差测量需接站观测，从而产生接站误差。因此顶进前按不同的顶进里程，制订了相应的轴线平面偏差测量方法。高程偏差测量采用水准接站测量，先测得工具管中心标高，再与设计高程相比较就可得高程偏差。另外，指示轴线在顶进工程中，必须利用联系三角形法定期进行复测，以保证整个顶进轴线的一致性。

为了较好地解决测量用时问题，要尽可能减少测量接站数，在转站处利用特殊发光源作为目标，再利用放大倍率较大的瑞士 T2 经纬仪观测；测定工具管前进的趋势，同样能达到减少测量时间的目的。

在实际顶进中，顶进轴线和设计轴线经常发生偏差，因此要采取纠偏措施，减小顶进轴线和设计轴线间的偏差值，使之尽量趋于一致。顶进轴线发生偏差时，通过调节纠偏千斤顶的伸缩量，使偏差值逐渐减小并回至设计轴线位置。

施工过程中，及时了解工具管的趋势对纠偏十分有利。如果轴线偏差较小，且趋势较好(沿设计方位)，就可省去不必要的测量和纠偏，提供更多的顶进时间；如轴线偏差较小，但工具管前进趋势背离设计轴线方向，则要及时进行有效的纠偏，使工具管不致偏离较大。

测量采用高精度的全站仪，激光经纬仪和水准仪。工具管内设有坡度板和光靶，坡度板用于读取工具管的坡度和转角，光靶用于激光经纬仪进行轴线的跟踪测量。

(4) 旋转纠偏的技术措施

正常排放管前 300m(100 节管道)的平直线段内，共布置了 16 只垂直顶升口，垂直顶升口对旋转有很高的要求，转角不得超过 1°，否则就会影响垂直顶升的施工，因此，控制好前 300m 管道的旋转十分重要。

为了减小管节之间的相互转动，在前 300m 范围内的管节的两端设置了止转装置。通过止转装置将前 300m 管道连接成一个整体，从而减小整段管道在顶进过程中的旋转。

虽然安装了止转装置，但由于施工过程中管道受力不均衡，管道还是产生了比较大的转角，为此，施工时根据各垂直顶升口的转角大小，辅以一定数量的压重块纠正转角，这种方法效果很明显。顶进结束时，16 只垂直顶升口的转角均控制在允许的范围内。

(5) 水力机械化施工

正常排放管的顶进距离为 2060m,因此泥水系统的配置相当关键,根据本工程的特点布置了泥水系统。沉淀池利用工地原有的虾塘,进行必要的加深,留有足够的容量,筑坝分隔成清水池和泥浆池,并用 $\phi300$ 钢管连通泄水。在清水池旁设置 2 台 5 级泵,向管路供水,进水管路采用 $\phi150$ 无缝钢管、卡箍式活络接头,中继间处用橡胶波纹管过渡,以适应中继间的伸缩,满足顶管施工的工艺要求。

实际施工时,前 1500m 是利用清水池旁 2 台并联的清水泵供水,1500m 以后才用多级泵供水。这样配置的好处是节约了大量的能源,也降低了施工时的操作难度。

排泥采用 $\phi100$ 无缝钢管、卡箍式活络接头,中继间处也采用橡胶波纹管过渡。废弃泥浆用管道泵串联水平输送,管道内每隔 200m 左右设置 1 台。工作井内设置 1 台大功率管道泵,承担泥浆的垂直输送。

10.9.4 郑州市下穿中州大道隧道工程

郑州中州大道矩形顶管施工详见视频 10-1。

视频 10-1　郑州中州大道矩形顶管施工

中州大道作为郑州市中心城区快速路是连接城市南北出入口的一条重要快速通道,为保证中州大道快速、无红绿灯通行,缓解跨中州大道既有交通压力,郑州市规划在红专路、纬四路、沈庄北路—商鼎路设立道路下穿中州大道方式。根据城市规划标准和相交道路性质,下穿的中州大道隧道工程道路设计为双向四车道,单车道宽度为 3.5m,隧道机动车道顶管段、明挖暗埋段、U 形槽段净宽均为 $2\times8.75m$。与圆形顶管相比,采用矩形顶管施工可使隧道的空间利用率提高近 20%,并且隧道埋深浅、坡度小,更有利于通行。中州大道下穿隧道工程采用的一台矩形顶管(断面尺寸 $10120mm\times7270mm$,如图 10-17 所示),为当时世界上最大矩形顶管;另一台尺寸为 $7520mm\times5420mm$。

1)工程概况

(1)工程地点及范围

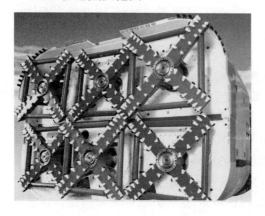

图 10-17　中州大道下穿工程矩形顶管

中州大道下穿隧道工程分为两个标段,此处介绍 1 标段,即红专路下穿中州大道隧道工程。

红专路下穿中州大道隧道设计标准为城市次干路。根据城市规划标准和相交道路性质,下穿的中州大道隧道工程道路设计为双向四车道,单车道宽度为 3.5m,隧道机动车道顶管段、明挖暗埋段、U 型槽段净宽均为 $2\times8.75m$。两侧非机动车道顶管段、明挖暗埋段、U 型槽段净宽均为 6m。下穿隧道按只通行中小型客车设计,隧道机动车道设计净空不小于 4.5m,行车道宽度为 3.5m,道路侧向余宽不小于 0.5m,非机动车道设计净空不小于 3.5m。工程地理位置如图 10-18 所示。

图 10-18 工程地理位置示意图

(2) 工程设计概况

施工方法：下穿中州大道段采用矩形顶管法施工，两端分设始发和接收工作井、明挖暗埋段和敞口段，除顶管段外均采用明挖法施工。

结构设计：顶管工作井及明挖段围护结构均采用钻孔灌注桩加内支撑体系。顶管段采用整体预制管节，其他主体结构均采用现浇混凝土。

红专路下穿隧道起始端位于红专路与姚寨路交叉路口，起始点位于红专路道路中心线，沿红专路向东，下穿中州大道，终点位于红专路与龙湖外环路交叉口处，工程全长801.263m。非机动车道隧道长720m，其中敞口段383m，明挖暗埋段232m，顶管段105m；机动车道隧道长680m，其中敞口段343m，明挖暗埋段232m，顶管段105m。下穿隧道受中州大道管线及两侧道路影响，隧道设计最大埋深4.2m，爬坡段最大纵坡3.99%，横坡为1.5%。平曲线最小半径200m，竖曲线最小半径凸型：一般值600m，凹型：一般值700m。设计速度均为40km/h，设计荷载城-A级。防水等级为二级，抗震设防烈度为Ⅶ度。

红专路道路规划红线53m，红专路隧道按四幅路布置，中间两幅路为机动车道，双向四车道；两侧分别有4m的非机动车道和2m的人行道，敞口段两侧地面设地面辅道，辅道由人行道(3m)、机非混行车道(8m)组成。

全线设置隧道(道路)照明；在红专路北侧中州大道两侧人行道处各设雨水泵站一座，泵站覆土3m；在道路出现高差时，设置防护护栏。隧道典型横断面详见图10-19～图10-21。

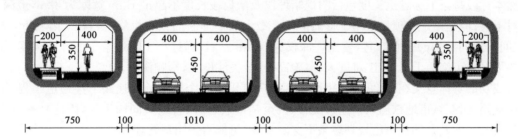

图 10-19 矩形顶管顶管段断面图（尺寸单位：cm）

(3) 工程及水文地质

①地形地貌特征。本工程位于黄河泛滥平原区，地形起伏较小，地势平坦，微向东北倾斜，坡度1/800～1/600，地面高程为83m左右，相对高差小于1m。地表岩性由粉土和粉砂组成。

②地层岩性特征。区内地层属华北地层区，根据钻孔资料揭露，新生界底板自西南向东北逐渐变深，沉积厚度增大，新生界由上第三系馆陶组、明化镇组和第四系更新世、全新世组成。

③典型工程地质。根据详细勘查结果，本工程场地范围内的地层主要为以杂填土、粉土、粉质黏土为主，局部有少量细砂等。

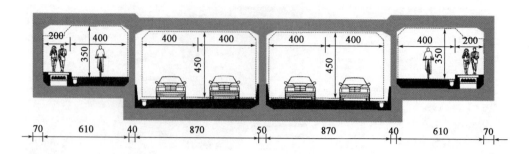

图 10-20 明挖暗埋段断面图(尺寸单位:cm)

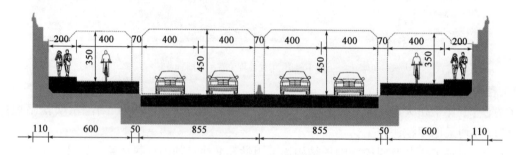

图 10-21 敞口段断面图(尺寸单位:cm)

④工程水文地质。区域内地下水主要为松散岩类孔隙水,地下水位埋深较浅,埋深为 2～6m 不等,年变幅为 1.0～2.5m。赋存于第四系的松散沉积物中,含水层颗粒较细,多为粉细砂、细砂,局部中细砂,厚度 5～25m,单井出水量 500～1000m³/d。

2)工程特点

(1)项目模式新、管理层次多

本工程是郑州市首次采用勘测、设计、施工、设备制造总承包模式的市政项目,该模式集勘测设计、制造、现场施工三者密切结合于一体,有利于项目施工的整体统筹安排,能有效地对质量、成本、进度等进行综合控制,提高工程建设水平,并可通过资源内部统一协调、调配、简化施工衔接,缩短建设总工期。

但同时五家联合体关系复杂,分属于中国中铁的不同管理层次,项目部作为最终的具体项目实施者,是处理联合体内部关系上重要一环,肩负着重要的沟通、协调的角色。

(2)项目影响广且具有开拓市场的价值意义

虽然本标段每条下穿隧道长度包括明挖暗埋段及敞口段长度不超过 1km,宽度为 32m,最深为 18m,规模相对不大;但是由于本项目采用了目前世界上最大的矩形断面顶管机施工,且 4 条隧道均为小间距(大小之间隧道间距 1m)平行布置,覆土埋深仅为 3.5m 左右,远远小于隧道掌子面开挖高度,并且首次使用即要下穿城市交通干道,施工难度大、风险高、社会关注度大,影响深远。

项目成功的具体意义在于,可以将矩形顶管推广应用于各个城市的快速路下穿通道工程、城市道路人行过街通道工程、城市地铁出入口通道工程、甚至是市政管道、管线共同沟工程,因此具有较为深远的市场前景意义。尤其是郑州市已规划多条下穿隧道,有可能再采用顶管施工。

此外,项目所处的中州大道车流量密集,引起的社会关注高,因此在项目建设过程中,对于项目的文明施工、企业宣传的要求也势必会提高。

(3)新技术、新工艺施工难度大

本工程下穿中州大道段采用土压平衡矩形顶管法施工,顶管段具有以下主要特点:开挖断面大、覆土埋深浅、隧道间距小、管线距离近、沉降要求高。

矩形顶管段机动车道断面为 10.1m×7.25m,断面面积达到 72.2m²;非机动车道断面为 7.5m×5.4m,而目前在国内已经成功应用于施工的最大断面顶管为 6.9m×4.9m(断面面积 33.81m²);此外因受场地条件限制,隧道上最小覆土仅为 3.5m;隧道之间间距小,2 条矩形顶管隧道净间距为 1m,距离

DN600mm 的雨水管仅 1m;最长推进长度达到 105m;施工难度大。

整体上看,项目在实施上还是有难度的,项目部在编人员均没有类似顶管施工项目的经验,因此对于项目本身来讲不管从技术把控还是从项目管理上都是存在挑战的。

3)工程重难点分析及对策

(1)土压平衡矩形顶管机的适应性设计

①矩形顶管刀盘。结合下穿中州大道隧道工程地质条件,隧道段主要穿越地层以粉质黏土、粉细砂为主,隧道埋深浅;同时隧道施工要求地表沉降少,因此该矩形顶管采用平行轴式六刀盘布置方案(图 10-22)。

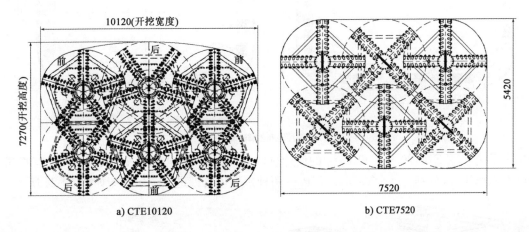

图 10-22　矩形顶管刀盘布局图(尺寸单位:mm)

多刀盘旋转开挖切削扭矩大、搅拌扭矩小,对周围土体扰动小,同时盾体跳动小,有利于顶管姿态控制及地表沉降控制,设备本身制造加工简单,设备后期的运行可靠性高。大、小矩形顶管拟配置了 6 个辐条式刀盘,刀盘开口率 72% 以上,采用 3 前 3 后平行轴式布置,相邻刀盘的切削区域相互交叉,开挖覆盖率能达到 93%~95%,考虑到要通过加固区,在前盾切口环全周布置切刀;另外在土仓隔板上预留高压水接口及连接风钻的万向接口,可实现对开挖盲区进行辅助切削或处理,使其开挖覆盖率接近 100%。

②主驱动。两台矩形顶管主驱动主要组成及参数配置如表 10-12 所示。

主驱动主要组成及参数配置　　　　表 10-12

名　称	CTE7520	CTE10120
变频电动机	18 台	36 台
减速机	18 台	36 台
主轴承结构形式	滑动轴承加滚动轴承	滑动轴承加滚动轴承
主轴承	3 个每组	3 个每组
刀盘驱动功率	90kW×6(6 组)	90kW×6(6 组)
刀盘扭矩	596kN·m×6(6 组)	1444kN·m×6(6 组)
刀盘转速	0~1.34r/min	0~1r/min

③螺旋输送机。螺旋输送机由壳体、轴式叶片、驱动装置及尾部闸门等几部分组成,安装在土压仓下部。其主要参数为:螺旋输送机筒径 558mm、螺旋轴输出的额定扭矩 24.16kN·m、额定转速为 14.74r/min、安装倾角为 18°、出渣能力为 79.09m³/h,最大通过粒径 210mm。

④盾尾。盾尾由铰接密封环、分离油缸和壳体组成,大规格壳体的长度和宽度分别为 10120mm、7270mm,厚度为 70mm,小规格壳体的长度和宽度分别为 7520mm、5420mm,厚度为 60mm,都采用 Q345B 板,为了防止壳体与密封连接处发生变形,故将此处设计为类似箱体的结构。考虑到盾尾密封必须能承受住注浆压力和地下水压力,所以在进行矩形顶管设计时,要求盾尾密封必须具有良好的弹性。为了能使矩形顶管在出洞时顺利与顶管脱离,故在盾尾后部设计有分离油缸。

⑤纠偏油缸布置。纠偏油缸的主要作用就是在推进过程中,若出现轴线偏离一定角度,则使用纠偏油缸进行纠偏,以纠正矩形顶管姿态,纠偏油缸属于主动铰接,纠偏油缸的布置主要考虑结构上合理,满足上下、左右纠偏的效果,纠偏油缸的周向布置如图10-23所示。

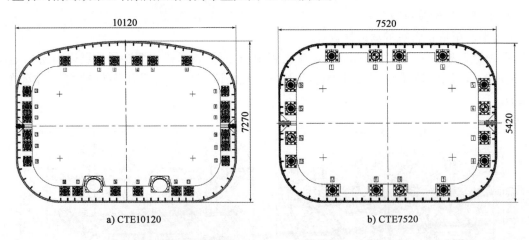

a) CTE10120　　　　　b) CTE7520

图10-23　纠偏油缸布置图(尺寸单位:mm)

⑥推进系统。CTE10120与CTE7520的设计总推力分别为110000kN、72000kN,其具有相同的工作压力与最大工作压力,分别为30Mpa、31.5MPa。两种矩形顶管推进系统示意图如图10-24所示。

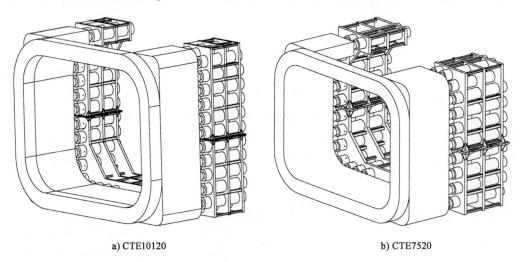

a) CTE10120　　　　　b) CTE7520

图10-24　推进系统示意图

(2)顶管施工始发、到达的安全控制

顶管的始发与到达是顶管施工中最易出现问题的环节,常会因为顶管施工始发、到达过程中定位不准确、方向控制不好,或者端头加固的质量问题,导致始发、到达时出现坍塌、突泥、涌水,严重影响施工安全。同时,由于顶管到达时容易造成掌子面土体破坏,顶管施工的触变泥浆泄漏,导致地层沉降超限,管节摩擦力超限,顶推无法实施。因此,如何确保顶管始发和到达的安全成为本工程的重、难点,施工过程中采取如下措施。

①严格按照设计要求的长度及宽度对端头进行加固,做好过程控制;加固施工过程中严格按照相关要求,从材料进场、设备、施工工艺等几个角度严格控制施工质量,确保加固质量。

②端头地层加固完成后,对加固区域进行垂直取芯,检查其加固的完整性、强度。

③在洞门凿除前,对要凿除的洞门范围内边角及中心位置分别进行水平和倾斜探孔,探孔数量根据现场灵活布置,孔深以不打穿加固体为好,一旦发现存在问题进行二次补充加固,确保加固体的整体、连续,无加固盲区,始发到达不流砂、不涌泥。

④做好洞口防水密封,顶管始发,预先安装洞门圈预埋钢环,始发时采用延长洞门+两道帘布橡胶板

作为洞门密封,并在延长洞门上预留注浆口,避免在始发过程中及整个推进过程中管节长时间摩擦洞门密封导致密封被破坏,确保工程安全。

⑤顶管到达时,由于顶管掌子面反力破坏、减小、丧失,触变泥浆流失,同始发一样,检查完洞门加固质量后,在洞门钢环内焊接1道钢丝刷,外侧安装帘布橡胶板和折页压板,到达加固体后、掌子面前,低推力,低转速,尽可能地多出土,晚破坏掌子面;掌子面破坏后要快速地推出,以防漏泥漏水。

⑥加强顶管在始发、到达段的推进控制。控制好顶管姿态,在保证出渣量正常的前提下,尽量快速完成顶管的始发与到达。同时,充分考虑到由于对端头地层进行了加固处理,地层性质所发生的改变,推进时要密切关注顶管姿态突变情况,勤测量、勤纠偏,并在顶进最后3环管节时,在顶管机后注入高稠度泥浆,防止到达时漏浆。

⑦在始发到达前做好始发到达安全应急预案的演练和应急位置的储备,确保出现异常情况后及时调拨人力、材料进行紧急处理,保证工程的安全。

(3)超大断面矩形顶管施工沉降控制

在埋深相同的条件下,由于顶管和管节顶板面积巨大化,上覆土形成受力拱的作用大大减弱,上覆土发生沉降的敏感度较强。尽管存在泥浆套的减摩作用,但随着顶板面积作用于上覆土的推进摩擦力逐渐增大,"背土"作用也逐渐变得明显。此外由于顶管机开挖横断面增大后,存在渣土改良的不均匀性,超大断面矩形土仓内各点的土压力可能会有差别,对开挖面的稳定带来不利影响;同时由于螺旋输送机数量增加到了2个,增加了各点出土量控制的难度,开挖面有可能出现局部超挖;或者密封不好,触变泥浆泄漏,以及注浆质量控制不好导致沉降超限,严重影响管线、地面交通等,因此,如何确保矩形顶管施工沉降成为本工程的重、难点,采取的针对性措施主要体现为以下3个方面。

①地质勘测。严格按照要求对地层进行勘测,并在基坑开挖过程中对地层进行详细统计、研究,充分了解地质性能和变化情况。为顶管推进提供详实的依据,同时为触变泥浆的制备提供真实地层土力学和物理参数。

②设计方面。在能够确保隧道行车限界断面的前提下,尽可能地优化断面结构,减少顶管的切削盲区,便于土压控制,有针对性地对矩形顶管机进行设计:

a. 泥浆套形成、保持及防泄漏设计:刀盘开挖直径及前盾切口设置的辅助切刀高度不超过前盾切口外表面,在前盾切口一定宽度范围内设置一圈防漏帽檐,帽檐与径向开挖面紧密接触,防止触变泥浆套前窜进入土仓。同时在泥浆套压力控制上,降低前盾注入点压力,提高泥浆注入的均匀性。

b. 顶管及管节密封设计:顶管铰接密封及盾尾管节密封采用不同硬度的双密封设计,在推进过程中,结构设计确保至少有一道密封可更换,防止密封损坏后泥浆套的缺失。

c. 盾体结构设计:顶管以刚度作为结构设计指标,确保矩形平面结构在外土压力下不变形或变形在允许范围内,确保泥浆套的平滑和连续。

d. 压力精确控制设计:压力控制是基于传感器能够准确地采集真实的压力,进而进行控制,如果采集的数据不真实,则控制系统会根据不真实的原始数据进行控制。顶管土仓内上下左右配置9个具有高灵敏度的压力传感器,能精确控制土仓压力并进行土压管理,以满足地表沉降控制在允许的范围内。管节也采用性能可靠的传感器进行全面的各点压力控制。

e. 渣土改良设计:该项目地质以粉质黏土、粉细砂为主,结合这种地质特点设备配置了泡沫及膨润土改良系统,可以在管路实现渣土改良方式的互换。泡沫系统一台泵对应一个刀盘,每一路泡沫的流量和压力都相对独立,不会随其他各路泡沫的流量和压力的变化而变化,能够较好地防止泡沫注入口的堵塞,最大限度地保证各个刀盘搅拌区域的渣土能改良均匀,泡沫系统能够满足手动、半自动、全自动的控制。

③施工过程控制。

a. 施工前根据地质、水文情况详细计算好土压,施工过程中严格控制土压,防止施工过程中土压控制出现"拉风箱",破坏原状地层,并根据地层监测情况适时调整。

b. 在保证土仓压力的情况下严格控制出渣量和推进速度,使两者高度匹配,并及时地做好出渣量和推进距离的统计分析、总结,根据顶进距离严格控制出渣量,出渣量以 98%～102% 为宜。

c. 触变泥浆施工控制:按照设定的参数严格控制触变泥浆的质量;根据注入的位置以及量的不同,分别计量核算触变泥浆的注入量;确保触变泥浆的压力,并根据监测情况调整注浆压力。

d. 在遇到富水砂层等不良地层时,改用膨润土、聚合物等进行针对性渣土改良,能有效地控制地层沉降。

f. 管节制作过程中确保外壁光滑,能够有效地减少推进阻力和"背土"现象,有效控制沉降。

g. 严格控制姿态,避免蛇形纠偏。

(4)超大矩形断面顶管施工姿态控制

由于矩形顶管横断面尺寸增大,同时可能存在开挖面各点压力差别,调向纠偏的难度增大,或者超大断面矩形顶管在推进的过程中可能由于侧向受力不均,或者地层不均匀导致矩形顶管扭转或者姿态难以控制;特别是由于横断面尺寸大,顶管或管节发生滚转偏差对隧道净空位置的影响明显,滚转的纠偏也因横断面尺寸增大而变得困难。因此,如何控制矩形顶管姿态成为本工程的重、难点,施工过程中采取如下措施。

①严格按照要求对地层进行勘测,并在基坑开挖过程中对地层进行详细统计、研究,充分了解地质性能和变化情况。

②顶管设计和管节设计开始就紧密的结合,确保工程设计、设备设计初期就都充分考虑了矩形顶管的方向控制问题。

③矩形顶管设计、制造方面针对性设计,具体体现为以下几个方面。

a. 盾体设计:对盾体设计的要求包括两个方面:调向的灵敏性和盾体稳定的导向作用。超大矩形顶管前盾的长度设计得比较短,以便减少铰接点到刀盘的距离,使铰接力能够有效地传递到刀盘便于转向。

b. 辅助调向纠偏系统设计:当发生滚转偏差和尾盾中线偏差时,前盾的纠偏力已经不足,此时借助于在盾体上的预留孔和纠偏泥浆注入系统,在需要的位置向地层注入纠偏泥浆,依靠泥浆对地层的压力和地层微量的压缩性进行纠偏。

c. 导向系统设计:采用激光导向系统,控制顶管推进 5 个方向自由度,保证顶管顶进方向的正确。激光导向系统能够对顶管在推进中的姿态、顶管的线路和位置关系进行精确的测量和显示。

d. 刀盘转动方向的调向纠偏辅助作用设计:顶管共设有 6 个刀盘,每个刀盘的转动方向均可独立控制,在需要时,通过 6 个刀盘的同向转动使顶管获得某个方向的反扭矩,达到辅助滚转纠偏目的。

e. 提高设备的加工精度,并在设备设计制造中考虑设备的几何中心与重心尽可能重合,以方便矩形顶管姿态控制和方向调节。

(5)保证基坑安全

本工程位于郑州市南北主干道中州大道两侧,中州大道上管线不多,但部分管线直径较大,为主干管,非常重要,基坑距离管线近;明挖段长、宽、深,距离周边建筑物近,因此控制基坑变形,确保基坑稳定及周边建筑物安全是本工程安全工作的重中之重。拟采取如下对策。

①设计时结合管线和周边建构筑物情况,优化设计方案,在确保基坑设计和使用功能及能保证工程安全实施的情况下,尽可能地远离管线和建构筑物。

②确保围护结构的质量:围护结构的抗侧压能力、抗渗能力、插入比及支撑体系是基坑稳定的关键,施工过程中对钻孔灌注桩、旋喷桩等施工质量进行严格的检测和控制,按设计施作各道支撑,确保围护结构的质量。

③确保基坑降水的效果:降水是保证基坑开挖和基坑稳定性的关键,尤其是在粉土、粉质黏土和粉砂地层,降水是避免产生突涌、流砂的重要保证。

④要切实做到:严格按降水设计方案布设井位,开挖前提前降水,并通过观测井进行水位监控,确认基坑内地下水位已降至基坑开挖面以下 1m 并稳定后才能进行基坑土方开挖。

⑤处理好开挖和支撑的关系:在开挖过程中掌握好"分层、分步、对称、平衡、限时"5 个要点,遵循"竖

向分层、纵向分段、先支后挖、随挖随撑、快速封底"的原则,处理好开挖和支撑的关系,严格按照"时空效应原理"组织施工。加强基坑止水帷幕施工质量,在基坑开挖过程中随时观察围护桩的表面渗漏水情况,对出现的渗漏水要及时封堵、疏干,以免水流过大引起流砂现象,影响基坑外土体的稳定。基坑内的明水及时抽排干净。

⑥确保基坑稳定:在开挖过程中围护结构周围的地面堆载不得大于设计要求荷载,且基坑周边2m范围内不得堆载。及时施作垫层和底板封底尽早形成支撑受力体系。基坑开挖到底后应及时施作垫层混凝土封底,缩短土体暴露时间,并应在最短的时间内将结构底板施作完毕,形成基坑支撑体系,增强基坑安全性。

⑦处理好支撑拆除和结构混凝土施工的关系:结构钢筋混凝土按照底板——边墙(中隔墙)——顶板的顺序从下至上逐层施工,为配合结构施工,支撑也需从下至上逐层拆除,此时应处理好支撑拆除和结构混凝土施工的关系。施工中应注意:必须待结构混凝土达到设计要求强度后才能拆除支撑。

⑧加强监测,及时反馈信息指导施工:"监测是施工的眼睛",深基坑施工的全过程都必须在严密的监测下进行,以便及时发现问题及时处理,将事故制止在萌芽状态。拟进行支撑轴力、围护结构位移、土体位移、地下水位、地表沉降、周围管线、建筑物的沉降和变形等多项监测,在雨季等特殊施工情况加强监测频率,确保基坑和周边环境的安全。

⑨做好施工应急预案:为了确保深基坑施工的安全,做到万无一失,编制详尽的"深基坑施工应急预案",备好各种应急物资,成立抢险应急分队,定期组织抢险演练,做到有备无患。一旦发生险情便可以做到"发现早,反应快,处理及时",把损失降低到最小。

(6)红专路南侧建筑物拆迁

红专路南侧建筑物均要进行拆迁,拆迁面积2万多平方米,征收土地约66亩。这些建筑物均为酒店、洗浴中心、饭店等经营场所,费用高、难度大。中州大道以西管线改迁及交通疏解便道均位于南侧建筑物所在位置,如不及时拆除将造成中州大道以西隧道无法施工,严重影响施工进度。针对拆迁可能存在的问题采取如下措施。

①及时调整施工工序,分区段进行施工,减少局部征地滞后影响。

②成立拆迁领导小组,集中资源对影响关键线路上的建构筑物进行攻关。

③对长时间无法拆迁的区域,可以在确保安全进行施工方案基础上进行局部调整,避免长久无法施工。

④通过业主向市主管领导反应情况,向市建设中心拆迁办施加压力,加快拆迁进度。

第11章

盾构TBM施工风险与适应性设计

> **本章重点**：介绍盾构TBM施工风险分类、盾构的地质适应性设计、我国盾构技术的创新与新技术展望、TBM施工的不良地质与对策、TBM地质适应性设计与创新。

11.1 盾构TBM施工风险分类

盾构TBM施工的风险，总是利用或寻找"地质的复杂性"、"盾构TBM的不适应性"、"人认知的局限性、方案和措施的不合理性"等薄弱环节作为突破口，引发工程事故。因此，盾构TBM施工的风险主要分为3类：地质风险、设备风险和人为风险。

影响盾构TBM施工的主要风险因素及其所占比例为：

地质风险——40%。详细、可靠的地质水文资料是盾构TBM工程成功的基本条件，直接决定了工程的成败。地质水文资料决定了采用盾构TBM是否可行，决定了盾构TBM的选型和主要参数，决定了辅助施工设备的选择和应急预案的制订。

设备风险——30%。技术先进、质量可靠的盾构TBM和经验丰富、服务专业的盾构TBM制造商是盾构TBM工程成功的关键因素。盾构TBM要求专业制造，专业服务。专业制造包括技术先进、质量可靠，只有技术先进才能施工更安全、施工效率更高，这是保证工期的关键因素之一。专业服务包括经验丰富和服务专业，因为隧道工程风险需要丰富的经验应对，因此，要求盾构TBM制造商具有丰富的经验；服务专业包括技术支持及时和备件供应及时。

人为风险——30%。经验丰富、管理科学、专业高效的施工队伍是盾构TBM工程成功的根本因素。地下工程的风险需要丰富的经验应对，因此，要求施工队伍经验丰富；盾构TBM施工项目工期紧，科学的管理才能充分发挥盾构TBM的效能，节约成本、创造效益，因此，要求施工队伍管理科学；盾构TBM施工工序安排紧凑，高效先进的盾构TBM需要高效的专业作业人员，这是保证安全、质量与工期的关键因素之一，因此要求施工队伍必须专业高效。

11.1.1 盾构施工风险分析

1）盾构施工的3类风险

(1)地质风险

①复合地层（主要分布在广州、深圳、南京等地区）。

②富水断裂带或破碎带（主要分布在广州、南京等地区）。

③溶洞、土洞（主要分布在广州北部、佛山、深圳北部等地区）。

④极其耐磨的硅质、铁质岩屑（主要分布在广州、南京等地区）。

⑤含承压水的粉细砂层（主要分布在广州、佛山、上海、南京、苏州、杭州等地区）。

⑥瓦斯、煤成气(主要分布在广州、西部、南部、杭州、武汉等地区)。

⑦球状风化体和网格状或构造风化硬岩(主要分布在广州东部、深圳、南京和北京等地区)。

⑧砂砾石地层(主要分布在沈阳、北京、成都、南宁、南昌、西安和广州等地区)。

⑨黏性土及泥岩结泥饼、砂岩泥岩互层软硬不均及破碎(主要分布在重庆、广州、深圳、南昌、合肥等地区)。

(2)设备风险

①盾构选型不合理和功能性缺陷,主要体现在盾构选型错误,在刀具配置与刀型的选择上不合理,渣土改良装置、同步注浆系统、带压进仓系统等设计不合理。

②主轴承或密封损坏。

③刀盘损坏(解体、开裂、磨损),刀具磨损。

④减速箱及齿轮传动系统损坏。

(3)主要人为风险

①认知的局限性,主要表现在不能全面系统地了解地质变化和盾构性能。

②施工组织及责任心不到位。

③施工方案和措施的不合理。

2)盾构施工的11项主要风险

(1)地质勘察准确度

地质勘察准确度在盾构法隧道施工中尤其重要,准确地勘察出隧道区间地质情况,对盾构的选型起决定性因素,地下水位、岩石抗压强度和土层的物理特性决定了盾构的选型与动力配置,地质勘察在隧道施工中目前30m一个测孔比较多见,也可以做详勘,根据要求确定间隔距离,甚至10m一个孔。(地质风险)

(2)盾构的地质适应性

盾构的地质适应性在工程开建前要经过专家评审论证,以确保盾构满足该工程施工要求,包括盾构类型是泥水还是土压、刀盘的设计、刀具的配置、动力系统、转弯能力等,盾构的选型问题是盾构法施工中的关键问题。(设备风险)

(3)盾构进出洞

盾构进出洞是盾构法施工过程中最需要解决的问题,洞门加固区域一定要按设计要求加固,完成后需要打水平探孔检测加固效果,在满足要求后才能出洞(即始发),进洞(即到达)也一样,如果加固效果不理想是不能轻易进出洞的,否则有可能导致洞门土体坍塌,盾构进出洞一定要加固到满足设计要求的强度、宽度、长度和深度,另外控制盾构姿态也是盾构顺利进出洞必不可少的因素。(表面看是地质风险,实际是人为风险)

(4)开挖面稳定

盾构法隧道施工好坏的一个重要指标是对周围环境造成的影响程度,这点在市区内隧道工程中表现更为突出,施工中开挖控制是影响施工质量的一项关键技术。支护压力过小导致开挖面前方土体大量进入压力仓,引起地表发生过大沉降,甚至地表坍塌;而支护压力过大,则容易产生地表隆起问题,这些都将给周围构筑物带来不良影响。同时压力仓内施加支护压力的支护介质受到原有地层条件影响而使得支护压力处于不断波动,进一步影响开挖面的稳定。(地质风险+人为风险)

(5)盾尾密封失效

盾尾密封失效风险从目前施工案例看,发生概率较低,但一旦发生,如处理不及时,可能造成严重后果,如泥水从盾尾密封刷间隙涌入隧道内、地面因泥水流失而产生较大沉降;如果在江底施工,严重时发生江底冒顶而危及整个隧道。因此该风险事故一旦发生,必须采取有效应对措施,消除风险隐患。如果在水底施工,必要时采用冻结法更换盾尾刷。(设备风险)

(6)软硬不均地层掘进

盾构在软硬不均且差异性较大地层掘进施工过程中,盾构姿态控制难度大,根据地质情况对推进油缸进行分区控制,硬的区域加大油压,软的区域减小油压,找到最佳的推进油缸压力差,以控制盾构姿态平稳,同时推进速度不宜过快;现场条件具备的情况下,应对不良地层进行预处理(如预裂爆破),以降低施工风险及施工成本。(地质风险+设备风险+人为风险)

(7)建(构)筑物下方更换刀具

盾构穿越建(构)筑物下方时更换刀具施工难度大。盾构穿越建(构)筑物下方时,原则上需盾构快速通过,即时注浆,减少建(构)筑物的沉降量。如果在其下方更换刀具,必须对建(构)筑物的基础进行分析,看是否有需要对其进行注浆加固;在换刀时,要根据围岩稳定情况来决定是否带压作业,且换刀过程中应密切关注建筑物沉降量(监测),超过预警值时必须马上安排换刀人员出仓关闭仓门,建立土仓压力,迅速推进,并同步注浆减小建(构)筑物沉降量。(地质风险+人为风险)

(8)地层损失和不均匀沉降

盾构在掘进过程中,地层损失和不均匀沉降的风险主要是盾构掘进过程中超挖所引起的,控制好出土量,从而减小盾构在掘进过程中对地层造成的损失及不均匀沉降的后果,控制好渣土改良,减小水土流失,控制好地层的不均匀沉降。(人为风险)

(9)开挖面有障碍物(如孤石等)

地下障碍物的存在会给盾构正常推进带来不利影响:首先导致刀盘及刀具严重磨损,从而不能正常开挖,影响工期。如果刀盘损坏,更换刀盘不仅耗费不必要的资金,而且由于地下隧道特殊的条件,使刀盘更换难度增加。其次,障碍物可能致使扭矩突然增大,导致主驱动损坏。发生此类事故的原因是地质勘探不完全反映穿越地层以及历史资料收集不完整等。(地质风险)

(10)隧道上浮

盾构隧道在江中段时,覆土较浅,水压较大,隧道整体上浮的可能性较大,要防止上浮量过大。处理办法有在地面上加重或在隧道内加重等。(地质风险+人为风险)

影响管片上浮的因素有盾构与管片姿态、推进油缸推力、同步注浆配比及压力、管片接头特征等。

①盾构姿态:盾构轴线相对隧道轴线下倾,管片承受较大的偏心荷载及盾尾向上的作用力,主要受地层性质、盾构操作水平、隧道纵向坡度等影响。

②隧道纵向刚度:管片纵向刚度与管片接头形式、管片拼装方式等有关。

③浆液未凝固段长度及浆液对管片的浮力:浆液未凝固段长度与浆液凝固时间与施工速度有关,浆液对管片的浮力主要受浆液性质(黏度、坍落度等)、地下水状况影响。根据实际情况,确定浆液凝固时间及浆液对管片浮力的大小非常困难。

④地层性质与地下水状况:地层越软弱,地层抗力系数越小,管片越容易变形;越软弱地层透水性越差,易产生超孔隙水压力,管片将承受较大浮力。若富含水的地层透水性强,地下水将稀释浆液,影响其胶凝时间及浆液性质。

采取措施有:

①采用胶凝时间可调的浆液或含砂率较大的可硬性浆液。(同步注浆施工一般采用惰性浆液,这种浆液泌水量大,无强度,会造成管片上浮,隧道后期沉降量大、地面房屋开裂等后果。)

②根据地层情况采用适当的接头形式。

③控制盾构姿态。

④根据测量到的隧道上浮情况,在推进过程中,为了保证隧道轴线偏差控制在设计允许的范围内,盾构掘进轴线可适当低于隧道设计中线。

⑤盾尾后3环管片进行二次壁后注浆(每3～5环注1次双液浆),以减小隧道上浮。

(11)卡盾

盾构在掘进过程中,由于地层压力变化,盾体外围的土体收缩,引起盾构壳体与土层之间的摩擦力过大而出现盾体卡滞。(地质风险+设备风险)

比较常见的卡盾现象是尾盾被卡。可为盾构铰接系统设计一套增压回路，以增大铰接油缸对盾尾的拉力。

11.1.2 TBM施工风险分析

从快速施工、安全防护等方面考虑，无论是开敞式 TBM，还是护盾式 TBM，在施工软弱、破碎围岩时，都存在无法有效克服的地质风险。

1）开敞式 TBM

开敞式 TBM 施工硬岩时效果较好，具有较快的施工进度。但其在软弱围岩中施工效果较差，易发生坍塌，开挖速度慢、进尺短，立拱及混凝土回填量大，清渣时间长，撑靴失效，拱架失效，易造成设备及人员伤害等问题，如图 11-1 所示。

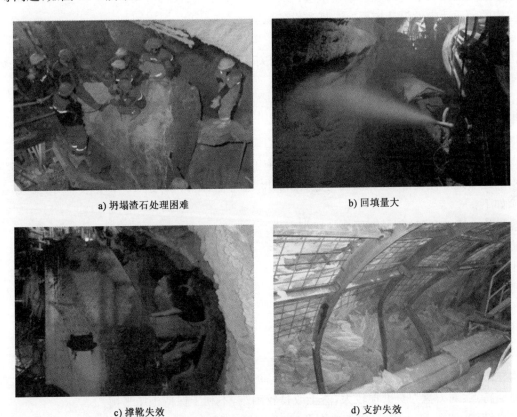

a) 坍塌渣石处理困难　　　　　　b) 回填量大

c) 撑靴失效　　　　　　d) 支护失效

图 11-1　开敞式 TBM 常见故障

开敞式 TBM 在软弱地层掘进时，软弱围岩无法为撑靴提供足够的反力，造成撑靴破坏支护成果，从而引起二次坍塌。具体体现为：

①撑靴与已经拼装好的拱架干涉。

②撑靴通过后，拱架已经不起作用且塌落加重。

③撑靴位塌方或失稳时要大量回填，严重影响工期。

2）护盾式 TBM

双护盾 TBM 具有圆筒形护盾保护结构，在掘进的同时，可进行管片的安装，在相对稳定、岩石抗压强度适中、地下水不太丰富的条件下，具有较高的掘进速度。但在通过地应力变化大、破碎、块状围岩时如不能及时迅速通过，刀盘和护盾有被卡住的危险；一旦出现卡机，则处理起来非常困难，经常会导致长时间停机。在高压涌水时易造成管片断裂，从而引发人员及设备安全事故。

双护盾 TBM 主要施工风险有：

①卡刀盘：掌子面围岩破碎不能自稳引起坍塌。

②卡前盾：围岩大变形，围岩应力作用在盾壳上产生的摩擦力大于主推进油缸的最大推力。

③卡支撑盾：围岩变形量大，挤压支撑盾，换步时辅推油缸压力不能有效克服围岩作用在支撑盾上的摩擦力。

④卡尾盾：围岩在地应力作用下持续收敛变形，挤压尾盾向内收缩，尾盾与管片之间间隙过小。

⑤管片断裂：高水压涌水。

11.2 盾构适应性设计

怎么规避盾构施工的风险，主要从以下3个方面进行有效控制（三从）：

从加强地质勘探入手——规避地质风险；

从盾构的地质适应性设计挖掘——规避设备风险；

从专业管控抓效——规避人为风险。

盾构是一种特殊装备，与地质的适应性息息相关。盾构的适应性设计是盾构工程成败的关键。怎么进行盾构的地质适应性设计，主要是四得：

掘得进——快速有效开挖正面土体；

排得出——开挖下来的岩土迅速排出；

稳得住——有效支护正面土体以确保开挖面稳定；

耐得久——关键部件高可靠性以适合长距离施工。

盾构的地质适应性设计要围绕"掘得进、排得出、稳得住、耐得久"这12个字来下功夫。以土压平衡盾构为例如下：

刀盘结构合理，刀具选用及布置合理；（掘得进）

螺旋输送机设计合理；（排得出）

渣土改良系统设计合理；（稳得住）

关键部件高可靠、长寿命设计。（耐得久）

11.2.1 掘得进

1）砂层、砂砾层、小粒径砂卵石地层

盾构在砂层、砂砾层、小粒径砂卵石地层施工，宜采用辐条式刀盘（图11-2）。

①地层特点：对刀盘刀具磨损较大，渣土改良较困难，不利于保持土压平衡。

②刀盘结构：如图11-2所示，辐条式大开口率（70%～75%），易于进渣和控制土压平衡，有利于减小刀具磨损。

③刀具布置：切削刀分层布置、加大切刀的合金尺寸以加强其耐磨和耐冲击性能。

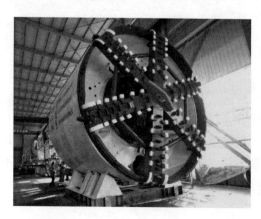

图11-2 辐条式刀盘

2）岩石地层

盾构在岩石地层施工时，刀盘需具有较强的破岩能力，宜采用复合式刀盘（图11-3）。

3）黏土层

盾构在黏土层施工时，宜采用小面板辐条式刀盘（图11-4）。

①地层特点：软土层具有泥饼形成堵仓的先天条件。

②设计特点：采用小面板辐条式刀盘，中心管柱支撑结构，有利于减少中心泥饼的产生。

4）大粒径卵石层

盾构在大粒径卵石层施工时，宜采用辐条式复合刀盘

(图 11-5)。

① 地层特性：卵石地层对刀盘的磨损大，特别是大直径卵石不易破碎。

② 刀盘结构：辐条式为主的结构有利于减小刀盘扭矩，大开口有利于卵石的排出。

③ 刀具配置：采用滚刀设计可以对不能通过螺旋输送机排出的大卵石起到破碎作用（排破结合），同时增加刀具的耐磨性。

5）不同地层的刀具配置

根据地质勘察资料，我国的地层磨损性共分 4 个区（图 11-6），即极易磨损区、易磨损区、中等磨损区和低磨损区。

图 11-3 复合式刀盘

图 11-4 小面板辐条式刀盘

图 11-5 辐条式复合刀盘

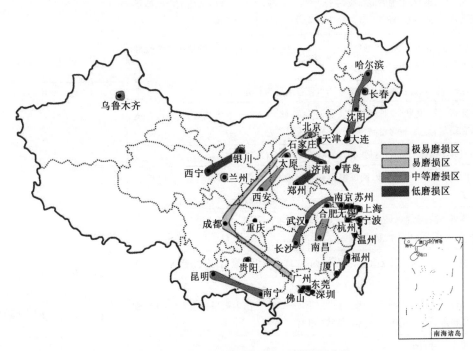

图 11-6 我国城市盾构隧道地层刀具磨损性分区

(1) 极易磨损区

将砂卵石含量很高、上软下硬、极硬岩和花岗岩球状风化体岩层等复杂地层划分为极易磨损区。极易磨损区土体物理力学参数特征：卵石含量高于 50%，内摩擦角大于或等于 35°，石英含量很高，地层中孤石粒径大、强度高、分布多，基岩岩石饱和单轴抗压极限强度大于150MPa。极易磨损区常发生的刀具失效类型有滚刀裂缝、刀圈断裂，切刀和周边刮刀磨损、脱落和崩断，贝壳刀磨损等。盾构选型方面，应配置滚刀、切刀、周边刮刀和超前刀，并增大刀盘开口率，允许破碎后的卵石通过刀盘面，以降低刀具磨损。极易磨损区的城市分布、地层情况及建议配置刀具类型见表11-1。

极易磨损区分布及建议刀具配置 表11-1

地　层	城　市	建议配置刀具类型
砂卵石地层	北京、广州、成都	滚刀＋切刀＋周边刮刀＋超前刀
上软下硬地层	广州、深圳	
极硬岩地层	广州、深圳	
花岗岩球状风化体岩层	深圳	

（2）易磨损区

易磨损区特点包括：砾石、圆砾广泛分布，卵石含量低于50%，内摩擦角30°~35°，石英含量高，地层中含孤石，基岩岩石饱和单轴抗压极限强度较大（大于等于100MPa）。易磨损区常发生的刀具失效类型有滚刀磨损，切刀、周边刮刀磨损，齿刀磨损和中心刀磨损等。盾构选型方面，可适当配置滚刀或切刀，增大刀盘开口率，允许较多大粒径卵石通过刀盘面，以降低刀具磨损。易磨损区地层的城市分布、地层情况及建议配置刀具类型见表11-2。

易磨损区分布及建议刀具配置 表11-2

城市	地　层　描　述	刀具配置建议
沈阳	粉质黏土、中粗砂、砾砂和圆砾地层	切刀＋周边刮刀＋贝壳刀
厦门	粉质黏土，砂质、砾质黏性土，下伏微风化基岩岩石饱和单轴抗压极限强度最大值接近150MPa	滚刀＋切刀＋先行刀＋中心刀＋周边刮刀
武汉	黏性土，细砂、中细砂混粉质黏土，中粗砂混砾、卵石。含砂黏性土内摩擦角最大值为30°左右，砾石主要成分为石英、长石，且砾石含量高	滚刀＋切刀＋中心刀＋周边刮刀
福州	黏性土、含碎石黏性土地层，含孤石，中风化基岩岩石饱和单轴抗压极限强度最大值接近100MPa	滚刀＋切刀＋周边刮刀
哈尔滨	粉砂、中砂、砾石内摩擦角接近35°，颗粒成分为石英、长石	滚刀＋切刀＋中心刀＋周边刮刀
大连	卵石（透镜体状）＋含碎石粉质黏土（厚层状）＋碎石，下伏基岩为板岩、石英岩和凝灰岩。卵石含量高，粒径大，成分为石英岩	滚刀＋切刀＋先行刀＋中心刀＋周边刮刀
长沙	粗砂＋圆砾＋卵石（含砂、砾石），石英质，卵石粒径较大	
南宁	圆砾（厚层状）＋砂砾，圆砾层中砾石颗粒较大、含量高，以石英岩、硅质岩为主	
昆明	圆砾、碎石含量高（50%以上），粒径较大，卵石、砾石成分主要为砂岩、石英等；下伏基岩灰岩为次坚岩	
南京	砂土＋含砾粉质黏土（内摩擦角接近30°），砾石含量较高，磨圆度差，主要成分为石英	滚刀＋切刀＋周边刮刀
东莞	黏性土＋风化岩，上软下硬，地面以下5~25m范围内微风化岩石饱和单轴抗压极限强度101MPa，局部含球状风化体	滚刀＋切刀＋先行刀＋周边刮刀
乌鲁木齐	粉土＋砾石土	切刀＋先行刀＋中心刀＋周边刮刀

（3）中等磨损区

中等磨损区的地层为局部含卵石的中粗砂且卵石含量较高（20%~30%）；粉质黏土层中黏粒含量高，极易在刀盘中心结泥饼，进而造成刀具偏磨。中等磨损区常发生的刀具失效类型有滚刀偏磨，刀圈断裂,刮刀脱落等。盾构选型方面,以切刀和刮刀为主,部分配置滚刀,调整刀盘开口率,允许存在的大粒径卵石通过刀盘面,以降低刀具磨损。中等磨损区的城市分布、地层情况及建议配置刀具类型见表11-3。

中等磨损区分布及建议刀具配置　　　　表11-3

城市	地层描述	刀具配置建议
西安	黄土为主,局部为含卵石的中、粗砂	滚刀+切刀+周边刮刀
太原	粉土(局部夹中砂透镜体)+中粗砂(矿物成分主要为石英、长石、云母等,级配不良)	切刀+周边刮刀
宁波	砂质粉土+淤泥质(粉质)黏土+粉质黏土	切刀+周边刮刀
南昌	砾砂+粗砂(内摩擦角最大36.5°)+砾砂夹圆砾,母岩成分以石英岩、砂岩为主,圆砾含量较高,粒径较大,中粗砂充填,砂成分以石英、长石为主	切刀+周边刮刀+周边保径刀+撕裂刀+鱼尾刀+滚刀
合肥	粉质黏土+黏土+全~中风化泥质砂岩(极软岩)	辐条式刀盘;切刀+撕裂刀+鱼尾刀+周边刮刀+保径刀+圆环保护刀+超挖刀+贝壳刀
兰州	卵石层厚度较大,为砂土充填,充填程度高,母岩以石英及长石砂岩为主	滚刀+切刀+周边刮刀

(4)低磨损区

低磨损区的软土地层以黏性土为主,地层均匀、单一,很少或不含粗粒土,或者砾石埋深较深,几乎不在盾构机掘进范围内。盾构在此类地层中施工时受力均匀,能顺利运转和前进。低磨损区常发生的刀盘刀具失效类型有刀盘中心结泥饼、刀具偏磨等。盾构选型方面,以刮刀为主,盾构施工中添加土体改良材料,避免发生结泥饼或开挖面失稳,以降低刀具可能的损坏。低磨损区的城市分布、地层情况及建议配置刀具类型见表11-4。

低磨损区分布及建议刀具配置　　　　表11-4

城市	地层描述	刀具配置建议
上海	黏性土(软土层)	
天津	黏性土	
郑州	厚层砂质黄土、黏性土	
长春	地层以粉质黏土、黏土、粗砂为主	
苏州	粉质黏土+粉土+粉砂+碎石土(埋深较深,地面40m以下)	
杭州	黏性土+淤泥质(粉质黏土),粉细砂、砾砂和圆砾埋深较深	中心鱼尾刀+切刀+周边刮刀
石家庄	黏性土+含卵砾石中砂+卵石层内摩擦角局部达40°,但埋深较深(地面40m以下)	
无锡	黏性土	
贵阳	黏土+强~中风化泥岩(软岩)	
常州	黏性土+粉砂	
温州	粉细砂+黏土+淤泥质黏土	
徐州	粉砂+粉土+黏土	
济南	黏性土+粉砂	
西宁	黏性土	

11.2.2　排得出

1)软土及砂层

软土及砂层条件下,采用轴式螺旋机(下部单闸门出渣)进行出渣(图11-7)。

2) 富水地层

富水地层条件下,采用轴式螺旋机(下部双闸门出渣)或轴式螺旋机(尾部出渣方式)进行出渣(图11-8、图11-9)。如果从螺旋机排出的渣土过稀产生喷涌时,可通过双闸门装置交替开合进行排土。喷渣严重时,可不用皮带机出渣,改用保压泵渣系统出渣。

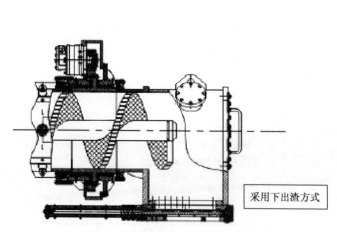

图11-7 轴式螺旋机(下部单闸门出渣)

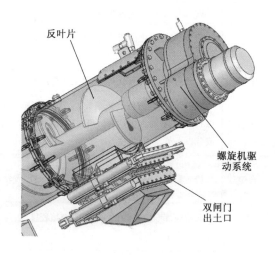

图11-8 轴式螺旋机(下部双闸门出渣)

3) 大粒径卵石地层

大粒径卵石地层条件下,可采用带式螺旋机进行出渣(图11-10)。

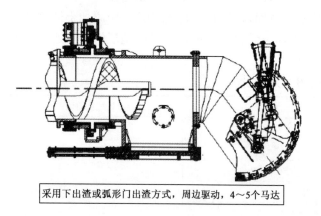

图11-9 轴式螺旋机(尾部出渣方式)

图11-10 带式螺旋机

11.2.3 稳得住

良好的渣土改良是降低刀具磨损、增强开挖面稳定、排土顺畅,降低掘进时扭矩推力的最好方法之一。要想开挖面稳得住,必须具有适宜的渣土改良系统。渣土改良系统主要有以下4种。

1) 泡沫系统

泡沫作为复合地层掘进特别是黏土层掘进过程中重要的渣土改良措施,其注入控制非常重要。

2) 膨润土系统

膨润土主要适用于细颗粒较少的砂卵石地层,在北京、沈阳地铁应用较为成功,在注入时一定要使用较好的材料,掌握膨化时间,以达到添加效果。

3) 加泥系统

加泥系统是在富水地层掘进,特别是穿江过海隧道中,为使盾构的适应性更广而采用的一种实现向泥水盾构转化功能的系统,可用来改善出渣情况,防止喷涌。

4) 聚合物系统

聚合物在细颗粒较少且富水的地层掘进中效果较好,能有效地改善渣土的流动性,减小刀具磨损,但成本相对较高。

11.2.4 耐得久

关键部件高可靠、长寿命,是确保盾构"耐得久"的基本前提,主要体现为以下几个方面:

①刀盘的高可靠、长寿命设计。
②刀具的高可靠、长寿命设计。
③螺旋输送机的高可靠性设计、耐磨设计。
④主轴承的高承载能力、高可靠性、高密封性能与长寿命设计。
⑤主驱动减速机高可靠性设计。
⑥盾构铰接密封、盾尾密封的可靠性设计。
⑦破碎机、排泥泵的高可靠性与耐磨性设计。

11.3 中国盾构技术的创新

在国家自然科学基金、973计划、863计划、企业及地方等重大项目的支撑下,通过十余年的努力,我国盾构行业先后经历了引进、消化吸收、技术攻关、创新跨越等阶段,并在关键核心技术、实验平台研制、盾构产业发展等方面取得了重大突破。

11.3.1 关键核心技术突破

围绕盾构施工的失稳、失效、失准三大国际难题,攻克了稳定性、顺应性、协调性三大关键技术。针对失稳,研制出了压力动态平衡控制系统,提高了界面稳定性,有效防止了地面塌陷;针对失效,首创了载荷顺应性设计方法,降低了载荷对装备的冲击;针对失准,开发了盾构姿态预测纠偏技术,提高了隧道轴线精度。形成了从盾构刀盘刀具、盾体、推进、管片拼装系统、驱动系统、导向纠偏系统到后配套的完整的设计制造能力,解决了自主设计制造问题。

1) 压力稳定性控制技术

盾构在掘进过程中由于地质条件的变化,造成盾构密封仓压力失衡,进而引起地表塌陷等事故。目前国际上处理此类问题所采用的是基于仓内压力反馈的螺旋机转速控制技术,但此类方法无法保证仓内外压力动态平衡。为解决现有技术存在的压力难以检测和控制滞后的问题,我国研发了密封仓压力动态平衡控制技术,揭示了密封仓压力分布规律,发明了密封仓压力动态平衡控制方法,解决了失稳难题。突破了掘进、出土、纠偏等多子系统协调控制技术,提高了界面稳定性,实现了密封仓进/出土量动态平衡控制,大大降低了塌陷事故发生的概率。密封仓压力控制精度达到±0.008MPa(优于国际标准规定的±0.01MPa),控制局部地表变形最低小于2mm(优于国际标准5mm),成为目前国际最高纪录。

2) 载荷顺应性设计技术

盾构在地下复杂多变、不确定的地质环境中掘进,载荷波动可达上百倍,工程中时常出现突变载荷引发关键部件损坏,掘进受困的事故。现有极限强度设计法设计的盾构,无法解决估算载荷与构件尺寸和经济性的矛盾,不能全面考虑对突变载荷的顺应能力,难以避免关键部件突发损坏,且能耗高。解决此类问题的难点在于:系统庞大、结构复杂,刚度空间分布以及推进速度难以适应载荷突变。

创新方法:从地质顺应、机构顺应及驱动顺应角度出发,有效减少界面刚度匹配适应载荷分布不均及力流传递畸变、降低载荷波动影响,使掘进系统具有地质顺应、机构顺应和驱动顺应的特性,能够根据地质及掘进载荷变化控制推进速度,降低冲击载荷,进而实现对设备关键部件的保护。

3) 姿态协调性纠偏技术

盾构是一个大惯量、大时滞、非线性的复杂机电系统,在地下不确知的复杂环境下工作,一旦发生偏离,实现纠偏极其困难。因此,时常出现方向失准、隧道轴线偏离的问题,掘进断面偏载是引发盾构走偏的主因。现有的轨迹偏差控制法是一种事后纠偏法,盾构呈蛇形推进,严重影响隧道质量、轴线精度和掘进速度。

我国在解决此类问题时,提出了推进姿态预测纠偏的创新方法,通过提取盾构位姿检测和界面载荷分布特征,可实时预测盾构位姿变化趋势并及时予以修正。可根据当前姿态和界面载荷预测下一时刻的姿态,从而实现实时控制,达到及时纠偏的效果。盾构掘进轴线偏差可控制在±3mm内,处于国际领先水平。

11.3.2 实验平台研制

以国家973、863等项目为纽带,联合国内从事盾构技术研究的优势单位,组成动态技术联盟,"十五"期间在该技术领域取得了跨越式发展。自主研制了多台盾构样机及盾构试验平台,自主科研创新能力得到大幅度提升。

1)上海隧道盾构综合模拟试验平台

2004年上海隧道工程股份有限公司、中铁隧道集团等在863计划支持下,针对国内外同类试验(装置)系统的不足,产学研联合研制出拥有自主知识产权的大型多功能盾构掘进模拟试验台(图11-11)。模拟盾构最大直径1.8m,具有土压平衡和泥水平衡互换,刀盘刀具及开口率可调的功能。实验台能够模拟各种地层条件下盾构掘进,进行盾构选型、掘进参数及施工方案试验,及关键部件检测和土体适应性试验等,其规模为全球最大、功能最全,为我国各种类型地层中的盾构地层适应性研究和盾构技术的研发提供关键参数依据。

2)北方重工隧道掘进机综合试验平台

2008年,北方重工集团与天津大学、浙江大学、中科院沈阳自动化所、中科院武汉岩土所等11所大学和研究所,联合研制出隧道掘进机综合试验平台(图11-12)。其内部设有当时世界最大的试验土箱、试验盾构机和一批达到国际先进水平的专业试验仪器和设备,能够实现对盾构始发、掘进、到达全过程的模拟。

图11-11 大型多功能盾构掘进模拟试验台

图11-12 北方重工隧道掘进机综合试验平台

3)中铁隧道集团盾构控制系统检测试验平台

为缩短盾构控制系统的研发周期,避免在控制系统设计不完善时直接与盾构联机所带来的不安全性,同时也为了便于系统的优化设计和系统的远程故障诊断,2006年中铁隧道集团有限公司开发了盾构控制系统检测试验平台(图11-13)。试验台具有功能全面、仿真度高、主次分明、虚实结合、结构简单、便于扩展的优点,为国际规模最大、功能最全的盾构控制系统检测实验平台,为我国自主进行盾构研发提供了重要的试验手段。

4)盾构及掘进技术国家重点实验室 11 大实验系统

(1)刀盘刀具技术方向

①滚刀综合检测实验系统。滚刀综合检测实验系统能够对盾构、TBM 滚刀的关键性能进行综合检测。其主要用于对滚刀的轴承、密封装置和装配质量进行综合检测,能开展滚刀跑合实验、滚刀气密性实验和滚刀扭矩实验(图 11-14),保证滚刀关键性能的可靠性,以实现盾构、TBM 顺利掘进的目的。

图 11-13　盾构控制系统检测试验平台　　　　图 11-14　滚刀综合检测实验系统

②滚刀岩机作用实验系统。滚刀岩机作用实验系统(图 11-15)能够为盾构刀盘刀具设计的关键参数提供数据基础,采用高精度控制器进行数据采集与控制,采取三刀顺侧滚压形式,通过声发射装置对破岩全过程观测,通过高速摄像机和数码显微成像原理得出滚刀破岩模态机理影像数据,并可以测定滚刀磨蚀值。

a)　　　　　　　　　　　　　　　b)

图 11-15　滚刀岩机作用实验系统

③岩石电液伺服实验系统。

a. MTS 岩石力学性能试验机。通过实际作用力、运动和环境条件进行精确的模拟和控制,最终得到材料的各种力学和渗流属性。实验机主要包含主机、液压动力源和伺服控制器 3 大部分,主要用于开展岩石、混凝土或固态试样单轴压缩试验、三轴压缩试验以及不同孔压条件下的三轴压缩试验等,如图 11-16 所示。

b. 岩石磨蚀性电液伺服实验仪。岩石磨蚀性电液伺服实验仪是分析岩石 CERCHAR 磨蚀值和分析磨蚀全过程"岩—机"相互作用的一种实验仪,由磨蚀实验装置部分和量测记录部分组成。数据采集最小间隔 1ms,可实时获得钢针水平位移值、力值,钢针磨蚀值,岩石凹痕深度,如图 11-17 所示。

④3D 测量实验系统。3D 测量实验系统的三维精度≤0.10mm/4m,可进行大构件的精密测量及形变检测和超大物体整体控制定位。其采用高分辨率工业级照相机,含有标志点全自动拼接功能及全局误差控制模块。该系统主要进行小构件非接触式测量,也可以进行大构件质量对比实验及精密部件的逆向工程。其构成如图 11-18 所示。

(2)系统集成与控制方向

①电液控制综合实验系统。电液控制综合实验系统具有盾构液压系统模拟及测试功能,可进行盾构

刀盘、推进、管片拼装等模拟实验，如图11-19所示。

图11-16　460t岩石力学实验机

图11-17　岩石磨蚀性电液伺服试验仪

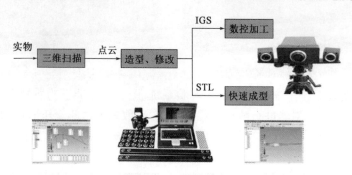

图11-18　三维测量与逆向系统

②电气自动化实验系统。电气自动化实验系统由信号发生平台、自动化系统控制平台、控制状态模拟显示平台三部分组成（图11-20）。实验台采用西门子自动控制架构，实现集中及分布式开关量、模拟量、变频器等自动控制，同时可以连接MODBUS，CAN总线等设备。该系统主要用于开展盾构电气系统自动化集成实验，并兼顾了教学培训功能。

图11-19　电液控制综合实验系统

图11-20　电气自动化实验系统

③集成设计及数值运算实验系统。集成设计及数值运算实验系统主要用于开展盾构及掘进施工三维模型建立，开展盾构关键部件及施工数值模拟分析，主要由亿万次计算工作站、高性能图形处理计算机等组成（图11-21）。

（3）盾构施工控制方向

①施工数据分析实验系统。该系统采用动态、静态数据采集仪，开展施工数据及地下工程结构数据采集，并开发数据分析软件，进行掘进施工理论模态研究。其主要包括多通道动态数据采集仪、土体物理试验仪、工程结构模拟试验平台（图11-22）等。

a) 亿万次计算工作站

b) 高性能图形处理计算机

图 11-21　集成设计及数值运算实验系统

②盾构施工模态实验系统。

a. 渣土改良实验平台(图 11-23)。其能实现 EPB 盾构掘进的各种不同工况的过程实验,模拟螺旋输送机出土过程及土塞效应实现过程,实现渣土改良剂(泡沫、聚合物、离散剂等)的按比例加入,得到掘进速度与螺旋输送机转速关系曲线,得到改良剂成分与刀盘扭矩、掘进效率的关系。

图 11-22　工程结构模拟试验平台

图 11-23　渣土改良实验平台

b. TBM 掘进模态实验平台。其能以垂直和水平状态针对各样岩样以不同材质的刀具、刀间距布置和不一样的破岩切削速度、进给量进行实验,进一步统计分析出不同刀具参数导致的破岩效率和刀具寿命,为相应的工程配置不同材质的刀具及布置,满足实际施工的需要,平台如图 11-24 所示。

③虚拟现实实验系统。其利用计算机技术生成逼真的、具有视觉、听觉、触觉等多感知的三维虚拟环境,通过使用各种交互设备,同虚拟环境进行互动。该系统主要用于盾构三维机械结构及机构运动过程仿真,盾构掘进作业流程仿真,交互式虚拟装配仿真,工程施工减灾防灾等方面实验,部分仿真画面如图 11-25 所示。

④岩石成分分析系统。其主要用于分析隧道地层成分、物理性质、岩土模态等。

图 11-24　TBM 掘进模态实验平台

a)
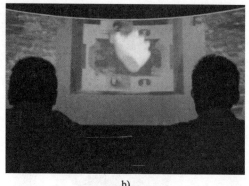
b)

图 11-25 仿真画面

11.3.3 盾构产业快速发展

从 2002 年国家在盾构领域实施 863 计划以来，我国坚持产学研用相结合的模式进行盾构技术研究，经过多年的自主创新探索，逐步拥有了土压平衡盾构、复合盾构、泥水平衡盾构 3 大类盾构的自主设计制造能力。在"十一五"期间，上海隧道、中铁隧道、中铁装备、中国铁建重工等国内自主设计制造盾构的龙头企业得到了快速发展，其所制造盾构的主要性能指标达到或超过国际同类产品，替代了进口，并出口新加坡、印度、马来西亚、泰国等国家。累计生产各类盾构 300 余台，占据国内新增市场份额的 65% 和自主设计盾构的 90%。

1)"先行号"地铁土压平衡盾构

2007 年，上海隧道工程股份有限公司成功研制出国内首台具有自主知识产权的地铁土压平衡盾构"先行号"（图 11-26），打破了进口盾构一统天下的局面，其总体技术达到国际先进水平。目前，国产地铁盾构已实现批量生产，可靠的技术支持和便捷的维修转场成为其售后服务的亮点。

2)"进越号"泥水平衡盾构

作为国家 863 计划先进制造技术领域重点项目，上海隧道工程股份有限公司与中铁隧道集团、浙江大学等单位共同研制的"进越号"泥水平衡盾构（图 11-27）直径为 11.22m，具有完全自主知识产权。该盾构成功应用于上海世博配套的打浦路复线隧道工程，完成了长 1472m 的隧道掘进。施工过程中，"进越号"盾构机完成了半径 380m 的转弯，实现了高精度平衡压力控制（波动≤0.008MPa），在保护相邻构筑物及超小半径隧道推进中更显操控灵便的特性，凸显了其强大的技术优势。

图 11-26 "先行号"盾构

图 11-27 "进越号"盾构

3)"中国中铁 1 号"复合盾构

2008 年 4 月 26 日，中铁隧道集团研制出国内首台复合盾构（图 11-28），被命名为"中国中铁 1 号"，开挖直径为 6.39m，并成功应用于天津地铁 3 号线。该盾构国产化率达 65%，拥有自主知识产权，在适应弯道施工、转向纠偏、滚动纠偏、改善地质条件等方面取得了明显进步。设计充分考虑了盾构施工在刀盘受困状态下的紧急处置方式和带压进仓作业时的安全保护,以及应对涌水等突发事件的能力。实现了对国外先进技术从消化吸收到再创新的过程,并在国产化率、降低造价等方面达到了预期目的。

4)中国中铁盾构产业化生产

2012—2014年,中国中铁每年盾构产量分别为38台套、47台套、59台套。

产业化机型主要有:土压平衡盾构、泥水平衡盾构、双模式盾构、顶管机、TBM等。其中研发出的世界最大断面矩形顶管机已成功应用于郑州中州路南北向主干道——中州大道下穿隧道,其断面尺寸为10.12m×7.27m(图11-29)。

图11-28 "中国中铁1号"盾构

图11-29 中州大道矩形顶管机

11.4 盾构新技术展望

盾构是一种特殊装备,与地质的适应性息息相关。盾构的安全性、可靠性、高效性是盾构工程成败的关键,因此,必须量体裁衣式进行盾构的地质适应性设计。由于"地质的复杂性"、"盾构的不适应性"、"人认知的局限性、方案和措施的不合理性"等薄弱环节,经常引发盾构工程事故,有效克服盾构施工风险是盾构顺利完成掘进的前提之一。更快(增加掘进速度)、更大(更大直径盾构)、更适应(可以适应多种不同地质条件)已经逐步成为现代盾构技术发展所面临的主要挑战。

11.4.1 多功能双模式盾构

开发多功能、高适应性的双模式盾构,遵循的设计理念主要有:

①必须确保人员和盾构的安全。

②能有效解决施工中遇到的各种难题。

③能应对各种地质风险。

④具有高适应性并兼顾局部特殊性化。

1)双模式土压平衡盾构

双模式土压平衡盾构配有土压平衡复合刀盘,适用于岩石和软土地层中,可以稳定掌子面,且可在TBM模式和土压平衡模式两种模式下运行。其解决了传统土压平衡盾构遭遇复杂岩土地层使用受限及TBM在软土地层中不适应等缺点,兼顾了岩石和软土两种不同地层的掘进模式、结合管片拼装与洞壁支护两种隧洞支撑技术的优点。

对模式土压平衡盾构既具有在岩石条件下快速掘进功能,又具有在软弱地层时平衡开挖面功能,使盾构技术与TBM技术相互渗透、融合,是一种集岩石掘进机技术与软土盾构技术于一体的新型混合式TBM,拓展了设备的地质适应范围,使单台隧道掘进设备具有更广泛的地质适应性,能有效降低施工风险,且操作简单,成本低廉。

2)双模式泥水盾构

双模式泥水盾构具有泥水模式和TBM模式。泥水模式用于高水压裂隙岩层掘进,TBM模式用于无水或少水岩层掘进。当地层条件发生变化时，能灵活实现泥水和 TBM 两种开挖模式的转换，以满足安全快速施工需求。

11.4.2 数字化、智能化控制

随着现代通信技术、计算机网络技术以及现场总线控制技术的飞速发展，数字化、网络化和信息化正日益融入盾构集成的各方面。根据国内盾构控制技术的研究现状及其集成化、自动化、系统化的发展趋势，应着重从电气控制系统和液压控制系统两个方面展开一系列研究。大功率变频节能技术、现代传感检测技术、网络远程通信技术等提升空间较大。数字化、智能化控制领域可行的研究方向主要有：

①研究盾构的智能化、数字化控制技术。
②研究盾构地质适应性自动掘进技术。
③研究采用极简控制理念的盾构一键操作系统。
④开发盾构的新型控制系统及控制软件。

11.4.3 远程控制

开发适用于盾构施工的网络化信息管理云平台，通过移动终端实现对盾构现场实时数据的远程监测、采集和对盾构施工过程的集中信息化管理。

11.4.4 新的破岩方式

高压水射流破岩速度是常规刀具破岩速度的 2～3 倍，激光法属于熔融和气化方式，具有其他常规破岩方式无与伦比的效率优势，高压水射法和激光破岩等是今后最具发展潜力的盾构新型破岩方法。进行高压水射流法、超声波法、射弹法、激光法、电子束法、等离子束法、微波法、红外线法等在盾构破岩中应用的可行性研究，必将促进盾构法技术的飞跃发展。

我国对盾构技术的研究与应用相对于国外起步较晚，但随着国家一系列激励政策的出台和全国盾构设计、制造与应用企业的不断努力，"先行号"地铁土压平衡盾构、"进越号"泥水平衡盾构、"中国中铁 1 号"复合盾构等相继开发成功，标志着我国已逐步掌握了自主设计制造盾构的能力，打破了国外长期垄断国内盾构市场的局面，在某些方面更是取得突破性成就，达到了国际领先水平。与国外相比，在关键部件、国家及行业标准、岩石掘进机、超大直径盾构等方面仍然存在较大差距，国内盾构技术的发展任重而道远。随着盾构技术的迅速发展，同时为更好满足盾构施工需求，新型盾构的研制、数字化智能化控制系统的完善、智能化远程控制技术研发、高压水射流等新型破岩方式的实现等都是将来盾构技术取得长足进步的突破口。

11.5 TBM 施工的不良地质与对策

11.5.1 块状岩体问题与对策

掘进时会遇到软硬不均或不稳定的掌子面，以及撑靴无法有效支撑的问题。圣哥达隧道及罗书堡铁路隧道掌子面所遇到的块状岩体如图 11-30 所示。

1) 块状岩对 TBM 掘进的影响

块状岩对 TBM 掘进的主要影响有：

①对刀具造成高频率大幅度震动。
②刀具、刀盘与堵塞的块状岩之间发生激烈撞击。
③对刀盘产生非正常震动。
④刀具和轴承损坏。

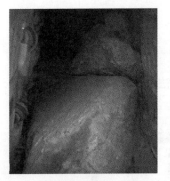 

a) 圣哥达隧道　　　　b) 罗书堡铁路隧道

图 11-30　隧道掌子面所遇到的块状岩体

⑤导致出渣运输系统非正常磨损。

2) 针对块状岩体的对策

针对块状岩体，常采用的应对措施如表 11-5 所示。

针对块状岩体的对策　　　　表 11-5

问题	建议	问题	建议
刀具轮廓	扁平	刀盘护盾	护盾按照要求（与掌子面保持 12.5cm 的距离）
刀间距	刀间距与贯入度之比为 10～20	刮刀	外围
刀具数量（10m 直径）	60～65	转速（10m 直径）	155～190m/min
滚刀直径	17～19in	速度控制	可变
刀具分布	双螺旋、撞击保护	运行控制	遇到块状岩体时减小推进和掘进速度

11.5.2　挤压地层问题与对策

1) 问题分析

短期来看，施加于刀盘/护盾上的高压力会导致 TBM 堵塞。长期来看，衬砌支护所承受的高压力会导致隧道结构的变形和隧道功能的失效。如果挤压程度过大，还需重新设计隧道。

2) 挤压地层防止 TBM 被卡的对策

①利用扩径法，护盾和岩体之间的环形间隙扩大到 15～25cm。

②使用锥形护盾——盾前部的直径大，可以防止盾体后部受到挤压。

③使用润滑剂（膨润土），减少护盾和岩石的摩擦。

④加大主推进系统和辅助推进系统动力，以克服由于挤压地层造成的摩擦。

11.5.3　高水压地层与对策

在高地下水压地层（如裂隙岩体）建设隧道，较适宜采用泥水平衡盾构。荷兰德斯隧道（水压 1.3MPa）成功采用双模式 TBM（泥水/TBM）在高水压地层掘进。

11.6　TBM 地质适应性设计与创新

为了提高 TBM 在多变和极端地质环境下的适应性，多功能高适应性 TBM 的设计原则如下：

①必须确保人员和 TBM 设备的安全。

②能有效解决施工中遇到的各种难题。

③能应对各种地质风险；如大埋深高地应力条件下岩爆、坍塌及围岩大变形风险；破碎带、软弱围岩

条件下坍塌风险；渗漏水、涌水风险等。

④具有高适应性并兼顾局部特殊性化。

11.6.1 通用紧凑型 TBM

通用紧凑型 TBM（图 11-31），适用于采用新奥法支护的岩石隧道，能替代开敞式 TBM，适用于开挖面不稳定的岩石地层，断层和挤压地层。

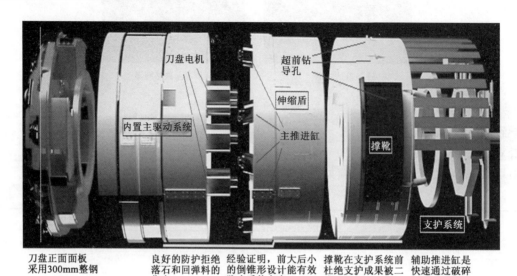

图 11-31　通用紧凑型 TBM

1）功能设计

①主推缸、撑靴在盾体内。

②撑靴在拱架安装器等支护系统前边。

③配置辅助推进缸系统，在不良地质条件下，撑靴无法有效撑紧洞壁时，通过辅助推进方式进行快速通过。

2）撑靴前置

撑靴前置在机头部分，规避了开敞式 TBM 撑靴与支护干扰的问题，既能取代开敞式 TBM，同时又具备护盾式 TBM 施工安全的优势，如图 11-32 所示。

3）防卡盾设计

进行紧凑型优化设计，尽量减少护盾长度，主机采用倒锥形设计；尾盾设计成半圆形的指形护盾，有效防止盾尾卡住，恶劣地质段采用钢瓦片支护（图 11-33）。由于钢瓦片容许一定的微量变形，能起到效果更佳的蛋壳效应，可以有效减少和防止卡住现象的发生。

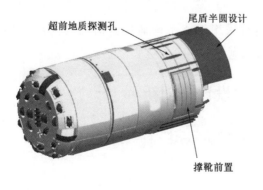

图 11-32　撑靴前置示意图

图 11-33　钢瓦片支护

4)超前地质探测

紧随岩石初露位置配置360°范围的超前双钻机系统(图11-34),进行地质取芯,排水孔、泄压孔等施工。

5)湿喷混凝土系统

紧随尾盾配置设计双湿喷混凝土系统,必要时在围岩初露的情况下及时进行紧贴初露围岩的喷射支护,而规避了开敞式TBM湿喷混凝土需要对工作区核心部件的防护工作,可以快速实施作业,而且较开敞式TBM湿喷系统更靠近掌子面,有利于快速安全施工。

图11-34 超前双钻机系统

11.6.2 双护盾多功能TBM

双护盾多功能TBM(图11-35)适用于从软岩到硬岩、穿越断层、高压涌水等工况下的掘进,但不能有效平衡掌子面压力。

1)设计特点

①紧凑的短护盾。
②锥形盾体(盾尾比盾前小)。
③多模块设计、组合性强。
④伸缩铰链。
⑤配有主推进和辅助推进系统。
⑥超挖量可调节。
⑦具有高适应性的地层处理系统,包括对全断面的处理,盾体和刀盘处安装有地层处理设备。
⑧岩体支护系统可以适应多种地质条件。
⑨能够在严重挤压地层和岩爆区进行掘进。
⑩具有能在软弱破碎岩层掘进的双护盾模式。
⑪在极端地质情况下的单护盾模式。
⑫在断层中,可以对盾前岩体进行处理。

2)地层处理设计

①通过刀盘(加固掌子面)。
②通过伸缩盾体(填充空洞,稳固洞顶)。
③通过盾尾(注浆/超前管棚注浆)。

3)常见分类

(1)地层处理型

利用护盾和刀盘处的开口,配有额外的地层处理设备。此类型适用于涌水裂隙岩层和断层,并解决涌水问题,如图11-36所示。

图11-35 某双护盾多功能TBM

图11-36 地层处理型双护盾多功能TBM

(2)岩体支护型

此类型配有一套岩体加固装置,可以进行岩体加固,如图11-37所示。

图11-37　岩体支护型双护盾多功能TBM

11.6.3　双模式TBM

1)双模式TBM(土压/TBM)

配有土压平衡复合刀盘,适用于软岩和软土地层,可以稳定掌子面;且可在两种模式下运行:TBM模式和土压平衡模式。

①土压平衡双护盾TBM,工作模式如图11-38所示。

②土压平衡单护盾TBM:单护盾TBM模式用于在岩层中掘进,土压平衡盾构模式用于在软土中掘进,如图11-39所示。

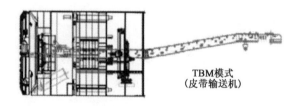
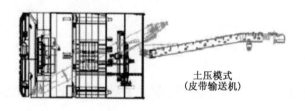

图11-38　土压平衡双护盾TBM　　　　图11-39　罗宾斯土压平衡单护盾TBM

2)双模式TBM(泥水/TBM)

泥水平衡单护盾TBM:泥水模式用于在高水压裂隙岩层掘进,TBM模式用于在无水或少水岩层掘进。荷兰德斯隧道使用的双模式TBM如图11-40所示。

获得详细、可靠的地质水文资料是TBM项目成功的基础;技术先进、质量可靠的TBM装备和经验丰富、服务专业的TBM制造商是TBM项目成功的关键;拥有一支经验丰富、管理科学、专业高效的施工队伍是TBM项目成功的根本。多功能高适应性的通用紧凑型TBM、双护盾多功能TBM、双模式TBM拥有常规TBM所不具有的优势,将其运用于合适的地质条件下,能够有效规避TBM施工的地质风险。

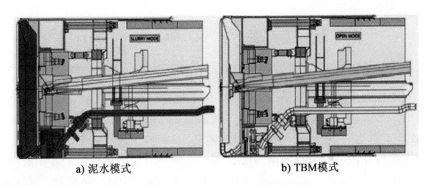

a) 泥水模式　　　　　　　　b) TBM模式

图 11-40　荷兰德斯隧道使用的双模式 TBM

参 考 文 献

[1] 周文波. 深层泥水平衡顶管施工技术[J]. 岩土钻凿工程,1999(2).
[2] 崔原. 西安—安康铁路秦岭Ⅰ线隧道北口TBM施工概述[J]. 建筑机械,2000(7).
[3] 王梦恕,王占山. TBM通过断层破碎带的施工技术[J]. 隧道建设,2001(3).
[4] 魏忠良. TBM施工总结[M]. 洛阳:中铁隧道集团公司,2001.
[5] 土木学会. 隧道标准规范(盾构篇)及解说[M]. 朱伟,译. 北京:中国建筑工业出版社,2001.
[6] B Maidl,M Herrenknecht,L Anheuser. 机械化盾构隧道掘进[M]. 曾慎聪,丽伯贤,胡胜利,译. 浙江:浙江大学出版社,2002.
[7] 李建斌,陈馈,康宝生. 先进机械施工新技术及案例[M]. 洛阳:中铁隧道集团公司,2003.
[8] 韩亚丽,陈馈. 南京地铁管片拼装技术[J]. 隧道建设,2003(2).
[9] 王镇春,陈馈,韩亚丽. 南京地铁许玄区间盾构调头施工技术[J]. 建筑机械,2003(12).
[10] 周文波. 盾构法隧道施工技术及应用[M]. 北京:中国建筑工业出版社,2004.
[11] 陈馈. 南京地铁TA15标盾构法施工技术[M]. 洛阳:中铁隧道集团公司,2004.
[12] 陈馈. 南京地铁盾构掘进技术[J]. 建筑机械化,2004(2).
[13] 康宝生,陈馈,李荣智. 南京地铁盾构始发与到达施工技术[J]. 建筑机械化,2004(2).
[14] 李荣智,陈馈,史基盛. 南京地铁联络通道冷冻法施工技术[J]. 建筑机械化,2004(2).
[15] 陈馈,李荣智. 地铁隧道穿越地下连续墙的处理技术[J]. 建筑机械化,2004(7).
[16] 陈馈. 重庆主城排水长江隧道施工技术[J]. 建筑机械化,2004(8).
[17] 陈馈. 高水压地段泥水盾构施工防水技术[J]. 建筑机械化,2004(9).
[18] 陈馈. 南京地铁TA15标盾构法施工技术[J]. 建筑机械,2004(10).
[19] 王梦恕,李典璜,张镜剑,等. 岩石隧道掘进机(TBM)施工及工程实例[M]. 北京:中国铁道出版社,2004.
[20] 陈馈. 重庆主城排水过江隧道盾构法施工技术[M]. 洛阳:中铁隧道集团公司,2005.
[21] 李建斌,何於琏. 刀盘研制实例[J]. 隧道建设,2005(6).
[22] 陈馈. 南水北调中线一期穿黄工程盾构选型[J]. 建筑机械,2005(10).
[23] 陈馈. 南水北调穿黄工程施工难点及对策[J]. 建筑机械化,2005(11).
[24] 乔世珊,茅承觉,刘春,等. 全断面岩石掘进机[M]. 北京:石油工业出版社,2005.
[25] 李建斌,陈馈. 双护盾TBM的技术特点及工程应用[J]. 建筑机械化,2006(3).
[26] 曾在孝,陈晓东. 引洮供水工程总干渠长隧道工程设计及TBM施工方案论证[J]. 甘肃水利水电技术,2006(3).
[27] 竺维彬,鞠世健. 复合地层中的盾构施工技术[M]. 北京:中国科学技术出版社,2006.
[28] 陈馈. TBM在铁路隧道施工中的应用[J]. 建筑机械,2006(8).
[29] 陈馈,洪开荣. 盾构施工技术[M]. 北京:人民交通出版社,2009.
[30] 胡景军,郑孝福,李志军. TBM配套连续皮带洞外出渣综合技术[J]. 建筑机械化,2012(增刊2).
[31] 李辉. 泥岩地质条件下TBM快速掘进技术[J]. 建筑机械化,2012(增刊2).
[32] 康斌. 单护盾TBM球窝自锁结构管片安装错台控制技术[J]. 建筑机械化,2012(增刊2).
[33] 吴乐. 单护盾TBM通过不良地质段施工技术[J]. 建筑机械化,2012(增刊2).
[34] 杨永强. 土压平衡盾构全断面砂层施工关键技术[J]. 施工技术,2012(1).
[35] 龚秋明. 掘进机隧道掘进概论[M]. 北京:科学出版社,2014.

视 频 索 引

视频 1-1	盾构的起源	4
视频 2-1	敞口式盾构施工演示	33
视频 4-1	小断面泥水盾构施工技术与应用	50
视频 4-2	泥水平衡与气压复合模式	54
视频 4-3	武汉长江隧道工程	131
视频 4-4	南京纬三路过江通道	208
视频 4-5	南京长江隧道	214
视频 5-1	土压平衡盾构结构与施工	243
视频 5-2	土压平衡盾构的组成及施工流程	243
视频 5-3	土压平衡盾构施工三维动画	356
视频 5-4	大直径土压平衡盾构施工	356
视频 5-5	内外刀盘式土压平衡盾构工作原理	356
视频 5-6	大截面土压平衡矩形盾构	356
视频 7-1	德国海瑞克开敞式 TBM	368
视频 8-1	德国海瑞克双护盾 TBM	437
视频 10-1	郑州中州大道矩形顶管施工	530